Matthias Müller-Lindenberg

Führung in zeitkritischen und komplexen Projekten

D1725938

GABLER EDITION WISSENSCHAFT

Matthias Müller-Lindenberg

Führung in zeitkritischen und komplexen Projekten

Theoriebildung am Beispiel
der Softwareentwicklung

Mit einem Geleitwort von Prof. Dr. Diether Gebert

Deutscher Universitäts-Verlag

Bibliografische Information Der Deutschen Bibliothek
Die Deutsche Bibliothek verzeichnet diese Publikation in der Deutschen
Nationalbibliografie; detaillierte bibliografische Daten sind im Internet über
<http://dnb.ddb.de> abrufbar.

Dissertation Technische Universität Berlin, 2004

1. Auflage März 2005

Alle Rechte vorbehalten
© Deutscher Universitäts-Verlag/GWV Fachverlage GmbH, Wiesbaden 2005

Lektorat: Brigitte Siegel / Stefanie Brich

Der Deutsche Universitäts-Verlag ist ein Unternehmen von
Springer Science+Business Media.
www.duv.de

Das Werk einschließlich aller seiner Teile ist urheberrechtlich geschützt.
Jede Verwertung außerhalb der engen Grenzen des Urheberrechtsgesetzes
ist ohne Zustimmung des Verlags unzulässig und strafbar. Das gilt insbesondere für Vervielfältigungen, Übersetzungen, Mikroverfilmungen und die
Einspeicherung und Verarbeitung in elektronischen Systemen.

Die Wiedergabe von Gebrauchsnamen, Handelsnamen, Warenbezeichnungen usw. in diesem
Werk berechtigt auch ohne besondere Kennzeichnung nicht zu der Annahme, dass solche
Namen im Sinne der Warenzeichen- und Markenschutz-Gesetzgebung als frei zu betrachten
wären und daher von jedermann benutzt werden dürften.

Umschlaggestaltung: Regine Zimmer, Dipl.-Designerin, Frankfurt/Main
Druck und Buchbinder: Rosch-Buch, Scheßlitz
Gedruckt auf säurefreiem und chlorfrei gebleichtem Papier
Printed in Germany

ISBN 3-8244-8294-0

Geleitwort

Die viel beschworene Software-Krise ist immer noch nicht überwunden, und insofern ist es zu begrüßen, dass Herr Müller-Lindenberg die Frage zu klären versucht, wie Führende die Mitarbeiter in Software-Entwicklungsprojekten führen sollen, um erfolgreich zu sein. Zur Beantwortung dieser Frage beschreitet Herr Müller-Lindenberg methodisch einen innovativen Weg, der von ihm als methodischer Dialog bezeichnet wird:

Zum einen wird eine Literaturanalyse zu den Erfolgsfaktoren der Software-Entwicklung durchgeführt und zum zweiten werden Führungskräfte und Software-Entwickler aus dem Software-Entwicklungsbereich im Hinblick auf die Entstehung und die Bewältigung kritischer Situationen (critical incidents) im Software-Entwicklungsbereich hin interviewt. Die Literaturanalyse erfolgt dabei mit dem Ziel, das in der Forschungsliteratur gespeicherte Wissen zur Führung in Software-Entwicklungsprozessen zu eruieren, um dieses Wissen dann mit dem Wissen zu vergleichen, das in den Köpfen der Praktiker, die Software-Entwicklung betreiben, vorhanden ist. Ansatzweise geht es also darum, einen Theorievergleich durchzuführen, nämlich den Vergleich der Theorie, die aus der Literatur zu extrahieren ist mit der (subjektiven) Alltagstheorie der in der Praxis tätigen Führungskräfte und Mitarbeiter.

Hinter dieser Doppelstrategie steht die im einzelnen begründete Annahme, dass sowohl das in der Literatur gespeicherte als auch das in Köpfen der Praktiker vorhandene Wissen systematisch blinde Flecken aufweist, es also darum geht, die Einseitigkeiten jedes der beiden Theorieansätze im Sinne einer Synergie zu kompensieren. Die These lautet, dass die Zusammenführung der aus der Wissenschaft stammenden Theorie der Führung mit der aus der Praxis stammenden Theorie der Führung einen höheren Erkenntniswert für die Führung von Software-Entwicklungsprojekten in der Praxis aufweist, als jeder dieser beiden Stränge je für sich allein zu erbringen in der Lage ist.

Auf der Basis der Literaturanalyse ergibt sich dabei mit Blick auf das rechtzeitige und korrekte Erkennen kritischer Ereignisse, dass der Planung und Kontrolle sowie der Projektkultur und der Motivation der Mitarbeiter besondere Bedeutung zuzuschreiben ist. Um auch die Bewältigung der kritischen Ereignisse durch die Mitarbeiter zu fördern, wird des Weiteren aus der Literatur theoriegelenkt abgeleitet, dass das Delegieren von Entscheidungskompetenzen, die Zuweisung von Betriebsmitteln und Schulungen, die Förderung der Kommunikation und der Teamarbeit, die Unterstützung teamübergreifender Zusammenarbeit, die Hilfe für die Geführten, Ermutigung und Zuspruch sowie die Schaffung und der Erhalt von Vertrauen bedeutsam sind.

Die sich anschließende Gegenüberstellung des Wissens aus der Theorie mit dem Wissen aus der Praxis lässt in der Tat wechselseitig Leerfelder bzw. blinde Flecken erkennbar werden. So wird z.b. ersichtlich, dass im Bereich der Motivation und im Bereich der Projektkultur, aber auch im Bereich der Förderung der Kommunikation und der Teamarbeit die Theorie über ein vergleichsweise differenzierteres Raster verfügt, als dies in der Praxis vorhanden ist. Umgekehrt zeigt sich aber auch, dass die Praktiker im Hinblick auf Handlungsempfehlungen eine Reihe von Differenzierungen einführen, die für die Software-Entwicklung bedeutsam sind und die in dieser Form von der Literatur-Theorie nicht geleistet wurden. Dies gilt speziell im Hinblick auf die Zielsetzung der Software-Entwicklung. Der Verfasser arbeitet heraus, dass sich im Unterschied zu den traditionell in der Literatur diskutierten Kriterien – Zeit, Kosten und Qualität – das Handeln der Praxis auf zwei Faktoren konzentriert, die der Verfasser unter den Begriffen der Schnelligkeit einerseits und der Nachhaltigkeit andererseits zusammenfasst. Es wird aufgezeigt, in welchem Sinne dieses Zielverständnis der Praxis für die weitere Analyse hilfreich ist.

Das anwendungsbezogene Ergebnis der Analyse besteht in der tabellarischen Gegenüberstellung des Theoriewissens mit dem Praktikerwissen. Eindrucksvoll bestätigt sich die These der Komplementarität dieser beiden Wissensquellen. Damit hat sich der von Herrn Müller-Lindenberg eingeschlagene Wege des von ihm so bezeichneten methodischen Dialogs (zwischen diesen beiden Wissensquellen) als ein innovativer Weg erwiesen, da er nicht nur neuartig, sondern zugleich auch fruchtbar ist. Auf der Basis der tabellarischen Zusammenfassungen des Theorie- und Praktikerwissens werden außerdem Kriterien für die Identifikation von Führungsdefiziten herausgearbeitet, die für einen Coaching- und Beratungsprozess hilfreich sein können.

Ich wünsche der Arbeit einen breiten Leserkreis in Theorie und Praxis, da die Arbeit methodisch Neuland beschreitet und inhaltlich Handlungsempfehlungen auf für die Praxis relevantem Konkretisierungsniveau erarbeitet.

Prof. Dr. Diether Gebert

Vorwort

Auch Dissertationen können an den in dieser Arbeit diskutierten Erfolgskriterien zeitkritischer und komplexer Projekte gemessen werden. Insbesondere das Qualitätsziel ist bedeutsam. Eine Dissertation sollte einen Beitrag zum wissenschaftlichen Erkenntnisfortschritt leisten und die Leser aufschlussreich über den Stand der Forschung und die Ergebnisse der unternommenen Untersuchung informieren. Ich habe mir Mühe gegeben und wünsche mir, dieses Ziel im Sinne meiner Leser erfüllt zu haben.

Die Arbeit an der Dissertation wäre mühseliger und weniger bereichernd gewesen, und das Ergebnis wäre weniger gut ausgefallen, hätte ich nicht die Hilfe vieler Menschen in Anspruch nehmen dürfen. Ihnen gilt von ganzem Herzen mein Dank. Meinen Gesprächs- und Kooperationspartnern aus den untersuchten Organisationen danke ich für ihre Aufgeschlossenheit und ihre wertvolle Arbeitszeit. Der Stiftung der deutschen Wirtschaft danke ich dafür, mir die Fertigstellung dieser Arbeit mit einem Promotionsstipendium ermöglicht zu haben. Dem Deutschen Universitäts-Verlag, insbesondere Frau Stefanie Brich, gilt mein Dank für die Betreuung und die schnelle Drucklegung.

Meinem Doktorvater, Herrn Prof. Dr. Diether Gebert, danke ich für die Freiheit, die er mir beim Forschen gegeben hat, für den Ehrgeiz, den er angestachelt hat, für die Ideen, mit denen er mich inspiriert hat und für viele Stunden, in denen wir gemeinsam nachgedacht und intensiv diskutiert haben. Meinem zweiten Betreuer, Herrn Prof. Dr. Hans Georg Gemünden, gilt mein Dank für viele wertvolle Hinweise, für die Gelegenheit an seinen Doktorandenseminaren teilzunehmen und für allerhöchstes Engagement, das Promotionsverfahren zügig abzuwickeln. Herrn Prof. Dr. Hunscha danke ich für eine faire, offene und angeregte Disputation.

Meinem lieben Freund und Kollegen Ralf Lanwehr danke ich nicht nur für brillante Nachhilfe in Statistik, sondern vor allem dafür, dass ich mich bei unserer Zusammenarbeit am Lehrstuhl und in unseren Projekten, die auch Ergebnisse für diese Dissertation lieferten, so wohl gefühlt habe. Letzteres gilt auch für Karoline Barthel, die ich ebenfalls als Freundin kennen und schätzen gelernt habe. Christian Berthold und Eric Kearney danke ich sehr, die Arbeit kurz vor der Abgabe gründlich gegengelesen und zahlreiche Verbesserungsvorschläge gemacht zu haben. Meiner ehemaligen Kollegin, Sabine Boerner, danke ich herzlich für so manche anregende Diskussion in den frühen Phasen des Projekts.

Des Weiteren stehe ich in der Schuld zahlreicher, größtenteils ehemaliger, Tutoren des Lehrstuhls, von denen mir Anne Legler, Eveline Mäthner, Barbara Spahn und Katrin Böhme am meisten geholfen haben. Außerdem bedanke ich mich bei Gerlinde Seeger, die mit ihrer Warmherzigkeit zum Wohlfühlen bei der Arbeit am Lehrstuhl und an der Dissertation beitrug.

Aus dem Kreise der Freunde und der Familie danke ich meinem Partner, Marc Effelsberg, der mich aufgeschlossen durch die Höhen und verständnisvoll und aufmunternd durch die Tiefen des Forschens begleitete und mir half, mich um eine produktive Balance zwischen konzentrierter Arbeit und erforderlichen und verdienten Erholungspausen zu bemühen. Meinen Eltern, Helga und Hans-Herbert Müller-Lindenberg, danke ich dafür, dass sie mir bis in letzter Konsequenz ermöglicht haben, dieses Projekt anzufangen und erfolgreich zu beenden. Ihnen widme ich diese Arbeit.

Matthias Müller-Lindenberg

Inhaltsübersicht

Inhaltsverzeichnis

Tabellenverzeichnis

XVII

Abbildungsverzeichnis

Abkürzungsverzeichnis

Abb.	Abbildung
ACM	Association for Computing Machinery
Aufl.	Auflage
BMBF	Bundesministerium für Bildung und Forschung
Bd.	Band
CA	California
CT	Connecticut
CMU	Carnegie Mellon University
d.	der, die, das, des
ders.	derselbe
dies.	dieselbe(n)
DIN	Deutsche Industrie Norm
Diss.	Dissertation
DUV	Deutscher Universitäts-Verlag
Ed(s).	Editor(s)
et al.	et alii
f.	folgende
ff.	fortfolgende
FN	Fußnote
H.	Heft
Hrsg.	Herausgeber
HWB	Handwörterbuch der Betriebswirtschaftslehre
HWFü	Handwörterbuch der Führung
HWO	Handwörterbuch der Organisation
HWP	Handwörterbuch der Planung
IEEE	Institute of Electrical and Electronic Engineers
i. e. S.	im engeren Sinne
insb.	insbesondere
ISO	International Organization for Standardization
i. w. S.	im weiteren Sinne
Jg.	Jahrgang
Kap.	Kapitel
M	Mittelwert

Mass	Massachussetts
MIS	Management Information Systems
m. w. N.	mit weiteren Nachweisen
N	Sichprobenumfang
NJ	New Jersey
No.	Number
Nr.	Nummer
NY	New York
p	Irrtumswahrscheinlichkeit
p.	Page
pp.	Pages
PD	Programmdirektor
r	Korrelationskoeffizient
S.	Seite(n)
SD	Standardabweichung
SEI	Software Engineering Institute
sog.	so genannt
Sp.	Spalte(n)
Tab.	Tabelle
u.	und
u. a.	unter anderem
usw.	und so weiter
UK	United Kingdom
Univ.	Universität
v.	von
vs.	versus
vgl.	vergleiche
Vol.	Volume
WISU	Das Wirtschaftsstudium
WiSt	Wirtschaftswissenschaftliches Studium
z. B.	zum Beispiel
ZfbF	Schmalenbachs Zeitschrift für betriebswirtschaftliche Forschung
zugl.	zugleich

I. Teil: Grundlegung

1 Einleitender Überblick

Mit dieser Studie sollen pragmatische, theoretische und methodische Beiträge zur anwendungsorientierten Führungsforschung geleistet werden. Bevor diese Anliegen in den folgenden Kapiteln erläutert werden, sei der Arbeit ein einleitender Überblick vorangestellt. Gegenstand der Untersuchung ist Führung in zeitkritischen und komplexen Projekten. Aus der funktionalistischen Perspektive der angewandten Führungsforschung wird gefragt, was Führende in zeitkritischen und komplexen Projekten tun sollten, um ihre Mitarbeiter zum Erfolg zu führen. Zeitkritische und komplexe Projekte, z. B. in der Softwareentwicklung, zeichnen sich dadurch aus, dass sie unter engen Zeitrestriktionen, deren Einhalten bedeutsam für den Gesamterfolg der Projekte ist, bewältigt werden müssen, obwohl ihr Verlauf schwer planbar ist.

Da zum Gegenstand der Untersuchung noch keine hinreichende theoretische Basis existiert, an der sich eine Studie orientieren könnte, ist die Arbeit theoriebildender Natur. Zu diesem Zwecke wird ein *methodischer Dialog* versucht, in dem das Wissen der Führungsforschung und der Führungspraxis darüber, wie geführt werden soll, zusammengetragen und miteinander verglichen wird. Im ersten großen gedanklichen Schritt des methodischen Dialogs erfolgt eine theoriegelenkte Analyse der vorhandenen Forschungsliteratur. Darin werden Antworten auf drei Fragen gegeben: Welche Ziele sollten in zeitkritischen und komplexen Projekten verfolgt werden? Welches Mitarbeiterverhalten ist der Zielerreichung dienlich? Wie sollten Führende in solchen Projekten führen, um trotz der unvermeidbaren Pannen und Krisen erfolgreich zu sein? Zur Beantwortung dieser Fragen wird am Beispiel der Softwareentwicklung und gestützt auf die Stressbewältigungstheorie von Lazarus (1966, 1999) sowie auf die Theorie der innovationsförderlichen Führung von Gebert (1987, 2002) argumentiert.

Im zweiten Schritt folgt eine qualitativ-empirische Untersuchung, die sich an den Verfahrensregeln der Grounded Theory (Glaser/ Strauss, 1967; Strauss/ Corbin, 1998) orientiert. Darin werden zunächst Aussagen der Praktiker im Feld, hier: Führende und Geführte in zeitkritischen und komplexen Softwareentwicklungsprojekten, erhoben und zu Antworten auf die drei Fragen nach den Zielen, dem Soll-Mitarbeiterverhalten und dem Soll-Führungsverhalten in diesen Projekten aggregiert. Im dritten Schritt werden die Aussagen der Praktiker mit denen der Forschung verglichen. Im vierten Schritt werden die Antworten der Praktiker und der Forschung schließlich zu einer Theorie integriert und auf den Kontext aller zeitkritischen und komplexen Projekte generalisiert.

Ergebnis dieses Vorgehens ist eine Theorie zur Mitarbeiterführung in zeitkritischen und komplexen Projekten, in die die Soll-Vorstellungen der Führungsforschung *und* der Führungspraxis über Führung eingehen und die Führende und Führungsforscher *detailliert und praxisnah* darüber informiert, in welchen Situationen welche Führungshandlungen erforderlich sind, um erfolgreich zu führen. Durch den Vergleich zwischen Forschungsliteratur und dem Wissens der Praktiker sollen Übereinstimmungen, Widersprüche und Komplementaritäten zwischen beidem entdeckt werden, um wechselseitige „blinde Flecken" zu kompensieren.

Die Theorieentwicklung erfolgt sowohl in der Literaturanalyse als auch in der empirischen Untersuchung am Beispiel von Softwareentwicklungsprojekten, die in den meisten Fällen mit einiger Berechtigung zeitkritisch und komplex zu nennen sind. Allerdings dürften sich Projekte der Unternehmensberatung, der Implementierung von Standardsoftware in Organisationen, der Produktentwicklung im Allgemeinen und generell Projekte, in denen Fachleute arbeitsteilig, kreativ, unter engen und bedeutsamen Zeitrestriktion sowie mit dem Ziel der Wertschöpfung arbeiten, im Hinblick auf Fragen der Führung und des Führungserfolgs kaum von Softwareentwicklungsprojekten unterscheiden. Projekte der Softwareentwicklung werden mithin pars pro toto für zeitkritische und komplexe Projekte von Wissensarbeitern betrachtet.

Die Struktur der Arbeit ist folgende: Im I. Teil erfolgt die Grundlegung. Im II. Teil ist der erste gedankliche Schritt des methodischen Dialogs dokumentiert, in dem die Forschungsfragen auf Grundlage der Literatur beantwortet werden. Im III. Teil werden die anderen Schritte des methodischen Dialogs vollzogen, d. h. hier sind die empirische Untersuchung und der Vergleich des Praktikerwissens mit dem Forscherwissen sowie die Integration und Generalisierung festgehalten. Im abschließenden IV. Teil wird ein Ausblick auf Implikationen der Untersuchungsergebnisse für die Praxis sowie für weitere Forschungen gegeben.

Leser, die sich vorab einen Überblick über den zentralen Gedankengang der Arbeit verschaffen wollen, seien auf die Kapitel II 5 sowie III 3 und die dazu gehörenden Abbildungen und Tabellen verwiesen: Im Kapitel II 5 werden die Antworten aus der Forschungsliteratur auf die Fragen nach den Zielen, dem Soll-Geführtenverhalten und dem Soll-Führungsverhalten zusammenfassend dargestellt. Im Kapitel III 3 wird das endgültige Ergebnis des methodischen Dialogs, eine literatur- und gegenstandsverankerte Theorie der Mitarbeiterführung in zeitkritischen und komplexen Projekten, dargestellt und erläutert.

2

Leser, die sich hingegen für eine systematische Herleitung der Fragestellung, Ziele und Vorgehensweise dieser Arbeit interessieren, seien auf das folgende Kapitel I 2 verwiesen.

2 Ziele der Arbeit

Diese Arbeit ist zur praktisch-normativen Führungsforschung zu zählen, deren wissenschaftliche Erkenntnisse auch eine Dienstleistungsfunktion für die Praxis erfüllen sollen (vgl. Kleppel, 2003, S. 583; Schanz, 2000, S. 113 f.; Hauschildt/ Gemünden, 1999, S. 2). Im Einzelnen werden mit der Arbeit pragmatische, theoretische und methodische Ziele zur Weiterentwicklung der anwendungsorientierten Führungsforschung verfolgt. Die drei Anliegen werden in den folgenden Kapiteln II 2.1, II 2.2 und II 2.3 erläutert.

2.1 Pragmatisches Anliegen: Eine Theorie für Führende in zeitkritischen und komplexen Projekten am Beispiel der Softwareentwicklung

Die Arbeit wurde mit der Absicht begonnen, Handlungsempfehlungen zur Mitarbeiterführung in Softwareentwicklungsprojekten zu entwickeln und zu begründen. Anlass dafür war der Umstand, dass Softwareentwicklungsprojekte häufig ihre Ziele verfehlen, wobei die Ursachen dafür aber nicht nur technischer Natur sind und dennoch Fragen der Mitarbeiterführung in Softwareentwicklungsprojekten in der Literatur kaum beachtet werden. Bei Softwareentwicklungsprojekten werden Termin- und Budgetüberschreitungen sowie Qualitätsmängel trotz einer rasanten Entwicklung der Softwaretechnik, etwa durch die Einführung objektorientierter Programmierung oder des Computer Aided Software Engineerings, so häufig beklagt, dass seit den 60er Jahren von der „Softwarekrise" gesprochen wird (Abdel-Hamid/ Madnick, 1990, S. 39-40; Baumöl, 1999, S. xii; Jones, 1994, S. 27-61; ders., 1996; Kraut/ Streeter, 1995, S. 70-71; Paulk et al., 1995, S. 3; Sauer, 1993, S. ix ff.; Scacchi, 1984, S. 51; Weltz/ Ortmann, 1992, S. 158; Wildemann/ Kersten, 2000, S. 1216 f.).

In der Softwareentwicklung zählen wie in anderen Projekten auch die Mitarbeiter der Projekte und ihre Zusammenarbeit zu den wichtigsten und zugleich am schwierigsten zu steuernden Einflussgrößen für den Erfolg der Projekte (Curtis et al. 1988; Elzer, 1994, S. 19; Scacchi, 1984; Stelzer, 1998, S. 96 m. w. N.; Wildemann/ Kersten, 2000, S. 1218). Gleichwohl sind Fragen der Führung von Mitarbeitern in Softwareentwicklungsprojekten bislang kaum verhaltenswissenschaftlich untersucht worden. Stattdessen orientiert sich die praktischnormative Literatur zum Management von (Software-) Projekten an der Regelkreislogik von

Planung, Umsetzung und Kontrolle des klassischen Managementprozesses (Schreyögg, 2000, S. 18). Verhaltensregelmäßigkeiten des Führens und Geführt-Werdens werden darin weitgehend ausgeblendet oder nur wenig theoriefundiert berücksichtigt (z. B. für das Softwareprojektmanagement: Balzert, 1998, S. 162-176; Campagna, 1996, S. 157-174; de Marco/ Lister, 1991. Für das allgemeine Projektmanagement: Meredith/ Mantel, 2000; Patzak/ Rattay, 1998; Zielasek, 1999, S.168).

Daneben gibt es empirische Untersuchungen von Softwareprojekten, die sich grob der Psychologie, Soziologie, den Ingenieur- und Informatikwissenschaften und der interdisziplinären Innovations- und Projektmanagementforschung zuordnen lassen und die allesamt nur einen indirekten Bezug zu Fragen der Mitarbeiterführung haben. In der psychologischen Empirie werden unter anderem Motivation und Persönlichkeit, Problemlösestrategien, Erfahrung und Expertise, Belastung und Beanspruchung der Entwickler sowie Kommunikation, Kooperation und Problemlösen von Entwicklungsteams untersucht (z. B. Brodbeck, 2001; Brodbeck/ Frese, 1994; Curtis et al., 1988; Couger, 1988; Couger/ Zawacki, 1978; Jiang et al., 1996; Krasner et al., 1987; Kraut/ Streeter, 1995; Scacchi, 1984; Shneiderman, 1980; Sonnentag, 1996, 2000, 2000, 2003; Sonnentag et al., 1994b; Weinberg, 1971). In soziologischen Studien werden Arbeitsstile und Milieus der Softwareentwickler sowie Fragen der Wirklichkeitskonstruktion, der Macht sowie der Ablauforganisation und Ressourcenausstattung der Softwareentwicklung betrachtet (z. B. Grüter et al., 2001; Sieber/ Henninger, 2001; Strübing 1992; 1993; Weltz/ Ortmann, 1992). In empirischen Forschungen der Informatik und anderer Ingenieurwissenschaften stehen Fragen nach der Verwendung und Befolgung von Standards, Methoden und Instrumenten der Softwareentwicklung, insbesondere des Qualitätsmanagements, sowie die Erforschung typischer Risiken der Softwareentwicklung im Vordergrund (z. B. Bittner et al., 1995b; Jiang/ Klein, 2000; Phan et al., 1995; Stelzer, 1998, S. 35 ff. m. w. N.). In der interdisziplinären Innovations- und Projektmanagementforschung werden Softwareentwicklungsprojekte als typische Beispiele für (Innovations-) Projekte untersucht. Hier dominieren Untersuchungen auf Organisations- und Projekt- oder Teamebene (z. B. Cusumano, 1997; Gällstedt, 2003; Högl/ Gemünden, 2001), in denen Fragen der Mitarbeiterführung Teil einer übergeordneten Forschungsfrage sind und Führung daher meist nur implizit und nicht als gesonderte Variable betrachtet wird. Dementsprechend fallen die Antworten dieser Forschungstradition auf Fragen der Führung knapp und skizzenhaft aus.

Aus der Führungsforschung im engeren Sinne ist dem Autor nur eine Studie bekannt, in der explizit Projekte der Informationstechnologie betrachtet werden. Thite (1997, 2000)

4

befragte insgesamt N = 228 Projektmanager und Projektmitarbeiter in einer standardisierten Untersuchung nach ihren Einschätzungen hinsichtlich des Führungsverhaltens der Projektleitungen[1] und des Projekterfolgs. Thite konzeptionalisiert Führung in IT-Projekten in enger Anlehnung an die Theorie der transformationalen Führung von Bass/ Avolio (1990).

Die Studie von Thite ist methodisch angreifbar, vor allem hinsichtlich der Erfolgsmessung und der hohen Interkorrelationen zwischen den unabhängigen Variablen, die nicht mit entsprechenden statistischen Methoden kontrolliert wurden. Inhaltlich spiegelt sie allerdings den derzeitigen Mainstream der Führungsforschung wider, welcher zur Bewältigung komplexer Probleme, zu der auch die Entwicklung von Software gehört, der transformationalen oder neo-charismatischen Führung das Wort redet (vgl. Bass, 1999; Felfe et al., 2004; House/ Aditya, 1997; Howell/ Higgins, 1990; Shamir, 1999; Vandenberghe, 1999. Kritisch äußern sich u. a. Gebert, 2002, S. 201 ff.; Neuberger, 2002, S. 142 ff.; Northouse, 2001, insb. S. 146 ff.; Steyrer, 1999; Yukl, 1999; ders, 2002, S. 240 ff.). Transformationale Führung liegt im Sinne einer weiten Begriffsfassung vor, wenn die Führungsperson als emotional attraktiv erlebt wird, sie mit Hilfe einer Vision den Geführten Orientierung und Sinn vermittelt und dadurch begeistert und sie bei den Geführten alte Sichtweisen aufbricht (Bass/ Avolio, 1997, insb. S. 36-38 u. Appendix B, S. 10 ff.; Gebert, 2002, S. 201). In einem enger gefassten Konzept liegt transformationale Führung erst vor, wenn sie zusätzlich die Geführten im Sinne eines „empowerment" mit Ressourcen versorgt und ihnen Mut und Zuversicht vermittelt (House/ Shamir, 1993, S. 98; Yukl, 1999, S. 290; ders, 2002, S. 246; Gebert, 2002, S. 224 f.).

Aber auch Thite und die Forschungen zur transformationalen Führung können die Frage der Praxis, wie Mitarbeiter in Softwareentwicklungsprojekten zu führen sind, nur unvollständig beantworten. Aus der umfangreichen Kritik an dieser Forschungsrichtung seien nur einige Argumente herausgegriffen. Erstens ist der Zusammenhang zwischen transformationaler Führung und Führungserfolg keineswegs so stark und eindeutig, dass daraus eine generelle Überlegenheit gegenüber anderen Arten der Führung abgeleitet werden könnte (vgl. Gebert, 2002, S. 205 f.). Zum Beispiel erklärt transformationale Führung in einer Studie von Keller (1992) nur – aber auch immerhin – zwischen 6 und 13 % der Erfolgsvarianz der untersuchten Forschungs- und Entwicklungsprojekte. Damit lassen die Ergebnisse viel Raum für

---

[1] Im weiteren Text wird auf die Verwendung geschlechtneutraler Personenbezeichnungen und auf die Nennung beider grammatikalischer Geschlechter in der Regel verzichtet. Gemeint sind aber immer Frauen und Männer.

alternative Erfolgserklärungen. Transformationale Führung kann also nur einen Teil der Beziehung zwischen Führungsverhalten und Führungserfolg erklären.

Noch schwerer wiegt allerdings die Kritik, dass im Großen und Ganzen noch unklar ist, warum transformationale Führung wirkt (Bass, 1999, S. 23 f.; Bono/ Judge, 2003, S. 554; Dvir et al., 2002, S. 736; House/ Aditya, 1997, S. 443; Yukl, 2002, S. 262; ders., 1999, S. 287, 294-295). Bei der Theoriebildung zur transformationalen Führung wurde nur betrachtet, was „große" Führer, wie etwa Mahatma Gandhi oder Martin Luther King, von „kleinen" Führungspersonen unterscheidet. Es wurde versäumt, darüber zu spekulieren, *warum* Menschen wie Gandhi oder King so effektive Führer waren. Erst in letzter Zeit wurden Erklärungsansätze nachgereicht (House/ Shamir, 1993; Shamir et al. 1993, 1996). Diese sind motivationaler und volitionaler Art, d. h. sie erklären, warum transformationale Führung Geführte begeistert und bei ihnen ein besonders großes Engagement auslösen kann. Damit – und das ist aus pragmatischer Sicht die entscheidende Kritik – geht transformationale Führung allerdings an den Notwendigkeiten der Praxis teilweise vorbei. Für Softwareentwicklungsprojekte ist beispielsweise dokumentiert, dass es oft gar nicht an der Motivation der Geführten mangelt (Gail/ Frese, 1994; Sonnentag, 1994, S. 172 ff.; Trittmann et al., 2000; Weltz/ Ortmann, 1992, S. 154 ff.). Vielmehr sind in kritischen Situationen oft andere Führungsdefizite zu beklagen, z. B. „handwerkliche" Führungsfehler, die sich in fehlender Herstellung von Zielklarheit, fehlenden Entscheidunge über die Verwendung von Ressourcen im Projekt, in Rollenkonflikten für die Mitarbeiter oder in Kommunikationslücken niederschlagen (vgl. z. B. Grudin, 1991; Grüter et al., 2001; Igbaria et al., 1994; Jones, 1994; Krasner et al., 1987; Weltz/ Ortmann, 1992).

Als Fazit ist festzustellen, dass weder in der Literatur zum (Software-)Projektmanagement noch in empirischen Untersuchungen der Softwareentwicklung der in Frage kommenden wissenschaftlichen Disziplinen noch in der Forschung zum Innovationsmanagement noch in der Führungsforschung eine ausdifferenzierte und hinreichend auf den Kontext der Softwareentwicklung bezogene Theorie des Führungsverhaltens und Führungserfolgs angeboten wird. Diese Lücke zu füllen, ist das mit Blick auf das pragmatische Erkenntnisziel der praktisch-normativen Betriebswirtschaftslehre (Schanz, 2000, S. 86 f., S. 113) wichtigste Ziel dieser Arbeit.

Dabei zeigte sich bei der Entwicklung der hier vorgestellten Theorie, dass diese weitestgehend auf die Mitarbeiterführung in *allen* zeitkritischen und komplexen Projekten übertragen werden kann. Die im Zuge dieser Arbeit entwickelten Theorieaussagen fußen zum einen auf bestimmten Merkmalen der Führungssituation, nämlich der Komplexität, der Zeitknappheit und den Zielen der Softwareentwicklung, sowie zum anderen auf bestimmten Annahmen über das Verhalten der Geführten. Diese Merkmale und Annahmen gelten aber nicht nur für zeitkritische und komplexe Softwareentwicklungsprojekte, sondern für alle Unterfangen, in denen eine Gruppe von Fachleuten arbeitsteilig und kreativ ein komplexes Problem in einer eng begrenzten Zeit mit knappen Ressourcen lösen muss – mithin bei allen zeitkritischen und komplexen Projekten. Zeitkritisch ist ein Projekt, wenn es enge Terminvorgaben erfüllen muss, deren Erfüllung für den Gesamterfolg des Projekts von Bedeutung sind, etwa weil bei Verzug hohe Vertragsstrafen drohen. Ein Projekt ist im Sinne der vorliegenden Arbeit komplex zu nennen, wenn der Gegenstand und die erforderlichen Aktivitäten des Projekts so schwer einzuschätzen und zu planen sind, dass es in dessen Verlauf mit hoher, aber unvorhersehbarer Wahrscheinlichkeit zu Störungen, Problemen, Pannen und sogar Krisen kommt, die die Zielerreichung aus Sicht mindestens einer Stakeholdergruppe im hohen Maße gefährdet erscheinen lassen (Dörner, 1989; Dörner/ Schaub, 1995).

Softwareentwicklungsprojekte sind nach diesem Begriffsverständnis häufig typische Vertreter zeitkritischer und komplexer Projekte. Die Aussagen der hier vorgelegten Theorie lassen sich daher auf zeitkritische und komplexe Projekte im Allgemeinen übertragen, gerade *weil* sie auf der Grundlage eingehender Betrachtungen von zeitkritischen und komplexen Softwareentwicklungsprojekten entwickelt worden sind. Die Theorie, d. h. die Handlungsempfehlungen und die dazu gehörenden Begründungen, kann und soll mithin Führenden in allen zeitkritischen und komplexen Projekten Hilfestellung bieten. Dazu soll im Folgenden die Beziehung zwischen Führungsverhalten und Führungserfolg so dargestellt und erklärt werden, dass es möglich wird, Führungshandeln in zeitkritischen und komplexen Projekten ganzheitlich kritisch zu reflektieren. Davon sollen Aus- und Weiterbildung, Beratung und Coaching praktizierender und zukünftiger Führender in zeitkritischen und komplexen Projekten profitieren können.

2.2 Theoretisches Anliegen: Übertragung der Theorie innovationsförderlicher Führung

Komplexität impliziert oder umfasst – je nach Begriffsfassung – den Umstand der Unsicherheit (Boerner, 2002, S. 178 ff.; Krause, 2003, S. 32 ff.). Der Verlauf komplexer Projekte ist nicht vorhersehbar und daher auch nicht vollständig planbar. Daraus resultieren Risiken, die sich mit einer gewissen, aber unbekannten, Wahrscheinlichkeit in kritischen Situationen für das Projekt manifestieren (Badke-Schaub, 2001; Charette, 1994, S. 1092-1093; Mumford et al, 2002, S. 709). In Softwareentwicklungsprojekten umfassen solche kritischen Situationen beispielsweise unvorhergesehene Veränderungen der Anforderungen an die Software oder Fehlfunktionen der Software, die nach der Entfernung von Fehlern („debugging") in der Software entstehen (Sauer, 1993, S. 84 f., siehe auch II 2.3 „Fazit: Risiken und Chancen der Softwareentwicklung). Der Erfolg zeitkritischer und komplexer Projekte dürfte entscheidend davon abhängen, wie es den Mitarbeitern gelingt, antizipierend mit den Risiken (und Chancen) und reagierend mit kritischen Situationen, Krisen, Pannen und Problemen zurechtzukommen (Badke-Schaub, 2001; Balck, 1989; Sauer, 1993; Sheramata, 2002). Eine Theorie der Mitarbeiterführung in zeitkritischen und komplexen Projekten sollte hier ihren gedanklichen Ausgangspunkt nehmen. Zu fragen ist, was Führende tun können, damit die Geführten mit Risiken und kritischen Situationen „gut" zurechtkommen.

Auf diese Frage gibt es bereits erste umrissartige Antworten, die das Modell der innovationsförderlichen Mitarbeiterführung von Gebert (1987, 2002) liefert. Gebert überträgt die kognitiv-transaktionale Stresstheorie von Lazarus (1966, 1999) auf den Kontext der Mitarbeiterführung. Die Theorie von Lazarus erklärt, wie Menschen auf kritische Ereignisse reagieren, deren Bewältigung ihnen eine gewisse Anstrengung abverlangt und die sie daher als stressig erleben (Lazarus, 1966, 1999; Lazarus/ Launier, 1978; Lazarus/ Folkman, 1984). Insbesondere erklärt Lazarus, inwieweit die kognitive Bewertung solcher Ereignisse mit dem Bewältigungsverhalten der Personen in Verbindung steht. Gebert (1987, 2002) wendet die Logik des Lazarus-Modells auf betriebliche Situationen an, in denen Mitarbeiter mit einer Divergenz zwischen Soll-Zustand und Ist-Zustand und bzw. einem zukunftsbezogenen Soll-Zustand und einem absehbaren Wird-Zustand der betrieblichen Praxis konfrontiert sind (Gemünden, 2001). In diesen Situationen laufen die gleichen Bewertungsprozesse ab, die Lazarus (1966, 1999) für belastende Situationen beschreibt, so dass Gebert (1987, 2002) theoriegeleitet über die kognitiven Bestimmungsgründe des innovatorischen Verhaltens der Geführten spekulieren und daraus Maßgaben für ein innovativitätsförderliches Führungsverhalten ableiten kann. Krause (2003) hat die von Gebert (1987, 2002) angenommenen Beziehungen zwischen den Kognitionen der Geführten und ihrem innovatorischen Verhalten mit Hilfe einer standardisierten Fragebogenuntersuchung an 399 Führungskräften getestet und bestätigt. Darüber hinaus hat die Anwendung des Modells von Gebert (1987, 2002) in weiteren Beiträgen zur Führungs- und Innovationsforschung zu zahlreichen fruchtbaren Ergebnissen geführt (z. B. Boerner, 1998; Gebert et al., 2001a, 2001b, 2003; Krause, 2003, 2004).

Angesichts des hohen Zeit- und Erfolgsdrucks von zeitkritischen und komplexen Projekten ist es naheliegend zu vermuten, dass Risiken und kritische Situationen von den Geführten als (positiv oder negativ) stressig empfunden werden. Die Überlegungen von Gebert (1987, 2002) dürften also weitgehend übertragbar sein. Allerdings sind bei einer solchen Übertragung einige theoretische Probleme zu lösen. Gebert (1987, 2002) und Krause (2003; 2004) erklären ausdrücklich nur die Beziehungen zwischen Innovativität als abhängiger Variable, innovatorischem Verhalten der Geführten als Mediatorvariable und Führungsverhalten als unabhängige Variable. Zeitkritische und komplexe Projekte werden aber nicht nur an ihren Beiträgen zur Innovativität der Mutterorganisation, sondern an einem ganzen Zielkranz gemessen (abhängige Variable). Daher dürfte das Soll-Verhalten der Geführten ein anderes sein, als es von Gebert und Krause konzeptionalisiert wird (Mediatorvariable). Daraus folgt, dass die Empfehlungen an Führende über ihr Führungsverhalten zumindest teilweise anders als bei Gebert (1987, 2002) und Krause (2003, 2004) ausfallen werden (unhängige Variable).

Zusammenfassend besteht das theoretische Anliegen dieser Arbeit darin, die Grundlogik des Modells der innovationsförderlichen Führung auf den Gegenstandsbereich der Mitarbeiterführung in zeitkritischen und komplexen Projekten zu übertragen.

2.3 Methodisches Anliegen: Zur Gegenüberstellung von Forschung und Praxis

Das methodische Anliegen dieser Arbeit entspringt der Beobachtung, dass der wechselseitige Wissenstransfer zwischen der angewandten Führungsforschung und der ihr gleichsam übergeordneten Organisationsforschung – wie sie vor allem in Teilen der Betriebswirtschaftslehre, der Psychologie, der Soziologie und der interdisziplinären Innovationsforschung gepflegt und unter anderem von der Academy of Management publiziert wird – einerseits und der Führungs- und Organisationsmanagementpraxis andererseits verbesserungswürdig ist (Gordon/ Yukl, 2004; Rynes et al., 2001; Zaccaro/ Horn, 2003). Die Academy of Management widmete diesem Problem in ihrem Journal eine Sonderausgabe mit der Überschrift „The Great Divide". Im Einleitungsaufsatz schreiben die Herausgeber (Rynes et al., 2001, S. 340): "A substantial body of evidence suggests that executives typically do not turn to academics or academic research findings in developing management strategies and practices (e.g. Abrahmson, 1996; Mowday, 1997; Porter & McKibbon, 1988). Similarly, researchers rarely turn to practitioners for inspiration in setting their research questions (Sackett & Larson, 1990) or for insight in interpreting their results (Rynes, McNatt, & Bretz, 1999). Given this state of affairs, it is hardly surprising that considerable gaps often exist between the normative recommendations of organizational researchers and actual management practices in organizations (e.g. Johns, 1993; Miller, Greenwood & Hinings, 1997; Pfeffer, 1998)."

Rynes et al. (2001, S. 349) weisen darauf hin, dass ein intensiver Dialog zwischen Forschern und Praktikern bereits in den frühen Phasen des Forschungsprozesses, insbesondere bei der Theoriebildung, dazu beitragen könnte, die Trennung zwischen Forschung und Praxis zu überwinden (vgl. auch Zaccaro/ Horn, 2003, S. 786). Hier setzt die vorliegende Arbeit an, wie die folgende Abbildung zeigt.

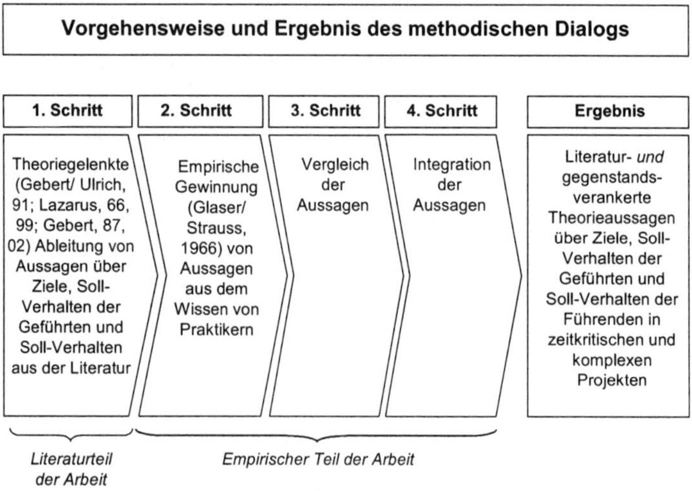

Vorgehensweise und Ergebnis des methodischen Dialogs

1. Schritt	2. Schritt	3. Schritt	4. Schritt	Ergebnis
Theoriegelenkte (Gebert/ Ulrich, 91; Lazarus, 66, 99; Gebert, 87, 02) Ableitung von Aussagen über Ziele, Soll-Verhalten der Geführten und Soll-Verhalten aus der Literatur	Empirische Gewinnung (Glaser/ Strauss, 1966) von Aussagen aus dem Wissen von Praktikern	Vergleich der Aussagen	Integration der Aussagen	Literatur- *und* gegenstandsverankerte Theorieaussagen über Ziele, Soll-Verhalten der Geführten und Soll-Verhalten der Führenden in zeitkritischen und komplexen Projekten

Literaturteil der Arbeit   *Empirischer Teil der Arbeit*

Abb. 1: **Vorgehensweise und Ergebnis des methodischen Dialogs**
Quelle: Eigene Darstellung

Im ersten Schritt dieser Untersuchung werden zum Zwecke der Theoriebildung aus der einschlägigen Forschungsliteratur theoriegelenkt (Gebert/ Ulrich, 1991; Lazarus 1966, 1999; Gebert, 1987, 2002) Aussagen zu den Zielen, dem Soll-Verhalten der Geführten und dem Soll-Verhalten der Führenden in komplexen und zeitkritischen Projekten am Beispiel der Softwareentwicklung abgeleitet. Dieser Schritt ist im Literaturteil der Arbeit dokumentiert. Im zweiten Schritt werden die Antworten von Praktikern, die sich in diesem Kontext bewegen, auf die Fragen nach den Zielen, dem Soll-Geführtenverhalten und dem Soll-Führungsverhalten erhoben und aggregiert. Im dritten Schritt wird beides miteinander verglichen (vgl. auch Gordon/ Yukl, 2004, S. 361). Zweck des Vergleich ist es, Gemeinsamkeiten,

10

Widersprüche und vor allem Komplementäres zu erkennen – Letzteres, um „blinde Flecken" der Forschung und der Praxis wechselseitig durch die Einsichten der jeweils anderen Seite zu kompensieren. Im vierten Schritt werden die sich nicht widersprechenden Aussagen der Literatur und der Praxis zu einer Theorie der Führung in zeitkritischen und komplexen Projekten integriert. Die zweiten, dritten und vierten Schritte des Forschungsprozesses sind im empirischen Teil dieser Arbeit dokumentiert.

Das skizzierte Vorgehen sei „methodischer Dialog" zwischen Forschung und Praxis genannt. Der Dialog ist methodisch, da er aufgrund unüberwindbarer zeitökonomischer Grenzen weitgehend vom Forscher allein – stellvertretend für den natürlichen Dialog von Mensch zu Mensch – geführt wird. Und doch ist es ein Dialog, weil Forschung und Praxis in schriftlicher Form Gehör erhalten und beide Sichtweisen in die zu bildende Theorie eingehen.

Die im Kapitel III 3 als Ergebnis dieser Untersuchung vorgelegte literatur- und gegenstandsverankerte Theorie der Führung in zeitkritischen und komplexen Projekten umfasst damit zum einen den Kenntnisstand der Forschungsliteratur – soweit diese zuvor im Teil II dieser Arbeit ausgewählt, interpretiert und dokumentiert wurde. Zum anderen umfasst sie das Wissen der Mitglieder der untersuchten Organisationen – soweit es zuvor vom Forscher nach den Verfahrensregeln der *Grounded Theory* (Glaser/ Strauss, 1967; K. Locke, 2001) rekonstruiert und im Kapitel III 2 dieser Arbeit dokumentiert wird.

Diese Art der Theorieentwicklung dürfte gegenüber anderen Verfahren der Theoriebildung (vgl. Bortz/ Döring, 2002, 356 ff.) einige Vorteile aufweisen, die ermöglichen, Brücken zwischen Führungsforschung und -praxis zu bauen. Gegenüber einer ausschließlichen Exploration der existierenden Literatur wahrt der methodische Dialogs den Vorzug empirisch-qualitativer Theorieexploration, im detailreichen Material auf Aspekte der Mitarbeiterführung in zeitkritischen und komplexen Projekten zu stoßen, die in der Literatur noch nicht berücksichtigt sind, die aber für die Führungspraxis in diesem Feld bedeutsam sind (vgl. Bortz/ Döring, 2002, S. 363 ff., 385 ff.). Damit ist zu rechnen, da weite Teile des in dieser Arbeit berücksichtigten Wissens der Literatur abstrakter (Boland et al., 2001, 394 ff.) als das Wissen der Praktiker sein dürften. Dafür gibt es inhaltliche und methodische Gründe. Das Wissen der in dieser Arbeit zu berücksichtigenden Literatur ist inhaltlich abstrakter, weil es nicht für das hier untersuchte Untersuchungsfeld entwickelt worden ist. Vielmehr ist es allgemeiner formuliert, etwa auf der Ebene von Projekten im Allgemeinen oder auf der Ebene von Teams im Allgemeinen (siehe II. Teil dieser Arbeit). Hinzu kommt die nomothetische Methodik, mit der ein Großteil des in der Literatur dokumentierten Wissens entwickelt wurde. Dies gilt insbesondere für die Theorien von Lazarus (1966, 1999) und Gebert (1987, 2002), die den inhaltlich-konzeptionellen Rahmen für diese Arbeit liefern (siehe I 2.2). Nomothetische Theorien zeichnen sich durch eine Methodik aus, die zum Zwecke der Generalisierung von den Besonderheiten des Einzelfalls abstrahiert (Bortz/ Döring, 2002, S. 298). Diese Besonderheiten können aber im hier betrachteten Kontext durchaus führungsrelevant sein (Gebert, 2002, S. 76 f.). Vor diesem Hintergrund bietet es sich an, ergänzend eine idiographisch orientierte empirische Theorieentwicklung durchzuführen, die die Besonderheiten des Feldes „zeitkritische und komplexe Projekte" auch methodisch abbilden kann. Zaccaro/ Horn (2003) halten die Verfahrensregeln der Grounded Theory für besonders geeignet, die Besonderheiten, die Führung in einem Kontext ausmacht, zu erkennen. Im Ergebnis dürfte die Erhebung und illustrative Beschreibung des Anwendungsfelds Softwareentwicklung und des in diesem Anwendungsfeld eingelagerten (Carlile, 2002, S. 445 f.) Praktikerwissens dazu beitragen, dass die erarbeitete Theorie die Beziehung zwischen Führungsverhalten und Führungserfolg in zeitkritischen und komplexen Projekten besser approximiert, als wenn sie ohne eine gleichzeitige Betrachtung der Praxis entstanden wäre (vgl. Locke/ Cooper, 2000, S. 341; Rynes et al., 2001, S. 349; Sutton/ Staw, 1995; Weick, 1995). Diese Arbeit schlägt insofern eine Brücke von der Praxis zur Forschung, weil und soweit darin der Kontext, in dem sich Praktiker bewegen, *mit Hilfe der Praktiker* (Zaccaro/ Horn, 2003, S. 788) verstanden wird und Handlungsempfehlungen erarbeitet werden, die dem betrachteten Kontext angemessen sind.

Auf der anderen Seite ist es sinnvoll, eine empirisch verankerte Theorieentwicklung durch eine literaturgestützte „Beobachterperspektive" vorzubereiten und zu ergänzen, wie es etwa Osterloh/ Frost (2003, S. 597 f.) und Zaccaro/ Horn (2003, S. 787) vorschlagen. Aus zwei Gründen trägt dies zu einem Brückenschlag von der Forschung zur Praxis bei. Erstens hat dieses Vorgehen gegenüber einer allein empirischen Theorieentwicklung den Vorteil, bereits bestehendes Wissen der Forschung zu nutzen. Zweitens wird durch die Beobachterperspektive sichergestellt, dass die Ergebnisse der empirischen Untersuchung einen Bezug zu den Ergebnissen der bisherigen Führungsforschung haben. Dadurch wird eine unnötige Zersplitterung der Theorielandschaft (vgl. Geyer/ Steyrer, 1994, S. 972) vermieden, und die Ergebnisse dieser Untersuchung können der unmittelbaren Weiterentwicklung bereits bestehender Forschungsergebnisse dienen. Darüber hinaus bietet eine literaturbasierte Beobachterperspektive den Vorteil kritischer Distanz; schließlich gilt es zu vermeiden, sich eilfertig herrschenden Meinungen und Moden der Praktiker anzubiedern und wissenschaftliche Prüfverfahren und Argumentationsstandards über Bord zu werfen (Kieser/ Nicolai, 2003; Schuler,

1999). Vielmehr soll der methodische Dialog dazu beitragen, den Praktikern Zusammenhänge und Alternativen aufzuzeigen, die sie allein aus ihrer Perspektive nicht sehen können (vgl. Kleppel, 2003; Kieser/ Nicolai, 2003, S. 592 f.).

Der abschließende Vergleich der Aussagen, die aus der Literatur gewonnen wurden, mit den Aussagen, die aus der Auseinandersetzung mit Praktikern gewonnen wurden, bietet schließlich die Chance, das Wissen der Literatur und der Praxis zu *einer* Theorie der Mitarbeiterführung in zeitkritischen und komplexen Projekten auf systematische Weise zu integrieren (vgl. Bortz/ Döring, 2002, S. 366 f.) und dadurch *sowohl* die Führungspraxis *als auch* die Führungsforschung zu bereichern. Beim Vergleich der Aussagen zu den Zielen, Soll-Verhaltensweisen der Geführten und den Soll-Verhaltensweisen der Führenden können gleiche bzw. zumindest ähnliche, sich widersprechende und komplementäre Aussagen entdeckt werden. Die Integration ähnlicher Aussagen ist problemlos möglich. Der Vorteil, ähnliche Aussagen gefunden zu haben, besteht darin, ein und denselben Sachverhalt sowohl in der Sprache der Literatur als auch in der Sprache der Praxis ausdrücken zu können (Rynes et al., 2001, S. 350). Dies dürfte die Anwendung der Theorie in der Praxis erleichtern und käme mithin der Dienstleistungsfunktion der Führungsforschung zugute. Widersprüchliche Aussagen können nicht ohne weiteres in die zu entwickelnde Theorie aufgenommen werden, weil im Zuge dieser Arbeit über eine Plausibilitätsprüfung hinaus keine Validitätsprüfung möglich ist. Immerhin können widersprüchliche Aussagen aber gekennzeichnet werden. Dies hat den Vorteil, Bedarf für weitere Forschung zu markieren, in denen die Validität der sich widersprechenden Forscher- und Praktikeraussagen festzustellen wäre. Komplementäre Aussagen sind solche, die einander ergänzen. Schon aufgrund der unterschiedlichen Abstraktionsniveaus des Literatur- und des Praxiswissens ist mit zahlreichen komplementären Aussagen zu rechnen. So dürften sich in den Aussagen der Praktiker Konkretisierungen abstrakter Literaturaussagen in Form von Beispielen, Differenzierungen und präziseren Beschreibungen finden lassen. Des Weiteren dürfte sich ein Teil der Aussagen auf unterschiedliche Aspekte der Mitarbeiterführung beziehen, so dass sich die Aussagen der Literatur und die Aussagen der Praktiker ergänzen und blinde Flecken der jeweils anderen Seite kompensieren. Blinde Flecken sind zu erwarten, weil sie „Betriebsblindheiten" der Forscher und der Praktiker widerspiegeln, die aufgrund der Einbettung ihres Wissens in ihre Forschung bzw. in ihre Praxis unvermeidlich sind (vgl. Cook/ Brown, 1999). Die wechselseitige Ergänzung abstrakter mit konkreten Aussagen, sowie das wechselseitige Kompensieren blinder Flecken bietet die Chance, dass Forschung und Praxis voneinander lernen und profitieren, anstatt sich voneinander abzugrenzen.

Zusätzlich zu den Chancen des methodischen Dialogs, Brücken zwischen Führungs-forschung und -praxis zu bauen, dürfte ein weiterer Ertrag im kreativen Moment des Prozes-ses der Theoriebildung liegen. Die Bildung neuen Wissens – und damit auch die Bildung von Theorien – scheint von Kontrasten und Unterschieden zu profitieren (Rynes et al., 2001, S. 346 f.), sei es von den Unterschieden verschiedener wissenschaftlicher Disziplinen bei der interdisziplinären Forschung (Bylinsky, 1990), von der Kontrastierung konkurrierender Hypo-thesen (Eagly/ Chaiken, 1993, S. 305 ff., insb. S. 345 f.), von den Unterschieden zwischen Planen und Ausprobieren (Eisenhardt/ Tabrizi, 1996) oder eben auch vom Unterschied zwi-schen Theorie und Praxis (Lewin, 1951), die in dieser Arbeit explizit kontrastiert werden.

Im Ergebnis bietet der methodische Dialog die Chance, sich dem Forschungsgegen-stand zeitkritischer und komplexer Projekte im Sinne der Triangulation (Denzin, 1978, insb. S. 291; Flick, 2000) aus der Perspektive der Forschungsliteratur und der Perspektive der Pra-xis zu nähern. Dadurch lassen sich nicht nur mehr Erkenntnisse gewinnen, als wenn die Theo-rieentwicklung allein aus einer Perspektive erfolgt wäre, sondern vor allem auch Erkenntnis-se, die helfen können, die Trennung zwischen Führungsforschung und -praxis zu überwinden.

II. Teil: Entwicklung des theoretischen Bezugsrahmens und der Handlungsempfehlungen aus der Literatur

Zweck dieses Teils dieser Arbeit ist es, den ersten großen gedanklichen Schritt des methodischen Dialogs zu vollziehen und aus der Forschungsliteratur am Beispiel der Softwareentwicklung Handlungsempfehlungen für Führende in zeitkritischen und komplexen Projekten abzuleiten. Dazu soll vorab erläutert werden, was in dieser Arbeit unter „Führung" verstanden wird und warum es zur Theorieentwicklung erforderlich ist, aus der Literatur (und später von Praktikern) Aussagen zu den Zielen, dem Soll-Verhalten der Geführten und dem Soll-Verhalten der Führenden in Softwareentwicklungsprojekten und nicht etwa zu anderen Aspekten von Führung zu destillieren. Die Klärung dieser theoretischen Grundsatzfragen erfolgt im Kapitel II 1 „Zielorientierte Führungsforschung als Untersuchungsleitfaden". In den darauffolgenden Kapiteln II 1 bis II 4.1 wird aus der Literatur ein theoretischer Bezugsrahmen entwickelt, mit dessen Hilfe in den Kapiteln II 4.2 und II 4.3 Handlungsempfehlungen an Führende in zeitkritischen und komplexen Projekten am Beispiel der Softwareentwickung aus der Literatur abgeleitet werden. Die Ergebnisse der theoretischen Vorüberlegungen und der Literaturanalyse werden abschließend im Kapitel II 5 zusammengefasst.

1   Zielorientierte Führungsforschung als Untersuchungsleitfaden

Führung ist ein schillernder Begriff. Da er ein Phänomen der Alltagswelt bezeichnet, ruft er zahlreiche Bedeutungsinhalte, Konnotationen und Assoziationen ab (Neuberger, 2002, S. 2 ff; Weibler, 2001, S. 3-4; Yukl, 2002, S. 1 f.). Der gemeinsame Nenner aller denkbaren Vorstellungen von Führung ist schmal und umfasst den Umstand der Verhaltensbeeinflussung. Eine Person, eine Gruppe, Organisation oder ein sonstiges soziales Aggregat führt nur dann, wenn sie oder es mindestens das Verhalten der Geführten beeinflusst (Rosenstiel, 2001, S. 318; Weibler, 2001, S. 29; Yukl, 2002, S. 2 f.). Jede weitergehende Definition des Forschungsgegenstandes erfolgt unweigerlich vor dem Hintergrund der jeweiligen Untersuchungsziele (Bass, 1990, S.18) und auf der Grundlage von gegebenenfalls impliziten Theorien, die Forscher an den abzugrenzenden Erfahrungsgegenstand herantragen (Neuberger, 2002, S. 3-4). Aus diesen Gründen gibt es unübersehbar viele verschiedene Definitionen von Führung, und Stogdill (1974, S. 7) hat auch heute noch mit folgender Feststellung Recht: „There are almost as many definitions of leadership as there are persons who have attempted to define the concept".

Mit Blick auf die Ziele dieser Arbeit ist es nicht notwendig, die vielen in der Literatur dokumentierten Definitionsversuche erneut zu referieren und zu systematisieren.[2] Sehr wohl ist es aber geboten, das Vorverständnis, mit dem sich in dieser Arbeit dem Phänomen Mitarbeiterführung genähert wird, offen zu legen. Des Weiteren ist es erforderlich, Ablauf und Struktur der literaturbasierten Überlegungen, die später den empirischen Untersuchungen gegenübergestellt werden, zu begründen. Dies geschieht in den beiden folgenden Abschnitten II 1.1 und II 1.2.

1.1 Mitarbeiterführung als Untersuchungsgegenstand

Die in dieser Arbeit betrachtete Mitarbeiterführung lässt sich durch folgende Merkmale definieren:

- Ausrichtung auf organisationale Ziele
- Unmittelbarkeit, Wechselseitigkeit und Asymmetrie des Einflusses zwischen Führenden und Geführten
- Berücksichtigung von Instrumenten des (Projekt-) Managements und der Unternehmensführung
- Berücksichtigung aller tatsächlich Führenden
- Dyadische Betrachtung von Führungsbeziehungen.

Bei der Beschreibung des praktisch-normativen Verständnisses von Führungsforschung im Teil I wurde bereits implizit die Prämisse gesetzt, dass Führung nicht zweckfrei eingesetzt wird. Führende verfolgen bestimmte Ziele und wollen einen – wie auch immer verstandenen – Führungserfolg erreichen. Die anwendungsorientierte psychologische und betriebswirtschaftliche Führungsforschung zeichnet sich im Gegensatz etwa zur philosophischen (vgl. Scholl, 1995) oder kritisch-soziologischen, z. B. feministischen (vgl. Neuberger, 2002, S. 764 ff.), Führungsforschung dadurch aus, Führungserfolg anhand organisationaler Ziele zu definieren (Witte, 1995; Yukl, 2002, S. 10 f.). Dass Führung auf die Erreichung *organisationaler Ziele* ausgerichtet ist, wird nicht hinterfragt, sondern ist Prämisse auch dieser Untersuchung.

---

[2] Übersichtsdarstellungen finden sich u. a. bei Bass (1990, S. 3-55), Gebert/ v. Rosenstiel (2002, S. 185 ff.), House/ Aditya (1997), Neuberger (2002), Northouse (2001), Yukl (2002), Weibler (2001) und im Handwörterbuch der Führung, hrsg. v. Kieser, Reber, Wunderer (1995) unter den entsprechenden Einträgen.

Schwerpunkt dieser Arbeit ist der *unmittelbare* und damit *wechselseitige Einfluss* der Führenden auf die Geführten. Anders als im Alltagsverständnis und in der älteren Führungsforschung (vgl. Neuberger, 1976, S. 17-18; Shamir, 1999, S. 51) wird Führung nicht nur mit dem Verhalten der Führenden in Verbindung gebracht. Vielmehr beeinflussen auch die Geführten ihre Führenden (Weibler, 2001, S. 38-42; Shamir, 1999, S. 51). Diese Sichtweise von Führung berücksichtigt die Interaktionalität zwischenmenschlicher Kommunikation (Watzlawick et al., 1993, S. 50 ff.), sozialer Lernprozesse (Bandura, 1986) und der Prozesse der Wahrnehmung und Realitätskonstruktion, z. B. Attributionen und Projektionen (Shamir, 1999, S. 51). Geführte reagieren auf Führung, lernen und verändern ihr Verhalten. Damit verändern sich die Voraussetzungen für die Führenden. Diese reagieren ihrerseits auf das Verhalten der Geführten, lernen aus den gesammelten Erfahrungen und verändern ihr Führungsverhalten (Boerner, 2002, S. 9). Nach diesem Verständnis agieren und reagieren beide Interaktionspartner wechselseitig aufeinander bezogen (Krause, 2003, S. 10). Allerdings implizieren reziproke Lern- und Wahrnehmungsprozesse nicht, dass die wechselseitige Beeinflussung symmetrisch ist. Im Gegenteil, der Begriff „Führung" ist nur nützlich, wenn damit eine asymmetrische Einflussbeziehung gemeint ist (Shamir, 1999, S. 51), d. h. der Führende beeinflusst den Geführten stärker als umgekehrt (Weibler, 2001, S. 39).

Von der unmittelbaren Mitarbeiterführung lässt sich eine mittelbare, strukturelle oder entpersonalisierte Führung unterscheiden, die bisweilen als Unternehmensführung oder Management bezeichnet wird (Neuberger, 2002, S. 48 ff.; Rosenstiel, 2001, S. 319; Türk, 1995, Sp. 328 ff.; Yukl, 2002, S. 5 f.). Zur mittelbaren Führung werden üblicherweise alle Formen der Verhaltensbeeinflussung über unpersönliche Koordinations- und Motivationsmechanismen gezählt (vgl. E. Frese, 1998, S. 7-21). Dazu gehören etwa Planungs- und Kontrollsysteme (E. Frese, 1987, S. 167-214), Organisationsstrukturen (Schreyögg, 1999, 17-19) oder Anreizsysteme (Domsch/ Gerpott, 1995, Sp. 376). Bei genauerer Betrachtung ist diese Unterscheidung aber irreführend. Der Unterschied der mittelbaren Führung zur unmittelbaren Führung besteht streng genommen nur dann, wenn die Geführten beeinflusst werden, ohne dass diese auf diesen Einfluss *zurück*wirken können. Eine so verstandene mittelbare Führung besteht nur, wenn sie auch von den jeweils betrachteten Führenden *nicht* verändert werden kann. Im Falle einer normalen Projektleitung, die über keine besonderen Beziehungen zur Geschäftsleitung verfügt, gehört z. B. das Gehaltssystem der Mutterorganisation zur mittelbaren Führung. Im Falle einer Geschäftsführerin hingegen gehört das Gehaltssystem der eigenen

Firma nicht mehr zur mittelbaren Führung im engen Sinne, weil ihre Geführten auf sie Einfluss ausüben können, das Gehaltssystem zu verändern.

Daher werden in dieser Arbeit auch Verhaltensbeeinflussung durch *Instrumente des (Projekt-)Managements und der Unternehmensführung* als Teil der unmittelbaren Führung betrachtet – wenn und soweit die Führenden Entscheidungen über Gestaltung dieser Mechanismen beeinflussen können und sie diesbezüglich wiederum von ihren Geführten beeinflusst werden können. Damit umfasst der Begriff der Führung in dieser Arbeit in deutlicher Abgrenzung zu anderen Untersuchungen nicht nur den Einfluss der Führenden auf die emotionalen und geistigen Ressourcen der Geführten, sondern auch und gerade alle „handfesten" Entscheidungen über Ziele und Ressourcen im Projekt, die sich etwa in Planungs- und Kontrollsystemen und -dokumenten, Organisationsstrukturen und Anreizsystemen niederschlagen.

Damit stellt sich die Frage danach, wer als „Führende in zeitkritischen und komplexen Projekten" verstanden wird. Hierzu zählen zum einen alle formal ernannten Führungskräfte, etwa Projektleitungen und Programmdirektionen. Aber selbst wenn es keine ernannten Führer gibt, gibt es Führung – andernfalls scheitert das Projekt. Die einzelnen Aufgaben des gesamten sozialen Prozesses der Arbeitsteilung und Koordination im Team, etwa die Zuordnung der Aufgaben, die Kontaktpflege zu anderen Stakeholdern des Projekts, die Anleitung neuer Mitglieder und die Überprüfung der Teamleistung (Mohrman et al., 1995, S. 163 ff.) müssen von irgendwem in die Hand genommen werden, der dann in Hinsicht auf den übernommenen Aspekt zwangsläufig die anderen stärker beeinflusst, als er beeinflusst wird. Selbst wenn diese Tätigkeiten gleichmäßig auf alle Mitglieder der Gruppe verteilt werden, gibt es Führung. Im Sinne „geteilter Führung" führt *jeder* – allerdings jeweils nur im Hinblick auf einen Teil der gesamten Führungsaufgabe (Pearce/ Sims, 2002; Shamir, 1999, S. 54; Wurst/ Högl, 2001, S. 160-161). Es ist nicht so entscheidend, *wer* die erforderlichen Führungsaufgaben erledigt, entscheidend ist nur, *dass* und *wie* sie erledigt werden. Mithin sind als Führende in zeitkritischen und komplexen Projekten auch alle Personen gemeint, die unabhängig von ihrer hierarchischen Position in der Lage sind, andere Projektbeteiligte in ihrem Verhalten zu beeinflussen. Um einen einheitlichen geistigen Referenzpunkt zu haben, werden die Überlegungen jedoch aus Sicht von Teamleitungen, Projektleitungen und Programmdirektionen geführt, die qua Amt die Aufgabe haben, ihre Mitarbeiter zu beeinflussen. Die Bezeichnungen Führende, Führungspersonen oder Führungskräfte werden dafür im Folgenden synonym verwendet.

Der mit den Forschungsarbeiten von Lazarus (1966, 1999) und Gebert (1987, 2002) gewählte theoretische Zugang zum Thema fokussiert die Führungsdyade zwischen einer führenden und einer geführten Person. Aspekte der Teamführung werden daher in dieser Arbeit nicht *an sich* betrachtet, sondern nur insoweit, als dass sie die Führungsdyade mittelbar berühren. Darüber hinaus erlaubt die Fokussierung auf die Führungsdyade, auch Fragen der Personalentwicklung und der Teamzusammensetzung (Staffing) in dieser Untersuchung zu vernachlässigen. In dieser Arbeit werden vielmehr die den Führenden zur Verfügung stehenden Mitarbeiter als Randbedingung des Führens begriffen. Einzelne Personalauswahlentscheidungen, etwa die Hinzunahme eines Mitarbeiter oder die Trennung von einem Mitarbeiter, bleiben davon unberührt und werden als mögliche Führungshandlungen berücksichtigt. Nicht betrachtet werden allerdings eher langfristig angelegte Aktivitäten, etwa des Recruitings, des Mentorings und des Diversity Managements, die dem Aufbau und der Entwicklung qualifizierter und diverser Projektteams dienen.

1.2 Berücksichtigung der Führungssituation in der zielorientierten Führungsforschung

Zusätzlich zu den oben referierten Merkmalen des hier zugrunde gelegten Führungsbegriffs zeichnet sich diese Arbeit dadurch aus, dass sie der situativen Führungsforschung zuzurechnen ist. Diese folgt der Prämisse, dass es keinen Königsweg der Führung geben kann, der in allen Situationen und zu allen Zeiten zum Erfolg führt. In der *situativen* Führungsforschung wird versucht, erfolgsrelevante Variablen der Führungssituation zu erkennen und ihren Einfluss auf das Führungsgeschehen zu bestimmen. Organisations*übergreifende* Situationsvariablen erfassen beispielsweise sozio-kulturelle, ökonomische, demographische, rechtliche und technologische Rahmenbedingungen (Weibler, 2001, S. 80-81). Organisations*interne* Führungssituationsvariablen sind etwa Merkmale der involvierten Geführten und Führenden, z. B. deren Fachkompetenz, Merkmale der Beziehung zwischen Geführten und Führenden, wie gegenseitiges Vertrauen, Merkmale der Arbeitsaufgabe, wie Komplexität und Zeitdruck, und Merkmale des organisationalen Umsystems, wie der Organisationskultur (Weibler, 2001, S. 76-77).

Das Forschungsprogramm der situativen Führungsforschung besteht im Kern darin herauszufinden, welche Situationsvariablen die Wirkungen der anderen Führungsvariablen auf den Führungserfolg moderieren oder substituieren bzw. inwieweit die Variablen miteinander interagieren (Weibler, 2001, 77-79). Dabei ist zwischen situativer Führungsforschung, die implizit Situationsdeterminismus unterstellt, und situativer Führungsforschung, die „nur" von einem wechselseitigen Einfluss von Führung und Situation ausgeht, zu unterscheiden (Boerner, 2002, S. 14-15; Schreyögg, 1995, Sp. 1003). Das Ergebnis einer Studie, die auf der Prämisse des Situationsdeterminismus aufgebaut wird, wäre eine Situationstaxonomie, die unterschiedliche Ausprägungen der Situation im Sinne eines „wenn – dann" mit unterschiedlichen Führungsempfehlungen verknüpft (Schreyögg, 1995, Sp. 1004). Diese Denkhaltung ist der praktischen Führungssituation allerdings unangemessen. Sie übersieht erstens, dass in den meisten gegebenen Situationen mehrere Alternativen geeigneter Führungsstile existieren (Schreyögg, 1995, Sp. 1003). Zweitens wird nicht beachtet, dass es dilemmatische Führungssituationen gibt, in denen es darauf ankommt, grundsätzlich gegensätzliche Führungsstile miteinander zu verbinden und auszubalancieren (Denison et al., 1995, S. 526; Gebert, 2002, S. 151 ff.). In solchen dilemmatischen Situationen sollte der Fokus eher auf einer Denkhaltung des „sowohl-als-auch" liegen. Drittens wird übersehen, dass die Situation keine unveränderliche Randbedingung ist, auf die Führung lediglich reagiert. Das Gegenteil ist richtig: Führende beeinflussen auch die Situation, in der sie und ihre Geführten agieren, z. B. indem sie Aufgaben verteilen und Ziele setzen (Boerner, 2002, S. 15). Insgesamt ist der situationsdeterministische Ansatz bei der Erklärung von Führungserfolg im hohen Maße einem linearen Kausalmodell verpflichtet und verfehlt gerade dadurch die praktische Führungssituation (Schreyögg, 1995, Sp. 1003).

Vor dem Hintergrund dieser Überlegung erscheint es vielversprechender, das Phänomen Führung in zeitkritischen und komplexen Projekten mit Hilfe eines einfacheren Modells, das ohne Situationstaxonomie im Sinne eines „wenn - dann" auskommt, zu strukturieren. Hierzu bietet es sich an, dem Modell der zielorientierten Führung zu folgen und im Zuge der Theoriebildung die nachstehenden Fragen zu beantworten (Gebert/ Ulrich, 1991, S. 751):

1. Was ist Führungserfolg, m. a. W., *welches ist das Ziel*, zu dem die Geführten ihren Beitrag leisten sollen?

2. Vor dem Hintergrund welcher Erfahrungen bzw. welcher theoretischer Vorstellung und unter Berücksichtigung welcher situativen Randbedingungen ist *welches Geführtenverhalten* wichtig, um dem jeweiligen Ziel näher zu kommen?

3. Die Art des vermutlich wichtigen Geführtenverhaltens erfordert vor dem Hintergrund welcher Erfahrungen bzw. theoretischer Vorstellungen angesichts welcher situativen Realisierungsbedingungen *welches Führungsverhalten*?

Die Kernfrage der situativen Führungsforschung „auf welche Aspekte der Situation kommt es an?" wird durch dieses Konzept ex ante beantwortet. Relevante Aspekte der Führungssituation sind nach diesem Ansatz die

- Führungsziele,

- das zur Erreichung der Führungsziele erforderliche Mitarbeiterverhalten und

- die Bedingungen, deren Erfüllung die Wahrscheinlichkeit erhöhen, dass die Geführten das erforderliche Verhalten auch tatsächlich zeigen, und auf die die Führenden Einfluss haben.

Die Begründung für die Reduzierung der Führungssituation auf diese Aspekte erfolgt mit Hinweis auf die Funktion des Mitarbeiterverhaltens als „Transmissionsriemen" zwischen Führungsverhalten und Führungserfolg (Gebert/ Ulrich, 1991, S. 750). Führung wirkt unmittelbar auf die Geführten und erst deren Verhalten trägt zum Führungserfolg bei. Indem zunächst Führungsziele und zielförderliche Mitarbeiterverhaltensweise hergeleitet werden, wird sichergestellt, dass bei der Formulierung zielförderlicher Führungsverhaltensweisen keine Aspekte übersehen werden, die im jeweiligen Kontext wichtig sind. Dabei ist es durchaus möglich, am Ende der Fragenkette zu mehreren Führungsalternativen zu gelangen, die gegebenenfalls auch miteinander kombiniert werden und Veränderungen der Führungssituation umfassen können. Das Rahmenmodell der zielorientierten Führungsforschung liefert zusammenfassend eine Begründung für die Auswahl einiger weniger Situationsvariablen und entgeht damit der Gefahr des impliziten Situationsdeterminismus.

Ein weiterer Vorteil dieses Vorgehens wird im Vergleich mit der klassischen situativen Führungsstilforschung deutlich (Gebert/ Ulrich, 1991). Darin werden Führungsverhaltensweisen ex ante definiert, etwa als „Mitarbeiterorientierung" und „Aufgabenorientierung" (Fleishman, 1973). Erst dann wird nach den situativen Bedingungen gefragt, unter denen eher das eine oder das andere Verhalten erfolgsförderlich ist. Dieses Vorgehen birgt die Gefahr, durch das vorab formulierte Führungsverständnis genau diejenigen Führungsverhaltensweisen auszublenden, die im jeweiligen speziellen Kontext der Untersuchung (erfolgs-) entscheidend sind (vgl. Denison et al., 1995, S. 536; Gebert, 2002, S. 79 ff.).

Diese Gefahr besteht nicht nur in der Führungsforschung, sondern auch in der Führungspraxis. Denison et al. (1995, S. 534-536) fanden heraus, dass eine Gruppe als erfolglos eingestufter Manager relativ wenig verschiedene Führungsverhaltensweisen zeigte, die einer eher traditionellen Definition von Führung entsprachen und in erster Linie auf Kontrolle, Stabilität und Produktivität zielten. Die Vergleichsgruppe der erfolgreicheren Manager beherrschte dagegen ein breiteres Verhaltensrepertoire, das die genannten traditionellen Aspekte von Führung zwar umfasste, aber noch darüber hinausging. Insbesondere gehörten zu dem erfolgreicheren Repertoire Verhaltensweisen, die untereinander gegensätzlicher Natur waren, etwa dadurch, dass die einen Führungshandlungen die Flexibilität und die anderen Führungshandlungen die Stabilität der geführten Organisationseinheiten förderten. Die erfolgreichen Manager legten ihrem Führungsverhalten offenbar eine vergleichsweise breite und lockere Definition von Führung zugrunde. Die weniger erfolgreichen Manager hingegen waren durch eine zu enge Definition von Führung bei der Wahl ihrer Führungsverhaltensweisen von vornherein beschränkt. Eben dieser Gefahr entgeht der zielorientierte Ansatz.

Die forschungsstrategische Gefahr der zielorientierten Führungsforschung liegt allerdings darin, zu einer weiteren Zersplitterung der Theorielandschaft zu führen (Geyer/ Steyrer, 1994, S. 972). Was Führung ausmacht, ist bei der zielspezifischen Führungsforschung von Objektbereich zu Objektbereich (etwa in unterschiedlichen Branchen, auf unterschiedlichen Hierarchieebenen) variabel (Gebert, 2002, S. 84). Führungsforschung, die ausschließlich zielspezifisch vorgeht, kann nur noch zu einer Sammlung partiell, d. h. in Bezug auf die jeweiligen Objektbereiche, gültiger Aussagen ohne allgemeinen Gehalt gelangen (Geyer/ Steyrer, 1994, S. 972).

Aus dieser nomothetischen Sicht ist es begrüßenswert, dass die Theoriebildung in dieser Untersuchung am Beispiel der Softwareentwicklung und in Orientierung an den Modellen von Lazarus (1966, 1999) und Gebert (1987, 2002) erfolgt. Die Ergebnisse dieser Untersuchung können dadurch auf alle Objektbereiche übertragen werden, die mit Softwareentwicklungsprojekten vergleichbar sind und die in den Anwendungsbereich des Modells von Lazarus (1966, 1999) fallen. Dies ist der Versuch, eine generelle Herausforderung anwendungsorientierter Managementforschung zu meistern, die von Daft und Lewin (1993, S. ii) wie folgt umschrieben wurde: „We believe organizational scientists can have the greatest impact by observing midrange phenomena. This means taking a medium-size slice of an organizational form, whether it be some aspect of leadership, organizational processes, structure, size or information technology, etc. It certainly is not possible to take on all of a new problem in one study."

1.3 Zusammenfassung und Struktur der weiteren Überlegungen

Zusammenfassend ist festzuhalten, dass in dieser Arbeit Führung als unmittelbarer und wechselseitiger und primär dyadischer Einfluss zwischen Führenden und Geführten verstanden wird, in dem Führende die Geführten zum Zwecke der Erreichung organisationaler Ziele stärker beeinflussen als umgekehrt und dabei die emotionalen und geistigen Ressourcen der Ge-

führten auch mit Hilfe von Instrumenten des (Projekt-)Managements und der Unternehmensführung aktivieren und dessen Ausübung nicht an ein zugewiesenes Amt gebunden ist.

Darüber hinaus zeichnet sich diese Arbeit dadurch aus, dass sie situative Bedingtheit
von Führungserfolg berücksichtigt, indem bei der Theoriebildung die drei Fragen der zielorientierten Führungsforschung in Bezug auf Softwareentwicklungsprojekte beantwortet werden.
Die drei Fragen der zielorientierten Führungsforschung geben daher den folgenden literaturbasierten Überlegungen zur Theorieentwicklung ihre Struktur, die in nächsten Abbildung dargestellt ist.

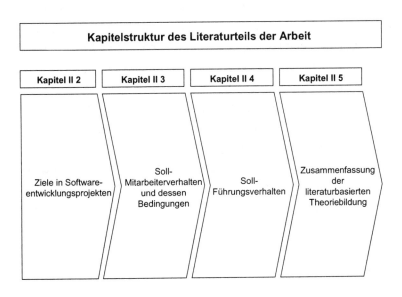

Abb. 2:   **Kapitelstruktur des Literaturteils der Arbeit**
Quelle: Eigene Darstellung

Das folgende Kapitel II 2 „Ziele in Softwareentwicklungsprojekten" diskutiert die Ziele in
Softwareentwicklungsprojekten. Danach werden im Kapitel II 3 „Verhalten der Geführten"
das zur Erreichung dieser Ziele erforderliche Verhalten und dessen Bedingungen erläutert.
Darauf aufbauend erörtert Kapitel II 4 „Führung in Softwareentwicklungsprojekten" das Soll-
Verhalten der Führenden in Softwareentwicklungsprojekten. Das letzte Kapitel II 5 „Zusammenfassung des theoretischen Bezugsrahmens und der Handlungsempfehlungen aus der Literatur" fasst den entwickelte theoretischen Bezugsrahmen und die mit seiner Hilfe aus der Lite-

ratur abgeleiteten Handlungsempfehlungen an Führende in Softwareentwicklungsprojekten zusammen.

2 Ziele in Softwareentwicklungsprojekten

Der Logik der zielorientierten Führung folgend, muss als erstes die Frage nach den Zielen in Softwareentwicklungsprojekten beantwortet werden. Für deren Diskussion ist die betriebswirtschaftliche Unterscheidung zwischen Formalzielen und Sachzielen relevant (Bea, 2000, S. 311-312; E. Frese, 1998, S. 41 f.; Schweitzer, 2000, S. 28, 52). Auf der einen Seite stehen Formalziele, anhand deren der Erfolg eines Projektes gemessen wird. Das „magische" Zieldreieck des (Software-) Projektmanagements – Kosten, Zeit, Leistung – ist ein Beispiel für ein Formalzielbündel. Die Erfolgskriterien für Softwareentwicklungsprojekte werden im Abschnitt II 2.1 erläutert. Auf der anderen Seite stehen Sachziele oder Leistungsziele. Diese beschreiben das Produkt und den Leistungsprozess zur Erstellung des Produkts. Im Abschnitt II 2.2 werden daher als Sachziele das Produkt „Software" und der Prozess der Softwareentwicklung mit ihren Teilprozessen, etwa Projektplanung, Design, Code, Test, Debugging, Installation etc., erläutert. In dieser Diskussion wird deutlich werden, dass und inwieweit Software und Softwareentwicklungsprojekte komplex sind. Im Abschnitt II 2.3 wird mit Blick auf die weiteren theoretischen und empirischen Untersuchungsschritte ein Fazit der Überlegungen dieses Kapitels gezogen.

2.1 Formalziele

An dieser Stelle lautet die zu beantwortende Frage: Welches sind die Formalziele, zu deren Erreichung die Mitarbeiter einen Beitrag leisten sollen? Formalziele sind Kriterien, anhand derer der Erfolg eines Projektes gemessen werden. Nachstehend werden die in der Literatur diskutierten Formalziele des Projektmanagements und der Softwareentwicklung erläutert. Das Zeitziel spielt eine besonders wichtige Rolle, da dessen Einhaltung zwar schwierig zu realisieren, aber leicht einzuklagen ist und seine Erreichung große Bedeutung für die Erreichung aller anderen Ziele hat. Die nachstehende Diskussion beginnt daher mit dem Zeitziel und zeigt im weiteren Verlauf Querverbindungen zu den anderen projektbezogenen, organisationsbezogenen und mitarbeiterbezogenen Formalzielen der Softwareentwicklung.

2.1.1 Projektbezogene Formalziele

Projektbezogene Formalziele sind die klassischen Ziele des operativen Projektmanagements, Zeit, Kosten und Produkt bzw. Qualität (Meredith/ Mantel, 2000, S. 3-4; Nicholas, 1990, S. 9-10). Sie dienen der unmittelbaren Steuerung des Projektverlaufs und gelten auch in Softwareentwicklungsprojekten (Wateridge, 1995, S. 169).

2.1.1.1 Zeit

Kriterien für die Messung der Erreichung des Zeitziels sind Geschwindigkeit im Sinne des „time to market" oder Termintreue eines Softwareentwicklungsprojekts (Stelzer, 1998, S. 89; Wateridge, 1995). Diese leiden häufig unter Zeitnot (Brooks, 1982, S. 14; Jones, 1994, S. 118-122; Sonnentag, 1994, S. 169). Die Zeitknappheit von Softwareentwicklungsprojekten hat externe, vom Absatzmarkt oder von den Auftraggebern herrührende, und interne, den Entwicklungsprozess betreffende Gründe. Einer der *externen* Gründe liegt beim Auftraggeber. Dieser hat typischerweise von Anfang an eine sehr klare Vorstellung vom Endtermin des Entwicklungsprojekts. Dabei gilt, je weniger Kalenderzeit benötigt wird, desto besser (GfK Marktforschung et al., 2000, S. 134). Je eher das Softwareprodukt zur Verfügung steht, desto leichter fällt es, Finanziers und Fürsprecher für das Projekt zu finden (Weltz/ Ortmann, 1992, S. 43).

Ein weiterer externer Grund sind die Marktbedingungen der Softwareentwicklung. Auf Herstellern von *Standardsoftware* lastet ein enormer Druck, Märkte früher als die Wettbewerber zu bedienen, mit dem eigenen Produkt einen allgemein akzeptierten Standard zu setzen und immer wieder neue Versionen auf den Markt zu bringen (Grudin, 1991, S. 185-186; Hoch et al., 2000, S. 121 ff.). Nur so lassen sich große Marktanteile gewinnen, halten und ausweiten. Dies ist notwendig, um die hohen Entwicklungskosten wieder einzuspielen (Hoch et al., 2000, S. 121-158). Die Ankündigung neuer Software zu einem bestimmten Zeitpunkt, etwa für eine Messe, hat erhebliche kommunikationspolitische Wirkung. Verspätungen sind Blamagen, die ungern in Kauf genommen werden. Sie beeinträchtigen das Vertrauen der Kunden und stellen ggf. sogar Vertragsverletzungen dar (Jones, 1994, S. 124).

Bei der Entwicklung von *Individualsoftware* ist Zeit ebenfalls knapp. Die Entwicklung extern verkaufter Individualsoftware ist zumeist eine Reaktion auf drängende Bedürfnisse des Kunden, der möglichst schnell eine Lösung seiner Probleme wünscht. Auch bei intern genutzter Individualsoftware wollen die Auftraggeber alsbald messbare Ergebnisse sehen, um Risiko und Aufwand des Projekts rechtfertigen zu können (Weltz/ Ortmann, 1992, S. 43-44). Außerdem sind Personentage die entscheidenden Kostentreiber (Hoch et al., 2000, S. 43), so dass ein weiterer Anreiz besteht, schnell zu sein. Dies gilt aus Sicht des Auftragnehmers umso mehr, wenn ein Festpreisvertrag abgeschlossen wurde.

Neben dem Druck vom Markt sorgen *interne* Umstände für Zeitknappheit. Aufgrund der Störanfälligkeit des Entwicklungsprozesses sind Verzögerungen ab einer bestimmten Größe der zu entwickelnden Software beinahe unvermeidlich (vgl. Jones, 1994, S. 118). Verschärft wird das Problem durch die schwache Verhandlungsposition von Projektmanagern gegenüber ihren Vorgesetzten und der Geschäftsleitung (Hoch et al., 2000, S. 102). Ihnen fehlen oftmals „harte" Zahlen und Vorgehensweisen zur Aufwandsschätzung, so dass es schwer zu begründen ist, warum etwa die Entwicklung eines bestimmten Programmmoduls wahrscheinlich vier anstatt zwei Wochen dauern wird (Elzer, 1989, S. 185; Jones, 1994, S. 118-119). Von 46 in Deutschland befragten Softwarehäusern und Anwenderunternehmen kalkulierten 1992 nur ein Viertel den Projektumfang methodengestützt (Weltz/ Ortmann, 1992, S. 40-41). Hinzu kommt, dass die dabei am häufigsten verwendete Methode eine systematische Tendenz zur Unterschätzung von Projektaufwänden hat (ebenda). Die Situation ist in anderen Ländern ähnlich und scheint sich bis heute nicht wesentlich verändert zu haben (Hoch et al., 2000, S. 102; Stahlknecht/ Hasenkamp, 2002, S. 464). Aufgrund der fehlenden Objektivität von Aufwandsschätzungen ist die Argumentationsbasis der Entwicklungsseite sehr viel schwächer als die der Auftraggeber und des Managements, die sich auf die in „harten" Zahlen ausdrückbaren Opportunitätskosten verstrichener Kalenderzeit und nicht eingehaltener Termine stützen können. Meist wird der Endtermin eines Projekts festgelegt, lange bevor der technologische Inhalt des Projekts bekannt ist (Jones, 1994, S. 119).

Erschwerend kommt hinzu, dass sich zu hoher Zeitdruck selbst fortpflanzen und ein Teufelskreis beginnen kann. Zwar mag ein gewisser Zeitdruck effizienzsteigernd sein (Amabile et al., 2002, S. 1), aber er kann auch dazu führen, dass mehr Fehler gemacht werden, weniger genau getestet und weniger sorgfältig dokumentiert wird. Arbeiten, die die Qualität des Produkts, insbesondere die spätere Änderbarkeit, Wartbarkeit und Wiederverwendbarkeit der Software, verbessern könnten, werden auf das Notwendigste beschränkt (Sonnentag, 1994b, S. 76). In der Praktikerliteratur wird vermutet, dass sich mehr als 40 % aller Softwarefehler auf stressige Arbeitsbedingungen zurückführen lassen (Glass, 1994, zit. nach Hoch et al., 2000, S. 102). Die schlechte Qualität des entstehenden Produkts macht sich dann schon beim Systemtest wieder bemerkbar. Es sind mehr Fehler zu beseitigen, und die Fehlerbeseitigung ist aufgrund der Schwächen bei Design, Dokumentation und Code besonders zeitaufwändig

(Hoch et al., 2000, S. 102-103). Dysfunktionaler Zeitdruck beeinträchtigt mithin sowohl die Qualität des Produkts als auch die Produktivität des Projektes (Jones, 1994, S. 124; Sonnentag, 1994b, S. 76).

Es gibt zusammenfassend viele Gründe, warum ein Softwareentwicklungsprojekt in Verzug geraten kann. Sie alle führen dazu, dass exzessiver Termindruck als eines der am weitesten verbreiteten ernsthaften Probleme der Softwareentwicklung gilt (Brooks, 1982, S. 14; Jones, 1994, S. 118-122; Sonnentag, 1994b, S. 75). Es gar nicht erst dazu kommen lassen, ist eine der vornehmsten Aufgaben im Rahmen des Projektmanagements und der Mitarbeiterführung in Softwareentwicklungsprojekten.

2.1.1.2 Kosten

Die Erreichung des Kostenziels lässt sich anhand der Budgeteinhaltung messen (Stelzer, 1998, S. 89; Wateridge, 1995). Die Höhe des Budgets für ein Softwareentwicklungsprojekt begrenzt die Ressourcen, die dem Projekt zur Verfügung stehen, vor allem die Anzahl der Mitarbeiter, die für ein Projekt arbeiten (Sneed, 1987, S. 52). Je nach Art und Weise der Budgetierung in der Mutterorganisation müssen vom Projektbudget auch weitere Personalkosten, wie Lehrgänge für Mitarbeiter, Kosten für Strom und Heizung, Raumkosten, Reisekosten, Werbekosten, sonstige kalkulatorische und Gemeinkosten sowie Sachkosten getragen werden (Baumöl, 1999, S. 136-137). Zu den Sachkosten zählen Kosten für Rechen- und Speicherkapazität, Kommunikationsnetzkapazität, Endgeräte und Entwicklungssoftware (Sneed, 1987, S. 48-53).

In der allgemeinen Projektmanagementliteratur werden Zeit- und Kostenziel bisweilen zum so genannten Prozesserfolg, oder auch Effizienz- oder Managementerfolg, zusammengefasst (Brown/ Eisenhardt, 1995, S. 366; Lechler, 1997, S. 89-90, 168-180; Shenhar et al., 1997, S. 11). Die Projektzeit ist über die gebundenen Ressourcen der entscheidende Kostentreiber, so dass die Erreichungsgrade beider Ziele in empirischen Untersuchungen im hohen Maße korrelieren (Lechler, 1997, S. 89-90, 168-180). Dieser Befund dürfte auch für Softwareentwicklungsprojekte gelten. Alle bekannteren Modelle zum *Kosten*management in der Softwareentwicklung bauen auf Schätzmethoden zur Projekt*dauer* auf (Baumöl, 1999, S. 168-188). Entscheidend zur für die Erreichung von Kostenzielen sind daher in erster Linie Maßnahmen, die die Entwicklungszeit beeinflussen.

2.1.1.3 Produkt bzw. Qualität

Die Bestimmung der Kriterien für das Produktziel ist schwierig, weil das, was ein gutes Softwareprodukt ausmacht, – wie bei anderen Produkten auch – weitgehend im Auge des Betrachters liegt (vgl. zu unterschiedlichen Auffassungen des Qualitätsbegriffs Garvin, 1984, S. 25-34). In der DIN ISO Norm 9126 werden sechs Qualitätskriterien von Software definiert:

- Funktionalität; bestimmt sich nach dem Vorhandensein von Funktionen, die die definierten Anforderungen an das Softwaresystem erfüllen; schließt die Kompatibilität mit anderen Systemen mit ein.

- Zuverlässigkeit; gemeint ist die Fähigkeit der Software, ihre Leistung unter bestimmten Bedingungen über einen spezifischen Zeitraum zu bewahren.

- Benutzbarkeit; die sich nach dem Aufwand, der zur Benutzung unter definierten Bedingungen erforderlich ist, bestimmt.

- Effizienz; Verhältnis zwischen Leistung der Software und dem Umfang der eingesetzten Betriebsmittel unter bestimmten Bedingungen.

- Änderbarkeit; Aufwand, der notwendig ist, um die Software zu korrigieren, zu verbessern oder an Veränderungen der Umgebung oder Anforderungen anzupassen.

- Übertragbarkeit; Eignung der Software, von einer technischen Umgebung in eine andere übertragen zu werden.

Die Firma Hewlett-Packard legte 1985 fünf Qualitätskriterien fest (Grady/ Caswell, 1987, S. 159 ff.):

- Funktionalität
- Zuverlässigkeit
- Benutzbarkeit
- Performanz (vor allem Geschwindigkeit und Effizienz der Datenverarbeitung)
- Unterstützbarkeit (Änderbarkeit, Testbarkeit, Wartbarkeit, Reparierbarkeit, Kompatibilität u. ä.)

Hilfreich ist die Differenzierung der Produktqualität in Produktumfang einerseits und in Qualität im engeren Sinne andererseits (Sneed, 1987, S. 42-43, 171). Nach diesem Begriffsverständnis umfasst Qualität im engeren Sinne Zuverlässigkeit, Sicherheit, Effizienz, Benutzerfreundlichkeit, Wartbarkeit, Änderbarkeit, Übertragbarkeit und ähnliche Attribute der Software (Sneed, 1987, S. 31-32). Der Umfang bestimmt sich hingegen nach der Summe aller Funktionen und Informationen, die der Anwender vom System erhalten kann (Sneed, 1987, S. 40). Zwischen Produktumfang und Qualität im engeren Sinne besteht ein Zielkonflikt dahingehend, dass ceteris paribus ein Mehr an Qualität im engeren Sinne zu Lasten des Umfangs der Software geht und umgekehrt (Sneed, 1987, S. 43). Die Unterscheidung zeigt mithin zwei grundsätzlich (innerhalb produktspezifischer technischer Grenzen) unabhängige Möglichkeiten auf, Projekte zu beschleunigen: Es ist möglich, den Umfang der zu entwickelnden Software oder ihre Qualität zu reduzieren.

Des Weiteren wird an dieser Stelle vorgeschlagen, die Qualität von Software im engeren Sinne noch nach inneren und äußeren Aspekten zu unterscheiden. Als Indikator für die Produktqualität lässt sich nämlich die subjektive Zufriedenheit von Anwendern und Auftraggebern mit dem Produkt heranziehen (Lechler, 1997, S. 89-90; Shenhar et. al, 1997, S.11; Wallmüller, 1990, S. 250). Allerdings wird ein Kunde beim Kauf, bzw. der Auftraggeber bei der Abnahme der Software, zumeist nur auf sichtbare, *äußere* Attribute, wie die Qualität der Benutzeroberfläche, die Rechengeschwindigkeit und die Fehlerfreiheit des Systems, achten. *Innere* Aspekte der Produktqualität sind Eigenschaften der Software, deren Nutzen sich nicht unmittelbar für den Benutzer erschließt, die aber die Weiterentwicklung und Veränderung des Produkts erleichtern (Bittner et al., 1995, S. 31-32). Dazu zählen Attribute wie Wartbarkeit, Änderbarkeit und Übertragbarkeit und gegebenenfalls auch die Attribute Wiederverwendbarkeit und Kompatibilität (ähnlich McCall et al., 1977, zit. nach Balzert, 1998, S. 262). Zu den inneren Aspekten der Produktqualität im engeren Sinne zählt nach dem hier vorgeschlagenen Begriffsverständnis auch die sog. konstruktive Qualität von Software. Konstruktive Qualität ist das Ergebnis aller Bemühungen, die darauf ausgerichtet sind, bei Produkt und Produktentwicklungsprozess ex ante bestimmte qualitätssichernde Attribute zu implementieren (Balzert, 1998, S. 279-281, 328-383). Zu den bekanntesten übergreifenden Ansätzen zur Verbesserung der konstruktiven Qualität gehören das ISO 9000 Normenwerk, das Total Quality Management, das Capability Maturity Model und das Bewertungsverfahren des privaten Software Productivity Research Instituts (Balzert, 1998, S. 328; Hoch et al., 2000, S. 110; Stahlknecht/ Hasenkamp, 2002, S. 313-321). Ein weiterer Schwerpunkt zur Steigerung der konstruktiven Qualität liegt bei den Bemühungen, Software so zu entwerfen und zu kodieren, dass ihre Komponenten in anderer Software wieder verwendet werden kann (sog. Componentware, Hoch et al., 2000, S. 116-119; Stahlknecht/ Hasenkamp, 2002, S. 328).

Für Kunde, Benutzer oder Auftraggeber des fertigen Produkts haben die inneren Aspekte der Produktqualität erst ab der Wartungsphase Bedeutung (Balzert, 1998, S. 268; Weltz/ Ortmann, 1992, S. 100). Für die Software entwickelnde Organisation ist die innere Produktqualität, insbesondere eine gute Wartbarkeit und Änderbarkeit, dagegen schon im Projektverlauf wichtig, da sie bei jeder erforderlichen Änderung zu Zeitersparnissen beiträgt (Bittner et al., 1995, S. 31-32). In späteren Projekten zur Weiterentwicklung derselben Software führt eine innerlich qualitativ hochwertige Software aus den gleichen Gründen zu Effizienzvorteilen. So lassen sich beispielsweise Funktionserweiterungen schneller bewerkstelligen, wenn die Architektur der Software nicht verändert werden muss.

Unter II 2.1.1.1 wurde bereits argumentiert, dass Softwareentwicklungsprojekte typischerweise unter Zeitnot leiden. Das heißt, immer wieder wird versucht (und sollte versucht werden), Produktumfang und -qualität auf das wirklich Erforderliche zu reduzieren, um vereinbarte Termine einzuhalten. Dabei besteht allerdings die Gefahr des so genannten „Menge-Güte-Austauschs" (Erez, 1990; Kleinbeck/ Schmidt, 1996, 884 ff.) – für den hier gemeinten Zusammenhang müsste das Phänomen allerdings eher „Zeit-Güte-Austausch" genannt werden. Im Vergleich zu Terminen und den äußeren Merkmalen der Softwarequalität besteht an den inneren Aspekten der Produktqualität ein erheblich schwächeres Interesse. Ihr Fehlen entfaltet nämlich erst bei der Wartung, Veränderung oder Weiterentwicklung der Software Wirkung, zu einem Zeitpunkt also, wenn die derzeitigen Projektbeteiligten bereits neue Aufgaben haben (Weltz/ Ortmann, 1992, S. 120) und nicht mehr am Erfolg oder Misserfolg der jetzt entwickelten Software gemessen werden. Das „Hemd" aus Termineinhaltung, Produktumfang und äußerer Produktqualität ist den Projektbeteiligten näher als der „Rock" der inneren Produktqualität. Dadurch besteht die Gefahr, dass Risiken, die aus einer schwachen inneren Produktqualität herrühren, systematisch auf spätere Perioden abgewälzt werden (ähnlich Weltz/ Ortmann, 1992, S. 100). Das kann sowohl in späteren Phasen des gleichen Projekts, insbesondere in der Test- und Debuggingphase, als auch in späteren Wartungs-, Anpass- und Weiterentwicklungsprojekten, die auf dem Produkt aufbauen, immer wieder zu Schwierigkeiten führen (Sneed, 1991, S. 19-31).

Zusammenfassend ist festzuhalten, dass sich das Ziel Produktqualität in die Teilziele Produktumfang und Qualität im engeren Sinne unterscheiden lässt. Qualität im engeren Sinne lässt sich weiter nach äußeren und inneren Aspekten differenzieren. An der Erreichung einer hohen inneren Produktqualität hat die Auftrag gebende Seite relativ zu den anderen Formalzielen am wenigsten Interesse. Angesichts der notorischen Zeitnot von Softwareentwicklungsprojekten führt dies zu einer Tendenz, eine schlechte innere Produktqualität hinzunehmen und die damit verbundenen Risiken auf spätere Phasen des laufenden Projekts oder auf spätere Wartungs-, Anpass- und Weiterentwicklungsprojekte mit demselben Produkt abzuwälzen. Anders gewendet: Je weniger die Erreichung des Zeitziels bedroht ist, desto leichter ist es, qualitativ hochwertige Software zu entwickeln (ähnlich Weltz/ Ortmann, 1992, S. 101).

2.1.2 Organisationsbezogene Formalziele

Die Erreichung der projektbezogenen Ziele ist aus Sicht der Gesamtorganisation Mittel zum Zweck der Erreichung der organisationsbezogenen Formalziele. Darunter sind zum einen die operativen Ziele Gewinn und Liquidität und zum anderen das strategische Ziel der Schaffung und Erhaltung zukünftiger Erfolgspotenziale zu fassen (vgl. Becker, 1996, S. 100 ff.).

2.1.2.1 Geschäftserfolg

Als oberstes Ziel aller wertschöpfenden Tätigkeit in Organisationen, also auch von Softwareentwicklungsaktivitäten, lässt sich die Existenzsicherung der Organisation begreifen (Becker, 1996, S. 31-34). Zu diesem Zweck müssen Unternehmen Gewinn und Liquidität erwirtschaften, um Mittel für die Existenzsicherung zur Verfügung zu haben (Becker, 1996, S. 100 ff.). Aus dieser Perspektive betrachtet ist ein Softwareentwicklungsprojekt Mittel zum Zwecke der Gewinnerzielung und Liquiditätssicherung der Organisation.

Die Ziele Gewinn und Liquidität sollen nachstehend aus Vereinfachungsgründen zum Ziel „Geschäftserfolg" zusammengefasst werden (ähnlich Shenhar et al., 1997, S. 11; Lechler, 1997, S. 91; Brown/ Eisenhardt, 1995, S. 366). Geschäftserfolg bemisst sich bei einem internen Softwareentwicklungsprojekt, dessen Ergebnis nicht verkauft wird, am Kapitalwert des netto durch das Projekt eingesparten Cash-Outflows bzw. des zusätzlich realisierten Cash-Inflows oder am internen Zinsfuß der Investition. Bei einem Softwareprodukt, das verkauft wird, bietet sich zur Bestimmung des Geschäftserfolgs zusätzlich zum Kapitalwert oder internen Zinsfuß auch noch der erzielte Gewinn an. Bisweilen lässt sich der Geschäftserfolg allerdings nur mit indirekten Indikatoren wie etwa Marktanteilen oder Umsätzen messen (Brown/ Eisenhardt, 1995, S. 366).

Die Ausführungen zum Zeitziel haben bereits deutlich gemacht, dass das Erreichen ehrgeiziger Zeitziele notwendige (aber nicht hinreichende Bedingung) für den Geschäftserfolg von Softwareentwicklungsprojekten ist. Je länger ein Projekt dauert, desto länger verursacht es Kosten, die den Kapitelwert und den Gewinn des Projekts schmälern. Bei Softwareprodukten, die am externen Markt verkauft werden, kommt hinzu, dass eine späte Bedienung des Marktes aufgrund der Konkurrenz Marktanteilsverluste nach sich zieht, was wiederum zu entgangenen Umsätzen und Gewinnen und dadurch zu einer geringeren Verzinsung des eingesetzten Kapitels führt (vgl. Hoch et al., 2000, S. 121-158).

2.1.2.2 Zukunftssicherung und Innovativität

Damit die Organisation auch in Zukunft Gewinn und Liquidität erwirtschaften kann, muss sie ihre aktuellen Erfolgspotenziale erneuern und zukünftige Erfolgspotenziale aufbauen (Becker, 1996, S. 102 ff.). Aus dieser Perspektive betrachtet muss ein Softwareentwicklungsprojekt auch einen Beitrag zur Erneuerung und zum Aufbau von Erfolgspotenzialen leisten. In diesem Sinne lässt sich als langfristiges – oder strategisches – organisationsbezogenes Ziel die „Schaffung zukünftiger Erfolgspotenziale" oder kurz „Zukunftssicherung" formulieren (vgl. Shenhar et al., 1997, S. 12).

Zur Zukunftssicherung sind zum einen Finanzmittel erforderlich, die zu erwirtschaften das Geschäftserfolgsziel von Softwareentwicklungsprojekten ist (s. o.). Zum anderen muss die Organisation innovativ sein (Gemünden et al., 1992, S. 35; Wolfe, 1994, S. 405). Beiträge eines Projekts zur Innovativität der Mutterorganisation bestehen darin, projektübergreifende Produktivitäts- oder Qualitätssteigerung anzustoßen, weiteren Prozess- oder Produktinnovationen den organisationalen oder technologischen Boden zu bereiten, den Wissensbestand der Organisation zu erhöhen oder generell zum Wandel der Unternehmung beizutragen (Brown/ Eisenhardt, 1995, S. 344; de Cotiis/ Dyer, 1979, S. 18; Högl, 1998, S. 77; Shenhar et al., 1997, S. 12).

Ähnlich wie zwischen dem Qualitätsziel und dem Zeitziel ein Zielkonflikt besteht, ist zu vermuten, dass zumindest ab einem bestimmten Punkt das Zeitziel und das Ziel, zur Innovivität der Mutterorganisation beizutragen, konfligieren. Zeitdruck kann zwar die Kreativität der Projektmitglieder begünstigen, wenn und soweit er als stimulierend empfunden wird (Amabile et al., 2002; Andrews/ Farris, 1972). Diese Kreativität schlägt sich aber zunächst in der Qualität der entwickelten Software nieder. Dies ist eine Erklärung für die Beobachtung, dass die Erreichung von Zeitzielen mit der Erreichung von Produktzielen in der Softwareentwicklung (Högl/ Gemünden, 2001; Lechler, 1997) und in der Produktentwicklung allgemein (Atuahene-Gima, 2003) positiv korreliert. Das bedeutet aber nicht, dass Zeitdruck auch die hier gemeinte *Innovativität der Mutterorganisation* positiv beeinflusst. Im Vergleich zum Ziel der Termineinhaltung und den äußeren Merkmalen der Softwarequalität dürften die Projektmitglieder an weiteren innovativen Beiträgen des Projekts weniger Interesse haben, denn diese entfalten ihre Wirkung außerhalb des Projekts. Das „Hemd" aus Termineinhaltung, Produktumfang und äußerer Produktqualität ist den Projektbeteiligten näher als der „Rock" der Innovativität. Hinzu kommt, dass Zeitdruck die Kreativität der Projektmitglieder beeinträchtigen kann, weil keine Zeit mehr für kreative Nachdenk- und Klärungsprozesse bleibt (Amabile et al., 2002; Gebert, 2004, S. 236).

2.1.3 Mitarbeiterziele

Die projekt- und organisationsbezogenen Ziele spiegeln in erster Linie die unmittelbaren Interessen von Auftraggeber, Projektleitung und Mutterorganisation wider. Aber auch die Mitarbeiter haben Interessen und Bedürfnisse und verfolgen implizit oder explizit bestimmte Ziele, deren Erfüllung zumindest aus ihrer Sicht Teil eines erfolgreichen Projekts ist. Zu diesen Zielen zählen die Befriedigung persönlicher und sozialer Bedürfnisse wie Kontakt, Sicherheit und Wertschätzung, die Chance, sich bei der Arbeit zu qualifizieren und zu entfalten sowie Wohlbefinden und der Schutz vor gesundheitlichen Schäden durch die Arbeit (Gebert/ Rosenstiel, 2002, S. 17-19; Högl, 1998, S. 77).

Auch aus einer funktionalistischen – in erster Linie der Mutterorganisation eines Softwareentwicklungsprojekts verpflichteten – Sichtweise ist die Erfüllung von Mitarbeiterzielen bedeutsam. Die Erfüllung dieser Ziele trägt im Sinne einer notwendigen Bedingung zur Zufriedenheit der Mitarbeiter bei und senkt – zumindest in der Tendenz – deren Fluktuation und Fehlzeiten (Judge/ Church, 2000). Angesichts der Knappheit guten Personals in der Softwareentwicklung liegt damit die Bedeutung der Mitarbeiterzufriedenheit für die Organisation auf der Hand. Darüber hinaus ist der positive Einfluss einer hohen Arbeitszufriedenheit auf Organizational Citizenship Behavior (OCB) belegt. OCB zeichnet sich durch Hilfsbereitschaft, Höflichkeit, Sportsgeist, Sorgfalt und aktiver Teilnahme an organisationalen Abläufen, aus – Verhaltenselemente, die ohne Zweifel auch für Softwareentwicklungsprojekte förderlich sein dürften (Organ, 1988; Organ/ Ryan, 1995).

Auch zwischen den Mitarbeiterzielen und dem Zeitziel ist zumindest ab einer bestimmten Höhe des Zeitziels ein Zielkonflikt zu vermuten. Je drängender die Termine sind, desto weniger Rücksicht kann auf die Mitarbeiter und ihre Wünsche und Ziele genommen werden.

2.1.4   Softwareentwicklungsprojekte als zeitkritische Projekte

Die Diskussion der Formalziele von Softwareentwicklungsprojekten hat gezeigt, dass diese Projekte aus vier Gründen üblicherweise „zeitkritisch" sind. Erstens ist die Erreichung des Zeitziels, das Einhalten ehrgeiziger Termine, in der Softwareentwicklung meist nicht ganz einfach, d. h. Zeit ist knapp. Zweitens hat die Erreichung des Zeitziels oft hohe Priorität und damit einen starken Einfluss auf die Erreichung aller anderen Ziele. Je leichter Termine eingehalten werden, desto leichter erreichbar sind auch die Kosten-, Produkt-, Geschäftserfolgs-, Zukunftssicherungs-, Innovations- und Mitarbeiterziele. Drittens gilt, dass die Erfüllung anspruchsvoller Produkt-, Innovations- und Mitarbeiterziele Zeit kostet. Wenn die Höhe dieser Ziele einen bestimmten Punkt überschreitet, müssten die Ansprüche mehr Zeit zur Verfügung gestellt werden. Wenn dies nicht möglich ist, besteht viertens die Gefahr, diese Ziele nicht oder nur schlechter als wünschenswert zu erreichen.

2.2   Sachziele

Um die Anforderungen herauszuarbeiten, die Mitarbeiter in Softwareentwicklungsprojekte bewältigen müssen, wird im Folgenden zunächst das Produkt Software bezüglich seiner unterschiedlichen Erscheinungsformen und seiner Komplexität dargestellt. Anschließend wird der Softwareentwicklungsprozess betrachtet. Dazu werden die zu erfüllenden technischen und fachlichen Aufgaben beschrieben. Abschließend werden die Komplexität und die daraus resultierende eingeschränkte Planbarkeit und hohe Störanfälligkeit des Softwareentwicklungsprozesses erläutert.

2.2.1   Produkt Software

2.2.1.1   Arten

Zu unterscheiden sind Open Source Software versus geschützte Software, Anwendungs- und Systemsoftware sowie Individual- und Standardsoftware. *Open-Source Software* unterscheidet sich von *geschützter Software* dadurch, dass sie urheberrechtlich nicht geschützt ist, d. h. dass sie Dritten unentgeltlich in lauffähiger Form und als vollständiger Quellcode zur Verfügung gestellt wird und dass sie verändert werden darf (Hars, 2002, S. 544). Das Betriebssystem Linux ist die wohl bekannteste Open Source Software (Hars, 2002, S. 543). Die Entwicklung von Open Source Software unterscheidet sich von der Entwicklung lizensierter Software durch spezifische organisatorische Probleme, u. a. die Vielzahl, Unabhängigkeit und Fluktuation der freiwillig und unentgeltlich daran arbeitenden Entwickler und durch die Motivationsstruktur der Mitarbeiter, d. h. ihren Altruismus oder Wunsch nach Selbstvermarktung und Ansehen in ihrer „Szene" (Hars, 2002, S. 544-550). Dies erfordert zum Teil andere Formen der Kooperation und Führung, die ohne den ordnenden Rahmen von Organisationen auskommen müssen. Da in dieser Untersuchung Softwareentwicklungsprojekte als typische Vertreter zeitkritischer und komplexer Projekte *in* Organisationen betrachtet werden, wird die Entwicklung von Open Source Software ausgeblendet und stattdessen nur die Entwicklung geschützter Software betrachtet.

Aufgrund ihrer unterschiedlichen Nähe zum Nutzer der Software wird zwischen Anwendungs- und Systemsoftware unterschieden (Henrich, 2002, S. 9 f.; Stahlknecht/ Hasenkamp, 2002, S. 68, 78). *Anwendungssoftware* bietet Lösungen für konkrete Benutzeraufgaben, etwa zur Steuerung von Maschinen, zur Buchhaltung oder zur Tabellenkalkulation. Systemsoftware hat hingegen nur einen mittelbaren Bezug zum Nutzer, da sie das Zusammenspiel der Hardwarekomponenten steuert und bestimmte Grundanforderungen, die für das Funktionieren der Anwendungssoftware erforderlich sind, erfüllt. Allerdings sind die Grenzen zwischen Anwendungs- und Systemsoftware fließend, da auch Systemsoftware Schnittstellen zum Benutzer hat und diesen unmittelbar bei bestimmten Aufgaben, etwa der Verwaltung von Datenbanken, der Softwareentwicklung oder der Erfassung der Rechnerauslastung, unterstützt (Stahlknecht/ Hasenkamp, 2002, S. 69).

Anwendungssoftware lässt sich anhand des Kriteriums „Nähe zum Nutzer" weiter in Standard- und Individualsoftware unterscheiden (Stahlknecht/ Hasenkamp, 2002, S. 216-217). Als *Standardsoftware* werden Produkte bezeichnet, die für eine Vielzahl von Nutzern entwickelt wurde. Die Produkte der Firma Microsoft sind klassische Beispiele für Standardsoftware (Hoch et al., 2000, S. 27, 34). *Individualsoftware* sind hingegen Maßanfertigungen für einzelne Kunden (Stahlknecht/ Hasenkamp, 2002, S. 216-217), z. B. für ein Versicherungsunternehmen, das seine Außendienstmitarbeiter mit Laptops und Programmen ausstattet, die es den Mitarbeitern vor Ort beim Kunden gestatten, Versicherungsverträge zu kalkulieren und deren Cash-Flows grafisch darzustellen. Da die Software die spezifischen Tarife der Versicherung abbilden können muss, werden zumindest die für den Nutzer sichtbaren Teile individuell nur für diese Versicherung entwickelt.

Standard- und Individualsoftware unterscheiden sich nicht nur hinsichtlich des Einflusses, den Nutzer bzw. Auftraggeber bei der Softwareentwicklung auf den Entwicklungsprozess haben. Sie unterscheiden sich auch hinsichtlich ihrer Kostenstruktur und der Struktur der Absatzmärkte (vgl. hierzu und im Folgenden Hoch et. al, 2000, S.38-45). Standardsoftware verursacht fast ausschließlich Fixkosten, in erster Linie Entwicklungs- und Marketingkosten. Variable Kosten, die durch die Produktion und dem Vertrieb von Datenträgern mit Kopien einer Standardsoftware entstehen, sind vernachlässigbar gering. Die hohen Entwicklungskosten können nur über hohe Verkaufszahlen erwirtschaftet werden, so dass die Märkte für Standardsoftware durch hohe Marktanteile weniger Anbieter gekennzeichnet sind. So hielt beispielsweise die Firma Intuit, Anbieter einer Software für privates Finanzmanagement, 1997 mit seinem Produkt einen Marktanteil von 70 % in den USA. Im gleichen Jahr hatte Microsoft Word einen Anteil von 62 % des weltweiten Marktes für Textverarbeitungsprogramme und nur einen einzigen ernst zu nehmenden Konkurrenten, Corel, mit einem Marktanteil von 34 %. Die Entwicklung von Individualsoftware verursacht hingegen vor allem variable Kosten in Form von Personentagen. Der Markt ist erheblich fragmentierter. Nach Untersuchungen von McKinsey hatte 1997 der größte Anbieter von Individualsoftware, Andersen Consulting, mit einem Umsatz von 6,6 Milliarden US$ einen Marktanteil von weniger als 6 %. Die Unterscheidung zwischen Individual- und Standardsoftware wird bei den nachstehenden Darstellungen des Entwicklungsprozesses und der Formalziele sowie im empirischen Teil der Arbeit an einigen Stellen aufgegriffen werden.

2.2.1.2 Software als komplexes System

Komplexität wird in der Literatur unterschiedlich definiert. Boerner (2002, S. 178 ff.) und Krause (2003, S. 34) geben einen Überblick über insgesamt zwölf verschiedene Komplexitätskonzeptionen. Um Software als komplexes System zu charakterisieren, bietet es sich an, den Komplexitätsbegriff von Kirsch (1978), Wood et al. (1987) und Boerner (2002) zu verwenden, der die Anzahl, Verschiedenartigkeit, Verknüpfung und Dynamik – im Sinne autonomer Veränderung – der Elemente eines Systems erfasst. Danach ist ein System komplex, wenn es aus vielen verschiedenen, miteinander verknüpften und sich autonom verändernden Elementen besteht. Dies ist bei Software, die einen nennenswerten technischen Nutzen hat, der Fall.

Moderne Softwaresysteme bestehen aus bis zu *mehreren Millionen* Quellcodezeilen, die die Verarbeitung unübersehbar vieler *verschiedener* rechentechnischer Operationen ermöglichen (Kraut/ Streeter, 1995, S. 70; Hoch et al., 2000, S. 96).[3] Die Quellcodezeilen sind miteinander *verknüpft*, da sich ihre Operationen gegenseitig beeinflussen können (Charette, 1989, S. 24-26; Kraut/ Streeter, 1995, S. 70). Hinzu kommt, dass Veränderungen von Quellcode zu unvorhergesehenen Reaktionen der Software bis hin zur Funktionsuntüchtigkeit des Systems führen können (Hoch et al., 2000, S. 93-94; Kraut/ Streeter, 1995, S. 70; Rook, 1986, S. 7). In diesem Sinne sind Elemente einer Software *dynamisch*, da sie sich auf unvorhersehbare Weise verändern können.

Die hohe Komplexität macht das Produkt fehleranfällig. Bestimmte Operationen durch den Anwender oder Veränderungen des Quellcodes durch Entwickler können zu unvorhergesehenen Effekten bis hin zur Funktionsuntüchtigkeit des Systems mit schwerwiegenden Folgen, z. B. Produktionsstillständen oder Unfällen, führen (Hoch et al., 2000, S. 93-94; Kraut/ Streeter, 1995, S. 70; Rook, 1986, S. 7). Die Behebung erkannter Fehler birgt immer das Risiko, neue Fehler zu produzieren, was wiederum Verbesserungsbedarf nach sich zieht (Brooks, 1982, S. 122; Campagna, 1996, S. 19-21). Boehm, einer der Pioniere der Softwaretechnik, schätzt, dass die Fehlerbehebung typischerweise etwa 50 % der gesamten Entwicklungszeit ausmacht (zit. nach Hoch et al., 2000, S. 109). Insgesamt verursacht die hohe Komplexität des Produkts eine Tendenz der Produktentwicklung zum Ausufern (Weltz/ Ortmann, 1992, S. 166): Das Produkt ist nicht nur schwierig herzustellen, es kann darüber hinaus aufgrund zunehmender Grenzkosten und abnehmender Grenznutzen der Fehlerbehebung nie perfekt und vollkommen fehlerfrei sein. Versuche, es zu verbessern bzw. Fehler auszumerzen, bergen stets das Risiko, neuen Verbesserungsbedarf zu verursachen.

2.2.2 Der Prozess der Softwareentwicklung

So wie Software ein komplexes Produkt ist, so ist der Prozess der Softwareentwicklung eine komplexe Aufgabe (Dörner, 1989). Beschreibung und Gestaltung der Aufgaben der Softwareentwicklung ist disziplinärer Gegenstand der Softwaretechnik oder synonym des Software Engineering (Henrich, 2002, S. 3). Im Laufe der etwa 30-jährigen Geschichte der Softwaretechnik ist eine Vielzahl von Vorgehens-, Phasen- oder Prozessmodellen entwickelt worden, die den Softwareentwicklungsprozess idealtypisch beschreiben und die Aktivitäten und Ergebnisse, die während der Entstehung von Software durchzuführen bzw. zu erstellen sind,

---

[3] Das Programm Windows 95 besteht nach Aussage des (damaligen) Entwicklungschefs von Microsoft aus etwa 11 Millionen Quellcodezeilen (Cusumano, 1997, S. 10; vgl. auch Hoch et al., 2000, S. 96).

dokumentieren (GfK Marktforschung et al., 2000, S. 127; Hesse, 1998). Nachfolgend werden die Aufgaben der Softwareentwicklung zunächst nach Entwicklungsaufgaben und Unterstützungsaufgaben (Stelzer, 1998, S. 98-99) unterschieden und anschließend beschrieben. Darauf aufbauend werden die Komplexität und die daraus resultierende eingeschränkte Planbarkeit und Störanfälligkeit des Softwareentwicklungsprozesses erläutert.

2.2.2.1 Aufgaben der Softwareentwicklung

Entwicklungsaufgaben umfassen alle Tätigkeitsbereiche der Softwareentwicklung, die unmittelbar auf die Entwicklung des Softwareprodukts ausgerichtet sind. Unterstützungsaufgaben sind hingegen alle Tätigkeitsbereiche der Softwareentwicklung, die den Aufgabenträgern der Entwicklungsaufgaben helfen, ihre Aufgaben zu erfüllen (Stelzer, 1998, S. 99).

In der industriellen Praxis kommen zur Strukturierung der *Entwicklungsaufgaben* in erster Linie so genannte Wasserfallmodelle zur Anwendung (GfK Marktforschung et al., 2000, S. 129; Boehm, 1988, S. 63; Hesse, 1998). Darin werden Softwareprojekte in Phasen unterteilt, die vorwiegend sequentiell von einzelnen Mitarbeitern oder Teams abgearbeitet werden sollen. Jedes Phasenergebnis bildet die Vorgabe für die weitere Entwicklung in der Folgephase. Rücksprünge sind nur zwischen zwei benachbarten Phasen vorgesehen (Balzert, 1998, S. 98-101; Boehm, 1988; Hesse/ Weltz, 1995, S. 181). Das Wasserfallmodell nach Boehm ist eines der bekanntesten und ist in der nächsten Abbildung zu sehen; es wird nachstehend erläutert (vgl. Stelzer, 1998, S. 99-102; Boehm, 1988).

Wasserfallmodell der Softwareentwicklung

Machbarkeits-studie
Validierung
Anforderungs-analyse
Validierung
Spezifikation/ Grob-entwurf
Überprüfung
Detailentwurf/ Design
Überprüfung
Kodierung
Modultest
Integration
Produkt-überprüfung
Einführung
Systemtest
Betrieb und Wartung
Neuvalidierung

Abb. 3: **Wasserfallmodell der Softwareentwicklung**
Quelle: In Anlehnung an Boehm (1988)

Entsprechend dieses Wasserfallmodells beginnt Softwareentwicklung mit einer Machbar-keitsstudie, die eine vorläufige Bestimmung der Entwicklungsziele, die Abgrenzung des Ent-wicklungsvorhabens und erste Aufwandsschätzungen umfasst. Anschließend sind die Anfor-derungen an die Software zu erheben und zu dokumentieren. Die Anforderungen ergeben sich aus Kundenwünschen, der technischen und organisatorischen Anwendungsumgebung und weiteren, etwa rechtlichen Rahmenbedingungen des Entwicklungsvorhabens. Die Anforde-rungsanalyse gilt als eine der wichtigsten und zugleich problematischsten Entwicklungsauf-gaben (Stelzer, 1998, S. 100). Die Anforderungen an die Software werden analysiert, so dass im Rahmen des Grobentwurfs die Softwarearchitektur, die Aufteilung des Systems in Kom-ponenten und die Definition von Schnittstellen der Komponenten untereinander sowie zu an-deren Softwaresystemen festgelegt werden kann. Auf dieser Grundlage wird die Software im Detail entworfen. Dazu gehören der Entwurf von Daten- und Kontrollstrukturen, der Benut-zeroberflächen und der Konzepte für Benutzer- und Entwicklerdokumentationen. Das Soft-waredesign ist Voraussetzung für die anschließende Kodierung der Software. Da der Quellco-de in verschiedenen Modulen arbeitsteilig entwickelt wird, müssen diese anschließend zu ei-nem Gesamtprogramm integriert werden. Das Gesamtprogramm wird daraufhin in das gegebenenfalls existierende Gesamtsystem eingeführt und getestet. Gefundene Fehler werden beim sog. Debugging entfernt. Sobald der Test keine gravierenden Fehler mehr zu Tage bringt, wird das Softwareprodukt in Betrieb genommen. Jetzt beginnt die Wartungsphase, die weitere Fehlerkorrekturen, Leistungsverbesserungen und Änderungen des Funktionsumfangs umfasst.

Jede Phase der Entwicklungsarbeiten endet mit einer Prüfung ihrer Ergebnisse. Boehm unterscheidet dabei zwischen Überprüfung der Korrektheit der Software bzw. ihrer Vorstufen („Are we building the product right?", Boehm, 1981, S. 36) und der Validierung der Angemessenheit der Software bzw. ihrer Vorstufen in Hinblick auf den zu erfüllenden Zweck („Are we building the right product?", ebenda). Modul- und Systemtest sind Überprüfungen in diesem Sinne.

Zu den *Unterstützungsaufgaben* lassen sich Konfigurationsmanagement, Qualitätssicherung und Dokumentation zählen (Stelzer, 1998, S. 102-104 m. w. N.). Konfigurationsmanagement dient der Identifikation und Verwaltung der noch in der Entwicklung befindlichen und erst teilweise fertig gestellten Teilprodukte einer Gesamtsoftware. Zweck des Konfigurationsmanagements ist es, unterschiedliche Versionen des gleichen (Teil-) Produkts identifizierbar zu halten und sicher zu stellen, dass Produktänderungen nur kontrolliert vorgenommen werden. Die Qualitätssicherung bezweckt, zu überprüfen, in welchem Maße Anforderungen an Produkte und Prozesse der Entwicklung erfüllt sind, um eventuell Korrekturen einleiten zu können. Die Dokumentation dient der Aufzeichnung von Informationen über die Prozesse und Produkte der Entwicklung. Da diese immateriell sind, sollen sie durch entsprechende Dokumente kommunizierbar gemacht werden.

2.2.2.2 Komplexität des Entwicklungsprozesses

Um die Komplexität des Softwareentwicklungsprozesses zu beschreiben, bietet es sich an, den Komplexitätsbegriff von Dörner (1989) zu verwenden, da dieser die eingeschränkte Planbarkeit und Störanfälligkeit der Bewältigung komplexer Aufgaben besser erfasst, als es andere Komplexitätsbegriffe tun (Krause, 2003, S. 35). Danach ist eine Aufgabe komplex, wenn die zu berücksichtigenden Aspekte zahlreich, unterschiedlich und miteinander vernetzt sind, wenn die Beziehungen zwischen den Aspekten der Aufgabe zumindest teilweise intransparent sind und eine hohe Eigendynamik aufweisen, wenn die Aufgabenerledigung non-linear verläuft und die Ziele der Aufgabenerledigung vage sind.

Bereits in der Diskussion von Software als komplexes System (siehe II 2.2.1.2) wurde deutlich, dass die Handelnden in einem Softwareentwicklungsprojekt viele verschiedene und interdependente Aspekte beachten müssen (Kraut/ Streeter, 1995, S. 69 f.). Die Vagheit der Ziele sowie die Intransparenz, Dynamik und Non-Linearität dieser Aktivitäten von Softwareentwicklungsprojekten sollen an dieser Stelle jedoch näher erläutert werden.

Konkrete und klare – anstatt vager – *Ziele* zu Beginn eines Softwareentwicklungsprojekts formulieren zu können würde erfordern, dass das für die Definition der Vorgaben erforderliche Wissen bei Auftraggebern, Anwendern und Entwicklern gleich zu Beginn des Prozesses vorhanden ist. Außerdem müsste zwischen den Beteiligten Konsens darüber bestehen, was entwickelt werden soll (Weltz/ Ortmann, 1992, S. 139). Beide Bedingungen sind selten erfüllt (Henrich, 2002, S. 15; Hoch et al., 2000, S. 97-100; Kraut/ Streeter, 1995, S. 69-71; Scacchi, 1984; Strübing, 1993, S. 81-83; Weltz/ Ortmann, 1992, S. 139). Auftraggeber und Anwender *können* sich am Anfang des Entwicklungsprozesses über das technisch Mögliche und damit auch über das technisch Vorgebbare nicht vollständig im Klaren sein, da sie die Eigenschaften des noch nicht entwickelten Produkts aufgrund ihrer eingeschränkten Kenntnis der Informatik und Softwaretechnik kaum antizipieren können. Auf der anderen Seite ist das Wissen der Entwickler über das Anwendungsgebiet und die Wünsche der Auftraggeber zu Anfang des Entwicklungsprozesses unvollkommen. Dies liegt nicht nur an der üblicherweise geringeren Erfahrung mit dem Anwendungsgebiet (Curtis et al., 1988, S. 1271 ff.), sondern auch daran, dass sich Gestaltungsprobleme und -möglichkeiten, die eine neue Software für ein Anwendungsgebiet entfalten kann, erst im Zuge ihrer zunehmenden Ausarbeitung Schritt für Schritt konkretisieren lassen (Pietsch, 1992, S. 41-42; Sneed, 1987, S. 203-204; Weltz/ Ortmann, 1992, S. 139-140).

Eine weitere Schwierigkeit für die Vorgabe konkreter und klarer Ziele im Projekt ist die Immaterialität des Produkts Software. Es hat – von Quellcodelistings, Online- und Hardcopy-Dokumentationen abgesehen – keine physische Gestalt (Balzert, 1998, S. 4 f.). Das Produkt und seine Leistungen sind mithin nur in abstrakten Termini beschreibbar. Diese sind interpretationsbedürftig und haben für unterschiedliche Entwickler und Anwender des gleichen Produkts oft verschiedene Bedeutungen (Kraut/ Streeter, 1995, S. 70; Weltz/ Ortmann, 1992, S. 15-16; Scacchi, 1984, S. 53). Dadurch ist es schwierig, klare Vorgaben für die Entwickler zu formulieren.

Außerdem besteht aufgrund divergierender Interessen der verschiedenen Interessengruppen in der Softwareentwicklung, etwa Auftraggebern, Nutzern, Entwicklern, Management der Mutterorganisation, selten Konsens über die Ziele der Softwareentwicklung (Scacchi, 1984, S. 50, 53-55; Weltz/ Ortmann, 1992, S. 22-29, 141). Die Immaterialität des Produkts macht es leicht, sich in frühen Abschnitten der Entwicklung auf abstrakt formulierte Scheinkompromisse zu einigen. Später besteht dann die Gefahr, dass Konflikte aufbrechen, sobald konkrete Zwischenergebnisse der Entwicklungsarbeit die unterschiedlichen Auffassungen zu Tage fördern (Weltz/ Ortmann, 1992, S. 129). Dann sind Neuformulierungen der ursprünglich vage gehaltenen Anforderungen unumgänglich.

Die Immaterialität des Produkts Software und die schiere Anzahl der zur Softwareentwicklung erforderlichen Handlungen und Entscheidungen und deren Verknüpfung, z. B. zwischen technischen Trade-Offs in der Funktionalität, Spezifikationen der Software und der Terminplanung, machen den Prozess der Softwareentwicklung des Weiteren *intransparent*. Der Fertigstellungsgrad der Software lässt sich aufgrund ihrer Immaterialität nicht objektiv messen (Balzert, 1998, S. 4; Sneed, 1987, S. 203). Vielmehr ist man zur Bestimmung des Entwicklungsstandes und zur Schätzung der noch aufzuwendenden Personenstunden oder Kalendertage auf erfahrungsgestützte, subjektive Einschätzungen und die Intuition der Beteiligten angewiesen (Henrich, 2002; Stutzke, 1997, S. 214). Planung und Kontrolle des Projekts sind damit im Vergleich zu weniger komplexen Projekten, etwa in der Bauindustrie, erheblich schwerer zu realisieren. Die Effekte von Entscheidungen und Handlungen einzelner Projektmitglieder sind – selbst bei einer sorgfältigen Projektdokumentation und einem professionellen Konfigurationsmanagement – nur eingeschränkt abbildbar.

Die *Dynamik* des Softwareentwicklungsprozesses ist u. a. dadurch bedingt, dass sich technologische Rahmenbedingungen sehr schnell ändern können, etwa dadurch, dass Software verändert wird, die die Grundlage für das zu entwickelnde Produkt darstellt, die aber von einem anderen Hersteller stammt (Hoch et al., 2000, S. 99; Weltz/ Ortmann, 1992, S. 31). Auch andere Rahmenbedingungen, etwa die Geschäftspolitik und Organisationsstruktur der Mutterorganisation oder Marktanforderungen, ändern sich – mehr oder weniger schnell – permanent. Erschwerend kommt hinzu, dass sich die Interessen der maßgeblichen Stakeholder aufgrund von Veränderungen der Rahmenbedingungen, etwa des Marktes oder der Technologien, im Verlaufe des Projektes ändern können (Hoch et al., 2000, S. 99-100; Pietsch, 1992, S. 41).

Softwareentwicklungsprojekte verlaufen *non-linear*, weil in ihnen ständig Feedbackprozesse und Korrekturschleifen stattfinden, unabhängig davon, ob sie von der offiziellen Ablauforganisation vorgesehen sind oder nicht (Balzert, 1998, S. 5; Bittner/ Schnath, 1995b,

S. 129-131; Strübing, 1993, S. 82; Weltz/ Ortmann, 1992, S. 16). Sneed (1987, S. 204) bringt diesen Umstand auf den Punkt: „Insofern ist der Entwurf [der Software, MML] erst dann fertig, wenn auch der Test fertig ist". Dies gilt umso mehr, je größer der Umfang der zu entwickelnden Software ist, je neuartiger das zu entwickelnde Produkt oder die dafür verwendete Technologie, etwa eine neue Programmiersprache, ist, je länger das Projekt andauert und je länger damit die Gefahr sich verändernder Vorgaben und Rahmenbedingungen besteht (vgl. Picot et al., 1988, S. 119-122; Pich et al., 2002, S. 27). Die Non-Linearität schlägt sich letztlich darin nieder, dass sich Entwicklungsaufgaben in der Realität nie anhand eines reinen Wasserfallmodells organisieren lassen.

Insgesamt ist die Realität der Softwareentwicklung von Veränderungen der Anforderungen und Spezifikationen im Laufe eines Projekts geprägt (Kraut/ Streeter, 1995, S. 70; Scacchi, 1984, S. 52). Vorgaben verändern sich und Arbeitsschritte, die bereits als abgeschlossen galten, müssen erneut durchlaufen werden. Bei der Auseinandersetzung mit scheinbaren Detailfragen kann es passieren, wieder auf Grundsatzfragen zurückverwiesen zu werden, welche dann in neuem Licht erscheinen und erneut Klärung erfordern (Weltz/ Ortmann, 1992, S. 34). Nach Untersuchungen des privaten Forschungs- und Beratungsinstituts von Capers Jones (1994, S. 93) werden in einem durchschnittlichen Entwicklungsprojekt 30 - 40 % aller Anforderungen oder der davon abgeleiteten Spezifikationen umformuliert oder neu eingeführt. Jones resümiert (ebenda): "This rate of requirements change seems higher than for electrical engineering, mechanical engineering, civil engineering or most other forms of engineering."

Allerdings unterscheiden sich Softwareentwicklungsprozesse in ihrer Komplexität. Zum einen dürfte die Projektgröße, genauer gesagt die Anzahl der Kommunikationsschnittstellen zwischen Projektbeteiligten untereinander einerseits und den Projektbeteiligten mit der Umwelt andererseits, die Komplexität eines Softwareentwicklungsprojektes erheblich beeinflussen. Zum anderen dürfte die Komplexität davon abhängen, wie viel Erfahrung das Projektteam und dessen Mutterorganisation mit der Entwicklung vergleichbarer Produkte hat. Projekte, die Neuentwicklungen zur Aufgabe haben, weisen die oben herausgearbeiteten Charakteristika in höherem Maße auf als Projekte zur Weiterentwicklung oder Wartung bestehender Produkte (Picot et al., 1988, S. 120-121; Sneed, 1987, S. 25-26; ders. 1991, S. 13-14). In dieser Arbeit werden Wartungs-, Weiterentwicklungs- und Neuentwicklungsprojekte betrachtet, die dadurch gekennzeichnet sind, dass sie innerhalb klarer Zeitvorgaben abgewickelt werden müssen und das resultierende Produkt bei einem Anwender eingesetzt werden kann (vgl.

Eggers, 1997). Projekte hingegen, die der Grundlagenforschung zuzuordnen wären, weil ihre Zeitvorgaben weniger klar sind und das Forschungsergebnis nicht an den Anforderungen eines privaten oder kommerziellen Anwenders gemessen wird, bleiben unberücksichtigt.

Zusammenfassend ist festzuhalten, dass der Softwareentwicklungsprozess komplex im Sinne von Dörner ist und sich daraus eine eingeschränkte Planbarkeit (Dörner/ Schaub, 1995) und hohe Störanfälligkeit des Projektverlaufs ergibt (vgl. Badke-Schaub, 2001; Balck, 1989; Sauer, 1993; Sheramata, 2002). Zusammen mit der bereits erörterten Zeitknappheit führt dies zu charakteristischen Risiken und Chancen der Softwareentwicklung, mit denen sich die Geführten auseinandersetzen müssen. Sie werden im nächsten Abschnitt II 2.3 erläutert.

2.3 Fazit: Risiken und Chancen der Softwareentwicklung

Anhand einer Taxonomie typischer Risiken, die den reibungslosen Ablauf eines Softwareentwicklungsprojekts beeinträchtigen können, sollen nachstehend die Folgen konkretisiert werden, die für die Geführten aus der Zeitknappheit von Softwareentwicklungsprojekten und der Komplexität der Software und des Softwareentwicklungsprozesses entstehen. Der Zweck dieser Konkretisierung besteht darin, argumentativ zum Bedrohungs-Bewältigungsmodell von Lazarus (1966, 1999) überzuleiten, welches im nächsten Kapitel II 3 „Verhalten der Geführten" als Bezugsrahmen für die Ableitung des Soll-Verhaltens der Mitarbeiter verwendet wird.

Unter einem Risiko ist ein Ereignis zu verstehen, das mit einer gewissen (zumeist aber unbekannten) Wahrscheinlichkeit eintritt und das von mindestens einem Stakeholder des Projekts negativ bewertet wird (Boehm, 1991, S. 33; Charette, 1994, S. 1092-1093; Hillson, 2002). Forschung und Lehre zum Risikomanagement in (Software-) Projekten stellen mittlerweile eine eigene Teildisziplin des (Software-) Projektmanagement dar (Charette, 1989, S. ix; Junginger/ Krcmar, 2002; Raz/ Michael, 2001). Darin sind verschiedene Taxonomien entwickelt worden, um Risiken zu beschreiben, zu kategorisieren und damit ihre Früherkennung zu erleichtern, (Charette, 1994, S. 1102; Jones, 1994, S. ix). Nachstehend wird beispielhaft die Risikotaxonomie des Software Engineering Instituts (SEI) vorgestellt (Carr et al., 1993). Das SEI wird vom amerikanischen Verteidigungsministerium und der Carnegie Mellon Universität betrieben und gilt als eines der weltweit führenden Forschungsinstitute im Bereich des Software Projekt Managements (Raz/ Michael, 2001, S. 9). Seine Taxonomie zeichnet sich durch eine besondere Praxisnähe aus.

Nach der Herkunft der Risiken wird zwischen drei Risikoklassen unterschieden. Jede Klasse wird nochmals in Elemente unterteilt, die ihrerseits in Attribute zerfällt. Die Attribute stellen die „Basisrisiken" dar, die nicht weiter unterteilt werden.

Die Klasse „Produkterstellung" erfasst mehr als 26 Basisrisiken, an denen die Entwicklung eines Softwareprodukts aus technischen Gründen scheitern kann (Carr et al., 1993, A2). Dazu zählen u. a.

- Merkmale „schlechter" Anforderungen, z. B. Instabilität, d. h. die Anforderungen werden im Projektverlauf verändert,
- Merkmale eines suboptimalen oder gar fehlerhaften Systementwurfs,
- unzureichende Spezifikation der Software und der Systemschnittstellen,
- unzulängliche Vorbereitung und Ausstattung der Systemintegration und des Systemtests sowie
- weitere Spezialthemen, zu denen etwa Fragen des Datenschutzes und der Datensicherheit gehören.

Die Klasse „Entwicklungsumgebung" umfasst Risiken, die aus den ablauforganisatorischen, technischen, managerialen und sozialen Prozessen entstehen, die zum Zwecke der Softwareentwicklung ablaufen (ebenda). Es werden 24 mögliche Gründe aufgezählt, die den Softwareentwicklungsprozess aus organisatorischer Sicht gefährden können. Dazu zählen

- eine ungeeignete Ablauforganisation,
- unzureichende Hard- und Software für die Entwicklungsaktivitäten,
- mangelhaftes Projektmanagement im Projekt,
- schlechtes Management des Projekts durch die Mutterorganisation und
- ungünstiges Arbeitsklima und Arbeitsunzufriedenheit.

Die Klasse „Rahmenbedingungen" erfasst alle Risiken, die von der Projektumwelt auf die Softwareentwicklung einwirken (ebenda). Insgesamt werden 14 Aspekte der Projektumwelt genannt, an denen ein Entwicklungsprojekt scheitern kann. Diese sind u. a.

- unzureichende Zeit-, Personal-, Budget- oder technische Ressourcen,
- ungünstige vertragliche Regelungen mit dem Auftraggeber,
- projektexterne Stakeholder und
- Mikropolitik.

Es dürfte unmöglich sein, die vielen Risiken auch nur annähernd vollständig auszuschalten. Scacchi (1984, S. 50) stellt dazu lapidar fest: „[...], problematic situations are common in software engineering and project management." Das Beratungsunternehmen McKinsey spricht mit Blick auf Softwareentwicklungsprojekte sogar von einer „Mission Impossible" (Hoch et. al, 2000, S. 93). Balck schreibt dazu treffend (1989, S. 1043): „Projekterfolge werden auf einem Weg errungen, der gleichbedeutend ist mit fortwährendem Abwenden von drohenden Misserfolgen. Das Managen projekthafter Prozesse ist ein Durch-Führen oder besser Hindurch-Müssen durch eine unvorhersehbare Kette kleinerer und größerer Krisensituationen. Projektmanagement ist eigentlich eine besondere Form von Krisenmanagement".

Es gibt in der realen Welt der Softwareentwicklung keine ideale Produkterstellung, keine ideale Entwicklungsumgebung und keine idealen Rahmenbedingungen im Sinne des SEI. Erfolgreiche Projekte unterscheiden sich von weniger erfolgreichen Projekten dadurch, dass sich Risiken weniger häufig und weniger folgenschwer in Problemen manifestieren und dass mit diesen Problemen geschickter umgegangen wird (vgl. Carr et al., 1993, S. 3; Scacchi, 1984, S. 52). Da *alle* Softwareentwicklungsprojekte mit Risiken leben müssen, wohnt jedem Risiko zugleich die Chance inne, sich gegenüber den Wettbewerbern durch einen besonders erfolgreichen Umgang mit diesem Risiko positiv abzugrenzen (vgl. Hillson, 2002). Daher soll im Folgenden stets von Risiken und Chancen gesprochen werden, die die Geführten in der knappen ihnen zur Verfügung stehenden Zeit bewältigen müssen. Damit die Geführten Risiken und Chancen im Projekt rechtzeitig abwenden bzw. erkennen und nutzen, müssen allerdings einige psychologische Bedingungen erfüllt sein, die im nächsten Kapitel II 3 „Verhalten der Geführten" erörtert werden.

3   Verhalten der Geführten

In diesem Untersuchungsschritt ist nunmehr die Antwort auf die zweite Frage der zielorientierten Führung vorzubereiten: Vor dem Hintergrund welcher theoretischen Vorstellung und unter Berücksichtigung welcher situativen Randbedingungen ist welches Geführtenverhalten wichtig, um dem jeweiligen Ziel näher zu kommen und die erforderlichen Aufgaben zu erfüllen?

Die erforderlichen Überlegungen erfolgen aufgrund der im vorangegangen Kapitel II 2 „Ziele in Softwareentwicklungsprojekten" herausgearbeiteten charakteristischen Zeitknappheit sowie der Risiken und Chancen von Softwareentwicklungsprojekten mit Hilfe stresstheoretischer Überlegungen und gliedern sich in zwei Schritte. Zuerst wird unter Rückgriff auf das Stressbewältigungsmodells von Lazarus (Lazarus, 1966, 1991, 1993, 1998, 1999, Lazarus/ Folkman, 1984; Lazarus/ Launier, 1978) und der Theorie der innovationsförderlichen Führung von Gebert (1987, 2002) gezeigt, wie Mitarbeiter auf die Anforderungen und Probleme ihrer Arbeit reagieren. Auf dieser Grundlage ist es im zweiten Schritt möglich, Anforderungen an das Soll-Verhalten von Mitarbeitern in Softwareentwicklungsprojekten theorieorientiert, nämlich in den Kategorien der vorgestellten Modelle, abzuleiten.

3.1 Bewältigung als entscheidender Aspekt des Geführtenverhaltens

Angesichts der vielen vorstehend geschilderten Chancen und Risiken, mit denen Mitarbeiter im Projektverlauf und unter Zeitknappheit konfrontiert werden, ist es wichtig ist zu verstehen, wie sich Mitarbeiter in diesen „entscheidenden" Momenten eines Softwareentwicklungsprojektes verhalten. Diese Mitarbeiterreaktionen auf Risiken und Chancen lassen sich als Bewältigungsverhalten (coping) im Sinne von Lazarus/ Folkman (1984) verstehen, welches definiert ist als *„constantly changing cognitive and behavioral efforts to manage specific external and/ or internal demands that are appraised as taxing or exceeding the resources of the person."* (Lazarus/ Folkman, 1984, S. 141, kursiv im Original). Die folgende Abbildung gibt einen Überblick über das Modell. Dessen einzelnen Komponenten werden im Text erläutert.

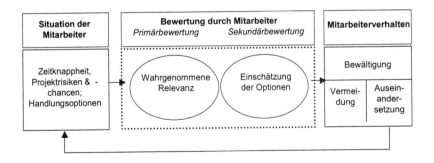

Abb. 4: **Mitarbeiterverhalten in der Softwareentwicklung als Bewältigungsverhalten nach Lazarus (1966, 1999)**
Quelle: Eigene Darstellung

3.1.1   Bewertungsprozesse

Im Bewertungs-/ Bewältigungsmodell von Lazarus wird das Bewältigungsverhalten einer Person als mit einem zweistufigen Bewertungsprozess verbunden gesehen, der im mittleren Teil der Grafik illustriert ist (Lazarus, 1966, 1999; Lazarus/ Launier, 1978; Lazarus/ Folkman, 1984). In diesem Bewertungsprozess setzt das Individuum die an ihn gestellten Anforderungen, die in der Softwareentwicklung die Bewältigung spezifischer *Projektrisiken* und - *chancen* bei *knapper Zeit* umfassen, mit den eigenen Möglichkeiten (*Handlungsoptionen*), auf diese Anforderungen zu reagieren, miteinander in Beziehung. Der eine Bewertungsschritt, die sog. Primärbewertung oder Primary Appraisal, ist eine Einschätzung eines gegebenen Ereignisses oder Zustandes dahingehend, ob und inwiefern für das Individuum in dieser Situation etwas auf dem Spiel steht (Holroyd/ Lazarus, 1982, S. 23). Die Person schätzt darin die *Relevanz* des Ereignisses oder Zustandes ein, indem sie bewusst oder unbewusst fragt: „Do I have a goal at stake, or are any of my core values engaged or threatened? And if there is a stake, what might the outcome be?" (Lazarus, 1999, S. 75). Wenn das Ereignis für das Wohlergehen („well-being") der Person als irrelevant eingeschätzt wird, wird diese Frage mit „nein" beantwortet, und die Episode endet.

Wird dem Ereignis jedoch eine Relevanz für das eigene Wohlergehen zugesprochen, so kann die Einschätzung wie folgt ausfallen (Lazarus, 1999, S. 76; Lazarus/ Launier, 1978, S. 302-303).

- Als Schaden/Verlust werden negative Ereignisse empfunden, deren Schäden irreversibel eingetreten sind.

- Als Bedrohung werden Ereignisse bewertet, die sich dadurch auszeichnen, dass sie a) noch nicht eingetreten sind oder ihre Folgen sind reversibel und dass b) die Auseinandersetzung mit ihnen als unangenehm empfunden wird.

- Als Herausforderung werden Ereignisse empfunden, die sich durch folgende Merkmale auszeichnen: a) sie sind noch nicht eingetreten oder ihre Folgen sind reversibel und b) die Auseinandersetzung mit ihnen wird als stimulierend empfunden.

Die Primärbewertung ist mit einem weiteren Bewertungsschritt, der sog. Sekundärbewertung oder Secondary Appraisal, verbunden. Darin fragt sich das Individuum, „what can be done", und bewertet die ihm zur Verfügung stehenden *Handlungsoptionen*, auf die Anforderungen der Situation zu reagieren (Lazarus, 1999, S. 76). Diese Einschätzung wird von den Anforderungen, Möglichkeiten und Grenzen der Situation sowie den Zielen, Einstellungen und momentanen Intentionen der Person beeinflusst (Lazarus, 1998, S. 396).

Die Begriffe Primär- und Sekundärbewertung sollen nicht implizieren, dass die eine zeitlich immer vor der anderen erfolgt. Es ist genauso denkbar, dass man sich schon über Möglichkeiten, auf ein Problem zu reagieren, Gedanken macht, bevor dieses Problem überhaupt manifest wird (Lazarus/ Launier, 1978, 306). Die Bewertungsschritte müssen auch nicht notwendigerweise bewusst oder absichtlich erfolgen. Vielmehr können sie auch unbewusst geschehen und enthalten nicht selten intuitive Einschätzungen (Lazarus/ Launier, 1978, S. 308; vgl. auch Edwards, 1992, S. 251).

3.1.2 Bewältigungsverhalten

Das Ergebnis des Bewertungsprozesses bestimmt die Art und Weise des Bewältigungsverhaltens (siehe rechten Teil der Grafik). Bewältigungsstrategien lassen sich auf verschiedene Weisen kategorisieren, wobei üblicherweise entweder Art und Weise des Bewältigungsverhaltens oder Ziel und Schwerpunkt („Fokus") der Bewältigungsbemühungen als Unterscheidungsmerkmale herangezogen werden (Cartwright/ Cooper, 1996, S. 207-209; Holahan et al., 1996, S. 27-28). Die Unterscheidung zwischen kognitivem, handelndem und vermeidendem Bewältigungsverhalten (Billings/ Moos, 1981) ist ein Beispiel für eine Kategorisierung anhand der *Art und Weise* des Bewältigungsverhaltens. Die Unterscheidung zwischen problemorientiertem und emotionsorientiertem Bewältigungsverhalten von Lazarus/ Folkman (1984) ist hingegen ein Beispiel für eine Kategorisierung anhand des *Fokus* der Bewältigungsbemühungen.

Eine Kombination beider Hinsichten erreicht Moos (1993), indem er Bewältigungsverhalten zum einen bezüglich des Fokus von Bewältigungsverhalten nach Auseinandersetzung und Vermeidung unterscheidet (Holahan et al., 1996, S. 28).. Nach dieser Begriffsfassung erfolgt Auseinandersetzung mit dem Ziel, Problemen zu begegnen. Vermeidung erfolgt hingegen mit dem Ziel, sich Problemen zu entziehen. Zum anderen unterscheidet Moos bezogen auf Art und Weise des Vermeidungsverhaltens zwischen objektiv-handelnder und kognitiver Bewältigung. Damit ist zwischen vier grundlegenden Bewältigungsarten zu unterscheiden (Holahan et al., 1996, S. 28; Moos, 1993, S. 1-2, 15):

* Auseinandersetzung durch Handlung
* Kognitive Auseinandersetzung
* Vermeidung durch Handlung
* Kognitive Vermeidung.

Die folgende Tabelle gibt einen Überblick über die grundlegenden Bewältigungsarten und deren weitere Unterteilung in Bewältigungsverhaltensweisen. Diese werden mit Beispielitems konkretisiert, die aus dem Fragebogen stammen, mit dem Moos (1993) die Validität und Reliabilität der getroffenen Unterscheidung überprüft hat (Moos, 1993, S. 16).

Grundlegende Bewältigungsarten	Bewältigungsverhaltensweisen	Beispielitems aus der Validierungsstudie
Auseinandersetzung durch Handlung	Problem lösende Maßnahmen ergreifen	• Machten Sie einen Plan und verfolgten Sie ihn? • Wussten Sie, was zu tun war, und bemühten Sie sich darum, dass es funktionierte?
	Anleitung und Unterstützung suchen	• Sprachen Sie mit einem Experten über das Problem? • Suchten Sie Hilfe von Leuten oder Gruppen, die das gleiche Problem wie Sie hatten?
Kognitive Auseinandersetzung	Logische Analyse	• Überlegten Sie sich Möglichkeiten, mit dem Problem zurechtzukommen? • Versuchten Sie, sich zu überlegen, wie sich die Dinge weiterentwickeln würden?
	Positive Neubewertung	• Sagten Sie zu sich Dinge, die Sie sich besser fühlen ließen? • Versuchten Sie, die guten Seiten an der Situation zu entdecken?
Vermeidung durch Handlung	Sich andere Belohnungen suchen	• Verbrachten Sie mehr Zeit mit Freizeit? • Wendeten Sie sich anderen Aktivitäten zu?
	Emotionale Entladung	• Taten Sie etwas, von dem sie wussten, es würde nichts bringen, nur um überhaupt etwas zu tun? • Fluchten oder schrien Sie, um Dampf abzulassen?
Kognitive Vermeidung	Kognitive Vermeidung i. e. S.	• Versuchten Sie, das Ganze zu vergessen? • Wünschten Sie sich, das Problem würde sich irgendwie von alleine erledigen?
	Resignation und Akzeptanz	• Akzeptierten Sie, dass sich nichts tun ließe? • Realisierten Sie, dass Sie keinerlei Kontrolle über das Problem hatten?

Tab. 1: Bewältigungsarten und Bewältigungsverhaltensweisen (nach Moos, 1993)

Für den Projekterfolg sind nur solche Bewältigungsverhaltensweisen hilfreich, die der Auseinandersetzung mit Risiken und Chancen der Softwareentwicklung bzw. ihren Manifestationen als Probleme oder Anforderungen dienen.[4] Nur Auseinanderverhaltensweisen ändern etwas an der Situation. Dies ist mit dem Rückkoppelungspfeil in der obigen Grafik angedeutet.

---

[4] Die Unterscheidung zwischen projektförderlichen und projekthinderlichen Bewältigungsverhalten beruht auf Arbeiten von Gebert (1987, S. 946-948; 2002, S. 87 ff.) und Boerner (1998, S. 64-65), die innovatives Verhalten von Mitarbeitern als Bewältigungsverhalten im Sinne von Lazarus (1966; 1991; Lazarus/ Folkman, 1984) interpretieren. Die beiden Autoren unterscheiden drei Bewältigungsverhaltenstypen in Reaktion auf betriebliche Missstände und Verbesserungspotenziale: Innovative Initiativen, objektive Flucht und subjektive Flucht. Aus betrieblicher Sicht ist nur der erste Bewältigungstyp positiv. Diese Einteilung in drei Kategorien ist stark vereinfachend, wie ein Vergleich mit den acht Kategorien von Moos zeigt. Vor allem ist unklar,

Von außen beobachtbare Handlungen im Sinne einer *Auseinandersetzung durch Handlung* dieser Art können individueller Natur sein („Problem lösende Maßnahmen ergreifen"), z. B. Überstunden machen, um unvorhergesehene Mehrarbeit doch noch bis zum Abgabezeitpunkt zu schaffen. Sie können aber auch auf die Hilfe anderer ausgerichtet sein („Anleitung und Unterstützung suchen"), z. B. ein Telefongespräch mit der Projektleitung führen, um sie über eine Entdeckung zu informieren und um Rat zu bitten. Eine besondere Form der Auseinandersetzung durch Handlung ist das absichtliche Nichtstun. Absichtliches Nichtstun kann zum einen aus der Einsicht erfolgen, dass (weitere) Versuche, ein Problem zu beheben, nur noch mehr Probleme nach sich ziehen werden (Schönpflug, 1985, S. 186). In diesem Fall lässt sich die Entscheidung, nichts zu tun, als eine Problem lösende Maßnahme im Sinne von Moos ansehen. Zum anderen kann absichtliches Nichtstun in der Absicht erfolgen, dass sich andere um das Problem kümmern sollen (ebenda). In diesem Fall ist absichtliches Nichtstun eine Spielart der Suche nach Anleitung und Unterstützung.

Dem geschickten Umgang mit Risiken oder dem Ausnutzen von Chancen dient zudem die *kognitive Auseinandersetzung*, insbesondere die „logische Analyse" sensu Moos. Sie erfolgt, um das Problem zu strukturieren und eine Problemlösung vorzubereiten, z. B. wenn die betroffene Person im Geiste mögliche Optionen durchspielt, um an fehlende Informationen zu gelangen. Aber auch Versuche, die Bewertung eines Problems positiv zu beeinflussen, um arbeitsfähig zu bleiben („positive Neubewertung"), sind hilfreich. Wichtig ist, dass diese Neubewertung versucht wird, um damit eine Problemlösung im Sinne des Projekts zu ermöglichen - z. B. sich Mut zuzusprechen, bevor man zum Hörer greift, um der Projektleitung von einer erheblichen Panne zu berichten.[5]

Aus Projektsicht negativ sind hingegen Vermeidungsverhaltensweisen, die zwar dem Individuum (zumindest kurzfristig) Entlastung verschaffen, aber die Risiken und ihre Ursa-

---

welche kognitiven Prozesse und sichtbaren Handlungen zur Klasse der innovativen Initiativen gehören und welche nicht. Für ein umfassenderes Verständnis des Mitarbeiterverhaltens bei der Bewältigung komplexer Probleme erscheint jedenfalls die Kenntnis der verschiedenen Facetten möglicher Bewältigungsverhaltens, so wie sie Moos auffächert, hilfreich.

[5] Die Einschätzung, dass „positive reappraisal" aus betrieblicher Sicht positiv einzuschätzen ist, lässt sich auch mit Ergebnissen von Fleishman (1984, S. 241) begründen. In seiner Untersuchung zum Coping am Arbeitsplatz mit 1173 Respondenten korrelierte das Coping Verhalten „positive Vergleiche anstellen" signifikant positiv mit problemorientierten „direkten" Coping Verhaltensverhaltensweisen ($r = 0,2$), während es mit den Coping Verhaltensweisen „selektives Ignorieren" und „sich auf extrinsische statt auf intrinsische Anreize konzentrieren" negativ korrelierte ($r = -0,17$ bzw. $r = -0,1$).

chen nicht angehen oder Chancen ungenutzt verstreichen lassen (vgl. Gebert/ v. Rosenstiel, 2002, S. 127). Auch hier ist zwischen von außen beobachtbaren Handlungen und kognitiven Prozessen zu unterscheiden („Vermeidung durch Handlung" vs. „Kognitive Vermeidung").

Bei der *Vermeidung durch Handlung* könnte ein überforderter Softwareentwickler versuchen, sich angenehmeren Aktivitäten zuzuwenden („Sich andere Belohnungen suchen"). Z. B. könnte er technische Finessen programmieren, die ihm gut von der Hand gehen, oder sich anderen Aufgaben zuwenden. Außerdem könnte er um Versetzung bitten oder gar kündigen. Aber auch „emotionale Entladung", die sich etwa in wildem Aktionismus oder Schreien niederschlagen könnte, hilft dem Projekt wenig.

Kognitive Vermeidung umfasst subjektive Formen der Flucht, die auch intrapsychische Anpassung genannt werden (Gebert, 1987, S. 945). „Kognitive Vermeidung im engeren Sinne" besteht darin, sich innerlich darum zu bemühen, das Problem nicht an sich herankommen zu lassen und „die ganze Sache zu vergessen". Dies kann einem Individuum mit Hilfe bestimmter Abwehrmechanismen gelingen, zu denen beispielsweise die Verdrängung des unangenehmen Ereignisses ins Unbewusste, das Nicht-Wahrhaben-Wollen (Verleugnung), die Umdeutung der Situation als akzeptabel durch Intellektualisierung und Bagatellisierung oder die Verkehrung ins Gegenteil gehören (Krause, 2003, S. 61). Dies wäre z. B. der Fall, wenn sich ein Projektmitarbeiter einredete, die eigene Situation sei auch nicht schlechter als die anderer Mitarbeiter. Der Projektmitarbeiter könnte auch einfach daran glauben, einen Arbeitsrückstand wieder aufholen zu können, auch wenn dafür die Chancen objektiv gering wären. Er könnte sich außerdem sagen, die Situation sei „eigentlich" in Ordnung. Des Weiteren kann er die Dinge so lange beschönigen, bis sie alles Negative verlieren. „Resignation und Akzeptanz" hingegen benennt das Hinnehmen und Sich-Daran-Gewöhnen an negative Umstände. „Resignation und Akzeptanz" liegen etwa vor, wenn Projektmitarbeiter schon lange Zeit wissen, dass der Endtermin nie zu halten sein wird, es aber nicht zur Sprache bringen und sich stattdessen mit der unangenehmen Arbeitssituation abgefunden haben. Das Phänomen der „Inneren Kündigung" (Krysteck et al., 1995) lässt sich als eine sehr weitreichende Form von Resignation und Akzeptanz auffassen.

Zusammenfassend ist festzuhalten, dass es mit Hilfe der Taxonomie von Moos (1993) gelingt, die Reaktionen der Mitarbeiter von Softwareentwicklungsprojekten im Umgang mit Risiken und Chance zu beschreiben und zu bewerten. Aus Projektsicht hilfreich sind vier spezifische Arten der Auseinandersetzung. Schädlich aus betrieblicher Sicht sind hingegen Vermeidungsverhaltensweisen, von denen es ebenfalls vier spezifische Ausprägungen gibt.[6] Bei den folgenden Überlegungen muss nun herausgearbeitet werden, welche Faktoren einen Projektmitarbeiter vermutlich dazu bringen, mehr projektförderliche und weniger projekthinderliche Bewältigungsverhaltensweisen zu zeigen.

3.1.3 Wahrgenommene Relevanz und Situationskontrolle als Bedingungen für Auseinandersetzungsverhaltensweisen

An dieser Stelle ist zu klären, welche Ergebnisse der beiden Bewertungsschritte dazu führen, dass sich die Mitarbeiter mit Risiken und Chancen bzw. mit deren Manifestationen auseinandersetzen, anstatt ihnen auszuweichen oder sie gar nicht erst zu bemerken (vgl. Schönpflug, 1987, S. 157). Das Ergebnis des ersten Bewertungsschritts beeinflusst, *ob* Bewältigungsverhalten gezeigt wird. Damit sich die Mitarbeiter den Risiken und Chancen ihres Projekts bzw. den Problemen und Anforderungen ihrer Aufgaben zuwenden, ist entscheidend, dass die Mit-

---

[6] Die These, wonach Auseinandersetzungsstrategien für die Erreichung der Projekt- und Führungsziele vorteilhafter sind als Vermeidungsstrategien, muss an dieser Stelle gegen einen möglichen Einwand verteidigt werden. Der Einwand könnte lauten, dass Bewältigungsverhalten Aufwand mit sich bringt, vor allem in Form von Zeit- und Kapazitätsopportunitätskosten sowie Risiken des Scheiterns und negativer Nebenwirkungen (Schönpflug, 1985, S. 173). Zeit und Kapazität, die die Mitarbeiter mit der Bewältigung eines bestimmten Ereignisses verbringen, können sie nicht mehr zur Erfüllung anderer Aufgaben verwenden (ebenda). Aus Projektsicht sollen die Mitarbeiter diejenige Bewältigungsstrategie wählen, die ein mögliches optimales Verhältnis aus Aufwand und Ertrag mit sich bringt. Bisweilen wird bei einer solchen Abwägung herauskommen, dass es für das Projekt mehr lohnt, sich etwa mit hinderlichen Durchführungsbedingungen von Arbeitsaufgaben abzufinden, als zu versuchen, die Durchführungsbedingungen zu verändern. In solchen Situationen, so der mögliche Einwand, seien Vermeidungsbewältigungsverhaltensweisen aus Projektsicht vorzuziehen. Der Argumentation zur Stützung des Einwandes ist zuzustimmen. Allein die Schlussfolgerung ist falsch. Wenn es sich aus Projektsicht mehr lohnt, sich mit den Widrigkeiten einer Arbeitsaufgabe abzufinden anstatt sie zu ändern, so sollte sich der betroffene Mitarbeiter a) darüber im Klaren sein, anstatt sich einfach nur anzupassen, und b) dafür entscheiden, nichts zu tun. Manchmal ist es in der Tat aus betrieblicher Sicht besser, aufzugeben oder nichts zu tun, etwa um damit die Hilfe anderer einzufordern oder die eigenen Kräfte zu schonen. Derartiges „Aufgeben" und „Nichts-Tun, um eine Lösung durch andere zu befördern" sind absichtliche Handlungen (Schönpflug, 1985, S. 186) und daher den Auseinandersetzungsstrategien zuzurechnen. Vermeidungsstrategien im Sinne von Moos sind definitionsgemäß nur solche Verhaltensweisen, die dem Individuum Entlastung bringen können, indem es sich den objektiven Gegebenheiten innerlich oder äußerlich entzieht (Holahan et al., 1996, S. 28). Dies ist beim absichtlichen Nichtstun nicht der Fall, da die Entscheidung dazu eine absichtliche Reaktion auf die objektiven Gegebenheiten ist und ein „offensives" In-Kauf-Nehmen der Konsequenzen bedeutet.

arbeiter diese Aspekte ihrer Arbeit als hinreichend *relevant* wahrnehmen (vgl. Gebert 1987, S. 943; ders. 2002, S. 88; Krause, 2003, S. 79, die beide aufgrund des von ihnen betrachteten Innovationskontextes von „Veränderungsbedürftigkeit der Situation" anstatt von Relevanz sprechen[7]). Ohne wahrgenommene Relevanz ist hingegen kein Bewältigungsverhalten, also auch keine Auseinandersetzung, zu erwarten.

Das Ergebnis des zweiten Bewertungsschritts bestimmt, *welches* Bewältigungsverhalten gezeigt wird. Von den verschiedenen Verhaltensweisen, die dem Individuum zur Verfügung stehen, um einen als relevant erkannten Zustand zu bewältigen, wird tendenziell diejenige gezeigt, bei der das erwartete Verhältnis aus „Aufwand" und „Ertrag" aus der subjektiven Sicht des Individuums optimal sind (Schönpflug, 1986, S. 96). Unter Aufwand sind Zeit und Energie zu verstehen, die die Person für ihre Bewältigungsanstrengungen aufbringen muss. Der Ertrag liegt im Falle eines Problems, das als Bedrohung empfunden wird, in der Rückführung der wahrgenommenen Aversität des Umstandes und der Reduzierung der damit verbundenen negativen Emotionen. Im Falle einer Anforderung, die als Herausforderung wahrgenommen wird, liegt der Ertrag der Bewältigungsanstrengungen im Auskosten des Gefühls der Selbstbestimmtheit und des Erfolges und in der Erzeugung weiterer positiver Emotionen wie Stolz und Zufriedenheit (vgl. Lazarus et al., 1977, S. 195). Ein Mitarbeiter wird sich also nur dann mit einem Problem auseinandersetzen, anstatt sich ihm zu entziehen, wenn ihm (zumindest minimal) bewusst ist, *dass* er mit Erfolg und unter vertretbarem Aufwand etwas dagegen ausrichten kann. Liegt eine derartige positive Einschätzung der ihm zur Verfügung stehenden Handlungsoptionen vor, soll in Anlehnung an Gebert (2003, S. 88; Gebert/ v. Rosenstiel, 2002, S. 125 und 127) von wahrgenommener Situationskontrolle gesprochen werden. Kogniziert eine Person hingegen, keine Situationskontrolle zu haben, wird sie sich *nicht* mit dem Problem auseinandersetzen. Vielmehr sind in diesem Fall Vermeidungsstrategien zu erwarten.

Damit wird wahrgenommene Situationskontrolle in dieser Arbeit etwas anders definiert, als es Gebert (1987, 2002; Gebert/ v. Rosenstiel, 2002) tut. Unterschiede und Gemeinsamkeiten der Begriffsfassung können interessierte Leser im folgenden Exkurs nachlesen:

---

[7] In dieser Arbeit wird stattdessen vorgezogen, von „wahrgenommener Relevanz" zu sprechen. In einem Softwareentwicklungsprojekt können und sollen bestimmte Umstände von Mitarbeitern für relevant gehalten werden, ohne dass sie deswegen in jedem Falle veränderungsbedürftig sind. Hierzu gehört z. B. die Qualität der eigenen Arbeit, die fortwährend kontrolliert und daher im Sinne der Theorie von Lazarus fortwährend für relevant gehalten werden sollte.

Exkurs:

In der Darstellung des Lazarus'schen Modells in einem Lehrbuch zur Organisationspsychologie definiert Gebert Situationskontrolle als Einschätzung einer Person darüber, „Kontrolle über die Situation zu haben, also [...] durch eigenes Handeln die Soll-Ist-Differenz wieder beseitigen zu können" (Gebert/ Rosenstiel, 2002, S. 86). Dieses Begriffsverständnis lässt sich als Situationskontrolle im weiten Sinne verstehen, denn es umfasst ausdrücklich sowohl die Situationen, die ein Individuum ändern kann, als auch jene Situationen, vor denen eine Person etwa durch Kündigung fliehen kann. Definierendes Merkmal dieses Begriffsverständnisses ist die Möglichkeit des Individuums zu handeln. Sie orientiert sich an Lazarus' Unterscheidung zwischen problem-focused und emotion-focused coping (oder in der Moos'schen Terminologie handlungsorientiertes Bewältigen und kognitives Bewältigen). Situationskontrolle besteht danach, wenn das Individuum Möglichkeiten sieht, zu handeln, und damit die Situation objektiv für sich zu verändern.

In seiner Übertragung der Lazarus'schen Theorie auf die innovationsförderliche Führung definiert Gebert (2002, S. 88) Situationskontrolle erheblich enger: „Die Situationskontrolle des Geführten ist durch den Grad der wahrgenommenen Veränderungsfähigkeit der Situation definiert; sie definiert das Ausmaß, in dem der Geführte meint, direkt durch eigenes Handeln oder indirekt über die Aktualisierung der Ressourcen anderer zur innovationsbezogenen Verbesserung der Situation beitragen zu können." Bei dieser Begriffsfassung sind zwei definierende Merkmale zu beachten: Erstens, Handeln können und zweitens, dadurch die Situation objektiv verbessern. Situationskontrolle besteht danach nur, wenn das Individuum Möglichkeiten sieht, zu handeln und damit die Situation objektiv für sich und andere zu verbessern.

Diesen Begriff der wahrgenommenen Situationskontrolle im engeren Sinne verwendet Gebert (und mit ihm z. B. Boerner, 1998, Krause, 2003) synonym mit dem Begriff der wahrgenommenen Veränderungsfähigkeit der Situation. Der einzige Unterschied zwischen den Konzepten besteht darin, dass sich die Kognition der Situationskontrolle auf das Individuum bezieht und die Kognition der Veränderungsfähigkeit auf die Situation. Ein Individuum schreibt sich Situationskontrolle zu, wenn die Situation von ihm für veränderungsfähig gehalten wird. Dass die Begriffe tatsächlich synonym zu verstehen sind, ist an folgenden Zitaten zu erkennen: Gebert (2002, S. 88) schreibt: „Die Situationskontrolle des Geführten ist durch den Grad der wahrgenommenen Veränderungsfähigkeit der Situation definiert." Krause (2003, S. 82), die Gebert zitiert, formuliert: „Der Grad der Situationskontrolle bestimmt, inwieweit die geführte Führungskraft die betriebliche Situation als veränderungs*fähig* wahrnimmt" (kursiv im Original).

In dieser Arbeit wird Situationskontrolle als Kognition definiert, die vorliegt, wenn ein Mitarbeiter meint, sich mit einem Umstand seiner Arbeit auseinandersetzen – im Sinne von Moos – zu können. Diese Be-griffsfassung ist enger als die Situationskontrolle im weiteren Sinne, da sie alle Vermeidungsverhaltensweisen, also auch Flucht (=Vermeidung durch Handlung), ausschließt. Sie ist aber weiter als Situationskontrolle im engsten Sinne/ Veränderungsfähigkeit, weil sie auch alle Situationen umfasst, in denen ein Mitarbeiter sich nur kognitiv auseinandersetzt und sich dazu entschließt, nichts an der Situation zu verändern.

Nun ist es betrüblich, dass ein und derselbe Fachbegriff „Situationskontrolle" mit drei unterschiedlichen Bedeutungsinhalten belegt ist. Für die Entscheidung, diesen Begriff trotzdem zu verwenden, spricht die ihm innewohnende Metapher: Eine Situation „unter Kontrolle" zu haben ist für einen Menschen etwas Gutes. Damit werden positive Verhaltensweisen wie Nachdenken, Überlegen, Handeln, Steuern, Eingreifen usw. assoziiert. Andere denkbare Begriffe wie „wahrgenommene Handhabbarkeit der Situation" oder „wahrgenommene Gestaltungsmacht" konnotieren hingegen entweder zu wenig oder zu viel Einfluss der Mitarbeiter auf die Geschehnisse. Dass die Metapher „Situationskontrolle" kontextabhängig mit unterschiedlichen Inhalten gefüllt werden kann und sollte, entspricht darüber hinaus der Realität: Ob ein Individuum glaubt, eine Situation „unter Kontrolle" zu haben, hängt davon ab, welche Ziele es verfolgt und welchen Restriktionen es unterliegt. In der Freizeit etwa kann sich ein Individuum Ziele selbst setzen und muss nur wenige Restriktionen beachten. In diesem Kontext macht es Sinn, Situationskontrolle sehr weit zu definieren und die Möglichkeit, sich einer Situation physisch zu entziehen, mit in das Begriffsverständnis einzubeziehen. Im betrieblichen Alltag werden Ziele hingegen gesetzt und die Option, sich physisch einer Anforderung oder einem Problem zum Beispiel durch Krankfeiern oder Kündigung zu entziehen, ist mit erheblichen Konsequenzen verbunden. Betrachtet man im betrieblichen Kontext das Innovationsziel, dessen Erreichung per definitionem fruchtbare *Veränderungen* der betrieblichen Praxis mit sich bringt, ist es sinnvoll, Situationskontrolle sehr eng als wahrgenommene Veränderungsfähigkeit der Situaton zu definieren. Werden jedoch, wie in der vorliegenden Arbeit, alle betrieblichen Zieldimensionen und nicht nur Innovationen betrachtet, macht es Sinn, von Situationskontrolle sprechen zu können, wenn ein Mitarbeiter die Situation *nicht* glaubt verändern zu können und trotzdem den Eindruck hat, funktional mit dieser (momentan) unveränderlichen Situation umgehen zu können.

Ende des Exkurses.

Die Einschätzung der Relevanz und Situationskontrolle sind multiplikativ miteinander verbunden. Dies lässt sich erwartungswerttheoretisch (im Sinne Vrooms, 1964) begründen. Die wahrgenommene Relevanz eines Umstandes hat Anreizwert (Gebert, 2002, S. 89; Krohne, 1976, S. 90; Krause, 2003, S. 89-90; Schönpflug, 1987, S. 158). Je höher sie ist, desto mehr möchte man etwas tun. In der wahrgenommenen Situationskontrolle schlagen sich die subjektive Wahrscheinlichkeit, mit der ein Erfolg der Bewältigungsanstrengungen erwartet wird (Gebert, 2002, S. 89; Krause, 2003, S. 89-90), und der wahrgenommene Aufwand der Bewältigungsanstrengungen nieder (Schönpflug, 1985, S. 188). Eine *Auseinandersetzung* mit einem Problem oder einer Anforderung ist also nur dann wahrscheinlich, wenn Relevanz und Situationskontrolle *zugleich* hoch eingeschätzt werden.

Krause (2003, S. 262) belegt eindrucksvoll die multiplikative Verbindung von Relevanz und Situationskontrolle in Bezug auf Auseinandersetzungsverhaltensweisen. Bei ihrer Befragung von 237 Führungskräften aus unterschiedlichen Branchen zur Mitarbeiterführung in Innovationsprojekten zeigte sich folgender Befund: Bei hoher wahrgenommener Veränderungsbedürftigkeit der betrieblichen Situation (der von Krause für den von ihr untersuchten Innovationskontext erfasste Spezialfall von Relevanz) *und* hoher wahrgenommener Veränderungsfähigkeit (der von Krause erfasste Spezialfall der Situationskontrolle) generierten und implementierten die befragten Führungskräfte nach eigener Einschätzung signifikant mehr Ideen als Führungskräfte, die eine niedrige Veränderungsfähigkeit der Situation kognizierten.[8] Ideengenerierung und –implementierung lassen sich als spezifische Formen von Auseinandersetzungscoping auffassen (Krause, 2003, S. 77 ff.; vgl. auch Fay et al., 1998, S. 178-181).

Umgekehrt gilt, dass bei hoher wahrgenommener Veränderungsbedürftigkeit, die mit einer niedrigen Veränderungsfähigkeit einhergeht, die Tendenz zur intrapsychischen Anpassung und zur Flucht signifikant höher war (Krause, 2003, S. 262). Intrapsychische Anpassung und Flucht sind Spielarten von Vermeidungsverhalten (vgl. Gebert/ v. Rosenstiel, 2002, S. 127).

Die Überlegungen lassen sich an dieser Stelle wie folgt zusammenfassen: Mitarbeiter müssen die Projektrisiken und -chancen als relevante *und* – im Sinne wahrgenommener Situationskontrolle – trotz der Zeitknappheit beherrschbare Umstände ihrer Arbeit begreifen. Beherrschbar erscheinen Projektrisiken und -chancen, wenn die Mitarbeiter geeignete Handlungsoptionen entdecken. Nur dann ist zu erwarten, dass sie sich den Risiken und Chancen zuwenden und sich mit ihnen auseinandersetzen, anstatt ihnen auszuweichen (oder sie gar nicht erst zu erkennen). In weiteren Untersuchungsschritten wird herauszuarbeiten sein, unter welchen Bedingungen Mitarbeiter in zeitkritischen und komplexen Projekten, insbesondere der Softwareentwicklung, genau so und nicht anders kognizieren.

3.1.4   Neubewertung und die Gefahren des Vermeidungsverhaltens

Im Verlaufe seiner Bewältigungsanstrengungen bewertet der Mitarbeiter die Relevanz des ihn beschäftigenden Ereignisses bzw. Zustands immer wieder neu. Wenn er das Problem zufriedenstellend löst bzw. der Anforderung gerecht wird, stellt er bei einer erneuten Bewertung fest, dass der Umstand nun keine unmittelbare Relevanz im Sinne einer Bedrohung oder Her-

---

[8] Veränderungsbedürftigkeit im Sinne von Krause und Gebert ist ein Spezialfall wahrgenommener Relevanz. Umstände, die für veränderungsbedürftig gehalten werden, werden eo ipso auch für relevant gehalten. Aber nicht alle Umstände, die relevant sind, sind auch veränderungsbedürftig. Veränderungsfähigkeit im Sinne von Krause und Gebert ist ein Spezialfall wahrgenommener Situationskontrolle im hier zugrunde gelegten Begriffsverständnis. Wenn ein Individuum eine Situation für veränderungsfähig hält, schreibt sie sich auch Situationskontrolle zu.

ausforderung mehr für sein Wohlergehen hat und er sich anderen Dingen zuwenden kann. Wenn seine Handlungen hingegen nicht erfolgreich sind, stellt er bei der erneuten Bewertung fest, dass die Relevanz immer noch gegeben ist. In diesem Fall sind weitere Bewältigungsanstrengungen erforderlich.

In dieser Regelkreislogik kommt das grundlegende Gleichgewichtsprinzip des Bewältigungsmodells von Lazarus (1966, 1999) und vieler anderer Stressmodelle zum Ausdruck (Edwards, 1992, S. 238-245; Gebert/ v. Rosenstiel, 2002, S. 126). Die Modelle bauen auf der Prämisse auf, dass ein Organismus nach einem Gleichgewicht zwischen den Anforderungen, die die Situation an ihn stellt, und den eigenen Ressourcen und Zielen strebt. Herausforderungen wollen gemeistert, Bedrohungen abgewendet und Verluste verarbeitet werden. Die Bewältigungsanstrengungen gehen so lange weiter, wie das Individuum die Herausforderung, die Bedrohung oder den Verlust noch spürt. Das Bewältigungsverhalten dient dazu, die Emotionen des Herausgefordert-Seins, Bedroht-Seins oder von Trauer bzw. Ärger über einen erlittenen Verlust zurückzuführen, bis sich andere Emotionen, etwa Stolz, Erleichterung und Zufriedenheit, einstellen (Lazarus/ Launier, 1978, S. 315; Lazarus, 1999, S. 101-102).

Aber was passiert, wenn ein Mitarbeiter keine Möglichkeit sieht zu handeln, d. h. wenn er eine geringe Situationskontrolle sieht, obwohl er das Ereignis als relevant für sein Wohlergehen hält? In diesem Fall empfindet der Mitarbeiter *negative* Emotionen, wie Krause (2003, S. 262) belegt. Um diese trotz der fehlenden Situationskontrolle zu reduzieren, bleiben ihm nur Vermeidungsverhaltensweisen wie Flucht und kognitive Vermeidung (ebenda). Darin liegt eine doppelte Gefahr, die über die nicht geleistete Auseinandersetzung in der konkreten Episode hinausgeht: Der betreffende Mitarbeiter kann die „Erfahrung der Unkontrollierbarkeit" (Krause, 2003, S. 84) bzw. der Zwecklosigkeit (Gebert, 2002, S.182) einer Auseinandersetzung mit den Gegebenheiten auf andere projektbezogene oder betriebliche Situationen und Episoden *generalisieren*. Diese Gefahr lässt sich mit Rückgriff auf die Zwei-Faktoren-Lerntheorie von Mowrer (1960) als ein doppelter Konditionierungsprozess erklären. In der ersten Phase des Lernprozesses erfährt der Mitarbeiter seine Hilflosigkeit, die mit unangenehmen Emotionen einhergeht. Insbesondere wenn es im Projekt „hoch hergeht" und die „Nerven blank liegen", können solche Hilflosigkeitserfahrungen sehr unangenehm sein. In dieser Phase werden Aspekte der erlebten Situation, z. B. eine fehlende Zulieferung, oder die beteiligten Personen, z. B. die Projektleitung, zu *konditionierten Stimuli* im Sinne der klassischen Konditionierung. Dies bedeutet, dass der Mitarbeiter dieselben Situationsaspekte bzw. die gleichen Personen in späteren Episoden ebenfalls mit negativen Emotionen in Verbindung bringt. In der folgenden zweiten Phase des Lernprozesses wird sein Vermeidungsverhalten *instrumentell konditioniert*. Um die unangenehmen Emotionen zu reduzieren, zeigt der Mitarbeiter Vermeidungsverhalten, d. h. er setzt sich im obigen Beispiel *nicht* mit der fehlenden Zulieferung oder der Projektleitung auseinander. So hält er die negativen Emotionen von sich fern und lernt, dass Vermeidungsverhalten Angstabbau nach sich zieht. Durch sein Vermeidungsverhalten verhindert der Mitarbeiter zugleich eine korrigierende Erfahrung, die ihm vermitteln würde, dass er – anders, als er denkt – doch Situationskontrolle hat.

Betrachtet man die beiden Typen des Vermeidungsverhaltens, so stellt die kognitive Vermeidung aus Führungssicht vielleicht die größere Gefahr da. Vermeidung durch Handlung lässt sich immerhin beobachten, so dass die Führungskraft eine Chance hat zu reagieren. Kognitive Vermeidung ist hingegen nur sehr eingeschränkt beobachtbar und entfaltet ihre negativen Effekte still und leise. Da die Mitarbeiter korrigierende Erfahrungen vermeiden, gebiert die durch das Vermeidungsverhalten im Projekt entstandene „Friedhofsruhe" immer wieder neue „Friedhofsruhe" (Gebert, 1987, S. 950). Führung, die den Geführten nur unzureichend Situationskontrolle vermittelt und die Zwecklosigkeitserfahrung nicht aufbricht, läuft also Gefahr, Vermeidungsverhalten zu betonieren.

3.1.5 Zusammenfassung

Die wichtigste Ergebnisse der vorangegangenen Überlegungen sind

- die Unterscheidung zwischen Auseinandersetzungs- und Vermeidungscoping,
- die Bewertung, dass Auseinandersetzungsstrategien aus Projektsicht die wünschenswerten Bewältigungsanstrengungen darstellen und dass Vermeidungsverhaltensweisen schädlich sind,
- die Einsicht, dass Mitarbeiter, die keine Möglichkeit zur Auseinandersetzung sehen, Vermeidungsverhalten zeigen, und
- die Einschätzung, dass kognitives Vermeidungsverhalten, z. B. Beschönigung und Resignation, sich selbst verstärken und ein Projekt „betonieren" kann.

Damit ist der nächste Schritt der Theoriebildung vorbereitet, der darin besteht, dass Soll-Verhalten der Geführten zu bestimmen.

3.2 Persönliche Initiative als Soll-Verhalten der Geführten

Mit den im letzten Abschnitt II 3.1 angestellten Überlegungen liegt die Anforderung an Führung und Führende in Softwareentwicklungsprojekten auf der Hand: Führe so, dass die Mitarbeiter Auseinandersetzungsverhalten zeigen! Diese Formulierung ist aber noch zu blass, da das gewünschte Mitarbeiterverhalten nicht exakt genug bezeichnet ist. Zur großen Klasse der Auseinandersetzungsverhaltensweisen gehören auch solche Handlungen, mit denen die Mitarbeiter in erster Linie ihr persönliches Wohlergehen steigern würden. Das aus Projektsicht wünschenswerte Verhalten muss also noch weiter eingegrenzt werden, und zwar insofern als dass es auf die Erreichung der *Projekt*ziele ausgerichtet sein sollte.

Außerdem bezeichnet der Terminus „Auseinandersetzung" noch nicht hinreichend die erforderliche Intensität des Handelns. Das Engagement, das Mitarbeiter in Softwareentwicklungsprojekten angesichts der unvermeidlichen Schwierigkeiten im Projektverlauf zeigen sollten, ist im Konzept „Auseinandersetzung" allenfalls konnotiert. Brooks (1982, S. 155-156) verlangt etwa von Mitarbeitern in Softwareentwicklungsprojekten „hustle" zu zeigen. „Hustle" ist ein besonderes Engagement, das darin besteht sich schneller, früher und mehr als notwendig anzustrengen. „Hustle", so Brooks, schafft die Reserve, die erforderlich ist, um mit den üblichen Fehlschlägen und Kalamitäten zurechtzukommen und – besser noch – sie zu antizipieren und im Vorhinein zu bekämpfen.

In der organisationspsychologischen und personalwirtschaftlichen Literatur wird „hustle" unter den Stichworten „eigenverantwortliches Handeln" (Koch, 2003) und „Extrarollenverhalten" (van Dyne et al., 1995; Matiaske/ Weller, 2003; Nerdinger, 1998) diskutiert. Eigenverantwortliches Handeln ist ein proaktives und initiatives Leistungsverhalten, mit dem ein Potenzial für Innovationen und unternehmerisches Handeln innerhalb der Organisation verbunden ist und das sich weiter dadurch auszeichnet, dass die Handelnden eigene Verantwortung für übergeordnete Ziele der Organisation übernehmen (Koch, 2003, S. 20). Extrarollenverhalten bezeichnet ein Verhalten, das der Organisation nützt bzw. darauf abzielt, der Organisation zu nutzen, das freiwillig gezeigt wird und das in seinem Engagement über das hinaus geht, was zur Erfüllung der übertragenen Aufgaben und Verantwortungen notwendig ist und erwartet wird (van Dyne et al., 1995, S. 218, 222).

Die Wurzeln der Konzepte Eigenverantwortung und Extra-Rollenverhalten lassen sich bei Weber (1972), Barnard (1938) und Katz (1964) bzw. Katz/ Kahn (1966) ansiedeln (Koch, 2003, S. Matiaske/ Weller, 2003, S. 101). Barnard, Katz und Kahn betonen, dass die Bereitschaft der Organisationsmitglieder, auf freiwilliger und spontaner Basis Anstrengungen für die Organisationen zu erbringen, wesentliche Voraussetzung für deren Existenz und Leistungsfähigkeit ist, da organisationales Handeln nicht vollkommen im Voraus geplant werden kann. Seitdem die Forschergruppe um Organ (Smith et al., 1983) den Begriff „Organizational Citizenship Behavior" (OCB) für eine spezielle Spielart des Extra-Rollenverhaltens prägte, entwickelte sich ein eigenständiges Forschungsgebiet, in dem mittlerweile allein zum OCB über 250 Studien existieren (Matiaske/ Weller, 2003, S. 106). Zusätzlich zum OCB werden in der Literatur unter anderem noch Whistle Blowing (Near/ Miceli, 1987), Prosocial Organizational Behavior (Brief/ Motowidlo, 1986), Prinzipled Organizational Dissent (Graham, 1986) Intrapreneurship (Hisrich, 1990), Organizational Spontaneity (George/ Brief, 1992), Anticitizenship Behavior (Fisher/ Locke, 1992), Contextual Performance (Motowidlo/ van Scotter, 1996), persönliche Initiative (Frese et al., 1996) und Mitunternehmertum (Wunderer, 1999) unterschieden (vgl. Matiaske/ Weller, 2003, S. 105 f.; van Dyne et al., 1995; Nerdinger, 2003, S. 173).

Nerdinger (1998, S. 29) kennzeichnet das Forschungsfeld des Extra-Rollenverhaltens zusammenfassend als eines, in dem „zwar die Konzepte ‚üppig blühen', die jeweils theoretisch postulierten Unterschiede aber willkürlich wirken". Das Konstrukt „persönliche Initiative" der Forschergruppe um Frese (Frese et al. 1996; 1997; Fay et al., 1998, insb. S. 180-181; Frese/ Fay, 2001) hebt sich in seiner theoretischen Fundierung hingegen positiv von den anderen Konzepten ab, da es im Bewertungs-/ Bewältigungsmodell von Lazarus (1966, 1999) verankert ist. Persönliche Initiative wird von seinen Autoren ausdrücklich als eine Form des Auseinandersetzungsverhaltens *im Sinne des Modells von Lazarus* verstanden (Fay et al., 1998; Frese/ Fay, 2001, S. 155-156). Die Forschungsergebnisse, die über die Bedingungen und Effekte von Persönlicher Initiative vorliegen, lassen sich daher umstandslos in diese Untersuchung einarbeiten. Darüber hinaus verstehen die Autoren persönliche Initiative als ein Leistungsverhalten, das insbesondere in der Softwareentwicklung bedeutsam ist (Frese/ Fay, 2001, S. 138 f.). Die Forschungsergebnisse zur persönlichen Initiative sind mithin für die folgenden literaturbezogenen Untersuchungsschritte im Kapitel II 4 einschlägig, weil sie konsistent mit der der Untersuchung zugrunde gelegten Theorie der zielorientierten Führungs sind und weil für das Anwendungsfeld der Untersuchung einschlägig sind.

Persönliche Initiative zeichnet sich nach Frese und Kollegen (Frese et al., 1996, S. 38; Frese/ Fay, 2001, S. 139 f.) dadurch aus, dass sie

- im Einklang mit den Zielen der Organisation steht (pro Organisation),

- von den Mitarbeitern selbst initiiert wird und dass das damit gezeigte Engagement über das Maß hinausgeht, das sich vertraglich oder in formellen Stellenbeschreibungen einfordern lässt (initiativ),

- zu einer langfristigen und ggf. vorausschauenden Lösung oder Linderung eines Problems bzw. Nutzung einer Chance führen soll (pro-aktiv),

- mit Nachdruck und Ausdauer erfolgt, d. h. auch bei Schwierigkeiten und Rückschlägen nicht gleich aufgegeben wird (persistent).

Damit ist das Soll-Verhalten von Mitarbeitern in Softwareentwicklungsprojekten recht genau spezifiziert. Mitarbeiter in Softwareentwicklungsprojekten sollen initiativ und nachdrücklich versuchen, Risiken und Chancen, Probleme und Anforderungen im Sinne der Projektziele langfristig und ggf. vorausschauend zu bewältigen. Das Konstrukt erfasst die Anforderungen, die angesichts der Komplexität der Softwareentwicklung zu stellen sind (siehe oben II 2.3 „Fazit: Risiken und Chancen der Softwareentwicklung"). Es wird des Weiteren deutlich, wie subtil die Konsequenzen einer Führung sind, die zu wenig Situationskontrolle vermittelt. Nicht Arbeitsverweigerung ist zu befürchten, sondern „nur", dass sich die Mitarbeiter eben nicht über das vertraglich Vereinbarte und Einforderbare hinaus engagieren. Angesichts der Anforderungen, die die Softwareentwicklung stellt, genügt das aber schon, um die Misserfolgswahrscheinlichkeit steigen zu lassen.

4   Führung in Softwareentwicklungsprojekten

In diesem Kapitel werden zum einen die führungsrelevanten Bedingungen persönlicher Initiative der Mitarbeiter in Softwareentwicklungsprojekten und zum anderen die Führungshandlungen, die auf diese Bedingungen einwirken, diskutiert. Führungsrelevante Bedingungen sind die von Führenden beeinflussbaren Merkmale der Situation und der Person der Geführten, die auf die primäre und sekundäre Einschätzung der Mitarbeiter wirken. Führungshandlungen lassen sich dementsprechend – zumindest schwerpunktmäßig – danach unterscheiden, ob sie vor allem die Relevanzeinschätzung oder die Optionseinschätzung der Geführten beeinflussen. Daraus ergibt sich die dreiteilige Gliederung dieses Kapitels, in der zunächst die führungsrelevanten Bedingungen persönlicher Initiative, dann Führung zur Beeinflussung der wahrgenommenen Relevanz und abschließend Führung zur Beeinflussung der Optionseinschätzung erörtert werden.

An dieser Stelle bietet es sich, den Gedankengang der folgenden Ausführungen grafisch zu illustrieren.

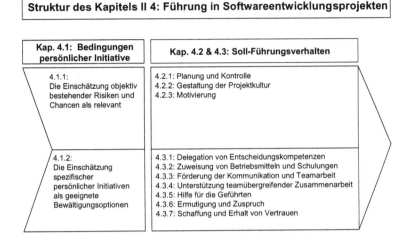

Abb. 5: Struktur des Kapitels II 4: Führung in Softwareentwicklungsprojekten
Quelle: Eigene Darstellung

Im Abschnitt II 4.1 wird die Unterscheidung zwischen Relevanzeinschätzung und Optionsbewertung aus Kapitel II 3 aufgegriffen. Im Kapitel II 4.1.1 werden die Bedingungen diskutiert, die erfüllt sein müssen, damit die Geführten objektiv bestehende Chancen und Risiken der Projektabwicklung auch subjektiv als relevant erkennen. Im Kapitel II 4.1.2 werden die Bedingungen erörtert, die erfüllt sein müssen, damit die Geführten persönliche Initiative – und nicht etwa Vermeidungsverhaltensweisen – als geeignete Art und Weise zur Bewältigung der Chancen und Risiken begreifen.

In den Abschnitten II 4.2 und II 4.3 werden insgesamt zehn Führungsaufgaben diskutiert, die Führende erfüllen sollten, um eine hohe Wahrscheinlichkeit persönlicher Initiative der Geführten sicherzustellen. Auch hier wird die Unterscheidung zwischen Führung zur Beeinflussung der Relevanzeinschätzung und der Optionsbewertung beibehalten. Zur Beeinflussung der Relevanzeinschätzung dienen die Führungsaspekte „Planung und Kontrolle", „Gestaltung der Projektkultur" und „Motivierung" denen die Kapitel II 4.2.1 bis II 4.2.3 gewidmet sind. Zur Beeinflussung der Optionsbewertung dienen die Führungsaspekte „Delegation von Entscheidungskompetenzen", „Zuweisung von Betriebsmitteln und Schulungen", „Förderung der Kommunikation und Teamarbeit", Unterstützung teamübergreifender Zusammenarbeit", „Hilfe für die Geführten", „Ermutigung und Zuspruch" und „Schaffung und Erhalt von Vertrauen". Ziel der Überlegungen in den Abschnitten II 4.2 und II 4.3 ist eine möglichst konkrete und informative Beschreibung und Erklärung dieser zehn Führungsaufgaben auf der Grundlage der einschlägigen Forschungsliteratur.

Den Überlegungen ist eine meta-theoretische Prämisse voranzustellen, wonach viele Führungshandlungen für sich genommen Vor- *und* Nachteile mit sich bringen müssen. Brooks überschreibt seinen Artikel (1987) mit Blick auf die Chance, die Probleme der Softwareentwicklung durch Softwaretechnik und Softwareprojektmanagement zu lösen: „There is no silver bullet." Gleiches gilt für die Mitarbeiterführung im Allgemeinen und für die Mitarbeiterführung in Softwareentwicklungsprojekten im Besonderen.

Die systematische Begründung für diese Prämisse liefert die aktuelle Management- und Organisationsforschung, in der Dilemmata und der Umgang mit ihnen intensiv thematisiert werden (vgl. z. B. Adler/ Borys, 1996; Boerner, 1994; Bouchiki, 1998; Denison et al., 1995; Gebert, 2002; Gebert/ Boerner, 1995; Krüger, 1998; Kühl, 2001; Lewis, 2000; Lewis et al. 2002; Müller-Stewens/ Fontin, 1997; Neuberger, 2000; 2002; Quinn, 1988; Schreyögg, 2000; Shamir, 1999; Sheramata, 2000; Sicotte/ Langley, 2000, Steinmann/ Hasselberg, 1988; Volberda, 1996; Weick, 1998). Salopp formuliert müssen Management und Führung in komplexen Situationen Aufgaben lösen, die der Quadratur des Kreises gleichkommen, und sie müssen dies unter sich permanent verändernden Bedingungen tun.

Mitarbeiterführung gleicht der Quadratur eines Kreises, da sie widersprüchliche Anforderungen gleichzeitig erfüllen soll (vgl. Boerner, 1994; Denison et al., 1995; Gebert, 2002; Gebert/ Boerner, 1995; Krüger, 1998; Neuberger, 2000; 2002, S. 337 ff., Shamir, 1999). Anforderungen an Führende sind widersprüchlich, wenn und soweit die Erfüllung der einen Anforderung zu Lasten der Erfüllung der anderen Anforderung geht (Müller-Stewens/ Fontin, 1998, S. 1; Gebert, 2002, S. 152). Neuberger (1995, Sp. 536; 2002, S. 342) nennt zahlreiche Beispiele widersprüchlicher Anforderungen, von denen einige in der nachstehenden Tabelle dargestellt sind:

Gleichbehandlung aller Führende sollen niemanden bevorzugen.	⇔	Eingehen auf den Einzelfall Führende sollen auf die Besonderheiten einzelner Personen und Situationen Rücksicht nehmen.
Distanz Führende sollen sachlich und rational mit den Geführten umgehen.	⇔	Nähe Führende sollen im Umgang mit den Geführten Emotionen zulassen und zeigen.
Fremdbestimmung der Geführten Führende sollen die Arbeit der Geführten strukturieren und lenken.	⇔	Selbstbestimmung der Geführten Führende sollen Autonomie und Selbstständigkeit ermöglichen und Handlungsspielräume bereitstellen.
Gesamtverantwortung Führende sollen Verantwortung für die Fehler der Geführten übernehmen.	⇔	Einzelverantwortung Führende sollen Verantwortung an die Geführten delegieren und bei deren Fehlern Rechenschaft einfordern.
Bewahrung Führende sollen Stabilität, Tradition, Sicherheit, Vorsicht, Regeltreue und Kalkulierbarkeit bewahren.	⇔	Veränderung Führende sollen Flexibilität, Innovation, Experimentierfreude, Toleranz und Nonkonformität fördern.
Konkurrenz Führende sollen Konkurrenz und Wettbewerb vorleben und einfordern.	⇔	Kooperation Führende sollen Kooperation und Solidarität vorleben und einfordern.
Aktivierung Führende sollen antreiben, drängen, motivieren und begeistern.	⇔	Zurückhaltung Führende sollen sich nicht zu sehr in das Tun der Geführten einmischen und Entwicklungen abwarten.
Innenorientierung Führende sollen sich auf interne Gruppenbeziehungen konzentrieren und Identifikationszentrum der Gruppe sein.	⇔	Außenorientierung Führende sollen repräsentieren, Außenkontakte pflegen und Gruppeninteressen gegenüber Dritten vertreten.
Zielorientierung Führende sollen lediglich Ziele vorgeben und deren Erreichung kontrollieren.	⇔	Verfahrensorientierung Führende sollen auch „Wege zum Ziel" vorgehen und kontrollieren.
Belohnungsorientierung Führende müssen dafür sorgen, dass sich Leistung lohnt.	⇔	Wertorientierung Führende sollen den Sinn der zu erledigenden Aufgabe vermitteln, so dass sich die Arbeit daran aus sich selbst heraus lohnt.
Selbstorientierung Führende müssen eigene Interessen und Ziele verfolgen.	⇔	Gruppenorientierung Führende müssen übergeordnete Gruppeninteressen verfolgen.

Tab. 2:   Beispiele widersprüchlicher Anforderungen an Führende (nach Neuberger, 2002, S. 342)

Die Liste ließe sich weiterführen oder anders strukturieren. An dieser Stelle interessiert aber (noch) nicht so sehr der Inhalt der widersprüchlichen Führungsanforderungen, sondern schlicht die Tatsache, dass es sie gibt. Dabei ergibt sich Widersprüchlichkeit nicht nur aus sachlogischen Gegensätzen zwischen zwei Führungsanforderungen, wie dies etwa bei dem Gegensatzpaar „Mittel zum Zweck vs. Selbstzweck" der Fall ist. Vielmehr sind zwei Anforderungen auch bereits dann widersprüchlich, wenn die Realisierung der einen Führungsanforderung „nur" aus handlungspragmatischen Gründen auf Kosten der Realisierung der anderen gelingt (Gebert, 2002, S. 152). Damit sind auch alle in der Praxis bedeutsamen Fälle erfasst, in der die Realisierung der einen Anforderung aus Zeitgründen zu Lasten der Realisierung einer anderen Anforderung geht, wie es beim Gegensatzpaar „Innenorientierung vs. Außenorientierung" der Fall sein dürfte.

Widersprüchliches auf der Ebene der Anforderungen stürzen Führende auf der Ebene des Handelns ins Dilemma. Ein Führungsdilemma liegt vor, wenn Führende aufgefordert sind, Handlungen, die sich zumindest teilweise gegenseitig ausschließen, gleichzeitig zu tun (Gebert, 2002, S. 152; Neuberger, 1995, Sp. 535; ders. 2002, S. 341). Egal was die Führungskraft tut: Sie kann in dilemmatischen Konstellationen nicht allen Anforderungen gerecht werden. Dabei dürfen Führende weder die eine noch die andere Seite im Sinne eines Entweder-Oder verabsolutieren, da die widersprüchlichen Anforderungen *zu Recht* gestellt werden. Sie spiegeln die Widersprüchlichkeit organisationaler Ziele wider, die u. a. kurzfristige Effizienzziele (möglichst wenig „time to market"!) und langfristige Effektivitätsziele (hohe innere Qualität der Software!) umfassen (vgl. Gebert, 2002, S. 19). Des Weiteren manifestieren sich in ihnen konfligierende Sachziele komplexer Aufgaben. In der Softwareentwicklung besteht ein solcher Sachzielkonflikt etwa zwischen dem Ziel, eine schnell arbeitende, modular aufgebaute, einfache und leicht wartbare Software zu erstellen, und einem anderen Ziel der Softwareentwicklung, flexible Benutzeroberflächen anzubieten, die von allen Benutzern, unabhängig von ihren Anforderungen, Präferenzen und Erfahrungen im Umgang mit der Software, einfach bedient werden können (Grudin, 1991, S. 166 f.). In widersprüchlichen Führungsanforderungen zeigen sich darüber hinaus immanente Widersprüchlichkeiten arbeitsteiliger Organisationen, welche sowohl ordnender, geplanter und integrierender als auch freiheitlicher, emergenter und differenzierender Elemente bedürfen, um zu funktionieren (Adler/ Borys, 1996; Boerner, 1994; Bouchiki, 1998; Gebert/ Boerner, 1995; Lewis, 2000; Sheramata, 2000; Sicotte/ Langley, 2000, Steinmann/ Hasselberg, 1988; Volberda, 1996). Nicht zuletzt reflektieren widersprüchliche Anforderungen an Führung widersprüchliche menschliche Bedürfnisse, die beispielsweise Wünsche nach Nähe und Geborgenheit *und* Wünsche nach Distanz und Freiheit umfassen (Bischof, 1985; 1996). Führung muss diese Dilemmata so weit wie möglich im Sinne von Kompromissen und Kombinationen entschärfen und geeignete Balancen zwischen widerstreitenden Handlungen realisieren.

Aber auch Balancen können Dilemmata nicht auflösen. Erstens befriedigen sie niemals alle widerstreitenden Anforderungen – sonst wären die Anforderungen nicht wirklich, sondern nur scheinbar widersprüchlich (Gebert, 2000, S. 16). Zweitens müssen Balancen immer wieder neu ausbalanciert werden, da sich die Bedingungen, für die sie geschaffen werden, fortlaufend ändern (vgl. Neuberger, 1995, Sp. 534; Gebert/ Boerner, 1998, S. 127). Drittens entfalten Kompromisse und Kombinationen ihre Vor- und Nachteile dynamisch (Gebert, 2002, S. 155 ff.). Wenn beispielsweise ein neues Führungsmuster bestehend aus weitgehender Selbstbestimmung der Geführten verbunden mit starker Zielorientierung der Führenden eingeführt wird, um ein direktives und regelorientiertes Führungsmuster zu ersetzen, dürften zunächst einmal Anpassungsschwierigkeiten zu überwinden sein. Die damit verbundenen Anpassungsschwierigkeiten machen gegebenenfalls neue Kompromisse und Kombinationen nötig. Sind diese gefunden, zeigen sich mit der Zeit nicht nur die geplanten, sondern auch noch ungeplante Vorteile und Nachteile („Nebenwirkungen" oder „Sekundäreffekte") des neuen Führungsmusters, die gegebenenfalls neue Dilemmaentschärfungen nötig machen (Gebert, 2000, S. 17-18; ders., 2002, S. 164-165). Viertens treiben die subjektiven Phänomene der Sättigung (Adaption) und des Entzugs (Deprivation) die Dynamik an (Gebert, 2002, S. 160 f.). Auch bei unveränderter objektiver Sachlage werden Vorteile mit der Zeit immer weniger als Vorteile und Nachteile mit der Zeit immer mehr als Nachteile wahrgenommen. Das Ergebnis dieser psychischen Prozesse ist in der englischen Redewendung, „The grass is always greener on the other side", treffend zusammengefasst.

Zusammengenommen führen objektive und subjektive Prozesse dazu, dass Widersprüchlichkeiten und Dilemmata dynamisch *sind*, so dass auch dafür geeignete Führungsbalancen und Dilemmaentschärfungen dynamisch sein *müssen*. „There is no silver bullet" gilt daher nicht nur für die Softwaretechnik, sondern auch für die Mitarbeiterführung in Softwareentwicklungsprojekten. In den Abschnitten II 4.2 und 4.3 sollen daher die jeweiligen Führungshandlungen nicht nur im Hinblick auf ihre *Chance*, die Relevanz- und Optionseinschätzung der Geführten positiv im Hinblick auf deren persönliche Initiative beeinflussen, sondern auch mit Blick auf die ihnen innewohnenden *Risiken* für persönliche Initiative diskutiert werden, so dass die Notwendigkeit, Kompromisse und Kombinationen zu finden, ins Blickfeld rückt. Zuvor sollen aber die führungsrelevanten *Bedingungen* persönlicher Initiative spezifiziert werden.

4.1 Führungsrelevante Bedingungen spezifischer persönlicher Initiativen

Im oben vorgestellten Modell des Soll-Verhaltens der Mitarbeiter von Softwareentwicklungsprojekten wird persönliche Initiative (Frese/ Fay, 2001) als eine besondere Form des Bewältigungsverhaltens im Sinne des Stressbewältigungsmodells von Lazarus (1966, 1999) interpretiert. Damit die Geführten dieses und kein anderes Bewältigungsverhalten zeigen, müssen – folgt man der Logik des Modells – die das Bewältigungsverhalten bestimmenden Kognitionen besonders ausfallen: Im Zuge der *Primär*bewertung müssen die Mitarbeiter von Softwareentwicklungsprojekten Projektrisiken und -chancen, die *objektiv* für die Zielerreichung des Projekts relevant sind, auch *subjektiv* für relevant halten. Hierbei geht um das korrekte Erkennen von Projekrisiken und -chancen als Anlässe für persönliche Initiativen. Tun die Geführten dies nicht, wenden sie sich anderen, weniger wichtigen Umständen oder Ereignissen zu und tragen dadurch weniger als wünschenswert zur Zielerreichung im Projekt bei.

Im Zuge der *Sekundär*bewertung müssen die Mitarbeiter eine zur nachhaltigen Bewältigung eines Risikos bzw. zur langfristigen Nutzung einer Chance geeignete *spezifische* persönliche Initiative als *optimale Option* zur Bewältigung des jeweiligen Zustandes oder Ereignisses einschätzen. Eine spezifische persönliche Initiativen liegt etwa vor, wenn ein Mitarbeiter ohne Anordnung seines Vorgesetzten eine Testprozedur automatisiert, um damit in Zukunft beim Testen seiner Module schneller und fehlerfreier vorzugehen, obwohl er momentan auch noch andere Aufgaben zu erfüllen hat. Bei einer spezifischen persönlichen Initative manifestieren sich die allgemeinen Charakteristika persönlicher Initiative, pro-organisational, initiativ, pro-aktiv und persistent (siehe II 3.2) in einer konkreten Handlung, hier: der Automatisierung einer Testprozedur. Die Geführten sollen mithin Möglichkeiten erkennen, wie sie zur nachhaltigen Abwehr eines Risikos bzw. Nutzung einer Chance beitragen können. Tun sie dies nicht, werden sie eine andere Verhaltensweise zeigen und damit weniger als wünschenswert zur Zielerreichung beitragen.

Im folgenden Kapitel II 4.1.1 werden die „Hebel" hergeleitet, die Führenden zur Verfügung stehen, um die *Primär*bewertung ihrer Geführten zu beeinflussen. Im anschließenden Kapitel II 4.1.2 geht es um die Möglichkeiten zur Beeinflussung der *Sekundär*bewertung.

4.1.1 Die Einschätzung objektiv bestehender Risiken und Chancen als relevant

Im Hinblick auf die Bestimmungsgründe der primären und sekundären Einschätzung ist bislang recht wenig theoretisch spekuliert und noch weniger empirisch getestet worden, so dass an dieser Stelle Plausibilitätsüberlegungen genügen müssen. In beiden Kognitionen wird die objektive Situation, in der sich der Mitarbeiter befindet, subjektiv repräsentiert (Hackman, 1970; Hoyos, 1974, S. 110 f.).

Wie diese subjektive Repräsentation in der *primären* Einschätzung ausfällt, hängt zum einen davon ab, wie der betroffene Mitarbeiter die objektiven Folgen eines gegebenen Zustandes oder Ereignisses, z. B. eine fehlende Zulieferung, einschätzt (vom Geführten *subjektiv* eingeschätzte *objektive* Konsequenzen im Sinne einer subjektiv wahrgenommenen objektiven

Relevanz). Zum anderen ist wichtig, welche Relevanz der Mitarbeiter diesen (von ihm eingeschätzten) objektiven Folgen für sich zumisst (vom Geführten *subjektiv* eingeschätzte Konsequenzen *für sich selbst* im Sinne einer subjektiv wahrgenommenen subjektiven Relevanz). Zusammengenommen ist die primäre Einschätzung eine Funktion aus einerseits der subjektiv wahrgenommen objektiven Differenz zwischen einem Soll- und einem Ist-Zustand und andererseits der subjektiv wahrgenommenen Bedeutung dieser Differenz für die eigenen Ziele, Intentionen und Werte (Gebert, 2002, S., 87 ff.; Lazarus, 1999 S. 75-76).

Zwar ist aus psychologischer Sicht fraglich, ob die Bewertung der subjektiv wahrgenommenen objektiven Konsequenzen unabhängig von der Bewertung der subjektiv wahrgenommen subjektiven Konsequenzen erfolgt. Gleichwohl dient die Trennung der beiden Konstrukte didaktischen Zwecken. Jedes der beiden verweist auf unterschiedliche Aspekte der Relevanzeinschätzung, die daher nachstehend getrennt diskutiert werden. Im Kapitel II 4.1.1.1 werden Möglichkeiten hergeleitet, die Führenden in Softwareentwicklungsprojekten zur Verfügung stehen, um die subjektive Bewertung der objektiven Folgen eines Zustandes oder Ereignisses *für das Projekt* zu beeinflussen. Im Kapitel II 4.1.1.2 geht es anschließend um die Herleitung von Möglichkeiten zur Beeinflussung der subjektiven Bewertung der Konsequenzen, die ein Ereignis oder Zustand *für die Geführten* hat.

4.1.1.1 Subjektive Einschätzung der objektiven Folgen eines Zustandes oder Ereignisses

Ob ein Ereignis oder ein Zustand *objektiv* unwichtig ist oder ein wichtiges Risiko bzw. eine wichtige Chance für das Projekt darstellt, hängt davon ab, welche Konsequenzen daraus für die Erreichung der Projektziele (Sach- und Formalziele) entstehen. Um diese Konsequenzen subjektiv zu bewerten, müssen die Mitarbeiter in Softwareentwicklungsprojekten die Effekte eines beobachteten oder erlebten Zustands oder Ereignisses (z. B. eine fehlende Zulieferung) für die Zukunft prognostizieren (z. B.: „Ich werde ohne diese Zulieferung an meinem Modul nicht weiterarbeiten können.") und in Bezug zu den im Projekt verfolgten Sach- und Formalzielen setzen (z. B.: „Mein Modul gehört nicht zum kritischen Pfad im Projekt. Verspätet sich die Zulieferung nur um maximal x Tage, wird sich daher am Endtermin des Projekts nichts ändern."). Daher sind a) intellektuelle, für die Entwicklung von Software wichtige Fähigkeiten und Erfahrungen in der Softwareentwicklung („*Expertise*", vgl. Sonnentag, 1998, 2000b) und b) ein korrektes, d. h. den objektiven Verhältnissen angemessenes Verständnis der zu erfüllenden Ziele (*Verständnis des objektiven Soll-Zustandes der eigenen Arbeit und des Projekts*) sowie des derzeitigen Standes der Aufgabenerfüllung (*Verständnis des objektiven Ist-*

Zustandes der eigenen Arbeit und des Projekts) von besonderer Bedeutung für die korrekte Einschätzung der objektiven Relevanz eines Ereignisses oder Zustandes in einem Softwareentwicklungsprojekt.

Fehlt den Mitarbeitern hingegen die erforderliche Expertise, können sie die Folgen eines Ereignisses oder Zustandes nicht zutreffend prognostizieren. Fehlt ihnen ein klares Verständnis des objektiven Ist- und Sollzustandes ihrer eigenen Arbeit und des Projekts, können sie die prognostizierten Folgen nicht im Hinblick auf ihren eigenen Beitrag zur Zielerreichung im Projekt bewerten.

Die *Expertise*, die die geführten Mitarbeiter in Softwareentwicklungsprojekten mitbringen, entzieht sich dem Einfluss der in dieser Arbeit betrachteten Führenden in Softwareentwicklungsprojekten. Expertise entsteht mit der Zeit, in der jemand Erfahrungen sammelt, mit der Varietät der Erfahrungen, die gesammelt werden, und als das Ergebnis zielorientierten und regelmäßigen Übens durch die Person (Sonnentag, 2000b, S. 253 ff.). Sie ist damit als langfristig entstandene „Grundqualifikation" zu verstehen, die sich von konkreten und auch kurzfristig erwerbbaren – und damit auch von den Führenden kurzfristig förderbaren – Kenntnissen und Fähigkeiten der Mitarbeiter unterscheidet. Führende in Softwareentwicklungsprojekten, etwa Projektleiter und Programmdirektoren, haben aufgrund der Langsamkeit, mit der Expertise entsteht, keine Möglichkeit darauf Einfluss zu nehmen, so dass sich die Relevanzeinschätzung der Projektmitarbeiter noch im Laufe eines Projekts ändern würde.

Expertise zu fördern ist mithin eine langfristig angelegte Aufgabe der Mitarbeiterführung, die – zusätzlich zu den Anstrengungen der Geführten selbst – in erster Linie von Führenden in Stabs-, Linien- und Mentorenpositionen auszuführen ist, weil deren Führung die Abwicklung einzelner Projekte überdauert. Diese Führenden sollten beim Staffing von Projekten die langfristige Entwicklung der Expertise der Mitarbeiter im Auge haben. Für Führende in Softwareentwicklungsprojekten wird die Expertise der Geführten in dieser Arbeit hingegen als eine im Projektverlauf unveränderliche Randbedingung des Führens angesehen.

Ein korrektes Verständnis der zu erfüllenden Sach- und Formalziele (Soll-Zustand) sowie des derzeitigen Standes der Aufgabenerfüllung (Ist-Zustand) wird zum einen von den „offiziellen" Planungs- und Kontrollinformationen über den Stand der eigenen Arbeit und des Projekts beeinflusst und hängt zum anderen von der „tatsächlichen" Interpretation dieser Planungs- und Kontrollinformationen im Rahmen der Wahrnehmungs- und Bewertungsraster der Projektkultur ab (Schein, 1992; vgl. auch Argyris/ Schön (1982), die die Wahrnehmungs- und Bewertungsraster als „theories-in-use" bezeichnen).

Planungs- und Kontrollinformationen bestehen aus Zielen, die vorgegeben bzw. erarbeitet werden, und Feedback zur Zielerreichung. *Ziele* sind Beschreibungen gewünschter Zukunftszustände (vgl. Gemünden, 1995, S. 252). In Kombination mit Feedback über den Ist-Zustand lenken sie das Handeln, da die Konsequenzen des Handelns mit den Forderungen des Ziels verglichen und damit beurteilt werden können (Hamel, 1974, S. 50ff.; Sonnentag et al., 1994b, S. 153-154). Planungs- und Kontrollinformationen sollten mithin ein wichtiger Maßstab für die korrekte Einschätzung sein, ob ein gegebenes Ereignis bzw. ein gegebener Zustand ein Risiko oder eine Chance für das Projekt darstellt oder ob sie irrelevant sind.

„Geistiger Ort" der Erarbeitung, Festlegung und Kommunikation von Zielen und Feedback in einem Projekt ist die Projektplanung und -kontrolle. Dabei sind Projektplanung und -kontrolle *nicht* als unpersönliche Instrumente einer strukturellen Führung zu begreifen. Entscheidend ist, dass Projektplanungs- und Projektkontroll*information*en die Geführten erreichen, so dass kommunikative Prozesse eine große Rollen spielen. Planung und Kontrolle in Softwareentwicklungsprojekten werden im Kapitel II 4.2.1 näher diskutiert.

Planungs- und Kontrollinformationen sind, selbst wenn sie die Adressaten erreichen, unwirksam, wenn ihnen die Geführten keine tatsächliche Bedeutung zusprechen. Es ist eine Alltagserfahrung, dass offizielle Vorgaben ignoriert werden – zum Teil sogar zum Wohle der Organisation, die bei einem exakten „Dienst nach Ziel- und Kontrollinformation" zusammenbrechen würde. Ob und inwieweit Ziel- und Kontrollinformationen von einem Projektmitarbeiter berücksichtigt werden, hängt in hohem Maße von der Organisationskultur eines Projekts ab (vgl. Schein, 1992). Diese bestimmt über die von den Geführten geteilten Wahrnehmungs- und Interpretationsmuster (Behrends, 2003, S. 244; Schreyögg, 1999, S. 436-439) auch die Wahrnehmung und Interpretation von Ziel- und Kontrollinformationen und weist den Projektmitgliedern den „richtigen" Weg zur gedanklichen und emotionalen Verarbeitung dieser Informationen (vgl. E. Frese, 1998, S. 183). Die Kultur eines Softwareentwicklungsprojekts ist mithin für jedes einzelne Projektmitglied ein – mehr oder minder bewusst reflektierter – Interpretationsrahmen von Ziel- und Kontrollinformation und beeinflusst dadurch die subjektive Einschätzung objektiv bestehender Chancen und Risiken. Möglichkeiten und Grenzen der Beeinflussung von Projektkulturen werden daher im Kapitel II 4.2.2 erörtert.

4.1.1.2 Zuschreibung subjektiver Relevanz

Ob ein Mitarbeiter eine wahrgenommene Gefährdung der Erreichung bzw. eine Chance zur Erreichung der Projektziele auch *für sich* für relevant hält (subjektiv wahrgenommene subjektive Relevanz), hängt von weiteren personenbezogenen Einflussgrößen ab. Lazarus (1999 S. 75-76) vermutet, dass wichtige, individuell ins Auge gefasste Ziele („goal commitments"), Intentionen sowie Werte und Einstellungen entscheidende personenbezogene Determinanten der primären Einschätzung sind. Wenn diese von einem Ereignis tangiert werden, schreibt die betroffene Person dem Ereignis subjektive Relevanz zu. Werden diese Ziele, Intentionen, Werte und Einstellungen hingegen nicht tangiert, schreibt die Person dem entsprechenden Ereignis keine subjektive Relevanz zu; ihr ist das Ereignis „egal". Gebert (2002, S., 92 ff., 169 ff.) hält die intrinsische Motivation für besonders bedeutsam. Je höher sie ausfällt, desto wichtiger ist der Person, dass die Handlungen, auf die sich die intrinsische Motivation bezieht, ungestört und möglichst gut ablaufen. Krause berücksichtigt die intrinsische Motivation und das Leistungsmotiv (2003, S. 79 ff.). Frese und Fay (Frese et al., 1997) beobachteten bei mehr als 330 befragten ostdeutschen Arbeitnehmern signifikante Korrelationen zwischen Leistungsmotivation und persönlicher Initiative sowie zwischen Handlungsorientierung (die eine weitere Facette von Motivation darstellt, Kuhl, 1987) und persönlicher Initiative (in beiden Fällen r = 0,2; p < 0,001).

Die Sichtweisen dieser Forscher kombinierend und generalisierend werden nachstehend zwei durch Führung beeinflussbare Größen zugeschriebener subjektiver Relevanz betrachtet:

- Grundlegende *Einstellungen* im Sinne von organisationskulturellen Werten und Normen, an denen sich ein Mitarbeiter orientiert, wenn er Ereignissen oder Umständen subjektive Relevanz zuschreibt sowie

- die *Motivation*, zur Erreichung der Projekt- und Organisationsziele beizutragen.

Grundlegende, das Arbeitsverhalten im hohen Maße beeinflussende Einstellungen (Eagly/ Chaiken, 1993; Petty et al., 1994, S. 70) entstehen im Zuge der Sozialisation am Arbeitsplatz, d. h. während der Anpassung des Individuums an die in seiner Arbeitsgruppe bzw. der gesamten Organisation geltenden Normen, Werte und typischen Verhaltensweisen (Gebert/ v. Rosenstiel, 2002, S. 98 f.). Welcher Aspekt eines Zustandes oder eines Ereignisses von einem Mitarbeiter *für sich* für relevant gehalten wird, hängt auch davon ab, welche seiner professionellen Werte und Normen tangiert werden. Eine verspätete Zulieferung etwa mag vor dem Hintergrund einer Norm, die eine ordnungsgemäße Projektabwicklung betont, besonders relevant erscheinen. In diesem Fall würde der Mitarbeiter die Verspätung als Risiko für das Projekt begreifen. Vor dem Hintergrund einer Norm hingegen, die eine flexible Projektabwicklung betont, erscheint dasselbe Ereignis eher als Chance, sich anderen, unerledigten Aufgaben zuzuwenden, bis die verspätete Zulieferung eintrifft. Mithin spielt die Organisationskultur auch für die Einschätzung der Mitarbeiter, ob ein Ereignis oder ein Zustand subjektive Relevanz *für sie* aufweist, eine große Rolle. Auch auf diese Funktion der Organisationskultur wird im Kapitel II 4.2.2 näher einzugehen sein.

Die *Motivation*, zur Erreichung der Projekt- und Organisationsziele beizutragen, ist ebenfalls für die Einschätzung der subjektiven Relevanz eines Ereignisses bzw. Zustandes bedeutsam. Schließlich könnte es sein, dass Geführte die Ereignisse und Umstände, die objektiv bedeutsam für die Erreichung der Projektziele sind, für subjektiv irrelevant halten, weil sie gar nicht zur Erfüllung der Projektziele motiviert sind. In diesem Fall besteht die entsprechende Führungsaufgabe, den Geführten dazu zu motivieren, seinen Beitrag zur Erreichung der Projektziele zu leisten. Betrachtet man die hohen Anforderungen, die persönliche Initiativen an das Engagement der Geführten stellen, ist erst recht davon auszugehen, dass eine hohe Motivation zur Arbeit im Sinne eines individuellen „Energiereservoirs" von großer Bedeutung für den Führungserfolg in Softwareentwicklungsprojekten ist. Motivierung ist Gegenstand des Kapitels II 4.2.3.

4.1.1.3 Planung und Kontrolle, Projektkultur und Motivation als Bedingungspyramide

Die Hebelpunkte, an denen Führende zur Beeinflussung der Relevanzeinschätzung der Geführten ansetzen können, lassen sich als „Bedingungspyramide" konzeptionalisieren, in der die unteren Ebenen weniger konkret als die oberen Ebenen auf spezifische Projektrisiken und -chancen ausgerichtet sind und zugleich Voraussetzungen für das Funktionieren der oberen Ebenen darstellen. Die Basis der Pyramide ist die Motivation der Mitarbeiter, sich für das Projekt einzusetzen. Diese Motivation ist in Bezug auf die spezifischen Chancen und Risiken eines konkreten Projekts abstrakt. Es geht nicht um die Motivation, ein konkretes Risiko zu bewältigen oder eine konkrete Chance zu nutzen, sondern um die Motivation, sich für das Projekt einzusetzen und mit offenen Augen auch nach nicht-offensichtlichen, latenten Chancen und Risiken des Projekts zu suchen, um diese rechtzeitig zu erkennen. Fehlt es einem Mitarbeiter an dieser Motivation, können weder eine ausgeprägte Projektkultur noch exakte Planungs- und Kontrollinformationen dazu beitragen, dass dieser Mitarbeiter doch persönliche Initiative zeigt.

In der Mitte der Pyramide steht die Projektkultur, die die Geführten über die ihr innewohnenden kognitiven Bewertungsmuster und über die affektiven Werte und Normen sowohl bei der Einschätzung der objektiven Konsequenzen eines Zustandes bzw. Ereignisses als auch bei der Einschätzung der Konsequenzen dieses Zustandes bzw. Ereignisses für sich selbst beeinflusst. Die Werte und Normen einer Projektkultur (z. B. Qualität ist wichtig!) sind konkreter auf die tatsächlichen Chancen und Risiken eines Projekts (z. B. die Gefahr, eine schwer durchschaubare Software zu entwickeln) bezogen, als es die Motivation der Mitarbeiter ist. Darüber hinaus gilt, dass offizielle Planungs- und Kontrollinformationen nur wenig bei der Relevanzbewertung der Mitarbeiter ausrichten können, wenn in der Projektkultur nicht hinreichend angelegt ist, diese Informationen ernst zu nehmen. Diese wäre etwa der Fall, wenn Kontrollinformationen einen Verzug im Projekt signalisieren, die Mitarbeiter aber nicht darauf reagieren, weil Pünktlichkeit kein kultureller Wert innerhalb des Projekts ist.

An der Spitze der Pyramide stehen Planung und Kontrolle, weil diese am konkretesten auf die tatsächlichen Chancen und Risiken eines Projekts ausgerichtet werden können und weil sie zu ihrer Funktionsfähigkeit einer ausreichenden Motivation der Geführten *und* einer angemessenen Projektkultur bedürfen. Planungs- und Kontrollinformationen liefern sehr konkrete Maßstäbe, anhand derer die Mitarbeiter die Relevanz eines Ereignisses (z. B. eine verspätete Zulieferung) oder eines Zustandes (z. B. eine kompliziert spezifizierte Schnittstelle) einschätzen können. Allerdings werden die Geführten dies nur tun, wenn sie dazu motiviert sind und wenn die Projektkultur Inhalt und Bedeutung offizieller Planungs- und Kontrollinformationen nicht untergräbt.

Nur wenn alle drei Ebenen der Pyramide aktiviert sind, ist damit zu rechnen, dass die Geführten auch „schwache Signale" (Ansoff, 1976; Nikander, 2002) sich abzeichnender Chancen und Risiken für das Projekt erkennen und diesbezüglich spezifische persönliche Initiativen entwickeln.

4.1.2 Die Einschätzung spezifischer persönlicher Initiativen als geeignete Bewältigungsoptionen

Bei der Diskussion der Bestimmungsgründe der sekundären Einschätzung ist – ähnlich wie bei der Erörterung der primären Einschätzung – zwischen der Wahrnehmung *objektiv* zur Verfügung stehender Optionen für spezifische persönliche Initiativen der Geführten zur Bewältigung des jeweiligen Ereignisses bzw. Zustandes einerseits und der Bewertung dieser Optionen vor dem Hintergrund *subjektiver* Einflussgrößen andererseits zu unterscheiden (ähnlich Frese/ Zapf, 1994, S. 307 und Ulich, 2001, S. 175, der zwischen objektivem und subjektivem Handlungsspielraum unterscheidet).

4.1.2.1 Objektiv zur Verfügung stehende Ressourcen und Optionen

Ressourcen sind „Quellen", aus denen die Geführten Optionen für spezifische persönliche Initiativen zur Bewältigung von Chancen und Risiken schöpfen können. Zu diesen Quellen gehört etwa, einen automatisierten Modultest programmieren zu dürfen und zu können, wenn es ein Problem gibt. *Optionen* sind konkrete Handlungen, etwa die Programmierung eines automatisierten Modultests oder die Vertuschung eines Problems. Optionen, die pro-organisational, initiativ, pro-aktiv und persistent ausgeführt werden, sind spezifische persönliche Initiativen. Den Mitarbeitern müssen *Optionen für spezifische persönliche Initiativen* zur Verfügung stehen, und sie müssen diese für hilfreich zur Bewältigung des jeweiligen Umstandes oder Ereignisses halten. Ansonsten führen sie andere Optionen aus, die *keine* persönliche Initiative sind, sondern oberflächlichere oder gar vermeidende Bewältigungsanstrengungen darstellen.

Da Mitarbeiterführung nicht bedeuten kann, dem Mitarbeiter „die Hand zu führen", muss sie an den Ressourcen ansetzen, aus denen die Geführten Optionen für spezifische persönliche Initiativen schöpfen können. Eine Taxonomie möglicher Bewältigungsressourcen wurde bislang weder von Lazarus noch von anderen Stressforschern vorgelegt. Vielmehr haben sie die Effekte einzelner, ihnen besonders wichtig erscheinender Ressourcen, insbesondere Handlungsspielraum und soziale Unterstützung, untersucht (vgl. Frese/ Semmer, 1991, S. 136). In seiner jüngsten Monographie gibt Lazarus (1999, S. 71) folgende Liste an Bewältigungsressourcen eines Individuums: Intelligenz, Geld, soziale Fähigkeiten, Erziehung, soziale Unterstützung von Familie und Freunden, physische Attraktivität, Gesundheit und Energie sowie innere Ruhe. Gebert (1987, S. 943) und mit ihm Krause (2003, S. 82) betrachten Rechte und betriebliche Ressourcen im weitesten Sinne, inklusive Zeit, Budget, unterstellte Mitarbeiter, Qualifikation und Wissen, als Ressourcen für innovatives Handeln. Von den von Frese/ Fay (2001) untersuchten Antezedenten persönlicher Initiative lassen sich Handlungsspielraum, Unterstützung von anderen Personen, Qualifikation zur Aufgabenerledigung und kognitive Fähigkeiten als Ressourcen im hier verstandenen Sinne auffassen. Die in dieser Untersuchung berücksichtigten Ressourcen sind für spezifische persönliche Initiativen der Geführten sind die folgenden:

* Delegationsgrad: Je höher der Delegationsgrad ausfällt, desto größer ist der Handlungsspielraum, aus dem die Geführten spezifische persönliche Initiativen formen *dürfen*.

- Betriebliche Ressourcen und Schulungen: Je mehr geeignete Ressourcen und Schulungen zur Verfügung stehen, desto mehr Möglichkeiten haben die Geführten, spezifische persönliche Initiativen zeigen zu *können.*

- Kommunikation und Teamarbeit: Je besser die *Kommunikation und Teamarbeit* im Projekt verlaufen, desto mehr Möglichkeiten haben die Geführten, spezifische persönliche Initiativen zusammen mit ihren Kollegen zu zeigen.

- Projektübergreifende Kommunikation und Zusammenarbeit mit Projektexternen: Je besser die *Kommunikation und Zusammenarbeit mit Projektexternen* verlaufen, desto mehr Möglichkeiten haben die Geführten, spezifische persönliche Initiativen zusammen mit ihren Projektexternen zu zeigen.

- Hilfe von den Führenden: Je hilfsbereiter und ansprechbarer die Führenden sind, desto mehr Möglichkeiten haben die Geführten, spezifische persönliche Initiativen *in Zusammenarbeit mit ihren Führungskräften* zu entwickeln.

Die berücksichtigten Ressourcen wurden nach Maßgabe folgender Überlegungen abgeleitet: Die Menge der potenziell zur Verfügung stehenden Handlungsoptionen eines Mitarbeiters, aus denen er spezifische persönliche Initiativen formen kann, wird zum einen dadurch bestimmt, welche Entscheidungskompetenzen er hat. Je größer der eingeräumte Entscheidungsspielraum ist, desto mehr können die einzelnen Mitarbeiter selbstständig Ziele setzen und Ziel-/ Mittelentscheidungen fällen sowie eigenständig Handlungen vorbereiten und in eigener Verantwortung zukünftige Entwicklungen antizipieren (Volpert, 1987, S. 18). Mit anderen Worten: Je größer der Entscheidungsspielraum ist, desto mehr müssen und können Mitarbeiter ihre Aufgaben geistig durchdringen und auf der Grundlage ihrer eigenen Handlungsplanung erledigen. Nur bei einem hinreichend großen Entscheidungsspielraum können die Geführten schöpferisch nach spezifischen persönlichen Initiativen suchen und diese ausgestalten. Geführte hingegen, die nur über einen geringen Entscheidungsspielraum verfügen, dürften insbesondere Schwierigkeiten haben, initiativ zu handeln, da ihnen eben dieses nicht gestattet ist. Führende bestimmen die Entscheidungskompetenzen der Geführten durch den *Grad der Delegation*, der daher im Kapitel II 4.3.1 erörtert wird.

Zusätzlich zum Entscheidungsspielraum wird die Menge der einem Mitarbeiter zur Verfügung stehenden Optionen für spezifische persönliche Initiativen von der Verfügbarkeit von materiellen, intellektuellen und humanen Ressourcen bestimmt. Diese lassen sich danach einteilen, ob die Mitarbeiter alleine handeln oder ob und mit wem sie bei der Ausführung einer spezifischen persönlichen Initiative zusammenarbeiten. *Erstens, die Geführten handeln allein.* Dazu benötigen sie die erforderlichen Betriebsmittel, im Kontext der Softwareentwicklung sind dies Hard- und Software, Büroräume und Büroausstattung und bisweilen Spezialwissen, das sie off-the-job in Schulungen erwerben müssen. Je weniger Betriebsmittel den Geführten zur Verfügung stehen, desto geringer wird die Anzahl der für die Mitarbeiter tatsächlich zur Verfügung stehenden Optionen, auf ein Projektrisiko oder eine Projektchance initiativ zu reagieren, z. B. weil ihnen schlicht die notwendige Hardwareausstattung fehlen, um bestimmte Aspekte der Software am eigenen Rechner initiativ und pro-aktiv zu testen. Ähnlich verhält es sich, wenn ein Mitarbeiter feststellt, dass er leichter für eine Vereinfachung von Arbeitsschritten bei seinen zunächst ablehnend eingestellten Kollegen werben könnte, wenn seine kommunikativen und argumentativen Fähigkeiten höher wären. Würde dieser Mitarbeiter die Gelegenheit bekommen, einen Argumentationskurs zu besuchen, würden die Chancen steigen, dass sein Werben um Verbesserungen in der Projektabwicklung auch das Kriterium der Persistenz, des Nicht-Aufgebens bei Widerständen, erfüllt.

Zweitens, die Mitarbeiter bitten ihre Kollegen im Zuge einer spezifischen persönlichen Initiative um deren Mitarbeit oder Hilfe. In Softwareentwicklungsprojekten müssen sich die Mitarbeiter im hohen Maße untereinander koordinieren, voneinander lernen und gegenseitig beim Problemlösen unterstützen (Brodbeck, 1994a/b, 2001; Brooks, 1982; Sonnentag, 2000). Das bedeutet, dass Mitarbeiter ohne das Zutun von Kollegen einen erheblichen Teil aller potenziell machbaren spezifischen persönlichen Initiativen überhaupt durchführen können. Zum Beispiel kann ein Entwickler eine komplizierte Definition einer Schnittstelle zwischen zwei Softwaremodulen nicht alleine vereinfachen. Vielmehr geht das nur mit dem Einverständnis und besser noch der Mitarbeit des Entwicklers des anderen Moduls. Die Güte der Kommunikation und Zusammenarbeit im Team dürfte daher für die von den einzelnen Geführten wahrgenommene Chance, in Kooperation mit anderen eine spezifische persönliche Initiative zeigen zu können, besonders wichtig sein. Die Förderung von Kommunikation und Teamarbeit im Projekt wird als Führungsaufgabe im Kapitel II 4.3.3 erörtert.

Drittens, eine spezifische persönliche Initiative eines Geführten kann sich auch in Zusammenarbeit mit teamexternen Personen niederschlagen. Kraut/ Streeter (1995) fragten N = 563 Mitarbeiter und (Teil-) Gruppenleiter aus mehr als 65 Softwareentwicklungsprojekten per Fragebogen nach der Nützlichkeit der von ihnen verwendeten Hilfsquellen. Von insgesamt neun abgefragten Hilfsquellen wurden projektexterne Mitarbeiter desselben Unternehmens, Experten des Auftraggebers und Experten der Zulieferer am viert-, fünft- und achthäufigsten benutzt. Zugleich wurde die Nützlichkeit dieser Quellen höher als ihre tatsächliche Verwendung eingeschätzt. Das spricht dafür, dass diese projektexternen Quellen im Vergleich etwa zu den drei am häufigsten benutzten Hilfsquellen, den Projektkollegen, dem eigenen Vorgesetzten und der Projektdokumentation, schwerer zu erreichen sind, dafür aber überdurchschnittlich wertvolle Informationen für die befragten Entwickler und (Teil-) Gruppenleiter bereithalten. Von guten projektübergreifenden Kontakten dürften mithin besonders die überdurchschnittlich gehaltvollen spezifischen persönlichen Initiativen profitieren. Die Förderung projektübergreifender Kontakte ist mithin eine wichtige Führungsaufgabe und wird im Kapitel II 4.3.4 diskutiert.

Viertens, die Geführten sprechen im Rahmen einer spezifischen persönlichen Initiative ihre Führungskräfte an. In diesem Fall sind die Geführten weder allein, noch mit der Hilfe von Kollegen oder Projektexternen in der Lage, das erkannte Risiko nachhaltig zu bewältigen bzw. die vorhandene Chance nachhaltig zu nutzen. Vielmehr benötigen sie dazu die Hilfe der Führenden (vgl. Gebert, 1987, S. 944 f.). Diese Hilfe kann einerseits unmittelbar im Gespräch erfolgen, etwa wenn eine spezifische persönliche Initiative eines Geführten zum Gegenstand hat, mit dem Projektleiter ein sich wiederholendes Missverständnis bei der Aufgabendefinition grundsätzlich zu klären. Die Hilfe kann sich andererseits in weitergehender Unterstützung manifestieren, etwa wenn die spezifische persönliche Initiative des Geführten darauf zielt, Entscheidungen der Führungspersonen, etwa über die Verteilung von Arbeitspaketen oder die Zuteilung von Ressourcen, herbeizuführen. Die Führungskraft sollte zur Förderung aller spezifischen persönlichen Initiativen, die ohne ihr Zutun nicht durchgeführt werden können, ansprechbar sein und bereit und in der Lage sein, den Geführten im Bedarfsfall zu helfen. Im Kapitel II 4.3.5 werden daher Dialog und Unterstützung mit und für die Geführten als Führungsaufgabe erörtert.

4.1.2.2 Subjektive Bewertung der zur Verfügung stehenden Optionen

Die subjektive Bewertung der Erfolgswahrscheinlichkeit einer spezifischen persönlichen Initiative ist nicht nur eine Funktion der vorstehend diskutierten objektiv zur Verfügung stehenden Ressourcen, sondern vollzieht sich auch unter dem Einfluss weiterer personenbezogener Größen, die sich als Mut und Zuversicht sowie Vertrauen bezeichnen lassen.

In dieser Hinsicht diskutiert Lazarus (Lazarus/ Folkman, 1987) verschiedene Facetten von Mut und Zuversicht, und zwar „a sense of being in control over outcomes", (Averill, 1973), „mastery" (Pearlin et al., 1981), „sense of coherence" (Antonovsky, 1979), „self-esteem" (Rosenberg, 1965), „internal locus of control" (Rotter, 1966) und „self-efficacy"

(Bandura, 1997). Interpersonelles Vertrauen betrachtet er ebenfalls. Zusammenfassend stellt er fest (Lazarus/ Folkman, 1987, S. 148): „Other things equal, people who have a favourable sense of their ability to meet problems and overcome them are less likely than others to appraise encounters as threatening, more likely to experience challenge rather than threat, and more likely to use effective strategies of coping."

Gebert (2002, S. 109 ff.) unterscheidet zusammen mit Bandura (1997, S. 22) zwei Quellen von Mut und Zuversicht. Zum einen muss ein Mitarbeiter ein hohes handlungsbezogenes Selbstvertrauen – oder synonym eine hohe Selbstwirksamkeitserwartung (Bandura, 1997) – haben. Diese ist gegeben, wenn die Person der Meinung ist, die Handlung, auf die es im Moment ankommt, so gut ausführen zu können, wie es die Situation verlangt. Zum anderen muss die Person eine hohe internale Kontrollüberzeugung (Rotter, 1982) haben, d. h. sie muss glauben, dass ihre Handlung (hier: Initiative) Konsequenzen im Sinne von Erfolg und Misserfolg (hier: Erreichung der Projektziele) nach sich zieht. Wenn die Person hingegen glaubt, dass Erfolg und Misserfolg vor allem von Zufall, äußeren Umständen oder Willkür anderer abhängt, kann sie in krisenhaften oder chancenreichen Situationen kaum Situationskontrolle empfinden. Unabhängig von einer hohen Selbstwirksamkeitserwartung kommt es also auch noch darauf an, eine hohe internale Kontrollüberzeugung (Rotter, 1982) zu haben und sich – damit eng verbunden – Erfolge sich selbst, d. h. „internal" (Weiner, 1986), zuzuschreiben.

Vertrauen berücksichtigt Gebert (2002, S. 174 ff.) ebenfalls. Er führt es mit dem Argument ein, dass ein Mitarbeiter auf die Rückendeckung seines Vorgesetzten vertrauen können muss, für den Fall, dass seine Anstrengungen fehlschlagen. Ohne Rückendeckung sei ein Mitarbeiter hingegen weniger bereit, das Risiko einzugehen, Verantwortung zu übernehmen.

Krause (2003, S. 84 ff.) diskutiert in Anlehnung an Gebert Selbstwirksamkeitserwartung, internale Kontrollüberzeugung , internale Kausalattributionen und Selbstwertgefühl (self-esteem, Higgins, 1989) als Einflussgrößen der sekundären Einschätzung.

Im Hinblick auf Vertrauen zum Vorgesetzten zeigt Krause (2003, S. 278-781) in einer standardisierten Befragung von 373 geführten Führungskräften in Innovationsprojekten, dass wahrgenommene Führung durch Vertrauen im hohen Maße mit wahrgenommener Situationskontrolle korreliert ($r = 0,77$; $p < 0,001$). Des Weiteren zeigt sie, dass Führung durch Vertrauen enger mit Situationskontrolle als mit wahrgenommener Relevanz korreliert ($r = 0,19$; $p < 0,001$). Ähnliche Ergebnisse zeigt sie für Führung durch Misstrauen, welche eng mit wahrgenommener Situationskontrolle ($r = -0,56$; $p < 0,001$) und weniger eng mit wahrgenommener

Relevanz korreliert (r = -0,15; p < 0,01). In einer Regressionsanalyse, in der sie die integrierten Effekte von Führung durch Einfluss, Macht, Vertrauen und Misstrauen auf die wahrgenommene Situationskontrolle betrachtet, zeigt sich, dass Führung durch Vertrauen den stärksten positiven Einfluss auf die wahrgenommene Situationskontrolle der Respondenten hat. Auf diese Ergebnisse stützt Krause (2003, S. 278) ihr Urteil, dass „Führung durch Vertrauen gewissermaßen das basale Fundament der eingeschätzten Situationskontrolle der geführten Führungskraft bildet [...].‟

Frese und Fay (2001) haben den Einfluss von sechs von ihnen so genannter „Orientierungen‟, die sich als Facetten von Mut und Zuversicht sowie Vertrauen verstehen lassen, im Hinblick auf das Zeigen persönlicher Initiative diskutiert. Dabei zeigte sich, dass die Überzeugung, Arbeitsergebnisse beeinflussen zu können – eine Orientierung, die enge konzeptionelle Nähe zur internalen Kontrollerwartung hat – und eine hohe Selbstwirksamkeitserwartung (Bandura, 1997) signifikant mit persönlicher Initiative von 160 west-deutschen und 543 ost-deutschen Arbeitnehmern korrelierten (Frese et al., 1996, S. 47). Des Weiteren erörterten sie die Bereitschaft, Fehler zu machen, die Bereitschaft, sich auf Veränderungen einzulassen, und die Bereitschaft, aktiv mit Stress umzugehen. Auch diese drei Orientierungen korrelieren in einigen Untersuchungen signifikant positiv mit persönlicher Initiative (Frese/ Fay, 2001, S. 156). Daraus lässt sich der Schluss ableiten, dass zur Förderung von persönlicher Initiative nicht nur *generalisierte* Selbstwirksamkeitserwartungen und Kontrollüberzeugungen bedeutsam sind, sondern dass darüber hinaus *spezielle* Aspekte von Mut und Zuversicht, nämlich in Bezug auf Fehler, Veränderungen und Anstrengungen, eine Rolle spielen.

Des Weiteren argumentieren Frese/ Fay (2001, S. 155), dass die Bereitschaft, Verantwortung für Misserfolge zu übernehmen, und persönliche Initiative miteinander verbunden sein müssten. Die Bereitschaft, im Misserfolgsfalle Verantwortung zu übernehmen, dürfte zum einen davon abhängen, für wie fähig sie sich halten, mit Misserfolgen umzugehen. Damit ist ein weiterer *spezieller* Aspekt von Mut und Zuversicht angesprochen. Zum anderen dürfte diese Bereitschaft davon abhängen, wie viel Vertrauen ein Mitarbeiter in eine faire und angemessene Behandlung durch seine Vorgesetzten im Misserfolgsfalle erwarten darf.

4.1.2.3 Fazit

Zusammenfassend ist festzuhalten: Vor dem Hintergrund der referierten Überlegungen und Untersuchungen werden insgesamt fünf Führungsaufgaben diskutiert, deren Zweck darin besteht, die Anzahl der Optionen, aus denen Geführte spezifische persönliche Initiativen formen und gestalten können, *objektiv* zu vergrößern: Im Kapitel II 4.3.1 wird die Delegation von Entscheidungskompetenzen, im Kapitel II 4.3.2 die Zuweisung von Betriebsmitteln und Schulungen, im Kapitel II 4.3.3 die Förderung der Kommunikation und Teamarbeit, im Kapitel II 4.3.4 die Unterstützung teamübergreifender Kommunikation und Zusammenarbeit und im Kapitel II 4.3.5 die Hilfe von Führenden für die Geführten erörtert. Zwei weitere Führungsaufgaben dienen dazu, das subjektive Gefühl der Machbarkeit und Erfolgswahrscheinlichkeit objektiv möglicher spezifischer persönlicher Initiativen positiv zu beeinflussung. Im Kapitel II 4.3.6 werden dazu „Ermutigung und Zuspruch" und im Kapitel II 4.3.7 „Vertrauen schaffen und erhalten" erörtert.

4.2 Führung zur Beeinflussung wahrgenommener Relevanz

Gegenstände der folgenden Kapitel sind die Führungsaufgaben „Planung und Kontrolle" (II 4.2.1), „Gestaltung der Projektkultur" (II 4.2.2) und „Motivierung" (II 4.2.3). Auf Basis der Literatur werden Handlungsempfehlungen für Führende in Softwareentwicklungsprojekten (und damit pars pro toto für zeitkritische und komplexe Projekte) formuliert. Bei der Herleitung der Handlungsempfehlungen wird so verfahren, dass zunächst zusammengefasst wird, wie die angeführten Führungsaufgaben die Relevanzeinschätzung der Geführten im Hinblick auf die gewünschte persönliche Initiative der Geführten fördern. Anschließend wird gezeigt, welche Handlungsempfehlungen in der Literatur angeboten werden, um die jeweilige Führungsaufgabe zu erfüllen. Abschließend wird vor dem Hintergrund dilemmatheoretischer Erwägungen noch auf die jeweiligen Grenzen der Handlungsempfehlungen bzw. auf ihre negativen Sekundäreffekte eingegangen.

4.2.1 Planung und Kontrolle

Im Kapitel II 4.1.1.1 „Subjektive Einschätzung der objektiven Folgen eines Zustandes oder Ereignisses" wurde argumentiert, dass Planungs- und Kontrollinformationen die Geführten bei ihrer Relevanzeinschätzung dahingehend lenken sollen, dass die Mitarbeiter Zustände und Ereignisse im Projekt anhand ihrer Konsequenzen für die Erreichung der Projektziele korrekt als irrelevant oder als relevante Chancen bzw. Risiken erkennen. In den folgenden Kapiteln II 4.2.1.1 bis 4.2.1.3 werden aus der Literatur Handlungsempfehlungen generiert, die erläutern, was Führende in Softwareentwicklungsprojekten tun können, damit Planung und Kontrolle diesen Zweck erfüllen.

4.2.1.1 Inhalte und Kommunikation der Planungs- und Kontrollinformationen

Die in der Literatur des (Software-)Projektmanagements und der Softwaretechnik diskutierten Instrumente der (Software-)Projektplanung und -kontrolle geben Aufschluss darüber, was Inhalt von Planung und Kontrolle in Softwareentwicklungsprojekte sein kann. Daraus lässt sich ableiten, im Hinblick auf welche Aspekte eines Projekts die Relevanzeinschätzung der Geführten mittels Planungs- und Kontrollinformationen geschärft werden sollte. Die Planungsinstrumente lassen sich danach unterscheiden, ob sie sich auf den Output des Projekts bzw. das Projektergebnis oder auf den Input des Projekts bzw. den Projektprozess beziehen (vgl. Patzak/ Rattay, 1998, S. 148). Der *Output* wird je nach Autor Projektaufgabe, Sachziel, Sachleistungen, Leistung, Ergebnis oder ähnlich genannt und umfasst im Falle der Softwareentwicklung das herzustellende Softwareprodukt sowie alle für die Benutzung, Pflege und Wartung derselben erforderlichen Dokumente, z. B. Benutzerhandbücher und Online-Hilfen (Campagna, 1996, S. 177; Patzak/ Rattay, 1998, S. 150 ff.). *Ergebnisse der Outputplanung* sollen hier Output- oder Sachleistungsziele genannt werden. Sie beschreiben die von den Geführten zu erbringende Sachleistung und Qualität, z. B. Geschwindigkeit, Speicherbedarf, Kompatibilität, Fehlerfreiheit und Änderbarkeit der Software. Diese Sachleistungsziele sollten in Planungsdokumenten wie Lastenhefte, Pflichtenhefte, Grobentwurf der Software, Feinentwurf und weiteren Dokumenten etwa zur Planung der Systemdokumentation und der Benutzerdokumentation festgehalten werden (vgl. Campagna, 1996, S. 177). Die *Kontrolle* der entstehenden Sachleistung sollte durch (überwiegend manuell durchgeführte) Begutachtung und (prinzipiell automatisierbare) Tests (vgl. Balzert, 1998, S. 280-282, Campagna, 1996, S. 175 ff.) erfolgen.

Der *Input* eines Projekts umfasst die aufgewendete Zeit, die beschäftigten Personen, die sonstigen eingesetzten Ressourcen und Finanzmittel (vgl. ebenda). Die *Ergebnisse der Inputplanung* lassen sich dementsprechend als Input-, Vorgehens- oder Prozessziele bezeichnen (vgl. Schumann, 2003, S. 27). Sie umfassen Arbeitspakete, Termine, Personaleinsatzpläne und Budgets, die die zeitlichen und ressourcenbezogenen Restriktionen reflektieren, innerhalb derer die Sachleistung erbracht werden sollte, damit das Projekt aus betriebswirtschaftlicher Sicht ein Geschäftserfolg wird (vgl. II 2.1.2.1). Ob und inwieweit ein Projekt zu einem gegebenen Zeitpunkt die Vorgehensziele erreicht, soll mittels der folgenden Kontrollen der Inputgrößen festgestellt werden (vgl. Kor, 2003 Patzak/ Rattay, 1998, S. 317). Hierzu gehören Umfangskontrollen, Meilenstein- und Terminkontrollen und Aufwands- und Kostenkontrollen.

Nachstehend werden die üblichen Verfahren der Planung und Kontrolle in Software-entwicklungsprojekten, die durch gängige Projektplanungssoftware, z. B. MS Project, unter-stützt werden (Kor, 2003; Patzak/ Rattay, 1998, S. 475 ff.), für den interessierten Leser in einem Exkurs dargestellt.

Exkurs:

Die *Planung der Sachleistungen* schlägt sich in Vorgaben zu den Merkmalen und der Qualität der zu erstellenden Software und sonstigen Dokumenten, z. B. Geschwindigkeit, Speicherbedarf, Kompatibili-tät, Fehlerfreiheit und Änderbarkeit der Software. Ist die Planung hinreichend formalisiert, werden diese Sachleistungsziele in Planungsdokumenten festgehalten. Diese Planungsdokumente lassen sich nach ih-rem Konkretisierungsgrad grob wie folgt ordnen:

- Lastenheft (Synonyme: Anforderungsliste, Anforderungsdokumentation)

- Pflichtenhefte (synonym: Spezifikationen)[9]

- Grobentwurf der Software (synonym: Design)

- Feinentwurf (synonym: Detailentwurf)

- Weitere Planungsdokumente, z. B. zur Planung der Systemdokumentation und der Benutzerdoku-mentation (vgl. Campagna, 1996, S. 177).

Das Lastenheft beschreibt die Leistungsmerkmale, die die zu entwickelnde Software erfüllen sollte, und beschreibt damit das vom Auftraggeber Gewünschte (Stahlknecht/ Hasenkamp, 2002, S. 250). Die Leis-tungsmerkmale ergeben sich aus den Kundenwünschen, der technischen und organisatorischen Anwen-dungsumgebung und weiteren, etwa rechtlichen Rahmenbedingungen des Entwicklungsvorhabens.

Das Pflichtenheft beschreibt, quasi als Antwort auf das Lastenheft, mit welchen technischen Attributen die Software die Anforderungen des Lastenhefts erfüllen soll (Platz, 2004, S. 16 ff.). Dazu werden die Anforderungen des Lastenhefts auf technische und wirtschaftliche Machbarkeit sowie auf ihre Widerspruchsfreiheit geprüft. Das Pflichtenheft enthält außerdem ein Grobkonzept für die Realisie-rung, an dem sich die Entwickler orientieren können (Stahlknecht/ Hasenkamp, 2002, S. 250). Definiert werden unter anderem Funktionen, Schnittstellen und angestrebte Performance der Software (Pietsch, 1992, S. 53).

Im Grobentwurf werden die globale Hard- und Softwarearchitektur, die grundlegenden Daten-strukturen und Dokumentationen des Systems festgelegt (Pietsch, 1992, S. 53). Im Feinentwurf werden Kontroll- und Datenstrukturen, Algorithmen und Schnittstellen einzelner Softwaremodule festgelegt (Pietsch, 1992, S. 53). Je nach Delegationsgrad wird der Feinentwurf bereits dezentral von den einzel-nen Softwareentwicklern vorgenommen (vgl. z. B. Cusumano/ Selby, 1995, S. 11).

---

[9] Die Begriffe Lastenheft und Pflichtenheft werden in der Literatur uneinheitlich und bisweilen synonym ver-wendet. Die Tätigkeiten, die zur Formulierung von Lasten- und Pflichtenheften führen, werden bisweilen zur Anforderungsanalyse, Requirements Engineering oder Spezifikation zusammengefasst (Stelzer, 1998, S. 100). Die Anforderungsanalyse gilt als eine der wichtigsten und zugleich problematischsten Entwicklungs-aufgaben, da sie aufgrund des Zeitdrucks häufig vernachlässigt wird (Stelzer, 1998, S. 100 m. w. N.).

Die *Kontrolle der entstehenden Sachleistung* erfolgt durch (überwiegend manuell durchgeführte) Begutachtung und (prinzipiell automatisierbare) Tests (vgl. Balzert, 1998, S. 280-282, Campagna, 1996, S. 175 ff.). Gebräuchliche Bezeichnungen für unterschiedliche *Begutachtungs*formen lauten Inspektionen, Reviews oder Walkthroughs (Weinberg/ Freedman, 1984). Bei einer Begutachtung suchen mindestens zwei Personen Fehler, Defekte, Inkonsistenzen und Unvollständigkeiten in einem Dokument (Balzert, 1998, S. 302). Am häufigsten dürften Pflichten- und Lastenheft, Softwaredesign und Code Gegenstand einer Begutachtung sein (vgl. Balzert, 1998, S. 305; Ben-Menachem/ Marliss, 1997, S. 109-124). Inspektionen, Reviews und Walkthroughs gelten als höchst wirksame Mittel zur frühzeitigen und damit Kosten und Zeit sparenden Entdeckung von Fehlern. Allerdings binden sie viele Personenstunden (ebenda, S. 303 ff.). *Tests* sind experimentelle Verfahren, die mit einer beschränkten Zahl von Eingabekombinationen prüfen sollen, ob die Abweichungen eines Softwareprogramms von seiner Spezifikation unterhalb einer vorgegebenen Toleranzschwelle liegt (Balzert, 1982, S. 413). Hier lassen sich Komponententests für einzelne Softwaremodule von Systemtests der Gesamtsoftware unterscheiden (Balzert, 1998, S. 391, 503; Elzer, 1994, S. 176 ff.). Tests der fertig gestellten Software gelten als unverzichtbar (z. B. Frühauf et al., 2002, S. 91), was auch daran zu erkennen ist, dass die Entwicklungstätigkeiten, die nach den Tests zur Behebung erkannter Softwarefehler erfolgen („Debugging und Wartung"), laut Schätzungen von Experten bis zu ca. 50 % der gesamten Entwicklungszeit ausmachen sollen (Hoch et al., 2000, S. 109).

Die *Inputplanung* manifestiert sich in Vorgaben über die Zeit, das Personal und die Ressourcen bzw. Kosten, die für die Erbringung der Sachleistung verbraucht bzw. verursacht werden dürfen:

- Projektstrukturplan (synonym: Work Breakdown Structure) oder Aktionsplan (synonym: Action Plan),
- Projektablaufplan,
- Termin- und Meilensteinplan,
- Ressourcen- und Personaleinsatzplan und
- Kostenplan (synonym Budget) .

Ein Projektstrukturplan ist eine ergebnisorientierte Darstellung aller im Projekt zu erledigenden Aufgaben, die die Gesamtaufgabe des Projekts definiert (Patzak/ Rattay, 1998, S. 152 ff.; Raz/ Globerson, 1998, S. 18). Dabei wird die Gesamtaufgabe hierarchisch in plan- und kontrollierbare Teilaufgaben zerlegt. Die kleinste Einheit, die nicht weiter unterteilt wird, wird Arbeitspaket genannt. Projektstrukturpläne können unterschiedlich detailliert sein, je nachdem, wie genau Arbeitspakete beschrieben sind. Bisweilen wird der Begriff Projektstrukturplan nur für ausdifferenzierte Planungsdokumente verwendet, in denen die Arbeitspakete codiert und unmittelbar mit Kostenstellen verknüpft sind (z. B. Kor, 2003, S. 186, Meredith/ Mantel, 2000, S. 203). Weniger ausdifferenzierte Projektstrukturpläne werden dann stattdessen Handlungsplan oder „Action Plan" genannt (z. B. Meredith/ Mantel, 2000, S. 193 ff.). Nachstehend wird vereinfachend nur von Projektstrukturplänen gesprochen. Projektstrukturpläne stehen an der Schnittstelle zur Outputplanung, da sich zu erledigende Aufgaben unmittelbar aus den Sachleistungszielen ableiten. Der entscheidende Unterschied zwischen Projektstrukturplänen und den Dokumenten der Sachleistungszielplanung besteht in deren Zweck. Der Projektstrukturplan ist Grundlage für die weitere Inputplanung, während die dokumentierten Sachleistungsziele dazu dienen, die weitere Inputplanung, während die dokumentierten Sachleistungsziele dazu dienen, dass die Bearbeiter ihre eigene Arbeit zielorientiert strukturieren können (vgl. Maddaus, 2000, S. 191).

Auf der Grundlage der Projektstruktur wird der Projektablaufplan entworfen, d. h. die zu erledigenden Aufgaben werden in eine zeitliche Reihenfolge von Projektende bis Projektanfang gebracht und miteinander vernetzt. Dadurch wird deutlich, welche Vorgänger- und Nachfolgeraufgaben sequentiell abgearbeitet werden müssen und welche Aufgaben parallel erledigt werden können. Netzplantechniken helfen hierbei (Kor, 2003, S. 186; Meredith/ Mantel, 2000, S. 302 ff.; Patzak/ Rattay, 1998, S. 168 ff.; Pietsch, 1992, S. 110 ff.).

In Terminplänen werden den Aufgaben Anfangs- und Endtermine zugewiesen (Patzak/ Rattay, 1998 S. 168 ff.). Im Zuge der Terminplanung kann der so genannte kritische Pfad ermittelt werden. Das ist die Aufgabenkette, deren Verzögerung zur Verzögerung des Gesamtprojekts führt (Kor, 2003, S. 186; Meredith/ Mantel, 2000, S. 302 ff.; Patzak/ Rattay, 1998, S. 168 ff.; Pietsch, 1992, S. 110 ff.). Meilensteine sind Termine für herausgehobene Ereignisse im Verlauf eines Projekts, z. B. die Fertigstellung des Designs, die Übergabe der Software an eine Testabteilung und der Tag der Inbetriebnahme oder Versendung der Software (Brooks, 1982, S. 154; Hauschildt, 1997, S. 370; Patzak/ Rattay, 1998, S. 170, 330). Meilensteinpläne sind mithin als grobe, nur die oberen Ebenen eines Projektstrukturplans betreffende Terminpläne aufzufassen.

Neben der Terminplanung sollte eine Ressourcenplanung erfolgen, in der die erforderlichen betrieblichen Ressourcen, in erster Linie Personal, ermittelt und den Aufgaben zugeordnet werden (Kor, 2003, S. 187; Meredith/ Mantel, 2000, S. 361 ff.; Patzak/ Rattay, 1998, S. 197 ff.; Pietsch).

Kostenpläne schlagen sich im Projektbudget, Teilprojektbudgets und Kostenstellen nieder (Hauschildt, 1997, S. 349; Kor, 2003; Meredith/ Mantel, 2000, S. 261 ff.). Aufgrund des hohen Anteils der Personalkosten an den Gesamtkosten eines Softwareentwicklungsprojekts begrenzen sie in erster Linie die Anzahl der für das Projekt verfügbaren Personenstunden.

Ob und inwieweit ein Projekt zu einem gegebenen Zeitpunkt die Vorgehensziele erreicht, soll mittels der folgenden *Kontrollen der Inputgrößen* festgestellt werden (vgl. Kor, 2003 Patzak/ Rattay, 1998, S. 317):

- Umfangskontrolle (synonym: quantitativer Leistungsvergleich[10]): Hier wird festgestellt, ob die einzelnen Elemente des Projektstrukturplans erstellt worden sind.

- Meilenstein- und Terminkontrollen (synonym: terminlicher Leistungsvergleich): Zu überprüfen ist, ob die Termine und Meilensteine zu den vorgegeben Zeiten erreicht werden oder nicht.

- Aufwands- und Kostenkontrollen (synonym: Ressourcen- und Kostenvergleich): Gegenstand dieser Soll-Ist-Vergleiche sind die Zielerreichungsgrade bezüglich der Kostenziele und Ressourcenauslastung.

Ende des Exkurses.

---

[10] Der qualitative Leistungsvergleich erfolgt bei der Kontrolle der Sachleistungsziele.

Die Geführten sollten Planungs- und Kontrollinformationen zu den für sie relevanten Output- und Inputzielen des Projekts vor Augen haben, damit sie die Relevanz eines gegebenen Zustands oder Ereignisses im Sinne des Projekts „korrekt" einschätzen können. Dazu müssen die zahlreichen Planungs- und Kontrollinformationen allerdings ihre Adressaten, die Köpfe der Geführten, erreichen. Daher sind kommunikative Prozesse zwischen Führenden und Geführten erforderlich, in denen die Geführten ihre Outputziele und Inputziele hinterfragen und verstehen können müssen (vgl. Scacchi, 1984; Strübing, 1993, S. 92 ff.; siehe auch Lewis et al., 2002, S. 549 f.). Planung und Kontrolle dürfen daher keine Einbahnstraßen der Kommunikation sein, sondern müssen partizipativ, mit aktiver Teilnahme der Geführten, erfolgen.

Je größer das Projekt ist, desto schwieriger ist es jedoch, sicherzustellen, dass die richtigen Personen miteinander kommunizieren. In kleinen Projekten dürften Einzelgespräche gepaart mit regelmäßigen Teambesprechungen ausreichen. Bei zahlreichen Mitarbeitern ist dieses Vorgehen hingegen unzureichend. Der hohe Abstimmungsbedarf in großen Projekten führt zu einer Vielzahl regulärer und halbregulärer Sitzungen (Gawron/ Stein, 2001, S. 47 f.). Einige dieser in den frühen Projektphasen geplanten Meetings tendieren dazu, umgenutzt zu werden, Teilnehmer zu verlieren und mittlerweile obsoleten formalen Verfahren oder Themen zu folgen. Parallel entwickeln sich inoffizielle Sitzungen, die zwar den aktuellen Kommunikationsbedarf decken, deren Ergebnisse aber häufig nicht rechtzeitig hinreichend vielen Teammitgliedern bekannt werden. Daher ist es in großen Projekten erforderlich, immer wieder zu überprüfen, ob der aktuelle Informationsbedarf gedeckt wird und ob gegebenenfalls neue Kommunikationskanäle und –foren geschaffen werden sollten. Brooks (1982, S. 75-78) beschreibt sehr anschaulich, welche Möglichkeiten dazu bestehen:

- Eine klare Beschreibung der Interdependenzen zwischen den Teilgruppen eines Softwareentwicklungsprojekts, die die informelle Kommunikation unter den Geführten per Telefon und E-Mail fördert.

- Projektgruppentreffen, Jour Fixe, Teilgruppentreffen und andere Sitzungen sind ebenfalls erforderlich. Besonders bedeutsam sind Statusbesprechungen, die als „Informationsdrehscheibe" (Wolf, 2004) genutzt werden sollten. Zweck der Statusbesprechungen ist es, regelmäßig mit den Geführten den Stand des Projekts hinsichtlich der Erreichung der Sachleistungs- und Vorgehensziele im Sinne operativer Kontrollen zu erfassen. Es gilt, die unterschiedlichen Auswirkungen zu durchdenken und sich auf eine abgestimmte Vorgehensweise, die auch Zielkorrekturen bedeuten kann, zu verständigen. Wichtig ist dabei darauf zu achten, dass die Statusbesprechungen trotz aller notwendigen Formalisierung des Ablaufs nicht zu Ritualen erstarren, sondern dass auch Widerspruch – ganz im Sinne einer Prämissenkontrolle – geübt werden kann (vgl. Grüter et al., 2001, S.171 ff.).

- Eine „Projektakte", in der alle (Planungs-)Dokumente gespeichert und sortiert werden (vgl. auch Vogt, 2001). Die Projektakte ist kein eigenes Dokument, sondern vielmehr eine Struktur, in die alle Dokumente, die sowieso entstehen, einsortiert werden. Regelmäßig sollte eine Zusammenfassung aller Veränderungen der Projektakte zusammengestellt werden und im Sinne eines „Last in, first out" abgelegt und elektronisch, z. B. über das Intranet, zugänglich gemacht werden. Dadurch ist es möglich, sich effizient über Änderungen zu informieren. Den Projektbeteiligten wird zugleich die Pflicht auferlegt, sich selbst rechzeitig zu informieren.

Zusätzlich zu diesen geplanten, strukturierten Maßnahmen zur Förderung der Kommunikation von Planungs- und Kontrollinformationen sind spontane Gespräche zwischen Führenden und Geführten erforderlich, damit diese die Relevanzeinschätzung von jenen beeinflussen können. Auch aus diesem Grund wird in der empirisch-normativen Literatur zum allgemeinen Projektmanagement empfohlen, dass Führende im engen Kontakt mit den Geführten stehen sollen (vgl. erneut Eisenhardt/ Tabrizi, 1995, S. 94; Lewis, 2001, S. 550 f.).

Zusammenfassend ist festzuhalten, dass Führende in Softwareentwicklungsprojekten mit Hilfe zahlreicher Planungs- und Kontrollinstrumente und –dokumente sowie und im Zuge eines kommunikativen und partizipativen Planungs- und Kontrollprozesses sicherstellen sollten, dass sich die Geführten bei ihren Relevanzeinschätzungen an Output- und Inputzielen des Projekts orientieren.

4.2.1.2 Möglichkeiten einer Balance zwischen Verbindlichkeit und Offenheit

Planungs- und Kontrollinformationen dürfen nicht als eindeutige und statische Mittel zur Beeinflussung der Relevanzeinschätzung der Geführten in Softwareentwicklungsprojekten verstanden werden. Aufgrund der Immaterialiät und Komplexität des Produkts Software sowie der divergierenden Interessen der Stakeholder im Projekt *können* die Sachleistungsziele zu Beginn eines Softwareentwicklungsprojekts in der Regel noch gar nicht vollständig bekannt und untereinander widerspruchsfrei sein (siehe II 2.2.2.2). Das führt dazu, dass zumindest ein Teil der Sachleistungsziele unübersichtlich, widersprüchlich und instabil ist (Curtis et al., 1995, S. 1275 ff.; Kraut/ Streeter, 1995, S. 69-71; Weltz/ Ortmann, 1992, S. 19 ff., 30 ff.; siehe auch Abschnitt II 2.2.2.2). Dieser Teil der Sachleistungsziele ist mithin ungeeignet, den

Geführten einen eindeutigen und unveränderlichen Maßstab für die Bewertung von Chancen und Risiken im Zuge der Relevanzeinschätzung zu liefern.

Die auf der Outputplanung aufbauenden Planungs- und Kontrollinformationen bezüglich der Inputziele, an denen sich die Geführten bei der Relevanzeinschätzung orientieren sollen, sind aus dem gleichen Grunde ebenfalls teilweise mehrdeutig und veränderlich (Strübing, 1993, S. 94 f.). Widersprüchliche, instabile und unvollständige Sachleistungsziele manifestieren sich zwangsläufig in einem widersprüchlichen, instabilen und unvollständigen Projektstrukturplan und mit ihm in entsprechend „schlechten" Plänen für alle Inputgrößen wie Termine und Kosten (vgl. Weltz/ Ortmann, 1992, S. 42). Erschwerend kommt noch hinzu, dass erst im Projektverlauf deutlich wird, wieviel Input tatsächlich erforderlich ist, um die Sachleistungsziele zu erarbeiten. Im Projektverlauf kristallisiert sich nicht nur das technisch Wünschenswerte und Machbare, sondern auch das ökonomisch Leistbare erst heraus (ebenda; Curtis et al., 1988, S. 1276). Wird im Projektverlauf festgestellt, dass die Projektaufgabe im Vergleich zu den verfügbaren Zeit-, Personal- und Finanzmitteln zu groß ist, gibt es nur drei Alternativen: Erstens, es werden Möglichkeiten gefunden, die Aufgabe effizienter zu erledigen, d. h. die Produktivität des Projektteams zu erhöhen. Zweitens, es werden mehr Zeit, Personal und Finanzmittel zur Verfügung gestellt. Drittens, der Umfang der Projektaufgabe wird reduziert (z. B. Patzak/ Rattay, 1998, S. 227 f., Sneed, 1985, S. 41 ff.).

Sachleistungsziele (und dadurch auch Vorgehensziele) werden also – unabhängig von den offiziellen Vorgaben zum Planungsprozess – zumindest in Teilen erst im Projektverlauf sukzessive konkretisiert, weil die Bestimmung des Soll-Zustands erst durch eine allmähliche Konkretisierung des Ist-Zustandes möglich wird (vgl. Hauschildt/ Gemünden, 1980, S. 433; Weltz/ Ortmann, 1992, S. 168 ff.).[11] Dieser Zielbildungs- und Zielkonkretisierungsprozess ist mit der Entstehung der Software verwoben (vgl. Gemünden, 1995, S. 263; Hauschildt, 1997, S. 176; Weltz/ Ortmann, 1992, S. 166 f.). Im Zuge der Zielbildung und -konkretisierung müssen die Führenden Entscheidungen treffen, die Kompromisse zwischen dem technisch Wünschenswerten, dem technisch Machbaren und dem ökonomisch Leistbaren darstellen (Grudin, 1991). Je komplexer die Gegenstände dieser Entscheidungen, nämlich das Produkt und sein Entstehungsprozess, sind, desto komplexer muss auch der Entscheidungsprozess der Zielbildung sein – mit der Folge, dass Fehlentscheidungen bei der Zielsetzung getroffen werden, die später korrigiert werden müssen.

---

[11] Im bekannten „Spiralmodell der Softwareentwicklung" von Boehm wird die sukzessive Konkretisierung der Ziele sogar zum normativen Soll für Projektplanung und -durchführung erhoben (Boehm, 1988, insb. S. 65).

Im Rahmen der Planung und Kontrolle müssen Führende mithin ein „Planungsdilemma" zwischen Verbindlichkeit und Offenheit lösen (Weltz/ Ortmann, 1992, S. 170). Auf der einen Seite sollten Führende so weit wie möglich vermeiden, dass einmal getroffene Zielentscheidungen revidiert werden und den Geführten immer wieder veränderte Maßstäbe für die Bewertung ihrer Arbeit und der Projektsituation an die Hand gegeben werden. Wie groß die Gefahr dafür ist, lässt sich angesichts der dynamischen Rahmenbedingungen von Softwareentwicklungsprojekten, wie etwa den sich verändernden Stand der Technik, Neuentwicklungen von Konkurrenzprodukten, neuen Wünschen der Abnehmer und der Eigendynamik des Entwicklungsprozesses selbst, erahnen (vgl. Weltz/ Ortmann, 1992, S. 31). Bei Microsoft werden beispielsweise im Verlaufe eines Projekts typischerweise 30 % der Anforderungen an die Software geändert (Cusumano/ Selby, 1995, S. 218). Jones (1994, S. 93) berichtet für andere Großprojekte ähnliche Zahlen. Aber auch kleine Projekte sind im hohen Maße mit „moving targets" konfrontiert (Weltz/ Ortmann, 1992, S. 30-34). Auf der anderen Seite muss der Zielbildungsprozess offen genug sein, um frühere Fehlentscheidungen zu korrigieren und auf neue Rahmenbedingungen reagieren zu können. Rückkopplungen und echte Rückschritte müssen gestattet sein (vgl. Balck, 1989, S. 1039).

Um das Planungsdilemma zu bewältigen, sollten Führende Pläne als vorläufige Zielsetzungen begreifen, die das Ergebnis vorläufiger Entscheidungen zwischen konkurrierenden Zielen sind. Kontrollen dürfen demzufolge nicht nur aus Realisationskontrollen bestehen, sondern müssen auch Prämissenkontrollen umfassen. *Realisations*kontrollen sind Vergleiche zwischen den geplanten Zielen und den tatsächlich erreichten Zuständen. *Prämissen*kontrollen bestehen hingegen aus der Überprüfung der Annahmen, auf deren Grundlagen zuvor Ziele definiert wurden (Frese, 1987, S. 187 ff.). Nur durch kontinuierliche Prämissenkontrollen kann sichergestellt werden, dass einmal getroffene Zielentscheidungen den sich verändernden Rahmenbedingungen bzw. neuen Informationen angepasst werden (vgl. Weltz/ Ortmann, 1992, S. 166 f.). Eine Möglichkeit, Prämissenkontrollen als kontinuierliche Aktivität während des Projekts zu formalisieren, besteht darin, Entwicklungsrisiken im Sinne eines Risikomanagements (Charette, 1989; Raz/ Michael, 2001) fortlaufend zu betrachten und daraus Konsequenzen für die weitere Projekt(ziel)planung zu ziehen, wie es etwa Boehm in seinem Spiralmodell der Softwareentwicklung explizit vorschlägt (Boehm, 1988, S. 64).

In der Literatur zum (Software-)Projekt-, Innovations- und Produktentwicklungsmanagement werden weitere konkrete Handlungsempfehlungen diskutiert, deren Umsetzung Führenden helfen, die rechte Balance zwischen Verbindlichkeit und Offenheit zu finden. Diese Empfehlungen lassen sich grob danach sortieren, ob sie sich auf strategische, taktische oder operative Ziele beziehen. Strategische Ziele sind langfristiger, das ganze Projekt betreffender Natur. Taktische Ziele manifestieren sich im Lastenheft, Pflichtheft und im Grobentwurf der Software und betreffen die mittelfristige Ablauf- und Terminplanung. Operative Ziele stehen an der Schnittstelle zu den Arbeitszielen (Sonnentag, 1996, S. 214) der Geführten, Letztere verstanden als deren individuelle Entscheidungen darüber, wie sie ihre Arbeit organisieren wollen.

Um *strategische Zielentscheidungen* verbindlich und doch offen zu fällen, sollten sich Führende um eine Projektdefinition bemühen und sicherstellen, dass sie bei weiteren Entscheidungsprozessen berücksichtigt wird. Als Projektdefinition lässt sich eine zusammenfassende Darstellung des Projekts bezeichnen, die auch von Außenstehenden in wenigen Minuten gelesen und verstanden werden kann (Boehm, 1983, S. 5; Patzak/ Rattay, 1998, S. 90 ff.). Verwandte Begriffe sind Projektauftrag (Stahlknecht/ Hasenkamp, 2002, S. 228), Projektmission (Pinto/ Slevin, 1988, S. 73), Project Overview (Boehm, 1983, S. 5) oder Project Scope (Fallah/ Tucker, 1999, S. 544; Shenhar, 2000, S.10). Im Falle der Standardsoftwareentwicklung stellt sie eine Verbindung zur übergeordneten Produktentwicklungsplanung der Organisation, dem Roadmapping (Kappel, 2001), dar. Sie beantwortet die Fragen „warum wird das Projekt durchgeführt?" und „was sind die wichtigsten Begrenzungen des Projekts?" und ist typisches Ergebnis einer Machbarkeitsstudie (sofern eine solche durchgeführt wird). In Bezug auf die Sachleistungsziele werden in einer Projektdefinition folgende Entscheidungen festgehalten (Hauschildt, 1997, S. 241 ff.; Patzak/ Rattay, 1998, S. 90 ff.):

- Zweck des Projekts und der beabsichtigte Nutzen der zu entwickelnden Software und eine
- *Produkt*definition, d. h. eine grobe technische Beschreibung des Softwareprodukts.
- In Bezug auf die Vorgaben zum verfügbaren Input umfasst eine Projektdefinition
- die vom Projekt zu erledigenden Hauptaufgaben, die Grundlage für die weitere Ablaufplanung sind,
- einen Zeit- und Budgetrahmen sowie
- rudimentäre personelle Zuweisungen, wie die Benennung der Projektleitung, des Projektteams und ggf. eines Lenkungsausschusses.

Eine Projektdefinition ist hilfreich, da sie weitere, das Produkt und dessen Entstehungsprozess konkretisierende Entscheidungen über Sachleistungsziele und Vorgehen erleichtert. In Softwareentwicklungsprojekten kommt es immer wieder vor, dass die Beteiligten bei der Auseinandersetzung mit scheinbaren Detailfragen auf Grundsatzfragen zurückverwiesen werden, welche dann in neuem Licht erscheinen und erneut Klärung erfordern (Weltz/ Ortmann, 1992, S. 34). Die erneute Klärung von Grundsatzfragen ist aber nur dann effektiv und effizient möglich, wenn der bisherige Stand der Klärung von Grundsatzfragen bekannt ist. Und die Projektdefinition ist eben dieses: Eine Sammlung der jeweils aktuellen Antworten auf die grundsätzlichsten Fragen, die im Projekt gestellt werden können.

Die typischen Fehlleistungen bei der Projektdefinition dürften mit „Überdefinition" und „Unterdefinition" treffend gekennzeichnet sein (vgl. Hauschildt, 1997, S. 250). Da ein Softwareentwicklungsprojekt (mehr oder weniger) stark in Neuland vorstößt, ist jede rigide und mit dem Anspruch auf Vollständigkeit formulierte Projekt- und Problemdefinition so lange fragwürdig, bis das Projekt abgeschlossen ist (vgl. Hauschildt, 1997, S. 247). Aber auch eine „unterdefinierte" Projektdefinition ist wenig hilfreich, da in diesem Fall zu wenige bzw. zu wenig konkrete Entscheidungen gefällt worden sind.

Eine Stoßrichtung, die geeignet erscheint, das Dilemma zu entschärfen, besteht darin, klar und deutlich darzulegen, was ein Projekt *nicht* tun soll (Patzak/ Rattay, 1998, S. 94, vgl. auch Hauschildt, 1997, S. 288 f.). Die Firma Microsoft arbeitet beispielsweise laut der qualitativen Untersuchungen von Cusumano (1997, S. 15-16) erfolgreich damit, für ihre Projekte klare Grenzen in Hinblick auf die Sachleistungsziele und den verfügbaren Input zu setzen. Im Hinblick auf die Sachleistungsziele legt Microsoft Wert darauf, dass die in der Projektdefinition enthaltene *Produkt*definition (bei Microsoft „vision statement" genannt) so kurz wie möglich ist und definiert, was das Produkt *nicht* sein soll. Im Zuge des Entwicklungsprozesses erweist es sich für die Beteiligten nämlich als schwieriger zu entscheiden, auf welche Funktionalität sie verzichten wollen, als darüber zu befinden, welche Funktionalität beibehalten werden (Cusumano/ Selby, 1995, S. 208). Entscheidungen des ersten Typs sind aber dringend notwendig, damit das Projekt nicht ausufert. Zum Beispiel sollte das Produkt Excel 3.0 das „analytischste Tabellenkalkulationsprogramm auf dem Markt" werden. In späteren Diskussionen manifestierte sich diese Produktdefinition in Entscheidungen, auf aufwändige dreidimensionale Grafiken zu verzichten und stattdessen mathematische Funktionen und Möglichkeiten zur Datenanalyse zu realisieren (ebenda, S. 210).

Im Hinblick auf die Berücksichtigung von Inputzielen in der Projektdefinition arbeitet die Firma Microsoft mit klaren Vorgaben für die Personalausstattung von Projekten und klaren Zeitvorgaben, die die Projektteams einhalten müssen. Dadurch sind die Teams gezwungen, sich auf das Machbare zu konzentrieren und wenn erforderlich die Sachleistungsziele zurückzuschrauben (Cusumano, 1997, S. 16).

Die sachleistungsbezogene *strategische Realisationskontrolle* schlechthin ist die Abnahme des entwickelten Softwareprodukts durch den Auftraggeber. Akzeptiert der Auftraggeber das Produkt, ist davon auszugehen, dass der Zweck des Projekts zumindest hinreichend gut erfüllt worden ist. Des Weiteren könnte am Ende das Projekt im Hinblick auf die Erreichung strategischer Vorgehensziele, d. h. der Einhaltung von den Budget- und Zeitgrenzen, beurteilt werden. Dies könnte z. B. in einem Abschlussworkshop stattfinden, in dem das Projekt zum Zwecke der besseren Abwicklung zukünftiger Projekte nachbereitet wird (Zielasek, 1999, S. 188 ff.).

Projektstrategische Prämissenkontrollen finden jedes Mal statt, wenn die Projektdefinition hinterfragt wird. Dies ist zum einen reaktiv angezeigt, wenn zu erkennen ist, dass die Projektaufgabe mit den verfügbaren Mitteln nicht (mehr) zu schaffen ist. In diesen Fällen ist es wichtig, dass Führende in Softwareentwicklungsprojekten Zugang zu ihren eigenen Führungskräften und zu anderen Entscheidungsträgern, die z. B. im Lenkungsausschuss sitzen oder aber über politischen Einfluss verfügen, haben (Curtis et al., 1988, S.1280 f.).

Zum anderen kann ein solches Hinterfragen der Projektdefinition aber auch proaktiv im Projektablauf eingeplant werden, um Fehlentwicklungen früh zu erkennen. In der Literatur zum allgemeinen Projektmanagement werden förmliche Begutachtungen des Projektfortschritts durch das höhere Management bzw. von Lenkungsausschüssen empfohlen, mit denen sichergestellt werden soll, dass die tatsächliche Projektarbeit den Bezug zu den übergeordneten Zielen des Projekts behält (Lewis et al., 2002, S. 550). So könnten die grobe Projektplanung und die ihr zugrunde liegende Projektdefinition in einem frühen Stadium des Projekts mit dem höheren Management und anderen Stakeholdern im Projekt diskutiert werden, bevor auf der nächst konkreteren Planungsebene die Systemarchitektur festgelegt wird (vgl. Charette, 1994, S. 1104). Eine frühe Überprüfung der in der Projektdefinition getroffenen Prämissen wird begünstigt, je eher funktionsfähige Rohversionen der Software zur Verfügung stehen. In der Softwaretechnik werden daher iterative Ablauforganisationen für Softwareentwicklungsprojekte, z. B. Prototyping, inkrementelle und evolutionäre Systementwicklung diskutiert, die eben dies ermöglichen sollen (Pietsch, 1992; Hesse/ Weltz, 1995; Hesse, 1998).

Auf der *taktischen Ebene* hilft eine begrenzte rollende Zielplanung dabei, die erforderlichen Zielentscheidungen zu treffen und festzuhalten. Anstatt zu versuchen, unvermeidlich instabile taktische Ziele stabil „machen" zu wollen, sollte der Umstand der Instabilität des

Zielgefüges akzeptiert und kontrolliert werden (vgl. Cusumano/ Selby, 1995, S. 64; Hauschildt, 1997, S. 286 ff., Henrich, 2002, S. 289). Anstatt einer Norm der Zielstabilität sollte eine Norm der begrenzten, rollenden Zielfestlegung gelten. Grundidee ist, die Sachleistungsziele der zu entwickelnden Software erst zu präzisieren, wenn die notwendigen Lernprozesse über das Anwendungsgebiet der Software und die Fähigkeiten der vorgeschlagenen Softwarearchitektur abgeschlossen sind (Curtis et al., 1988, S. 1278). Bei Microsoft gelten z. B. Spezifikationen als „lebende" Dokumente (Peters, 1995, zit. n. Cusumano/ Selby, 1995, S. 217). Teile der Spezifikation werden bewusst offen gelassen, bis die Entwickler wissen, wie sich bestimmte Elemente des Programms zueinander verhalten. Ein weiterer Grund für das Offenlassen von Spezifikationen liegt darin, dass sich viele Entscheidungen zwischen konfligierenden technischen Anforderungen erst fällen lassen, wenn der Quellcode vorliegt. Chris Peters von Microsoft sagt dazu: „And to do the feature right requires you to look at the code and to make those engineering trade-offs in the code." (ebenda, S. 219).

Mit der sukzessiven Präzisierung der Sachleistungsziele geht eine rollende Ablaufdetaillierung und Planung der Inputziele einher. Für zeitlich fernere Aktivitäten werden unpräzisere Ziele festgehalten als für zeitlich nahe Aktivitäten (Hauschildt, 1997, S. 346). Dementsprechend werden zeitlich fernere Aktivitäten mit unpräziseren Planungsinstrumenten wie Gantt-Charts, Milestone-Charts und Rollenstruktur-/ Aufgabenplänen dargestellt, während zeitlich nähere Aktivitäten mit präziseren Instrumenten wie etwa Netzplänen geplant werden (Hauschildt, 1997, S. 370-371).

Eine rollende Zielfestlegung scheint praktikabel, wenn sie durch (mindestens) zwei Begrenzungen ergänzt wird. Erstens wird es bestimmte Vorgaben geben müssen (vgl. Hauschildt, 1997, S. 292), um sicherzustellen, dass die wichtigsten Interessen der Stakeholder befriedigt werden. Zweitens besteht ohne solche Eckdaten der Zielplanung die Gefahr, dass der Zielplanungsprozess nie beendet wird, weil immer wieder alle Ziele in Frage gestellt werden und sich die Katze immer wieder in den eigenen Schwanz beißt. Zielbildungsprozesse binden Zeit und Energie (ebenda). Dieser Engpass drängt danach, Prozesse der (taktischen) Zielbildung immer wieder bewusst zu beenden und zumindest erst einmal an der Umsetzung der Ziele weiter zu arbeiten, bevor erneut die Zielbildung vorangetrieben wird. Rollende Zielfestlegung darf also nicht nur offen und unpräzise sein, sondern sie muss durch möglichst viele Fixpunkte stabilisiert werden.

Diese Grenzen verweisen zum einen auf die Bedeutung strategischer Entscheidungen (s. o.). Zum anderen machen sie erklärlich, warum es sich lohnt, mit Blick auf die taktischen

Sachleistungsziele im Lasten- und Pflichtheft zwischen Muss-Zielen, Soll-Zielen und Kann-Zielen zu unterschieden. Zur Illustration lässt sich wieder die Firma Microsoft als Beispiel anführen. Dort werden zu realisierende Funktionalitäten in drei Kategorien eingeteilt. Im Zuge eines inkrementellen Entwicklungsprozesses werden zunächst alle Funktionalitäten der Kategorie eins realisiert und damit ein vollständig lauffähiges und prinzipiell auslieferbares Softwareprodukt generiert (Muss-Ziele). Im zweiten und dritten Entwicklungsabschnitt, oder „Inkrement", werden die Funktionalitäten der Kategorien zwei (Soll-Ziele) bzw. drei realisiert (Kann-Ziele). Und wiederum wird am Ende eines jeden Inkrements ein vollständiges Produkt generiert (Cusumano/ Selby, 1995, S. 187-207).

Auch im Hinblick auf die Inputgrößen können auf taktischer Ebene klare Vorgaben gemacht werden. Brooks (1982, S. 154 f.) empfiehlt mit Blick auf die notorischen Verzögerungen in der Softwareentwicklung, Meilensteine als „harte" Kernziele zu definieren. In Meilensteinen sollen die bis zu einem Zeitpunkt X zu erreichenden Ergebnisse konkret und leicht messbar formuliert werden (vgl. auch Thamhain/ Wilemon, 1986, S. 396). Z. B. ist die Formulierung „Spezifikationsliste von Auftraggeber und Projektleitung unterschrieben und freigegeben" im Gegensatz zur Formulierung „Spezifikation abgeschlossen" geeignet, weil sie keine Interpretationsspielräume lässt. Formulierungen, die keine Interpretationsspielräume offen lassen, sind wünschenswert, damit im Rahmen der Fortschrittskontrolle zweifelsfrei entschieden werden kann, ob der vorgegebene Termin eingehalten wurde oder nicht und ob dementsprechend korrigierende Maßnahmen ergriffen werden müssen oder nicht (Brooks, 1982, S. 155). Meilensteine liefern den Beteiligten einen gemeinsamen Bezugsrahmen für die Beurteilung des Projektfortschritts und zeigen den Geführten – ganz im Sinne der Beeinflussung der Relevanzeinschätzung –, worauf es bis zur Erreichung des nächsten Meilensteins im Projekt ankommt (Atuahene-Gima, 2003; Lewis et al., 2002, S. 550).

Um der zweiten Begrenzung der rollierenden Zielplanung gerecht zu werden, kommt es entscheidend darauf an, dass die Entwickler so früh wie möglich wissen, welche Teile der Spezifikation sich verändern könnten und welche nicht. Daher werden bei Microsoft beispielsweise zunächst die Teile des Programms realisiert, die keinen Bezug zu Benutzerschnittstellen haben. Diese „unteren Schichten" der Software haben sich bei Microsoft als recht stabil herausgestellt (Cusumano/ Selby, 1995, S. 220-221). Aber auch die sichtbaren Teile der Benutzerschnittstellen müssen zu einem späteren Zeitpunkt „eingefroren" werden, damit die Handbücher für die Benutzer geschrieben werden können (ebenda, S. 221). Außerdem werden bei vielen Microsoftprojekten keine neuen oder veränderten Funktionalitäten mehr zugelassen, sobald etwa 40 % der Zeit bis zum geplanten Enddatum des Projekts verstrichen ist (ebenda, S. 221-222). Änderungen der Spezifikationen sind dann nur noch gestattet, um technische Unverträglichkeiten zwischen bereits vorgesehenen Funktionalitäten zu beseitigen. Generell muss in der Softwareentwicklung ein „natürliches Spannungsverhältnis zwischen korrekten und stabilen Systemanforderungen" ausbalanciert werden (Curtis et al. 1988, S. 1283, Übersetzung MML). Dabei muss außen stehenden Stakeholdern, wie dem höheren Management der Mutterorganisation und den Auftraggebern, immer wieder deutlich gemacht werden, wie groß der Entwicklungsaufwand ist, wenn einmal getroffene (Sachleistungs-)Zielentscheidungen, vor allem die Spezifikationen, im Laufe des Projekts geändert werden (Curtis et al., 1988, S. 1276).

Taktische Realisations- und Prämissenkontrollen bieten sich im zeitlichen Umfeld von Meilensteinen an. Die bis zum Meilenstein vorgesehenen Sachleistungen, z. B. Planungsdokumente oder Teile der Software wie etwa Eingabemasken, Teilmodule, Prototypen oder Inkremente werden begutachtet bzw. getestet. Zugleich wird der Zeit- und Finanzmittelverbrauch ermittelt und mit den Vorgaben verglichen. Meilensteinkontrollen sollen den Beteiligten einerseits klare Indikatoren für den Projektfortschritt liefern (Lewis et al., 2002, S. 550) und andererseits dazu anregen, die bisherige und weitere Zielplanung auf ihre Machbarkeit zu hinterfragen. Im Projektverlauf sollten eher mehr als weniger Meilensteine definiert und kontrolliert werden, damit sie den Geführten ein Gefühl von Ordnung und Kontrolle, Dringlichkeit und – wenn die Meilensteine gehalten werden – von Erfolg vermitteln (Eisenhardt/ Tabrizi, 1995, S. 93 f., 102).

Im Hinblick auf die *operativen Zielentscheidungen* im Projekt wird empfohlen, dass die operative Zielplanung subsidiär erfolgen sollte, d. h. Führende sollten den Geführten so wenig Ziele wie möglich und nur so viele wie nötig vorgeben (vgl. zur Verwendung des Subsidiaritätsbegriff in der politischen Ökonomie: Blankart, 1994, S. 513). Pietsch (1992, S. 210-215) schlägt vor, auf eine zentrale Planung eines Softwareentwicklungsprojekts bis auf die Ebene der Arbeitspakete zu verzichten. Stattdessen sollte nur eine allgemeine Rollen- und Aufgabenstruktur definiert werden. Diese würde den Mitarbeitern weitgehende Entscheidungskompetenzen hinsichtlich ihrer Sachziele und ihrer Handlungen einräumen. Danach können Mitarbeitern eine oder mehrere „Rollen", z. B. Systemarchitekt, Entwickler Datenbank, Entwickler Benutzeroberfläche oder Qualitätssicherer, zugewiesen werden. Dadurch steigt erstens der Handlungsspielraum der Geführten, die ihn für individuelle Initiativen, Ideen und Improvisation nutzen können (Weick, 1998, insb. S. 549; siehe auch II 4.3.1). Zweitens steigt die Widerspruchsfreiheit der den Geführten vorgegebenen Ziele, je weniger präzise diese Ziele formuliert werden (Hauschildt, 1997, S. 282). Drittens, entlastet Subsidiarität die Führung, weil der Planungsaufwand, den sie leisten muss, sinkt.

Entsprechendes wurde in den 90er Jahren bei Microsoft umgesetzt. Dort wird versucht, die Verantwortung für den Zeitplan und das Management der Arbeit bis auf die unterste Ebene hinunterzudrücken (Cusumano/ Selby, 1995, S. 251). Die einzelnen Softwareentwickler sind selbst dafür verantwortlich, Arbeitspakete zu definieren und die dafür benötigte Zeit zu schätzen.

Allerdings gilt, je weniger präzise einzelne Ziele formuliert sind, desto eher verbergen sich dahinter Scheinkompromisse (Weltz/ Ortmann, 1992, S. 129). Außerdem geben unpräzise Ziele im Sinne der Relevanzeinschätzung weniger Orientierung als präzise Ziele (vgl. Gebert, 2002, S. 163). Die Projektführung muss daher einen Kompromiss zwischen dem Postulat der Zielklarheit (Hauschildt, 1997, S. 272) und dem Erfordernis der Handhabbarkeit des Zielgefüges finden. Ein möglicher Kompromiss liegt darin, unpräzise Ziele für weniger wichtige Sachleistungen mit klaren Zielen für bedeutsame Sachleistungen zu kombinieren. Die hochprioren Ziele sollten dann möglichst präzise operationalisiert werden, damit ihre Einhaltung auch überprüft werden kann. Ein anderer Kompromiss liegt darin, dass Führende im engen Kontakt mit den Geführten und ihrer Arbeit bleiben und Unklarheiten, z. B. bei unpräzise Sachleistungszielen oder der Frage, ob und wie viel das Budget „doch" überzogen werden darf, gegebenenfalls im Gespräch präzisieren (vgl. Eisenhardt/ Tabrizi, 1995, S. 94).

Wo genau der Punkt liegt, an dem Ziele so detailliert wie nötig definiert sind, hängt von vielen Einflussgrößen ab, u. a. der Produktart, der Projektkultur und den Charakteristika der Geführten. Daher ist das nachstehende Beispiel über die Weiterentwicklung von Anwendungsprogrammen wie Excel oder Word bei der Firma Microsoft als Illustration und nicht als Vorbild zu verstehen. Hier manifestiert sich Subsidiarität bei der Planung der Sachleistungsziele in der Formulierung der Spezifikationen, die den Entwicklern vorgegeben werden (Cusumano/ Selby, 1995, S. 207-226). Spezifikationen umfassen erstens eine Projektdefinition (s. o.). Zweitens wird in der Spezifikation beschrieben, was die einzelnen Funktionen tun sollen und was nicht. Darin wird aber ausdrücklich *nicht* festgelegt, *wie* diese Funktionen technisch zu realisieren sind. Das bedeutet, dass alle Entwickler das Design ihrer Module selbst planen (Cusumano/ Selby, 1995, S. 11). Auch bei der Zeitplanung haben die Entwickler von Microsoft erheblichen Einfluss. Innerhalb der Meilensteine dürfen die Teams ihre eigenen Terminpläne erstellen. Jeder einzelne Entwickler plant seine eigenen Aktivitäten ebenfalls selbstständig (Cusumano/ Selby, 1995, S. 252-258). *Begrenzt* wird die Subsidiarität allerdings dadurch, dass die Vorgabe gilt, dass die Entwickler ihre Arbeit in Teilaufgaben aufspalten, planen und kontrollieren sollen, deren Bearbeitung maximal drei Tage in Anspruch nehmen darf. Dadurch soll sichergestellt werden, dass die Entwickler ihre Aufgaben hinreichend geistig durchdringen.

Operative Kontrollen, die Sachleistungen betreffen, sind Begutachtungen und Tests (vgl. das vorangegangene Kapitel II 4.2.1.1). Diese sollten möglichst früh einsetzen und kontinuierlich stattfinden (Balzert, 1998, S. 286 ff., Eisenhardt/ Tabrizi, 1995, S. 92 f., 102). Dabei sollte explizit auch überwacht werden, ob sich die Entwickler bei Modulen, die mit anderen Modulen interagieren, an Spezifikationen gehalten haben oder ob sie sie eigenmächtig verändert haben, etwa um eine in ihren Augen bessere Funktion zu erlauben (vgl. auch II 4.3.1.2). Bei solchen autonomen Veränderungen besteht immer die Gefahr der Unverträglichkeit mit anderen Systemteilen (Curtis et al., 1988, S. 1278). Operative Kontrollen der Vorgehensziele finden auf (Teil-)Teamebene statt. Zu Stichtagen sollen Mitarbeiter (elektronisch oder mündlich) beantworten, welche ihrer Aufgaben sie wann beendet haben, welche Aufgaben sie bereits begonnen, aber noch nicht beendet haben, wie lange sie ihrer Meinung nach noch bis zur Erledigung ihrer Aufgaben benötigen und welche Änderungen in der Ablauf- und Terminplanung ihrer Meinung nach für die verbleibenden Aufgaben notwendig sind (Müller, 2004, S. 64). Typischerweise werden die Konsequenzen daraus in Statusbesprechungen (Wolf, 2004) gemeinsam diskutiert und bisweilen durch Einzelgespräche zwischen Führenden und Geführten ergänzt (Müller, 2004, S. 63).

4.2.1.3 Fazit

Damit die Geführten die aus Sicht des Projeks korrekten Maßstäbe bei ihrer Relevanzbewertung von Zuständen und Ereignissen heranziehen, sollten Führende in Softwareentwicklungsprojekten sicherstellen, dass

- Output- und Inputziele des Projekts definiert und
- die Erreichung dieser Ziele kontrolliert wird.

Die Planung sollte mit Hilfe der üblichen Projektplanungsinstrumente und -doku-mente, wie Lastenheft, Pflichtenheft, Grobentwurf und Feinentwurf sowie Projektstrukturplan, Terminplan, Ressourcenplan und Budget erfolgen. Die dazugehörenden Kontrollen umfassen Tests und Begutachtungen für die Outputziele und Umfangs-, Termin- und Kostenkontrollen für die Inputziele.

Damit die Planungs- und Kontrollinformationen die Geführten erreichen, sollten Führende in Softwareentwicklungsprojekten des Weiteren

- für eine intensive Kommunikation im Planungsprozess und bei Planänderungen sorgen und zugleich
- die teaminterne Kommunikation durch a) eine klare Beschreibung von Interdependenzen zwischen Mitarbeitern, b) Sitzungen – insbesondere Statusbesprechungen, die trotz aller Straffheit nicht zu Ritualen erstarren dürfen, – und c) mit Hilfe einer elektronischen Projektakte strukturieren und
- viele Gelegenheiten zur spontanen Kommunikation zwischen Führenden und Geführten anbieten.

Da Planungs- und Kontrollinformationen zwangsläufig zumindest in Teilen mehrdeutig und instabil sind, müssen Führenden in Softwareentwicklungsprojekten nach einer Balance zwischen Verbindlichkeit und Offenheit der Planungs- und Kontrollinformationen streben. Dazu sind folgende Planungs- und Kontrollinstrumente hilfreich:

- Eine Projektdefinition, die als Ergebnis einer strategischen Projektplanung das zu entwickelnde Produkt eingrenzend beschreibt und die verfügbare Zeit und die vorhandenen Finanzmittel bestimmt, verbunden mit reaktiven und proaktiven Überprüfungen der Projektdefinition, z. B. über Kontakte der Führungskräfte im Projekt zu übergeordneten Entscheidungsträgern, durch regelmäßige Begutachtungen des Projektfortschritts durch das höhere Management bzw. einen Lenkungsausschuss und mit Hilfe von Prototypen oder anderen funktionsfähigen Zwischenergebnissen des Entwicklungsprozesses.
- Auf taktischer Ebene eine rollierende Planung mit priorisierten Sachleistungszielen, „harten" Meilensteinen und einem sukzessiven „Einfrieren" bereits erzielter Ergebnisse zusammen mit Realisations- und Prämissenkontrollen taktischer Ziele im zeitlichen Umfeld von Meilensteinen.
- Eine subsidiäre operative Planung und Kontrolle, ermöglicht durch klare Priorisierung konkurrierender taktischer Ziele und ergänzt durch einen engen Kontakt zwischen Führenden und Geführten in Verbindung mit frühzeitig beginnenden und kontinuierlichen Tests und Begutachtungen sowie Projektfortschrittskontrollen auf (Teil-)Teamebene.
- Kontinuierliche Prämissenkontrollen auf strategischer, taktischer und operativer Ebene, z. B. in Form eines Risikomanagements, bei gleichzeitiger Bereitschaft, nicht en-

dende Zieldefinitionsprozesse durch eigene oder von „oben" herbeigeführte Entscheidungen zu beenden.

4.2.2 Gestaltung der Projektkultur

Die Gestaltung der Projektkultur ist die zweite Führungsaufgabe in Softwareentwicklungsprojekten, deren vornehmliche Funktion die Beeinflussung der Relevanzbewertung der Mitarbeiter ist. Die subjektive Einschätzung der Mitarbeiter, ob ein Umstand oder Ereignis relevant für die Erreichung der Projektziele ist oder nicht, wird nämlich nicht nur durch Planungs- und Kontrollinformationen, sondern auch durch die subtilen Mechanismen der Organisationskultur beeinflusst.

Edgar Schein (1985, 1992) hat die Entstehung und Reifung von Organisationskulturen in seiner für die betriebswirtschaftlich orientierte Organisationstheorie höchst einflussreichen Monographie „Organizational Culture and Leadership" mit Hilfe sozial- und organisationspsychologischer, soziologischer und anthropologischer Theorien detailliert beschrieben (vgl. Behrends, 2003; E. Frese, 1998, S. 182 ff., Ochsenbauer/ Klofat, 1997, S. 96 ff.). Dabei bezieht er sich ausdrücklich auf gruppenpsychologische Prozesse (Schein, 1985, S. 185 ff.) und schließt die Entstehung von Gruppenkulturen in bereits bestehenden Organisationen in seinen Betrachtungen explizit mit ein (Schein, 1985, S. 8 f.). Daher lassen sich seine Beobachtungen und Überlegungen unmittelbar auf den hier interessierenden Aspekt der Entstehung und Beeinflussung einer „Projektgruppenkultur" beziehen (vgl. Scholz, 1991).

Organisationskulturen sind nach Schein das Ergebnis von Lernprozessen (1992, S. 1, 10). Die Gruppenmitglieder machen im Zuge der Gruppenbildung und der Bewältigung ihrer Gesamtaufgabe gemeinsame Erfahrungen. Diese spielen eine große Rolle bei der Identitätsbildung der Gruppenmitglieder („Ich gehöre zum Team xy"), bei der Machtverteilung in der Gruppe, bei der Befriedigung der Bedürfnisse der Gruppenmitglieder nach Akzeptanz und Zuneigung, bei der Lösung von Konflikten und generell bei der Reduktion von Angst und wahrgenommener Komplexität (Schein, 1985, S. 148 ff.). Manche dieser gemeinsamen Erfahrungen wirken wie Präzedenzfälle. Im Erfolgsfalle werden sie später immer wieder herangezogen, um vergleichbare Fälle auf die gleiche Art und Weise zu lösen. Im Misserfolgsfall begründen sie Tabus. So werden aus der gemeinsam gemachten Erfahrung, dass sich eine bestimmte Verfahrensweise in bestimmten Situationen (nicht) bewährt hat, gemeinsam geteilte Normen, wonach eben diese Verfahrensweise in allen Situationen, die vergleichbar erscheinen, (nicht) anzuwenden ist. Irgendwann werden diese Normen und Werte nicht mehr hinterfragt und stattdessen nur noch unbewusst verfolgt. Mit dem kollektiven Gedächtnis der Organisationskultur ausgestattet, können Gruppenmitglieder effizienter miteinander arbeiten, als wenn sie ohne diesen orientierenden Wahrnehmungs-, Interpretations-, und Handlungs-rahmen auskommen müssten. Eben diese Wahrnehmungs-, Interpretations-, und Handlungs-rahmen beeinflussen auch die Relevanzeinschätzung der Geführten, z. B. bei der Frage ob Qualitätsstandards nur offiziell vorgegeben sind, oder ob sich die Projektmitglieder tatsäch-lich daran orientieren, wenn sie etwa einschätzen, ob eine komplizierte und undurchschaubar implementierte Schnittstelle ein Risiko für den Projekterfolg darstellt oder nicht.

4.2.2.1 Möglichkeiten der Kulturgestaltung

Führende zeichnen sich nach Schein dadurch aus, dass sie in der Lage sind, die gemeinsamen Erfahrungen und damit die entstehende bzw. sich weiter entwickelnde Gruppenkultur in ho-hem Maße zu beeinflussen (Schein, 1985, S. 221, 317; vgl. auch Neubauer, 2003, S. 113 ff.). Dies können sie in erster Linie über fünf so genannte primäre Mechanismen tun, die sich im-mer wieder im laufenden Tagesgeschäft und im unmittelbaren Handeln der Führenden nieder-schlagen (Schein, 1992, S. 230-245).

Erstens, Aufmerksamkeit zuwenden/ planen/ knappe Ressourcen zuteilen: Bemerkun-gen, Kommentare, persönliche Kontrollen, Nachfragen, Themenwahl bei Gesprächen und Vorträgen und dergleichen mehr kommunizieren, was Führenden für relevant halten und was nicht (Schein, 1992, S. 231 ff.). Dazu gehört auch und gerade die Art und Weise, wie sie knappe Ressourcen zuteilen (ebenda, S. 239 f.) und wie sie Planungsaufgaben abarbeiten (las-sen) (ebenda, S. 233). Aber auch ungeplante Aktivitäten und Verhaltensweisen der Führen-den, insbesondere heftige emotionale Reaktionen etwa auf Fehlentwicklung oder Fehlverhal-ten senden deutliche Zeichen, was Führenden wichtig ist und was nicht (ebenda, S. 233-236). Genauso deutlich, wie gezeigtes Verhalten von den Geführten registriert wird, wird auch Nicht-Verhalten beobachtet, insbesondere wenn Führende keine Reaktionen zeigen, obwohl sie von den Geführten erwartet werden (ebenda, S. 236 f.).

Zweitens, Verhalten in kritischen Situationen: Situationen, die von den Betroffenen als kritisch wahrgenommen werden, sind etwa verfehlte Planziele, technologische Neu- oder Fehlentwicklungen, Personalüberhang, der abgebaut werden muss, interne Konflikte oder Ungehorsam (Schein, 1992, S. 237-239). In solchen Situationen begründen die Reaktionen der Gruppenmitglieder neue Arbeitsprozeduren, die zu Normen und Werten gerinnen können, weil die erhöhte emotionale Beteiligung aller die ablaufenden Lernprozesse intensiviert. Führende Gruppenmitglieder zeichnen sich dadurch aus, dass sie die neu gewählten Prozeduren im hohen Maße bestimmen und dadurch erheblichen Einfluss auf die Weiterentwicklung der Gruppenkultur haben.

Drittens, Vorbild sein, anleiten und coachen: Geführte beobachten, was Führende tun und was sie nicht tun. Sie beobachten dieses Verhalten oder versuchen daraus Rückschlüsse zu ziehen, was von der Führungskraft belohnt wird und was nicht, und imitieren es gegebenenfalls. Insofern wirkt jedes Führungsverhalten per se kulturformend. Darüber hinaus können Führende Lernprozesse auch in förmlichen „Lehrsituationen" ausnutzen, etwa indem sie Beispiele guter Arbeit herausstellen oder Mitarbeiter unmittelbar bei deren Tätigkeiten anleiten (Schein, 1992, S. 240-242).

Viertens, Belohnungen verteilen: Belohnungen, wie Beförderungen, interessante Aufgaben, Gehaltserhöhungen oder Prämien, gute Beurteilungen, oder auch „nur" ein anerkennendes Nicken, machen ebenfalls deutlich, welche Werte und Normen die Führenden befolgt sehen möchten (Schein, 1992, S. 242 f.).

Fünftens, Kriterien für die Auswahl neuer Gruppenmitglieder und für die Trennung von alten Gruppenmitgliedern: Schein nennt die Auswahl neuer Gruppenmitglieder einen der mächtigsten und zugleich subtilsten Mechanismen, mit denen Führende die Kultur ihrer Gruppe beeinflussen können. Führende suchen diejenigen Kandidaten aus, die sie für am besten geeignet halten, und das sind nicht selten diejenigen, die ihnen am ähnlichsten sind.

Neben den primären Mechanismen nennt Schein noch fünf weitere so genannte sekundäre Mechanismen, deren sich Führende – bewusst oder unbewusst – zur Beeinflussung der Gruppenkultur bedienen (Schein, 1992, S. 245 ff.). Sekundäre Mechanismen sind formalerer und offizieller Art als die primären. Sie umfassen a) die Organisationsstruktur, Ablauforganisation und die formalen Prozesse der Gruppe, b) Riten und Rituale der Gruppe wie etwa Meetings und gemeinsame Freizeitveranstaltungen, c) Gestaltung und Ausstattung der Arbeitsräume, d) Geschichten und Legenden, die über wichtige Ereignisse und Personen erzählt werden, und e) offizielle Aussagen der Organisationseinheit über die eigene Philosophie und die eigenen Ziele, wie etwa eine ausgearbeitete Projektdefinition (Patzak/ Rattay, 1998, S. 90 ff.) oder Projektvision (Lynn/ Akgün, 2001). Diese offiziellen Manifestationen der Organisationskultur verstärken die Wirkung der primären Mechanismen, wenn sie mit ihnen konsistent sind. Sind primäre und sekundäre Mechanismen hingegen inkonsistent, z. B. wenn ein Projekt offiziell partizipativ geführt wird, die Projektleitung aber de facto alle Entscheidungen alleine trifft, werden die sekundären Mechanismen ignoriert oder werden zu Auslösern von Konflikten.

Führende in Softwareentwicklungsprojekten agieren im Rahmen der Kultur ihrer Mutterorganisation, die die Ausbildung mancher Ausprägungen einer Projektkultur unterstützt und die Ausbildung anderer Ausprägungen behindert (Schein, 1992, S. 277). In diesem Sinne sind Führende in Softwareentwicklungsprojekten nicht nur Gestalter neuer Projektkulturen, sondern auch zugleich Geführte in bestehenden Organisationskulturen. Ähnliches gilt, wenn Führende die Organisationskultur eines lang laufenden Projekts verändern wollen. Die bestehende, ggf. von Vorgängern geprägte Projektkultur lässt bestimmte Führungsverhaltensweisen zu, andere hingegen werden sanktioniert oder führen mindestens zu Konflikten, Missverständnissen oder Ineffizienzen (Schein, 1985, S. 30 ff.)

Wollen Führende bestehende Kulturen verändern und reicht dafür der Einsatz der primären und sekundären Mechanismen nicht aus, bieten sich nach Schein weitere Maßnahmen zur Kulturveränderung an, von denen die Folgenden prinzipiell auch Führenden in Softwareentwicklungsprojekten, insbesondere Projektleitungen und Programmdirektionen, zur Verfügung stehen. Sie sind nach ihrer Intensität und dem damit verbundenen Aufwand geordnet und als mögliche Führungsmaßnahmen in Softwareentwicklungsprojekten zusammenfassend dargestellt.

Wenig aufwändig und Aufsehen erregend sind Versuche von Führenden, eine Kultur inkrementell zu ändern. Inkrementalismus bedeutet, geduldig, konsequent und konsistent jede Gelegenheit im Führungsalltag zu nutzen, mit Hilfe der primären und sekundären Führungsmechanismen die Kultur einer Gruppe in die gewünschte Richtung zu lenken (Schein, 1992, S. 305 f.).

Aufwändiger, seltener und bisweilen Anlass für Unruhe und Gerüchte sind Personalentscheidungen, insbesondere Versetzungen und die Zuteilung neuer Aufgabengebiete. Durch solche Personalveränderungen lassen sich Organisationskulturen beeinflussen, wenn Schlüsselrollen in der Gruppe mit neuen Mitarbeitern besetzt werden, die andere Auffassungen haben als die bisherigen Projektmitglieder. Je nachdem wie unähnlich die neuen Mitglieder den alten Gruppenmitgliedern sind, desto größer sind die damit verbundenen Chancen einer Kulturveränderung in die gewünschte Richtung und die eingegangenen Risiken eines Scheiterns, etwa aufgrund von Konflikten (Schein, 1992, S. 308 f., S. 315 f., S. 323-325).

Die Einführung neuer Technologien, Planungs- und Kontrollinstrumente oder Führungssysteme verändert Organisationskulturen ebenfalls. Neue Technologien, im Softwareentwicklungskontext z. B. Werkzeuge des Computer Aided Software Engineering, Planungs- und Kontrollinstrumente, etwa eine neue Projektbudgetierung, und Führungssysteme, z. B. Balanced Scorecards auf Projektebene, führen dazu, dass alte Verhaltensweisen und die ihnen zugrunde liegenden Basisannahmen, Normen und Werte reflektiert und ggf. verändert werden müssen (Schein, 1992, S. 318-321).

Am aufwändigsten sind die von Schein diskutierten Maßnahmen der Organisationsentwicklung und der organisationalen Transformation (vgl. Schein, 1992, S. 307 f., S. 316-318, S. 325 ff). Organisationsentwicklung und organisationale Tranformation zeichnen sich dadurch aus, dass sie eines Machtpromotors (Witte, 1973) bedürfen, um ausgelöst und erfolgreich durchgeführt zu werden (vgl. Neubauer, 2003, S. 178 f.). Die in dieser Arbeit betrachteten Führenden *in* Softwareentwicklungsprojekten (vgl. II 1.1 „Mitarbeiterführung als Untersuchungsgegenstand"), namentlich Projektleitungen und Programmdirektionen, verfügen über dieses hierarchische Potenzial in der Regel jedoch nicht, so dass Organisationsentwicklung und organisationale Transformation in dieser Untersuchung ausgeblendet werden dürfen und nicht betrachtet werden.

4.2.2.2 Grenzen der Kulturgestaltung und Fazit

Als Ergebnis der Überlegungen ist festzuhalten: Führende in Softwareentwicklungsprojekten haben zahlreiche Möglichkeiten, den in der Organisationskultur angelegten Interpretationsrahmen ihrer Geführten zu formen und zu verändern und darüber die Relevanzeinschätzung der Geführten zu beeinflussen. Insbesondere in der Anfangsphase eines Projekts hat die tägliche Führungspraxis, mit der die Führenden signalisieren, was sie für relevant halten und was nicht, einen erheblichen Einfluss auf die Geführten. In späteren Projektphasen ist die Beeinflussung der Projektkultur schwieriger, aber auch nicht unmöglich.

Einschränkend ist allerdings zu betonen, dass die Projektkultur in die übergeordnete Organisationskultur eingebettet ist, so dass fraglich ist, ob der Einfluss der Führenden *im* Projekt genügt, um die Kultur *des* Projektteams nachhaltig zu beeinflussen (vgl. Frank, 1997, S. 248).

Des Weiteren ist zu bedenken, dass sich Projektkulturen nicht einfach manipulieren lassen. Kulturen kontrollieren durch zwangsläufige wirksame „Filter" auch die Wahrnehmung, das Denken und die Emotionen der Führenden (Schein, 1985, S. 314-315). Führende können daher nur eingeschränkt beurteilen, ob die Kultur, in der sie führen, geeignet zur Erreichung der Organisations- und Projektziele ist oder nicht. Darüber hinaus ist Kultur schwer zu dechiffrieren, da ihr Kern unsichtbar ist. Nur ihre Manifestationen sind sichtbar, und die sind vielgestaltig. So manifestiert sich Kultur nicht nur in den sozialen Dimensionen eines Projekts, sondern auch und gerade in geschäftlichen und technischen Entscheidungen. Außerdem haben Projektkulturen Angst reduzierende Wirkung, so dass Kulturveränderungen, die stets mit dem Infragestellen alter Kulturelemente einhergehen, auf Widerstand stoßen. Führende, die Projektkulturen formen oder verändern wollen, benötigen für die Kulturdiagnose im hohen Maße Selbsterkenntnis und Einfühlungsvermögen (Schein, 1985, S. 320). Die Formung und Veränderung einer Projektkultur erfordert Kraft und Nachdrücklichkeit (ebenda, S. 317 f.). Des Weiteren muss den Geführten Zuversicht und Zutrauen in die Problemlösungsstrategien und Entscheidungen der Führenden vermittelt werden (ebenda, 315-317, 320). Führende, die Projektkulturen verändern, müssen mithin ein Dilemma ausbalancieren (Gebert, 2000, S. 26). Auf der einen Seite müssen sie stark führen, um die angstreduzierende Funktion einer (noch) fehlenden oder in Frage gestellten Kultur substituieren zu können (Schein, 1985, S. 317-319). Andererseits müssen sie aber sich selbst zurücknehmen, um Teilnahme und Akzeptanz der Geführten sicherstellen, da die neue Projektkultur sonst nicht gelebt, sondern nur gepredigt wird (ebenda, S. 324 f.).

4.2.3 Motivierung

Motivierung ist der dritte Aspekt von Führung in Softwareentwicklungsprojekten, dessen Funktion die Beeinflussung der Relevanzbewertung der Mitarbeiter ist. Damit Mitarbeiter in Softwareentwicklungsprojekten Chancen oder Risiken, die objektiv für die Erreichung der Projektziele bestehen, auch *subjektiv* für relevant im Sinne von Lazarus (1966, 1999) halten, müssen sie motiviert sein, zur Erreichung dieser Ziele beizutragen. Die Leistungsbereitschaft muss so hoch sein, dass sie Projektereignisse und -zustände im Zuge ihrer Relevanzeinschätzung permanent und intensiv nach möglichen Risiken und Chancen für das Projekt hinterfragen. Zweck der folgenden Überlegungen ist es daher, diejenigen Aspekte der allgemeinen Psychologie der Motivation herauszuarbeiten, die sowohl für die Leistungsbereitschaft der Geführten in Softwareentwicklungsprojekten wichtig erscheinen als auch Hinweise auf Einflussmöglichkeiten durch Führung geben.[12]

---

[12] Zweck der nachstehenden Ausführungen kann es hingegen nicht sein, die Ergebnisse der Motivationsforschung mit dem Anspruch auf Vollständigkeit darzustellen. Dazu sei auf einschlägige Überblicksdarstellungen (z. B. Gebert/ Rosenstiel, 2002, S. 43 ff.; Nerdinger, 2001; Scholz, 2000, S. 978 ff.; Staehle, 1999, S.

Bei der Betrachtung ist es sinnvoll, eine Unterscheidung aus der allgemeinen Motivationspsychologie aufzunehmen, die ihren Erkenntnisgegenstand in drei Problemfelder teilt (Berthel, 2000, S. 17 ff.; Heckhausen, 1989, S. 4). Dementsprechend wird nachstehend

- zunächst nach den *Motiven* der Geführten gefragt. In Verbindung damit werden Möglichkeiten und Grenzen der Motivierung durch Charisma und die Vergabe interessanter Aufgaben diskutiert.

- Anschließend ist nach den *Motivationsprozessen* der Geführten zu fragen. Vor deren Hintergrund werden Chancen und Barrieren der Motivierung durch Belohnung und Fairness erörtert.

- Abschließend gilt das Interesse der *Volition* bzw. dem *Willen* der Geführten und den dazu gehörenden Möglichkeiten und Grenzen der Motivierung durch ehrgeizige Zielsetzung und Feedback.

Ausgeblendet bleiben Motivations- und Volitionsprozesse, die keinen Einfluss auf die Relevanzeinschätzung haben dürften, sondern die vielmehr bedeutsam für die Einschätzung der Erfolgsträchtigkeit eigener Handlungen und mithin für die sekundäre Einschätzung im Sinne von Lazarus (1966, 1999) sein dürften. Hierzu gehören Motivationsprozesse bei der Attribution von Erfolg und Misserfolg (Weiner, 1986) sowie die Willensanstrengungen der Handlungskontrolle (Kuhl, 1983; 1987; 1995) und Selbstregulation (Bandura, 1991; Karoly, 1993), die dazu dienen, einmal begonnene Handlungen auch gegen Widerstände auf Zielkurs zu halten (Nerdinger, 2001, S. 353).

In den folgenden drei Kapiteln II 4.2.3.1 „Charisma und interessante Aufgaben", II 4.2.3.2 „Belohnung und Fairness und II 4.2.3.3 „Zielsetzung und (persönliches) Feedback" wird jeweils zunächst der Bezug der weiteren Ausführungen zur Relevanzeinschätzung hergestellt. Anschließend werden aus der Literatur Handlungsempfehlungen zur Motivierung der Geführten in Softwareentwicklungsprojekten herausdistilliert. Abschließend werden die Grenzen der jeweiligen Motivierungsstrategien erörtert.

4.2.3.1 Charisma und interessante Aufgaben

Motive sind abstrakte, zeitlich überdauernde Beweggründe oder Zielbündel, an denen ein Individuum sein Handeln ausrichtet, z. B. „Leistung" oder „Macht" (Berthel, 2000, S. 17f.;

---

218 ff.), Monographien (z. B. Heckhausen, 1989; Nerdinger, 1995; Weiner, 1992) und Sammelwerke (z. B. Kuhl/ Heckhausen, 1996) verwiesen.

Heckhausen, 1989, S. 2). Motive beeinflussen das Wählen, Wollen und Handeln fortwährend, da sie „eine mehr oder weniger starke Quelle der Wunschproduktion" (Heckhausen, o. J., zit. n. Nerdinger, 1995, S. 76) sind. Motive treiben Menschen zu ihren Handlungen an, wenn sie durch Anreize aktiviert werden.

Hier ist also die Frage zu stellen, welche Motive bei Mitarbeitern in Softwareentwicklungsprojekten den Wunsch auslösen können, die von ihnen erwarteten Sachleistungen in der zur Verfügung stehenden Zeit mit den zur Verfügung stehenden Mitteln zu erstellen und sich auch noch – im Sinne persönlicher Initiative – über das vertraglich Vereinbarte hinaus für den Projekterfolg zu engagieren. Viel versprechende Antworten auf diese Frage geben die Forschungen zum Leistungsmotiv (McClelland et al., 1953; McClelland/ Winter, 1969) und dem Motiv nach Selbstbestimmung und Selbstentfaltung in der Arbeit (Deci, 1975; Hackman/ Oldham, 1975, S. 160; Maslow, 1981). Die Auswahl speziell dieser zwei Motive erscheint gerechtfertigt, da sie sich – anders als andere Motive – unmittelbar auf den Wunsch beziehen, eine übernommene Aufgabe zu erfüllen.[13] Außerdem beobachteten Rasch/ Tosi (1992) in einer standardisierten Befragung von N = 335 Softwareentwicklern enge positive Korrelationen zwischen der Stärke des Leistungsmotivs der Befragten, gemessen mit einer Skala aus fünf Items, mit selbst eingeschätzter Leistung und selbst eingeschätztem Arbeitseinsatz (r = 0,4 bzw. 0,39; p = 0,05). In einer anderen Umfrage stuften 1800 befragte Mitarbeiter in der Softwareentwicklung „Die Arbeit an sich" und „Die Gelegenheit, Leistung zu zeigen" als den wichtigsten bzw. zweitwichtigste Motivationsfaktor ein (Couger, 1988). Ähnliche Einschät-

---

[13] Zwar haben unter dem Sammelbegriff „Inhaltstheorien" (Campbell/ Pritchard, 1976, S. 65) auch noch zahlreiche andere Ergebnisse der Motivforschung, insbesondere von Alderfer (1972), Herzberg (1968) und Maslow (1981), Eingang in die Management- und Führungsliteratur gefunden (z. B. Grundei, 1999, S. 150 ff.), ihre Fruchtbarkeit erscheint für die vorliegende Untersuchung jedoch zu gering, um eine umfassendere Darstellung zu rechtfertigen. Die in diesen Theorien beschriebenen Motivklassen sind sie so weit gefasst, dass der Phantasie bei der Einschätzung dessen, welcher Anreiz tatsächlich motiviert, kaum Grenzen gesetzt sind (Comelli/ Rosenstiel, 2001, S. 15; Grundei, 1999, S. 162; Nerdinger, 1995, S. 40). Damit wird Führung nur (aber auch immerhin), darauf verwiesen, sich möglichst auf jeden einzelnen Mitarbeiter einzustellen und deren Motive, z. B. im Gespräch, herauszufinden (Comelli/ Rosenstiel, 2001, S. 18 ff.). Ein entscheidender Verdienst von Maslow, Herzberg und Alderferer kann allerdings darin gesehen werden, „mit humanistischer Engagiertheit" (Heckhausen, 1989, S. 71) darauf hinzuweisen, dass Menschen (zumindest auch) nach Selbstverwirklichung in der Arbeit suchen und dass Arbeit nicht nur Arbeitsleid, sondern auch Arbeitsfreude bereiten kann und soll (Grundei, 1999, S. 165; Nerdinger, 1995, S. 41, 43-45). Dieses optimistische Menschenbild verweist mit Nachdruck auf die Bedeutung des Leistungsmotivs und der intrinsischen Motivation, auf die daher an dieser Stelle näher eingegangen wird.

zungen finden sich bei Gail/ Frese (1994) und Trittmann et al. (2000, S. 281), so dass der Schluss gerechtfertigt ist, dass diese beiden Motive bei Geführten in Softwareentwicklungsprojekten tatsächlich eine große Rolle spielen.

Ist das Leistungsmotiv angereizt, spricht man von Leistungsmotivation. Leistungsmotivation wird definiert als Auseinandersetzung mit einem Güte- oder Tüchtigkeitsmaßstab (McClelland et al., 1953; Nerdinger, 1995, S. 30). Im Kern liegt eine hohe Leistungsmotivation vor, wenn Personen versuchen, dass was sie tun, möglichst gut, besser als bisher oder besser als andere zu tun (ebenda). Ob ein Mitarbeiter in einer spezifischen Situation leistungsmotiviert ist, hängt zum einen davon ab, wie stark sein Leistungsmotiv ausgeprägt ist, und zum anderen davon, ob und inwieweit die Situation das Leistungsmotiv anreizt.

Ist das Motiv nach Selbstbestimmung und Selbstentfaltung in der Arbeit angereizt, spricht man von intrinsischer Motivation. Eine Person ist intrinsisch motiviert, weil und soweit die ausgeübte Tätigkeit unmittelbar das Bedürfnis nach Selbstbestimmung und Selbstentfaltung befriedigt (Nerdinger, 1995, S. 51; Deci, 1975; Hackman/ Oldham, 1975, 1980). Nach Osterloh/ Frey (2000, S. 539) gibt es drei Formen intrinsischer Motivation. Sie kann sich beziehen

- auf einen als angenehm empfundenen Handlungsvollzug an sich, z. B. beim „Schaffensrausch" oder „Flow" unabhängig vom Ergebnis des Tuns (Csikzentmihalyi, 1975),
- auf ein selbst gewähltes Ziel, das unmittelbares Ergebnis des Handlungsvollzugs ist, z. B. Bergsteigen (Loewenstein, 1999) oder das Verfassen einer Dissertation sowie
- darauf, dem Selbstbild gerecht zu werden (March, 1999, S. 377), z. B. sich anzustrengen, um erfolgreich zu sein.

Ob ein Mitarbeiter in einer spezifischen Situation intrinsisch motiviert ist, hängt ebenfalls von den persönlichen Vorlieben der Person, von der Struktur der ihr zufallenden Aufgabe (Hackman/ Oldham, 1975; 1980) und anderen Situationsmerkmalen, z. B. der erlebten Gerechtigkeit ab (siehe das nächste Abschnitt II 4.2.3.2).

Außergewöhnliche Motivierung der Geführten durch charismatische Führung

Die meisten Softwareentwicklungsprojekte dürften auch ohne besondere Intervention der Führenden von den Geführten als Leistungssituationen (McClelland et al., 1953) wahrgenommen werden. Daher stellt sich die Frage, ob es möglich ist, Geführte über das durch die Projektsituation angeregte „normale" Maß hinaus zu Leistung im Sinne der Leistungsmotivation zu animieren. Genau dieser Frage widmen sich Forschungen, die den motivierenden Effekten so genannter charismatischer, transformierender oder visionärer Führung (Neuberger, 2002, S. 142 ff.) nachgehen und fragen: Wie können Führende bei den Geführten Begeisterung (Gebert, 2002, S. 212 ff.; Neuberger, 2002, S. 142 f.) und gar Opferbereitschaft (Yorges et al., 1999) für die Erledigung betrieblicher Aufgaben wecken?

Leider besteht über die Motivationsprozesse, die von „begeisternder Führung" ausgelöst werden, noch weitgehend Uneinigkeit und Unklarheit (Bass, 1999, S. 23 f.; Bono/ Judge, 2003, S. 554; Dvir et al., 2002, S. 736; House/ Aditya, 1997, S. 443; Yukl, 2002, S. 262; ders., 1999, S. 287, 294-295), so dass die nachstehenden Überlegungen, die sich an den Überlegungen von House/ Shamir (1993), Shamir et al. (1993, 1996) orientieren, spekulativen Charakter haben. Im Kern geht es bei den motivierenden Aspekten begeisternder Führungsstile darum, dass

- an die Geführten hohe Erwartungen gerichtet werden (Bono/ Judge, 2003, S. 555; House/ Shamir, 1993, S. 91 f.; Shamir et al. 1993; dies., 1996; vgl. auch Neuberger, 2002, S. 201), indem z. B. suggeriert wird, die Erfüllung einer Aufgabe sei ein Maß für persönliche Leistungsfähigkeit (House/ Shamir, 1995, Sp. 883), und dass

- die Geführten ihre Aufgabenerfüllung als sinnvoll begreifen sollen, weil und soweit sie sich über die Aufgabenerfüllung selbst verwirklichen können (Bono/ Judge, 2003, S. 555-557; House/ Shamir, 1993, S. 90 f.; Shamir et al. 1993; dies., 1996, vgl. auch Gebert, 2002, S. 212; Steyrer, 1999, S. 162 f.).

Auf diese Weise dürften das Leistungsmotiv (House/ Shamir, 1993, S. 93-95) *und* das Motiv zur Selbstverwirklichung (Dvir et al., 2002, S. 736) angereizt werden. Darüber hinaus steigern sich Leistungs- und intrinsische Motivation vermutlich wechselseitig, weil sich der Wunsch, tüchtig zu sein, mit dem Wunsch der Selbstverwirklichung verbindet.

Aus führungspragmatischer Sicht ist der zweite Aspekt der problematischere. Wie lässt sich Geführten vermitteln, dass ihre Aufgabenerfüllung so sinnvoll ist und sie sich darin derart stark entfalten können, dass sie zu großen Anstrengungen bereit sind? Dies ist wohl nur dann möglich, wenn die Geführten glauben, sich zu verwirklichen, *indem* sie die Ziele der Organisation erreichen (Bono/ Judge, 2003, S. 557; Yukl, 2002, S. 245). Die Geführten müssen mithin die Organisationsziele internalisieren *und* sich selbst verwirklichen wollen (House/ Shamir, 1993, S. 90). Dazu können Führende beitragen, weil der wechselseitige Einfluss von Führenden und Geführten so nachhaltig sein kann, dass sich sogar das Selbstverständnis beider Seiten über die Zeit verändert (Lord et al., 1999). Wenn beim Geführten bestimmte Prozesse, etwa der Identifizierung mit den Führenden und der Übernahme vorgelebter Werte und

Normen, ablaufen, haben Führende einen beträchtlichen Einfluss auf die Geführten (Bono/ Judge, 2003, insb. S. 368 f.; Shamir et al., 1993, 1996; vgl. auch Gebert, 2002, S. 214; Yukl, 2002, S. 243 ff.; Steyrer, 1999, S. 181 ff.).

Es ist allerdings unwahrscheinlich, dass sich diese Einflussprozesse von Führenden derart leicht instrumentalisieren lassen, wie es so mancher Ratgeber aus der populärwissenschaftlichen Führungsliteratur suggeriert (vgl. Neuberger, 2002, S. 202 ff.). Zwei Empfehlungen, die in den Katalogen „begeisternder" Führungshandlungen (z. B. Bass/ Avolio, 1990, S. 19-20, 1993, S. 56; House/ Shamir, 1993, S. 96-103; Yukl, 2002, S. 246; Neuberger, 2002, S. 203-205) besonders auffallen (vgl. House/ Shamir, 1993, S. 93-96; Kirkpatrick/ Locke, 1996), erscheinen jedoch durchaus machbar: Eine inspirierende Vision haben und sie vertreten und Vorbild sein.

Die Forschungen zur charismatischen und transformationalen Führung legen nahe, dass eine klare und schlüssige *Vision* große Zugkraft entwickeln kann (House/ Shamir, 1993, S. 93-95; Yukl, 2002, S. 283). Dies gilt insbesondere in Situationen, die durch hohe Unsicherheit geprägt sind (ebenda, vgl. auch Waldman et al., 2001). Vor dem Hintergrund der oben skizzierten Überlegungen soll die Vision den Selbstverwirklichungswunsch der Geführten wecken und sie muss die Geführten glauben machen, dass sie sich diesen Wunsch erfüllen können, indem sie Leistung zeigen. Dazu ist es erforderlich, dass die Geführten die angestrebte betriebliche Zukunft, hier: den Projekterfolg, für die persönliche Entwicklung und Selbstverwirklichung förderlich halten und ihr eine gewisse Eintretenswahrscheinlichkeit zuschreiben. Daher liegt es nahe zu vermuten, dass der Visions*inhalt* folgende Eigenschaften aufweisen sollte (Berson et al., 2001, S. 60, vgl. auch Baum et al., 1998, S. 44):

- Die Vision zeichnet ein optimistisches Bild von der Zukunft und vermittelt Zuversicht.
- Sie betont spezifische Werte der Organisation, z. B. das Selbstverständnis der Projektmitglieder als innovative Spitzenkräfte, verbindet diese mit dem Motiv der Selbstentfaltung der Geführten, z. B. sich beruflich weiter zu entwickeln, und betont die Bedeutung, die der Beitrag der Geführten für die Erreichung des angepeilten Ziels spielt.
- Sie betont die Herausforderungen und Chancen, die damit verbunden sind, der Vision zu folgen.
- Sie nennt recht spezifische Ziele, Zeitrahmen und positive Konsequenzen, die mit ihrer Erfüllung einhergehen werden.

Als geronnenen Kern beispielhafter Projektvisionen geben Lynn/ Akgün (2001, S. 375) an: „Put a man on the moon and return him safely to earth by the end of the decade" (die Vision des Präsidenten Kennedy für das Apollo Projekt der NASA) und "Bring it back" (die Vision von Dennis Connor für sein Team beim America's Cup). Diese Beispiele fokussieren Sachziele. Denkbar sind aber auch Visionen, die Formalziele fokussieren. Eine denkbare Formulierung für die Kernaussage einer formalzielorientierten Vision wäre z. B. „Das Produkt schneller entwickeln, als es der größte Wettbewerber vermag".

Neben dem Inhalt kommt es noch auf *äußere Charakteristika* der Vision und auf ihre *Kommunikation und Akzeptanz* bei den Geführten an (Baum et al., 1998, S. 45, m. w. N; Lynn/ Akgün, 2001). Die äußeren Charakteristika beziehen sich auf ihre Kürze und Klarheit (Baum et al., 1998, S. 44; Lynn/ Akgün, 2001, S. 376 f.) und auf die inhaltliche Stabilität der Vision im Zeitverlauf (Baum et al., 1998, S. 44; Lynn/ Akgün, 2001, S. 378). Die Kommunikation von Visionen kann sich dahin gehend unterscheiden, wie viel Aufwand betrieben wird, sie im Unternehmen bzw. im Projektteam zu kommunizieren, und wie viel Akzeptanz sie im Projektteam und im Management der Mutterorganisation genießen (Baum et al., 1998, S. 45; Lynn/ Akgün, 2001, S. 377 f.).

Diese Überlegungen sind in einer Studie mit N=127 Kleinunternehmen empirisch ü-überprüft worden. Mittels eines Strukturgleichungsmodells wurde nachgewiesen, dass je mehr eine Vision von Experten im Bezug auf ihren Inhalt als inspirierend, herausfordernd, zukunftsorientiert sowie im Bezug zu ihren äußeren Charakteristika als kurz, klar und stabil eingeschätzt wurde, desto größer war ihr positiver Effekt auf das Unternehmenswachstum (Baum et al., 1998). Gleiches galt im Hinblick auf die Kommunikation der Vision: Je mehr sie schriftlich oder mündlich an die Belegschaft kommuniziert wurde, desto größer war ihr Effekt. In einer anderen Studie mit N=509 Projekten zu Entwicklung neuer Produkte korrelierten Visionen, die die genannten äußeren und kommunikativen Attribute erfüllten, signifikant positiv mit dem (wahrgenommenen) Erfolg der Projekte (Lynn/ Akgün, 2001).

Die *Vorbildfunktion* von Führenden kommt in folgenden Empfehlungen zum Ausdruck. Führende, die begeistern wollen, sollen (vgl. Bass/ Avolio, 1990; dies., 1993, S. 56; House/ Shamir, 1993, S. 96-103; Kirkpatrick/ Locke, 1996; Steyrer, 1999; Yukl, 2002, S. 246)

- das Verhalten, das sie von den Geführten wünschen, selbst vormachen,
- ein einprägsames, aber sozial akzeptables Auftreten zeigen,
- sich selbst positiv darstellen,

- persönliche Risiken und Opfer auf sich nehmen und

- die Geführten intellektuell stimulieren, indem sie deren Annahmen, Stereotypen, Gewohnheiten und Weltanschauungen hinterfragen.

Wichtig ist, dass sich die Vision des Führenden in seinem eigenen Verhalten widerspiegelt. Daraus können die Geführten zum einen erkennen, wie sie die Vision umsetzen können (Kirkpatrick/ Locke, 1996, S. 37 f., 45 ff.) Zum anderen ist die Glaubwürdigkeit der Führungsperson bedeutsam (vgl. Gebert, 2002, S. 218 ff.). Es ist unrealistisch, von Geführten Begeisterung für eine Aufgabe oder Vision zu erwarten, wenn vor allem die Führenden davon profitieren. Wenn hingegen die Führenden Opfer bringen, um die Vision zu erreichen, steigt auch die Wahrscheinlichkeit, dass die Geführten ebenfalls bereit sind, sich über das normale Maß hinaus zu engagieren (vgl. Yorges et al., 1999).

Nachdem nun konkrete Handlungsempfehlungen formuliert worden sind, die aufzeigen, wie Führende in Softwareentwicklungsprojekten charismatischisch führen können, soll nun noch auf einige Grenzen und Barrieren (vgl. Pawar/ Eastman, 1997) charismatischer Führung in Softwareentwicklungsprojekten hingewiesen werden.

Grenzen des Charismas

Das Charisma wird von mindestens vier Barrieren begrenzt. Erstens ist die Formulierung einer schlüssigen Vision ein Balanceakt, der leicht misslingen kann, zweitens müssen die Geführten empfänglich für charismatische Führung sein, drittens lässt die Wirkung charismatischer Führung mit der Zeit nach und viertens darf charismatische Führung nicht so stark sein, dass sie persönliche Initiative der Geführten, um die es ja letztlich geht, lähmt.

Fragt man nach den prinzipiellen Problemen, die bei der Formulierung einer Vision zu überwinden sind, so verhält es sich ähnlich wie bei der Projektdefinition, da ein Kompromiss zwischen Über- und Unterdefinition gefunden werden muss. Die Erarbeitung und Kommunikation einer Projektvision ist ein Balanceakt (Gebert, 2002, S. 209). Sie darf nicht zu konkret sein, weil sie sonst alsbald widerlegt wird. Sie darf aber auch nicht zu abstrakt sein, weil sie dann unverbindlich und blass wirkt. Sie muss erhebend klingen, nicht kleinkrämerisch. Aber sie muss auch erreichbar erscheinen, sonst macht sie keinen Mut. Es geht darum, realistisch Hoffnung zu machen auf ein Stück besserer betrieblicher Zukunft, so wie sie von den Geführten für erreichbar und wünschenswert gehalten wird.

Bezüglich des Inhalts einer Vision erscheint es wichtig, sich zu bescheiden. Visionen entwickeln ihre orientierende Zugkraft vor allem für das in der Vision formulierte spezifische

Ziel. Baum et al. (1998) fanden heraus, dass kleine Unternehmen, deren Eigentümer-Geschäftsführer eine Vision kommunizierten, die explizit das Wachstumsziel thematisierte, signifikant stärker wuchsen als Kleinunternehmen, in deren Visionen das Wachstumsziel nicht explizit erwähnt wurde (Baum et al., 1998, S. 48-51). Eine inhaltlich gehaltvolle Vision erfordert also eine Priorisierung. Eine Vision kann nicht alle Ziele, die es im unendlichen Reservoir des Wünschenswerten gibt, fokussieren, sondern nur einige ausgewählte. Lynn/ Akgün (2001, S. 377) zitieren einen Produktmanager von Apple, der als Negativbeispiel die Vision eines fehlgeschlagenen Hardwareprojekts bei Apple beschreibt: "The aspirations were to build the equivalent of a midrange minicomputer into a desk-top box and change the paradigm at the same time and have a fully robust Unix-like operating system and write seven new applications from scratch and custom design floppy disc drives, custom design hard disc drives, and so forth. So I think the fundamental problem with Lisa was, if the vision was too broad, it was because there was so much resource thrown at the thing that one did not have to make trade-offs." Für Softwareentwicklungsprojekte bedeutet dies, dass es zur Formulierung einer Vision erforderlich ist, Entscheidungen zwischen konfligierenden Sach- und Formalzielen (z. B. Kompatibilität der Software vs. Geschwindigkeit der Datenverarbeitung der Software vs. Dauer des Entwicklungsprojekts) zu fällen und zu kommunzieren.

Im Hinblick auf die Empfänglichkeit der Geführten ist zu berücksichtigen, dass Vision und Vorbildlichkeit der Führenden auf die Geführten abgestimmt sein sollten. Wenn die Annahme zutrifft, dass Menschen, die in der Softwareentwicklung arbeiten, eher nüchtern und rational sind (Schein, 1992, S. 283; Strübing, 1993, S. 270; Trittmann et al., 2000, S. 279-280), sollten Vision und Führende nicht zu abgehoben daherkommen. Außerdem unterscheiden sich Menschen nach ihrem Bedürfnis nach Führung (de Vries et al., 1999; 2002) und ihren Vorlieben für Führungsstile. So kann ein und derselbe begeisternde Führungsstil von unterschiedlichen Geführten als überladen, überfordernd, aufgesetzt oder als inspirierend, kreativ und ermutigend empfunden werden (vgl. Erhart/ Klein, 2001). Dabei dürfte die Begeisterungsfähigkeit der Geführten auch von situativen Faktoren abhängen. Vermutlich lösen Vision und vorbildliches Verhalten der Führenden umso weniger Begeisterung aus, je strukturierter und routinehafter die Arbeitssituation der Geführten ist (Gebert, 2002, S. 208, 223; Waldman et al., 2001, insb. S. 136, 138 ff.).

Im Hinblick auf die Effekte des Charismas über die Zeit ist zu bedenken, dass die Erreichung der versprochenen Ziele in der Zukunft liegt. Die Geführten müssen also glauben können, dass dieser Erfolg möglich ist. Visionen sollten daher zum einen Kontinuität versprechen und Hoffnung machen (Yukl, 2002, S. 283). Zum anderen ist es wichtig, dass die Führenden den Geführten im Sinne eines „empowerment" (Leach et al., 2003, S. 28) tatsächlich Ressourcen und Entscheidungsbefugnisse geben und darüber hinaus den Teamgeist stärken, Mut machen und den Mitarbeitern vertrauen (vgl. House/ Shamir, 1993, S. 98; Yukl, 1999, S. 290; ders, 2002, S. 246). Auf diesen Aspekt von Führung wird in den Kapiteln II 4.3.1 „Delegation von Entscheidungskompetenzen" und II 4.3.2 „Zuweisung von Betriebsmitteln und Schulungen" erneut einzugehen sein.

Vermutlich würden die Wirkungen einer begeisternden Führung trotzdem alsbald verpuffen, wenn die Mitarbeiter nicht auch die Erfahrung machen würden, dass sie die angestrebten Ziele auch tatsächlich erreichen (vgl. Gebert, 2002, S. 214). Die Autoren der charismatischen, transformierenden und visionären Führung weisen daher auch immer wieder darauf hin, dass Führende ihren Geführten dabei helfen sollen, ihre eigene Kraft zu spüren (Dvir et al., 2002, S. 736 m. w. N.). Geführte müssen Erfolge auf ihre Fähigkeiten und Fertigkeiten zurückführen, und nicht etwa auf Zufälle oder die Leistung anderer (vgl. Gebert, 2002, S. 225). Bass/ Avolio (1993, S. 53) sprechen in diesem Zusammenhang von „individualized consideration", die die Führenden den Geführten angedeihen lassen sollen. Dieser Aspekt wird ebenfalls Gegenstand der Erörterung im Kapitel II 4.3.6 „Ermutigung und Zuspruch" sein.

Eine durch die Führenden induzierte, über das normale Maß hinausgehende Begeisterung für die Aufgabe dürfte aber auch unter idealen Bedingungen nur von vorübergehender Natur sein (Jacobsen/ House, 2001, S. 78-82). Selbst wenn sich die Mitarbeiter mit Vision und Vorbild der Führenden identifizieren und sie durch Prozesse sozialer Identitätsfindung (House/ Shamir, 1993, S. 87-89) und gegenseitigen Begeisterns („social contagion", Meindl, 1990) über eine gewisse Zeit mit Leben füllen, wird das Besondere daran irgendwann gewöhnlich geworden sein (Yukl, 2002, S. 249). Dies dürfte erst recht der Fall sein, wenn Projektgruppen über mehrere Jahre zusammenbleiben, was in der Softwareentwicklung bei Weiterentwicklungs- und Wartungsprojekten nicht selten der Fall ist.

Als letzte Grenze sei noch erwähnt, dass es gar nicht wünschenswert wäre, wenn die Motivation oder gar Begeisterung der Geführten für das Projekt über längere Zeit allein von einer charismatischen Führung getragen würde. Charismatische Führung funktioniert aufgrund der Identifikation der Geführten mit den von den Führenden vorgestellten Zielen und Werten und deren Internalisierung durch die Geführten. Das Soll-Verhalten der Mitarbeiter in Softwareentwicklungsprojekten, persönliche Initiative, umfasst aber auch Unruhe stiftende,

Bestehendes – also auch Ziele und Werte – hinterfragende Momente (Nerdinger, 1998, S. 28). Zu viel Identifikation und Internalisierung mit den Zielen und Werten des Führenden, in der kein Platz für kritische Distanz oder eine „aufgeklärte" Loyalität zum Führenden ist, würde das zu fördernde Soll-Verhalten untergraben (vgl. Boerner, 1994, S. 163 f.).

Zusammenfassend lässt sich festhalten, dass es Führenden in Softwareentwicklungs-projekten durchaus gelingen kann, das Motiv zur Selbstbestimmung und Selbstentfaltung in der Arbeit und das Leistungsmotiv der Geführten im hohen Maße anzureizen, indem sie den Geführten eine mitreißende Vision liefern und erkennbar vorbildlich daran arbeiten, diese Vision umzusetzen. Allerdings ist eine derartige Form der Motivierung recht voraussetzungs-reich und kann nur vorübergehend aufrechterhalten werden.

Intrinsische Motivation der Geführten aufgrund interessanter Aufgaben

Im „normalen" Alltag sind es wahrscheinlich eher Aspekte der Arbeitsaufgabe, die – mehr als eine begeisternde Führung – geeignet sind, beim Geführten intrinsische Motivation zu entfal-ten. Interessante Aufgaben können mithin die Geführten dazu zu bewegen, im Zuge der Rele-vanzbewertung Zustände und Ereignisse im Projekt intensiv auf die ihnen innewohnenden Chancen und Risiken für den Projekterfolg zu überprüfen. Dazu muss die Aufgabenerledi-gung Freude bereiten und Herausforderung sein (vgl. Collins/ Amabile, 1999, S. 299). Dies scheint in der Softwareentwicklung erfreulich häufig der Fall zu sein (Couger/ Zawacki, 1978; Gail/ Frese, 1994; Sonnentag, 1994, S. 172 f.; Trittmann et al., 2000, S. 281).

Für Aufgaben, die nicht im engeren Sinne Entwicklungs- und Programmiertätigkeiten umfassen, gilt das allerdings nicht. Negativ für die Motivation aus der Arbeit heraus sind un-geliebte Administrations-, Dokumentations-, Wartungs-, Konfigurations- und andere Aufga-ben, die hohe Routineanteile haben oder die von den Ausführenden als wenig bedeutsam empfunden werden (vgl. Selig, 1986, S. 131). Auch die Entwicklungs- und Programmierarbeit im engeren Sinne kann ihre motivierende Kraft verlieren, wenn ihre Vielfalt und Autonomie (vgl. Couger/ Zawacki, 1978; Hackman/ Oldham, 1980, S. 77 ff.) durch einengende Standar-disierungen, etwa zum Zwecke der Qualitätssicherung, verloren gehen. Insofern sind Tenden-zen zu vermehrten Vorgaben durch Qualitätssicherungssysteme wie dem ISO 9000 Normen-werk und ein hoher Einsatz von automatisierten Werkzeugen des Computer Aided Software Engineering aus motivationspsychologischer Sicht durchaus kritisch zu beurteilen (Gail/ Fre-se, 1994, S. 100; Stelzer, 1998, S. 291-291, 359-360).

Letztlich liegt der motivierende Impuls einer Aufgabe im Auge des Betrachters (vgl. Nerdinger, 1995, S. 61-62). Dies resultiert in einer bedeutsamen Grenze für die Motivierung durch interessante Aufgaben: Der Versuch, den Mitarbeitern intrinsisch motivierende Aufgaben zu geben, läuft darauf hinaus, zwischen den Wünschen und Vorlieben der Mitarbeiter und den objektiv zu vergebenen Aufgaben eine möglichst hohe Deckung zu erzielen. Diese Deckung kann angesichts der zahlreichen Restriktionen, auf die beim Personaleinsatz zu achten ist, z. B. benötigte Entwicklungskompetenzen im Projekt, Verfügbarkeit der Mitarbeiter, Grad der Auslastung der Mitarbeiter und Zeitdruck (Weltz/ Ortmann, 1992, S. 89), nur begrenzt sein.

4.2.3.2 Belohnung und Fairness

Motive sind Merkmale einer Person. Motivation, im hier verstandenen engeren Sinne von Heckhausen (1989, S. 11), bezeichnet hingegen Prozesse, die im *Wechselspiel* zwischen einer Person, die sich u. a. durch bestimmte Motive auszeichnet, und einer Situation, die Motiv aktivierende Anreize aufweist, zu einer so genannten Motivationstendenz führen. Motivationstendenz ist die momentane Gerichtetheit des Individuums auf ein bestimmtes Handlungsziel (Heckhausen, 1989, S. 3), hier die Erstellung einer Sachleistung in der zur Verfügung stehenden Zeit mit den zur Verfügung stehenden Mitteln. Motivationsprozesse erklären das „Wählen" einer Person, d. h. die Wahl zwischen Handlungsalternativen, und sind durch Prozesse des Abwägens und Bewertens vor und nach Handlungen gekennzeichnet (Nerdinger, 1995, S. 75-77, 85-86; vgl. auch Heckhausen, 1989, S. 218). Für die Geführten in Softwareentwicklungsprojekten relevante Objekte des Abwägens und Bewertens sind zum einen der Nutzen, der mit der Erreichung der Projektziele verbunden ist, und zum anderen die wahrgenommene Gerechtigkeit der Verteilung knapper betrieblicher Güter.

Konsequenzen erreichter Projektziele, Belohnung und Leistungsbereitschaft der Geführten

In der Softwareentwicklung scheint die intrinsische Motivation der Mitarbeiter eine weitaus größere Rolle als die Motivation durch extrinsische Anreize zu spielen (Couger, 1988, S. 38-39; Gail/ Frese, 1994, S. 88, 91, 100; Selig, 1986, S. 127, 131; Sonnentag, 1994, S. 172; Trittmann et al., 2000, S. 281). Gleichwohl dürfte der Umstand, ob ein Projektmitglied dem Erfolg seines Projekts bzw. zumindest eine erfolgreiche Erledigung seiner Aufgaben subjektive Relevanz zuschreibt, nicht komplett unabhängig vom extrinsischen Nutzen sein, den der Erfolg des Projekts bzw. die erfolgreiche Bewältigung der eigenen Aufgaben mit sich bringt.

Auch Softwareentwickler wollen berufliche Anerkennung, Entlohnung und Beförderungen (vgl. Selig, 1986, S. 127-132; Trittmann et al., 2000, S. 279 f.). Es ist folglich plausibel anzunehmen, dass die „Gerichtetheit" eines Projektmitglieds auf die Projektziele und seine Aufgaben im Sinne einer Motivationstendenz (Heckhausen, 1989, S. 3, Nerdinger, 1995, S. 78) auch von Abwägungen über die Konsequenzen, die mit der Erfüllung dieser Ziele einhergehen, mit beeinflusst wird. Extrinsische Anreize dürften die Leistungsbereitschaft der Geführten – im Prinzip – steigern und damit auch die Relevanzeinschätzung der Geführten im Hinblick auf die Erreichung der Projektziele ausrichten und schärfen.

Der gedankliche Prozess der Konsequenzabwägung lässt sich in Anlehnung an das Valenz-Instrumentalitäts-Erwartungs-Modell von Vroom (1964) in der Interpretation von House (1971, S. 322-324) nachzeichnen: Ein Mitarbeiter überlegt sich, ob er im Falle des Erfolgs belohnt wird (bzw. ihm bei Misserfolg die Belohnung vorenthalten wird oder ob er gar bestraft wird), etwa indem er an Anerkennung und Karrierechancen gewinnt oder eine Prämie erhält. Schätzt er die „Instrumentalität" zwischen Erfolg und Belohnung niedrig ein, fällt auch seine extrinsische Motivation niedrig aus. Dabei ist zu berücksichtigen, dass sich Erfolg und Misserfolg im Zweifel nach den (nicht zwangsläufig von ihm für korrekt gehaltenen) Maßstäben derjenigen bemessen, die über Belohnungen, z. B. Prämien, befinden. Zweitens überlegt er, wie wichtig ihm die potenziellen Belohnungen sind, das heißt, wie hoch ihre „extrinsische Valenz" ist. Legt er etwa auf Anerkennung und Karrierechancen keinen Wert, wird ihn die Aussicht darauf auch nicht motivieren. Drittens bewertet er, ob er überhaupt etwas zum Erfolg des Projekts bzw. seiner Aufgaben beitragen kann. Fällt seine diesbezügliche „Erwartung" niedrig aus, können ihn die Projektziele nicht extrinsisch motivieren, selbst wenn die Instrumentalität erreichter Projektziele für die Belohnungen und die Valenz der Belohnungen hoch sind. Letzteres entspräche der geringen extrinsischen Motivation zum Lottospielen, die ein hoher Jackpot auf jemanden ausübt, der sich der geringen Gewinnchancen bewusst ist.

Wie können Führende das Nutzenkalkül der Geführten beeinflussen? Zunächst müssten Führende, ähnlich wie bei der Frage, ob eine Aufgabe einen Mitarbeiter intrinsisch motiviert oder nicht, zunächst einmal diagnostizieren (Nerdinger, 2001, S. 356-357). Dazu sind folgende Fragen möglichst zutreffend zu beantworten:

- Welche Instrumentalität schreiben die Geführten Erfolg und Misserfolg für das Bekommen von Belohnungen bzw. für das Vermeiden von Bestrafungen zu? Glauben die Mitarbeiter, dass im Falle des Projekterfolgs freie Tage, Prämien, Einsätze auf anderen interessanten Projekten, Beförderungen oder sonstige Belohnungen gewährt werden?

- Welche Belohnungen schätzen die Geführten, welche Bestrafungen fürchten sie?
- Erwarten die Geführten, dass sie zum Projekterfolg beitragen können? Sind sie dazu in der Lage oder ist die Projektaufgabe zu schwierig?

Fällt die Diagnose negativ aus, können Führende versuchen, das Ergebnis des Nutzenkalküls zu verändern. Sind die Einschätzungen der Geführten korrekt, sollten die Führenden versuchen, die *objektiven* Gegebenheiten zu verändern (Gebert, 2002, S. 225): Die Instrumentalität von Erfolgen für Belohnungen lässt sich steigern, indem die Führenden darauf achten, dass Belohnungen nicht nach dem Zufallsprinzip oder Sympathie, sondern nach Leistung vergeben werden. Die Valenz der Belohnungen kann durch die Höhe der Belohnung verändert werden. Zum Beispiel können mehr freie Tage, höhere Prämien und dergleichen gewährt werden. Außerdem kann die Valenz durch die Art der Belohnung erhöht werden, indem versucht wird, die Mitarbeiter mit dem zu belohnen, was sie wirklich wertschätzen, z. B. im Falle eines allein erziehenden Vaters mit einem Platz im firmeneigenen Kindergarten. Die Erwartung, durch Engagement die Aufgabe erfolgreich zu lösen, kann über Schulungen, Anleitung durch den Vorgesetzten oder Kollegen oder eine Dosierung der Aufgabenschwierigkeit beeinflusst werden.

Sind die Einschätzung der Geführten hingegen nicht zutreffend, können Führende versuchen, diese zu korrigieren. Sie können aufzeigen, dass Erfolge sehr wohl Belohnungen nach sich ziehen, z. B. indem sie auf bestehende Prämienprogramme hinweisen. Sie können für bestimmte Belohnungen werben bzw. die Konsequenzen von Sanktionen bildlich vor Augen führen, um deren Valenz zu steigern. Und sie können Mut machen (vgl. Kapitel II 4.3.6 dieser Arbeit), um die Erwartung der Mitarbeiter, die Aufgabe zu bewältigen, zu steigern.

Motivierung durch Belohnung oder gar Bestrafung hat ihre Grenzen. Menschen wägen die Konsequenzen ihrer Handlungen eher intuitiv ab, schätzen die Wahrscheinlichkeiten und Valenzen von Handlungskonsequenzen lediglich grob ein und fällen Entscheidungen für oder gegen konkurrierende Alternativen eher in Hinblick auf kurzfristig erreichbare Ziele (Semmer, 1995). Das Kalkül dürfte ein ungefähres und an Gewohnheiten orientiertes sein (vgl. Neuberger, 2002, S. 545). Es zu beeinflussen, fällt dementsprechend schwer und bedarf einer guten Einschätzung der Mitarbeiter durch die Führenden.

Eine noch fundamentalere Grenze findet Motivierung durch Belohnungen und Bestrafungen darin, dass Belohnungen und Bestrafungen von den Betroffenen auch hinsichtlich ihrer Gerechtigkeit und Fairness betrachtet werden.

Belohnungen und Sanktionen entfalten ihre (de-)motivierenden Wirkungen nicht nur über die ihnen innewohnende Valenz, sondern auch über die damit verbundene erlebte Gerechtigkeit und Fairness (Gebert/ Rosenstiel, 2002, S. 77 ff., 233 ff.; Nerdinger, 1995, S. 149). Fragt man nach den Bedingungen und Effekten wahrgenommener Fairness, ist die Unterscheidung zwischen Verteilungs- und Verfahrensgerechtigkeit (Greenberg, 1987) relevant.

Bedingungen und Effekte wahrgenommener *Verteilungs*gerechtigkeit thematisiert die Equity Theorie von Adams (1965). Danach strebt eine Person ein gerechtes Verhältnis aus den eigenen Beiträgen (Input) und den Zuwendungen der Organisation an die Person (Output) an (Cropanzano/ Greenberg, 1997). Bei der Beurteilung, ob das Verhältnis zwischen Input und Output fair ist, wird als Vergleichsmaßstab das Verhältnis zwischen Input und Output einer dritten Bezugsperson, z. B. einer Kollegin, gewählt. Was in diesen Vergleich eingeht, welche Attribute der Personen und der geleisteten Arbeit und welche Bezugsperson zur Bilanzierung herangezogen werden, ist subjektiv und hängt allein von der Person ab (Nerdinger, 2001, S. 365). Motivationspsychologisch entscheidend sind die Konsequenzen einer wahrgenommenen Verteilungs*un*gerechtigkeit, die als unangenehm und spannungsvoll erlebt werden. Glaubt die Person in einem solchen Fall, dass immerhin *Verfahrens*gerechtigkeit herrscht, toleriert sie im Vertrauen auf die sich langfristig einstellende Verteilungsgerechtigkeit die momentane Ungerechtigkeit (Brockner/ Siegel, 1996 m. w. N.; Brockner et al., 1997, insb. S. 580; Cropanzano/ Folger, 1991, S. 136). Werden aber auch die Methoden der Verteilung (von Belohnungen und Bestrafungen bzw. generell von Gütern und Lasten) als ungerecht empfunden, versucht die Person durch eine Anpassung von Input oder Output die Verteilungsungerechtigkeit zu beseitigen. Besonders einfach kann ein Arbeitnehmer seinen Input anpassen, indem er die von der Organisation schwer benennbaren Elemente seiner Arbeit, die über den einklagbaren Dienst nach Vorschrift hinausgehen, reduziert (Crozapano/ Greenberg, 1997, S. 355 f.). Hierzu gehören nicht nur persönliche Initiative, sondern auch noch andere für die Abwicklung zeitkritischer und komplexer und „stressiger" Softwareentwicklungsprojekte so wichtige Verhaltensweisen wie Hilfsbereitschaft und Höflichkeit, gelassenes Ertragen von Ärgernissen, sorgfältiges und gewissenhaftes Arbeiten und eine aktive Teilnahme am Projekt, mit der Bereitschaft, auch über den engen Tellerrand der eigenen Aufgabe hinaus Verantwortung zu übernehmen (vgl. Organ, 1997).

Unter welchen Bedingungen Belohnungen und Sanktionen, oder generell Entscheidungen, als gerecht eingeschätzt werden, ist kaum erforscht, was auch daran liegt, dass Fairness in den Augen des Betrachters liegt und somit Gegenstand einer subjektiven Einschätzung ist (Greenberg/ Lind, 2000, S. 78 f.). Wichtig sind strukturelle Aspekte der Entscheidungsverfahren und Verhaltensaspekte der Entscheider und Entscheidungsdurchsetzer (Brockner/ Siegel, 1996, S. 403). Leventhal (1980) hat sechs Prinzipien ausgemacht, anhand deren die prozedurale Gerechtigkeit eingeschätzt wird. Nerdinger (2001, S. 367) und Bierhoff (1992, S. 164-165) fassen diese Prinzipien wie folgt zusammen:

- Konsistenz: Zuteilungen müssen sowohl über die Zeit als auch über Personen hinweg konsistent gehandhabt werden. Jeder soll die gleiche Chance haben.

- Unvoreingenommenheit: Verfahren sollen nicht durch das persönliche Eigeninteresse der Führenden beeinflusst sein. Entscheidungen sollen nicht von jemandem getroffen werden, der von ihrem Ausgang profitieren könnte.

- Genauigkeit: Alle für die Verteilung wichtigen Informationsquellen müssen ausgeschöpft werden. Fehlerhafte Annahmen sind zu vermeiden.

- Korrekturmöglichkeit: Es sollte für Geführte die Möglichkeit zum Einspruch geben, so dass Entscheidungen revidiert werden können.

- Repräsentativität: Die Interessen aller Beteiligten sollten bei einer Entscheidung berücksichtigt werden. Dies kann zum Beispiel durch Rotation unter den Personen, die Entscheidungen treffen, unterstützt werden.

- Ethische Rechtfertigung: Das Verfahren soll moralischen Standards nicht widersprechen, zum Beispiel sollte nicht die Privatsphäre ausgeforscht werden.

Genügen Entscheidungen über Belohnungen und generell Führungsverhaltensweisen diesen Kriterien *nicht*, so lässt sich in Anlehnung an Gebert (2002, S. 96 f.) vermuten, dass Mitarbeiter sich fremdbestimmt erleben (Deci, 1975; Deci et al., 1999; Gagné/ Deci, 2002), in ihrer Berufsehre gekränkt werden und generell Misstrauen zu den Führenden entwickeln (Brockner/ Siegel, 1996, S. 401-403). Unter diesen Bedingungen ist es plausibel anzunehmen, dass ein vormals intrinsisch motivierter Mitarbeiter die Lust an seiner Arbeit verliert (Gebert, 2002, S. 96 f.). Er wird sich stattdessen darauf konzentrieren, dass sein Input, der nun angesichts der verlorenen intrinsischen Motivation umso schwerer wiegt, mit dem entsprechenden Output aufgewogen wird.

An anderer Stelle wurde mehrfach betont, wie wichtig Statuskontrollen und Feedback für die Orientierung und Motivation der Mitarbeiter in Softwareentwicklungsprojekten sind. Dabei liegt es nahe zu vermuten, dass die Geführten von den Ergebnissen solcher Kontrollen und Rückmeldungen auf zukünftige formelle und informelle Belohnungen seitens der Führenden schließen. Daher besteht immer die Gefahr, dass Kontrollen und Feedback von den Geführten als unfaire Überwachung wahrgenommen werden, mit allen negativen Folgen, die das für Engagement und Motivation der Geführten hat. Zielvorgaben und Kontrollen sollten daher von den Führenden so umgesetzt werden, dass eine möglichst große Wahrscheinlichkeit besteht, dass diese als fair wahrgenommen werden.

Im Hinblick auf die wahrgenommene Verteilungsgerechtigkeit sollten Führende also versuchen herauszufinden, welche Attribute der Arbeit von den Geführten als Inputs verstanden werden und wer die Vergleichspersonen sind. Erst mit diesem Wissen können Führende versuchen, wahrgenommene Ungerechtigkeiten zu beheben. Hierzu bietet sich entweder an, in Gesprächen Fehlwahrnehmungen zu korrigieren, oder aber sich dafür einzusetzen, dass die Mitarbeiter mehr Output sensu Adams (1965), z. B. höhere Gehälter, mehr Urlaubstage, mehr Statussymbole, eine bessere Ausstattung oder Aufstiegschancen, erhalten. Außerdem sind Erfolgsprämien kritisch zu sehen. Diese mögen in einem schwierigen Projekt für den Erfolgsfall versprochen werden. Wenn das Projekt ein Misserfolg wird, obwohl sich die Mitarbeiter angestrengt und damit in ihren Augen einen großen Input sensu Adams (1965) geleistet haben, wird das Vorenthalten der Prämien sicherlich von einigen als unfair empfunden. Die Motivation, sich im nächsten Projekt anzustrengen, sinkt, obwohl das Gegenteil intendiert war!

Angesichts der Dynamik der Softwareentwicklung dürfte unmöglich sein, unausgeglichene Verteilungen von Belastungen (Input) und Belohnungen bzw. erhaltenen Gütern (Output) in Softwareentwicklungsprojekten zu vermeiden. Insbesondere Personen mit Schlüsselkompetenzen, bei denen sich die Kommunikationsstränge bündeln, müssen große Belastungen aushalten (Weltz/ Ortmann, 1992, S. 61 ff.), also Input im Sinne von Adams leisten, die sich nicht immer mit extrinsischen oder intrinsischen Belohnungen ausgleichen lassen. Neue Belohnungen können im Gegenteil sogar das Gefühl der Ungerechtigkeit noch anheizen. Insofern findet Motivierung durch Belohnung an der Gerechtigkeitsproblematik eine systematische Grenze.

Damit liegt die Bedeutung der Verfahrensgerechtigkeit und einer als (verfahrens-)fair wahrgenommenen Führung für die Motivation der Mitarbeiter auf der Hand. Führende in Softwareentwicklungsprojekten sollten folglich die Prinzipien gerechter Entscheidungsverfahren so weit wie möglich beachten, was wiederum erfordert, dass Führende transparent, d. h. zumindest dialogisch wenn nicht sogar partizipativ, handeln und generell vertrauensvoll und vertrauenswürdig mit ihren Geführten umgehen (vgl. Brockner/ Siegel, 1996, S. 406).

4.2.3.3 Zielsetzung und (persönliches) Feedback

Modelle der Motivation i. e. S. erklären Prozesse des Abwägens und Bewertens *vor* und *nach* Handlungen. Modelle der Volition erklären hingegen die Intensität und Persistenz *während* des Handlungsvollzugs. Mit Blick auf Führung in Softwareentwicklungsprojekten interessiert hier, wie sich fremd gesetzte Projektziele auf den Willen der Geführten zur Erreichung eben dieser Ziele auswirken (vgl. Nerdinger, 1995, S. 78-80, 106). Je stärker der Wille eines Mitarbeiters zur Projektzielerreichung ausgeprägt ist, desto intensiver wird er im Zuge der Relevanzeinschätzung Zustände und Ereignisse im Projekt im Hinblick auf deren Konsequenzen für die Erreichung der Projektziele untersuchen. Die Relevanzeinschätzung ist dann stärker auf die Erreichung der Projektziele hin ausgerichtet, als wenn die willentliche Leistungsbereitschaft des Mitarbeiters niedrig ausfällt.

Die *kognitive* Wirkung, die Ziele für die Relevanzeinschätzung der Geführten in Softwareentwicklungsprojekten haben, wurde bereits im Kapitel II 4.2.1. „Planung und Kontrolle" diskutiert. Das Vereinbaren und Einfordern von Zielen hat darüber hinaus noch *volitionale* Wirkungen, die von der Theorie der Zielsetzung erklärt werden (Locke/ Latham, 1990a; Locke/ Latham, 1990b, vgl. auch Kleinbeck, 1991; Mitchell et al., 2000). Die Kernaussagen der Theorie der Zielsetzung lauten, dass

1. schwierigere Ziele zu höherer Leistung führen als leichte Ziele und dass
2. schwierige und zugleich präzis formulierte Ziele zu höherer Leistung führen als keine oder vage Ziele (Locke/ Latham, 1990a, S. 27-31).[14]

Die beiden Kernaussagen sind miteinander verbunden. Präzis formulierte Ziele führen (nur) zu einer Verringerung der Leistungsvariabilität (Latham/ Locke, 1991, S. 216), da sie den Spielraum zur Interpretation der formulierten Verhaltenserwartung verkleinern. Ziele müssen also präzis *und* herausfordernd ausfallen, damit sie nicht nur verringerte Leistungsvariabilität, sondern auch noch ein höheres Leistungsniveau der Geführten nach sich ziehen.

---

[14] Auf den ersten Blick steht dieser Befund im Widerspruch zu Aussagen des Risikowahlmodells von Atkinson (1957), wonach - zumindest bei so genannten Hoffnung auf Erfolg motivierten Personen - mittelschwere Aufgaben maximale Motivation entfalten (Latham/ Locke, 1990, S. 4 f.). Betrachtet man die Befunde jedoch vor dem Hintergrund des hier zugrunde gelegten Rahmenmodells der Motivation, dem Handlungsphasenmodell von Heckhausen (1989), löst sich der Widerspruch auf. Das Risikowahlmodell erklärt die Auswahl alternativer Ziele, Handlungen oder Aufgaben. Die Theorie der Zielsetzung setzt hingegen später an, nämlich bei der Realisation eines wie auch immer gesetzten Zieles und gehört damit zur Klasse der (präaktionalen) Volitionsmodelle (Heckhausen, 1989, S. 266).

Erklärt wird dieser Zusammenhang mit vier Wirkmechanismen (Locke/ Latham, 1990a, S. 86 ff.; vgl. auch Grundei, 1999, S. 184; Nerdinger, 2001, S. 359-360). Erstens lenken spezifische Ziele Aufmerksamkeit und Handeln in eine bestimmte Richtung, indem sich die Person auf die Erreichung des Ziels konzentriert und (vermeintlich) irrelevante Aktivitäten und Informationen ausblendet. Je spezifischer die Ziele sind, desto stärker beeinflussen sie die Handlungsrichtung. Zweitens führen herausfordernde Ziele zu höheren Anstrengungen der Person und erhöhen drittens die Ausdauer, mit der sie handelt. Grund ist das so genannte Schwierigkeitsgesetz der Motivation (Ach, 1935, S. 346) von Locke/ Latham (1990, S. 27 ff.) „goal difficulty function" genannt, wonach Menschen die Intensität ihres Handelns der Aufgabenschwierigkeit anpassen. Viertens machen es präzise und herausfordernde Ziele leichter und dringlicher, aufgabenspezifische Handlungspläne und Lösungsstrategien aufzurufen und zu verwenden bzw. diese zu entwickeln und anzuwenden.

Der postulierte Zusammenhang zwischen Zielniveau und Zielspezifität einerseits und Leistung andererseits ist umso enger, je stärker fünf Randbedingungen ausgeprägt sind (Locke/ Latham, 1990a, S. 124-225). Diese Randbedingungen sind:

- die Fähigkeiten der Mitarbeiter,
- die Selbstwirksamkeit der Mitarbeiter,
- die Zielbindung (commitment) der Mitarbeiter,
- die Verfügbarkeit von Informationen über die Leistungserfüllung (Feedback) und
- die Strukturiertheit der Aufgabe.

Den *Fähigkeiten* der Geführten kommt eine Begrenzungsfunktion zu (Grundei, 1999, S. 185). Wenn die Fähigkeiten nicht ausreichen, die Ziele zu erreichen, können herausfordernde und spezifische Ziele keine antreibende Wirkung entfalten (Locke/ Latham, 1990a, S. 206-209). Unerreichbar hohe Ziele, z. B. in Form von unrealistischen Zeitvorgaben (so genannte Mondziele, Nerdinger, 1995, S. 114) bei unter Zeitdruck geratenen Softwareprojekten, können im Gegenteil sogar Resignation und Passivität hervorrufen (vgl. Martinko/ Gardner, 1982, S. 199).

Zweitens ist der Glaube der Geführten erforderlich, ihre Fähigkeiten gestatte die Erreichung der Projektziele (Locke/ Latham, 1990a, S. 70-72, 115 f., 302). Diese Selbsteinschätzung wird *Selbstwirksamkeit* genannt (Bandura, 1986; Bandura, 1997, S. 3). Aufgrund ihrer großen Bedeutung für die Einschätzung der Bewältigbarkeit von Anforderungen und Problemen wird sie im Kapitel II 4.3.6 „Ermutigung und Zuspruch" dieser Arbeit noch eingehender behandelt.

Zielbindung bezeichnet das Gefühl der inneren Verpflichtung zur Zielerreichung und lässt sich damit als Indikator für die Übereinstimmung zwischen zugewiesenen „organisationalen" Zielen und persönlichen Zielen interpretieren (Locke/ Latham, 1990a, S. 132). Nur wenn sich Geführte an die Ziele, die sie verfolgen sollen, gebunden fühlen, können herausfordernde Ziele ihre volitionale Wirkung entfalten (ebenda, S. 124 ff.).

Informationen über die eigene Leistung („Feedback") erlauben es den Geführten, die erreichten Ziele den angestrebten Zielen gegenüberzustellen (Bandura, 1991, S. 258-260; Locke/ Latham, 1990a, 173ff.). Das unterstützt die Entwicklung effektiver Lösungsstrategien (Locke/ Latham, 1990b, S. 19). Im Falle noch nicht erreichter Ziele ist die Information darüber („negatives Feedback") Voraussetzung dafür, dass der Handelnde seine Anstrengungen erhöht. Wenn die Rückmeldung hingegen signalisiert, dass die Ziele erreicht werden („positives Feedback"), wird gewöhnlich das Leistungsverhalten beibehalten und zusätzlich das Selbstwirksamkeitsempfinden gestärkt (Locke/ Latham, 1990b, S. 19). Rückmeldung ist damit ein ganz wesentlicher Moderator der Beziehung zwischen Zielsetzung und Leistung (Nerdinger, 2001, S. 359).

Auch die *Aufgabenstrukturiertheit* moderiert die Beziehung zwischen Zielsetzung und Leistung (Locke/ Latham, 1990a, S. 218ff.). Bei niedrig strukturierten oder synonym komplexen[15] Aufgaben hängt die Leistung stark von der Qualität der handlungsleitenden Pläne und Strategien ab (Gemünden, 1995, S. 255; Locke/ Latham, 1990b, S. 11). Bei einfacheren Aufgaben genügt dagegen der bloße Wille zur Leistung, auf den die Setzung präziser und herausfordernder Ziele unmittelbar wirkt (Wood/ Locke, 1990, S. 91, 93, 98). Je strukturierter die Aufgabe ist, desto enger ist daher die Beziehung zwischen Zielsetzung und Leistung.

Vor diesem theoretischen Hintergrund lassen sich Möglichkeiten und Grenzen der Motivierung durch Zielsetzung und Empfehlungen an Führende in Softwareentwicklungsprojekten zur Formulierung von Zielen, zur Herstellung von Zielbindung und zum Geben von Feedback und dem Herstellen von Zielverbindlichkeit ableiten.

Zielformulierung in Softwareentwicklungsprojekten

In der Softwareentwicklung helfen Planungsinstrumentarien des Projektmanagements, wie etwa Meilensteine oder Netzpläne, Ziele konkret und leicht messbar zu formulieren. Aller-

---

[15] Komplexe Aufgaben sind solche, die viele verschiedene Elemente umfassen, deren Elemente miteinander verknüpft sind und deren Elemente und Verknüpfungen sich im Zeitverlauf verändern können, vgl. Abschnitt 2.1.1.2 dieser Arbeit und erneut Wood et al. (1987, S. 418) und Boerner (2002, S. 180).

dings besteht die Gefahr, dass quantitative und leicht messbare Ziele, wie insbesondere die Zeiteinhaltung, eher qualitative und schwer messbare Ziele, wie manche Qualitätsstandards, zurückdrängen (Nerdinger, 2001, S. 360). In diesem Fall müssen Führende die Bedeutung qualitativer Ziele nachdrücklich darstellen, regelmäßig deren Erfüllung einfordern und ggf. Rückmeldung über Fortschritte bei der Erreichung qualitativer Ziele geben bzw. einfordern (ebenda).

Eine weitere Schranke findet die Formulierung präziser Ziele im Hinblick auf die Sachleistungsziele, die den Geführten gesetzt werden. Hier können und sollten Führende keine allzu präzisen, d. h. technisch bis ins Letzte definierten Ziele setzen, weil sie sich selbst damit überlasten und den Handlungsspielraum der Geführten über Gebühr einengen würden (vgl. II 4.2.1.2 und II 4.3.1; Fay, 2003, S. 187). Eine gewisse Unschärfe der operativen Sachleistungsziele ist hingegen erforderlich und wünschenswert.

Des Weiteren sollten die Ziele herausfordernd formuliert werden, wobei der Grad der Herausforderung in Relation zum Leistungsvermögen der Geführten steht. Eine Zielsetzung ist dann herausfordernd, wenn ihre Erreichung eine realistischerweise leistbare Anstrengung erfordert (Nerdinger, 2001, S. 360). Herausfordernde Ziele zu vereinbaren ist demnach anspruchsvoller, als (nur) die Projektziele auf die einzelnen Mitarbeiter herunterzubrechen. Sowohl Unterforderung als auch Überforderung der Geführten ist zu vermeiden.

Insbesondere sollte bei Aufgaben, die von den Geführten als komplex wahrgenommen werden, und das dürften in Softwareentwicklungsprojekten alle nicht routinisierten Programmier- und Verwaltungsaufgaben sein, zunächst die Möglichkeit und Zeit zum Strukturieren der Aufgabe und zum Erlernen oder Erarbeiten der erforderlichen Problemlösungsstrategien gegeben werden, bevor spezifische und herausfordernde Ziele formuliert werden (Nerdinger, 2001, S. 360). Angesichts des Wettbewerbsdrucks in der Softwareentwicklung besteht aber die Gefahr, dass Führende Formalziele formulieren, die als unangemessen und überfordernd wahrgenommen werden (Weltz/ Ortmann, 1992, S. 156-157) und die Kreativität und Innovativität der Führenden beeinträchtigen. Zu hoch gesteckte Zeit- und Kostenziele, die in den Augen der Geführten zu einer exzessiven Arbeitsbelastung führen, begünstigen den Zugriff auf gespeicherte Problemlösungsroutinen. Die Entwicklung neuer, der komplexen Aufgabe eventuell angemessenerer Strategien unterbleibt (vgl. Amabile, 1988, S. 148-150; Amabile et al., 1996, S. 1161-1162, 1170ff.; Amabile et al., 2002, insb. S. 14). Erst nach dem Erwerb solcher Strategien entfalten präzise und herausfordernde Ziele wieder ihre positive Wirkung, da sie zu einer Stabilisierung der erworbenen Strategien im Arbeitskontext beitragen (Kanfer, 1992, S. 35 f.).

Besonderes Augenmerk ist des Weiteren auf den Umgang mit Zielpluralen zu richten (Gemünden, 1995, S. 253 f.). Wie die Ausführungen zu den Sach- und Formalzielen der Softwareentwicklung zeigten, werden in Softwareentwicklungsprojekten mehrere Ziele gleichzeitig verfolgt. Diese Ziele, etwa Zeit- versus Qualitätsziele, können miteinander konfligieren, und zwar immer dann, wenn es nicht möglich ist, die Produktivität eines Projektteams zu steigern. In diesen Fällen müssen Prioritäten gesetzt werden, d. h. in Softwareentwicklungsprojekten müssen Input- und Outputziele in ihrer Bedeutung gewichtet und die Planungsdokumente müssen geändert werden (siehe II 4.2.1 „Planung und Kontrolle"). Zielkonflikte sollten nicht auf die Geführten abgewälzt werden (Gebert, 1995, Sp. 431). Konfligierende Ziele ohne Priorisierung sind weniger präzise und weniger verbindlich als klar priorisierte Ziele. Insbesondere begünstigen mehrdeutige Zielsetzungen mehrdeutige Überlegungen der Geführten über die Wege zur Zielerfüllung (Gebert, 2002, S. 230). Dadurch steigt das Risiko, dass sich die Geführten für Lösungswege entscheiden, die sich im Nachhinein als Fehler erweisen. Außerdem können konfligierende Ziele zu Rollenkonflikten und Konflikten zwischen Mitarbeitern führen.

Herstellung von Zielbindung (commitment) bei den Geführten

Führende in Softwareentwicklungsprojekten sollten versuchen, Zielbindung herzustellen. Die von den Führenden im Zielformulierungsprozess beeinflussbaren Determinanten des commitment lassen sich nach personenexterne und interaktive Faktoren unterscheiden (vgl. Locke et al., 1988, S. 27-33). Zur Gruppe der *externen* Einflussfaktoren gehören legitimierte Autorität, Autonomie der Aufgabenerfüllung und die Anreizwirkung der Ziele (Grundei, 1999, S. 189-190; Kleinbeck, 1991). Menschen akzeptieren Zielvorgaben anderer eher, wenn sie deren Anweisungen als legitim anerkennen (Latham/ Locke, 1991, S. 219). Bei Zielvorgaben, deren Legitimität von den Geführten angezweifelt werden (könnten), ist es daher ratsam, die Hintergründe zu erläutern und Verständnis und Akzeptanz zu wecken („tell and sell goals", vgl. Nerdinger, 2001, S. 358). Außerdem gilt, je höher die Autonomie bei der Aufgabenerfüllung ist, d. h. je stärker die Zielerreichung von der eigenen Leistung abhängt, desto höher fällt regelmäßig die Zielbindung aus (Hollenbeck/ Klein, 1987, S. 216). Je höher die Anreizwirkung der Ziele, d. h. je höher ihre Instrumentalität für valente Belohnungen ist, desto höher fällt die Zielbindung aus (Locke et al., 1988). Möglichkeiten und Grenzen, Instrumentalität und Valenz von Projektzielen und Belohnungen zu verändern, wurden im vorangegangenen Abschnitt II 4.2.3.2 diskutiert.

Bei der Gruppe der *interaktiven* Faktoren beschränken sich die Untersuchungen de facto auf den Einfluss einer partizipativen Zielvereinbarung (Grundei, 1999, S. 190). Entscheidend scheint dabei nicht zu sein, dass die Ziele tatsächlich im Sinne einer Vertragsverhandlung ausgehandelt und gemeinsam beschlossen werden (Locke/ Latham, 1990a, S. 154 ff.). Vielmehr ist es wichtig, dass die Ziele den Geführten legitim erscheinen (Nerdinger, 1995, S. 114; Latham/ Locke, 1991, S. 219). Dies ist in der Softwareentwicklung besonders bedeutsam, da sich die Anforderungen des Auftraggebers und die damit verbundenen Aufgaben für die Mitarbeiter des Projekts sowie der Projektverlauf und die damit gebundenen Zeit- und Ressourcenreserven erst mit der Zeit konkretisieren. Die konkreten Anforderungen an die Geführten befinden sich bis zu einem gewissen Grade andauernd im Fluss und sind Gegenstand kommunikativer Prozesse, in denen die Geführten zum einen die Aufgabe verstehen und zum anderen ihre Interessen verteidigen müssen (Strübing, 1993, S. 92 ff.). Wenn die Zielsetzung, insbesondere was die Zielhöhe angeht, von den Geführten problemlos nachvollzogen und akzeptiert wird, etwa weil sie den Führenden vertrauen oder aber die Hintergründe kennen, ist eine Aushandlung der Ziele entbehrlich. Wird den Führenden hingegen nicht vertraut oder sind die Hintergründe undurchschaubar, hat eine partizipative Aushandlung der Ziele vermutlich zwei Effekte: Zum einen entsteht Vertrauen, weil und soweit der Aushandlungsprozess als fair erlebt wird (vgl. van Yperen et al., 1999, S. 378). Die Wahrnehmung der Fairness beruht dabei in erster Linie darauf, dass die Mitarbeiter mit ihren Sorgen, Einstellungen, Vorschlägen und Einwendungen gehört werden (so genannter voice effect, Folger, 1977). Zum anderen werden im Zuge der Aushandlung Informationen ausgetauscht, die die Notwendigkeit der Zielsetzung einleuchten lassen (Campbell/ Gingrich, 1986, S. 164, 177).

(Persönliches) Feedback und Verbindlichkeit

Führende sollten dafür sorgen, dass Geführte Feedback über ihre Zielfortschritte erhalten. Die formalisierte Kontrolle von Sachleistungs- und Vorgehenszielen spielt also auch für die Motivierung der Mitarbeiter eine bedeutsame Rolle (vgl. oben unter II 4.2.1 „Planung und Kontrolle"). Darüber hinaus ist persönliches, bisweilen spontanes Feedback erforderlich und es sollte formalisierte Feedbackinformationen gegebenenfalls begleiten. Hierbei sollten Führende einige Hinweise beachten (Bandura, 1997, S. 101 ff., 457; Farr, 1991, S. 77 f.; Nerdinger, 2001, S. 361 f.). Feedback über eine unzureichende Zielerreichung (*negatives* Feedback) sollte sich spezifisch auf das nicht erreichte Ziel beziehen und keine generelle Einschätzung der Leistungsfähigkeit oder Persönlichkeit sein. Andernfalls erhalten die Geführten keine Informationen, die relevant für die Erreichung des in Rede stehenden Ziels sind, und fühlen sich leicht in ihrer Ehre gekränkt. Negatives Feedback sollte sich auf das Verhalten der Geführten beziehen, damit diese Anregungen bekommen, ihr Verhalten zu ändern und dadurch das Ziel in Zukunft besser zu erreichen. Negatives Feedback sollte konstruktiv sein, indem es Wege aufzeigt, wie das Ziel in Zukunft besser zu erreichen ist, und Mut macht, dass dies auch gelingen kann. Dadurch fördert konstruktives Feedback die Selbstwirksamkeitserwartung der Geführten.

Positives Feedback sollte die Zielerreichung mit den Anstrengungen und Fähigkeiten des Mitarbeiters verknüpfen. Auch das erhöht die Selbstwirksamkeitserwartung. Feedback über graduelle Leistungsverbesserungen sollte positiv formuliert werden, d. h. der bereits erfolgte Leistungszuwachs und nicht der noch zu leistende Zuwachs sollte in den Vordergrund geschoben werden. Aus dem gleichen Grund ist es ratsam, negatives Feedback mit positivem Feedback zu kombinieren. Um die Glaubwürdigkeit des positiven Feedbacks nicht im Sinne eines „Trostpflasters" zu unterminieren, sollte es zeitlich vor dem negativen Feedback erfolgen.

Generell sollten Führende eher mehr als weniger persönliches Feedback geben, da sich die Geführten die Feedbackinformationen sonst aus anderen Quellen suchen und zum Beispiel Feedback in das Verhalten der Führenden „hinein interpretieren". Feedback zu geben ist eine Führungskunst, weil zum einen jeder Mitarbeiter unterschiedlich reagiert und Feedback daher dosiert werden muss und zum anderen Mitarbeiter nicht selten defensiv reagieren und konstruktives Feedback nicht an sich herankommen lassen.

Feedback ist untrennbar verbunden mit dem Einfordern von Zielen. Hier besteht immer auch die Gefahr, dass Führende als „Leistungspeitscher" wahrgenommen werden (vgl. Gebert, 1995, Sp. 429). Führende sollten daher vermeiden, zu viel Druckmotivation zu machen. Eine gute Dosierung scheint darin zu bestehen, den Geführten bei negativen Zielabweichungen eine Begründungspflicht aufzuerlegen. In empirischen Studien über Führung von Bankangestellten zeigte sich, dass die Kombination spezifischer Ziele mit einer Begründungspflicht bei negativen Zielabweichungen deutlich leistungsförderlich wirkte (Gebert/ Ulrich, 1991, S. 755-757).

4.2.3.4 Fazit

Als Fazit ist festzuhalten, dass nur bei einer hohen Motivation der Geführten, sich für ihr Projekt zu engagieren, damit zu rechnen ist, dass die Geführten im Zuge von Relevanzeinschätzungen intensiv nach auch latenten Chancen und Risiken für die Projektzielerreichung Ausschau halten. Fällt die Leistungsbereitschaft der Mitarbeiter hingegen niedrig aus, ist die Relevanzeinschätzung der Geführten weniger auf das Erkennen von Projektchancen und -risiken und mehr auf das Erkennen von Chancen und Risiken für das eigene Wohlergehen ausgerichtet.

Eine niedrigere Leistungsbereitschaft der Geführten kann unterschiedliche Gründe haben, und je nach Ursache sollten sich Führende an unterschiedlichen Handlungsempfehlungen zur Motivierung der Mitarbeiter orientieren. Erstens kann eine geringe Leistungsmotivation vorliegen, d. h. die Mitarbeiter haben keinen Ehrgeiz, die Projektziele zu erreichen und entwickeln erst recht keine Begeisterung für das Projekt. Wenn dies der Fall ist, bietet charismatische Führung, d. h. das Kommunizieren hoher Erwartungen und einer Vision gepaart mit vorbildlichem Verhalten, zumindest in unsicheren Projektphasen vorübergehend die Chance, das Leistungsmotiv der Mitarbeiter intensiv anzureizen und die Geführten für ihr Projekt zu begeistern.

Ein unzureichende intrinsische Motivation ist eine weitere mögliche Ursache für eine geringe Leistungsbereitschaft der Geführten. Wenn dies zutrifft, ist zu überlegen, ob den Mitarbeitern andere Aufgaben zugeteilt werden können. Außerdem kann charismatische Führung auch die intrinsische Motivation der Geführten (vorübergehend) erhöhen.

Eine dritte Ursache für eine niedrige Motivation der Geführten würde vorliegen, wenn diese nicht damit rechnen, dass sie Erfolg haben können und im Erfolgsfalle mit etwas belohnt werden, das ihnen wertvoll erscheint. In diesem Falle sollte den Mitarbeitern deutlich gemacht werden, dass ihre Handlungen Konsequenzen in Form von Belohnungen oder Sanktionen nach sich ziehen und welcher Art diese Belohnungen und Sanktionen sind.

Wenn Entscheidungen über Belohnungen, Sanktionen und andere Verteilungsfragen von den Führenden in den Augen der Geführten unfair getroffen werden, kommt es ebenfalls zu einem Abfall der Leistungsbereitschaft der Geführten. Ist dies der Fall, sollte entweder die Wahrnehmung der Geführten oder das Entscheidungsverhalten der Führenden geändert werden.

Und zu guter Letzt könnte eine geringe Leistungsbereitschaft der Geführten darin begründet sein, dass ihnen keine motivierende Ziele gesetzt werden und/ oder ihnen zu wenig

Feedback gegeben wird. Wenn das der Fall ist, sollten Führende die Art und Weise, wie sie Ziele setzen und Feedback geben – auch im Zuge der Projektplanung und -kontrolle –, überdenken. Im Einzelnen sollten Ziele herausfordernd, konkret und leicht messbar formuliert werden, ohne den Handlungsspielraum der Geführten durch eine übertriebene Ausdifferenzierung der Ziele einzuengen. Schwer quantifizierbare Ziele wie etwa Qualitätsstandards sollten kompensatorisch besonders nachdrücklich dargestellt und eingefordert werden. Herausfordernde Ziele zu formulieren meint, sowohl Über- wie Unterforderung zu vermeiden. Insbesondere bei Aufgaben, die von den Geführten als komplex wahrgenommen werden, sollten die Zeitziele nicht zu knapp angesetzt werden. Zielplurale sollten priorisiert werden. Um das *commitment* der Geführten zu fördern, sollten Ziele, die von den Geführten als übertrieben oder unfair aufgefasst werden könnten, partiziativ ausgehandelt, zumindest aber erläutert und begründet werden. Des Weiteren sollten Führende dafür sorgen, dass die Geführten aus der Projektkontrolle Informationen über ihre Fortschritte bei der Zielerreichung erhalten. Darüber hinaus ist persönliches Feedback bedeutsam. Dieses sollte auf beobachtbares positives bzw. negatives Verhalten der Geführten ausgerichtet und einfühlsam, aber präzis kommuniziert werden.

In summa sind die motivationalen Bedingungen einer an den Projektzielen ausgerichteten und auch für schwache Signale latenter Risiken und Chancen aufnahmebereiten Relevanzeinschätzung der Geführten beträchtlich. Führende sollten viele unterschiedliche Einflussfaktoren für die Leistungsbereitschaft der Geführten im Blick haben und je nach Bedarf unterschiedliche Motivierungsstrategien anwenden.

4.3 Führung zur Beeinflussung der Optionseinschätzung

Im letzten Abschnitt II 4.2 wurden Führungsaufgaben und -aktivitäten zur Beeinflussung der Relevanzeinschätzung der Geführten erörtert. Ziel folgender Diskussion ist es, auf Basis der Literatur Handlungsempfehlungen für Führende in Softwareentwicklungsprojekten (und damit pars pro toto für zeitkritische und komplexe Projekte) zu formulieren, wie über die Beeinflussung der Optionseinschätzung der Geführten deren persönliche Initiative gefördert werden kann. Dazu werden auf Basis der einschlägigen Literatur die im Kapitel II 4.1.2 „Die Einschätzung persönlicher Initiative als geeignete Bewältigungsoption" unterschiedenen Führungsaufgaben „Delegation von Entscheidungskompetenzen", „Zuweisung von Betriebsmitteln und Schulungen", „Förderung der Kommunikation und Teamarbeit", Unterstützung teamübergreifender Zusammenarbeit", „Hilfe für die Geführten", „Ermutigung und Zuspruch" und „Schaffung und Erhalt von Vertrauen" erläutert und mit konkreten Handlungsempfehlungen ausgefüllt.

Die Handlungsempfehlungen werden grundsätzlich wie folgt abgeleitet: Zunächst wird kurz zusammengefasst, wie die angeführten Führungsaufgaben die Optionseinschätzung der Geführten im Hinblick auf die mögliche spezifische persönliche Initiative der Geführten positiv beeinflussen. Anschließend wird gezeigt, welche Handlungsempfehlungen in der Literatur angeboten werden, um die jeweilige Führungsaufgabe zu erfüllen. Dabei wird vor dem Hintergrund dilemmatheoretischer Erwägungen (siehe Einleitung zu Abschnitt II 4) auch auf die jeweiligen Erfordernisse zur Beachtung immanenter Barrieren der Handlungsempfehlungen und zur Balancierung dilemmatischer Handlungsempfehlungen eingegangen.

4.3.1 Delegation von Entscheidungskompetenzen

Je größer der Delegationsgrad in einem Projekt ist, desto mehr können die einzelnen Mitarbeiter selbstständig Ziele setzen und Ziel-/ Mittelentscheidungen fällen sowie eigenständig Handlungen vorbereiten und in eigener Verantwortung zukünftige Entwicklungen antizipieren (vgl. Volpert, 1987, S. 18). Je größer der Delegationsgrad ist, desto mehr Handlungsoptionen *dürfen* die Mitarbeiter zu spezifischen persönlichen Initiativen ausgestalten. Dürfen die Mitarbeiter zum Beispiel selbst darüber entscheiden, wann sie welche der ihnen übertragenen Arbeitspakete bearbeiten, können sie versuchen, Synergien zu nutzen, um in der eingesparten Zeit eine automatisierte Testprozedur zu entwickeln. Vor diesem Hintergrund leuchtet es ein, Führenden in Softwareentwicklungsprojekten zu empfehlen, den Geführten möglichst viele Entscheidungskompetenzen einzuräumen (vgl. Lewis et al., 2002, S. 549 ff.). Sheramata (2000, S. 395) fasst mit Blick auf das Management von Produktentwicklungsprozessen im Allgemeinen zusammen: „Therefore, [...] a large quantity of high-quality ideas, appears to require decentralization, defined here as the delegation of authority to solve problems to low levels in an organization's hierarchy."

Allerdings sind der Delegation systematisch Grenzen gesetzt. Mit dem Delegationsgrad steigen das Delegationsrisiko und das Erfordernis der Selbstkoordination der Geführten. Das *Delegationsrisiko* besteht darin, dass die Geführten Entscheidungen treffen könnten, die die Führenden für unangemessen halten, z. B. weil den Geführten bestimmte Informationen für eine sachgerechte Entscheidung fehlen (McDonough/ Barzack, 1991, S. 205; E. Frese, 1998, S. 263; Gebert, 2002, S. 229). Die Entscheidungskompetenz der Geführten darf daher schon aus diesem Grunde nicht unbegrenzt sein. Außerdem steigt mit zunehmendem Delegationsgrad das Erfordernis, dass sich die Geführten untereinander *selbst abstimmen*, weil die Führenden diese Abstimmung nicht mehr vornehmen (vgl. E. Frese, 1998, S. 125 ff.). Mit Gebert et al. (2003) lässt sich vermuten, dass den Geführten die Selbstkoordination dann besonders gut gelingt, wenn sie sich hinreichend an den *Zielen* des Projekts und der Mutterorganisation orientieren, unter ihnen ausreichend *Konsens* über die Zwecke und Prozeduren ihrer Aktivitäten besteht und die Geführten einander genügend *vertrauen*. Das verweist auf die Bedeutung des Abschnitts II 4.2 „Führung zur Beeinflussung wahrgenommener Relevanz", in der die kognitive und motivationale Ausrichtung der Geführten auf die Projektziele diskutiert werden, des Kapitels II 4.3.3 „Förderung der Kommunikation und Teamarbeit", in dem u. a. Möglichkeiten von Konsens im Team erörtert werden, und des Kapitels 4.3.7 „Schaffung und Erhalt von Vertrauen". Je mehr gemeinsame Orientierung, Konsens und Vertrauen besteht, desto geringer werden die Kosten und Gefahren der Selbst-Koordination der Geführten. Die anderen Aspekte des Delegationsrisikos bleiben aber bestehen, so dass Handlungsempfehlungen zur Delegation auch bei einer idealen Selbst-Koordination der Geführten immer auch Hinweise zur Begrenzung der Delegation umfassen müssen. Gesucht werden also Handlungsempfehlungen zur Annäherung an einen „optimalen" Delegationsgrad.

Bei der Darstellung sollen drei Aspekte der Entscheidungskompetenz unterschieden werden (vgl. Boerner, 2002, S. 138 -142):

- Die Kompetenz, Ziele und Aufgaben (mit-)festzulegen (Zielentscheidungskompetenz),
- die Kompetenz, Wege zum Ziel bzw. die Art und Weise der Aufgabenlösung zu bestimmen (Handlungskompetenz), und
- das Ausmaß der Fremd- oder Selbstkontrolle (Kontrollkompetenz).

4.3.1.1 Zielentscheidungskompetenz

Die Kompetenz eines Mitarbeiters, Ziele und Aufgaben in einem Softwareentwicklungsprojekt (mit-)festzulegen, wird maßgeblich vom Grad seiner Partizipation an der Projektplanung und vom Detaillierungsgrad der Planung bestimmt. Je geringer sein Einfluss bei der Festlegung der Planziele ist, desto geringer ist seine Zielentscheidungskompetenz. Und je genauer die Sach- und Formalziele seiner Aufgabe für ihn ausgearbeitet werden, desto weniger darf und muss der Geführte bei der Ausführung seiner Aufgaben Zielentscheidungen fällen. Im Abschnitt II 4.2.1.2 wurde unter dem Stichwort „operative Planung" bereits erläutert, dass und inwiefern die Planung partizipativ und subsidiär erfolgen muss, einen gewissen Detaillierungsgrad nicht überschreiten darf und *zugleich* eine Begrenzung der Zielentscheidungskompetenz erfolgen kann.

4.3.1.2 Handlungskompetenz

Die Handlungskompetenz der Mitarbeiter in Softwareentwicklungsprojekten wird ebenfalls durch den Detaillierungsgrad der Planung mitbestimmt, da der Übergang zwischen Zielen und Wegen zum Ziel fließend ist. Je exakter und feinkörniger Ziele formuliert werden, desto mehr schränken sie auch die Handlungskompetenz ein.

Darüber hinaus wird die Handlungskompetenz von Geführten durch Handlungsanweisungen eingeschränkt. Diese können im Sinne von Richtlinien genereller, formalisierter Natur sein oder als Einzelanweisung direkt vom Vorgesetzten kommen. *Richtlinien* bestimmen in Softwareentwicklungsprojekten, so genannten Standards zu folgen und/ oder bestimmte technische Hilfsmittel zu benutzen. Richtlinien werden vor allem für die Entwicklungstätigkeit im engeren Sinne (Design, Implementierung, Fehlerbehebung, Wartung), für das administrative Projektmanagement und für die Qualitätssicherung formuliert. Diese Richtlinien dienen dazu, eine „methodische" Softwareentwicklung sicherzustellen (vgl. Deifel et al., 1999). Ihre Anwendung variieren von Organisation zu Organisation und von Projekt zu Projekt. Dazu gehören (Campagna, 1996, 149-157):

- Design- und Programmierregeln der Softwaretechnik, etwa die Prinzipien der funktionalen Abstraktion und der Datenabstraktion, der Hierarchisierung, der Modularisierung, Standardisierung und Mehrfachverwendung, Lokalität und Modularität (vgl. Gabriel, 1990, S. 263 ff.).
- Analyse-, Entwurfs- und Beschreibungstechniken, z. B: Use Cases, Entity Relationsship Diagramme, Workflow-Diagramme, Funktionsbäume, Datenflusspläne, Data-Dictionaries, Jackson-Diagramme, Struktogramme und Petrinetze.
- Die Vorgabe technischer Hilfsmittel. Hierzu gehören zum einen CASE- (Computer Aided Software Engineering) Werkzeuge. Zum anderen umfassen sie Groupware oder Computer Supported Cooperative Work Systeme, wie E-mail, Co-Autorensysteme, Gruppen-Wissensbasen, virtuelle Teamräume, Gruppenterminkalender und dergleichen mehr.
- Vorgaben zur Dokumentation von Entwicklungsentscheidungen und des Entwicklungsprozesses.

- Regeln für das administrative Projektmanagement, vor allem für das Berichts-, Dokumentations-, Formularwesen, die Projektplanung, die Art von Abstimmungsprozessen sowie die Verwendung und Ablage von Dokumenten.

Angesichts der Fülle möglicher Standards und verfügbarer technischer Hilfsmittel ist es unmöglich, ex ante eine bestimmte Ausgestaltung der Handlungskompetenz zu empfehlen. Vorteile einer Standardisierung sind eine höhere Qualität der Software und eine bessere Koordination der Geführten. Nachteile sind die Einschränkung des Entscheidungsspielraums sowie Zeit- und Motivationsverluste durch zu viel „Software-Bürokratie", die die Entwickler „schurigelt" (Denert, 1987, S. 52). Diese Nachteile dürften aus zwei Gründen dazu führen, dass bei einer hohen Anzahl zu befolgender Richtlinien die Mitarbeiter ceteris paribus weniger spezifische persönliche Initiative zeigen, als wenn die Regelungsdichte geringer ist. Erstens sinkt die Anzahl objektiv zur Verfügung stehender Optionen, die zu einer spezifischen persönlichen Initiative gemacht werden könnten, weil jeder Handlungsschritt genau vorgegeben ist und die Bewältigung der Bürokratie Zeit kostet, so dass relativ weniger Zeit für persönliche Initiativen bleibt. Dies wäre etwa der Fall, wenn zur Darstellung und Dokumentation softwaretechnischer Probleme und Lösungen die Nutzung eines bestimmten Templates zwingend vorgeschrieben wäre, obwohl die Geführten andere visuelle Darstellungen vorziehen. Wenn zweitens die Geführten keine Möglichkeiten sehen, dass unnötige oder hinderliche Richtlinien auf ihre Initiative hin geändert werden, werden persönliche Initiativen, die auf die Änderung existierender Richtlinien zielen, bereits im Keim erstickt. Daher lauten die zentralen Handlungsempfehlungen dieses Abschnitts, a) dass Führende den Arbeitsvollzug der Geführten so wenig wie möglich durch Vorgaben beschränken sollten, diese Vorgaben dann aber auch konsequent durchsetzen sollten und b) dass Führende projektweit geltenden Vorgaben für den Arbeitsvollzug im Sinne einer „selbstbestimmten Selbstbegrenzung" (Gebert/ v. Rosenstiel, 2002, S. 350) von den Geführten zumindest mitentwickeln lassen und sie ggf. auf ihre Initiative hin auch wieder ändern.

Zu den Aspekten der Arbeit, die nicht unbedingt durch *Vorgaben* geregelt werden müssen, gehört beispielsweise die operative Organisation der Arbeit. Sonnentag (1994, S. 169 f.) empfiehlt auf der Basis von 29 untersuchten Softwareentwicklungsprojekten, den Mitarbeitern einen möglichst großen Einfluss darauf einzuräumen, welche Arbeit sie wann und in welcher Reihenfolge ausführen, und dass sie selbst entscheiden, wie die Arbeit zu erledigen ist. Teammitglieder sollten des Weiteren selbst (mit-)entscheiden, wie die Arbeit im Team aufgeteilt wird, wann sie Überstunden ableisten und ob sie diese eventuell sogar zu Hause machen.

Zu den Aspekten der Arbeit, die hingegen zentral geregelt werden müssen und dadurch den Delegationsgrad beschränken, zählt das so genannte Konfigurationsmanagement. Die Konfiguration eines Softwaresystems ist die jeweils aktuelle Manifestation aller Entwicklungsaktivitäten. Konfigurationsmanagement lässt sich definieren als die Gesamtheit aller Regeln und Strukturen, die die Projektmitarbeiter beachten und nutzen müssen, damit

- die Elemente des Softwaresystems und aller Projektunterlagen – dazu gehören insbesondere Projekt- und Produktdefinition, Lasten- und Pflichtenheft, Designdokumente, Quellcode, alle Dokumente der Testplanung, Testergebnisse, alle Dokumentationen für die Benutzer und spätere Bearbeiter der Software und dergleichen mehr (Ayer/ Patrinostro, 1992, S. 27-28, 69) – jederzeit identifiziert werden können und dokumentiert sind,

- Veränderungen dieser so genannten Konfiguration gesteuert, dokumentiert und kommuniziert werden,

- der Stand des Entwicklungsfortschritts dokumentiert und kommuniziert wird und

- die Angemessenheit und Vollständigkeit der Dokumentation sichergestellt ist (vgl. Ayer/ Patrinostro, 1992, S. 2).

Der Hauptzweck des Konfigurationsmanagements besteht darin, spezifische Interdependenzen, die bei der arbeitsteiligen Entwicklung von Software entstehen, zu lösen (Ben-Menachem, 1994, S. 17-23). Ohne Konfigurationsmanagement können Entwickler und Projekte bereits bestehende Codemodule, Dokumentationsmodule, Spezifikationsmodule und dergleichen *nicht* gleichzeitig nutzen, *ohne* dabei ungewollt die Arbeitserzeugnisse der anderen zu verändern oder gar zu überschreiben. Das Generieren lauffähiger Zwischenstände der Software und das Nachvollziehbar-Machen von Veränderungen im Quellcode ist dabei die wichtigste Aufgabe des Konfigurationsmanagements. Angesichts der Komplexität und vor allem Immaterialität von Software ist die Bedeutung des Konfigurationsmanagements immens (Ben-Menachem, 1994, S. 3). Ohne Konfigurationsmanagement können die arbeitsteiligen Beiträge der Entwickler nicht zu einem funktionalen Ganzen zusammenfinden.

Das Konfigurationsmanagement bei der Firma Microsoft gibt beispielsweise sehr detaillierte Regeln vor, die das Ziehen „privater" Kopien der zentral vorgehaltenen Masterversion des Produkts, an denen die Entwickler dezentral arbeiten, und das „Einchecken" der bearbeiteten Privatkopien in die Masterversion bis ins Kleinste vorgeben. Es werden sogar Uhrzeiten vorgegeben, bis zu denen bestimmte Prozessschritte erledigt sein müssen, damit darauf folgende Prozessschritte ungestört ablaufen können (vgl. Cusumano/ Selby, 1995, S. 263 ff.).

Diese Regeln sind „eisern", d. h. Kollegen und Vorgesetze legen viel Wert darauf, dass niemand dagegen verstößt. Macht ein Entwickler dabei Fehler, muss er diese nicht nur sofort beseitigen, sondern wird auch noch symbolisch bestraft, z. B. indem er am nächsten Tag die unangenehme Arbeit des Generierens eines Ausgabezustandes übernehmen oder eine Narrenkappe tragen muss. Dave Maritz (zit. n. Cusumano/ Selby, 1995, S. 19), der Anfang der 90er Jahre Leiter der MS-DOS/ Windows-Testabteilung bei Microsoft war, fasste dieses Prinzip in folgende Worte: „[...] You can't do anything that's complex unless you have structure. ... Who cares if a guy walks around without shoes all day? Who cares if the guy has got his teddy bear in his office? I don't care. I just want to know ... [if] somebody hasn't checked in his code by five o'clock. Then that guy knows that I am going to get into his office."

Allerdings kosten Konfigurationsaktivitäten Zeit und binden Personal. Das Hin- und Herkopieren, die automatisierten Abgleiche und Tests beanspruchen die Computer der Entwickler, so dass sie in der Zeit keine anderen Aktivitäten am Computer ausführen können (Cusumano/ Selby, 1995, S. 272). Dabei ist zu beachten, dass auch kleinste Veränderungen, die Entwickler an „ihren" Modulen vornehmen, z. B. kleine Fehlerkorrekturen, *alle* Konfigurationsaktivitäten nach sich ziehen. Das Generieren lauffähiger Masterversionen bindet darüber hinaus die Zeit der „build master", d. h. derjenigen Entwickler, die die dazu erforderlichen Prozesse ausführen. Den „optimalen Grad" des Konfigurationsmanagements festzulegen ist eine ingenieure Entscheidung, bei der Nutzen und Kosten der umfangreichen Abgleichtätigkeiten miteinander verglichen werden müssen.

Das Prinzip einer *„selbstbestimmten Selbstbegrenzung"* durch zentrale Vorgaben für die Entwicklungstätigkeit wird bei Microsoft ebenfalls umgesetzt. Die Manager bei Microsoft ermuntern ihre Mitarbeiter, Arbeitprozesse und Werkzeuge zu hinterfragen. Teams können ihre Abläufe verändern (Cusumano, 1997, S. 19). Regeln für die Projektabwicklung und Softwareentwicklung sollten als Hilfestellung für den Arbeitsprozess (und nicht als Überwachungsinstrument für die Mitarbeiter) intendiert sein und vertrauensvoll zwischen Führenden und Ausführenden ausgehandelt werden oder immerhin von den Geführten als sinnvoll und notwendig anerkannt werden (vgl. Adler/ Borys, 1996).

4.3.1.3 Selbst- vs. Fremdkontrolle

Bei der Frage nach dem Grad der Selbst- versus der Fremdkontrolle ist die Unterscheidung zwischen Sachleistungs- und Prozesszielen erneut relevant (vgl. II 4.2.1). Im Hinblick auf die *Sachleistungsziele* steht die Fremdkontrolle im Vordergrund. Diese sollte dem Prinzip der unabhängigen Qualitätssicherung genügen, wonach Analysen und Tests für das (Teil-)Produkt X nicht von dem(n) Entwickler(n) des (Teil-)Produkts X übernommen werden sollten (Balzert, 1998, S. 290). Grund dafür ist, dass das Testen und Analysieren „destruktive" Tätigkeiten sind (Myers, 1979, S. 5), die vom Entwickler selbst nicht mit der notwendigen Konsequenz durchgeführt würden.

Im Hinblick auf die Erreichung der *Prozessziele*, insbesondere der Zeitlimits, gelten die Überlegungen, die im Abschnitt II 4.2.1.2 mit dem Stichwort Subsidiarität der Planung und Kontrolle angestellt worden sind. Danach sollten die Mitarbeiter innerhalb der Intervalle, die ihnen für die Erledigung einer Aufgabe eingeräumt werden, möglichst wenig oder gar keine Kontrolle erfahren. Zu vorab bestimmten Prüfterminen jedoch, zu denen der Projektstatus des gesamten (Teil-)Teams zusammengetragen wird, sollten sie den Stand ihrer Arbeit offen legen.

4.3.1.4 Fazit

Damit die Anzahl möglicher Handlungsoptionen, aus denen die Geführten spezifische persönliche Initiativen, etwa zur Entwicklung einer visuellen Darstellung der von ihnen bearbeiteten softwaretechnischen Probleme oder eine Initiative zur Vereinfachung existierender Dokumentationsregeln, formen können, sollte der Delegationsgrad im Projekt möglichst hoch sein. Allerdings müssen Führende in Softwareentwicklungsprojekten eine Balance finden zwischen einem möglichst hohen Delegationsgrad einerseits und einem möglichst niedrigen Delegationsrisiko andererseits. Wie dies im Hinblick auf die Delegation von *Zielentscheidungs*kompetenzen gelingen kann, wurde bereits im Kapitel II 4.2.1.2 „Möglichkeiten der Balance zwischen Offenheit und Verbindlichkeit" erörtert. In Bezug auf die *Handlungs*kompetenz der Geführten wurden die Maßgaben „so wenig Einschränkung wie nötig, so viel Freiheit wie möglich" und „selbstbestimmte Selbstbegrenzung" mit Hinweisen zu den zwingend erforderlichen Regeln des Konfigurationsmanagements und einem möglichst hohen Einfluss der Geführten auf die Formulierung weiterer Regeln, Richtlinien und Standards mit Inhalt gefüllt. Im Hinblick auf die *Kontroll*kompetenz ist festzuhalten, dass Fremdkontrollen bei den Tests und Begutachtungen der von den Geführten erstellten Sachleistungen unvermeidlich sind. Kontrollen der Erreichung von Vorgehenszielen sollten hingegen auf Selbstkontrollen der Geführten aufbauen (vgl. auch hierzu II 4.2.1.2).

4.3.2   Zuweisung von Betriebsmitteln und Schulungen

Auch Betriebsmittel wie Räume, Büroausstattung, Hard- und Software sowie Schulungen haben einen Einfluss auf die Optionsbewertung der Geführten. Je weniger sie zur Verfügung stehen, desto geringer wird die Anzahl der für die Mitarbeiter tatsächlich zur Verfügung stehenden Optionen, auf ein Projektrisiko oder eine Projektchance initiativ zu reagieren, z. B. weil den Mitarbeitern schlicht bestimmte Software fehlt, mit denen sie bestimmte Programmierungsarbeiten beschleunigen könnten. Betriebsmittel und Schulungen lassen sich zusammenfassend betrachten, da sie sich gemeinsam dadurch auszeichnen, dass ihre Anschaffung bzw. ihr Besuch unmittelbar buchhalterische Kosten verursachen. Damit ist auch gleich die wichtigste Grenze für ihre Zuweisung genannt. Führende müssen abwägen, welche Betriebsmittel und Schulungen bei welchen Geführten den größten Ertrag bringen.

Darüber hinaus ist zu bedenken, dass Betriebsmittel und Schulungen von den Geführten als Belohnungen wahrgenommen werden können und im Hinblick auf ihre Verteilungs- und Verfahrensgerechtigkeit beurteilt werden, so dass die Überlegungen aus Kapitel II 4.2.3.2 „Belohnung und Fairness" auch für diese Führungsaufgabe zutreffen.

Des Weiteren stellt sich die Zuweisung von Betriebsmitteln und Schulungen als Delegationsproblem dar. Je mehr Einfluss die Geführten auf die Verteilung dieser Mittel haben, desto höher sind der Delegationsgrad und alle damit einhergehenden Vorteile (vgl. II 4.3.1). Denkbar ist etwa, den Geführten Budgets zuzuweisen, aus denen sie sich nach ihrem Ermessen bedienen können. Allerdings macht das nur Sinn, wenn die Budgets groß genug ausfallen, dass die Geführten daraus tatsächlich Betriebsmittel und Schulungen finanzieren können. Außerdem fällt der administrative Aufwand vieler Minibudgets negativ ins Gewicht. Um das mit den Budgets einhergehende Delegationsrisiko zu begrenzen, ist vorstellbar, ihre Verwendung an Zielvereinbarungen zu koppeln (vgl. Gebert, 2001, S. 163). Dann haben die Geführten einen Anreiz, die Budgets so auszunutzen, dass sie ihre Ziele besser erreichen (siehe II 4.2.3.3 „Zielsetzung und (persönliches) Feedback").

Eine andere delegative Lösung zur Verteilung von Schulungen und Betriebsmitteln besteht darin, die Geführten als (Projekt-)Gruppe selbst über deren Verteilung entscheiden zu lassen. Dagegen sprechen die damit verbundenen Zeitkosten und die Gefahren, die von den Verteilungskonflikten für die Kooperation im Team ausgehen. In Anlehnung an die bereits zitierte Untersuchung von Gebert et al. (2003) lässt sich auch hier vermuten, dass den Geführten die Lösung der Verteilungskonflikte dann besonders gut gelingt, wenn sich die Geführten hinreichend an den *Zielen* des Projekts und der Mutterorganisation orientieren, unter ihnen

137

ausreichend *Konsens* über die Zwecke der Betriebsmittel und Schulungen sowie über die Entscheidungsprozeduren zu ihrer Verteilung besteht und die Geführten einander genügend *vertrauen* (siehe bereits II 4.3.1 „Delegation von Entscheidungskompetenzen"). Andernfalls dürften die Verteilungskonflikte bei der Zuweisung der Mittel die Vorteile der Delegation aufwiegen. Dies verweist erneut auf die Bedeutung des Abschnitts II 4.2 „Führung zur Beeinflussung wahrgenommener Relevanz" und der Kapitel II 4.3.3 „Förderung der Kommunikation und Teamarbeit" und II 4.3.7 „Schaffung und Erhalt von Vertrauen". Je mehr gemeinsame Orientierung, Konsens und Vertrauen besteht, desto geringer werden die Kosten und Gefahren der Selbst-Koordination der Geführten und desto eher ist es möglich, die Geführten selbst über die Verteilung knapper betrieblicher Güter, wie leistungsfähiger Software oder Schulungen, entscheiden zu lassen.

4.3.3 Förderung der Kommunikation und Teamarbeit

In Softwareentwicklungsprojekten müssen sich die Mitarbeiter im hohen Maße untereinander koordinieren, voneinander lernen und gegenseitig beim Problemlösen unterstützen (Brodbeck, 1994a/b, 2001; Brooks, 1982; Schnath/ Bittner, 1995; Sonnentag, 2000). Die Güte der Kommunikation und Zusammenarbeit im Team dürfte daher für die von den einzelnen Geführten wahrgenommene Chance, in Kooperation mit anderen persönliche Initiative zeigen zu können, besonders wichtig sein.

Allerdings kann es nicht darum gehen, Kommunikation und Zusammenarbeit im Team *an sich* zu fördern, denn diese haben nicht nur die oben genannten positiven Effekte, sondern haben auch negative Sekundäreffekte in Form der Zeit, die sie kosten (Brodbeck, 2001, S. 74). Diese Zeit fehlt den Geführten dann, um spezifische persönliche Initiativen in Gang zu setzen, bzw. die Langsamkeit der Kommunikation verzögert kooperativ zu leistende persönliche Initiativen, so dass diese zu spät realisiert werden, um bei der Bewältigung von Risiken bzw. Chancen noch nachhaltigen Nutzen zu bringen. Angesichts der Prozesskosten der Kommunikation wird in der Softwaretechnik sogar versucht, Entwicklungswerkzeuge zu entwickeln, mit deren Hilfe unproduktive Kommunikation reduziert werden kann (ebenda; Floyd, 1995, S. 245).

Entscheidende Führungsaufgabe ist mithin, *intensive* und *effiziente* Kommunikation und Zusammenarbeit der Geführten zu fördern, damit die Geführten im Gespräch und in der Kooperation mit ihren Kollegen erforderliche Handlungen, etwa die gegenseitige Abstimmung an Schnittstellen, zu spezifischen persönlichen Initiativen ausformen, anstatt nur so wenig wie möglich mit den Kollegen abzustimmen.[16] Daher werden in den nächsten beiden Kapiteln II 4.3.3.1 und II 4.3.3.2 Bedingungen einer effektiven und effizienten Kommunikation im Team und deren Implikationen für die Teamführung erörtert.

4.3.3.1 Bedingungen intensiver und effizienter Kommunikation und Teamarbeit

Anlässe von Kommunikation und Zusammenarbeit in Softwareentwicklungsprojekten und damit potenzielle Anlässe für spezifische persönliche Initiativen, die von mindestens einem zweiten Projektmitglied getragen werden müssen, sind

- Koordination der Geführten untereinander (Brodbeck, 2001, S. 73 f.; Krasner et al., 1987, S. 49; Kraut/ Streeter, 1995; Scacchi, 1984, S. 50; Sonnentag, 2000),
- Wissenstausch, d. h. gegenseitiges Lernen der Geführten (Floyd, 1995, S. 246 f., 250 f.; Kraut/ Streeter, 1995, S. 76 f.; Scacchi, 1984, S. 54.; Sonnentag, 2000) und
- gemeinsames Problemlösen (Brodbeck, 1994b, S. 62; Floyd, 1995, S. 246 f., 250 f.; Scacchi, 1984, der von „Verhandlungen" spricht; Sonnentag, 2000) .

Zweck von *Kommunikation zur Koordination* ist die Klärung der Interdependenzen zwischen den Aktivitäten verschiedener Projektmitglieder (vgl. E. Frese, 1998, S. 114 f.). Damit dieser Aspekt der Kommunikation effizient funktioniert, ist es erforderlich, dass die Teammitglieder anhand eines geteilten mentalen Modells kommunizieren (Cannon-Bowers et al., 1998). Mentale Modelle sind vereinfachte und anschauliche Repräsentationen der Realität, die die Geführten zur Steuerung ihres Handelns heranziehen (Tschan/ Semmer, 2001, S. 219 f.). Ein mentales Modell zur Steuerung der koordinativen Kommunikation sollte mithin die zu erledigenden Teilaufgaben und deren Reihenfolge spezifizieren und zum anderen festlegen, wer mit wem diese Aufgaben abarbeitet (vgl. Tschan, 2000, S. 76 ff.). Diese generellen, auf jegliche Gruppenarbeit bezogenen Überlegungen werden in der qualitativen Untersuchung von N = 19

---

[16] Wenn dies gelingt, ist der Beitrag zum Projekterfolg erheblich, wie eine Untersuchung von N = 145 deutschen Softwareentwicklungsprojekten zeigt (Högl/ Gemünden, 2001). In dem darin vorgestellten Strukturgleichungsmodell erklärt eine qualitativ hochwertige Zusammenarbeit innerhalb des Teams – die sich durch informative und intensive Kommunikation, gute Koordination untereinander, Ausgeglichenheit der Leistungsbeiträge der Teammitglieder, gegenseitige Unterstützung, Engagement und Zusammenhalt auszeichnete – 41 % des von den Teammitgliedern wahrgenommenen Teamerfolgs, 11 % des von den Projektleitungen wahrgenommenen Teamerfolgs und immerhin noch 7 % des vom höheren Management wahrgenommenen Teamerfolgs bei einer Irrtumswahrscheinlichkeit von $p < 0,01$. Selbst der geringste der drei Werte ist ökonomisch relevant, wenn er sich in ähnlich hohen Zeit- und Kostenersparnissen und Qualitätssteigerungen niederschlägt.

Softwareentwicklungsprojekten von Curtis et al. (1988, S. 1279 f.) bestätigt. Die Forscher stellten fest, dass sich erfolgreiche Projekte dadurch auszeichnen, dass die Mitarbeiter darin *projektspezifische* Konventionen zur visuellen und sprachlichen Repräsentation der Software und ihrer Anwendung und einen "Projektdialekt" zur Kommunikation darüber entwickelten.

Damit *Kommunikation zum Zwecke des gegenseitigen Wissenstausches* möglichst effizient erfolgt, ist ein anderes mentales Modell, ein so genanntes transaktives Gedächtnis erforderlich (Brauner, 2001, S. 240-242). Der Begriff „transaktives Gedächtnis" bezeichnet das Wissen, das zwei oder mehr Personen wechselseitig über die jeweils andere Person und ihr Wissen besitzen (Wegner, 1995). Dabei ist nicht allein das Speichern des Wissens über das Wissen der Anderen von Bedeutung, sondern in erster Linie der Umstand, dass es auch angewendet wird, indem die Beteiligten auf das Wissen der jeweils anderen Personen zugreifen. Die Geführten müssen dazu ihre individuellen mentalen Verzeichnisse über das – sich stetig verändernde – Wissen ihrer Kollegen aktualisieren. Sie müssen Informationen, die von Kollegen aufgrund deren Wissens besser verarbeitet werden können, an ihre Kollegen weiterleiten. Und sie müssen sich überlegen, wie sie das in den Kollegen gespeicherte Wissen abrufen, wenn sie es selbst benötigen (Wegner, 1995). Auch diese Überlegungen werden von Curtis et al. (1988, S. 1279) bestätigt. Sie beobachteten in der bereits erwähnten Studie, dass sich unterschiedliche Mitarbeiter von Softwareentwicklungsprojekten *unterschiedlicher* Informanten bedienten, um Antworten auf unterschiedliche Fragen, z. B. nach den Zwecken des Softwaresystems, zur Fehlerdiagnose, zur Systemarchitektur, zu wieder verwendbaren Softwaremodulen, zu Management oder Technologiefragen, zu erhalten.

Gemeinsames Problemlösen ist z. B. gegeben, wenn mehrere Mitarbeiter versuchen, die Frage zu beantworten, ob es sich lohnt, ein bereits existierendes, aber wartungsunfreundliches Softwaremodul weiter zu verwenden oder die Zeit zu investieren, es neu zu entwickeln. Gemeinsames Problemlösen ist „mehr" als Koordination und Wissenstausch, weil die kommunizierten Informationen und Wissensbestände im Gruppenlösungsprozess weiter verarbeitet, untereinander kombiniert und dann als Idee oder Vorschlag wieder kommuniziert werden müssen (vgl. erneut Brodbeck, 1994b, S. 62; Floyd, 1995, S. 246 f., 250 f.; Scacchi, 1984). Ein so verstandener Problemlöseprozess muss (mindestens) drei Bedingungen erfüllen, die in Anlehnung an Gebert/ Rosenstiel (2002, S. 149 ff.) Unabhängigkeits-, Mitteilungs- und Akzeptanzbedingung genannt werden. Diese Bedingungen müssen erfüllt sein, damit die Gruppenleistung größer als die Leistung des besten Einzelmitgliedes der Gruppe sein kann. Erstens müssen die Gruppenmitglieder unterschiedliche Informationen und Wissensbestände in die

Problemlösung einbringen. Denken die Beteiligten hingegen alle dasselbe, lohnt der Aufwand der Gruppenarbeit nicht. Insofern muss eine gewisse *Unabhängigkeit* des Denkens und Handelns der Gruppenmitglieder erhalten bleiben, auch *trotz* der gewünschten Entwicklung gemeinsam geteilter mentaler Modelle. Zweitens müssen die Mitarbeiter Ideen austauschen. Angesichts dysfunktionaler Gruppenphänomene wie ungleicher Sprechzeitenverteilungen, „schweigender Mehrheiten", Konformitätsdruck oder Konflikten zwischen Gruppenmitgliedern ist die Erfüllung dieser *Mitteilungsbedingungen* ebenfalls nicht selbstverständlich. Drittens müssen sich die Mitarbeiter am Ende auf eine möglichst gute Lösung einigen. Aufgrund der Tendenz zum Aktionismus, die gerade bei der Lösung komplexer Projekte unter Zeitdruck besteht (Dörner/ Schaub, 1995), und der Gefahr einer übermäßigen Konformität ist nicht zu erwarten, dass die beste Lösung von allein *akzeptiert* wird. Vielmehr bedarf es dazu einer Steuerung des Problemlöseprozesses, im „Großen", d. h. bei der allgemeinen Führung des Teams, wie im „Kleinen", z. B. beim Management von Besprechungen (Hofmann, 1999).

Eine intensive und effiziente Kommunikation und Zusammenarbeit der Geführten in Softwareentwicklungsprojekten bedarf zusammengefasst zum einen gruppenspezifischer mentaler Modelle der Mitarbeiter und zum anderen einer Steuerung von Problemlöseprozessen. Fehlt es an mentalen Modellen oder an Steuerung sind Kommunikation und Zusammenarbeit im Team weniger intensiv und/ oder weniger effizient, so dass jeder einzelne Geführten ceteris paribus auch weniger Optionen für gemeinsam mit anderen durchzuführenden spezifischen persönlichen Initiativen, etwa zum nachhaltigen Wissenstausch oder zur endgültigen Lösung eines immer wieder auftretenden Softwareproblems, erkennen kann. Daraus sind Handlungsempfehlungen für Führende in Softwareentwicklungsprojekten abzuleiten, die nachstehend erörtert werden.

4.3.3.2 Handlungsempfehlungen für die Teamführung

Die folgenden Empfehlungen für die Teamführung sind danach geordnet, ob diese schwerpunktmäßig in den frühen, mittleren oder späten Phasen eines Projekts zum Tragen kommen. In den frühen und späten Phasen eines Projektes stehen der Aufbau und die Nutzung geteilter mentaler Modelle im Vordergrund. In den mittleren Phasen liegt der Schwerpunkt bei der Steuerung der Kommunikations- und Problemlöseprozesse zwischen den Teammitgliedern. Deren Informationsaustausch sollte zum einen intensiv ausfallen, was impliziert, den freien Austausch von Meinungen zur Erfüllung der Unabhängigkeits-, Mitteilungs- und Akzeptanzbedingung im Sinne einer „öffnenden Teamführung" (Gebert, 2004) zu fördern. Zum anderen muss sollte der Informationsaustausch auch effizient sein, d. h. der Meinungsaustausch muss im Sinne einer „schließenden Teamführung" (Gebert, 2004) auch strukturiert und begrenzt werden, damit die Prozesskosten des Kommunizieren nicht ausufern. Die nachstehende Tabelle gibt eine Übersicht über die entsprechenden Aufgaben der Teamführung:

Projektphase	Handlungsempfehlungen an Führende zur Unterstützung einer intensiven und effizienten Kommunikation und Kooperation im Team	
	Auf Intensität bedacht - den freien Austausch von Meinungen fördernd	*Auf Effizienz bedacht - den freien Austausch von Meinungen begrenzend*
Zu Beginn des Projekts	Genügend Zeit für gemeinsame Schulungen und gemeinsame Planung einplanen	
Im Projektverlauf	Kommunikationsstrukturen schaffen und pflegen

Nicht enden wollende Sachkonflikte zwischen Geführten beenden

Kollaboratives Streiten vorleben und Mitarbeiter ggf. darin schulen (lassen)

(Vertrauen schaffen)

Heterogenität der Kommunikation und Ergebnisoffenheit der Entscheidungsfindung fördern:
• Vorleben und Einfordern einer offenen und sachlichen Streitkultur
• Einbindung „stillerer" Personen
• Ggf. Advocatus Diaboli oder Moderatoren einsetzen
• Sensitivitätsanalysen durchführen
• Gruppenprozesse reflektieren (lassen) | Aufgabenkohäsion durch Motivierung steigern/ erhalten

Soziale Kohäsion steigern (um Gruppenaustritte zu vermeiden) und Gruppenidentität fördern (um Konsens und Orientierung zu stärken) durch
• das Feiern von Erfolgen
• Gruppen"events"
• die Betonung gemeinsamer Ziele
• kollektive Belohnung bei Erfolgen
• räumliche Nähe oder Förderung kompensatorischer Kommunikation bei räumlicher Entfernung

Entscheidungsprozesse begrenzen |
| *In den späten Projektphasen* | Intensive persönliche Kommunikation zwischen den Mitarbeitern trotz Auflösungstendenzen des Projekts erhalten | |

Tab. 3:   Aus der Literatur abgeleitete Handlungsempfehlungen zur Unterstützung einer intensiven und effizienten Kommunikation und Kooperation im Team

Zu Beginn eines Projekts

Zu Beginn eines Projekts, und darüber hinaus jedes Mal, wenn sich eine Gruppe einer neuen (Teil-)Aufgabe zuwendet, sollten Führende den Geführten Zeit zur gemeinsamen Entwicklung mentaler Modelle einräumen. In den frühen Phasen der Zusammenarbeiten interpretieren die Mitarbeiter die zu lösende Aufgabe noch vor dem Hintergrund ihrer *individuellen* mentalen Modelle (Hacker, 1998). Im Zuge einer gemeinsamen Planung oder bei Schulungen können sich kollektive mentale Modelle entwickeln. Das spricht für eine möglichst *partizipative* Projektplanung am Anfang eines Projekts und generell dafür, unbekannte Teilschritte zunächst gemeinsam zu planen und erst dann zu handeln (Tschan/ Semmer, 2001, S. 228; vgl.

142

auch Moreland/ Myaskovksy, 2000). Curtis et al. (1988, S. 1274) betonen auf der Grundlage einer qualitativen Untersuchung von 19 Softwareentwicklungsprojekten, dass ein Entwicklungsteam *in jedem Fall* die Zeit benötigt, ein geteiltes mentales Modell des zu entwickelnden Systems zu entwickeln. Entweder wird diese Zeit in Form von Schulungen, einer langen Planungsphase oder zur Entwicklung eines Prototypen eingeplant, oder aber das Projekt verzögert sich. Brooks (1982, S. 115 ff.) beobachtete in seiner Berufspraxis das Gleiche und schloss daraus, das Projektteam möge planen, die erste Version einer Software „wegzuwerfen", da diese allenfalls zur Entwicklung eines geteilten Verständnisses dienen würde.

Nun klingt es trivial zu fordern, dass eine arbeitsteilig zu bearbeitende Aufgabe erst verstanden werden soll, bevor sie effizient und effektiv bearbeitet werden kann. Aber gerade bei komplexen Projekten, die unter Zeitdruck stehen, gibt es eine große Neigung aller Beteiligten, mit Aktionismus zu reagieren (Dörner/ Schaub, 1995). Außerdem ist allen Beteiligten die Gefahr bewusst, zu lange zu planen und nichts zu tun, so dass sich bisweilen ein „falscher" Konsens herausbildet, die Aufgabe hinreichend verstanden zu haben (vgl. Tschan/ Semmer, 2001, S. 229). Den richtigen Zeitpunkt abzupassen, ist mithin „große" Führungskunst.

Im Projektverlauf – Intensität der Kommunikation

Im Verlaufe eines Projekts sollte die Intensität der persönlichen Kommunikation hoch ausfallen, damit sich die Geführten hinsichtlich ihrer potenziellen spezifischen persönlichen Initiativen abstimmen, Wissen tauschen und ggf. technische Probleme gemeinsam lösen. Um eine intensive persönliche Kommunikation der Geführten zu fördern, müssen Führende dafür sorgen, dass geeignete Kommunikationsstrukturen bestehen, unvermeidliche Sachkonflikte nicht in behindernde Beziehungskonflikte abgleiten und dass gegenseitiges Vertrauen zwischen den Geführten herrscht.

Im Abschnitt II 4.2.1.1 „Inhalte und Kommunikation der Planungs- und Kontrollinformationen" wurde bereits darauf hingewiesen, dass die *Kommunikationsstrukturen* in Softwareentwicklungsprojekten „leben", da die Mitarbeiter die Foren und Kanäle der Kommunikation ihren sich wandelnden Informationsbedürfnissen anpassen. Daraus folgt, dass Führende von Zeit zu Zeit überprüfen sollten, ob die emergenten Kommunikationsstrukturen funktional oder „Wildwuchs" sind. Mögliche Interventionen sind ebenfalls im Abschnitt II 4.2.1.1 bereits beschrieben worden und sollen hier der Vollständigkeit halber nur noch einmal erwähnt werden: Zum einen fördert eine klare Beschreibung der Interdependenzen zwischen den Teilgruppen eines Softwareentwicklungsprojekts die *informelle* persönliche Kommunikation unter den Geführten per Telefon und E-Mail. Zum anderen fördern Projektgruppentreffen, Jour Fixe, Teilgruppentreffen und andere Sitzungen die *formelle*, persönliche Kommunikation.

Ein Teil der Zusammenarbeit im Team besteht darin, *Sach- und Prozesskonflikte* auszufechten, d. h. unterschiedliche Ansichten über Ziele und Wege zum Ziel miteinander zu verhandeln (Jehn, 1995; Jehn/ Mannix, 2001, S. 238). Sach- und Prozesskonflikte können sehr leicht mit Beziehungskonflikten einhergehen (Simons/ Peterson, 2000, S. 103; de Dreu/ Weingart, 2002), d. h. mit emotional-affektiven Spannungen zwischen Personen (Jehn/ Mannix, 2001, S. 238), die ihrerseits negativ auf die Arbeit wirken. Die Wahrscheinlichkeit, dass Sachkonflikte in Beziehungskonflikte „überschwappen" (Gebert, 2004, S. 141), hängt u. a. entscheidend von der Dauer der Sachkonflikte, von der Art und Weise der Auseinandersetzung und vom gegenseitigen Vertrauen zwischen den Konfliktparteien ab.

Im Hinblick auf die *Dauer von Sachkonflikten* ist die Studie von Jehn (1995) aufschlussreich. Die Autorin zeigte an N = 76 bzw. 88 Arbeitsgruppen eines amerikanischen Transportunternehmens, die an komplexen Aufgaben arbeiten, dass die Gruppenleistung – gemessen anhand von Experteneinstufungen – mit zunehmenden Sachkonflikten zunächst anstieg und dann wieder abfiel. Jehn (ebenda, S. 260 f.) erklärt das damit, dass Sachkonflikt dazu führt, dass alternative Ideen und Ansichten ausgesprochen und miteinander verglichen werden. Der dadurch geschaffene kognitive Gewinn übersteigt zu Anfang die sich anbahnenden Kooperationsbehinderungen, die die Auseinandersetzungen verursachen. Darüber hinaus lässt sich vermuten, dass die mit den Sachkonflikten verbundenen Anstrengungen und Ärgernisse Beziehungskonflikte freisetzen, die mit der Zeit so viel Eigendynamik (Glasl, 2002) entwickeln, dass sie eine zusätzliche Kooperationsbehinderung darstellen (Gebert, 2004, S.143; Griffith/ O'Neale, 2001, S. 400). Sachkonflikte, die die Geführten nicht selbst lösen können, sollten mithin von Führenden – ebenso wie Zieldiskussionen (vgl. II 4.2.1.2) – ab einem bestimmten Punkt abgebrochen und entschieden werden.

Die *Art und Weise der Auseinandersetzung* schlägt sich darin nieder, wie kollaborativ sich die streitenden Personen verhalten. In einer kollaborativen Auseinandersetzung versuchen die beteiligten Seiten, eine gemeinsame Lösung zu finden, die für alle Beteiligten Vorteile hat, und *sagen dies auch*. Darüber hinaus werden in einer kollaborativen Auseinandersetzung Gemeinsamkeiten der Parteien und die jeweiligen Vorteile der angestrebten Lösungen betont. In einer nicht kollaborativen Auseinandersetzung hingegen betonen die Beteiligten die negativen Aspekte möglicher Lösungen, unterstreichen die Differenzen zwischen den Parteien und machen sich gegenseitig Vorwürfe (Lovelace et al., 2001, S. 781, 784). Kollaborative Auseinandersetzungen führen generell in Verhandlungen zu besseren Ergebnissen für alle Beteiligten (Brett et al., 1998; de Dreu et al., 2000; Weingart et al., 1996). Bei N = 43 interdisziplinär besetzten Produktentwicklungsprojekten trugen kollaborative Auseinandersetzungen zwischen den Projektmitgliedern zu einer höheren Innovativität der Produkte und zur besseren Einhaltung von Kosten- und Zeitzielen bei (Lovelace et al., 2001). Die Vermutung liegt nahe, dass diese Ergebnisse (zumindest auch) damit zu tun haben, dass kollaborative Äußerungen angenehmer sind und sie daher den über die andere Partei empfundenen Ärger reduzieren. Führende können hier intervenieren, indem sie selbst als Vorbild vorangehen, oder indem sie den Geführten die Teilnahme an Trainings zur Verhandlungsführung und Konfliktbewältigung ermöglichen.

Gegenseitiges Vertrauen dämpft die wechselseitigen Ärgernisse der Ausfechtung des Sachkonflikts, weil in den inhaltlich negativen Äußerungen der anderen Seite keine Angriffe auf der Beziehungsebene (Watzlawick et al., 1993) oder gegen die eigenen Interessen gesehen werden. Das erleichtert wiederum die Sachauseinandersetzung, weil die Aussagen der anderen Seite als bare Münze genommen werden können, ohne sie zusätzlich unter taktisch-politischen Gesichtspunkten deuten zu müssen (Simons/ Peterson, 2000, S. 104). Vertrauen der Geführten untereinander und zu den Führenden ist darüber hinaus auch bedeutsam für die Frage, ob sich ein *individuelles* Engagement auch in *gegenseitiger* Kooperation und Unterstützung niederschlägt oder nicht (Dirks/ Ferrin, 2001; dies., 2002). Da Vertrauen auch über die Förderung persönlicher Kommunikation hinaus erhebliche Bedeutung hat, wird es im Kapitel II 4.3.7 eigens erörtert.

Im Projektverlauf – Effizienz der Kommunikation

Wenn die Kommunikation zwar intensiv, aber ineffizient verläuft, kostet sie Zeit, die den Geführten dann zur Entwicklung spezifischer persönlicher Initiativen fehlt bzw. die die Umsetzung spezifischer persönlicher Initiativen verzögert. Damit dies nicht passiert, sollten Führende für eine hohe Kohäsion im Team sorgen. Kohäsion wird üblicherweise definiert als die Gesamtheit der Kräfte, die die Gruppenmitglieder zur Mitgliedschaft bewegen, oder als Attraktivität, die die Gruppe bei ihren Mitglieder genießt (Festinger, 1950, S. 274; Goodman, et al., 1987, S. 144-145 m. w. N.; Mullen/ Cooper, 1994, S. 210). Je höher die Kohäsion im Team ist, desto höher ist die Neigung der Teammitglieder, ihre Verhaltensweisen im Handeln und Denken einander anzugleichen (Gebert/ Rosenstiel, 2003, S. 146). Im Hinblick auf den gedanklichen Austausch zwischen Teammitgliedern bedeutet dies, dass die Teammitglieder bei steigender Kohäsion häufiger das Gleiche denken und die Prozesskosten der Kommunikation sinken, da schneller Übereinstimmung erzielt wird.

Welche weiteren Effekte Kohäsion auf die Zusammenarbeit von Teams hat, hängt entscheidend von der Quelle der Kohäsion ab (Gebert/ Rosenstiel, 2002, S. 142; Goodman et al., 1987, S. 144-149; Gully et al., 1995, S. 515 m. w. N.; Mullen/ Copper, 1994, S. 224- 225). Dabei sind Aufgabenkohäsion (task cohesion) und soziale Kohäsion (social cohesion) zu unterscheiden. *Aufgabenkohäsion* beruht auf der Selbstverpflichtung der Gruppenmitglieder, sich für die Gruppenaufgabe einzusetzen. Sie hat unmittelbare positive Effekte auf das Leistungsverhalten (Goodman et al., 1987, S. 149-150) und damit auf die Qualität der Zusammenarbeit. Dies wurde empirisch, u. a. in zwei Meta-Analysen, nachgewiesen (Gully et al.,1995; Mullen/ Copper, 1994). Bezüglich der Förderung von Aufgabenkohäsion kann an dieser Stelle auf die Ausführungen zu den Kapiteln II 4.2.3. „Motivierung" verwiesen werden. Aufgabenkohäsion der Gruppe ist Ergebnis der individuellen Entscheidungen aller einzelnen Gruppenmitglieder, sich für die Gruppenaufgaben einzusetzen oder nicht (vgl. Goodman, et al., 1987, S. 145). Diese Entscheidung können Führende beeinflussen, indem sie die Motivation der Geführten, insbesondere deren intrinsische Motivation, günstig beeinflussen.

Soziale Kohäsion beruht auf den Annehmlichkeiten der sozialen Interaktion. Empirisch wurde nachgewiesen, dass soziale Kohäsion positiv mit der Zufriedenheit der Gruppenmitglieder und social support korrelieren (Gebert, 1995b, Sp. 1140). Gleichzeitig sinkt die Fluktuationsneigung der Gruppenmitglieder (ebenda). Die Fluktuation im Team ist bedeutsam, da das Ausscheiden einzelner Teammitglieder dazu führt, dass Teile des Gesamtwissens der Gruppen verloren gehen und ein gegebenenfalls neu hinzukommendes Teammitglied sich erst dieses Wissen erarbeiten muss und sich außerdem die von den anderen Gruppenmitgliedern verwendeten mentalen Modelle aneignen muss (Brauner, 2001, S. 241). Das Leistungsverhalten der Gruppenmitglieder wird vermutlich – wenn überhaupt – auf indirekten Wegen von sozialer Kohäsion beeinflusst (Gebert/ Rosenstiel, 2002, S. 146; Goodman et al., 1987, S. 146-149).

Zur Steigerung sozialer Kohäsion sind grundsätzlich alle Maßnahmen denkbar, die das Miteinander im Team angenehmer machen. Speziell Stolz über die Gruppenzugehörigkeit und Sympathie füreinander sind wichtige Quellen sozialer Kohäsion (Mullen/ Copper, 1994, S. 214, 224). *Stolz* über die Gruppenzugehörigkeit ist gegeben, wenn die Gruppenmitgliedschaft als etwas Wertvolles wahrgenommen wird und eine hinreichende Übereinstimmung zwischen individuellen Einstellungen und in der Gruppe geltenden Normen und Werten besteht (Tyler/ Blader, 2000, S. 194 f.). Dieser Stolz dürfte mit gemeinsam erlebten Erfolgen steigen (vgl. Gebert/ Rosenstiel, 2002, S. 76 f.). Teamerfolge gebührend zu würdigen und sogar zu feiern, dürfte also Kohäsion fördern. Der Rat vieler Autoren zur Teamführung, auch kleine Erfolge des Teams zu zelebrieren, ist also ernst zu nehmen (vgl. z. B. Aranda et al., 1998, S. 124). Dabei dürfen Führende allerdings nicht ihre Glaubwürdigkeit aufs Spiel setzen.

Sympathie vermittelt sich über wahrgenommene Ähnlichkeit der Gruppenmitglieder, die verbunden sein muss mit einer hohen Interaktionsrate zwischen den Gruppenmitgliedern (Buunk, 2002; Gebert/ Rosenstiel, 2002, S. 143). Wahrgenommene Ähnlichkeit dürfte bei Softwareentwicklern durch berufliche Sozialisationsprozesse und – im Falle einer freien Projektwahl – durch Prozesse der Selbstselektion bis zu einem gewissen Grad gegeben sein (Gebert/ Rosenstiel, 2002, S. 143; Strübing, 1993). Darüber hinaus dürfte die wahrgenommene Ähnlichkeit der Gruppenmitglieder zunehmen, je mehr die Gruppenmitglieder eine soziale Identität ausbilden, d. h. sich – zumindest auch - über die Gruppenmitgliedschaft definieren (R. Brown, 2002; Tajfel, 1981). Hierbei sind auch Gruppen"events" privater Natur hilfreich. Sich über die Gruppenmitgliedschaft zu definieren fällt wiederum leichter, wenn diese als etwas Wertvolles wahrgenommen wird (Tyler/ Blader, 2000, S. 194 f.). Weiterhin ist wichtig, dass die Gruppenmitglieder das Gefühl haben, ein gemeinsames Schicksal zu haben (Griffith/ O'Neale, 2001, S. 395), was wahrscheinlicher erscheint, wenn die Gruppenmitglieder ein gemeinsames Ziel verfolgen und die Zielerreichung kollektiv belohnt wird (Gebert/ Rosenstiel, 2002, S. 143; Tjosvold, 1995, S. 86 ff.).

Eine hohe Interaktionsrate ist bei den Mitgliedern kleiner, räumlich zusammenhängender Teams zumeist kein Problem. Schwieriger sieht es aus bei Teammitgliedern, die anderen Organisationseinheiten angehören, also z. B. beim (internen) Kunden oder in einer eigenständigen Test- und Qualitätssicherungsabteilung arbeiten. Je mehr Zeit Mitglieder eines Softwareentwicklungsteams voneinander räumlich getrennt arbeiten, desto wichtiger ist es, dass sie ersatzweise Kommunikations- und Dokumentationstechnologien wie E-Mail, Videokonferenzen, elektronisch verfügbare Dokumentationen des Projektstatus („elektronische Projektakte", Vogt, 2001), elektronische Schwarze Bretter und dergleichen mehr nutzen (Griffith/ O'Neale, 2001, S. 395, 398).

Allerdings gehen mit einer hohen Kohäsion auch Gefahren einher, da sie Konformität begünstigt. Konformität, verstanden als eine Angleichung des Denkens und Handelns der Gruppenmitglieder, verringert die Chance eines Teams darauf, die unterschiedlichen Ansichten und Perspektiven seiner Mitglieder zu nutzen (Gebert, 1995b, Sp. 1141), so dass eine „Konsens-Oase" (Gebert, 2004, S. 187) droht. In der Konsens-Oase setzen sich Mitarbeiter nicht mehr argumentativ auseinander, d. h. sie diskutieren auch nicht mehr das Für und Wider einer Idee, etwa eines neuen elektronischen Dokuments, in dem „bugs" projektweit dokumentiert werden, deren Ausgestaltung und anschließende Umsetzung Gegenstand einer spezifischen persönlichen Initiative eines Mitarbeiters werden könnte. Um diese Gefahren abzupuffern, sollten sich Führende um die Heterogenität der Kommunikations- und Leistungsbeiträge der Teammitglieder und um eine rationale und ergebnisoffene Entscheidungsfindung im Team bemühen. Hier bietet sich an, dass Führende

- in Diskussionen glaubhaft dazu auffordern, jeder möge seine Zweifel äußern, und generell eine sachliche und engagierte Streitkultur „in der Sache" für wünschenswert erklären (Lovelace et al., 2001, insb. S. 781, 786 f.; Schulz-Hardt, 2001, S. 282 f.),

- auch stillere Personen zur Teilnahme an Diskussionen auffordern (Gebert, 2004) und generell darauf achten, dass diese ihr Potenzial einbringen (Seers et al., 1995),

- darauf achten, dass in wichtigen Diskussionen jemand die Rolle des Advocatus Diaboli übernimmt (Schulz-Hardt, 2001, S. 282) – idealerweise, ohne dass die anderen dessen Kritik als Nörgelei abtun,

- wichtige Gruppendiskussionen von neutralen Moderatoren leiten lassen (Schulz-Hardt, S. 281),

- wichtige Entscheidungen vor dem Hintergrund von „Sensitivitätsanalysen" fällen, in denen simuliert wird, was passiert, wenn die der Entscheidung zugrunde liegenden Annahmen nicht eintreffen („Szenarien des schlimmsten Falls", Schulz-Hardt, S. 283) und

- dafür sorgen, dass die Gruppe bisweilen die eigenen Entscheidungsprozesse ggf. mit externer Hilfe reflektiert (West, 1994).

Allerdings dürfen auch solche Entschlussphasen nicht ausufern und müssen gegebenenfalls erneut durch Entscheidungen der Führungspersonen zügig beendet werden (Gebert, 2004).

In den späten Projektphasen

In den späten Projektphasen ist entscheidend, eine intensive persönliche Kommunikation unter den Teammitgliedern aufrecht zu erhalten. Zum einen drohen bei den letzten Tests bzw. bei der Implementierung beim Kunden besonders eilige Arbeiten, um Fehler in letzter Minute auszubügeln. Zum anderen wenden sich die Mitarbeiter bereits anderen Aufgaben zu (Brodbeck, 2001, insb. S. 83-85), so dass die gemeinsamen mentalen Modelle des noch laufenden Projekts in Vergessenheit geraten drohen und die Zusammenarbeit im Team leidet.

4.3.3.3 Fazit

Zusammenfassend ist festzuhalten, dass sich viele spezifische persönliche Initiativen in Kommunikation und Zusammenarbeit zwischen Geführten, genauer: in Aktivitäten zur wechselseitigen Koordination, zum Wissenstausch und zum gemeinsamen Problemlösen, manifestieren. Um die Intensität der Kommunikation und Zusammenarbeit zu fördern, sollten Führende in Softwareentwicklungsprojekten den Geführten am Anfang eines Projekts Zeit zur Bildung geteilter mentaler Modelle einräumen und am Ende des Projekts intensive persönliche Kommunikation zwischen den Mitarbeitern trotz der Auflösungstendenzen des Projekts erhalten. Allerdings darf die Homogenisierung des Denkens und Handelns nicht zu weit getrieben werden, denn sonst ist die Unabhängigkeitsbedingung effektiver Teamarbeit nicht mehr erfüllt. Aus diesem Grunde sollten Führende im Projektverlauf den Informationsfluss im Softwareentwicklungsprojekt öffnen, indem sie dezentrale Kommunikationsstrukturen im Projekt sicherstellen, lang andauernde Sachkonflikte der Geführten durch Entscheidung beenden und darauf achten, dass Auseinandersetzungen kooperativ und nicht kompetitiv geführt werden. Damit Kommunikation und Kooperation im Team nicht nur intensiv , sondern auch effizient verlaufen, sollten Führende außerdem Vertrauen und Kohäsion im Team stärken – Letztere, indem sie Erfolge mit dem Team feiern, den Gruppenmitgliedern Gelegenheit geben, sich auch privat kennen zu lernen, gemeinsame Ziele der Gruppe betonen und Erfolge kollektiv belohnen und auf eine räumliche Nähe der Gruppenmitglieder oder auf eine kompensatorische elektronische oder telefonische Kommunikation bei großer räumlicher Entfernung achten. Diese „schließende" Teamführung muss allerdings wiederum durch eine Öffnung des Diskussionsprozesses abgepuffert werden (Gebert, 2004), damit Alternativen abgewogen und keine vorschnellen Entscheidungen gefällt werden. Hierzu sind eine sachliche und engagierte Streitkultur, die Einbindung „stillerer" Teammitglieder in Diskussionen, ggf. ein Advocatus Diaboli oder ein Moderator, Sensitivitätsanalysen und die Reflexion von Gruppenprozessen hilfreich. Allerdings darf auch diese Öffnung nicht ausufern. Entscheidungsprozesse, die nicht enden wollen, müssen gegebenenfalls durch Entscheidungen der Führungspersonen zügig beendet werden.

4.3.4 Unterstützung teamübergreifender Zusammenarbeit

Wie bereits weiter oben erläutert wurde, legt eine Untersuchung von Kraut/ Streeter (1995) nahe, dass Mitarbeiter in Softwareentwicklungsprojekten aus der Zusammenarbeit mit Projektexternen besonders gehaltvolle spezifische persönliche Initiativen entwickeln und umsetzen können, weil Projektexterne Informationen und Hilfen bereithalten, die innerhalb des Projekts nicht verfügbar sind. Bezüglich des Gegenstands spezifischer persönlicher Initiativen, die der teamübergreifenden Zusammenarbeit bedürfen, lassen sich technische Fragen von Fragen der politischen Durchsetzung und Absicherung des Projekts unterscheiden (vgl. Ancona/ Caldwell, 1992, S. 640-642, die die politische Zusammenarbeit „ambassador activities" nennen). Letztere werden im Weiteren nicht betrachtet, da diese nur in den seltensten Fällen Gegenstand persönlicher Initiativen der *geführten* Projektmitglieder, d. h. der Entwickler, Assistenten und Teilgruppenleiter in Softwareentwicklungsprojekten, sein dürften.

Technische teamübergreifende Zusammenarbeit ist trotz des optimistischen Bildes, das Kraut/ Streeter (1995) zeichnen, ein zweischneidiges Schwert, da sie auch mit spezifischen Nachteilen für das Projekt einhergeht. Erstens kostet sie Zeit (Haas, 2002), unter anderem weil teamübergreifende Kommunikation erfordert, sich in den Gedankenwelten und Bedeutungssystemen der anderen Seite zurechtzufinden und Übersetzungsleistungen zu erbringen (Dougherty, 1992). Zweitens müssen die gesammelten Informationen in den Problemlöseprozess des Teams eingespeist werden, was erneut Kommunikations(zeit)kosten verursacht und den Zusammenhalt des Teams schwächen kann (Ancona, 1987, S. 218 ff.; Keller, 2001, S. 553), unter anderem weil Zeit für teaminterne Aktivitäten fehlt (Yan/ Louis, 1999, S. 40) und weil das „not-invented-here"-Syndrom mit der Ablehnung externer Information einhergeht (Mehrwald, 1999). Drittens besteht die Gefahr, aufgrund der immer neuen Impulse von außen einmal gefasste Pläne in Frage zu stellen bzw. Entscheidungen in der Hoffnung auf noch bessere Informationen zu verschieben (Ancona/ Caldwell, 1992, S. 650; Keller, 1994, S. 177). Viertens erhalten projektexterne Personen Informationen über das Projekt und damit Einflussmöglichkeiten auf dessen Mitarbeiter (Haas, 2002). So können Gerüchte entstehen oder Mitarbeiter beeinflusst werden. Diese Gefahr erscheint besonders groß, wenn die Projektleitung in großer Abhängigkeit von anderen Stakeholdern steht und sich gegen Einflussnahme von außen nicht wehren kann (ebenda). Ein besonders mächtiger Stakeholder ist der Auftraggeber. Vor dem Hintergrund der Untersuchung von Brodbeck (2001, S. 86, 90), in der der Projekterfolg von N = 21 Softwareentwicklungsprojekten signifikant negativ mit einer hohen Einbindung von Vertretern des Auftraggebers in das Entwicklungsteam korrelierte, darf zumindest geschlossen werden, dass die Integration von Auftraggebervertretern unter bestimmten – allerdings noch nicht erforschten – Bedingungen negativ sein *kann,* so dass es bedenkenswert ist, sie eher auf „Armeslänge" zu halten.

Teamübergreifende Kommunikation, und damit teamübergreifende spezifische persönliche Initiativen, sollte also so lange gefördert werden, wie die damit verbundenen Vorteile ihre Nachteile überwiegen. Dabei dürften sich die Vorteile der teamübergreifenden Zusammenarbeit abhängig von Inhalt und Zweck der erhaltenen Informationen unterscheiden. Auf der einen Seite gibt es teamübergreifende Zusammenarbeit zum Zwecke der technischen Koordination mit anderen Projekten oder Abteilungen der Mutterorganisation, z. B. zur Klärung von Interdependenzen zu Softwareprodukten, die in anderen Projekten entwickelt werden. Ancona/ Caldwell (1992, S. 640-642) nennen diese Art der teamübergreifenden Zusammenarbeit „task coordination" und konnten sie faktoranalytisch von den „scout activities" trennen. „Scout activities" umfassen teamübgreifende Zusammenarbeit bei der Suche nach neuen Technologien, bei der Klärung der Anforderungen derzeitiger oder zukünftiger Anwender und zur Lösung konkreter Probleme.

Teamübergreifende Zusammenarbeit *zum Zwecke der technischen Koordination* mit anderen Teilprojekten oder Abteilungen ist – so legen es zahlreiche empirische Studien zum so genannten Schnittstellenmanagement und die Ergebnisse einer Studie zur gruppenübergreifenden Zusammenarbeit von N = 39 Teams in einem Multi-Projektprogramm der Produktentwicklung eines Automobilherstellers von Wurst (Brockhoff/ Hauschildt, 1993; Wurst, 2001, S. 43 m. w. N., S. 150-153, S. 156-160) nahe – für den Projekterfolg hilfreich, zumindest so lange, wie es technische Interdependenzen zu klären gibt. Angesichts der Kosten, die durch die technische Integration entstehen, gibt es allerdings auch hier einen optimalen Grad der Koordination, der erreicht ist, wenn der zusätzliche Aufwand zur weiteren Schließung der „Integrationslücke" zwischen einer idealen technischen Koordination und der tatsächlichen Koordination höher ist als der zusätzliche Ertrag (Gupta et al., 1986, insb. S. 14). Das heißt, je mehr technische Schnittstellen das zu entwickelnde Produkt zu anderen Produkten hat, desto mehr sollten Führende „task coordination" der Geführten unterstützen.

Die Vorteile des „*scouting*" dürften zunehmen, je mehr zur Lösung der Entwicklungs-aufgabe Wissen erforderlich ist, das ausschließlich in den Köpfen teamexterner Personen ge-speichert ist (Gebert, 2004, S. 221 ff.). Dies dürfte bei radikalen Neuentwicklungen der Fall sein, so dass hier eine höhere teamübergreifende Zusammenarbeit als in Wartungs- und Wei-terentwicklungsprojekten für den Projekterfolg förderlich sein dürfte.

Zur Förderung teamübergreifender Zusammenarbeit kommen vergleichsweise wenig Führungshandlungen in Betracht, da die Führenden *in* Softwareentwicklungsprojekten relativ wenig Einfluss auf die Bereitschaft der teamexternen Personen zur Zusammenarbeit haben. Dazu gehören (Wurst, 2001, S. 31 f., 49-54, 68-70, m. w. N.):

- Für eine informationstechnologische Vernetzung zu interdependenten Gruppen und Abteilungen sorgen.
- Auf räumliche Nähe zu den anderen Abteilungen und Teams achten.
- Auf eine enge Abstimmung mit anderen Abteilungen und Teams durch integrierende Instanzen, z. B. in Koordinationskomitees, dringen.
- Einzelne Mitarbeiter explizit mit der Abklärung technischer Fragen im Sinne des „scouting" oder der „task coordination" betrauen und ihnen für diese Aktivitäten den Rücken freihalten.
- Direkte informelle Kontakte zwischen Geführten und Projektexternen herstellen, z. B. bei „social events" wie Sportveranstaltungen oder gemeinsame Essen.
- Generell die Bedeutung des „scouting" und der „task coordination" betonen.
- Speziell im Verhältnis zu interdependenten Abteilungen die Gemeinsamkeiten mit dem eigenen Team und Projekt herausstreichen.

Als Fazit der obigen Überlegungen ist zu konstatieren, dass Führende in Softwareentwick-lungsprojekten teamübergreifende spezifische persönliche Initiativen der Geführten nicht um jeden Preis fördern sollten. Vielmehr sollten die vorstehend aufgezählten Führungshandlun-gen in Abhängigkeit vom Zweck der teamübergreifenden Zusammenarbeit (Technische Ko-ordination vs. Sammlung externer Fachinformationen), der Intensität und Anzahl der Interde-pendenzen zu anderen Projekten (hoch vs. niedrig) und dem Innovationsgrad der Projektauf-gabe (hoch vs. niedrig) dosiert werden, um die erforderliche Balance zwischen Grenzoffenheit und –geschlossenheit (Gebert, 2004; Keller, 1994) des Teams zu erzielen. Darüber hinaus sollten sie berücksichtigen, wie stark die Projektmitglieder bereits mit teamexternen Personen „vernetzt" sind (Ancona/ Caldwell, 1988, insb. S. 482, 485; Haas, 2002). Eine weitere Mög-lichkeit zum Balancieren besteht darin, die Grenzoffenheit des Teams zeitlich zu variieren,

d. h. vor allem die scouting-Aktivitäten nur am Anfang des Projekts intensiv zu fördern (vgl. Wurst, 2001, S. 64 f.).

4.3.5 Hilfe für die Geführten

Weiter oben wurde ausgeführt, dass die Führenden für die Geführten die entscheidende Ressource für alle spezifischen persönlichen Initiativen darstellen, die mit den Führungskräften abgesprochen werden müssen bzw. die erst von den Führungskräften in letzter Konsequenz umgesetzt werden können. Letzteres ist etwa der Fall, wenn ein Mitarbeiter den Projektleiter initiativ und pro-aktiv darauf hinweist, dass er die ihm übertragenen Aufgaben bis zum nächsten Termin nicht erledigen kann und einen Vorschlag zur Priorisierung der noch leistbaren Aufgaben macht. Erst die Zustimmung des Projektleiters markiert das erfolgreiche Ergebnis dieser spezifischen persönlichen Initiative des Mitarbeiters. Zwei unterschiedliche unmittelbare Beiträge der Führenden zu spezifischen persönlichen Initiativen sind denkbar. Zum einen kann eine Führungskraft häufig bereits im Gespräch helfen, wenn es etwa um die Klärung von Missverständnissen bei der Aufgabenzuteilung geht. Zum anderen kann sich die Hilfe der Führungsperson in weitergehender Unterstützung manifestieren, die die Führungsperson im Anschluss an das Gespräch für den jeweiligen Mitarbeiter mobilisiert.

4.3.5.1 Fachlicher Dialog zwischen Führenden und Geführten

Wie bedeutsam fachliche Gespräche zwischen Führenden und Geführten der Softwareentwicklung bei umfangreichen und komplexen Entwicklungsaufgaben sind, zeigt die Studie von Campbell/ Gingrich (1986, vgl. zur Bedeutung des fachlichen Dialogs aber auch Kraut/ Streeter, 1995 und Sonnentag, 2003). Solche Gespräche erhöhen die Wissensbasis der Geführten, verhelfen zu einem besseren Verständnis der Anforderungen der Aufgabe und geben Gelegenheit, Missverständnisse zu klären (ebenda, S. 164, 177). In der Feldstudie wurden jeweils zwanzig Softwareentwicklern, die im Schnitt vier Jahre Berufserfahrung hatten, im Rahmen ihrer normalen Aufgabenerfüllung einfache oder komplexe Programmieraufgaben zur Bearbeitung gegeben. Alle Programmieraufgaben erforderten vom Bearbeiter die Kenntnis mehrerer Programmiersprachen, eine Analyse des Problems, den Entwurf eines Programms, das Schreiben des Codes und das Testen des Moduls. Einfache und komplexe Aufgaben unterschieden sich in erster Linie durch ihren Umfang. Aufgaben wurden als „einfach" bezeichnet, wenn die geschätzte Zeit zur Erledigung nicht mehr als 40 Personenstunden betrug. Im Schnitt betrug die tatsächliche Bearbeitungszeit ca. 27 Personenstunden. Aufgaben wurden als

„komplex" bezeichnet, wenn die Bearbeitungszeit zwischen 40 und 120 Personenstunden geschätzt wurde. Im Schnitt betrug die tatsächliche Bearbeitungszeit komplexer Aufgaben etwa 72 Personenstunden. Im Vergleich zu den ansonsten üblichen Arbeitsbedingungen in der untersuchten Organisationseinheit schätzten die Autoren der Studie, von denen einer Softwareexperte und Manager in der untersuchten Einheit war, die verteilten Aufgaben als einfach bis mittel-komplex ein.

In der „Kommunikationsgruppe" waren zehn Entwickler, die an simplen Aufgaben arbeiteten, und zehn Entwickler, die an komplexen Aufgaben arbeiteten. Sie kalkulierten *zusammen* mit ihren Vorgesetzten die Zeitplanung für die übertragenen Aufgaben anhand eines organisationsweit genutzten Leitfadens. In dem begleitenden Gespräch tauschten beide Seiten Informationen über die Anforderungen der Aufgabe, mögliche Schwierigkeiten und Lösungsansätze aus.

In der Gruppe ohne Kommunikation wurde den Entwicklern nur eine schriftliche Formulierung der Aufgabe zusammen mit der Zeitplanung, die der Vorgesetzte anhand des Leitfadens bereits kalkuliert hatte, übergeben. Fragen der Entwickler wurden nur kurz und knapp beantwortet. Eine Diskussion entstand nicht. Ein solches Vorgehen war in der Organisation üblich, insbesondere wenn die Vorgesetzten unter Zeitdruck standen. Die Aufgaben der Gruppe ohne Kommunikation waren mit den Aufgaben der Gruppe ohne Kommunikation vergleichbar.

Bei den simplen Programmieraufgaben wurde kein Leistungsunterschied zwischen den Entwicklern beider Gruppen festgestellt. Sehr wohl gab es aber einen erheblichen und statistisch signifikanten Leistungsunterschied bei der Bearbeitung komplexerer Entwicklungsaufgaben. Die Entwickler, die Gelegenheit hatten, die Aufgabe mit ihrem Vorgesetzten zu diskutieren, *unter*schritten im Schnitt die geplante Bearbeitungszeit um 10 %. Die Entwickler, die kein fachliches Gespräch mit ihren Vorgesetzten führten, *über*schritten die geplante Bearbeitungszeit hingegen im Schnitt um 5 % (ebenda, S. 174). Der Gesamtunterschied von 15 % ist größer, als er durch Zufall hätte zustande kommen können (p < 0,001). Das Ergebnis ist führungspragmatisch außerordentlich bedeutsam, da allein durch den fachlich-administrativen Dialog in der Phase der Aufwandsschätzung die Dauer der Bearbeitung umfangreicher Aufgaben im Schnitt um 15 % vermindert wurde!

Aufgrund des Designs der Studie ist allerdings zu fragen, ob der Leistungsvorteil der Kommunikationsgruppe darauf zurückzuführen ist, dass die voraussichtliche Bearbeitungszeit nach den Gesprächen länger eingeschätzt wurde als in der Gruppe ohne Kommunikation. Der

Effekt lässt sich nicht ganz ausschließen. Allerdings wurden höhere Zeitvorgaben nur dann von den Vorgesetzten eingestanden, wenn die Geführten anhand des Leitfadens bewiesen, dass der Vorgesetzte einen Faktor übersehen hatte (ebenda, S. 168). Darüber hinaus wird es in beiden Gruppen auch Überschätzungen gegeben haben, so dass der verzerrende Effekt nochmals geringer wird. Und selbst wenn der Leistungsvorteil der Dialoggruppe kleiner ist – auch eine adäquatere Planung hilft den Geführten, persönliche Initiative zeigen zu können, weil sie dafür dann aufgrund der realistischeren Zeitvorgaben mehr Zeit dafür haben.

4.3.5.2 Regulationsprobleme als Anlässe weitergehender Unterstützung

Nicht nur die Geführten profitieren von einem funktionierenden Dialog mit ihren Führungspersonen. Für die Führenden ist der Dialog wichtig, um diagnostizieren zu können, ob und inwieweit die Geführten noch weitergehender Unterstützung bedürfen. Derartige weitergehende Hilfe umfasst alle Führungshandlungen, mit denen Führende die objektive Situation der Geführten, d. h. deren Aufgaben und die Durchführungsbedingungen zur Bewältigung der Aufgaben, verändern (vgl. Gebert, 1987, S. 944 f.). Dies kann in einem Softwareentwicklungsprojekt beispielsweise bedeuten, dass die Projektleitung einen späteren Abgabetermin für das Projekt oder eine bessere Ausstattung der Mitarbeiter mit Hilfsmitteln durchsetzt. Solche Führungsaktivitäten sind spätestens dann erforderlich, wenn die Geführten weder allein noch mit der Hilfe ihrer Kollegen in der Lage sind, einen Umstand (Problem, Herausforderung, Chance oder Risiko) im Sinne einer *Auseinandersetzung*, d. h. objektiv, zu bewältigen. Erfolgt in diesen Fällen keine Hilfe, bleibt den Geführten gar nichts anderes übrig, als Vermeidungsverhalten zu zeigen (siehe II 3.1.3 „Wahrgenommene Relevanz und Situationskontrolle als Bedingungen für Auseinandersetzungsverhaltensweisen"; Gebert, 1987, S. 946). Aber gerade das soll Führung in Softwareentwicklungsprojekten verhindern.

Um Möglichkeiten und Grenzen von Eingriffen der Führenden in die Arbeitssituation der Geführten auszuloten, muss zunächst geklärt werden, mit welchen Problemen die Geführten in Softwareentwicklungsprojekten konfrontiert werden, die dazu führen, dass sie sich nicht mit einem Umstand auseinandersetzen *können*. Dazu lässt sich folgende, handlungstheoretisch begründete Überlegung anstellen: Die Geführten müssen die für die Auseinandersetzung erforderlichen Handlungen „regulieren", d. h. sie müssen für ihre Handlungen Ziele finden und diese in Teilziele untergliedern, sie müssen beim Handlungsvollzug auf Signale ihrer Umwelt achten, sich Arbeitspläne zurechtlegen, Entscheidungen treffen, sich bei der Ausführung der Handlungen beobachten und Feedback über die Ergebnisse ihrer Handlungen einholen und bewerten (Frese/ Zapf, 1994, S. 273-280; Hacker, 1998; Leitner et. al., 1993; Volpert, 1987). Volpert (1987, S. 5) definiert Regulation zusammenfassend als „die psychischen Prozesse der Formung und Lenkung von Handlungen".

Nun gibt es Durchführungsbedingungen der Aufgabe, die den Geführten die erforderliche Regulation erschweren oder unmöglich machen (Leitner et. al., 1993, S. 59; Semmer, 1984). Sie werden *Stressoren, Regulationsprobleme* (Frese/ Zapf, 1994, S. 310-311; Zapf, 1991, S. 3) oder *Regulationsbehinderungen* (Leitner et al., 1993, S. 59) genannt. Regulationsprobleme lassen sich anhand einer Taxonomie von Frese/ Zapf (1994), die auf Leitner et al. (1987) und Semmer (1984) zurückgeht und für den Zweck der vorliegenden Untersuchung leicht abgeändert und erweitert wurde, darstellen. Sie findet sich in der ersten Zeile der nachstehenden Tabelle wieder. In der zweiten Zeile der Tabelle werden diejenigen Regulationsprobleme der jeweiligen Kategorie benannt, die in Softwareentwicklungsprojekten besonders bedeutsam sind. In der dritten Zeile werden die dazu gehörenden Führungsaufgaben bezeichnet, auf die sich die weiteren Überlegungen im Kapitel II 4.3.5.3 beziehen werden.

	Stressoren aus der Aufgabe			Soziale Stressoren
	Unsicherheit/ Qualitative Überforderung	Überlastung/ Quantitative Überforderung	Hindernisse (Erschwerungen & Unterbrechungen)	
Allgemeine Beschreibung der Stressoren	Direkte Behinderung der Regulation, weil Zielbildung, Ableitung von Teilschritten und Interpretation von Feedback nicht möglich sind	Wenn dauerhaft vorliegend: Indirekte Behinderung der Regulation durch verminderte Aufmerksamkeit und Konzentration	Vorübergehende indirekte Behinderung der Regulation durch Erschwerung oder Unterbrechung der Handlung	Indirekte Behinderung der Regulation aufgrund von Ärgernissen und Spannungen mit anderen Personen
	Beispiele: Rollenkonflikte und Rollenambiguität	*Aufgabenimmanente Überlastung, z. B.:* Zeitdruck, Monotonie	*Erschwerungen, z. B.:* fehlende Informationen, schlechte Werkzeuge	*Beispiele:* Abneigung gegen Kollegen, persönliche Konflikte aufgrund eines Missverständnis-ses oder mangelhafter Zuarbeit, schlechtes Betriebsklima
		Unspezifische Überlastung, z. B.: Lärm, Beleuchtung, Raumklima, schlechte Ergonomie	*Unterbrechungen, z. B.:* Telefonanruf, kaputter Drucker, fehlende Büromaterialien	
Konkrete Stressoren in Softwareentwicklungsprojekten	Vage, instabile, konfligierende Arbeitsziele und zu wenig Feedback	Zeitdruck	Schlechte Werkzeuge, fehlende Informationen, Unterbrechungen	Beziehungskonflikte
Entsprechende Führungsaufgabe	Strukturierung der Projektaufgabe	Entlasten	Hindernisse beseitigen	Beziehungskonflikte begrenzen

Tab. 4: **Stressoren in der Softwareentwicklung und entsprechende Führungsaufgaben (eigene Darstellung nach Frese/ Zapf, 1994)**

Regulationsprobleme können entweder aus der Aufgabe „an sich" oder im Zuge der Kooperation mit anderen Personen zur Bewältigung einer Aufgabe entstehen. Letztere werden soziale Stressoren genannt (Frese/ Zapf, 1987; Zapf/ Frese, 1991). *Unsicherheit* liegt vor, wenn die betreffende Person nicht weiß, was sie tun soll, um ihre Aufgabe zu erfüllen, weil sie von der Komplexität der Aufgabe kognitiv überfordert ist (Zapf, 1991, S. 3). Die Person kann keine Ziele für ihre Handlungen bilden und/ oder sie kann die Handlung nicht in Teilschritte untergliedern und/ oder sie bekommt kein Feedback usw. (Frese/ Zapf, 1994, S. 312; Semmer, 1984, S. 54 ff.). Eine verwandte Kategorie ist die der qualitativen Überlastung (Frankenhaeuser/ Gardell, 1976). Rollenkonflikte und Rollenambiguität (Katz/ Kahn, 1966) sind besondere Formen der Unsicherheit (Frese/ Zapf, 1994, S. 312; Semmer, 1984, S. 61).

Unsicherheit der Mitarbeiter in Softwareentwicklungsprojekten ist unmittelbare Konsequenz der Aufgabenkomplexität in der Softwareentwicklung. Wenn und soweit die Sachleistungsziele und/ oder die Prozessziele vage, instabil und konfliktär sind, *muss* den Mitarbeitern die Regulation ihrer Handlungen schwer fallen (vgl. Weltz/ Ortmann, 1992, S. 41 ff.). Dies ist etwa der Fall, wenn ein Entwickler eine Datenbank programmieren soll, ohne zu wissen, wie groß die Datenmenge sein wird, die die Datenbank später verarbeiten muss. Die entsprechende Führungsaufgabe besteht darin, die *Aufgaben der Geführten zu strukturieren*, indem die Ziele, die ein „unsicherer" Mitarbeiter verfolgen soll, konkretisiert und vor Änderungen geschützt werden, Zielkonflikte entschieden werden und sichergestellt wird, dass der Mitarbeiter Feedback bekommt.

Unsicherheit behindert die Regulation unmittelbar. *Überlastung* behindert die Regulation hingegen indirekt über vermittelnde Prozesse wie verminderte Aufmerksamkeit, mangelnde Konzentration, Irritationen, Ermüdung oder Gereiztheit (Leitner et al., 1993, S. 69). Zeitdruck zwingt beispielsweise dazu, vieles gleichzeitig und schnell zu tun, was zu einer Überforderung des Kurzzeitgedächtnises (Frese/ Zapf, 1994, S. 312) und zur Einengung und Verkürzung der Suche nach Problemlösungen zu Gunsten gespeicherter Routinen führen kann (vgl. erneut Amabile, 1988, S. 148-150, Amabile et al., 1996, S. 1161-1162, 1170 ff.; Amabile et al., 2002). Überlastung beeinträchtigt die Regulation nur, wenn sie für längere Zeit anhält. Kurze „Belastungsspitzen" sind hingegen keine Regulationsprobleme (Frese/ Zapf, 1994, S. 312). Zu unterscheiden ist zwischen *aufgabenimmanenter* Überlastung, wie Zeitdruck und Monotonie, die ihren Ursprung direkt in der Aufgabe haben und *aufgabenunspezifischer* Überlastung, wie etwa Lärm, schlechter Beleuchtung und unergonomischen Arbeitsmitteln, die ihren Ursprung in anderen situativen Bedingungen der Arbeit haben (Leitner et al., 1993, S. 67, 67 ff.).

Zeitdruck ist wohl *der* aufgabenimmanente Überlastungsstressor in der Softwareentwicklung (Brooks, 1982, S. 14; Jones, 1994, S. 118-122; Marco/ deLister, 1991, S. 15 ff., Sonnentag, 1994b, S. 75). Monotonie spielt hingegen nur phasenweise eine Rolle, etwa beim langweiligen Ausführen nicht-automatisierter Tests. Vielmehr wird Softwareentwicklung als sehr vielseitige Tätigkeit charakterisiert (Brodbeck, 1994a; Couger/ Zawacki, 1978). Daher kann Monotonie in den weiteren Betrachtungen vernachlässigt werden. Auch auf die Betrachtung aufgabenunspezifischer Überlastung wird im Folgenden verzichtet. Zwar dürfte sie in Softwareentwicklungsprojekten genauso wie in anderen Arbeitskontexten vorkommen. Aber sie gehört nicht zu den typischen und die Softwareentwicklung charakterisierenden Regulationsproblemen. Daher wird nachstehend die Führungsaufgabe „Entlastung" mit der *Reduzierung von Zeitdruck* der Mitarbeiter gleichgesetzt.

Regulationshindernisse zeichnen sich dadurch aus, dass sie anders als Überlastung die Regulation bereits behindern, wenn sie nur vorübergehend vorliegen. Regulationshindernisse verlangen vom Handelnden einen Extraaufwand zur Aufgabenerledigung, ohne dass sich dieser Aufwand in einem besseren Arbeitsergebnis niederschlägt (Leitner et al., 1993, S. 60). Extraaufwand kann darin bestehen, Arbeitsschritte zu wiederholen, wieder von vorne anzufangen oder zusätzliche Arbeitsschritte zur Aufgabenerledigung zu vollziehen (Frese/ Zapf, 1994, S. 311). Ähnlich wie bei der Überlastung ist die Regulation indirekt über vermittelnde Prozesse des sich Ärgerns, Vergessens und dergleichen mehr beeinträchtigt (vgl. Semmer, 1984, S. 57). *Erschwerungen* sind an bestimmte Handlungen gebunden. Beispiele dafür sind fehlende Informationen, die etwa vom Entwickler erst noch beim Kunden beschafft werden müssen, oder schlechte Werkzeuge, etwa Hardware mit geringer Rechnerkapazität. *Unterbrechungen* sind hingegen nicht an bestimmte Handlungen gebunden, sondern können unabhängig von dem, was ein Mitarbeiter gerade tut, jederzeit auftreten. Unterbrechungen können durch Personen, z. B. durch einen Telefonanruf, durch Funktionsstörungen, z. B. durch einen defekten Drucker, und durch organisationale Blockaden, z. B. durch längere Zeit fehlende Büromaterialien, hervorgerufen werden (Frese/ Zapf, 1994, S. 312; Leitner et al., 1993, S. 68).

In Softwareentwicklungsprojekten spielen alle genannten Beispiele für Hindernisse eine Rolle. Unterbrechungen durch andere Personen sind so häufig, dass Marco/ deLister (1991) empfehlen, dass Softwareentwickler zeitweise ihr Telefon ausschalten sollen, um in Ruhe arbeiten zu können. Sonnentag (1994b) berichtet von einer standardisierten Befragung von N = 200 Mitarbeitern in der Softwareentwicklung. Darin gaben 43 % der Befragten an, dass der Stressor „Unterbrechung" bei ihnen stark auftritt, und nannten ihn damit aus einer Liste von 20 Stressoren am häufigsten. Schlechte Werkzeuge spielen ebenfalls eine große Rolle, insofern als Softwareentwickler ihre Werkzeuge oft als schwerfällig und wenig flexibel empfinden und „tools" der Softwareentwicklung nicht selten aus zahlreichen Insellösungen bestehen, die nur mühselig miteinander interagieren (Bittner/ Schnath, 1995a). Fehlende Informationen müssen von Entwicklern ebenfalls oft beschafft werden, insbesondere Informationen über die Anwendung der Software (Weltz/ Ortmann, 1992, S. 112 ff.). Die entsprechende Führungsaufgabe besteht darin, zu helfen, *Hindernisse bei der Arbeit aus dem Weg zu räumen.*

Soziale Stressoren umfassen persönliche Animositäten, schlechtes Gruppenklima, Streit, gegenseitiges „Fertigmachen", einseitige negative Kritik, unfreundliches Verhalten,

Mikropolitik, Im-Stich-Lassen und dergleichen mehr (Frese/ Zapf, 1987). Sie behindern die Regulation von Handlungen ebenfalls indirekt über die Zeit und Energie, die es kostet, mit ihnen zu leben (vgl. Berkel, 2003, S. 401 f.).

Sozialer Stress manifestiert sich auf verschiedenen Ebenen, etwa in Missstimmungen einzelner Personen (individuelle Ebene), in Beziehungskonflikten zwischen Personen (Dyadische Ebene und Intergruppenebene) oder in einem schlechten Gruppenklima (kollektive Ebene). Im Hinblick auf Mitarbeiterführung in Softwareentwicklungsprojekten ist es gerechtfertigt, sich auf die Betrachtung einer Ebene, nämlich der von Beziehungskonflikten, d. h. von emotional-affektiven Spannungen zwischen Personen (Jehn/ Mannix, 2001; Lovelace, 2001; Simons/ Peterson, 2000), zu beschränken. Diese Einschränkung vereinfacht die Analyse und lässt sich mit dem Umstand begründen, dass die Mitarbeiter in Softwareentwicklungsprojekten im hohen Maße mit anderen Personen kommunizieren und kooperieren müssen (Brodbeck, 1994b; 2001). Im Abschnitt II 4.3.3.2 „Handlungsempfehlungen für die Teamführung" wurde bereits erörtert, was Führende tun können, um Beziehungskonflikte der Geführten vermeidend einzudämmen. Sind Führungskonflikte einmal entstanden und haben sich bereits so weit entwickelt (Glass, 1999), dass sie von den beteiligten Personen nicht mehr bewältigt werden können, stehen Führenden nur zwei Interventionen zur Verfügung, die im nächsten Kapitel II 4.3.5.3 unter der Überschrift „Beziehungskonflikte begrenzen" diskutiert werden.

4.3.5.3 Verbesserung der Handlungsbedingungen

Strukturierung der Projektaufgabe

Möglichkeiten und Grenzen für Führende in Softwareentwicklungsprojekten, *allgemein und vorbeugend* im Projekt für *strukturierte Aufgaben*, d. h. für klare, stabile und komplementäre Ziele zu sorgen, sind bereits im Kapitel II 4.2.1 „Planung und Kontrolle" erörtert worden. Trotz aller Bemühungen, Unsicherheit im Vorhinein durch eine Planung und Kontrolle zu vermeiden, wird es gleichwohl immer wieder zahlreiche *Einzelfälle* geben, in denen Entwickler nicht wissen, wie sie ihr Vorgehen weiter planen und strukturieren sollen. In solchen Fällen können sie sich entweder mit Kollegen, Auftraggebern oder externen Experten beraten oder das Gespräch mit ihren Führungspersonen suchen. Kommunikation und Teamarbeit im Projekt (II 4.3.3), teamübergreifende Zusammenarbeit (II 4.3.4) und der fachliche Dialog zwischen Führenden und Geführten (II 4.3.5.1) spielen mithin auch für die Vermeidung von Unsicherheit bei den Geführten eine erhebliche Rolle. Zusammenfassend ist festzuhalten, dass sich die Führungsaufgabe „Strukturierung der Projektaufgabe" in den bereits diskutierten Führungsaufgaben „Planung und Kontrolle", „Förderung der Kommunikation und Teamarbeit", „Unterstützung teamübergreifender Kommunikation und Zusammenarbeit" und „Fachlicher Dialog zwischen Führenden und Geführten" manifestiert. Wenn Führende in Softwareentwicklungsprojekten feststellen, dass die Geführten nicht wissen, wie sie ihre Arbeit planen und regulieren sollen, sollten sie mithin prüfen, welche der vier genannten Führungsaufgaben nicht hinreichend erfüllt wird.

Entlastung

Entlastung kann nicht bedeuten, Zeitdruck komplett zu vermeiden (Gebert, 2004, S. 234 ff.). Erstens ist das in der Projektarbeit wahrscheinlich unmöglich. Zweitens wirkt Zeitdruck durchaus auch stimulierend (Amabile et al., 2002). Dies gilt zumindest so lange, wie er von den Geführten als funktional, weil Effizienz steigernd, bejaht wird (Andrews/ Farris, 1972). Es geht also „nur" darum, exzessiven bzw. dysfunktionalen Zeitdruck zu vermeiden. Dysfunktional ist Zeitdruck zu nennen, wenn er so stark ausgeprägt ist, dass er die Kreativität hemmt sowie zu mehr Fehlern führt und dadurch Effizienzeinbußen bedingt, die ihrerseits den Zeitdruck weiter erhöhen (Müller-Lindenberg et al. 2001; vgl. auch Atuahene-Gima, 2003, S. 367).

Es gibt zwei grundsätzliche Möglichkeiten für Führende in Softwareentwicklungsprojekten, dysfunktionalen Zeitdruck im Projekt zu vermeiden bzw. zu vermindern. Die „interne" Lösung betrifft nur die Mitarbeiter im Projekt und besteht darin, deren Produktivität zu erhöhen (Sneed, 1987, S. 41-43). Produktivitätssteigerungen lassen sich erzielen, indem die Mitarbeiter ihre Leistungsfähigkeit steigern, Arbeitsschritte effizienter machen, Arbeitsschritte eliminieren, Fehler vermeiden, einfachere Module mit gleichem Nutzen entwickeln oder bereits bestehende Softwarekomponenten wieder verwenden (Boehm, 1987). Des Weiteren dient es der Produktivität, zu vermeiden, dass einzelne Personen überlastet werden, so dass sie zu Engpassfaktoren für den Projektfortschritt werden, während andere Projektmitglieder relativ wenig belastet sind (vgl. Weltz/ Ortmann, 1992, S. 55 ff.).

Wenn die Grenzen der Teamproduktivität erreicht sind, bleiben nur noch „externe" Lösungen übrig, an der neben dem Projektteam auch die Auftrag gebende Seite und das Management der Mutterorganisation beteiligt sein müssen. Vier externe Lösungen sind theoretisch unterscheidbar (vgl. Sneed, 1987, S. 41-43). Diese haben jeweils ihre eigenen Grenzen und müssen von unterschiedlichen Stakeholdern im Projekt umgesetzt werden. Das *Projekt-*

team kann *Überstunden* machen, so dass insgesamt mehr Personenstunden zur Bearbeitung der Aufgabe zur Verfügung stehen. Allerdings sind Belastungsgrenzen zu beachten. Sind diese Grenzen erreicht, steigt der dysfunktionale Zeitdruck wieder. Eine weitere Grenze besteht darin, dass – je nach Vertrag – die Auftrag gebende Seite, das Management der Mutterorganisation bzw. je nach Größe des frei verfügbaren Projektbudgets die Projektleitung, die Überstunden (oder zumindest einen Teil davon) vergüten muss.

Des Weiteren können *zusätzliche Mitarbeiter für das Projekt* verpflichtet werden. Ob sich die Entwicklungszeit durch den Einsatz zusätzlichen Personals tatsächlich verkürzen und der Zeitdruck damit vermindern lässt, hängt allerdings – neben der Verfügbarkeit qualifizierter Mitarbeiter (Weltz/ Ortmann, 1992, S. 89) – vom Kommunikationsbedarf ab, der bei der Teilung und Übertragung von Arbeitspaketen entsteht (Brooks, 1982, S. 16-19). Je höher der Einarbeitungs- und Abstimmungsaufwand zwischen neuen und alten Teammitgliedern ist, desto mehr wird die rechnerisch gestiegene Personalkapazität für die zusätzlich erforderliche Kommunikation aufgebraucht. Der Einsatz zusätzlicher Arbeitskräfte kann daher unter Umständen bereits verzögerte Softwareprojekte noch mehr verzögern (Brooks, 1982, S. 25). Es gibt aber Fälle, in denen die Übertragung von Arbeitspaketen auf zusätzliche Mitarbeiter so wenig Kommunikationsaufwand erfordert, dass die Entwicklung dadurch beschleunigt wird (Weltz/ Ortmann, 1992, S. 92). Im Ergebnis ist festzuhalten, dass ein Projekt nur dann schneller wird, indem zusätzliche Mitarbeiter eingestellt werden, wenn die Entwicklungsarbeit leicht teilbar, d. h. die zusätzliche Arbeitsteilung keinen unverhältnismäßig großen Kommunikationsbedarf verursacht. Eine weitere Grenze für einen erhöhten Ressourceneinsatz besteht noch darin, dass diese – je nach Vertrag – vom *Management der Software entwickelnde Organisation* oder vom *Auftraggeber* bezahlt werden müssen.

Die verbleibenden Möglichkeiten implizieren alle einen *Verzicht* der *Auftrag gebenden Seite:* Es kann der Umfang der Software reduziert, die Anzahl der Änderungswünsche im Projektverlauf verringert, die innere Qualität der Software reduziert oder der Abgabetermin verschoben werden (vgl. Sneed, 1987, S. 41-43).

„Externe" Lösungen müssen also im Ergebnis von drei Parteien getragen werden: Vom Projektteam, vertreten durch ihre Projektleitung, vom Management der Mutterorganisation und vom Auftraggeber. Das Finden von Lösungen zur Reduzierung von Zeitdruck lässt sich mithin als Verhandlungsprozess verstehen, in dem *zugleich* Verteilungskonflikte (winloose Aspekte der Verhandlung) gelöst werden müssen *und* ein möglichst hoher Nutzen für alle im Sinne des Pareto-Kriteriums kreiert werden soll (win-win Aspekte der Verhandlung) (Brett, 2001; Fisher et al., 1991; Meredith/ Mantel, 2000, S. 226 ff.).

Beseitigung von Hindernissen

Auch bei der Beseitigung von Hindernissen können Führende helfen. Oft wissen sie mehr als die Geführten über die Hintergründe des Projektes und können fehlende Informationen liefern oder sie aufgrund ihrer Beziehungen beschaffen oder die entsprechenden Personen miteinander in Kontakt bringen.

Bei unzulänglichen Werkzeugen können sie versuchen, im Projekt Zeit für die Weiterentwicklung und Anpassung der existierenden Werkzeuge einzuplanen bzw. „rauszuschlagen". Bei mangelhafter Hardware können sie versuchen, im eigenen Hause Ersatz zu beschaffen. Im Hinblick auf Unterbrechungen, die durch Kundenvertreter oder Kollegen entstehen, können sie zusammen mit den Geführten und den anderen Stakeholdern Regeln, etwa „Sprechzeiten" vereinbaren, und den Geführten bei der Durchsetzung dieser Regeln den Rücken stärken. Aus Führungssicht ist das Beseitigen der vorgenannten Hindernisse als vergleichbar mit dem Finden „externer" Lösungen für das Zeitdruckproblem. Letztlich müssen andere Stakeholder, namentlich die Mutterorganisation, andere Projekte oder der Auftraggeber bereit sein, (zumindest kurzfristig) auf ein Gut, z. B. den ungehinderten Kontakt zu den Entwicklern, oder auf die alternative Verwendung von Geld zu verzichten, damit die Mitarbeiter des Softwareentwicklungsprojekts dieses Gut oder Geld nutzen können, um ungehindert zu arbeiten.

Begrenzung von Beziehungskonflikten

Im Abschnitt II 4.3.3.2 wurde bereits dargestellt, was Führende in Softwareentwicklungsprojekten tun können, um im Vorfeld Beziehungskonflikte zwischen den Geführten zu reduzieren. Sind Beziehungskonflikte hingegen bereits manifest und sind die Geführten nicht in der Lage, diese allein zu bewältigen, sollten Führende in den Konflikt eingreifen. Sie können versuchen, die Konfliktbewältigung zu schlichten bzw. sie von einer dritten Partei schlichten zu lassen, oder sie können die Konfliktparteien trennen, indem sie mindestens einer der Konfliktparteien neue Aufgaben zuweisen.

Als Schlichter helfen Führende den Konfliktparteien dabei, die Grundsätze einer sachlichen und interessenorientierten Verhandlungsführung (s. o. unter „Entlastung") umzusetzen. A. Schreyögg (2002, S. 116-118) gibt Führungskräften hierfür einige Ratschläge an die Hand (siehe auch Fisher et al., 1991). Ziel der Schlichtung muss es sein, dass die am Konflikt beteiligten Personen die Problemsituation kognitiv umdeuten, so dass sie Lösungsmöglichkeiten, die für beide Seiten Vorteile bringen, und die Angemessenheit eines kooperativen Streites erkennen und akzeptieren (G. Müller, 1988, S. 170 f.).

Wenn Führende in Softwareentwicklungsprojekten sich dafür entscheiden, die Konfliktparteien zu trennen, geht damit die Gefahr einher, dass sich mindestens eine, wenn nicht sogar beide Seiten unfair behandelt fühlen (A. Schreyögg, 2002, S. 124). Führende sollten also die Prinzipien prozeduraler Fairness (II 4.2.3.2) im besonderen Maße beachten, auch um den Vertrauensverlust der Geführten in Grenzen zu halten.

4.3.5.4 Fazit

Zahlreiche spezifische persönliche Initiativen der Geführten zielen darauf, Hilfe der Führenden zu mobilisieren. Um den Geführten zu helfen, müssen Führende in Softwareentwicklungsprojekten das Gespräch mit den Geführten suchen, um sich erstens mit den Geführten aufgabenbezogen-fachlich auszutauschen und um zweitens weiteren Interventionsbedarf zu diagnostizieren. Letzterer kann sich entweder darauf beziehen, dass die Mitarbeiter unsicher sind und daher ihre Arbeitsaufgaben nicht hinreichend strukturieren können, dass sie zu sehr unter Zeitdruck leiden, dass sie Unterbrechungen und Behinderungen ihrer Arbeit nicht alleine aus dem Weg räumen können oder dass sie sich in Beziehungskonflikten verstricken. Um die Projektaufgabe zu strukturieren, sollten Führende in Softwareentwicklungsprojekten den Empfehlungen aus den Kapiteln II 4.2.1 „Planung und Kontrolle", II 4.3.3 „Förderung der Kommunikation und Teamarbeit", II 4.3.4 „Unterstützung teamübergreifender Zusammenarbeit" und II 4.3.5.1 „Fachlicher Dialog zwischen Führenden und Geführten" folgen. Zur Entlastung der Geführten sollten sich Führende darum bemühen, die Produktivität des Teams zu optimieren und mit den anderen Stakeholdern mehr Zeit, mehr Ressourcen oder einen geringeren Aufgabenumfang für das Projekt zu vereinbaren. Auch bei der Beseitigung von Hindernissen können Führende den Geführten helfen, indem sie ihnen Informationen verschaffen oder für sie günstigere Arbeitsbedingungen aushandeln. Beziehungskonflikte können Führende begrenzen, indem sie schlichten oder die streitenden Personen voneinander trennen.

4.3.6 Ermutigung und Zuspruch

Mut und Zuversicht der Geführten sind bedeutsam, damit sie sich die Durchführung spezifischer persönlicher Initiativen, die per definitionem auch bei Widerstände nicht aufgegeben werden, zutrauen. Mut und Zuversicht beruhen nach Bandura (1997) auf zwei Quellen.

Selbstwirksamkeit, im Englischen self efficacy genannt und von Gebert (2002, S. 110) als handlungsbezogenes Selbstvertrauen übersetzt, wird definiert als der Glaube einer Person an die eigene Fähigkeit, Handlungen so zu organisieren und auszuführen, wie es für erforderlich gehalten wird, um eine bestimmte Leistung (performance) zu erzielen (Bandura, 1997, S. 3, 20, 21-22). Selbstwirksamkeit ist eng mit motivationalen und volitionalen Prozessen, wie z. B. der Motivierung durch extrinsische Anreize (II 4.2.3.2) und durch Zielsetzung und Feedback (II 4.2.3.3) verbunden. Darüber hinaus hat (eine hohe) Selbstwirksamkeit (positiven) Einfluss auf den volitionalen Prozess der Selbstregulation (Bandura, 1991; Kanfer, 1987), mit dem Menschen ihre Handlungen auch gegen innere und äußere Hindernisse auf Zielkurs halten (Grundei, 1999, S. 202 f.; Nerdinger, 1995, S. 141).

Die zweite Quelle ist eine *internale Kontrollüberzeugung*, im Englischen locus of control (Rotter, 1966; 1982) genannt. Sie wird definiert als der Glaube einer Person, dass eine bestimmte Handlung und die damit erreichte Leistung zu bestimmten Ergebnissen (outcome), etwa Erfolg oder Misserfolg, führt. Im Falle internaler Kontrollüberzeugung glaubt ein Individuum, dass Erfolg und Misserfolg vom eigenen Handeln abhängen und nicht von externen Kräften, wie Zufall oder der Hilfe anderer (Bandura, 1997, S. 20; Rotter, 1966, S.1).

Um bei einer spezifischen persönlichen Initiative Mut und Zuversicht zu verspüren, muss beides gegeben sein. Eine Softwareentwicklerin muss glauben, die spezifische persönliche Initiative ausführen zu können, und sie muss glauben, dass diese Initiative, wenn und soweit sie korrekt ausgeführt werden, zum Erfolg führt (Bandura, 1997, S. 20-21, 24). Auch wenn theoretische Gründe dagegen sprechen, dass Selbstwirksamkeit und internale Kontrollüberzeugung im Handeln und Erleben der Geführten tatsächlich unabhängig voneinander sind, dient die Trennung der beiden Konstrukte didaktischen Zwecken. Jedes der beiden verweist auf unterschiedliche Aspekte von Mut und Zuversicht, die nachstehend getrennt diskutiert werden (Gebert, 2002, S. 111). Die entsprechende Führungsaufgabe besteht jedenfalls darin, *beides* zu stärken, und zwar speziell im Hinblick auf einen optimistischen Umgang der Geführten mit Fehlern, Veränderungen, Anstrengungen und Misserfolgen, die mit spezfisichen persönlichen Initiativen unvermeidbar einhergehen (vgl. oben unter II 4.1.2.2 „Subjektive Bewertung der zur Verfügung stehenden Optionen").

4.3.6.1 Selbstwirksamkeitserwartung

Was können Führende tun, um die Selbstwirksamkeit ihrer Geführten bezüglich möglicher persönlicher Initiativen langfristig positiv zu beeinflussen? Von den vier Prozessen, die laut

Bandura (1997) zur Entstehung von Selbstwirksamkeit führen, kommen drei für Interventionen von Führenden in Softwareentwicklungsprojekten in Frage. Der wichtigste Prozess ist der des *Erfahrungslernens*. Die eigene Leistungsfähigkeit unmittelbar zu erfahren ist ein unmittelbarer Beweis für die eigenen Fähigkeiten (Bandura, 1997, S. 80). Führende in Softwareentwicklungsprojekten können Folgendes versuchen:

- Sie können die Aufgaben ihrer Geführten so strukturieren, dass sie für jene herausfordernd aber bewältigbar sind (vgl. auch II 4.2.3.3 „Zielsetzung und (persönliches) Feedback"). Herausfordernd sollten die Aufgaben sein, damit sie ein glaubwürdiger Beleg für die eigene Leistungsfähigkeit sind (vgl. Bandura, 1997, S. 82). Um sie bewältigbar erscheinen zu lassen, sollten kurzfristig erreichbare Ziele vereinbart werden (Gebert, 2002, S. 113).

- Führende sollten Leistungsfähigkeit als etwas prinzipiell Erlernbares darstellen (Bandura, 1997, S. 457) und Zielerreichungen und Leistungssteigerungen der Geführten nicht nur mit deren Einsatz, sondern auch mit der Weiterentwicklung ihrer Fähigkeiten begründen (vgl. Wood/ Bandura, 1989). Das ist wichtig, damit die Geführten ihre Leistung angemessen auf ihr eigenes Können bzw. auf den Zuwachs ihres Könnens zurückführen (vgl. Bandura, 1997, S. 81).

Der zweite Prozess, den Führende nutzen können, ist der des Lernens durch *Beobachtung und Nachahmung* oder Modelllernens (modeling). Mitarbeiter achten auf das, was andere tun und welche Leistungen sie damit erzielen (Bandura, 1997, S. 86). Dabei können sie neue Verhaltensweisen kennen lernen (ebenda, S. 88), z. B. wenn sie sehen, wie ein Kollege ein schwieriges Gespräch mit einem Kunden führt, indem er Techniken des aktiven Zuhörens verwendet. Das Erlernen neuer Verhaltensweisen steigert Selbstwirksamkeit, weil und soweit die Person glaubt, diese Verhaltensweisen selbst zeigen zu können. Darüber hinaus können die Geführten ihre Führenden dabei beobachten, wie sie in einer schwierigen Situation nicht die Hoffnung verlieren, sondern Mut und Zuversicht ausstrahlen (ebenda, S. 88). Diese Beobachtung kann die Selbstwirksamkeit der Beobachtenden steigern, weil sie motivierend ist und zeigt, dass man in schwierigen Situationen nicht den Mut verlieren *muss*. Besonders wirksam ist eine solche Beobachtung, wenn das beobachtete Modell dann tatsächlich erfolgreich ist. Außerdem können die Beobachter ihre eigenen Leistungen mit denen des Modells vergleichen (ebenda, S. 87). Die Selbstwirksamkeit wird positiv beeinflusst, wenn die Beobachtenden glauben, dass sie bessere Leistungen zeigen als ein ansonsten als ähnlich wahrgenommenes Modell. Ebenso wird die Selbstwirksamkeit positiv beeinflusst, wenn der oder die Beobachtende glaubt, dass der relative Abstand zu einem als „besser" wahrgenommenen Modell mit der Zeit abnimmt (ebenda, S. 97-98).

Führende können die Selbstwirksamkeit der Geführten über den Prozess des Modelllernens auf mehrere Arten positiv beeinflussen:

- Reflektiert eine geringe Selbstwirksamkeit (korrekterweise) geringe Fähigkeiten, so sollten die Geführten die erforderlichen Fähigkeiten erlernen können: In Schulungen, durch Instruktionen bei der Arbeit oder schlicht durch das Zusammenarbeiten mit erfahrenen Kollegen oder Vorgesetzten. Neben fachspezifischen Schulungen bieten sich so genannte Selbst-Management-Trainings an, in denen speziell die Selbstregulation, also das Umsetzen von Handlungen trotz bestehender innerer und äußerer Barrieren erfolgreich eingeübt werden kann (Kanfer/ Gaelick-Buys, 1991; Nerdinger, 1995, S. 141 ff.). Als empirische Hinweise für die Wirksamkeit solcher Trainings gilt unter anderem die Studie von Latham/ Frayne (1989).

- Darüber hinaus sollten Mitarbeiter mit geringer Selbstwirksamkeit möglichst mit optimistischen Kollegen zusammenarbeiten.

- Führende sollten Leistungen und Leistungssteigerungen ihrer Geführten gebührend würdigen. Sollten sie dabei feststellen, dass sich die Mitarbeiter mit falschen, weil realistischerweise unerreichbaren Modellen, z. B. „Starentwicklern" vergleichen, sollten sie auf die Unterschiede zwischen den Geführten und den unerreichbaren Modellen hinweisen, um den Belegcharakter des Vergleichs zu schwächen.

- Zu guter Letzt sollten Führende mit gutem Beispiel vorangehen und in Krisensituationen Zuversicht ausstrahlen.

Überreden bzw. Überzeugen ist der dritte Prozess, der die Selbstwirksamkeit nachhaltig beeinflussen kann. Mitarbeiter können ihr handlungsbezogenes Selbstvertrauen leichter aufrechterhalten oder gar steigern, wenn Kollegen und Vorgesetzte ausdrücken, dass sie an deren Leistungsfähigkeit glauben (Bandura, 1997, S. 101). Dabei ist allerdings die Glaubwürdigkeit der Redner wichtig. Nur zu sagen, „Du schaffst das schon", Schmeicheleien und manipulierender „Hype" bringen vergleichsweise wenig. Erforderlich ist vielmehr, den Glauben an die Leistungsfähigkeit mit einer glaubwürdigen und nachvollziehbaren Begründung zu fundieren.

Überreden und Überzeugen sind allerdings kaum geeignet, Selbstwirksamkeit *langfristig* zu steigern – erst recht, wenn Leistungen ausbleiben. Wenn sie aber verwendet werden, um den Geführten einzureden, sie seien *wenig* leistungsfähig, können sie deren Selbstwirksamkeit langfristig beeinträchtigen. Mitarbeiter, denen eingeredet wurde, sie seien nicht leistungsfähig, vermeiden tendenziell herausfordernde Tätigkeiten und geben angesichts von Schwierigkeiten leichter auf. Dadurch verlieren sie die Chance, ihre tatsächliche Leistungsfähigkeit zu erfahren und über den Mechanismus der korrigierenden Erfahrung ihre Selbstwirksamkeit nachhaltig zu steigern (vgl. ebenda, S. 104). Vor diesem Hintergrund wird die Relevanz guten persönlichen Feedbacks erneut deutlich (vgl. II 4.2.3.3 „Zielsetzung und (persönliches) Feedback"). Feedback über Leistungen hat erheblichen Einfluss auf die Selbstwirksamkeit. Das gilt erst recht, wenn es von Personen stammt, denen die Geführten Glaubwürdigkeit und Kompetenz zuschreiben (Bandura, 1997, S. 101 ff.).

Die Förderung der Selbstwirksamkeit durch die Führenden hat ihre Grenzen. Selbstwirksamkeit ist facettenreich, d. h. sie variiert je nachdem, nach welchem Leistungsbereich gefragt wird (Bandura, 1997, S. 42 ff.). Eine Softwareentwicklerin kann sich für eine gute Datenbankexpertin halten, aber die eigenen sozialen Kompetenzen gering einschätzen. Zur Steigerung der Selbstwirksamkeit in Bezug auf eine spezifische Kompetenz sind also *spezifische* Erfahrungen, Modelle und Feedback erforderlich. Im Kontext persönlicher Initiative in Softwareentwicklungsprojekten geht es vor allem um die Erfahrung, mit Fehlern, Veränderungen, Anstrengungen und Misserfolgen konstruktiv, d. h. leistungssteigernd umgegangen zu sein. Führende, die die Selbstwirksamkeit eines Mitarbeiters steigern wollen, sollten entsprechende spezifische Aufgaben, Lernsituationen und Feedbacks zur Verfügung stellen bzw. die relevanten Verhaltensaspekte herausstreichen. Erforderlich ist also eine sehr individuelle Auseinandersetzung mit den betreffenden Mitarbeitern, um herauszufinden, welche Aspekte persönlicher Initiative ihnen schwer fallen.

Eine systematische Grenze für eine „Führung durch Ermutigung" ist erreicht, wenn die Selbstwirksamkeit der Geführten zu stark ausgeprägt ist. Sie darf nicht in Kritiklosigkeit und Blindheit gegenüber den eigenen Schwächen umschlagen (Gebert, 2002, S. 116), weil sie dann weiteres Lernen verhindert (Lindsley et al., 1995, S. 651). Eine weitere Grenze ist die Glaubwürdigkeit der Führungsperson. Sie darf jene nicht durch Lobhudelei gefährden, da sie sonst Gefahr läuft, sich in ihrer Vorbildfunktion zu beschädigen.

4.3.6.2 Internale Kontrollüberzeugungen

Umgangssprachlich gewendet bezeichnet Selbstwirksamkeit den Glauben einer Person, dass sie „was kann". Internale Kontrollüberzeugung bezeichnet hingegen den Glauben, dass ihr Handeln „was bringt". Nur wenn die internale Kontrollüberzeugung hinreichend stark ausgeprägt ist, können Mitarbeiter zuversichtlich sein, dass ihre persönlichen Initiativen positive Folgen nach sich ziehen.

Analog zum Erwerb einer hohen Selbstwirksamkeit werden auch internale Kontrollüberzeugungen erlernt (Rotter, 1982), so dass sich die im vorangegangenen Abschnitt II 4.3.6.1 vorgestellten Strategien zur Stärkung der Selbstwirksamkeit grundsätzlich auf die Stärkung internaler Kontrollüberzeugungen übertragen lassen. Allerdings liegen die Barrieren für eine internale Kontrollüberzeugung weniger *in* der Person der Geführten als vielmehr in seiner Situation. Angesichts der technischen und organisationalen Komplexität von Softwareentwicklungsprojekten ist die Erfahrung, dass persönliche Initiative „was bringt", durchaus nicht selbstverständlich. Persönliche Initiative dürfte nicht selten ergebnislos im Sande verlaufen, z. B. weil „für den Papierkorb" gearbeitet wurde, da sich die Anforderungen an das Softwaresystem verändert haben oder weil Kollegen keine Zeit oder Lust haben, ein Problem zu diskutieren, oder weil sich Vorgesetzte Verbesserungsvorschläge zwar anhören, sie dann aber nicht umsetzen (können). Damit sind die Barrieren für die letztlich entscheidende *Erfahrung*, dass persönliche Initiative Erfolge nach sich zieht, höher als die Barrieren für die Erfahrung der Geführten, persönliche Initiative zu „können".

Führende, die angesichts dieser Realität behaupten, persönliche Initiative führe immer zu Erfolgen, machen sich unglaubwürdig. Auf der anderen Seite kann und darf es nicht sein, dass persönliche Initiative „nie" zu Ergebnissen führt. Und darauf gilt es sich zu konzentrieren. Nach Gebert (2002, S. 182-185) sollen Führende, die eine „Zwecklosigkeitserfahrung" der Geführten vermeiden oder aufbrechen wollen, für ein *realistisches Prinzip Hoffnung* werben und es im eigenen Führungshandeln umsetzen. Gemäß des realistischen Prinzips Hoffnung zu führen bedeutet *im ersten Schritt* zu analysieren,

- in welchen Bereichen des jeweiligen Softwareentwicklungsprojekts persönliche Initiative Leistung der Geführten unmittelbar zu Erfolg bzw. Misserfolg führen,
- in welchen Bereichen dies nur mittelbar oder verzögert der Fall ist und
- in welchen Bereichen persönliche Initiative und Erfolg keine Beziehung zueinander haben.

Hypothetische Beispiele für die drei Fälle sind: 1) Zeitersparnisse durch die Verwendung bereits existierender Software führen unmittelbar zu einer Entlastung des betroffenen Mitarbeiters. 2) Das Erlernen und Verwenden der Technik des aktiven Zuhörens führt erst nach einiger Zeit und bei entsprechender Beharrlichkeit zu einer verbesserten Zusammenarbeit mit Vertretern des Kunden. 3) Zu versuchen, sich durch großen konzeptionellen Aufwand gegen Änderungsanforderungen zu immunisieren, kann keine großen Erfolge nach sich ziehen, da es ein Softwareentwicklungsprojekt ohne Änderungsanforderungen nicht gibt.

Im zweiten Schritt sollten Führende herausfinden, ob und inwieweit ihre Einschätzungen hinsichtlich Erfolgsträchtigkeit persönlicher Initiativen mit denen der Geführten übereinstimmen. Differenzen sollten im Dialog nach ihren Gründen und Prämissen aufgeklärt und so weit wie möglich überwunden werden. Dieser Schritt trägt dazu bei, dass keine der beiden Seiten unrealistisch optimistisch oder pessimistisch ist (vgl. Gebert, 2002, S. 184).

Im dritten Schritt sollten Problemfelder, in denen persönliche Initiative kaum oder gar keinen Erfolg verspricht, dahingehend analysiert werden,

- ob sie veränderbar sind oder nicht und
- ob sie relevant im Hinblick auf die verfolgten Projekt- bzw. Führungsziele sind. Wird dem Projekt in erster Linie Qualität abverlangt, wäre es nicht zielförderlich, persönliche Initiativen zur Steigerung der Geschwindigkeit zu fördern.

Auch diese Aspekte dürften von unterschiedlichen Personen unterschiedlich bewertet werden. Darin liegt wiederum die Chance, dass beide Seiten nach einer Diskussion ein realistischeres Bild von den Veränderungsmöglichkeiten haben.

Im vierten Schritt sollten Führende und Geführte die für veränderbar *und* relevant gehaltenen Problemfelder gemeinsam angehen. Wichtig ist dabei, dass Führende und Mitarbeiter ihre Aktionen koordinieren, so dass die Chance auf die wichtige korrigierende Erfahrung steigt, wonach persönliche Initiative unter bestimmten Bedingungen eben doch zu Erfolgen führt (Gebert, 2002, S. 184).

Im realistischen Prinzip Hoffnung kommt letztlich eine Prämisse der hier entwickelten Theorie für Führende zum Tragen: Führende sollten klar vor Augen haben, welches Verhalten ihrer Geführten zielförderlich ist, und soweit wie möglich sicherstellen, dass die personalen und situativen Bedingungen für dieses Verhalten erfüllt sind. Dazu sind zutreffende Diagnosen erforderlich, die nur im Dialog mit den Geführten zu erzielen sind.

Zusätzlich zum Erfahrungslernen können auch *Modelllernen* und *Überzeugen* zu einer realistisch-optimistischen internalen Kontrollüberzeugung beitragen. Der Verweis auf Vorbilder und Diskussionen über die Effektivität persönlicher Initiative (Schritt 2 des oben skizzierten Prinzips realistischer Hoffnung) haben das Potenzial, den Geführten eine differenzierte Einschätzung der Realität zu erleichtern und damit generalisierte Zwecklosigkeitserfahrungen bereits im Vorfeld zu überwinden. Ziel ist nicht, dass die Geführten glauben, jede persönliche

Initiative führe zum Erfolg. Ziel ist es vielmehr, dass die Geführten einsehen, unter welchen Umständen persönliche Initiative zu Erfolgen führt, und dass sie diese Einsicht umsetzen.

Das realistische Prinzip Hoffnung setzt zeitlich *vor* der Inangriffnahme einer persönlichen Initiative an. *Nach* einer persönlichen Initiative kommt es zur Ausbildung einer starken internalen Kontrollüberzeugung entscheidend darauf an, dass die Führenden diese im Erfolgsfalle auf ihre Leistungen zurückführen, d. h. internal attribuieren, und im Misserfolgsfalle auf äußere Umstände oder wenigstens auf die eigenen Anstrengung, keinesfalls aber auf mangelnde Begabung zurückführen (Gebert, 2002, S. 115). In der Tat tendieren Menschen dazu, eben dieses Zuschreibungsmuster als Selbstschutzmechanismus „automatisch" anzuwenden. Man reklamiert Erfolge für sich und schreibt Misserfolge anderen, unbeeinflussbaren Umständen zu (Frieze/ Weiner, 1971; Grundei, 1999, S. 208; Meyer/ Fösterling, 1993, S. 207). Dies gilt umso mehr, wenn sich die betreffende Person für ihre Misserfolge rechtfertigen muss (Vollmer, 1991, S. 62).

Führende stehen also auch in dieser Hinsicht vor einer Diagnose- und Balanceaufgabe. Mitarbeiter, die sowieso Selbstwert steigernd attribuieren, müssen in dieser Hinsicht nicht weiter gestützt werden. Im Gegenteil kann es sogar nötig sein, sie im Falle von Misserfolgen auf ihre Defizite hinzuweisen, damit sie aus ihren Fehlern Konsequenzen ziehen (Gebert, 2002, S. 116). Umgekehrtes gilt bei verunsicherten Mitarbeitern, die Misserfolge ihrer persönlichen Initiativen in unangemessenem Maße sich selbst zuschreiben und aus Erfolgen zu wenig Stolz und Selbstbewusstsein schöpfen. Solche Mitarbeiter sollten „aufgebaut" werden, indem ihre Arbeit in kleinere, erreichbarere Ziele zergliedert wird und ihre Leistungsbeiträge auch schon bei kleineren Erfolgen immer wieder verdeutlicht werden (Nerdinger, 1995, S. 165). Eine Grenze findet allerdings auch diese Strategie, wenn die Glaubwürdigkeit der Führenden beeinträchtigt werden könnte.

4.3.6.3 Fazit

Zusammenfassend ist festzuhalten, dass Selbstwirksamkeit verstanden als das Selbstvertrauen, persönliche Initiativen ausführen zu können, und internale Kontrollüberzeugungen, verstanden als die Überzeugung, dass persönliche Initiativen (Projekt-) Erfolge nach sich ziehen, optimistisch, aber auch realistisch ausfallen sollten. Führende können dies fördern, indem sie

- den Geführten herausfordernde, aber erreichbare Aufgaben geben,
- Erfolge der Geführten gebührend anerkennen und deren Anstrengungen und Können zuschreiben,

- Mitarbeiter wenn erforderlich schulen, coachen oder anleiten lassen,
- selbst Zuversicht ausstrahlen,
- im Gespräch Mut machen und konstruktives Feedback geben und
- gemäß eines realistischen Prinzips Hoffnung führen.

Entscheidende Grenzen des Führens durch Ermutigung und Zuspruch sind die Realität im Projekt und die Glaubwürdigkeit der Führenden. Wenn die Geführten immer wieder Misserfolge erleben, wird es schwer, ihnen wirksam und glaubwürdig Mut zu machen und Zuversicht zu geben. Dies verweist auf die Bedeutung einer realistischen Planung und der Führungsaufgabe „Entlasten" (vgl. II 4.2.1 und II 4.3.5.3).

4.3.7 Schaffung und Erhalt von Vertrauen

In den vorangegangenen Ausführungen wurde immer wieder darauf hingewiesen, wie wichtig Vertrauen für die Freisetzung persönlicher Initiative ist. Vertrauen die Geführten ihren Vorgesetzten und Kollegen, rechnen sie für den Fall des Scheiterns ihrer persönlichen Initiativen mit keinen unfairen Sanktionen und trauen sich eher, persönliche Initiative zu zeigen (II 4.1.2.2). Haben Sie hingegen kein Vertrauen, wagen sie eher keine persönliche Initiative. Darüber hinaus begünstigt Vertrauen Kommunikation, Kooperation und Wissenstausch im Projekt (II 4.3.3) und ist bedeutsam bei Verhandlungen mit den Führenden über die Verteilung von Lasten im Projekt (II 4.3.5.3). Das bedeutet, dass insbesondere spezifische persönliche Initiativen, die nur zusammen mit Kollegen oder Vorgesetzten zum Erfolg gebracht werden können, vom Vertrauen der Geführten in ihre Kollegen und Vorgesetzten profitieren.

Die gängigsten Definitionen von Vertrauen beruhen auf zwei Komponenten, die auch dem in dieser Arbeit verwendeten Vertrauensbegriff zugrunde gelegt sind: Erstens der Bereitschaft des Vertrauenden, Verletzlichkeit zu akzeptieren, und zweitens der Erwartung, dass diese Bereitschaft von den anderen nicht missbraucht wird (Rousseau et al., 1998, S. 394 f.). Die Bereitschaft zur Erhöhung der eigenen Verwundbarkeit impliziert eine riskante Vorleistung (Luhmann, 1989, S. 23 ff.), den Vertrauensvorschuss, der vom Vertrauensnehmer ausgenutzt werden kann (Krause, 2003, S. 134 ff. m. w. N.). Ökonomisch gewendet lässt sich Vertrauen definieren als „freiwillige Erbringung einer riskanten Vorleistung unter Verzicht auf formell vereinbarte explizite Sicherungs- und Kontrollmaßnahmen gegen opportunistisches Verhalten, in der Erwartung, dass sich der andere, trotz des Fehlens solcher Schutzmaßnahmen, nicht opportunistisch verhalten wird" (Rippberger, 1998, S. 45).

Angesichts der vielen Vorteile von Vertrauen als „soziales Kapital" (Coleman, 1991, S. 389 ff.) ist zu fragen, worauf die Bereitschaft der Geführten, sich im Zuge einer persönlichen Initiative verletzlich zu machen, und die Erwartung, dass ihr Vertrauensvorschuss nicht missbraucht werden wird, gründen. In der Vertrauensforschung wird Vertrauen als ein Phänomen diskutiert, dass kognitive und emotionale Facetten aufweist, die im hohen Maße miteinander verwoben sind (Dirks/ Ferrin, 2002, S. 616; McAllister, 1995; Rousseau et al., 1998, S. 398 ff.). Vor diesem theoretischen Hintergrund lässt sich annehmen, dass sowohl rationale Entscheidungsprozesse als auch positive Emotionalität zum Kontrollverzicht und zur positiven Erwartung, nicht enttäuscht zu werden, beitragen. Daher werden in den folgenden Kapiteln zunächst Möglichkeiten und Grenzen von Führenden *kalkulierendes Vertrauen* aufzubauen diskutiert. Anschließend werden Möglichkeiten und Grenzen des Aufbaus von *Beziehungsvertrauen* erörtert.

Kalkulierendes Vertrauen und Beziehungsvertrauen entstehen im unmittelbaren Austausch zwischen zwei Interaktionspartnern. Institutionales Vertrauen oder Systemvertrauen (Giddens, 1995; Luhmann 1989; Rousseau et al., 1998) geht darüber hinaus und ist auf organisationaler oder gesellschaftlicher Ebene verankert (Krause, 2003, S. 375). Bei dieser Vertrauensart stützt sich das Vertrauen des Vertrauensgebers auf formelle oder informelle Regeln, wie sie z. B. in einer einer Rechtsordnung oder Organisationskultur verankert und gelebt werden. Im Abschnitt II 4.3.7.3 werden daher auch noch Möglichkeiten und Grenzen der Gestaltung einer vertrauensförderlichen Organisationskultur erörtert.

Da „blindes" Vertrauen schädlich ist, werden im Abschnitt II 4.3.7.4 einige Gefahren dargelegt, die mit Vertrauen einhergehen, bevor abschließend im Abschnitt II 4.3.7.5 ein Fazit gezogen wird.

4.3.7.1 Kalkulierendes Vertrauen

Die rationalen Aspekte von Vertrauen werden kalkulierendes (Rousseau et al., 1998, S. 399) oder kognitionsbasiertes (McAllister, 1995, S. 25 ff.) Vertrauen genannt. Kalkulierendes Vertrauen entsteht, weil es sich für den Geführten lohnt zu vertrauen. Dies ist der Fall, wenn der erwartete Gewinn aus der Vertrauenshandlung, hier: der spezifischen persönlichen Initiative, größer ist als der erwartete Schaden (Kramer, 1999, S. 572-573; Rousseau et al. 1998, S. 399). Ein kalkulierend vertrauender Geführter verzichtet auf die zeitaufwändige Vereinbarung von Schutzmechanismen, weil er erwartet, dass sich der Verzicht darauf auszahlt.

Kalkulierendes Vertrauen ist Gegenstand ökonomischer und psychologischer Austauschtheorien, in denen den Akteuren das Motiv der Eigennutzmaximierung unterstellt wird (Whitener et al., 1998, S. 515). Ähnlich wie bei Erwartungswerttheorien der Motivation, die den Akteuren ebenfalls Nutzenmaximierung unterstellen, ist der Geltungsbereich dieser Theorien vermutlich auf solche Situationen beschränkt, in denen die Mitarbeiter bewusst darüber nachdenken, ob sie eine Vertrauenshandlung vollziehen oder nicht (vgl. Nerdinger, 1995, S. 103 f.; Kramer, 1999, S. 573). Beispiele solcher Situationen dürften Entscheidungen sein, ein riskantes Projekt zu übernehmen oder es abzulehnen, erhebliche Mehrarbeit ohne unmittelbare Gegenleistung zu erbringen, sich auf eine Zusage zu verlassen oder erst eine Bestätigung des höheren Managements einzuholen, und dergleichen mehr.

Damit eine Führungskraft kalkulierendes Vertrauen eines Geführten *zu sich selbst* schaffen und erhalten kann, muss sie dem Mitarbeiter die Chancen und Risiken der Vertrauenshandlung nachvollziehbar und glaubwürdig kommunizieren. Dabei helfen Techniken der Verhandlungsführung, soweit sie genutzt werden, um sich selbst *und* der anderen Seite Klarheit über Präferenzen und Entscheidungsoptionen sowie über die damit verbundenen Risiken und Chancen zu verschaffen (Fisher et al., 1991). Wichtig ist zu zeigen, dass die Führungskraft keinen Nutzen aus dem Missbrauch des Vertrauens des Mitarbeiters ziehen könnte (Hardin, 1991, S. 189). Der so genannte Schatten der Zukunft (Axelrod, 1984, S. 126 ff.) ist eine Variation dieses Arguments. Wenn der Mitarbeiter glaubt, dass beide Seiten nicht nur einmal, sondern in Zukunft mehrmals miteinander interagieren werden und dass beide Seiten Nutzen aus der Interaktion ziehen können, kann er unterstellen, dass der Anreiz für die Führungskraft, das Vertrauen des Mitarbeiters zu missbrauchen, geringer ist, als wenn keine Aussicht auf zukünftige Interaktionen besteht (Neuberger, 2002, S. 728).

Um kalkulierendes Vertrauen *zwischen* den Geführten zu schaffen, muss die Führungskraft bei den Geführten die Erwartung aufbauen, dass das Geben von Vertrauensvorschuss belohnt und Vertrauensmissbrauch sanktioniert wird. Da es unmöglich ist und – nicht nur für die Vertrauensbildung – kontraproduktiv wäre, jede einzelne Handlung der Geführten auf ihre Vertrauenswürdigkeit hin zu kontrollieren und zu belohnen, müssen abstraktere Anreize im Sinne einer Ergebnisinterdependenz (vgl. Gebert, 2004) oder Zielkongruenz (vgl. Whitener et al., 1998, S. 515) gesetzt werden. Ergebnisinterdependenz liegt vor, wenn *alle* Projektmitglieder bei Erreichung eines kollektiven Ziels, z. B. bei Projekterfolg, belohnt werden. Zielkongruenz liegt vor, wenn die Erreichung der individuellen Ziele des A, z. B. schnell mit seiner Arbeit fertig zu werden, auch zur Erreichung der individuellen Ziele des B, z. B.

rasch die Arbeit des A auf den Schreibtisch zu bekommen, beitragen. Wenn die Projektmitglieder hingegen unabhängig voneinander belohnt werden, gibt es für sie im rationalen Paradigma keinen Anreiz, miteinander vertrauensvoll zu kooperieren.

Genau diese beiden Bedingungen sind in Softwareentwicklungsprojekten (und generell in der Realität) selten vollständig gegeben. Aus ökonomischer Sicht betrachtet besteht für die Projektmitglieder immer der individuelle Anreiz, den eigenen Leistungsbeitrag gering zu halten, um ihn für andere Optionen außerhalb des Projekts zu nutzen. Darüber hinaus existieren in der Realität Informationsasymmetrien. Diese liegen vor, wenn es einer Seite schwer oder unmöglich ist zu überprüfen, ob die andere Seite Vertrauen missbraucht (Whitener et al., 1998, S. 515). Daher droht in Projektgruppen das Schwarzfahrerproblem, wonach alle versuchen, ihren Leistungsbeitrag möglichst niedrig zu halten, weil das in jedem Falle – unabhängig vom Verhalten der anderen – den eigenen Nutzen maximiert, der aus der Gruppenleistung vermindert um den eigenen Leistungsbeitrag besteht.

Mit diesen Informationsasymmetrien ist eine systematische Grenze von kalkulierendem Vertrauen angesprochen. Es kann nur entstehen, wenn die Informationsasymmetrien aufgehoben werden: Entweder, weil beide Seiten über längere Zeit miteinander kooperieren und immer wieder Informationen über ihre Vertrauenswürdigkeit austauschen (Schatten der Zukunft, Axelrod, 1984) oder indem sie zusätzliche Sicherungsmechanismen vereinbaren – also gerade nicht vertrauen. Dementsprechend zeigt sich in der empirischen Untersuchung von Brickner et al. (1986) auch, dass „Schwarzfahren" in studentischen Arbeitsgruppen seltener vorkommt, wenn die Leistungsbeiträge des Einzelnen in einer Gruppensituation als solche identifizierbar sind – die Informationsasymmetrie also aufgehoben wird.[17]

Eine weitere wichtige Grenze für kalkuliertes Vertrauen ist die benötigte Zeit. Verhandlungsprozesse zur Klärung von Interessen, Präferenzen, Entscheidungsoptionen, Ergebnisinterdependenzen, Zielkongruenzen und dergleichen mehr sind zeitaufwändig (vgl. Adler,

---

[17] Da sich Menschen (zum Glück) nicht nur im Sinne eines homo oeconomicus von extrinsischen Anreizen lenken lassen, gibt es noch weitere Möglichkeiten, das „Schwarzfahren" (oder social loafing, wie es in der psychologischen Literatur genannt wird) bei der Gruppenarbeit zu reduzieren. Es tritt umso seltener ein, je höher das aufgabenbezogene Engagement der Mitglieder der Gruppe ist. Identifizieren sich die Personen mit der Aufgabe, halten sie die Aufgabe für bedeutsam und ihre Konsequenzen für wichtig, so ist mit weniger social loafing zu rechnen. Bei hohem Involvement gegenüber der Aufgabe ist das social loafing selbst dann nicht mehr zu beobachten, wenn die Identifizierbarkeit der Leistungsbeiträge der Einzelnen klein ist (Gebert, 2004, S. 82).

1997, S. 193). Persönliche Initiativen müssen in Softwareentwicklungsprojekten aber oft schnell erfolgen, sonst ist die Chance verpasst bzw. das Risiko hat sich materialisiert.

4.3.7.2 Beziehungsvertrauen

Die systematischen Grenzen kalkulierenden Vertrauens verweisen auf die Bedeutung des Beziehungsvertrauens. Beziehungsvertrauen, oder emotionsbasiertes Vertrauen (McAllister et al., 1995), entsteht aus der Beziehung zwischen Vertrauensnehmer und Vertrauensgeber, die durch positive Emotionen gekennzeichnet ist (Krause, 2003, S. 374). Eine gute Beziehung entsteht, weil und soweit beide Seiten wiederholt erfahren, dass die jeweils andere Seite vertrauenswürdig ist (Rousseau et al., 1998, S. 399 f.). Diese Erfahrungen gründen auf der Wahrnehmung des Verhaltens der jeweils anderen Seite. Bei den wechselseitigen Wahrnehmungen und Zuschreibungen spielen die eigenen und die beim Anderen wahrgenommenen Einstellungen, Werte, Emotionen und Stimmungen eine große Rolle (Jones/ George, 1998).

Beziehungsvertrauen kann entstehen, wenn eine Seite anfängt, sich in den Augen der anderen Seite vertrauenswürdig zu verhalten (Zand, 1973, insb. S. 299). Vertrauenswürdiges Verhalten der einen Seite (A) hat auf die andere Seite (B) einen von zwei Effekten: Entweder bestätigt es die Erwartung des B, dass A den Aufbau einer vertrauensvollen Beziehung beabsichtigt. Oder die Erwartung des B, dass A die Beziehung *nicht* auf Vertrauen begründet, wird *widerlegt*. Erst jetzt existiert eine Chance, dass *beide* Seiten davon ausgehen, dass die jeweils andere Seite eine vertrauensvolle Beziehung anstrebt und bereit ist, sich vertrauenswürdig zu verhalten. Werden die wechselseitigen vertrauensvollen Erwartungen in der Folge immer wieder bestätigt, werden sie – lerntheoretisch gewendet – jedes Mal positiv verstärkt. Beide Seiten lernen, einander immer mehr zu vertrauen (Rousseau et al., 1998, S. 399).

Umgekehrtes gilt für den Fall des fehlenden Vertrauens und generell, wenn Erwartungen der anderen Seite enttäuscht werden. Fehlende Vertrauenswürdigkeit des A bestätigen B in seiner Annahme, dass A nicht vertrauen will, oder sie enttäuscht die Erwartung des B, dass A sich vertrauenswürdig verhalten wird. Im Gegenzug wird sich auch B nicht mehr verletzlich zeigen und verlangt Schutzmechanismen und Kontrollen, die von A wiederum (nunmehr zu Recht) als fehlendes Vertrauen gedeutet werden. Es besteht die Gefahr, dass eine Misstrauensspirale in Gang gesetzt wird. Misstrauen und vertrauensunwürdiges Verhalten werden mit Misstrauen begegnet und verstärken sich im Sinne sich selbst erfüllender Prophezeiungen gegenseitig (vgl. Sitkin/ Roth, 1993, S. 369).

Damit stellt sich die Frage nach den Vertrauensbasen, d. h. den Verhaltensweisen, mit denen die Führungskraft den Geführten ihre Vertrauenswürdigkeit signalisieren kann. Krause (2003, S. 144 f.) hat in einer – immer noch unvollständigen – Literaturübersicht 41 (!) unterschiedliche Kategorisierungen von Vertrauensbasen zusammengestellt und die darin enthaltenen vertrauensförderlichen Verhaltensweisen für den Kontext der vertrauensförderlichen Führung in Innovationsprojekten, der auch vertrauensförderliche Führung in Softwareentwicklungsprojekten umfasst, auf drei Dimensionen reduziert:

- Wohlwollen
- Konsistenz
- Integrität

Darüber hinaus sollten aufgrund ihrer großen Bedeutung im Führungskontext zwei weitere Vertrauensbasen, die Krause in ihrer Arbeit anderen Aspekten von Führung zugeordnet hat, berücksichtigt werden:

- Offene, akkurate und erläuternde Kommunikation (Butler, 1991; Mishra 1996; Neubauer, 1999; Whitener et al., 1998, S. 516) und
- Partizipation, Delegation und Kontrollverzicht (Gebert, 2002, S. 174-177; Whitener et al., ebenda).

Allen genannten Verhaltensweisen ist gemein, dass sie Signalcharakter haben. Sie transportieren Informationen über die Vertrauenswürdigkeit der Führungskraft und lassen dadurch das Risiko, das die Geführten eingehen, kleiner erscheinen. Konsistenz und Integrität haben darüber hinaus retrospektiven Belegcharakter. Sie sind Beweise dafür, dass in der Vergangenheit die Verletzlichkeit der anderen Seite nicht ausgenutzt wurde, obwohl dazu die Möglichkeit bestanden hätte. Offene Kommunikation und Partizipation, Delegation und Verzicht auf Kontrolle haben darüber hinaus prospektiven Belegcharakter. Sie sind mit dem Risiko verbunden, dass die andere Seite die erhaltenen Informationen und Mitwirkungsmöglichkeiten missbraucht oder damit Fehler verursacht, und dokumentieren damit „handfesten" Vertrauensvorschuss.

Wohlwollen einer Führungskraft zeigt sich darin, die Bedürfnisse der Geführten zu berücksichtigen und sich dafür einzusetzen (Abrams et al., 2004; Whitener et al., 1998, S. 517-518; Krause, 2003, S. 149 f.). Ein erster Schritt dazu besteht darin, auch das „Private" der Geführten anzuerkennen und sich auch über andere Dinge als die Arbeit zu unterhalten. Dazu gehört, die Rechte der Mitarbeiter zu respektieren und sich zu entschuldigen, wenn das eigene Verhalten unangenehme Konsequenzen hat. Die Führungskraft sollte signalisieren, dass sie am Wohl ihrer Mitarbeiter interessiert ist und sie mag. Ebenso gehört dazu, persönliche Hilfestellung zuteil werden zu lassen, Mitgefühl zu zeigen und loyal zu sein. Auch Fairness (vgl. II 4.2.3.2 „Belohnung und Fairness") ist Teil von Wohlwollen. Entscheidungen, die für die Geführten Belastungen darstellen, sollten nach Grundsätzen gefasst werden, die für alle gelten und transparent sind (Abrams et al., 2004). Des Weiteren sollte Vorgesetzte, ihren Mitarbeitern bei Schwierigkeiten den Rücken zu stärken und sie gerecht behandeln.

Verhaltenskonsistenz umfasst Verlässlichkeit, Zuverlässigkeit, Vorhersagbarkeit und das Einhalten von Versprechen (Krause, 2003, S. 150). Gemeint sind Verhaltensweisen, die Berechenbarkeit und Vorhersehbarkeit signalisieren, so dass die andere Seite die Beziehung als sicher und wenig risikoreich empfindet. *Situative* Konsistenz bedeutet, sich in verschiedenen Situationen beständig zu verhalten und zum Beispiel seine Ansichten nicht je nach Gesprächspartner „nach dem Wind zu drehen" (Whitener et al., 1998, S. 516). *Zeitliche* Konsistenz umfasst Beständigkeit im Verhalten über die Zeit und bedeutet zum Beispiel, heute gegebene Versprechen morgen zu erfüllen (ebenda). Insbesondere gegenüber den Geführten gilt es zu vermeiden, „heute Hü und morgen Hott" zu sagen (vgl. Krause/ Klöhn, 2002, S. 74).

Integrität bedeutet ehrlich, diskret und aufrichtig zu handeln (Krause, 2003, S. 150 f.; Whitener, et al., 1998, S. 516). Ehrlichkeit meint, Auskünfte ohne Einschränkungen und gemäß ihres Wahrheitsgehalts weiterzugeben. Das bedeutet auch zu signalisieren, was man weiß und was man nicht weiß (Abrams et al., 2004). Diskretion impliziert, vertrauliche Informationen nicht weiterzugeben und andere nicht vor Dritten bloßzustellen. Aufrichtigkeit bedeutet, den eigenen Prinzipien treu zu bleiben, d. h. in Übereinstimmung mit den inneren Einstellungen zu handeln. Aufrichtigkeit wird unter anderem signalisiert, wenn Reden und Handeln übereinstimmen.

Akkurate, erläuternde, offene und sensible *Kommunikation* steigert die Vertrauenswürdigkeit, weil und soweit die mitgeteilten Informationen geeignet sind, das wahrgenommene Risiko eines Vertrauensbruchs zu reduzieren oder eigene Verletzlichkeit zu signalisieren (Whitener et al., 1998, S. 517). Akkurat bedeutet, dass alle relevanten Informationen mitgeteilt werden. Erläuternd heißt, dass Entscheidungen begründet und Hintergründe erläutert werden. Offen impliziert, dass Ideen und Informationen frei und ohne Voreingenommenheit ausgetauscht werden. Dazu gehört auch, Probleme ehrlich mitzuteilen und eigene Einstellungen und Gefühle offen zu legen. Offenheit bedeutet auch, nicht im Geheimen zu agieren und darauf zu verzichten, Situationen zu den eigenen Gunsten vorzustrukturieren. Transparentes Verhalten schließt aus, andere vor vollendete Tatsachen zu stellen, Entscheidungen hinauszuzögern, bis es zu spät ist, Neuerungen in kleinen unmerklichen Schritten ohne zu fragen einfach einzuführen oder günstige Gelegenheiten (zum Beispiel die Abwesenheit anderer) zu nutzen, um vorbereitete Pläne mit Überraschungsvorteil durchzusetzen (vgl. Krause/ Klöhn, 2002, S. 75). Sensibel zu kommunizieren heißt, der anderen Seite genau zuzuhören und zu versuchen, sich in die Perspektive des anderen hineinzudenken und generell dem Gesprächspartner und seinen Ideen gegenüber aufgeschlossen zu sein (Krause/ Klöhn, 2002, S. 74).

Partizipation im Sinne einer Teilhabe an Entscheidungen spielt immer dann eine Rolle, wenn die Entscheidung der Führungsperson Auswirkungen auf das Schicksal des Geführten haben. Betroffene an der Entscheidungsfindung zu beteiligen oder zumindest die Entscheidungsgründe transparent und nachvollziehbar zu machen, signalisiert erstens, dass man die Situation nicht zum eigenen Vorteil ausnutzt (Whitener, 1998, S. 517). Zweitens gewährt die Führungsperson dadurch Vertrauensvorschuss, wenn und soweit sie das Risiko eingeht, dass die Geführten die Entscheidungsteilhabe zu ihrem Vorteil ausnutzen könnte oder das Entscheidungsergebnis aus Unvermögen verschlechtern könnte.

Ähnliches gilt für *Delegation* und *Kontrollverzicht*. Wenn Führende delegieren oder Kollegen auf den Beitrag anderer vertrauen, gehen sie Risiken ein (Gebert, 2002, S. 174-177; Whitener et al., 1998, S. 517). Diese bestehen darin, dass die Anderen die geschaffenen Spielräume zum eigenen Vorteil nutzen oder zumindest Fehler machen können, die bei geringerem Spielraum weniger gravierende Auswirkungen hätten. Delegation und der Verzicht auf Kontrolle haben damit im besonderen Maße das Potenzial, Vertrauen zu schaffen (Bauer/ Green, 1996; Scandura et al., 1986). Führende sollten zum Zwecke des Vertrauensaufbaus daher darauf verzichten, nach Gutsherrenmanier Anweisungen zu erteilen und Budgets und Zeitvorgaben aufs engste zu kontrollieren (Krause/ Klöhn, 2002, S. 75).

Um mit Geführten und anderen Verhandlungspartnern Beziehungsvertrauen aufzubauen, sollten Führende in Softwareentwicklungsprojekten die oben genannten Verhaltensweisen zeigen. Allerdings hat jede der genannten Vertrauensbasen ihre *systematischen Grenzen.* Wohlwollen, Konsistenz und Integrität erfordern Zeit, emotionale Stabilität, Authentizität und moralische Festigkeit. Sie sind mithin keineswegs triviale oder leicht zu erfüllende Forderungen an Führende (Galford/ Drapeau, 2003). Außerdem müssen diese Verhaltensweisen von den Geführten und Verhandlungspartnern wohlwollend bewertet werden. Sie könnten ansonsten als „soft" oder „heuchlerisch" empfunden werden. Die Bewertungen und Reaktionen der anderen Seite hängt unter anderem ab von

- Persönlichkeitseigenschaften, wie der Neigung zu Vertrauen oder zu rivalisieren,

- Stimmungen,

- Motiven, etwa Eigennutz, und

- weiteren Wahrnehmungen, insbesondere wahrgenommener Wertekongruenz mit dem Führenden, wahrgenommener Kompetenz des Führenden und wahrgenommene Aufgabeninterdependenz mit dem Führenden (vgl. z. B. Whitener, 1998, S. 519; Jones/ George, 1998; Mayer et al., 1995, S. 714-720).

Es gibt (leider) Mitarbeiter, die dazu neigen zu rivalisieren, schlecht gelaunt zu sein, eigennützig zu sein und die ihren Interaktionspartnern tendenziell Andersartigkeit und Unfähigkeit unterstellen oder glauben, mit ihren Vertrauensnehmern nicht zusammen arbeiten zu müssen. Bei diesen Menschen ist der Versuch, ihr Vertrauen zu gewinnen, harte und des Öfteren wohl auch vergebliche Arbeit.

Die Strategie „akkurate, erläuternde, offene und sensible Kommunikation" stößt an weitere Grenzen. Erstens haben Führende nicht immer die Informationen, die Geführte oder Verhandlungspartner bei ihnen vermuten. Zweitens *müssen* sie mit gewissen Informationen vertraulich umgehen. Drittens sollten sie bisweilen erwägen, schlechte Nachrichten zurückzuhalten, um den Optimismus der Geführten nicht zu gefährden (siehe oben unter II 4.3.6). In solchen Fällen bleibt ihnen nur die Möglichkeit, immerhin zu sagen, welche Dinge sie nicht wissen und welche nicht, bzw. zu sagen, dass sie bestimmte Informationen zwar haben, sie aber nicht mitteilen wollen oder können.

Bei der fünften Vertrauensbasis „Teilhabe an Entscheidungen, Delegation und Verzicht auf Kontrolle" besteht darüber hinaus das Risiko, ausgenutzt zu werden, vor allem wenn Interessengegensätze bestehen (Gebert, 2002, S. 174-177; Whitener et al., 1998, S. 517). Des Weiteren besteht die Gefahr, dass die andere Seite aus Unvermögen Fehler macht und dadurch Entscheidungsprozesse verzögert bzw. Schaden verursacht, der nicht entstanden wäre, wenn ihr weniger vertraut worden wäre.

In vielen Fällen bietet sich also an, nicht blind zu vertrauen, sondern sich abzusichern. Vertrauen und Absicherung müssen keine Gegensätze sein, sondern können Hand in Hand gehen (Lewicki et al., 1998, S. 444 ff.). Ein solches Vertrauen ist von relativ hohen Anteilen kalkulierenden Vertrauens und relativ geringen Anteilen von Beziehungsvertrauen geprägt (Rousseau et al., 1998, S. 399). Die Absicherung kann darin bestehen, zunächst nur kleine Risiken einzugehen und sich Informationen über die Vertrauenswürdigkeit des Geführten zu besorgen. Machen beide Seiten positive Erfahrungen, besteht eine Chance, dass sie auf die

Absicherungen verzichten und der relative Anteil des Beziehungsvertrauens ansteigt (Rousseau et al., 1998, S. 399 ff.).

Zusammenfassend gilt, dass Führende in Softwareentwicklungsprojekten Gelegenheiten, anderen zu vertrauen, nutzen und stärken sollten (vgl. Möllering, 2002). Gleichwohl sollten sie nicht darauf verzichten, sich in Bezug auf „vertrauliche" Aspekte zu schützen (Lewicki et al., 1998, S. 447). Je häufiger dabei Führende und Geführte gute Erfahrungen machen und sich kennen lernen, desto eher entsteht in der Folge Beziehungsvertrauen zwischen der Führungsperson und ihren Geführten (vgl. Rousseau et al., 1998, S. 399). Außerdem hat das Verhalten der Führenden Vorbildcharakter und fördert damit das Vertrauen der Geführten *untereinander*. Aufgrund sozialer Lernprozesse (Bandura, 1986; Schein, 1992) besteht die Chance, dass die Geführten vertrauenswürdiges Verhalten der Führenden nachahmen und dann auch gegenseitig verstärkt zeigen. Darüber hinaus können Führende über soziale Lernprozesse die Vertrauenskultur der von ihnen geführten Projekte verändern, was Gegenstand des folgenden Kapitels ist.

4.3.7.3 Vertrauensförderliche Organisationskultur

Eine vertrauensförderliche Organisationskultur ist eine solche, in der die im vorstehenden Abschnitt II 4.3.7.2 beschriebenen Verhaltensweisen als Norm gelten und Abweichungen davon sanktioniert werden. Organisations- und Projektkulturen, in denen das Eingehen von Risiken, gegenseitiges Informieren, Offenheit, Respekt und andere vertrauensbildende Verhaltensweisen als Normen verankert sind, erhöhen die Chance, dass sich Mitarbeiter trauen, persönliche Initiative zu zeigen, weil sie anderen vertrauen können (Whitener et al., 1998, S. 520f.). Dies ist selbst dann nicht selbstverständlich, wenn den Geführten ein hoher Delegationsgrad eingeräumt wird. Barker (1993) hat in einer Fallstudie über Arbeitsteams einer Fabrik gezeigt, dass autonome Arbeitsgruppen sehr rigide Kontrollen über ihre Mitglieder ausüben können. Wer den Gruppennormen nicht gehorchte, flog raus (ebenda, S. 144). Gemeinsam erlebter Stress, eine hohe Teamkohäsion und die geteilte Erfahrung, eine brenzlige Situation auf eine bestimmte Art und Weise gemeistert zu haben, scheint dabei die Entwicklung jener rigiden Organisationskultur unterstützt zu haben (ebenda, S. 143-144). Das sind Umstände, die auch bei Softwareentwicklungsteams vorliegen können. In solchen Teamkulturen haben zumindest manche Mitglieder Angst davor, Fehler zu machen (ebenda, S. 144-145). Die Neigung, risikoreiche persönliche Initiative zu übernehmen, dürfte dann gering ausgeprägt sein. Die Folge ist Dienst nach Gruppenvorschrift. Aber nicht nur eine kollektivistisch rigide oder geschlossene Organisationskultur (Gebert/ Boerner, 1995) kann dem Vertrauen unter den Projektmitgliedern abträglich sein. Gleiches gilt für eine zu individualistische oder offene Teamkultur, die durch Konkurrenzdenken und dem Verfolgen individueller Ziele gekennzeichnet ist.

Führende in Softwareentwicklungsteams sollten daher ihren Einfluss nutzen, der Entwicklung einer solchen Team- bzw. Organisationskultur vorzubeugen (Abrams et al., 2004). Im Kapitel II 4.2.2 „Gestaltung der Organisationskultur" wurden Möglichkeiten und Grenzen der Kulturgestaltung beschrieben. Besonderes Augenmerk – zum Zwecke der Diagnose – sollten Führende auf die formalen und informellen Entscheidungsprozesse innerhalb des Projekts richten und schauen, ob diese prozedural fair ablaufen (Whitener et al., 1998, S 520). Prozedurale Fairness umfasst viele Aspekte vertrauenswürdigen Verhaltens. Diese sind im Abschnitt II 4.3.3.2 „Belohnung und Fairness" erläutert worden. Führende können anhand der Prinzipien prozeduraler Fairness ihr eigenes Entscheidungsverhalten und die Entscheidungsprozesse im Projekt bewerten und – gegebenenfalls im Dialog mit den Geführten – strukturelle „Misstrauensherde" erkennen.

4.3.7.4 Gefahren

Führung durch Vertrauen geht mit den Gefahren einher, zu einer dysfunktionalen Homogenisierung des Projektteams im Denken und Handeln zu führen und in eine unbedingte und kritiklose Loyalität den Führenden gegenüber umzuschlagen (Gebert, 2004, S. 164 ff.). Engle/ Lord (1997) erfassten bei N = 76 Dyaden aus Vorgesetzten und Mitarbeiter das wechselseitige Vertrauen, die wechselseitigen Sympathie und die wahrgenommene Ähnlichkeit bezüglich grundlegender Einstellungen und Werthaltungen. Alle drei Größen korrelierten eng ($r = .64$ - $.88$, $p < .001$) miteinander. Vertrauensvolle Zusammenarbeit geht also mit gegenseitiger Sympathie und Ähnlichkeit im Denken einher. Angesichts der Tatsache, dass das Soll-Verhalten der Geführten, persönliche Initiative, auch ein „Unruhe stiftendes" Moment haben soll, ist dieser Zusammenhang bedenklich, denn es besteht die Gefahr, dass genau dieses Moment verloren geht (vgl. Gebert, 2004, S. 164 ff.).

Darüber hinaus besteht die Gefahr, dass sich aus Vertrauen bedingungslose Loyalität und Kritiklosigkeit entwickeln. Vertrauensvolle Beziehungen zu Vorgesetzten stellen hochwertig und schwer verfügbare Güter in Organisationen dar, weil Mitarbeiter in Organisationen häufig *nicht* wohlwollend und rücksichtsvoll behandelt werden (Gebert, 2004, S. 165). Daraus kann eine Abhängigkeit vom Führenden entstehen, soweit dieser gleichsam als Gegenleistung vom Geführten Anpassung und Loyalität einfordert. Es entsteht die Gefahr, dass die Geführten bei Problemen aus falsch verstandener Loyalität heraus schweigen und sich in einem Maße konform zu den Erwartungen der Führungspersonen verhalten, die persönliche Initiative behindert. Gebert (2004) schlägt daher vor, als Korrektiv zu den benannten Gefahren im Zuge der Mitarbeiterführung darauf zu achten, dass Wert auf kritischen Widerspruch im Projektteam gelegt wird (vgl. auch Sweetman, 2001).

4.3.7.5 Fazit

Zusammenfassend ist festzuhalten, dass das Vertrauen der Geführten in ihre Führenden und in ihre Kollegen zur Freisetzung persönlicher Initiative erforderliches soziales Kapital (Coleman, 1991) ist, das Führende aufbauen und erhalten sollten. Führende in Softwareentwicklungsprojekten sollten daher zu ihren Geführten kalkulierendes und relationelles Vertrauen aufbauen. Zum Aufbau *kalkulierenden* Vertrauens ist es hilfreich, die Beziehungen als win-win Situationen darzustellen, den Schatten der Zukunft (Axelrod, 1984) zu betonen und Informationsasymmetrien aufzuheben oder zu lindern. Um kalkulierendes Vertrauen *zwischen* den Geführten zu fördern, sollten Führende die Arbeit der Geführten auf das gemeinsame Ziel des Projekterfolgs ausrichten und weitere Zielkongruenzen zwischen den Geführten betonen. Zugleich sollten sie darauf achten, dass die Leistungsbeiträge jedes Einzelnen im Projekt für alle erkennbar bleiben. Um *Beziehungs*vertrauen aufzubauen, sollten Führende den Geführten gegenüber wohlwollend, konsistent und integer gegenübertreten, offen und ehrlich mit ihnen kommunizieren und ihnen Vertrauensvorschuss in Form von Entscheidungsteilhabe, Delegation und Kontrollverzicht erweisen. Allerdings sollten sie nicht blind vertrauen, sondern sich absichern. Um das Beziehungsvertrauen der Geführten *untereinander* über ihre Vorbildwirkung hinaus zu stärken, sollten Führende in Softwareentwicklungsprojekten Einfluss auf die Projektkultur nehmen (vgl. II 4.2.2) und insbesondere auf prozedurale Fairness (vgl. II 4.2.3.2) bei den formalen und informalen Entscheidungsprozessen der Gruppen achten. Den Aufbau und Erhalt von Vertrauen sollten sie mit einer gelebten Aufforderung zur kritischen Auseinandersetzung und Widerspruch im Team und insbesondere mit dessen Führungspersonen verbinden.

5 Zusammenfassung des theoretischen Bezugsrahmens und der Handlungsempfehlungen aus der Literatur

Die Literaturanalyse lässt sich zu einer *literaturbasierten Theorie der Führung in zeitkritischen und komplexen Projekten* verdichten (siehe nächste Abbildung). Ausgehend vom situativen Führungsverständnis der zielorientierten Führungsforschung (Gebert/ Ulrich, 1991) wurden im Kapitel II 2 zunächst die Formal- und Sachziele zeitkritischer und komplexer Projekte am Beispiel von Softwareentwicklungsprojekten diskutiert (siehe rechts unten in der Grafik). Die anspruchsvollen *Formalziele* schlagen sich in der *Situation der Geführten* vor allem als *Zeitknappheit* nieder (links unten in der Grafik). Zusammen mit den *Sachzielen*, ein komplexes Produkt im Zuge eines komplexen Entwicklungsprozesses zu erstellen, führt Zeitknappheit zu zahlreichen *Projektrisiken und -chancen*, die die Geführten in der wenigen zur Verfügung stehenden Zeit bewältigen müssen. Auf der anderen Seite stellt die Situation den Geführten mehr oder weniger *Handlungsoptionen* zur Bewältigung der Projektrisiken und -chancen zur Verfügung. Es hängt von *Situationswahrnehmungen*, genauer: von der *Relevanzeinschätzung* und der *Optionseinschätzung* (Lazarus, 1966, 1999), der Geführten ab, ob diese aus den Handlungsoptionen spezifische persönliche Initiativen formen und damit das gewünschte *Soll-Verhalten* zeigen oder nicht (siehe mittlere Elemente der unteren Hälfte der Grafik). *Persönliche Initiative* (Frese/ Fay, 2001; Frese et al., 1996, 1997) bezeichnet ein Verhaltenssyndrom, das gekennzeichnet ist durch seine Ausrichtung auf die Projektziele (pro Projekt), durch Eigeninitiative und ein über das vertraglich Festhaltbare hinausgehendes Engagement der Geführten (initiativ), durch Bemühungen um einen langfristig wirksamen und vorausschauenden Umgang mit Risken und Chancen (pro-aktiv) sowie durch Nachdruck und Ausdauer (persistent). Eine spezifische persönliche Initiative ist ein konkretes Handlungsbündel, das die Attribute persönlicher Initiative aufweist. Ein Beispiel einer spezifischen persönlichen Initiative ist das Programmieren einer Testprozedur durch einen Entwickler, der damit dazu beiträgt, dass Modultests im Projekt schneller und fehlerfreier erfolgen können (pro Projekt), der diese Testprozedur ohne Anweisung eines Vorgesetzten programmiert und ohne dass diese Arbeit in einer Stellenbeschreibung verlangt wird (initiativ), der damit das eigentlich zeitraubende aber kurzfristig schnellere „Testen von Hand" ersetzt (pro-aktiv) und der dies tut, obwohl er auch noch viele andere Aufgaben zu erfüllen hat (persistent).

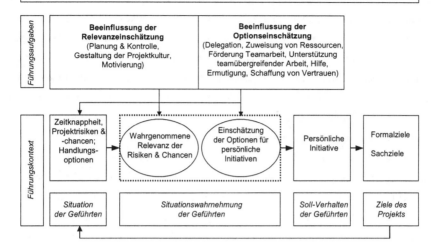

Abb. 6: Ergebnis der Literaturanalyse: Führung in zeitkritischen und komplexen Projekten
Quelle: Eigene Darstellung

In Kapitel II 3 und II 4.1 wurden die Relevanzeinschätzung und Optionseinschätzung der Geführten als die entscheidenden psychologischen Prozesse herausgearbeitet, die das Ergreifen persönlicher Initiative durch die Geführten bedingen. Die Relevanzeinschätzung bezieht sich auf das Erkennen von Projektrisiken und -chancen als Anlass für spezifische persönliche Initiativen. Die *Relevanzeinschätzung* der Geführten muss dergestalt ausfallen, dass sie objektiv bestehende Projektrisiken und -chancen als *subjektiv relevant* wahrnehmen (Lazarus, 1999, S. 75). Wenn Projektrisiken und -chancen hingegen die individuellen Ziele, Intentionen oder Wertvorstellungen eines Mitarbeiters nicht berühren, sind sie ihm gleichgültig, und er wird sie nicht als Anlass für persönliche Initiative begreifen. Führung in zeitkritischen und komplexen Projekten muss daher an der Relevanzeinschätzung der Geführten ansetzen.

Die *Optionseinschätzung* bezieht sich auf die Möglichkeiten, die die Geführten sehen, auf erkannte Risiken und Chancen zu reagieren. Die Geführten müssen mindestens eine der sich bietenden Handlungsoptionen für geeignet halten, daraus eine spezifische persönliche Initiative formen zu können, und sie müssen diese Handlungsoption für sich als machbare und erfolgsträchtige Bewältigungsoption erkennen (Lazarus, 1999, S. 76; Schönpflug, 1986,

S. 96). Führungsbedarf besteht, wenn die Optionseinschätzung so ausfällt, dass die Geführten keine machbare und voraussichtlich erfolgreiche spezifische persönliche Initiative erkennen. In diesem Fall zeigen die Geführten nämlich entweder überhaupt kein auf Projektrisiken und -chancen ausgerichtetes Bewältigungsverhalten oder sie zeigen nur ein oberflächliches oder gar vermeidendes Bewältigungsverhalten. Bei Letzterem besteht die Gefahr, dass es von den Geführten über Konditionierungsmechanismen (Mowrer, 1960) unwillkürlich auf alle Zeiten und Situationen im Projekt generalisiert wird und persönliche Initiative dadurch bereits im Keim erstickt. Führung in zeitkritischen und komplexen Projekten muss daher auch an der Relevanzeinschätzung der Geführten ansetzen.

Diese Überlegungen, die im unteren Teil der Grafik abgebildet sind, charakterisieren zusammenfassend den *Führungskontext* in zeitkritischen und komplexen Projekten. Die Situation der Geführten in diesen Projekten ist immer durch Zeitdruck, Projektrisiken und -chancen sowie durch die Existenz von (mehr oder weniger zahlreichen) Handlungsoptionen gekennzeichnet, die Situationswahrnehmung der Geführten sollte immer wie beschrieben ausfallen und ihr Soll-Verhalten sollte immer persönliche Initiative sein. Der *auf diese Weise* konzeptionalisierte Führungskontext stellt den theoretischen Bezugsrahmen dar, der die Ableitung der Handlungsempfehlungen (synonym: die Beantwortung der dritten Frage der zielorientierten Führungsforschung) auf Basis der Literatur inhaltlich lenkte.

Diesen Bezugsrahmen nutzend wurde in den Kapiteln II 4.2 und II 4.3 das abstrakte Konstrukt *„Führung in zeitkritischen und komplexen Projekten"* mit Inhalt gefüllt, indem am Beispiel der Softwareentwicklung situativ relativierte und konkrete Handlungsempfehlungen an Führende abgeleitet wurden. Die Handlungsempfehlungen sind nach Führungsaufgaben sortiert. Die Führungsaufgaben Planung und Kontrolle, Gestaltung der Projektkultur und Motivierung dienen der Beeinflussung der wahrgenommenen Relevanz der Geführten (siehe links oben in der Grafik). Führung zur Beeinflussung der Optionseinschätzung umfasst Delegation von Entscheidungskompetenzen, Zuweisung betrieblicher Ressourcen, Förderung von Teamarbeit, Unterstützung teamübergreifender Arbeit, Hilfe der Führenden für die Geführten, Ermutigung und Zuspruch sowie Schaffung und Erhalt von Vertrauen (siehe rechts oben in der Grafik).

Die zehn Führungsaufgaben stellen *potenzielle* Handlungsfelder der Führenden dar. Wenn und soweit diese Führungsaufgaben im Projekt gut erfüllt werden – etwa aufgrund einer hilfreichen strukturellen Führung in der Mutterorganisation, einer guten Führung durch den nächsthöheren Vorgesetzten oder aber weil sich die Geführten im hohen Maße selbst koordinieren und gegenseitig führen – besteht in dieser Hinsicht auch kein Führungsbedarf für diejenigen, die zur Führung im Projekt berufen sind. Wenn und soweit hingegen eine oder mehrere der zehn Führungsaufgaben nicht erfüllt werden sind Führende aufgerufen, *diesen* Mangel zu beheben, indem sie die *Führungsaktivitäten* ausführen, die in den folgenden Tabellen benannt werden und in den vorigen Kapiteln diskutiert wurden. Dabei sind allerdings auch immanente Grenzen, systematische Barrieren und die Notwendigkeit zur Balancierung mit anderen, widersprüchlichen Führungsaktivitäten zu beachten. Die folgenden Tabellen fassen die in dieser Arbeit aus der Literatur abgeleiteten Handlungsempfehlungen zu den Aufgaben und Aktivitäten von Führenden in zeitkritischen und komplexen Projekten schlagwortartig zusammen.

Führungs-aufgabe	Führungsaktivitäten
Planung und Kontrolle	**Generell** • Planung mit Hilfe von Projektplanungsinstrumenten und -dokumenten • Output- (Tests und Begutachtung) und Inputkontrollen (Umfang, Termine, Kosten) **Kommunikation der Planungs- und Kontrollinformationen** • Intensive Partizipation im Planungsprozess und bei Planänderungen • Strukturierung der teaminternen Kommunikation durch a) klare Beschreibung von Interdependenzen zwischen Mitarbeitern, b) Sitzungen, insbesondere Statusbesprechungen und c) eine elektronische Projektakte • Viel spontane Kommunikation mit den Geführten • Bereitschaft, langwierige Entscheidungsprozesse zu beenden **Zur Balance zwischen Verbindlichkeit und Offenheit der Ziele** • Strategische Ziele: Projektdefinition mit reaktiven und pro-aktiven Überprüfungen der Projektdefinition, z. B. über Kontakte der Führungskräfte im Projekt zu übergeordneten Entscheidungsträgern, durch Begutachtungen des Projektfortschritts durch das höhere Management bzw. einen Lenkungsausschuss und mit Hilfe von Prototypen oder anderen funktionsfähigen Zwischenergebnissen der Projektarbeit • Taktische Ziele: Rollierende Planung mit priorisierten Sachleistungszielen, „harten" Meilensteinen und sukzessivem „Einfrieren" bereits erzielter Ergebnisse • Operative Ziele: Subsidiäre operative Planung und Kontrolle, ermöglicht durch Priorisierung konkurrierender taktischer Ziele. Enger Kontakt mit den Geführten. • Kontinuierliche Prämissenkontrollen auf allen Zielebenen, z. B. in Form eines Risikomanagements, bei gleichzeitiger Bereitschaft, nicht endende Zieldefinitionsprozesse durch eigene oder von „oben" herbeigeführte Entscheidungen zu beenden
Gestaltung der Projekt-kultur	**Primäre Mechanismen der Kulturgestaltung** • Entscheidungen über Prioritäten in der Projektplanung und knappe Ressourcen • Bemerkungen, persönliche Kontrollen, Nachfragen, Themenwahl bei Gesprächen, Vorträgen und dergleichen mehr • Verhalten bei Krisen • Vorbildrolle, Anleitung von Mitarbeitern • Belohnungen und Sanktionen • Entscheidungen bei Krisen • Routinemäßige Personalauswahlentscheidungen **Sekundäre Mechanismen** • Formale Struktur und Prozesse, Riten und Rituale, Gestaltung der Arbeitsräume, Geschichten und Legenden, offizielle Aussagen über Projektphilosophie und -ziele **Möglichkeiten zur geplanten Veränderung von Projektkulturen** • Gezielter Austausch von Mitarbeitern • Einführung neuer Technologien oder Planungs- und Kontrollinstrumente Wahrung der Balance zwischen starker und zurücknehmender Führung
Motivierung	• Vorübergehende charismatische Führung (Kommunizieren hoher Erwartungen und einer Vision gepaart mit vorbildlichem Verhalten) • Zuteilung intrinsisch motivierender Aufgaben • Verdeutlichen von Belohnungen und Sanktionen • Bemühen um Verteilungs- und Verfahrensgerechtigkeit • Vereinbarung bzw. Vorgabe und Begründung ehrgeiziger und konkreter Ziele, ohne übertriebene Ausdifferenzierung. Auch schwer quantifizierbare Ziele darstellen und einfordern. Genügend Zeit für komplexe Sachaufgaben einräumen. Priorisierung von Zielpluralen • Persönliches Feedback

Tab. 5: **Führungsaufgaben und -aktivitäten zur Beeinflussung der Relevanzeinschätzung**

Führungs- aufgabe	Führungsaktivitäten
Delegation	Einräumung von Zielentscheidungskompetenz: Siehe Planung und Kontrolle Einräumung Handlungskompetenz: • „So wenig Einschränkung wie nötig, so viel Freiheit wie möglich", d. h. z. B. so wenige Vorgaben für das Konfigurationsmanagement wie nötig • Selbstbestimmte Selbstbegrenzung, d. h. Geführten Einfluss auf Regeln der Projektabwicklung geben Einräumung Kontrollkompetenz: • Primär Fremdkontrolle bei Sachleistungszielen durch Tests und Begutachtungen • Primär Eigenkontrolle bei Vorgehenszielen (Umfang, Termine, Kosten) Je mehr gemeinsame Orientierung, Konsens und Vertrauen im Team, desto mehr Delegation
Zuweisung Betriebsmittel und Schulungen	Möglichst optimale Zuweisung von Büroausstattung, Hard- und Software sowie von Schulungen unter Berücksichtigung von Fairness- und Delegationsproblemen

Förderung der Kommunikation und Zusammenarbeit im Team	Förderung der Kommunikations- und Kooperationsintensität
	• In den frühen Projektphasen genügend Zeit für gemeinsame Schulungen und gemeinsame Planung einkalkulieren
	• Im Projektverlauf
	  - Sicherstellung dezentraler Kommunikationsstrukturen
	  - Beenden lang dauernder Sachkonflikte zwischen Geführten
	  - Vorleben kooperativer Auseinandersetzungen und ggf. entsprechende Schulungen
	  - Förderung der Heterogenität der Kommunikation und der Ergebnisoffenheit der Entscheidungsfindung (Vorleben und Einfordern einer offenen und sachlichen Streitkultur, Einbindung stillerer Personen, ggf. Advocatus Diaboli oder Moderatoren einsetzen, Gruppenprozesse reflektieren [lassen])
	• Zum Projektende: Intensive persönliche Kommunikation zwischen den Mitarbeitern trotz Auflösungstendenzen des Projekts erhalten
	
	Förderung der Kommunikations- und Kooperationseffizienz im Projektverlauf durch Steigerung der Kohäsion und der Gruppenidentität
	• Aufgabenkohäsion durch Motivierung steigern/ erhalten
	• Feiern von Teamerfolgen
	• Gruppen"events"
	• Betonung gemeinsamer Ziele
	• Kollektive Belohnung bei Erfolgen
	• Förderung räumlicher Nähe oder kompensatorischer Fernkommunikation zwischen den Geführten
	• Begrenzung von Entscheidungsprozessen

Förderung der teamübergreifenden Zusammenarbeit	In Abhängigkeit vom Zweck der teamübergreifenden Arbeit (task coordination vs. scouting), der Intensität und Anzahl der Interdependenzen zu Externen und dem Innovationsgrad der Projektaufgabe für mehr oder weniger von Folgendem sorgen: • Informationstechnologische Vernetzung mit Projektexternen • Räumliche Nähe zu anderen Teams und Abteilungen • Enge Abstimmung durch integrierende Instanzen, z. B. Koordinationskomitees • Einzelne Mitarbeiter mit „scouting" oder „task coordination" betrauen und ihnen für diese Aktivitäten den Rücken freihalten • Direkte informelle Kontakte zwischen Geführten und Projektexternen herstellen, z. B. bei gemeinsamen Essen oder Sportveranstaltungen • Generell die Bedeutung des „scouting" und der „task coordination" betonen • Gemeinsamkeiten mit interdependenten Abteilungen herausstreichen

Tab. 6: **Führungsaufgaben und -aktivitäten zur Beeinflussung der Optionsbewertung (1/2)**

Führungs-aufgabe	Führungsaktivitäten
Hilfe	Fachlicher Dialog, z. B. bei der Zuweisung von Aufgaben Falls erforderlich: • Strukturierung der Projektaufgabe durch verbesserte Planung, im Gespräch mit den Geführten, durch Vermitteln und Fördern von Gesprächen mit Teamkollegen oder Teamexternen • Falls erforderlich: Entlasten, entweder mittels „interner" Lösungen (Steigerung der Produktivität des Teams, Verzicht auf innere Qualität der Projektleistung) oder „externer" Lösungen (Vereinbarung von Überstunden mit Teammitgliedern und Management, Verpflichtung zusätzlicher Mitarbeiter, Reduzierung der Ansprüche des Auftraggebers hinsichtlich Umfang, äußerer Qualität oder Fristigkeit der Projektleistung) • Hilfe beim Beseitigen von Hindernissen • Begrenzung von Beziehungskonflikten durch Schlichtung oder Personalentscheidung
Ermutigung und Zuspruch	Stärkung der Selbstwirksamkeit • Den Geführten herausfordernde, aber erreichbare Aufgaben geben • Mitarbeiter wenn erforderlich schulen, coachen oder anleiten lassen • Selbst Zuversicht ausstrahlen • Erfolge der Geführten gebührend anerkennen und ihren Anstrengungen und Können zuschreiben • Im Gespräch Mut machen und konstruktives Feedback geben Stärkung internaler Kontrollüberzeugungen durch ein realistisches Prinzip Hoffnung Grenzen von Ermutigung und Zuspruch: Realität im Projekt und Glaubwürdigkeit der Führenden
Schaffung und Erhalt von Vertrauen	Aufbau und Erhalt von kalkulierendem Vertrauen zu den Geführten • Darstellung der Beziehung als win-win Situation • Betonung des Schattens der Zukunft • Aufheben oder Lindern von Informationsasymmetrien Aufbau und Erhalt von Beziehungsvertrauen zu den Geführten durch das Zeigen von • Wohlwollen • Verhaltenskonsistenz • Offenheit • Ehrlichkeit • Entscheidungsteilhabe, Delegation und Kontrollverzicht • Aber: Kein blindes Vertrauen, daher begrenzter Vertrauensvorschuss Aufbau und Erhalt kalkulierendes Vertrauen zwischen den Geführten • Betonung gemeinsamer Projektziele und sonstiger Zielkongruenzen • Erkennbar machen der Leistungsbeiträge einzelner Aufbau von Beziehungsvertrauen zwischen Geführten und einer Vertrauenskultur im Projekt • s. o. (Vorbildwirkung) plus • auf fairen Umgang der Geführten untereinander achten Vermeidung unkritischer Loyalität durch ein Vorleben und Einfordern von kritischer Auseinandersetzung und Widerspruch

Tab. 7: **Führungsaufgaben und -aktivitäten zur Beeinflussung der Optionsbewertung (2/2)**

Führung durch Planung und Kontrolle, Führung durch die Gestaltung der Projektkultur und Führung durch Motivierung zielen auf die Relevanzeinschätzung der Geführten. *Führung durch Planung und Kontrolle* dient dazu, der Relevanzeinschätzung der Geführten durch das

Bereitstellen von Planungsinformationen über Leistungs- und Vorgehensziele sowie Kontrollinformationen über die aktuellen Zielerreichungsgrade die notwendige Informationsgrundlage für das Erkennen von Projektrisiken und -chancen zu liefern. Führende müssen zu diesem Zweck eine Balance finden, die den Projektzielen hinreichende Verbindlichkeit verleiht und sie zugleich offen hält für Anpassungen an unvorhergesehene Entwicklungen im Projektverlauf. Die Verbindlichkeit von Projektzielen wird durch eine Projektdefinition, die Verwendung von Meilensteinen, das sukzessive Einfrieren bereits erzielter Ergebnisse, klare Priorisierungen, einen engen Kontakt zwischen Führenden und Geführten sowie durch Fremdkontrollen gefördert. Der Offenheit von Projektzielen dienen kontinuierliche Prämissenkontrollen, die sich in einem professionellen Risikomanagement, einer engen Abstimmung mit dem höheren Management und dem Auftraggeber über die Projektdefinition und einer rollierenden taktischen Planung niederschlagen sowie eine subsidiäre operative Planung. Mitarbeiter in zeitkritischen und komplexen Projekten sollen Anlässe für ihre persönlichen Initiativen innerhalb des Korridors, der von den verbindlichen und den offen gelassenen Zielen aufgespannt wird, erkennen können.

Führung durch die Gestaltung der Projektkultur ist erforderlich, wenn die Projektkultur den Geführten andere Dinge als die (zumindest nach Ansicht der Führenden) tatsächlich relevanten Projektrisiken und -chancen subjektiv als relevant erscheinen lässt. Dies ist etwa der Fall, wenn Vorgaben und Informationen zur Qualitätssicherung zwar gepredigt und geliefert werden, Qualitätssicherung von den Mitarbeitern aber nicht „gelebt" wird (die „espoused theory" über Qualität unterscheidet sich in diesem Fall von der kulturell verankerten, tatsächlich gelebten „theory in use" über Qualität, vgl. Argyris/ Schön, 1982). In diesem Fall müssen Führende kulturgestaltende Führungsaktivitäten zeigen, etwa indem sie konsistent und über längere Zeit Qualitätsziele vorgeben und einfordern (siehe Tabelle). Die bedeutendste Barriere dafür ist darin zu sehen, dass sich Projektkulturen nur mit Mühen verändern lassen und dass die dafür erforderliche „starke" Führung Gefahr läuft, die Geführten in die Passivität zu drängen und ihren persönlichen Initiativen keinen Raum mehr zu lassen.

Führung durch Motivierung hat zum Zweck, bei den Geführten den Wunsch, das Interesse und den Willen zur Erreichung der Projektziele zu wecken, um damit zu erreichen, dass die Geführten intensiv auch nach latenten Projektrisiken und -chancen Ausschau halten. Bedeutsame Grenzen der Führung durch Motivierung liegen in der Zweischneidigkeit und begrenzten Wirkung charismatischer Führung, in der eingeschränkten Verfügbarkeit intrinsisch motivierender Aufgaben, in der Fairnessproblematik bei der Motivierung durch Belohnung und Bestrafung und generell bei der Verteilung von Nutzen und Lasten der Projektarbeit, in zahlreichen negativen Nebeneffekten, die präzise und herausfordernde Zielsetzungen mit sich bringen (Verdrängung qualitativer Ziele, Verdrängung persönlicher Initiative, Gefahr zu hohen Zeitdrucks) sowie den „operativen" Schwierigkeiten, die bei der Motivierung durch Zielsetzung und persönliches Feedback zu überwinden sind (Umgang mit Zielpluralen, Herstellung von Zielbindung, Regeln guten Feedbacks).

Auf die Optionsbewertung der Geführten zielen Führung durch Delegation von Entscheidungskompetenzen, Führung durch Zuweisung betrieblicher Ressourcen, Führung durch Förderung von Teamarbeit, Führung durch Unterstützung teamübergreifender Zusammenarbeit, Führung durch Hilfe, Führung durch Ermutigung und Zuspruch sowie Führung durch Schaffung und Erhalt von Vertrauen. Die ersten fünf aufgezählten Führungsaufgaben haben den Zweck, die Anzahl der den Geführten objektiv zur Verfügung stehenden Handlungsoptionen, aus denen sie spezifische persönliche Initiativen formen können, zu erhöhen. Die letzten beiden Führungsaufgaben dienen dazu, die subjektive Bewertung der Erfolgsträchtigkeit und der Gefahren persönlicher Initiativen positiv einzufärben.

Führung durch Delegation von Entscheidungskompetenzen soll den Geführten möglichst viele Rechte an die Hand geben, so dass die Umsetzung einer spezifischen persönlichen Initiative nicht daran scheitert, dass der jeweilige Mitarbeiter diese nicht umsetzen darf. Entscheidende Grenze dafür ist allerdings das Delegationsrisiko, das umso höher ausfällt, je weniger sich die Geführten gemeinsam an den gleichen Zielen orientieren, je weniger Konsens im Team über die grundlegenden Fragen und Verfahren im Projekt besteht und je weniger gegenseitiges Vertrauen im Team herrscht. Aber selbst bei günstigen Voraussetzungen müssen die Zielentscheidungskompetenzen und Handlungskompetenzen der Geführten in zeitkritischen und komplexen Projekten durch Vorgaben – bei der Softwareentwicklung etwa zur Arbeitsplanung und zum Konfigurationsmanagement – begrenzt werden und Sachleistungen durch Fremdkontrollen überprüft und begutachtet werden.

Führung durch Zuweisung betrieblicher Ressourcen hat den Zweck, die Geführten mit den Betriebsmitteln, d. h. Räumen, Büroausstattung, Soft- und Hardware sowie Schulungen zu versorgen, die sie für ihre persönlichen Initiativen benötigen. Dabei sollten die knappen Ressourcen möglichst effektiv und fair zugeteilt und das Delegationsrisiko, das im möglichen Missbrauch der Ressourcen besteht, eingedämmt werden.

Führung durch Förderung von Teamarbeit soll die Kooperation im Team verbessern, damit die Geführten jederzeit intensiv und effizient mit Kollegen zusammenarbeiten können, deren Unterstützung sie benötigen, um eine spezifische persönliche Initiative umzusetzen. In der Softwareentwicklung müsste beispielsweise eine Initiative zur Verbesserung einer Programmschnittstelle mit allen betroffenen Entwicklern abgesprochen werden. Hierzu müssen Führende Kommunikations- und Problemlöseprozesse im Projekt zugleich „schließen" und „öffnen" (Gebert, 2004, S. 147 ff.). Schließende Elemente der Teamführung umfassen das Einräumen von Zeit zur Bildung geteilter mentaler Modelle, die Stärkung des Zusammenhalts im Team, die Schaffung einer kooperativen und vertrauensvollen Arbeitsatmosphäre und gegebenenfalls das Beenden von Diskussionsprozessen durch Entscheidungen der Führungsperson. Zu den öffnenden Elementen der Teamführung gehören der Schutz von Personen mit abweichenden Meinungen und generell das Willkommen-Heißen divergenter Ansichten sowie das ergebnisoffene Abwägen von Alternativen bei Gruppenentscheidungen.

Führung durch Unterstützung teamübergreifender Zusammenarbeit dient dazu, persönliche Initiativen zu fördern, die darin bestehen bzw. die es erfordern, Fachinformationen außerhalb des Teams zu sammeln oder Projektaktivitäten mit Zulieferern und Adressaten der Projektarbeit zu koordinieren. Hierbei muss versucht werden, den Nutzen der externen Fachinformationen und der teamübergreifenden Koordination mit den Kosten, die dadurch entstehen, durch eine Dosierung der teamübergreifenden Zusammenarbeit in einem möglichst optimalen Verhältnis zu halten.

Führung durch Hilfe ist erforderlich, wenn die persönliche Initiative eines Mitarbeiters darin besteht, eine Führungsperson auf ein Projektrisiko bzw. eine Projektchance anzusprechen, um dessen Hilfe zu mobilisieren. Dies wäre etwa der Fall, wenn die Gefahr besteht, nicht alle Vorgaben des Kunden bis zu einem Termin zu schaffen. In einem solchen Fall kann nur der Projektleiter oder sogar erst eine übergeordnete Führungskraft über eine Priorisierung der Aufgaben bzw. über eine Neuverteilung von Aufgaben im Projekt entscheiden. Führung durch Hilfe manifestiert sich zum einen im Dialog zwischen Führenden und Geführten, der nicht nur angesichts bereits bestehender Probleme, sondern bereits prophylaktisch geführt werden sollte, um Missverständnisse zu klären und Wissen auszutauschen. Zum anderen umfasst er weitergehende Interventionen der Führenden in die Situation der Geführten. Interventionen lassen sich vor dem Hintergrund der handlungsregulativen Stresstheorie (Frese/ Zapf, 1994; Volpert, 1987) in die Strukturierung der Projektaufgabe, Reduzierung von Zeitdruck, Hilfe bei der Vermeidung von Unterbrechungen und Erschwerungen sowie Begrenzung von Beziehungskonflikten einteilen. Möglichkeiten und Grenzen der Aufgabenstrukturierung sind bereits weiter oben und im Abschnitt II 4.2.1.2 über die Verbindlichkeit und Offenheit der

(Ziel-) Planung im Projekt diskutiert worden. Die entscheidende Grenze für die Reduzierung von Zeitdruck und für die Hilfe bei der Vermeidung von Unterbrechungen und Erschwerungen liegt darin begründet, dass sie zumeist einen – mehr oder weniger – großen Verzicht irgendeines Stakeholders im Projekt, d. h. des Teams, des Managements der Mutterorganisation oder des Auftraggebers bedeuten. Die Begrenzung offener Beziehungskonflikte bedarf Fingerspitzengefühls und geht dennoch häufig damit einher, dass sich mindestens eine Konfliktseite ungerecht behandelt fühlt.

Führung durch Ermutigung und Zuspruch soll die Geführten zu einem realistisch-optimistischen Umgang mit Fehlern, Veränderungen, Anstrengungen und Misserfolgen, die mit persönlichen Initiativen unvermeidlich einhergehen, animieren. Fällt die Einschätzung einer potenziellen spezifischen persönlichen Initiative hingegen unnötig pessimistisch aus, sinkt die Wahrscheinlichkeit, dass der betreffende Mitarbeiter sie an den Tag legt. Führende können realistisch-optimistische Einschätzungen fördern, indem sie Erfolge der Geführten gebührend anerkennen und ihren Anstrengungen und Können zuschreiben, Mitarbeiter wenn erforderlich schulen, coachen oder anleiten lassen, selbst Zuversicht ausstrahlen, im Gespräch Mut machen und konstruktives Feedback geben sowie gemäß eines realistischen Prinzips Hoffnung (Gebert, 2002, S. 182 ff.) führen. Entscheidende Grenzen des Führens durch Ermutigung und Zuspruch sind die Realität im Projekt und die Glaubwürdigkeit der Führenden. Wenn die Geführten immer wieder objektive Misserfolge erleben, wird es schwer, ihnen wirksam und glaubwürdig Mut zu machen und Zuversicht zu geben.

Nicht zuletzt ist *Führung durch Schaffung und Erhalt von Vertrauen* wichtig, damit die Geführten potenzielle spezifische persönliche Initiativen positiv beurteilen. Je höher ihr Vertrauen in ihre Vorgesetzten und Kollegen ist, desto eher gehen sie das Risiko des Scheiterns ihrer Initiativen ein, weil sie im Falle des Scheiterns keine unfairen Sanktionen erwarten. Zum Aufbau von Vertrauen der Geführten zu den Führungspersonen ist es hilfreich, die Beziehungen als win-win Situationen darzustellen, Informationsasymmetrien aufzuheben oder zu lindern, den Geführten wohlwollend, konsistent und integer gegenüberzutreten, offen und ehrlich mit ihnen zu kommunizieren und ihnen Vertrauensvorschuss in Form von Entscheidungsteilhabe, Delegation und Kontrollverzicht zuzugestehen. Zugleich ist eine Begrenzung des Vertrauens zu den Geführten wichtig. Führende sollten sich gegen weitgehenden Vertrauensmissbrauch absichern und Vertrauen zunächst mit kleinen Vertrauensvorschüssen aufbauen. Um Vertrauen zwischen den Geführten zu schaffen, sollten Führende als Vorbilder wirken und entsprechenden Einfluss auf die Projektkultur nehmen (vgl. II 4.2.2) und insbesondere auf prozedurale Fairness (vgl. II 4.2.3.2) bei den formalen und informalen Entscheidungsprozessen der Gruppen achten. Damit das Vertrauen im Team nicht in unkritische Loyalität umschlägt, sollten Führende zugleich zu kritischer Auseinandersetzung und Widerspruch im Team und insbesondere mit dessen Führungspersonen aufrufen.

Die Führungsaufgaben und -aktivitäten sind abgeleitet worden im Hinblick auf ihren *Zweck*, nämlich entweder die Relevanzeinschätzung oder die Optionseinschätzung der Geführten zu beeinflussen. Das bedeutet allerdings nicht, dass sie nur an den subjektiven Verarbeitungsprozessen der Geführten ansetzen. Im Gegenteil berühren die Führungsaktivitäten oft auch die objektive Situation der Geführten. In diesen Fällen verändern Führende die subjektive Repräsentation der Situation der Geführten, indem sie deren objektive Situation verändern. Zum Beispiel liefern Planung und Kontrolle nicht nur Informationen über Ziele und Zielerreichungsgrade, sondern beeinflussen auch die Zeitknappheit und die Risikolage im Projekt. Werden im Zuge der Planung (Führungsaufgabe) leicht erreichbare Termine vereinbart (Veränderung der objektiven Situation), dann werden verspätete Zulieferungen (objektive Risiken) von den Geführten als weniger relevant wahrgenommen (subjektive Repräsentation), als wenn die Termine eng gesetzt worden wären. Aus diesem Grunde verläuft von den Führungsaufgaben ein doppelter Wirkpfeil zur jeweiligen Situationswahrnehmung der Geführten, auf die sie einwirken sollen, und zur objektiven Situation der Geführten, die sie bisweilen ebenfalls verändern (siehe Grafik).

Die vorgestellte literaturbasierte Theorie erweitert die bisherige Diskussion der Mitarbeiterführung in zeitkritischen und komplexen Projekten um drei Beiträge. Erstens spannt die Theorie einen Bezugsrahmen auf, der die kontextspezifischen Merkmale des Führens in zeitkritischen und komplexen Projekten erfasst. Zweitens postuliert die Theorie zehn Führungsaufgaben, die potenzielle Handlungsfelder Führender in zeitkritischen und komplexen Projekten beschreiben. Zeitkritische und komplexe Projekte unterscheiden sich nach der Güte, mit der diese Führungsaufgaben bereits ohne das Eingreifen der zur Mitarbeiterführung berufenen Projektmitglieder erfüllt sind. Eine generelle Handlungsempfehlung an Führende lautet mithin, Zeit und Energie des Führens auf unzureichend erfüllte Führungsaufgaben (Führungsdefizite) zu konzentrieren und sich bei der Diagnose von Führungsdefiziten an den hier postulierten Führungsaufgaben zu orientieren. Drittens empfiehlt die Theorie konkrete Führungsaktivitäten, die geeignet sind, die jeweiligen Führungsaufgaben zu erfüllen.

Die vorgestellte Theorie zeichnet sich untersuchungsmethodisch zum einen dadurch aus, dass sie am Beispiel der Softwareentwicklung entwickelt wurde, um dadurch den Bezug zu den entscheidenden *Kontextmerkmalen*, Zeitknappheit und Komplexität eines Projekts, sicherzustellen. Zum anderen zeichnet sie sich dadurch aus, dass die postulierten Handlungsempfehlungen *theoriegelenkt* – und nicht opportunistisch oder zufällig – und daher plausibel abgeleitet worden sind. Der Bezugsrahmen, der in den Kapiteln II 1 bis II 4.1 entwickelt wurde, ist theoriegestützt entstanden, weil die Forschungsfragen der zielorientierten Führungsforschung (Gebert/ Ulrich, 1991) und die Konzepte des Bedrohungs-Bewältigungsmodells von Lazarus (1966, 1999) und der Theorie der innovationsförderlichen Führung von Gebert (1987, 2002) seine äußere Form bestimmen. Auch die Führungsaufgaben sind theoriegelenkt abgeleitet worden, da jeweils ihr Bezug zu der Relevanzeinschätzung von Projektrisiken und - chancen und der Optionsbewertung möglicher spezifischer persönlicher Initiativen durch die Geführten hergestellt worden ist. Schließlich sind die Führungsaktivitäten, die als situativ relativierte und konkrete Handlungsempfehlungen an Führende in zeitkritischen und komplexen Projekten zu verstehen sind, theoriegelenkt aus der Literatur entwickelt worden, indem jeweils der Bezug der Führungsaktivitäten zur Erfüllung der jeweilige Führungsaufgabe begründet worden ist.

Die literaturbasierte Theorie hat aber auch Schwächen, die gleichsam als Leitfragen für die empirische Untersuchung dienen. Erstens mündete bislang die Diskussion der Sach- und Formalziele in das abstrakte Erfolgskriterium „Bewältigen-Müssen von Risiken und Chancen bei Zeitknappheit", woraus das Soll-Verhalten der Geführten abgeleitet wurde. In der empirischen Untersuchung wird nach Aussagen von Praktikern zu suchen sein, die die erste Frage der zielorientierten Führungsforschung nach den Zielen in Softwareentwicklungsprojekten konkreter beantworten. Zweitens ist das Soll-Mitarbeiterverhalten bisher nur als persönliche Initiative charakterisiert worden. Wünschenswert ist aber eine differenziertere Beschreibung des Soll-Verhaltens, die die verfolgten Projektziele genauer im Blick hat. Drittens stammen die formulierten Handlungsempfehlungen ausschließlich aus der einschlägigen Forschungsliteratur. In der Auseinandersetzung mit der Führungspraxis besteht die Chance, auch noch andere Führungsaufgaben und Führungsaktivitäten zu erkennen.

III. Teil: Empirische Untersuchung, Vergleich und Zusammenführung

Bis hierher wurde der erste große gedankliche Schritt des methodischen Dialogs geleistet: Aus der Literatur wurden theoriegestützt Aussagen über Ziele, Soll-Verhalten der Geführten und Handlungsempfehlungen an Führende in Softwareentwicklungsprojekten abgeleitet. Nun schließen sich weitere Schritte an, die dazu dienen, Aussagen über Ziele, Soll-Verhalten der Geführten und Handlungsempfehlungen an Führende im Kontext von Softwareentwicklungsprojekten zu gewinnen und diese Aussagen mit denen der Literatur zu vergleichen, um sie schließlich zu einer Theorie der Mitarbeiterführung zu integrieren und für komplexe und zeitkritische Projekte im Allgemeinen zu generalisieren. Nachstehend erläutert und diskutiert Kapitel III 1 die Methode dieses Teils der Untersuchung. Im Kapitel III 2 werden die Ergebnisse der Erhebung und des Vergleichs dargestellt und erörtert. Kapitel III 3 stellt schließlich die Ergebnisse der Integration und Generalisierung vor und diskutiert sie mit Blick auf die Ziele dieser Arbeit.

1 Methode

In der empirischen Untersuchung sind die folgenden Arbeitsschritte – zum Teil iterativ – durchlaufen worden:

1. Die Organisationen, innerhalb derer Aussagen von Praktikern zu Zielen, Soll-Verhaltensweisen der Geführten und dem Soll-Führungsverhalten empirisch gewonnen werden sollen, und die Interviewpartner wurden ausgewählt
2. Die Aussagen der Praktiker wurden in Interviews und aus weiteren Datenquellen erhoben
3. Die Praktikeraussagen wurden aggregiert
4. Die Aussagen der Praktiker wurden mit den aus der Literatur abgeleiteten Aussagen verglichen
5. Übereinstimmende und sich wechselseitig ergänzende Aussagen der Literatur und der Praxis wurden zu *einer* Theorie der Mitarbeiterführung in zeitkritischen und komplexen Projekten integriert

Die ersten drei Schritte folgten den Verfahrensvorschlägen der Grounded Theory zur Entwicklung eines gegenstandsverankerten Beschreibungs- und Erklärungsmodells, wie sie von

Glaser/ Strauss (1967) ursprünglich formuliert und von Strauss/ Corbin und weiteren Autoren fortentwickelt wurden (Martin/ Turner, 1986; Strauss, 1991; Strauss/ Corbin, 1994, 1996, 1998; speziell für die Management- und Führungsforschung: Locke, K., 2001; Parry, 1998; Parry/ Meindl 2002; Partington, 2000). Grounded Theory wird in deutschen Übersetzungen unter anderem gegenstandsverankerte (Strauss/ Corbin, 1996), datenbasierte (Lamnek, 1993) oder gegenstandsbezogene (Mayring, 2002) Theoriebildung genannt. Sie wurde bereits in vielen Studien der Organisations- und Managementforschung angewendet oder adaptiert und führte dort zu fruchtbaren Ergebnissen (z. B. Brown, 1988; Brown/ Jones, 1998; Dougherty, 1992; Dougherty et al., 2002; Eisenhardt/ Bourgeois, 1988; Eisenhardt, 1989b; Elsbach/ Sutton, 1992; Hargadon/ Sutton, 1997; Inkpen/ Dinur, 1998; Isabella, 1990; Lee et al., 2000; Orlikowski, 1993, 2002; Perlow et al., 2002; Rafaeli/ Sutton, 1991; Ross/ Staw, 1993; Yakura, 2002; Zbaracki, 1998). Auch einige Studien der Führungsforschung profitierten bereits von den Methoden der Grounded Theory (vgl. für eine Übersicht: Parry, 1998; Parry/ Meindl, 2002; Zaccaro/ Horn, 2003). Wichtig für die Eignung der Grounded Theory als empirische Untersuchungsmethode ist eine ihrer Prämissen, wonach sozialwissenschaftliche Theorien nur dann zutreffend und nützlich sein können, wenn darin der situative Kontext menschlichen Handelns berücksichtigt und eingearbeitet wird (Locke, K., 2001, S. 95; Martin/ Turner, 1986; Orlikowski, 1993, S. 11). Diese Prämisse deckt sich mit der Annahme der hier verfolgten zielorientierten Führungsforschung, dass Führungshandeln situativen Erfordernissen angepasst werden muss, um Erfolg nach sich zu ziehen (Gebert, 2002, S. 81), und mit dem hier verfolgten Ziel, eine kontextspezifische Führungstheorie zu entwickeln. Die Verfahrensvorschläge der Grounded Theory sind daher im besonderen Maße geeignet, die Anforderungen dieser Arbeit zu erfüllen (Zaccaro/ Horn, 2003).

Die Arbeitsschritte vier und fünf wurden in dieser Arbeit hingegen – zumindest nach dem Kenntnisstand des Autors – erstmals zur Bildung einer kontextspezifischen praktisch-normativen Theorie im Bereich der Management-, Organisations- und Führungsforschung systematisch durchlaufen und dokumentiert.

In den nun folgenden Abschnitten III 1.1 bis 1.5 werden die Arbeitsschritte der empirischen Untersuchung eingehend dargestellt. Im Abschnitt III 1.6 wird die Methode diskutiert, indem zunächst die methodologischen Kardinalprobleme des methodischen Dialogs erörtert werden, dann das empirische Vorgehen dieser Arbeit anhand einiger Gütekriterien bewertet und abschließend die methodischen Stärken und Schwächen der empirischen Untersuchung summarisch dargestellt werden.

1.1 Stichprobe

1.1.1 Untersuchte Organisationen

Nach der Verfahrensregel der Grounded Theory zur Auswahl von Datenquellen, dem „theoretical sampling", soll die Stichprobe so zusammengestellt werden, dass beim Vergleich der darin enthaltenen Fälle erkannt werden kann, ob und unter welchen Bedingungen sich Indikatoren für Theoriekonzepte wiederholt entdecken lassen (Strauss/ Corbin, 1998, S. 202). Die Stichprobe soll sukzessiv so erweitert werden, dass die neu hinzukommenden Fälle die bereits betrachteten Fälle kontrastieren. Bleiben die Befunde auch über die erweiterte Stichprobe hinweg stabil, so ist eher davon auszugehen, dass verallgemeinerbare Zusammenhänge entdeckt wurden, als wenn die Stichprobe homogen bleiben würde (Rafaeli/ Sutton, 1991, S. 753; Strübing, 1993, S. 313). Daher sollten sich die in der Stichprobe enthaltenen Fälle einander so weit ähnlich sein, dass sie zum gleichen Gegenstandsbereich gehören und miteinander vergleichbar sind (vgl. Orlikowski, 1993, S. 12). Zugleich sollten sie sich so weit voneinander unterscheiden, dass bei der Datenanalyse unterschiedliche situative Kontexte und Bedingungen berücksichtigt werden (ebenda; Strauss/ Corbin, 1998, S. 202). Diese Maßgaben beeinflussten die Wahl der untersuchten Organisationen.

Die Daten wurden in zwei Software entwickelnden Organisationen gewonnen, in denen Produkte für den externen Markt entstanden. In beiden Fällen wurden die Daten in Beratungsprojekten gesammelt, deren Gegenstand die Untersuchung von Organisationskulturen in der Softwareentwicklung war. Fragen der Mitarbeiterführung wurden dabei explizit berücksichtigt.

Die beiden Organisationen unterschieden sich im Untersuchungszeitraum in Bezug auf
- die Art der entwickelten Software (Standard- vs. Individualsoftware),
- ihre Größe (Großunternehmen vs. Mittelstand) und
- ihre Organisationskultur (geschlossen vs. offen sensu Gebert et al., 1998).

Die erste untersuchte Organisation entwickelte Standardsoftware zur Steuerung von Maschinen. Ihre Produkte waren Weltmarktführer. Die Organisation war Teil eines großen, international agierenden Technologieunternehmens mit mehreren Milliarden Euro Umsatz pro Jahr. Die untersuchte Abteilung umfasste etwa 250 Softwareentwickler und Testingenieure. Die zweite Organisation entwickelte betriebswirtschaftliche Individualsoftware, z. B. Software zur Unterstützung von Beratern im Außendienst einer großen Versicherung, zur Erfassung und Überwachung bestimmter Zahlungsströme einer großen deutschen Bank, ein Abrechnungssystem für eine öffentlich-rechtliche Körperschaft im Gesundheitswesen und eine Software zur Inventarisierung von Immobilien einer großen Immobiliengesellschaft. Dort arbeiteten nur etwa 50 Softwareentwickler. Die Abteilung war Teil eines mittelständischen Unternehmens mit mehreren Millionen Euro Umsatz pro Jahr.

Zur Beschreibung der Organisationskultur wurden die Mitarbeiter des Standardsoftwareentwicklers und des Individualsoftwareentwicklers gebeten, mit Hilfe eines validierten Fragebogens (FOGO, Gebert et al., 1998) die Offenheit bzw. Geschlossenheit ihrer Organisationskulturen einzuschätzen. Das Offenheits-/ Geschlossenheitskonstrukt wurde von Gebert (2000) und Boerner (1994; Gebert/ Boerner, 1995, 1999) auf der geistigen Grundlage von Poppers Werk „Die offene Gesellschaft und ihre Feinde" entwickelt (Popper, 1980). Mit diesem Konstrukt lassen sich wichtige Unterschiede zwischen den Organisations- und Führungskulturen – die gleichsam den Rahmen für das tatsächliche Führungsverhalten der Beforschten darstellen – der untersuchten Organisationen erfassen. Eine offene Organisation ist von Voluntarismus, Individualismus und Lernbereitschaft geprägt. Eine geschlossene Organisation ist das Gegenteil davon und ist von Determinismus, Kollektivismus und einem Streben nach Eindeutigkeit geprägt. Sowohl eine offene als auch eine geschlossene Organisationskultur haben spezifische Vor- und Nachteile. Reale Organisationen weisen stets Mischungen der offenen und geschlossenen Gesellschaft auf. Der FOGO fragt die drei Facetten der Offenheit, Voluntarismus/Determinismus, Individualismus/Kollektivismus und Lernbereitschaft/Streben nach Eindeutigkeit mittels drei fünf-stufiger Skalen ab.

Beim Standardsoftwareentwickler füllten 59 Personen den Fragebogen aus. Beim Individualsoftwareentwickler waren es 28 Personen. Weil sich die Unternehmen der Respondenten stark hinsichtlich ihrer Gesamtgröße unterschieden, lauteten die Instruktionen für die beiden Respondentengruppen unterschiedlich. Ziel war es, in beiden Fällen die Offenheit/ Geschlossenheit der Mutterorganisation der Interviewten zu erfassen. Die Standardsoftwareentwickler wurden daher gebeten, sich beim Ausfüllen nicht auf das Gesamtunternehmen zu beziehen. Stattdessen sollten sie die Offenheit/ Geschlossenheit ihres Projektprogramms, d. h. der Entwicklungs- und Testabteilung inklusive der angrenzenden Abteilungen, die Einfluss auf die Entwicklungsprojekte hatten, d. h. interner Vertrieb, technisches Marketing und Customer Support, beurteilen. Bei den Individualsoftwareentwicklern lautete die Instruktion hingegen, sich auf das gesamte Unternehmen zu beziehen.

Die Autoren des FOGO stellten ihre Daten, die sie 1998 zur Validierung des Messinstruments verwendeten, für die vorliegende Untersuchung zu Verfügung. Über alle in der Fragebogenvalidierung 1998 untersuchten privatwirtschaftlichen Organisationen unterschiedlicher Branchen (im Falle kleiner Unternehmen definiert als Gesamtunternehmen; im Falle großer Unternehmen definiert als kleinere, überschaubare Subsysteme des Gesamtunternehmens) hinweg (N = 196) wurden Mittelwerte für die drei Dimensionen berechnet. Zusätzlich wurde ein Gesamtindex des Offenheits/ Geschlossenheitskonstrukts gebildet, indem der Mittelwert der drei Skalenmittelwerte berechnet wurde. Diese 4 Werte wurden mit den entsprechenden Mittelwerten des Standardsoftware- und des Individualsoftwareentwicklers verglichen. Der Vergleich der Mittelwerte mittels einer ANOVA ergab signifikante Unterschiede bei allen drei Dimensionen und dem Gesamtindex.

Ergebnisse der einfaktoriellen multivariaten Varianzanalyse (MANOVA) der untersuchten Organisationen und der Vergleichsstichprobe Deutschland auf die Dimensionen des FOGO					
Dimensionen des FOGO (Kriteriumsvariable)		*Individualsoftwareentwickler*	*Vergleichsstichprobe Deutschland*	*Standardsoftwareentwickler*	$F_{(2,278)}$
Anthropologisch	M	2,466	2,511	2,865	7,280***
	SD	0,540	0,653	0,615	
	n	27	198	57	
Sozial	M	2,337	2,905	2,875	9,276**
	SD	0,552	0,632	0,622	
	n	27	198	57	
Erkenntnistheoretisch	M	2,296	2,607	2,909	5,225**
	SD	0,737	0,851	0,820	
	n	27	198	57	
Gesamtindex	M	2,366	2,674	2,883	5,983**
	SD	0,530	0,645	0,633	
	n	27	198	57	

Tab. 8:   Ergebnisse der MANOVA der untersuchten Organisationen und der Vergleichsstichprobe Deutschland auf die Dimensionen des FOGO

Anmerkungen: Die Antwortskalen waren 5-fach gestuft, niedrige Werte indizieren Offenheit, hohe Werte indizieren Geschlossenheit. **p < 0,01; ***p < 0,001.

Um hinsichtlich der drei gebildeten Gruppen (Individualsoftwareentwickler, Standardsoftwareentwickler und Vergleichsstichprobe deutscher Unternehmen) weitere Aussagen treffen zu können, wurden im Rahmen von Post-Hoc Tests Scheffé-Kontraste berechnet:

	Mittlere Differenz der Mittelwerte zwischen Gruppen und Signifikanz nach Scheffé		
Dimensionen	*Individualsoftware-entwickler vs. Standardsoftware-entwickler*	*Individualsoftware-entwickler vs. Vergleichsstichprobe Deutschland*	*Standardsoftware-entwickler vs. Vergleichsstichprobe Deutschland*
Anthropologisch	- 0,3989*	- 0,0045	0,3542**
Sozial	- 0,5375**	- 0,5676***	- 0,0030
Erkenntnistheoretisch	- 0,6128*	- 0,3111	0,3017
Gesamtindex	- 0,5164**	- 0,3078	- 0,2086

Tab. 9: Mittlere Differenz der Mittelwerte zwischen Gruppen und Signifikanz nach Scheffé

Anmerkungen: *$p < 0{,}05$; **$p < 0{,}01$; ***$p < 0{,}001$.

Der Individualsoftwareentwickler ist auf allen Dimensionen signifikant offener als der Standardsoftwareentwickler. Darüber hinaus ist der Individualsoftwareentwickler auf der sozialen Dimension signifikant offener als der Durchschnitt der Vergleichsstichprobe deutscher Unternehmen. Der Standardsoftwareentwickler hingegen ist auf der anthropologischen Dimension signifikant geschlossener als der Durchschnitt der Vergleichsstichprobe deutscher Unternehmen. Die Mitarbeiter des Standardsoftwareentwicklers empfanden ihre Organisation als determinierter, d. h. stärker von Sachzwängen geprägt, stabiler, bürokratischer, traditioneller, weniger veränderungsfreudig und weniger innovativ als die Mitarbeiter des Individualsoftwareentwicklers. In der anthropologischen Dimension wurde der Standardsoftwareentwickler von den dort Befragten auch relativ zum Durchschnitt der deutschlandweiten Vergleichsstichprobe von Gebert et al. (1998) als signifikant geschlossener eingeschätzt.

Die befragten Standardsoftwareentwickler fanden, dass ihre Organisation relativ zur Organisation des Individualsoftwareentwicklers kollektivistischer war, d. h. dass die Gemeinschaft stärker im Vordergrund stand als der Einzelne. Beim Standardsoftwareentwickler standen kollektivistische Werte wie Homogenität, Hierarchie und Gehorsam höher im Kurs. Individualistische Werte wie Verschiedenartigkeit, Gleichwertigkeit und Streitkultur wurden dagegen weniger hoch eingeschätzt als beim Individualsoftwareentwickler. Beim Individualsoftwareentwickler ergab sich das umgekehrte Bild. In der sozialen Dimension des FOGO wurde der Individualsoftwareentwickler von den dort Befragten auch relativ zum Durchschnitt der deutschlandweiten Stichprobe von Gebert et al. (1998) als signifikant offener eingeschätzt.

Außerdem herrschte beim Standardsoftwareentwickler im Vergleich zum Individualsoftwareentwickler eine geschlossenere Entscheidungs- und Diskussionskultur, in der Eindeutigkeit und Gewissheit, aber auch Dogmatik und Uneinsichtigkeit stärker betont wurden als beim Individualsoftwareentwickler. Dort spielten hingegen die Chance, aus Fehlern zu lernen, aber auch Uneindeutigkeit und Unklarheit bei der Arbeit eine größere Rolle.

Noch eindrücklicher wird das Bild von der Unterschiedlichkeit der beiden Mutterorganisationen in Bezug auf ihre Offenheit/ Geschlossenheit, wenn man anhand des Gesamtindex ermittelt, wie viel Prozent der Organisationen der Vergleichsstichprobe offener bzw. geschlossener sind als die hier untersuchten Individual- und Standardsoftwareentwickler: 32 % (68 %) der Organisationen der Vergleichsstichprobe sind offener (geschlossener) als der Individualsoftwareentwickler. Hingegen sind 64 % (36 %) der Organisationen der Vergleichsstichprobe offener (geschlossener) als der Standardsoftwareentwickler. Unter der Prämisse, dass die Stichprobe von Gebert et al. (1998) repräsentativ für Deutschland ist, lässt sich pointiert Folgendes festhalten:

- Der Individualsoftwareentwickler gehört zu dem Drittel deutscher privatwirtschaftlicher Organisationen, die am offensten/ am wenigsten geschlossen sind:
- Der Standardsoftwareentwickler rangiert am anderen Ende des Kontinuums und gehört zu dem Drittel deutscher privatwirtschaftlicher Organisationen, die am geschlossensten/ wenigsten offen sind.

Mit Hilfe des FOGOs ließen sich Unterschiede zwischen den Organisationen erheben und dokumentieren, die nahe legen, dass sich die beiden Organisationen ganz im Sinne des „theoretical sampling" auch in Hinblick auf ihre Kulturen erheblich unterscheiden. Die hier verwendeten Namen „Standardsoftwareentwickler" und „Individualsoftwareentwickler" sollen an die Unterschiede zwischen den Organisationen erinnern. Die Namen bezeichnen erstens die unterschiedlichen Produkte der beiden Organisationen. Sie konnotieren zweitens unterschiedliche Unternehmensgrößen, da Standardsoftwareentwicklung fixkostenintensiv ist und in diesem Markt große Unternehmen dominieren, während der Markt für Individualsoftware-entwickler durch viele kleinere und mittlere Anbieter geprägt ist (vgl. II 2.2.1.1). Drittens verweisen die Namen auf die unterschiedlichen Kulturen der beiden Organisationen. Das Wort „Standard" verweist auf die bürokratischere Kultur der ersten Organisation, während der Namensteil „Individual" die individualistischere Kultur der zweiten Organisation kennzeichnet.

Die Unterschiede zwischen den Organisationen erlaubten es, während der Datenanalyse Unterschiede und Gemeinsamkeiten zu betrachten und diese zu verwenden, um die Aussagen der entstehenden Theorie daran zu schärfen und dem Ziel nahe zu kommen, eine Theorie zur Mitarbeiterführung zu entwickeln, die für den gesamten Gegenstandsbereich „Projekte der Softwareentwicklung" und damit pars pro toto für zeitkritische und komplexe Projekte im Allgemeinen gilt.

1.1.2 Interviewpartner

Insgesamt wurden 24 Interviews geführt, transkribiert und ausgewertet. Sie dauerten im Schnitt zwei Stunden, so dass insgesamt etwa 48 Interviewstunden analysiert wurden. Kein Interview war kürzer als eineinhalb Stunden. Die Auswahl der Gesprächspartner orientierte sich wiederum an der Maßgabe des theoretischen Sampling. Es wurde darauf geachtet, Vertreter aller Hierarchieebenen zu interviewen. Die Gesprächspartner waren

- Softwareentwickler(innen) und Projektassistenten bzw. -assistentinnen ohne Führungsverantwortung,
- (Teil-) Projektleiter und -leiterinnen mit Führungsverantwortung, die noch einen Teil ihrer Arbeitszeit mit Design und Implementierung der Software verbrachten oder immerhin verbringen sollten und
- Bereichsleiter, Programmdirektoren oder Leiter großer Projekte, die für viele (Teil-) Projekte verantwortlich waren und nicht mehr selbst an der Software arbeiteten, es sei denn, dass sie an Gesprächen teilnahmen, um technische Fragen zu klären, die weitreichende Entscheidungen für die Projektabwicklung nach sich zogen.

Die nachstehende Tabelle gibt eine Übersicht über die Gesprächspartner der transkribierten Interviews:

Position	Anzahl Interviewpartner Standardsoftwareentwickler	Anzahl Interviewpartner Individualsoftwareentwickler	Summe
Programmdirektion/ Bereichsleitung	2	2	4
(Teil-)Projektleitung	5	5	10
Entwicklung/ Assistenz	6	4	10
Summe	**13**	**11**	**24**

Tab. 10: Interviewpartner beim Standard- und Individualsoftwareentwickler

Die Interviewpartner stammten aus verschiedenen Projektprogrammen oder Projekten, wie die folgende Tabelle zeigt:

Herkunft der Interviewpartner

	Standardsoftwareentwickler	*Individualsoftwareentwickler*	*Summe*
Projektprogramme und Bereiche der interviewten Programm-direktoren und Bereichsleiter	• Automatisierungssoftware, Standort 1 • Automatisierungssoftware, Standort 2	• Bereich E-Business • Bereich IT-Solutions	4
Projekte der interviewten (Teil-) Projektleiter(innen), Entwickler(innen) und Assistenten bzw. Assistentinnen	• Software (SW) zur Prozessfehlerdiagnose • SW zur Bildverarbeitung • Graphik- und Texteditor zur Programmierung von Automatisierungsanlagen • Meldeserver und Textserver • Basiskomponenten • Konfigurationsmanagement	• Software (SW) zur Unterstützung von Beratern im Versicherungsaußendienst • SW zur Erfassung und Überwachung bestimmter Zahlungsströme einer Bank • Abrechnungssystem für eine öffentlich-rechtliche Körperschaft im Gesundheitswesen • SW zur Inventarisierung von Immobilien	10

Tab. 11: Projektprogramme, Bereiche und Projekte der Interviewpartner

1.2 Datenerhebung

Die Verfahrensregeln der Grounded Theory für die Datenerhebung sollen sicherstellen, dass die entstehende Theorie den situativen Kontext des erforschten Handelns erfasst und hohe praktische Relevanz aufweist (Martin/ Turner, 1986, S. 143; Pettigrew, 1990). Idealerweise sollten Forscher während der Datensammlung in der von ihnen untersuchten „Welt" leben, ohne allerdings Teil dieser Welt zu werden, so dass sie aus kritischer Distanz Konzepte und Theorien aus dem Beobachteten abstrahieren können (Glaser/ Strauss, 1967, S. 226-227). Die Balance aus intimer Kenntnis des Untersuchungsgegenstandes und abstrahierender Analyse erlaube es dem Forscher, „quite literally to write prescriptions so that other outsiders could get along in the observed sphere of life and action" (ebenda). Außerdem ist es ausdrücklich gestattet, verschiedene Datenarten zu sammeln (Strauss/ Corbin, 1998, S. 52), um den Untersuchungsgegenstand und die entstehende Theorie aus verschiedenen Blickwinkeln zu betrachten. Dies eröffnet die Chance, die Theorie besser zu fundieren, als wenn nur eine oder zwei Erhebungsmethoden herangezogen werden würden (Eisenhardt, 1989, S. 538; Orlikowski, 1993, S. 12). Vor diesem methodologischen Hintergrund wird nachstehend der Prozess der Datensammlung dargestellt.

1.2.1   Zugang zum Feld

Die Datensammlung erstreckte sich über einen Zeitraum von zweieinhalb Jahren. Sie erfolgte in drei Teilprojekten, die zu einem größeren Forschungsprojekt über Organisationskulturen in der Softwareentwicklung gehörten. Jedes der drei Teilprojekte war aus Sicht der untersuchten Organisation ein Beratungsprojekt zur Organisationsanalyse und -entwicklung (Rosenstiel, 2000, S. 230-235; Gebert, 2002). Im ersten Beratungsprojekt wurde ein Survey Feedback beim Standardsoftwareentwickler durchgeführt, mit dem Beratungsziel, Verbesserungspotenziale der Kooperation und Führung innerhalb der Entwicklungsabteilung, bei der Kooperation der Entwicklungsabteilung mit der Testabteilung, dem technischen Marketing und dem Vertrieb sowie bei der Kultur der übergreifenden Mutterorganisation zu identifizieren. Des Weiteren wurden die Verbesserungsvorschläge der interviewten Mitarbeiter gesammelt und aufbereitet. Ergebnis des Beratungsprojekts waren ein Abschlussbericht und mehrere Abschlusspräsentationen vor dem Management und der Belegschaft des Standardsoftwareentwicklers.

Im zweiten Beratungsprojekt wurden aufbauend auf dem ersten Beratungsprojekt beim Standardsoftwareentwickler sechs moderierte Workshops durchgeführt. Deren Ziel war es, auf der Grundlage der zuvor identifizierten Verbesserungspotenziale Maßnahmen zur Verbesserung der Kooperation an Abteilungsschnittstellen und innerhalb der Entwicklungsprojekte zu entwickeln. An jedem Workshop nahmen ca. 12 Mitarbeiter aller Hierarchieebenen, d. h. Entwickler, Teilprojektleiter, Projektleiter und Programmdirektor(en), teil. Auf die Workshops folgte eine längere Phase, in der die beschlossenen Maßnahmen von den Organisationsmitgliedern umgesetzt und auf ihre Tauglichkeit bewertet wurden. Die Teamentwick-

206

lung endete mit einer zweiten Welle bestehend aus insgesamt vier Workshops und einer Präsentation der endgültigen Ergebnisse mit anschließender Diskussion vor hochrangigen Managern der übergeordneten Organisationseinheit. Ergebnis dieses Teilprojekts waren unter anderem einige Veränderungen an der offiziell festgelegten Ablauforganisation für die Abwicklung von Softwareentwicklungsprojekten. Der Projektbericht wurde den Abteilungsleitern präsentiert und von ihnen abgenommen.

Das dritte Beratungsprojekt bestand aus einer Auftragsanalyse für den mittelständischen Individualsoftwareentwickler. Beratungsziel war, Verbesserungspotenziale in der Mitarbeiterführung, den Entscheidungsprozessen und der Kultur der Organisation zu identifizieren sowie die für den Projekterfolg speziell beim untersuchten Individualsoftwareentwickler wichtigen Projektleiterverhaltensweisen zu erarbeiten. Die Studie war Teil eigener Maßnahmen des Unternehmens, den Entwicklungsprozess und die Personalentwicklung des Führungspersonals zu verbessern. Ergebnis des Beratungsprojekts war ein Abschlussbericht.

1.2.2 Interviewdurchführung

Interviews wurden im ersten und dritten Beratungsprojekt in Leitfadeninterviews gewonnen, die auf Tonband aufgenommen und wortwörtlich transkribiert wurden und daher eine mikroskopische Analyse, Zeile für Zeile, erlaubten. Der Interviewleitfaden ist im Anhang abgedruckt und orientiert sich an der Critical Incident Technik (Flanagan, 1954). Nach einigen einleitenden Fragen zum Aufgaben- und Verantwortungsbereich des Interviewten wurden die Interviewpartner gebeten, sich an kritische Ereignisse im Verlauf ihres jüngsten Projekts zu erinnern. Kritische Ereignisse wurden wie folgt definiert (Originalwortlaut im Interview): „Kritische Ereignisse sind Schwierigkeiten im Verlaufe eines Projekts, die das Projektziel gefährden, sofern keine Gegenmaßnahmen ergriffen werden. Im Verlaufe eines Entwicklungsprojekts können immer wieder Schwierigkeiten entstehen, kleinere oder größere Pannen, Konflikte, Dinge, die zu lange dauern oder Ähnliches, so dass Handlungsbedarf besteht. Es muss korrigierend eingegriffen werden, damit das Projekt nicht aus dem Ruder läuft. Können Sie uns aus Ihrer Erfahrung mit dem letzten Projekt eine solche kritische Situation schildern: Was war damals konkret der Fall und wieso ergab sich Handlungsbedarf?" Im Einzelnen wurden die Interviewpartner gebeten,

- das erinnerte Ereignis zu beschreiben und dabei
  - zu erläutern, welche Projektziele gefährdet waren, d. h. zu erklären warum Interventionsbedarf bestand und

- die Ursachen und situativen Randbedingungen, die zu dem Ereignis führten, zu diskutieren;
- die kurzfristigen Reaktionen und Interventionen der Beteiligten zu beschreiben und dabei
  - diese Interventionen in Bezug auf ihre positiven und negativen Folgen zu beurteilen und diese Einschätzung zu begründen und
  - gegebenenfalls die Barrieren zu erläutern, die dazu führten, dass andere Maßnahmen nicht ergriffen wurden;
- langfristige Problemlösungen zu beschreiben, die helfen würden, ein solches kritisches Ereignis in Zukunft zu vermeiden oder in seinen Folgen abzumildern, und dabei
  - die positiven und negativen Folgen einer solchen Lösung zu benennen und zu begründen und
  - die Barrieren zu erörtern, die zur Einführung und Umsetzung der vorgeschlagenen Lösung überwunden werden müssten.

Die Verwendung der Critical Incident Technik (Flanagan, 1954) ist zum einen theoretisch begründet. Durch ihre Verwendung gelingt inhaltlich der Anschluss zur theoretischen Annahme dieser Arbeit, wonach es die möglichst initiative Bewältigung von Risiken, Krisen und Pannen ist, die ein erfolgreiches von einem weniger erfolgreichen Projekt unterscheidet (siehe I 2.2 „Theoretisches Anliegen: Übertragung der Theorie innovationsförderlicher Führung" und II 2.3 „Fazit: Risiken und Chancen der Softwareentwicklung").

Zum anderen ist die Verwendung der Critical Incident Technik methodisch begründet, da sie das Interview nur formal, nicht aber inhaltlich strukturiert und dadurch die Antworten der Interviewten nicht vorformt. Ergänzend wurde bei der Interviewdurchführung Wert darauf gelegt, die Gesprächspartner nicht mit dem Wissen der Interviewer zu konfrontieren. Die Fragen wurden offen gestellt. Ausdrückliches Ziel der Interviews war es, einen möglichst unverzerrten Einblick in das Wissen der Gesprächspartner aus ihrer Perspektive heraus zu gewinnen. Aus dem gleichen Grund wurden die Aussagen der Gesprächspartner im Gesprächsverlauf immer wieder zusammengefasst, um den Interviewpartnern Gelegenheit zu geben, ihre Aussagen zu korrigieren und zu konkretisieren. Die Interviewer vergewisserten sich immer wieder, den Gedankengang der Interviewten korrekt, d. h. so wie er gemeint war, verstanden zu haben.

Des Weiteren wurde beim Interview darauf geachtet, dass die Befragten die erinnerten Geschehnisse möglichst anschaulich beschrieben. Die Befragten wurden angeregt, am konkreten Beispiel des erinnerten Ereignisses ihr Wissen und ihre Einschätzungen über Ziele, Mitarbeiterverhaltensweisen und Führungshandlungen in Softwareentwicklungsprojekten abzurufen und zu präsentieren. Dadurch sollte die Gefahr, dass die Interviewpartner abstraktes Lehrbuchwissen „abspulen", reduziert werden. Außerdem wurde dadurch bezweckt, dass sich die Beschreibungen und Erklärungen der Interviewten möglichst nah am erinnerten Kontext orientierten und die Einschätzungen und Bewertungen der Interviewten möglichst realistisch, d. h. den situativen Möglichkeiten und Restriktionen der betrachteten Projekte und Organisationen angemessen, ausfielen.

Darüber hinaus wurden die Interviewten immer wieder gebeten, ihre Einschätzungen zu begründen. Sie sollten das erinnerte Verhalten von Geführten und Führenden im Hinblick auf seine Vor- und Nachteile angemessen würdigen und Verbesserungsvorschläge kritisch auf die damit verbundenen Vor- und Nachteile sowie auf ihre Realisierbarkeit hin prüfen. Zweck war es, begründete und situativ relativierte Handlungsempfehlungen zur Mitarbeiterführung zu sammeln.

1.2.3 Erhebung weiterer Daten

Zusätzlich zu den Interviews wurden weitere Daten gesammelt, die geeignet waren, die mikroskopische Analyse der Interviews durch ein ganzheitliches und überblickartiges Bild vom Forschungsfeld zu ergänzen (Makrodaten). Die genutzten Quellen zur Erhebung der Makrodaten sind in der folgenden Tabelle getrennt nach den untersuchten Organisationen aufgeführt.

Datenquelle	Standardsoftwareentwickler	Individualsoftwareentwickler
Fragebogen FOGO	ja	ja
Direkteindrücke vor Ort und Gespräche	ja	ja
Protokollierte Gespräche (ca. zwei Stunden)	9	2
Dokumente	ja	ja
Teilnehmende Beobachtung	2	1
Standardisierte Befragung	ja	-
Protokollierte Workshops (ca. fünf Stunden)	10	-
Dokumente der Organisationsentwicklung	ja	-

Tab. 12: Quellen für Makrodaten in beiden untersuchten Organisationen

Quellen, zu denen es in beiden Unternehmen Zugang gab, waren:

- Der Fragebogen zur Offenheit und Geschlossenheit in Organisationen (FOGO, Gebert et al. 1998)

- Gespräche und Direkteindrücke in den Räumlichkeiten der untersuchten Organisationen

- Protokollierte, ca. zweistündige Leitfadeninterviews, in denen in erster Linie nach der Organisationsstruktur der Unternehmen und Abteilungen, dem dort typischen Ablauf der Entwicklungsprojekte und nach organisationsspezifischen Erfolgsfaktoren, Stärken und Schwächen der Softwareentwicklung gefragt wurde. Beim Standardsoftwareentwickler wurden neun solcher Interviews geführt. Beim Individualsoftwareentwickler waren es zwei, so dass insgesamt 22 Interviewstunden zusammen kamen

- Dokumente über Produkte, Entwicklungsprozesse und Organisationsstruktur der Unternehmen

- Drei teilnehmende Beobachtungen, je eine an Arbeitsplätzen von Entwicklungsingenieuren beider Organisationen und eine bei einer Abteilungen und Hierarchien übergreifenden Diskussionsrunde, die den Entwicklungsprozess des Standardsoftwareentwicklers zum Gegenstand hatte

Darüber hinaus wurden beim Standardsoftwareentwickler Daten mit standardisierten Fragebögen erhoben und Beobachtungen im Zuge der beiden Beratungsprojekte, insbesondere in den zehn Workshops, die jeweils fünf Stunden dauerten, gemacht (vgl. Rosenstiel, 2000, S. 236-237; Comelli, 1999; Gebert, 2002b, S. 4955-4956). Ergebnis der Fragebogenuntersuchung waren Lage- und Streuungsmaße sowie deskriptive Korrelationen. Daten aus der Organisationsentwicklung waren in erster Linie Protokolle der Workshops, Gesprächs- und Telefonnotizen, E-Mails von Mitarbeitern und Managern, Präsentationsunterlagen und Protokolle von Sitzungen.

Diese holistisch ausgewerteten Daten dienten dazu, den Prozess der Softwareentwicklung in den Organisationen zu verstehen und ein ganzheitliches Bild der dortigen Kultur, Kooperation und Mitarbeiterführung zu gewinnen. In späteren Phasen des Forschungsprozesses, namentlich beim Kodieren (vgl. unten unter III 1.3.2), wurden diese Daten ergänzend zu den Interviews herangezogen, um sie mit der entstehenden Theorie zu vergleichen und die Theorieaussagen daran zu schärfen.

1.2.4 Fazit

Zusammenfassend sind vier Merkmale der Erhebung festzuhalten, die dazu beitragen sollten, das Handeln der Geführten und Führenden in Softwareentwicklungsprojekten realitätsnah, praxisrelevant und umfassend zu dokumentieren. Erstens war der Zugang zum Feld darauf ausgerichtet, praxisrelevantes Wissen zu generieren, da die Datensammlung vor Ort in den beforschten Organisationen und bei den Interviewten stattfand. Zweitens wurde bei den Critical-Incident-Interviews Wert darauf gelegt, dass die Gesprächspartner ihre Kenntnisse und Einschätzungen möglichst konkret, nah am situativen Kontext, differenziert, begründet und unverfälscht anhand realer Ereignisse darlegten. Drittens wurden zusätzlich zu den Interviews weitere Daten gesammelt, die es erlaubten, zusammen mit den Interviews das Phänomen Mitarbeiterführung in Softwareentwicklungsprojekten aus verschiedenen Perspektiven ganzheitlich *und* detailliert zu betrachten. Zu guter Letzt ist noch zu erwähnen, dass sich allein die dokumentierten, d. h. protokollierten oder transkribierten Gespräche, Workshops und Interviews, die in dieser Arbeit berücksichtigt werden, auf etwa 120 Stunden summieren.

1.3 Datenanalyse und -interpretation

1.3.1 Kontinuierliches Vergleichen, theoretische Sättigung und Kodierung

Die Datenanalyse und -interpretation erfolgen in der Grounded Theory nach den Verfahrensregeln der „constant comparative analysis" und der „theoretical saturation". Die *Methode kontinuierlichen Vergleichens* besagt, dass die Theorieaussagen, hier: Aussagen über Ziele, Soll-Verhalten der Geführten und Soll-Verhalten der Führenden sowie deren Begründungen, aus den fortgesetzten und systematischen Vergleichen empirischer Daten untereinander und mit der entstehenden Theorie zu gewinnen sind (Glaser/ Strauss, 1967, S. 101 ff.; Strübing, 2002, S. 330). Nachstehend soll die Methode am Beispiel von Interviewaussagen illustriert werden. Eine Interviewaussage lautet: „Also, die Zeit ist immer zu kurz. Also, es gibt kein Projekt, wo die Zeit ausreichen würde." Eine andere Interviewaussage lautet: „Unrealistische Planung ist halt, wenn der Kunde etwas gesehen hat und meint halt, ‚Die und die Änderungen müssen aber bis zum Release noch rein', und man eigentlich abschätzt, also er eigentlich abschätzen kann, das ist nicht zu schaffen. Und trotzdem aber irgendwo sagen muss, ‚Ja, wir machen das.' [...] und wir aber auch wissen, schon sagen im Vornheraus, ‚Das ist nicht zu schaffen oder nur teilweise zu schaffen." Beim Vergleich dieser beiden Aussagen fallen Gemeinsamkeiten und Unterschiede auf. *Gemeinsam* ist beiden Aussagen, dass sie auf Zeitknappheit in Softwareentwicklungsprojekten hinweisen. Ein wichtiger *Unterschied* zwischen beiden Aussagen besteht darin, dass die erste Aussage Zeitknappheit als generellen Umstand beschreibt, wohingegen die zweite Aussage auf eine spezifische Ursache für Zeitdruck hinweist, nämlich auf eine unrealistische Planung der Projektleitung aufgrund einer als unüberwindbar wahrgenommenen Verhandlungsposition des Kunden. Diese beiden Aussagen können mithin Ausgangspunkt einer Theorie sein, die behauptet, Zeitknappheit ist ein generelles Problem in der Softwareentwicklung und Grund dafür seien unter anderem die schwache Verhandlungsposition der Entwicklungsseite und unrealistische Planungen und Versprechungen seitens der Projektverantwortlichen. Im nächsten Schritt sind weitere Interviewaussagen mit dieser „Ausgangspunkttheorie" und den sie stützenden beiden Aussagen zu vergleichen. Zum Beispiel lautet eine weitere Interviewaussage: „Geld ist etwas, was bei Entwicklern viel weniger bewirkt als ..., sie sind viel mehr durch technischen Ehrgeiz motiviert als durch Geld." Beim Vergleich wird deutlich, dass die einzige Gemeinsamkeit zwischen dieser und den beiden anderen Aussagen darin besteht, dass auch sie Hinweise für die Mitarbeiterführung liefert. Allerdings bezieht sich die dritte Interviewpassage auf einen anderen Aspekt von Führung, nämlich die Motivierung durch Geld und die Motivierung durch technischen Ehrgeiz. Die „Ausgangspunkttheorie" ist an dieser Stelle also um Aussagen zur Motivierung zu erweitern.

Die kontinuierliche Suche nach Gemeinsamkeiten und Unterschieden zwischen Daten (Interviewaussagen und weiteren Daten) wurde in dieser Untersuchung so lange betrieben, bis keine Daten mehr gefunden wurden, die sich nicht unter eine der Aussagen der hier entwickelten Theorie zur Mitarbeiterführung subsumieren ließen. Dieses Abbruchkriterium wird *theoretische Sättigung* genannt. Es ist erreicht, wenn eine weitere Datenanalyse keine weiteren Erkenntnisse mehr bringt, die zu einer Neuformulierung der entstandenen Theorie Anlass geben würde (Glaser/ Strauss, 1967, S. 61; Strübing, 2002, S. 331).

Das kontinuierliche Vergleichen erfolgt regelgeleitet und systematisch im Zuge eines in der Grounded Theory als „Kodieren" bezeichneten analytisch-interpretativen Prozesses. Kodieren ist das Übersetzen von Daten, hier vor allem von Interviewaussagen, in theoretische Konzepte. Es umfasst die Benennung von Konzepten und ihre nähere Erläuterung und Diskussion (Böhm, 2000, S. 476). *Konzepte* haben anfangs vorläufigen Charakter und werden im Fortgang der Auswertung differenzierter und abstrakter. Konzepte, die sich als wenig nützlich erweisen, um die Daten zu erklären, werden wieder fallen gelassen (Martin/ Turner, 1986, S. 149). Ausdifferenzierte Konzepte werden Kategorien genannt. Die *Erläuterungen* und *Dis-*

kussionen der Konzepte schlagen sich in Kodenotizen des Forschers oder Forscherteams nieder. Diese werden genutzt, um die Konzepte auszudifferenzieren und miteinander zu verknüpfen sowie um den Bezug zwischen Daten und Konzepten zu dokumentieren. Die Kodenotizen sind zusammen mit den Daten das Ausgangsmaterial für die spätere Formulierung und Niederschrift der Theorie.

Es werden drei Stufen des Kodierens unterschieden, die auch den Charakter von Phasen im Forschungsprozess haben – offenes, axiales und selektives Kodieren (Böhm, 2000, S. 477). Die drei Stufen unterscheiden sich durch den jeweils verfolgten Analysezweck (Strauss/ Corbin, 1998, S. 101-102). Die Übergänge zwischen den Phasen sind fließend. Iterative Sprünge zwischen den Phasen sind ausdrücklich gestattet (Flick, 1995, S. 197), so dass die Datenanalyse fortwährend in Zyklen voranschreitet, in denen alle drei Phasen iterativ durchlaufen werden.

Offenes[18] Kodieren steht am Anfang der Datenanalyse. Zweck ist das Herauspräparieren einzelner Phänomene und ihrer Eigenschaften (Strauss/ Corbin, 1998, S. 102; Strübing, 2002, S. 331). In dieser Untersuchung wurden dazu einzelne, in sich geschlossene Textsequenzen ausgegliedert, paraphrasiert und hinsichtlich ihres Inhalts, der untersuchten Organisation und der hierarchischen Position des Interviewpartners mit Kodenotizen gekennzeichnet. Es ging darum, relevante Phänomene zu entdecken, mit Konzepten zu benennen und zu kategorisieren. Bei den drei oben beispielhaft genannten Interviewaussagen gehörten zu den relevanten Phänomenen, die sich beim offenen Kodieren herauspräparieren ließen: Zeitknappheit bzw. Zeitdruck, (unrealistische) Planung, (nicht haltbare) Versprechungen, (realistische) Zeitschätzung, Kundenwünsche, Verhandlungsmacht des Kunden, Verhandlungsmacht der Auftragnehmer, Motivation, Motivierung durch Geld, Motivierung durch technische Aufgaben, technischer Ehrgeiz. Der Schwerpunkt der Analyse liegt darauf, die Daten mit Hilfe von Konzepten zu beschreiben (Martin/ Turner, 1986, S. 143). Genau dies ist ein entscheidender Vorteil gegenüber stärker vorstrukturierten Verfahren der empirischen Sozialforschung. Es wird versucht, die Daten zunächst „für sich" sprechen zu lassen, ohne sie von vornherein in ein Prokrustesbett aus Theorien und a priori gefassten Kategorien zu zwängen und dadurch die kontextspezifischen Eigenheiten des untersuchten Feldes zu verdecken.

---

[18] Der Begriff „offenes Kodieren" wurde von den Begründern der Grounded Theory gewählt, um zu signalisieren, dass die Daten „geöffnet" werden müssen, um die darin enthaltenen Gedanken, Ideen und Bedeutungen ans Licht zu holen (Strauss/ Corbin, 1998, S. 102).

Axiales[19] Kodieren zielt darauf, Beziehungen zwischen den Kategorien der entstehenden Theorie zu kennzeichnen und diese Beziehungen im Zuge des kontinuierlichen Vergleichens zu prüfen (Strauss/ Corbin, 1998, S. 124; Strübing, 2002, S. 331). Beim axialen Kodieren wird versucht, mit Hilfe der Daten und der entstehenden Theorie Fragen nach dem Warum, Wie, Wo, Wann und Folgen der Phänomene zu beantworten (Strauss/ Corbin, 1998, S. 127 f.). In den drei Beispielaussagen sind bereits Möglichkeiten für eine erste und vorläufige axiale Kodierung zu entdecken: Auf die Frage „Wann herrscht Zeitknappheit?" lautet die Antwort, die aufgrund der ersten Interviewaussage zu geben ist, „Immer". Auf die Frage: „Warum herrscht Zeitdruck?" lautet die Antwort auf der Grundlage der zweiten Interviewaussage: „Weil die Verhandlungsmacht des Kunden so groß ist und die Projektleitung daher gezwungen ist, unrealistische Versprechungen zu machen, die sich in Plänen niederschlagen, deren Zeitvorgaben nicht einzuhalten sind." Zugleich wird deutlich, dass in weiteren Daten nach einer Differenzierung dieser Antworten gesucht werden muss, da sich u. a. als Fragen aufdrängen, ob Zeitdruck tatsächlich immer oder nur unter bestimmten Randbedingungen, wie etwa im Falle starker Verhandlungsmacht des Kunden, herrscht und ob es insbesondere Möglichkeiten gibt, dem Kunden trotz seiner Verhandlungsmacht *keine* unrealistischen Versprechungen zu machen.

Selektives Kodieren findet am Ende der Datenanalyse statt und überlappt sich mit dem Ausformulieren und Niederschreiben der Theorie. Ziel des selektiven Kodierens ist es, die erarbeiteten Kategorien und Beziehungen im weiterhin steten Vergleich mit den Daten zu einer Theorie zu integrieren, und die Aussagen der Theorie zu verfeinern (Strauss/ Corbin, 1998, S. 143). Die Kodierarbeit orientiert sich dann nicht mehr an den allgemeinen W-Fragen des axialen Kodierens, sondern an den spezifischen Fragen, die auf Basis der entstehenden Theorie zu fragen sind. Zum Beispiel wurde im Zuge des selektiven Kodierens der hier vorgelegten Theorie zur Mitarbeiterführung gefragt „Was können Führende in Softwareentwicklungsprojekten angesichts der Verhandlungsmacht des Kunden tun, um Zeitdruck zu vermeiden?" Die in der vorgelegten Theorie gegebene Antwort lautet (siehe III 2.3.3.2.1 Vermeidung von Zeitdruck in der Analyse- und Planungsphase"): „Führende in Softwareentwicklungs-projekten sollten möglichst früh den Auftraggeber daran erinnern, dass die Kapazität des Entwicklungsteams begrenzt ist und dass es ihm darum gehen muss, diese Kapazität

---

[19] Der Begriff „axiales Kodieren" signalisiert, dass entlang der „Achsen" einer Kategorie kodiert wird, mit dem Ziel, Achsen zu finden, die die verschiedenen Kategorien der entstehenden Theorie miteinander verknüpfen (Strauss/ Corbin, 1998, S. 123).

optimal, d. h. zur Maximierung des für ihn relevanten Produktnutzens unter den gegebenen Kapazitätsgrenzen, einzusetzen. Diesem Zweck dienen unter anderem so genannte Projektstartworkshops, in denen sich nicht nur das Entwicklungsteam über die Anforderungen des Auftraggebers informieren sollte, sondern auch umgekehrt die Vertreter des Auftraggebers über die Erfordernisse der Entwickler unterrichtet werden sollten."

1.3.2 Kodierarbeit beim methodischen Dialog und in dieser Untersuchung

Die aus der Kodierarbeit resultierende Theorie ist immer – nicht nur in der Grounded Theory – mehr als das Ergebnis einer reinen Emergenz aus der Empirie, weil die Interpretation der Daten gewollt oder ungewollt von Vorwissen geleitet wird (Meinefeld, 1997, S. 27; Strübing, 2002, S. 330-331). Dieses Vorwissen beeinflusst die Auswahl der Daten und Erhebungsformen, und es beeinflusst das sich während der Datenanalyse entwickelnde Verständnis, welches sich schließlich in der vom Forscher formulierten Theorie niederschlägt. Es ist daher wichtig, das Vorwissen, welches die empirischen Untersuchungen begleitet, zu explizieren, weil nur so der Einfluss oder gar die Dominanz theoretischer Konzepte, die den Daten nicht entsprechen, kontrolliert werden kann (Meinefeld, ebenda; Strübing, ebenda; vgl. auch Eisenhardt, 1989, S. 536).

Vor diesem Hintergrund eröffnet sich die Möglichkeit, einen Schritt weiter zu gehen und nicht nur das eigene naive Vorwissen zu explizieren, sondern existierende Theorien der Führungsforschung mit Blick auf die Untersuchungsziele systematisch auszuwählen, darzustellen und dadurch die empirische Ableitung von Handlungsempfehlungen durch die theoriebasierte Entwicklung eines Bezugsrahmens im Sinne einer Beobachterperspektive vorzubereiten und zu ergänzen (vgl. Osterloh/ Frost, 2003, S. 597 f.; Zaccaro/ Horn, 2003, S. 787). Im Zuge des hier verfolgten methodischen Dialogs ist dies sogar zwingend notwendig, da ansonsten die Gefahr besteht, eine literaturbasierte und eine gegenstandsverankerte Theorie der Mitarbeiterführung in Softwareentwicklungsprojekten zu generieren, die keinerlei Bezugspunkte zueinander haben und daher unvergleichbar sind.

Anders als bei einer ausschließlich datenbasierten Theoriebildung sind die hier gewählten Konzeptnamen, die erkannten Beziehungen zwischen den Konzepten und die Kodenotizen also auch vom Wissen des Forschers beeinflusst, das während der Literaturanalyse erworben wurde. Daraus lässt sich allerdings keine Dominanz der Literaturanalyse über die Datenanalyse ableiten. Erstens wurde bei der Datenanalyse ausdrücklich darauf geachtet, dass die theoretischen Konzepte nicht nur anhand der Daten illustrativ plausibilisiert wurden.

Vielmehr wurde vor allem beim offenen und axialen Kodieren in dieser Arbeit versucht, die spezifischen Phänomene der untersuchten Organisation aus den Daten heraus zu erfassen (vgl. Strübing, 1993, S. 320). Die Theorien der Literatur wurden nur als *Hilfsmittel* zum Erkennen von Zusammenhängen in den Daten verwendet. Zweitens inspirierte die Datenanalyse ihrerseits die Aufbereitung der Literatur. Nicht nur die Arbeit mit den Daten war ein iterativer Prozess, sondern auch die Arbeit am empirischen *und* theoretischen Teil dieser Arbeit.

Der iterative Kodierprozess dieser Arbeit lässt sich in sechs Phasen einteilen. Die erste Phase fand während des ersten Beratungsprojekt beim Standardsoftwareentwickler statt (siehe III 1.2.1 „Zugang zum Feld"). Die Feldnotizen, Interviewtranskripte und Ergebnisse der Fragebogenuntersuchungen wurden in Hinblick auf Ziele, Mitarbeiterverhalten und Mitarbeiterführung des Standardsoftwareentwicklers untersucht und offen kodiert. Dabei pendelte die Kodierarbeit zwischen einer holistischen Betrachtung aller Daten und einer mikroskopischen Betrachtung einzelner Interviewtranskripte hin und her (vgl. Strauss/ Corbin 1998, S. 119 f.). Ergebnis der Analyse waren zahlreiche Konzepte, mit denen Einzelbeobachtungen zusammengefasst und bezeichnet wurden. Die Konzepte ließen sich wiederum zu einigen ausdifferenzierten Kategorien zusammenfassen (vgl. Böhm, 2000, S. 477). Diese Kategorien bezeichneten Wahrnehmungen und Verhaltensweisen der Geführten beim Standardsoftwareentwickler, z. B. „Angst der Geführten vor Misserfolg", „Kontraproduktiver Zeitdruck" oder „Mangelndes Verständnis der Geführten für den Produkteinsatz".

Im Zuge des axialen Kodierens wurden alle gefundenen Konzepte den Hauptkategorien zugeordnet und darin als „Umstand an sich", „Ursache", „Folgen" oder „Soll-Strategien" bezeichnet. Diese vier Ordnungsklassen sind angelehnt an das so genannte Kodierparadigma der Grounded Theory, das zwischen „Phenomenon", „Conditions", „Consequences" and „Action/ Interaction" unterscheidet (Strauss/ Corbin, 1998, S. 127-135). Zum Beispiel bezeichnete die Kategorie „Angst vor Misserfolg" den Umstand an sich (Phenomenon), dass sich Mitarbeiter beim Standardsoftwareentwickler in unangemessener Weise vor Misserfolgen ihrer Projekte fürchteten. Als „Ursachen" (Conditions) wurden die Konzepte „Sanktion bei Misserfolg" und „Fehlende Rückendeckung durch Vorgesetzte" aufgeführt. Die „Folgen" (Consequences) des Umstandes waren, dass Geführte „bei Problemen schweigen, anstatt offen darüber zu berichten" und „sich absichern, anstatt flexibel und spontan zu handeln". Außerdem wurden insgesamt 20 verschiedene Führungsaktivitäten aufgeführt, die von den Interviewpartnern für geeignet gehalten wurden, um mit dem Umstand Angst vor Misserfolg umzugehen (Action/ Interaction). Auf eine weitergehende Integration der Konzepte im Sinne des selektiven Kodierens wurde an dieser Stelle verzichtet, weil zunächst die Ergebnisse der nächsten Zyklen abgewartet wurden.

Erst in der zweiten Phase wurden die gefundenen Konzepte und Kategorien sowie die dazu gehörenden Daten mit zahlreichen Theorien und Modellen der Literatur überblicksartig verglichen. Zu der damals berücksichtigten Literatur gehörten:

- zielorientierte Führungsforschung (Gebert/ Ulrich, 1991),
- die Theorie innovationsförderlicher Führung (Gebert, 1987, 2002),
- das transaktionale Stressmodell von Lazarus (1966; 1991; 1999),
- Ergebnisse der managementtheoretischen Dilemmata- und Paradoxaforschung (Boerner, 1994; Gebert/ Boerner, 1995, 1999; Gebert, 2000; Lewis, 2000; Schreyögg, 2000; Volberda, 1996), insbesondere soweit sie sich auf Fragen der Mitarbeiterführung, des Projektmanagements, der Produktentwicklung und der Softwareindustrie bezogen (Brown/ Eisenhardt, 1997; Cusumano, 1997; Eisenhardt/ Tabrizi, 1995; Lewis et al., 2002; Neuberger, 1995; Sheramata, 2000; Sicotte/ Langley, 2000),
- die Erfolgsfaktorenforschung des Projektmanagements (Gemünden, 1990, 2000; Lechler, 1997),
- Theorien und Modelle des allgemeinen Projektmanagements (u. a. Kernzner, 2003; Meredith/ Mantel, 2000; Zielasek, 1999),
- Theorien und Modelle der Softwaretechnik (z. B. Balzert, 1998) und des Softwareprojektmanagements (z. B. Brooks, 1982, Elzer, 1994; Pietsch, 1992, Stelzer, 1998) und
- Untersuchungen der empirischen Softwareentwicklungsforschung (z. B. Bittner et al., 1995; Brodbeck, 2001; Brodbeck/ Frese, 1994; Cusumano, 1997; Sonnentag, 1998; Sonnentag et al., 1994; Strübing, 1992, 1993; Weltz/ Ortmann, 1992).

Zweck des Vergleichs zwischen den datenbasierte Konzepten und Kategorien des Standardsoftwareentwicklers und der Literatur war es, einen Bezugsrahmen zu finden, der die weitere Kodierarbeit strukturiert. Ergebnis des Vergleichs war die Entscheidung, die weitere Kodierarbeit vor dem Hintergrund der zielorientierten Führungsforschung (Gebert/ Ulrich, 1991), der Theorie der innovationsförderlichen Führung (Gebert, 1987, 2002) und des transaktionalen Stressmodells von Lazarus (1966, 1999) sowie den Ergebnissen der managementtheoretischen Dilemmata- und Paradoxaforschung fortzuführen, d. h. Interviewaussagen und andere Daten *auch* (nicht ausschließlich) bezüglich ihrer Gemeinsamkeiten und Unterschiede mit Aussagen dieser Literatur-Theorien zu untersuchen.

Die dritte Phase umfasste die Datenerhebung und -analyse beim Individualsoftwareentwickler. Auch hier wurden im Zuge des axialen Kodierens alle Beobachtungen und gesammelten Aussagen als „Umstand an sich", „Ursache", „Folgen" oder „Soll-Strategien" kategorisiert. Zu den „Umständen an sich" gehörten etwa „zu kurze Analyse- und Konzeptphasen". Zu den Folgen zählten „Terminverzüge", „Moving Targets" und „Überlastung der Mitarbeiter". Die Ursachen zu kurzer Analyse- und Konzeptphasen waren u. a. „Hohe Kundenerwartungen", „Mangelnde Internalisierung der Kosten von Anforderungsänderungen", „Fehlendes Verständnis des Kunden für die Gesetzmäßigkeiten der Softwareentwicklung", „Verbesserungsbedarf bei der Projektkalkulation" und „Mangelndes Risikomanagement". Zu den entsprechenden Soll-Strategien zählten ein „Management der Kundenerwartungen", die „Internalisierung von Change-Kosten", die Strategie „Verständnis beim Kunden wecken", „Erfahrungswerte sammeln, um Aufwandsschätzungen zu verbessern" und „Risikomanagement intensivieren".

Die Kategorien und Konzepte des Standardsoftwareentwicklers wurden mit den Kategorien und Konzepten des Individualsoftwareentwicklers verglichen. Dabei wurde deutlich, dass sich die beiden Theorieansätze zwar überlappten und sich Berührungspunkte und Ähnlichkeiten ergaben. Zum Beispiel gab es in beiden Organisationen deutliche und zahlreiche Hinweise auf den Zeitdruck in der Softwareentwicklung und auf die Gefahr, Mitarbeiter zu überlasten. Insgesamt überwogen jedoch die Unterschiede, so dass die beiden Ansätze recht unverbunden nebeneinander standen und auf ein selektives Kodieren an dieser Stelle verzichtet wurde.

In der vierten Phase wurden die beiden datenbasierten Theorieansätze erneut überblicksartig mit Theorien aus der Literatur verglichen. Ergebnis dieses Vergleichs war zum einen die Entscheidung, die Ergebnisse der managementtheoretischen Dilemmata- und Paradoxaforschung bei der weiteren Kodierarbeit nicht weiter zu berücksichtigen, da sich die Interviewaussagen nur mit erheblichem argumentativen Aufwand auf die Aussagen der Dilemma-Literatur beziehen ließen. Auf der anderen Seite wurde der bei der weiteren Kodierarbeit berücksichtigte Literaturapparat um das Konzept persönlicher Initiative (Fay et al. 1998; Frese/ Fay, 2001) und um Theorien der Handlungsregulation (Frese/ Zapf, 1994; Volpert, 1987) ergänzt.

Die fünfte Phase begann, als die Datenerhebung abgeschlossen war. Die transkribierten Interviews aus beiden Organisationen wurden erneut offen kodiert, d. h. es wurden einzelne, in sich geschlossene Textsequenzen ausgegliedert, paraphrasiert und hinsichtlich ihres

Inhalts, der untersuchten Organisation und der hierarchischen Position des Interviewpartners mit Kodenotizen gekennzeichnet. Die bereits bestehenden Konzepte und Kategorien wurden zum großen Teil umdefiniert, um die gesammelten Aussagen und gemachten Beobachtungen aus beiden Organisationen berücksichtigen zu können. Im Zuge des axialen und selektiven Kodierens entstand ein Kodierschema, das mehrfach überarbeitet wurde und dessen endgültige Form im Anhang abgedruckt ist. Im Anhang ist auch kenntlich gemacht, welche der verwendeten Kodes in erster Linie aus der Literatur stammen, welche Kodes eher aus den Interviews und den sonstigen Daten entstanden sind sowie welche Kodes zu etwa gleichen Anteilen in der Auseinandersetzung mit der Literatur und der Empirie entstanden sind. Die ausgegliederten Textpassagen und die dazugehörenden Paraphrasierungen wurden anhand des endgültigen Kodierschemas erneut kodiert. Im Anhang ist ein Beispiel für eine kodierte Textstelle aufgeführt. Ergebnis waren mehrdimensional (Kode im Kodierschema, Paraphrase, Organisation, hierarchische Position der Interviewpartner, Interviewpartner) recherchefähige Dokumente aller ausgegliederten Textsequenzen.

Das Kodierschema wurde in der sechsten und letzten Phase als „Landkarte" der erhobenen Aussagen und gemachten Beobachtungen genutzt. Diese Landkarte nutzend, wurden die eigenen Kodenotizen weiter differenziert und organisiert, bis schließlich die Ergebnisse formuliert waren, die im Kapitel III 2 dokumentiert sind.

1.4 Vergleich mit der Literatur und Integration

An diesem Punkt im Forschungsprozess liegen zum einen Aussagen über Ziele, Soll-Verhalten der Geführten und Handlungsempfehlungen an Führende in Softwareentwicklungsprojekten vor, die aus der Literatur abgeleitet wurden. Zum anderen sind die im Zuge der Kodierarbeit aus den Interviews und sonstigen Datenquellen aggregierten Aussagen der Praktiker über Ziele, Soll-Verhalten der Geführten und Handlungsempfehlungen an Führende dokumentiert. Im nächsten Schritt wird beides miteinander verglichen. Die Vergleiche zwischen den Aussagen der Literatur und denen der Praxis sind im Kapitel III 2 jeweils explizit dokumentiert. Im Zuge des Vergleichs entdeckte Widersprüche werden markiert. Übereinstimmende und sich ergänzende Aussagen werden integriert und – aufbauend auf der Prämisse der Arbeit, dass Softwareentwicklungsprojekte pars pro toto für zeitkritische und komplexe Projekte im Allgemeinen zu betrachten sind – zu einer Theorie der Mitarbeiterführung in zeitkritischen und komplexen Projekten generalisiert. Das Ergebnis dieses letzten Schritts des empirischen Forschungsprozesses wird im Abschnitt III 3 dargestellt und diskutiert.

1.5 Team- und Einzelarbeit

Die Daten des ersten Teilprojekts wurden vom Autor dieser Untersuchung und einem weiteren wissenschaftlichen Mitarbeiter im Tandem gesammelt. Alle Erhebungen erfolgten gemeinsam. Im zweiten und dritten Teilprojekt wurde das Tandem zu einem Team, als eine dritte wissenschaftliche Mitarbeiterin hinzu kam und bei Konzipierung und Durchführung der Workshops sowie bei den Interviews mitarbeitete. Nach allen Besuchen bei den untersuchten Organisationen und nach allen Interviews gaben sich die Tandem- bzw. Teammitglieder gegenseitig Feedback über ihr Verhalten im Feld.

Die Kodierarbeit der ersten zwei Phasen der Datenanalyse fand ebenfalls im Team statt, das aus dem Autor, seinem Tandemkollegen und zusätzlich aus einer Habilitandin und dem Projektleiter des übergeordneten Forschungsprojekts bestand. In der dritten und vierten Phase der Datenanalyse kodierte der Autor selbstständig und eigenverantwortlich, besprach aber die Ergebnisse mit seinen Teampartnern und mit dem Projektleiter. Die Datenanalyse in den letzten beiden Phasen führte der Autor selbstständig und eigenverantwortlich durch.

1.6 Güte des methodischen Vorgehens

1.6.1 Kardinalprobleme des methodischen Dialogs

Der Versuch, einen methodischen Dialog zwischen dem Wissen der Literatur und dem Wissen der Praxis zur Bildung einer kontextspezifischen Theorie der Mitarbeiterführung zu führen, ist mit drei Kardinalproblemen behaftet. Das erste Kardinalproblem besteht darin, dass die Rekonstruktion des Wissens der Praktiker bei der Datenerhebung und bei der Datenanalyse und -interpretation zwangsläufig unvollständig und teilweise fehlerhaft sein muss. Das zweite Kardinalproblem entsteht, weil die Ableitung von Aussagen aus der Literatur und die Aggregation von Aussagen der Praxis nicht unabhängig voneinander verlaufen, erst recht nicht, wenn der methodische Dialog von einem einzelnen Forscher geführt wird. Das dritte Kardinalproblem ist das der eingeschränkten Validitätsprüfung der entstehenden Theorie.

Das Wissen der Praktiker ist unabhängig von der konkreten gewählten Methode mit der es erhoben wird eine Rekonstruktion durch die Erhebenden. Diese Rekonstruktion kann – zumindest bei vertretbarem Aufwand – nur unvollständig erfolgen und muss zwangsläufig auch Elemente umfassen, die nicht Teil des Wissens der Praktiker sind. In Anlehnung an

Dann (1983, S. 88) lässt sich das Verhältnis zwischen dem Wissen der Praktiker und der Rekonstruktion durch die Forscher wie folgt darstellen:

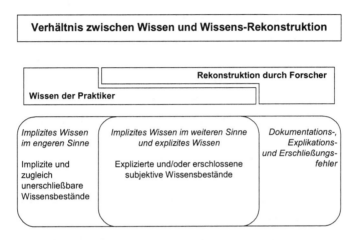

Abb. 7: **Verhältnis zwischen dem Wissen der Praktiker und der Wissens-Rekonstruktion durch Forscher**
Quelle: nach Dann (1983, S. 88)

Die Rekonstruktion muss um das Wissen *unvollständig* bleiben, welches weder von den Praktikern in Sprache gefasst noch vom Forscher durch Beobachtungen erschlossen werden kann. Dieses unzugängliche Wissen kann als *implizites Wissen im engen Sinne* bezeichnet werden (vgl. Schreyögg/ Geiger, 2003, S. 14). Ein Individuum erwirbt und verändert diese Form des Wissens durch konkrete gegenständliche Erfahrungen, die allerdings unabhängig von der Aufmerksamkeit des Individuums erfolgen (Büssing/ Herberg, 2003, S. 52; Polanyi, 1966). Die Wissensinhalte werden vom Individuum weder reflektiert noch überprüft. Sie umfassen Intuition, Expertise, Können, Routinen und andere Elemente, die zwar handlungsleitend sind, die aber per definitionem unterhalb der subjektiven Wahrnehmungsschwelle wirken. Wenn sie vom rekonstruierenden Forscher nicht aus Beobachtungen indirekt erschlossen werden, bleiben sie unberücksichtigt.

Im Gegensatz dazu können sowohl *implizite aber zugängliche* als auch *explizite* Wissensbestände verbalisiert werden. Im Gegensatz zum impliziten Wissen im strengen Sinne ist *implizites aber zugängliches Wissen* unter Umständen verbalisierbar, z. B. dann, wenn es im Gespräch in den Aufmerksamkeitsfokus seines Trägers gebracht wird (Büssing/ Herberg, 2003, S. 52; Nonaka/ Takeuchi, 1995, S. 56 ff.). Außerdem gibt es *explizites Wissen*, welches dem Individuum sowieso bewusst ist und welches es artikulieren kann (Büssing/ Herberg, 2003, S. 52; Nonaka/ Takeuchi, 1995, S. 56 ff.; Polanyi, 1966; Schreyögg/ Geiger, 2003, S. 14). Dieses Wissen kann wiederum in verschiedenen Formen vorliegen. Es kann z. B. *narrativer* Art sein, d. h. es umfasst Erfolgs- und Misserfolgsgeschichten und Erfolgs- und Misserfolgsrezepte, die über Erzählungen weitergereicht werden (Lyotard, 1999; S. 63 ff.; Schreyögg/ Geiger, 2003, S. 15 ff.). Oder es ist *theoretischer* Art, d. h. es zeichnet sich durch die gleiche Struktur aus, die auch wissenschaftliche Theorien haben (Groeben et al., 1988; Gebert, 2002, S. 232 ff.). In jedem Fall ist nur ein Teil des Wissens der Praktiker dem Forscher zugänglich, so dass die Rekonstruktion unvollständig bleiben muss.

Zusätzlich zur Unvollständigkeit der Rekonstruktion sind gewisse *Explikations- und Erschließungsfehler* unvermeidbar. Diese Fehler entstehen zum einen dadurch, dass der rekonstruierende Forscher die Aussagen der Praktiker und seine Beobachtungen falsch dokumentiert und/oder interpretiert und dass Praktiker nur begrenzt auskunftsfähig und -bereit sind (Bortz/ Döring, 2002, S. 326 ff., 335 ff.; Riedel, 2003, S. 67 ff.). Zum anderen entstehen Explikations- und Erschließungsfehler, weil sich auch die verbalisierten Wissensbestände der Praxis *per se* nur eingeschränkt vom Forschenden verstehen lassen. Eine besonders pessimistische Position würde diesbezüglich beziehen, wer in Anlehnung an Wittgenstein von einer „Inkommensurabilität der Sprachspiele" der Praktiker und der Forscher ausginge (Kirsch, 1984, S. 659 f.). Nach dieser Position ist die Übersetzung des Wissens der einen Sprachgemeinschaft in die Sprache der anderen ganz und gar unmöglich (Schurz, 1980, S. 304 f.). Die pessimistische Haltung ließe sich mit den Hinweisen begründen, dass verbalisiertes Wissen untrennbar gebunden ist an Konventionen, Sprach- und Gedankenwelten derjenigen, die es formulieren, und dass die Sprachwelten bzw. die Regeln der Sprachspiele von Wissenschaftlern und Praktikern so unterschiedlich sind, dass ihnen ein für die Verständigung notwendiger, von beiden Seiten geteilter und neutraler Bezugspunkt fehlt.

Anstatt die sprach- und erkenntnisphilosophische Diskussion zu dieser Haltung ausufernd zu führen, sollen an dieser Stelle einige Argumente genügen, um die eigene Annahme zu begründen, wonach von einer Inkommensurabilität keine Rede sein kann. Das erste Argument stammt von Popper (1970, S. 56), der mit Blick auf die behauptete Inkommensurabilität verschiedener (wissenschaftlicher) Theorien schreibt: „The central point is that a critical discussion and a comparison of the various frameworks is always possible. It is just a dogma – a dangerous dogma – that the different frameworks are like mutually untranslatable languages. The fact is that even totally different languages (like English, and Hopi, or Chinese) are not untranslatable, and that there are many Hopis or Chinese who have learnt to master English quite well."

Das zweite Argument beruht auf den Überlegungen des Philosophen Kekes (1976, S. 100 f.), der die wechselseitige Übersetzbarkeit unterschiedlicher Sprachen damit begründet, dass alle Menschen aufgrund ihres Mensch-Seins einen "Common Sense" haben, der als gemeinsamer Bezugspunkt für die gegenseitige Verständigung dienen kann. Im Hinblick auf den Dialog zwischen Führungsforschern und Führungspraktikern lässt sich etwa annehmen, dass ein solcher Common Sense darin besteht, dass beide Seiten ihr Denken in Ursache-Wirkung-Zusammenhängen strukturieren können (vgl. z. B. Groeben et al., 1988).

Das dritte Argument ist der empirischen Forschung zum Führungskräftecoaching entlehnt. In einer der jüngsten Forschungsarbeiten zum Thema wurde angenommen, dass sich Führungskräfte in ihrem Tun von subjektiven Theorien leiten lassen, die sich mit Hilfe des wissenschaftlichen Rubikonmodells der Motivation (Heckhausen, 1989) darstellen lassen (Riedel, 2003). In den Coachingsitzungen, die Teil der Untersuchung von Riedel waren, wurden die Schwierigkeiten, wegen derer die Führungskräfte Hilfe suchten, mit den Strukturelementen des Rubikonmodells rekonstruiert und verbalisiert. In späteren Phasen des Coachings wurden die subjektiven Theorien in Frage gestellt, z. B. indem die Coachees auf Unverträglichkeiten zwischen gleichzeitig von ihnen verfolgten Zielen hingewiesen werden. Anschließend veränderten „einsichtige" Coachees nicht nur ihre subjektiven Theorien, was sich durch erneute Rekonstruktion zeigen ließ, sondern auch ihre Verhaltensintentionen. Die zitierte Studie gibt mithin einen empirischen Hinweis darauf, dass wissenschaftliche Theorien und Theorien der Praktiker kommensurabel sind, weil die Praktiker ihre subjektiven Theorien *mit Hilfe der Struktur einer wissenschaftliche Theorie* so „gut" verstanden haben, dass sie daraufhin ihre Verhaltensintentionen änderten (Riedel, 2003, S. 223).

Trotz alledem zeigt Poppers verwendete Metapher vom Englisch lernenden Chinesen, dass der wechselseitigen Übersetzbarkeit von Wissen und dem gegenseitigen Verständnis Grenzen gesetzt sind. Man denke nur an einen Chinesen, der das englische Konzept vom „Gentleman", das auch in der deutschen Sprache keine Entsprechung hat, kennen lernt und es für einen anderen Chinesen übersetzen soll. Das Beispiel zeigt, dass gewisse Unschärfen auch bei sehr langer Sprachpraxis und einer sehr intimen Kenntnis der anderen Sprachwelt unvermeidbar sind und dass es unmöglich ist, Konzepte der anderen Seite in die (ursprünglich) eigene Sprachwelt ohne Informationsverlust zu übersetzen (vgl. Kirsch, 1984, S. 603 f.). Dies dürfte besonders bei der Übersetzung des narrativen Wissens der Praktiker (Lyotard, 1999; S. 63 ff.; Schreyögg/ Geiger, 2003, S. 15 ff.) der Fall sein.

Festzuhalten bleibt, dass die Rekonstruktion des Wissens der Praxis partiell unvollständig und fehlerhaft sein muss, da diese Rekonstruktion durch den Forschenden und nicht durch die Praktiker selbst erfolgt und eine Übersetzungsleistung in eine partiell andere Welt darstellt.

Das zweite Kardinalproblem des methodischen Dialogs besteht darin, dass die Rekonstruktion des Praktikerwissens und die Analyse der Literatur einander beeinflussen. Wird beides – wie im vorliegenden Fall – von einer Person durchgeführt, ist die Konfundierung der beiden Rekonstruktionen unvermeidbar. Würden die Aggregation des Praktikerwissens und die Analyse der Literatur hingegen von unterschiedlichen Personen durchgeführt werden, fiele die Konfundierung geringer aus und ließe sich mit Hilfe von Protokollen geführter Diskussionen zwischen den Personen im Prinzip kontrollieren. Im Ergebnis führt die Konfundierung dazu, dass die Gemeinsamkeiten zwischen Literatur und Praxis tendenziell überschätzt und Unterschiede tendenziell unterschätzt werden (weil die Literaturanalyse von Ergebnissen der Datenanalyse beeinflusst wird und vice versa). Diese Verzerrung wäre geringer, wenn der methodische Dialog von mindestens zwei Personen, einem „Anwalt der Praxis" und einem „Anwalt der Literatur" geführt werden würde. Bestünde der primäre Zweck des methodischen Dialogs darin, den Grad der Übereinstimmung zwischen Literatur und Praxis auszumessen, wäre die Konfundierung ein gravierendes Problem, da sie die Zweckerreichung vereitelte. Zweck des methodischen Dialogs in dieser Arbeit ist aber, dass *ein* Forscher aus der Kontrastierung von Literatur- und Praktikerwissen neuere und validere Aussagen über die Mitarbeiterführung in zeitkritischen und komplexen Projekten gewinnt, als wenn er auf die Kontrastierung verzichtete. Die Neuartigkeit der Aussagen dürfte durch die Konfundierung nicht beeinträchtigt werden, weil die Konfundierung ja gerade ein Effekt der Auseinandersetzung mit dem Wissen der Literatur und dem Wissen der Praxis ist. Auch die Validität der Aussagen der im methodischen Dialog entwickelten Theorie dürfte nicht geringer sein, als wenn die Theorie nur literaturbasiert oder nur empirisch entwickelt worden wäre. Jede Aussage der Theorie ist entweder mit Begründungen der Literatur oder Begründungen der Praktiker oder Begründungen von Literatur *und* Praxis fundiert. Außerdem ist im Ergebnisteil dieser Arbeit, insbesondere in Kapitel III 3 zu sehen, dass etliche Unterschiede aufgezeigt werden. Dieses Ergebnis rechtfertigt das Vorgehen ex-post. In jedem Fall dürfte eine kontextspezifische Theorie der Mitarbeiterführung, die von einem Forscher im Zuge des methodischen Dialogs entwickelt wird, ceteris paribus mehr Erkenntnisse bringen, als wenn er sie nur auf der Basis einer Literaturanalyse oder nur auf der Basis einer Datenanalyse entwickelt hätte.

Das dritte Kardinalproblem des methodischen Dialogs besteht darin, dass die Validität der Theorieaussagen nicht belegt werden kann. Dazu sind inferenzstatistische Untersuchungen erforderlich, die in späteren Forschungsarbeiten erbracht werden sollten. Immerhin kann die Gültigkeit der Theorieaussagen auf der Basis der vorgebrachten Begründungen hinsichtlich ihrer Plausibilität und Konsistenz geprüft werden. Die entscheidenden Prüfverfahren, mit denen in dieser Arbeit versucht wurde sicherzustellen, dass keine irreführenden, veralteten oder unzutreffenden Aussagen in die Theorie übernommen wurden (vgl. Schreyögg/ Geiger, 2003), sind die der Begründung und der Konsistenzprüfung, die beide konstitutiver Bestandteil der Literaturexploration und der Kodierarbeit und ihrer Dokumentation in dieser Arbeit sind.

Zusammenzufassen ist, dass es trotz der beschriebenen partiellen Unvollständigkeit und Fehlerhaftigkeit der Rekonstruktion des Praktikerwissens, der partiellen Nivellierung von Unterschieden zwischen Praxis- und Literaturwissen und der eingeschränkten Validitätsprüfung keinen Grund gibt, den methodischen Dialog nicht zu versuchen. Die Kardinalprobleme des methodischen Dialogs markieren wichtige Erkenntnisgrenzen. Sie bedeuten aber keinesfalls, dass der methodische Dialog per se unfruchtbar ist. Im Gegenteil, um die Ziele dieser Arbeit zu erreichen, gibt es keine Alternative, als ihn zu versuchen.

1.6.2 Gütekriterien und Güte der vorliegenden Untersuchung

Anders als für die Verfahren der quantitativen Sozialforschung stehen für die Grounded Theory und erst recht für den methodischen Dialog keine allgemein akzeptierten, standardisierten und formalisierten Kriterien zur Verfügung, mit denen sich die Wissenschaftlichkeit, Qualität und Geltung der empirischen Untersuchung beurteilen ließen. Einige qualitative Sozialforscher argumentieren sogar gegen Qualitätskriterien und weisen sie als den Gegenständen, Verfahren und erkenntnistheoretischen Grundlagen qualitativer Sozialforschung unangemessen zurück (Steinke, 2000, S. 321). Will man jedoch Wert und Qualität des methodischen Vorgehens einer qualitativen Arbeit einschätzen, kommt man nicht umhin, auf der Grundlage von Gütekriterien zu argumentieren (Steinke, 2000, S. 321-322; Strübing, 2002, S. 333).

Die Kriterien der quantitativen Sozialforschung lassen sich jedenfalls nicht umstandslos übertragen, da sie für standardisierte Verfahren, die quantitative Daten verarbeiten, entwickelt wurden (Bortz/ Döring, 2002, S. 326; Corbin/ Strauss, 1990, S. 418; Steinke, 2000, S. 322). Generell ist die Vorstellung eines universellen, allgemein verbindlichen Kriterienkatalogs, mit dem die Qualität qualitativer Datenerhebung und Analyse objektiv zu messen sei, verfehlt: Unabhängig davon, welche Kriterien aufgeführt werden, lassen sich ihnen in der Regel keine klaren Indikatoren und Schwellenwerte beigeben, anhand derer festgestellt werden könnte, ob ein Prozessschritt als unzulänglich zu verwerfen ist oder nicht (Strübing, 2002, S. 337). Einzige Ausnahme für diese Regel sind Interrater-Reliabilitäten (vgl. Bortz/ Döring, 2002, S. 274-277). Hinzu kommt, dass sich die Verfahrensregeln der Grounded Theory nur sehr eingeschränkt standardisieren lassen. Erstens sollen Erhebung und Analyse der Daten den Besonderheiten des Forschungsfeldes im Zuge des Forschungsprojekts angepasst werden (Steinke, 2000, S. 323; Strauss/ Corbin, 1998, S. 273, 288 f.; Strübing, 2002, S. 338). Zweitens bedarf der zentrale Prozess des Kodierens einer kreativen Eigenleistung der Forschenden, die sich nicht normieren lässt (Corbin/ Strauss, 1990, 426; Strübing, ebenda). Vor diesem Hintergrund bleibt nur die Möglichkeit, an dieser Stelle Kriterien als *Hilfsmittel* zu formulieren, an denen sich die Leser dieser Arbeit orientieren können, um sich ein *eigenes* Urteil darüber zu bilden, was die vorgelegte Theorie in ihren Augen taugt (Strübing, 2002, S. 337).

Der Prozess der Datenerhebung, -analyse und -interpretation lässt sich als Aneinanderreihung zahlreicher Entscheidungen auffassen (Flick, 1995b, S. 148 ff.; Steinke, 2000, S. 322). Um die Wissenschaftlichkeit und Qualität des methodischen Vorgehens beurteilen und Anhaltspunkte für möglicherweise problematische Ergebnisse entdecken zu können, müssen die wichtigsten Entscheidungen offen gelegt werden (vgl. Strübing, 2002, S. 338). Das Kriterium der *Verfahrensdokumentation* oder generell der *intersubjektiven Nachvollziehbarkeit* kann mithin als Hauptkriterium für die Güte des methodischen Vorgehens einer qualitativen Arbeit betrachtet werden, da die Prüfung aller anderen Kriterien durch die Leser von seiner Erfüllung abhängt (Mayring, 2002, S. 144 f.; Steinke, 2000, S. 324). Im Einzelnen können die Erhebungsmethoden und der Erhebungskontext, die Regeln für die Transkription der Interviews, die Daten, die Auswertungsmethoden, die Informationsquellen, Entscheidungen im Zuge des Projekts und die Kriterien, denen die Arbeit genügen soll, dokumentiert werden (Steinke, 2000, S. 325; Mayring, 2002, S. 145).

In der vorliegenden Arbeit schlägt sich das Bemühen um das Kriterium der Verfahrensdokumentation vor allem in den Kapiteln zur Grundlegung der Arbeit (I. Teil), im Methodenteil (Abschnitt III 1), in den Fußnoten des Ergebnisteils (Abschnitt III 2), in denen Interviewpassagen zitiert werden, und im Anhang nieder. Auf eine Dokumentation aller Daten und Entscheidungen, die mehrere tausend DIN-A4-Seiten füllen würden, wird jedoch aus Rücksicht auf die Kapazitäten von Autor und Lesern verzichtet.

Weitere in der Literatur zur Qualitätssicherung des Forschungsprozesses diskutierte Gütekriterien lassen sich den verschiedenen Phasen und Entscheidungen dieses Forschungsprojekts zuordnen. Nachstehend werden exemplarisch die von Bortz/ Döring (2002, S. 326 ff., 335 ff.), Mayring (2002, S. 142 ff.) und Steinke (1999; 2000) postulierten Qualitätskriterien diskutiert. Die Kriterien lassen sich den verschiedenen Phasen des Forschungsprozesses so zuordnen, wie es die folgende Tabelle zeigt.[20]

[20] In der Literatur werden außerdem Gütekriterien für die Ergebnisse qualitativer Sozialforschung diskutiert (z. B. Strauss/ Corbin, 1998, S. 270 ff.; Steinke, 2000, S. 330, die von Ergebnissen qualitativer Sozialforschung Kohärenz und Relevanz fordert), die hier zur Diskussion des methodischen Vorgehens nicht berücksichtigt werden müssen.

Phase des Forschungsprojekts	Entscheidungen des Forschers	Qualitätskriterien für die Entscheidungen
Vorbereitung und Planung	Wahl der Forschungsmethode	a) Angemessenheit b) Triangulation der Methoden
	Spezifizierung des Vorwissens	Intersubjektive Nachvollziehbarkeit
Erhebung	Auswahl der untersuchten Organisationen, Auswahl der Datenquellen	Theoretisches Sampling/ Limitation
	Art und Weise der Datensammlung	a) Angemessenheit/ Authentizität der Daten/ Anpassung an die Interviewten b) Regelgeleitetheit c) Triangulation der Datenquellen d) Konsens/ Teamarbeit/ Investigator-Triangulation e) kommunikative Validierung/ argumentative Validierung f) Reflektierte Subjektivität
Datenanalyse und -interpretation (offenes, axiales und selektives Kodieren)	„Aufbrechen" des (Interview-) Materials in (Text-) Passagen, Formulieren der Konzepte und Kategorien und Einschätzung der dazu gehörigen empirischen Belege, Aufstellung und Prüfung von ad hoc Hypothesen über die Beziehungen zwischen den Konzepten und Kategorien	a) Empirische Verankerung b) Regelgeleitetheit und intersubjektive Nachvollziehbarkeit, hier: Kontinuierlicher Vergleich und theoretische Sättigung/ Limitation c) Konsens/ Teamarbeit/ Investigator-Triangulation d) kommunikative Validierung/ argumentative Validierung e) Unabhängigkeit der Datenanalyse von der Literaturanalyse
Vergleich und Integration der aus der Literatur gewonnenen Aussagen mit den rekonstruierten Aussagen der Praktiker	Benennen von Übereinstimmungen, Widersprüchen und wechselseitigen Ergänzungen zwischen den Ergebnissen der Literaturanalyse und der Datenanalyse	Intersubjektive Nachvollziehbarkeit

Tab. 13: Exemplarische Kriterien für den Forschungsprozess

Vorbereitung und Planung

Die gewählte Forschungsmethode soll *angemessen* in dem Sinne sein, dass Untersuchungsgegenstand und Untersuchungsziel dem entsprechen, wofür die Methode konzipiert wurde (Steinke, 2000, S. 327, spricht von „Indikation" der Forschungsmethode; Mayring, 2002, S. 146, spricht von „Nähe zum Gegenstand"). Aus diesem Grunde wurde in den Abschnitten I 2.3 „Methodisches Anliegen: Zur Gegenüberstellung von Theorie und Praxis" und III 1 „Methode" begründet, warum in dieser Arbeit der methodische Dialog und die Verfahrensregeln der Grounded Theory angewendet werden. Idealerweise wird ein Untersuchungsgegenstand im Sinne der *Triangulation* mit mehreren Forschungsmethoden, z. B. mit qualitativen und quantitativen Methoden gleichzeitig untersucht (Kelle/ Erzberger, 2000; Flick, 2000; Mayring, 2002, S. 147 f.). Dieser Forderung wurde in dieser Untersuchung zum einen dadurch entsprochen, dass die entwickelte Theorie auf der Basis einer theoriegelenkten Literaturanalyse *und* auf der Basis einer von Verfahrensregeln gelenkten Datenanalyse aufbaut. Innerhalb der empirischen Untersuchung wurde der Forderung nach einer Methodentriangulation immerhin bei der Auswahl der untersuchten Organisationen durch den Einsatz des FOGO entsprochen. Auf eine weitergehende Triangulation wurde aus Kapazitätsgründen verzichtet.

Das theoretische Vorwissen der Forscher soll so ausführlich spezifiziert werden, dass die daraus folgenden expliziten und impliziten Erwartungen und deren Einfluss auf alle Entscheidungen im Zuge des Forschungsprojekts abgeschätzt werden können (Mayring, 2002, S. 144 f.). Dadurch steigt die *intersubjektive Nachvollziehbarkeit* der Untersuchung (Steinke, 2000, S. 322). Das theoretische Vorwissen, das in den frühen Phasen des Projekts an die Daten herangetragen wurde, wurde im Abschnitt III 1.3.2 dieser Arbeit skizziert. Das theoretische Wissen, das in den späten Phasen des Projekts die Datenanalyse und Ergebnisformulierung beeinflusste, ist im Literaturteil dieser Arbeit (II. Teil) ausführlich dargelegt.

Die Auswahl der untersuchten Organisationen und der einzelnen Datenquellen sollten nach den Maßgaben des *theoretischen Samplings* erfolgen (Bortz/ Döring, 2002, S. 336-337; Corbin/ Strauss, 1990, S. 425; Merkens, 2000, S. 295-297). Die dadurch erreichte Fallkontrastierung dient dazu, die Grenzen des Geltungsbereichs der Theorie und ihre Verallgemeinerbarkeit herauszufinden und zu prüfen. Steinke (2000, S. 329) spricht von Fallkontrastierung zum Zwecke der „*Limitation*" der Theorie. Im Abschnitt III 1.1 wurde dargelegt, welche Merkmale der untersuchten Organisationen und der Interviewpartner variiert werden konnten.

Die Datenerhebung soll dem Untersuchungsgegenstand *angemessen* sein. Die Angemessenheit der Datensammlung lässt sich nach Steinke (2000, S. 327) daran ersehen, ob und inwieweit den Äußerungen und Bedeutungen der Untersuchten hinreichend Spielraum eingeräumt wird. Die subjektiven Perspektiven, alltäglichen Handlungsweisen und Ansichten der Untersuchten müssen zur Geltung kommen und dürfen nicht zu stark durch methodische Strukturen, etwa durch geschlossene Fragen, eingeschränkt werden. Darüber hinaus sollte die Datensammlung Irritationen des Vorwissens der Forschenden zulassen. Des Weiteren verlangt Mayring (2002, S. 146), dass die Forscher die Orte des zu untersuchenden Geschehens aufsuchen und im Einklang mit den Interessen der Beforschten handeln sollen. Aus diesen Gründen wurde in den Interviews dieser Untersuchung nach kritischen Ereignissen gefragt. Die Interviewten waren vollkommen frei in der Wahl des kritischen Ereignisses, über das sie sprechen wollten. Außerdem wurde durch die Art der Fragen vermieden, den Interviewten mit

Annahmen der Interviewer zu konfrontieren. Bortz/ Döring (2002, S. 327) verlangen für Interviews außerdem, dass sich Interviewer *den Interviewten anpassen* sollten, um sicherzustellen, dass alle Interviewten das von den Interviewten Gemeinte richtig verstehen. Aus diesem Grunde waren die Interviews nur durch einen Leitfaden strukturiert und wurden stets mit zwei Interviewern geführt, um sensibel auf Reaktionen, insbesondere Irritationen, der Gesprächspartner eingehen zu können.

Erhebung

Die Datenerhebung soll *regelgeleitet* erfolgen (Bortz/ Döring, 2002, S. 327, sprechen von einer „gewissen Standardisierung"). Regelgeleitetheit schlägt sich nach Mayring (2002, S. 146) in erster Linie in einem geplanten und sequenziellen Vorgehen nieder. Diesem Kriterium wurde in der hier vorgelegten Untersuchung Genüge getan, indem in den Interviews Leitfäden verwendet wurden (vgl. III 1.2).

Eine *Triangulation der Datenquellen*, d. h. die Verwendung mehrerer Datenquellen, vermehrt die Möglichkeiten, ein vollständiges Bild vom Untersuchungsgegenstand zu erlangen (Mayring, 2002, S. 147 f.). Aus diesem Grunde wurden in dieser Studie zusätzlich zu den transkribierten Interviews weitere verschiedene Datenquellen, wie Beobachtungen, protokollierte Gespräche Workshops etc., herangezogen.

Unter dem Stichwort „Validität der Daten" postulieren Bortz/ Döring (2002, S. 327-329), dass die gesammelten Daten dem Erleben und Verhalten der Interviewten und Beobachteten tatsächlich entsprechen sollen. Insbesondere sollen Interviewäußerungen authentisch und ehrlich sein, und Beobachtungsprotokolle dürfen nicht durch Voreingenommenheiten und Unaufmerksamkeiten der Protokollanten verzerrt werden. Um dies so weit wie möglich sicherzustellen, halten sie interpersonellen *Konsens* für besonders wichtig. Wichtig sei, dass sich mehrere Personen auf die Glaubwürdigkeit und den Bedeutungsgehalt des Materials einigen können. Diesbezüglich sollte Konsens zwischen mehreren Forschern erzielt werden. Auch andere Autoren fordern *Teamarbeit* (Corbin/ Strauss, 1990, S. 422; Steinke, 2000, S. 326) bei der Datenerhebung, die bisweilen *Investigator-Triangulation* (Flick, 2000, S. 312) genannt wird. Aus diesem Grunde wurden in dieser Studie alle Daten im Tandem oder im Team erhoben.

Idealerweise sollten sich darüber hinaus Forscher und Beforschte (*kommunikative Validierung*) sowie Forscher und außen stehende Laien (*argumentative Validierung*) über den Bedeutungsinhalt der Daten einigen (Bortz/ Döring, 2002, S. 328; Kvale, 1995, S. 429-430;

Mayring, 2002, S. 147). Eine ausführliche kommunikative und argumentative Validierung des umfangreichen Datenmaterials hätte den Zeitrahmen dieser Studie gesprengt, so dass auf eine kommunikative Validierung der Daten verzichtet wurde.

Zu guter Letzt wird bei der Datenerhebung eine *reflektierte Subjektivität* von den Forschenden erwartet, d. h. sie sollen sich selbst beobachten mit dem Zweck, eigene Unbehaglichkeiten und Irritationen im Feld als Verstehensquellen zu nutzen, Verstehensbarrieren, abträgliche Eigenschaften und Verhaltensweisen zu identifizieren und zu überwinden und sicherzustellen, dass zu den Informanten ein Vertrauensverhältnis aufgebaut wird (Steinke, 2000, S. 331). Zur Erfüllung dieses Kriteriums war die Arbeit zu zweit, später zu dritt, und das gegenseitige Feedback hilfreich (vgl. III 1.5).

Datenanalyse

Im Zuge der Datenanalyse waren unzählige Entscheidungen zu fällen (Corbin/ Strauss, 1990, S. 425): Welche Interviewpassagen oder Teile sonstiger Daten sollten ausgegliedert und als kleinste Analyseeinheit verwendet werden? Wie sollten diese paraphrasiert und kodiert werden? Welche Konzepte und Kategorien werden konstruiert? Welche Ereignisse, Handlungen, Beschreibungen usw. sind als Indikatoren für die gewählten Kategorien aufzufassen? Welche Konzepte und Kategorien sind wieder aufzugeben oder umzudefinieren? Welche Ad- hoc-Hypothesen über die Beziehungen zwischen den Kategorien machen Sinn? Welche Ad- hoc-Hypothesen sind wieder fallen zu lassen? Ab welchem Punkt sind Konzepte theoretisch gesättigt? All diese Entscheidungen sollen *empirisch verankert* gefällt werden, d. h. in den Daten begründet sein (Glaser/ Strauss, 1967; Steinke, 2000, S. 328; Strauss/ Corbin, 1998). Um die empirische Verankerung der vorliegenden Studie zu dokumentieren, werden im Ergebnisteil zahlreiche Textbelege aufgeführt (vgl. Steinke, 2000, S. 328).

Allerdings besteht in der vorgelegten Arbeit die oben bereits beschriebene Gefahr der Konfundierung, die der empirischen Verankerung schadet. Um die Konfundierung im Rahmen zu halten, wurden die Literaturanalyse und die Datenanalyse zeitlich versetzt durchgeführt. Insbesondere wurde viel Wert auf ein ergebnisoffenes Kodieren in beiden Organisationen gelegt, was sich in zwei voneinander unabhängigen, die jeweiligen Spezifika der Organisationen erfassenden „Vorläufer-Theorien" niederschlug.

Darüber hinaus wird gefordert, dass diese Entscheidungen *regelgeleitet* erfolgen sollen, um ein systematisches und *intersubjektiv nachvollziehbares Vorgehen,* das wissenschaftlichen Ansprüchen genügt, sicherzustellen (Mayring, 2002, S 145 f.). Im Falle der Grounded

Theory sind die entscheidenden Regeln die der *Methode des kontinuierlichen Vergleichs* und der *theoretischen Sättigung,* die zugleich der so genannten *Limitation,* d. h. der Grenzbestimmung, der Theorie dienen (Steinke, 2000, S. 329). Diese Maßgaben sind hier befolgt und exemplarisch im Abschnitt III 1.3 dargestellt worden.

Eine maximale *intersubjektive Nachvollziehbarkeit* (Steinke, 2000, S. 324-326) der Datenanalyse ließe sich allerdings nur erreichen, indem alle oder zumindest die wichtigsten Entscheidungen dokumentiert würden. Aufgrund begrenzter Kapazitäten von Autor und Leser und angesichts der weit über tausend Seiten gesammelten Materials wird allerdings darauf verzichtet, die Datenanalyse über die illustrative Darstellung des Kodierprozesses in Abschnitt III 1.3 hinaus zu dokumentieren.

Die Datenanalyse und -interpretation soll ebenso wie die Datenerhebung *Konsenskriterien* (Bortz/ Döring, 2002, S. 335-336) bzw. den *Kriterien der Teamarbeit* (Corbin/ Strauss, 1990, S. 422; Steinke, 2000, S. 326) oder *Investigator-Triangulation* (Flick, 2000, S. 312) genügen. Diese Kriterien fordern, dass die Datenanalyse in Gruppen durchzuführen sei, damit die Interpreten gegenseitig ihre Sichtweisen erweitern, überprüfen und ggf. korrigieren (Flick, 2000, S. 312) und dabei systematisch nach alternativen Deutungen der Daten suchen (Bortz/ Döring, 2002, S. 336). Die Datenanalyse erfolgte in der ersten Phase der Datenanalyse im Team, das aus den beiden Interviewern, einer Habilitandin und dem Leiter des übergeordneten Forschungsprojekts bestand. In der dritten Phase wurden die Daten vom Autor dieser Studie analysiert. Dabei besprach er die (Zwischen-) Ergebnisse mit seinem damaligen Tandempartner und mit dem Projektleiter. In den letzten Phasen analysierte der Autor die Daten eigenständig.

Des Weiteren können Datenanalyse und Dateninterpretation noch in Hinblick auf ihre *kommunikative und argumentative Validierung* beurteilt werden (Bortz/ Döring, 2002, S. 328-329; Mayring, 2002, S. 147; Kvale, 1995, S. 429-430). Danach sollen die (vorläufigen) Ergebnisse der Forschung den Beforschten vorgelegt werden, so dass sie von ihnen hinsichtlich ihrer Gültigkeit bewertet werden. Die Ergebnisse der ersten Phase der Datenanalyse wurden intensiv in zahlreichen Gesprächen mit Vertretern des Standardsoftwareentwicklers diskutiert und von ihnen weitgehend bestätigt. Die Ergebnisse der dritten Phase der Datenanalyse wurden dem Vorstand des Individualsoftwareentwicklers in Form eines Untersuchungsberichts vorgelegt. Er würdigte die „große Präzision und Systematik" mit der „die Besonderheiten bei der Softwareentwicklung bei [Firmenname] identifiziert" wurden und lobte die „gute[n] praktikable[n] Vorschläge", die darin gemacht wurden (Zitate aus einem Schreiben an den Autor).

Die vorgelegte Theorie wurden hingegen nicht mehr mit Vertretern der beforschten Organisationen besprochen.

Vergleich und Integration

Beim letzten Prozessschritt, dem Vergleich und der Integration, ist die intersubjektive Nachvollziehbarkeit bedeutsam, damit die Leser dieser Arbeit beurteilen können, ob die behaupteten Gemeinsamkeiten und Unterschiede tatsächlich aus der Literaturanalyse und der Datenanalyse stammen. Zu diesem Zweck wird der Vergleich in den entsprechenden Textabschnitten des Ergebnisteils explizit kenntlich gemacht und in den meisten Fällen durch eine tabellarische Gegenüberstellung dokumentiert.

1.6.3 Fazit

Beurteilt man das Vorgehen der hier vorgelegten empirischen Untersuchung mit Blick auf die Kardinalprobleme des methodischen Dialogs und anhand der referierten Gütekriterien, sind folgende *Stärken* des Vorgehens zu erkennen: Die Unterschiede zwischen den beforschten Organisationen und den Interviewpartner sprechen für eine Generalisierbarkeit der Ergebnisse. Die Erhebung der Interviewaussagen im Team mittels der Methode kritischer Ereignisse löst zwei zentrale Ausgangsüberlegungen dieser Studie ein, wonach sich der Erfolg zeitkritischer und komplexer Projekte in der Bewältigung kritischer Situationen entscheidet und es der zu entwickelnden Theorie dienlich ist, das Wissen der Praktiker darin möglichst unverfälscht einzuspeisen. Die Datenanalyse nach den Verfahrensregeln der Grounded Theory ist im besonderen Maße geeignet, kontext-spezifische praktisch-normative Theorien zu entwickeln und verschafft vor allem durch die Prozessschritte des offenen und axialen Kodierens dem erhobenen Wissen der Praktiker „Gehör". Außerdem verspricht der Vergleich zwischen den Ergebnissen der Literaturanalyse und der Datenanalyse differenziertere und detailliertere Aussagen zu Zielen, Soll-Verhalten der Geführten und Soll-Verhalten der Führenden zu generieren, als wenn nur einer der beiden Wege beschritten worden wäre.

Auf der anderen Seite fallen vier *Schwächen* auf, die aufgrund beschränkter forschungsökonomischer Ressourcen und angesichts der Ziele und Prämissen der Untersuchung in Kauf genommen werden müssen und dürfen. Erstens weisen die Kardinalprobleme des methodischen Dialogs auf Erkenntnisgrenzen hin, die auch für die vorliegende Untersuchung gelten: Die Rekonstruktion des Wissens der Praktiker ist unvollständig und fehlerbehaftet, die Gemeinsamkeiten zwischen Theorie und Praxis werden tendenziell überschätzt und die Gültigkeit der Theorieaussagen kann nur – aber auch immerhin – aufgrund der aus der Literaturanalyse und der empirischen Untersuchung gewonnenen Begründungen behauptet werden.

Zweitens kann das Gebot der intersubjektiven Nachvollziehbarkeit bzw. der Verfahrensdokumentation der Datenanalyse und Dateninterpretation angesichts der großen Datenmenge nicht vollständig erfüllt werden. Datenanalyse und Dateninterpretation werden im Abschnitt III 1.3 und im Anhang nur beispielhaft demonstriert. Im Ergebnisteil werden Theorieaussagen nur anhand von Interviewzitaten fundiert und illustriert. Dadurch soll den Lesern dieser Studie ermöglicht werden, die empirische Fundierung der Behauptungen *im Prinzip* nachzuvollziehen. Um die Kodierarbeit *im Detail* nachvollziehbar zu machen, müssten sich Autor und Leser durch hunderte Seiten Belege und dokumentierter Entscheidungen quälen. Das hier gewählte und in der Wissenschaft übliche Vorgehen ist sparsamer: nämlich in erster Linie das *Ergebnis* (und nicht den Prozess) der Forschungsarbeit, hier: die Theorie, vorzustellen und sie dem Leser zur intensiven Prüfung ihrer Schlüssigkeit, Nützlichkeit und Überzeugungskraft zu überlassen (vgl. Martin/ Turner, 1986, S. 143 und erneut Strübing, 2002, S. 337).

Drittens ist das Kriterium der Teamarbeit in der fünften und sechsten Phase der Datenanalyse nicht erfüllt. Daher ist auch die Unabhängigkeit zwischen Literaturanalyse und Datenanalyse nicht gewährleistet. Die vorgelegte Theorie ist damit im Kern das Resultat der Arbeit eines einzelnen Forschers. Das heißt allerdings nicht, dass sie deswegen von vornherein unzutreffend und irrelevant ist. Vorbilder wie Henry Mintzberg (1980), Edgar Schein (1992) und Deborah Dougherty (1992) belegen, dass auch qualitativ-empirisch gewonnene Theorien, die von Einzelforschern vorgelegt werden, erheblich zum Erkenntnisfortschritt in der empirischen Organisations- und Führungsforschung beitragen können.

Viertens ist auch das Kriterium der kommunikativen Validierung in der fünften und sechsten Phase der Datenanalyse sowie im Anschluss an den Vergleich zwischen Literaturanalyse und Datenanalyse nicht erfüllt. Immerhin war der Autor einige Zeit als Berater im Feld tätig und hat Vorläufer der hier vorgestellten Theorie mit Mitgliedern der untersuchten Organisationen diskutiert. Die intensive Diskussion der fertigen Theorie mit Praktikern muss allerdings auf die Zeit nach ihrer Veröffentlichung verschoben werden.

Abgesehen von diesen Schwächen, die begrenzten Ressourcen geschuldet sind, genügt das Vorgehen den referierten Kriterien, so dass dem vorgelegten Ergebnis ein gewisses Vertrauen entgegengebracht werden darf. Das entscheidende Argument für die Angemessenheit des Vorgehens ist die Tatsache, dass es unter den gegebenen Untersuchungsprämissen und

Forschungsressourcen die bestmögliche, optimale Methode ist: In die kontextspezifische Theorie sollen das in der Literatur gespeicherte Wissen der Führungsforschung und das Wissen der Führenden und Geführten des untersuchten Kontextes eingehen, und dazu sollen beide Wissensbestände miteinander verglichen werden. Dieses Ziel lässt sich in einer Studie, die von einem Einzelnen durchgeführt wird, am besten im Zuge eines methodischen Dialogs in der hier vorgestellten Ausformung erreichen.

Eine letzte Überlegung mag über die unvermeidlichen Unzulänglichkeiten dieser (und aller anderen!) Studie(n) zur Theoriebildung hinwegtrösten: Wissenschaftlichkeit und Angemessenheit eines konkreten methodischen Vorgehens sind letztlich eine Frage der Forschungskapazitäten und des Geltungsanspruchs der resultierenden Theorie (Strübing, 2002, S. 340). Da erstere beschränkt waren, ist es Letzterer auch, und zwar so wie es Glaser und Strauss, die Väter der Grounded Theory, formuliert haben: „The published word is not the final one, but only a pause in the never ending process of generating theory" (Glaser/ Strauss, 1967, S. 40).

2 Ergebnisse und Diskussion der Datenanalyse und des Vergleichs mit den literaturbasierten Aussagen: Führung in Softwareentwicklungsprojekten

Nachstehend werden die Ergebnisse der empirischen Erhebung und des Vergleichs der erhobenen Aussagen der Praktiker mit den literaturbasierten Aussagen dargestellt und der Erkenntnisgewinn gegenüber den Ergebnissen der Literaturanalyse diskutiert. Die Darstellung folgt wie der Literaturteil der Fragenkette der zielorientierten Führungsforschung.

Die nachstehende Abbildung gibt einen Überblick über die Struktur der nächsten Kapitel.

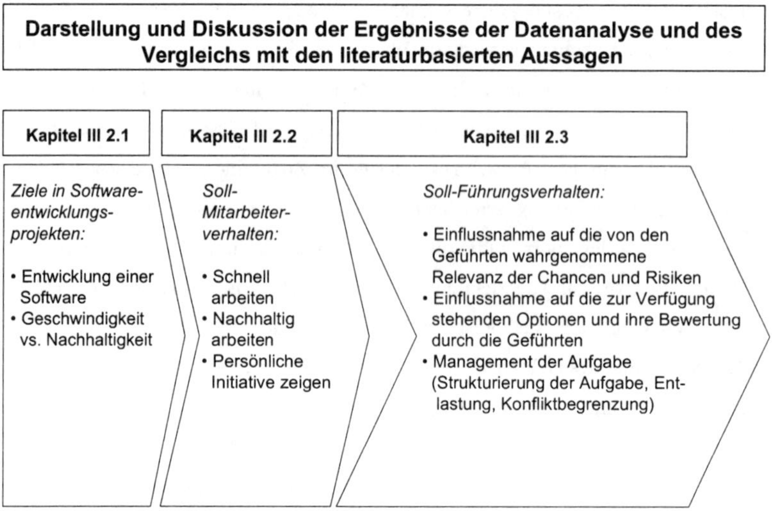

Darstellung und Diskussion der Ergebnisse der Datenanalyse und des Vergleichs mit den literaturbasierten Aussagen

Kapitel III 2.1 **Kapitel III 2.2**   **Kapitel III 2.3**

Ziele in Software-entwicklungs-projekten:

- Entwicklung einer Software
- Geschwindigkeit vs. Nachhaltigkeit

Soll-Mitarbeiter-verhalten:

- Schnell arbeiten
- Nachhaltig arbeiten
- Persönliche Initiative zeigen

Soll-Führungsverhalten:

- Einflussnahme auf die von den Geführten wahrgenommene Relevanz der Chancen und Risiken
- Einflussnahme auf die zur Verfügung stehenden Optionen und ihre Bewertung durch die Geführten
- Management der Aufgabe (Strukturierung der Aufgabe, Entlastung, Konfliktbegrenzung)

Abb. 8: **Darstellung und Diskussion der Ergebnisse der Datenanalyse und des Vergleichs mit den literaturbasierten Aussagen**
Quelle: Eigene Darstellung

Kapitel III 2.1 thematisiert die Ziele von Softwareentwicklungsprojekten. Oberstes Sachziel eines Softwareentwicklungsprojekts ist die *Entwicklung einer Software*, die den Ansprüchen des Auftraggebers genügt. Die Formalziele eines Softwareentwicklungsprojekts lassen sich auf Basis der gesammelten Praktikeraussagen zu den beiden Zielbündeln *Schnelligkeit* und *Nachhaltigkeit* aggregieren. Führungserfolg in Softwareentwicklungsprojekten bemisst sich zum einen danach, ob und inwieweit ein Softwareentwicklungsprojekt die erwartete *Schnelligkeit* aufweist, d. h. ob und inwieweit bis zum vereinbarten Abgabetermin eine Software zur Verfügung steht, die den Ansprüchen des Auftraggebers genügt. Der Führungserfolg bemisst sich zum anderen danach, wie nachhaltig der Prozess der Softwareentwicklung ist. Ein Softwareentwicklungsprojekt ist umso *nachhaltiger*, je mehr es zur eigenen zukünftigen Produktivität bzw. zur zukünftigen Produktivität der Mutterorganisation beiträgt. Projektbeiträge zur Produktivitätssteigerung umfassen Verbesserungen der inneren Qualität der entwickelten Software, Verbesserungen der eigenen oder organisationsweiten Entwicklungsprozesse sowie Beiträge zum Erhalt der Arbeitskraft der Mitarbeiter. Das Schnelligkeitsziel ist kurzfristiger Natur und bezieht sich auf das jeweils laufende Projekt, während das Nachhaltigkeitsziel langfristiger Natur ist und Beiträge umfasst, die ihren Nutzen erst in der Zukunft, d. h. in späteren Projektphasen oder sogar erst nach Beendigung des Projekts entfalten. Schnelligkeit und Nachhaltigkeit sind (teilweise) konfligierende Ziele, da Beiträge zur Produktivitätssteigerung (oftmals) nur auf Kosten der Schnelligkeit geleistet werden können. Die Benennung und Diskussion der beiden Ziele Schnelligkeit und Nachhaltigkeit stellt einen wesentlichen Ertrag des methodischen Dialogs gegenüber den Ergebnissen der Literaturexploration dar.

Gegenstand des Kapitels III 2.2 ist das Soll-Verhalten der Geführten. Um die beiden Hauptziele zu erreichen, müssen die Geführten *schnell* und *nachhaltig* arbeiten. Schnell zu arbeiten bedeutet, sich allein auf das zügige Erstellen der Softwaremodule zu konzentrieren, die sich für den Auftraggeber bzw. den späteren Anwender in Produktnutzen, d. h. in der äußeren Qualität der Software, niederschlagen. Nachhaltig zu arbeiten bedeutet hingegen, darüber hinausgehende Aktivitäten zu vollziehen, z. B. die innere Qualität der Software zu verbessern, innovative Initiativen zur Verbesserung des Produkts oder der Produktentwicklung anzustrengen, sich fortzubilden oder Neues auszuprobieren und durch diese Aktivitäten die zukünftige Produktivität des Projektteams und/oder der Mutterorganisation zu erhöhen. Durch die präzise Beschreibung schnellen und nachhaltigen Geführtenhandelns gelingt eine im Vergleich zu den Ergebnissen der Literaturanalyse engere Kopplung zwischen den verfolgten Projektzielen und dem Soll-Verhalten der Geführten. Dies ist vor dem Hintergrund der Erkenntnisziele der zielorientierten Führungsforschung als Erkenntnisgewinn anzusehen, der erst durch den methodischen Dialog möglich wurde.

Zusätzlich zu den Konzepten „schnell arbeiten" und „nachhaltig arbeiten" ist das im Theorieteil dieser Arbeit eingeführte Konzept der persönlichen Initiative (Frese et al., 1996; Frese/ Fay, 2001) geeignet, das Soll-Verhalten der Geführten zu beschreiben. Persönliche Initiative liegt vor, wenn sich die Mitarbeiter mit ihren Aufgaben im Einklang mit den Projektzielen, initiativ und selbstständig, pro-aktiv und bei Widerständen ausdauernd auseinandersetzen. Die empirische Untersuchung zeigt mithin eine Gemeinsamkeit zwischen den Postulaten der Literatur und den erhobenen Einschätzungen der Praktiker. Das Literaturkonzept persönlicher Initiative ist kein Artefakt des wissenschaftlichen Elfenbeinturms, sondern formuliert Anforderungen an das Mitarbeiterverhalten in Softwareentwicklungsprojekten genau so, wie es die Praktiker auch tun. Das bedeutet, dass es praxisrelevant war, im Literaturteil dieser Arbeit über die Bedingungen persönlicher Initiative zu spekulieren.

Im Kapitel III 2.3 werden schließlich auf Basis der erhobenen Aussagen Handlungsempfehlungen zum Führungsverhalten ausgesprochen. Es wird erläutert, was Führende tun sollten, um schnelles, nachhaltiges und initiatives Verhalten der Geführten zu fördern. Die Aussagen der Praktiker lassen sich in die Logik des Lazarusmodells (1966, 1999) einfügen, so dass sich Führung zur Beeinflussung der Relevanzeinschätzung von Führung zur Beeinflussung der Optionseinschätzung unterscheiden lässt. Darüber hinaus lassen sich die Praktikeraussagen im Prinzip nach den im Literaturteil unterschiedenen Führungsaufgaben organisieren. Dies erleichtert den systematischen Vergleich der literaturbasierten vs. der empirisch gewonnenen Handlungsempfehlungen zu konkreten Führungsaktivitäten innerhalb der Führungsaufgaben.

Dementsprechend sollte Führung erstens dazu beitragen, dass die Geführten die objektiv im Projekt bestehenden Risiken und Chancen im Sinne des im Literaturteil referierten Modells von Lazarus (1966, 1999) für *relevant* halten. Führungsaufgaben, die hier ansetzen, sind das Einfordern von Schnelligkeit und Nachhaltigkeit, die Gestaltung der Organisationskultur und Motivierung. Im Vergleich zu den Führungsaufgaben und Führungsaktivitäten, die in der Literaturanalyse formuliert wurden, wird die abstraktere Führungsaufgabe „Planung und Kontrolle" durch die konkreteren Führungsaufgaben „Schnelligkeit fordern und fördern" und „Nachhaltigkeit fordern und fördern" ersetzt. Der Ertrag dieser Konkretisierung ist darin zu sehen, dass dadurch eine Kausalkette von der Erfüllung dieser beiden konkreten Führungsaufgaben über die beiden konkreten Soll-Verhaltensweisen der Geführten, schnell bzw. nachhaltig zu arbeiten, hin zu den Projektzielen Schnelligkeit und Nachhaltigkeit konstruiert und begründet wird. Darüber hinaus ergeben sich bei den Führungsaufgaben „Gestaltung der Projektkultur" und „Motivierung" einige kontextspezifische Konkretisierungen und Erweiterungen der Handlungsempfehlungen an Führende, die ohne die Auseinandersetzung mit den Aussagen der Praktiker nicht möglich gewesen wären.

Zweitens sollte Führung an der Optionseinschätzung der Geführten ansetzen. Die auf der Basis der Praktikeraussagen unterscheidbaren Führungsaufgaben entsprechen weitestgehend den Führungsaufgaben, die auf Basis der Literaturanalyse unterschieden worden sind. Auch hier liegt der Ertrag des methodischen Dialogs in erster Linie in einigen kontextspezifischen Differenzierungen, Erweiterungen und Konkretisierungen der Handlungsempfehlungen.

Drittens, und dies ist ein wesentlicher Unterschied zu den Ergebnissen der Literaturanalyse, wird eine dritte Führungskategorie, nämlich das Management der Aufgabe, von den beiden anderen Führungskategorien (Beeinflussung der Relevanzeinschätzung und Beeinflussung der Optionsbewertung) unterschieden. Diese Führungskategorie umfasst drei Führungsaufgaben, namentlich die Aufgabenstrukturierung, die Entlastung der Geführten und die Begrenzung von Beziehungskonflikten. Diese drei Führungsaufgaben sind im Literaturteil „nur" als Teilaktivitäten der Führungsaufgabe „Hilfe" erörtert worden (siehe II 4.3.5.3 „Verbesserung der Handlungsbedingungen"). Dort wurde argumentiert, dass persönliche Initiativen der Geführten darin bestehen können, die Hilfe der Führenden zu mobilisieren und dass sich diese Hilfe in Aufgabenstrukturierung, Entlastung der Geführten und Begrenzung von Beziehungskonflikten manifestieren kann. Die erhobenen Aussagen der Praktiker machen hingegen deutlich, dass diese Aktivitäten nicht nur reaktiv, sondern permanent von Führenden zu erfüllen sind. Außerdem nahmen Aussagen zu diesen Aspekten von Führung in den Interviews und in anderen Datenquellen so viel Raum ein, dass es notwendig und möglich ist, sie umfangreich und differenziert darzustellen. Beide Gründe sprechen dafür, das Management der Aufgabe als eigene Führungskategorie aufzuführen. Darüber hinaus ist ein weiterer inhaltlicher Ertrag des methodischen Dialogs im Hinblick auf das Management der Aufgabe darin zu sehen, dass die Wechselwirkung zwischen der sachzielbezogenen Unsicherheit der Mitarbeiter und dem wahrgenommenen Zeitdruck eindringlich dargestellt wird. Darüber hinaus gelingt es, je nach dem Grad der Unsicherheit der Geführten unterschiedliche Handlungsempfehlungen zu formulieren.

In den folgenden drei Kapiteln werden die Ergebnisse der Erhebung und des Vergleichs der erhobenen Praktikeraussagen mit den literaturbasierten Aussagen dargestellt und diskutiert.

2.1 Ziele in Softwareentwicklungsprojekten

Im folgenden Abschnitt III 2.1.1 werden zunächst die erhobenen und aggregierten Aussagen der Praktiker zu den Zielen in Softwareentwicklungsprojekten dargestellt. Diese umfassen

1. die Beschreibung des obersten Zwecks der Softwareentwicklung und der Hauptziele, Schnelligkeit und Nachhaltigkeit, von Softwareentwicklungsprojekten,

2. die Beschreibung des Zielkonflikts zwischen den beiden Hauptzielen Schnelligkeit und Nachhaltigkeit und

3. die Empfehlung, dass in Softwareentwicklungsprojekten ein Mindestmaß an Nachhaltigkeit anzustreben sei, da ansonsten Produktivitätseinbußen drohen, die über kurz oder lang auch die Erreichung des Schnelligkeitsziels und des obersten Zwecks eines Softwareentwicklungsprojekts gefährden.

Im Abschnitt III 2.1.2 werden die Aussagen der Praktiker mit den auf Basis der Literatur getroffenen Aussagen verglichen. Im Abschnitt III 2.1.3 wird schließlich der Ertrag diskutiert,

239

den die Unterscheidung zwischen den Zielbündeln Schnelligkeit und Nachhaltigkeit für die Mitarbeiterführung in Softwareentwicklungsprojekten hat.

2.1.1 Oberster Zweck und Schnelligkeit vs. Nachhaltigkeit

Oberster Zweck eines Softwareentwicklungsprojekts – das, was, in den Worten eines Interviewpartners, „letztendlich herauskommt" – ist die Entwicklung eines Produkts, das den Anforderungen der Kunden bzw. Anwender entspricht. [21,22,23] Allerdings spielt dieses *Sachziel*[24] in der Führungspraxis keine unmittelbare Rolle, vermutlich weil der dadurch benannte zukünftige Zustand „nützliches Softwareprodukt" zu abstrakt ist, als dass er Verhalten steuernde Wirkung entfalten könnte (vgl. Gemünden, 1995, S. 254 ff.).

Eine große Rolle spielen dagegen die *Formal*ziele „Schnelligkeit" und „Nachhaltigkeit", die aufgrund ihrer Bedeutung als Hauptziele bezeichnet werden können. Die *Schnellig-*

---

[21] Nachstehend werden alle Theorieaussagen mit Zitaten aus Interviews oder anderen Beobachtungen belegt. Interviewzitate werden mit „Anführungszeichen" begonnen und beschlossen. Fragen der Interviewer sind *kursiv* gedruckt. Im Anschluss an die Zitate werden folgende Informationen, vierstelliger Kode; 1 oder 2; g, m oder f; Zahl, gegeben, die dem Leser Aufschluss über die Datenanalyse und die Gesprächspartner geben:

- vierstelliger Kode: Der Kode verweist auf die entsprechende Aussage im Kodierschema, unter die die Interviewpassage subsumiert wurde. Das Kodierschema ist im Anhang dieser Arbeit abgedruckt.

- 1 oder 2: Eine 1 kennzeichnet Interviewpartner des Standardsoftwareentwicklers. Eine 2 kennzeichnet Gesprächspartner des Individualsoftwareentwicklers.

- g, m oder f: „g" steht für „Geführte" und kennzeichnet Entwickler oder Projektassistenten. „m" steht für „mittlere Führungskräfte" und kennzeichnet (Teil-) Projektleiter. „f" steht für „hohe Führungskräfte" und kennzeichnet Bereichsleiter und Programmdirektoren.

- Zahl: Die abschließende Zahl kennzeichnet eindeutig das Interview. Die Zuordnung der Zahl zum Interview wird zur Wahrung der Anonymität der Interviewpartner allerdings nicht veröffentlicht.

[22] „Also, Erfolg jetzt – sage ich mal – von dem, was dabei jetzt letztendlich heraus kam, von der Sache selbst her, da würde ich sagen, das war sehr angenehm, [...]. Und was den Kunden dann selbst betrifft, war es sehr positiv, dass der Kunde so bei [Firmenname], weil wir da wirklich ein Erfolg gewesen sind mit dem Produkt." (6700; 2; m; 9).

[23] „[...] und wenn aber das Produkt draußen ist und Erfolg hat, dann können die Leute das [die Unannehmlichkeiten des Projekts, MML] vergessen." (6700; 1; f; 10).

[24] Zur Erinnerung: Sachziele bezeichnen Produkte und Produktionsprozesse, Formalziele bezeichnen hingegen Kriterien mit deren Hilfe der Erfolg von Produkten und Produktionsprozessen festgestellt wird. Formalziele der Softwareentwicklung sind: Zeit, Kosten, äußere Qualität und innere Qualität der Software, Mitarbeiterzufriedenheit bzw. Wohlbefinden der Mitarbeiter, Geschäftserfolg des Projekts, Innovativität und Zukunftssicherung der Organisation (vgl. II 2.2).

keit eines Softwareentwicklungsprojekts ergibt sich aus dem Verhältnis zwischen dem Umfang und der äußeren Qualität der entwickelten Software einerseits und der dafür benötigten Zeit andererseits. Äußere Qualität bezeichnet Fehlerfreiheit, Benutzbarkeit und Performanz der Software (vgl. II 2.1.1.3). Formal lässt sich Schnelligkeit wie folgt definieren:

$$Schnelligkeit = \frac{Umfang\ der\ Software \times äußere\ Qualität\ der\ Software}{benötigte\ oder\ zur\ Verfügung\ stehende\ Zeit}$$

Betrachtet man die Sachleistung (Umfang x äußere Qualität) als fix, ist ein Softwareentwicklungsprojekt umso schneller, je weniger Zeit für die Realisierung der Sachleistung benötigt wird. Betrachtet man die zur Verfügung stehende Zeit als gegeben, dann ist ein Projekt umso schneller, je mehr für den Anwender sichtbare und nützliche Systemfunktionalitäten in der erforderlichen äußeren Qualität realisiert werden. Mit der Schnelligkeit eines Projekts steigt also die Wahrscheinlichkeit, dass alle Anforderungen, die der Auftraggeber an das Softwareprodukt stellt, erfüllt werden, ohne dass der Übergabetermin überzogen wird.

In den Interviews wird deutlich, dass Softwareentwicklungsprojekte regelmäßig sehr schnell sein müssen. Sie stehen unter großem Druck, umfangreiche Softwaresysteme in hoher Qualität in einer fast immer zu kurz bemessenen Zeit zu realisieren.[25] Interviewpartner aller Hierarchieebenen betonten immer wieder den Zeitdruck in der Softwareentwicklung und hoben hervor, dass ihre Auftraggeber sehr hohe Anforderungen stellten. Sie beschrieben den Konkurrenzdruck, der die schnelle Entwicklung neuer Produkte erforderte.[26] Sie formulierten, dass ein Projekt bei strikter Termineinhaltung eine Software mit Funktionen und Qualität, wie sie der Markt erfordert, liefern müsse.[27] Ansonsten drohen im schlimmsten Fall[28] Klagen, die

---

[25] „Also, die Zeit ist immer zu kurz. Also, es gibt kein Projekt, wo die Zeit ausreichen würdel." (3200/6100; 2; m; 16).

[26] „Und was uns da immer so in die Suppe spuckt ist, dass einer unserer Konkurrenten ein sehr modernes Konzept realisiert hat und etliche Aufträge abgejagt hat, so dass völlig klar ist, dass wir hier vom Markt her unter Druck sind und eine Innovationsgeschwindigkeit an den Tag legen müssen, die wir nicht so ganz locker .... Das ist eine Herausforderung." (3200/6100; 1; f; 1).

[27] „Die Werteskala, die ich mir wünsche, ist die: Funktionen, wie sie der Markt fordert, mit der Qualität, wie sie gefordert wurde." (6100; 1; f; 1).

[28] „[...] mit Drohungen als Grundtenor so richtig zunehmend deutlich, d. h. Klageandrohung, erhebliche wirtschaftliche Konsequenzen, Rückabwicklung des Auftrages und dergleichen, die uns bei dem Volumen von über zwei Millionen Mark als kleiner Mittelständler natürlich nicht gleichgültig sein konnten, nicht? [...]

Rückabwicklung bestehender Verträge, Imageverluste und generell das „Vergraulen" von Kunden.[29] Im Falle der Individualsoftwareentwicklung besteht die Gefahr, dass Kunden Zahlungen verzögern, wenn die Software zum vereinbarten Termin bestimmte Qualitätsmerkmale oder Funktionen nicht aufweist.[30] Aber auch bei der Standardsoftwareentwicklung führen verspätete Produkteinführungen oder ein unzureichender Nutzen für die Anwender zu verspäteten oder geringeren Cash-Inflows und darüber hinaus zum Verlust von Marktanteilen.

Ein Softwareentwicklungsprojekt ist umso *nachhaltiger*, je größer sein Beitrag zur Steigerung der zukünftigen Produktivität des laufenden Projekts bzw. der zukünftigen Produktivität der Mutterorganisation ist, d. h. je mehr innere Qualität der Software, je mehr innovative Initiativen pro Zeiteinheit realisiert werden und/oder je weniger die Arbeitszufriedenheit und das Wohlbefinden der Projektmitarbeiter durch die Projektarbeit beeinträchtigt werden. Die innere Qualität einer Software bemisst sich nach ihrer Wartungs- und Änderungsfreundlichkeit und nach der konstruktiven Qualität des Vorgehens, welche sich etwa in einer hochwertigen Analyse, Entwurf, Projektplanung und Implementierung niederschlägt (vgl. Balzert, 1998, S 279 f.). Innovative Initiativen sind alle Beiträge der Mitarbeiter zur Steigerung und Erhaltung der Flexibilität und Innovationsfähigkeit des Projekts und der Mutterorganisation im Sinne von „shopfloor innovations", die sich typischerweise in Verbesserungen des Entwicklungsprozesses niederschlagen (vgl. Axtell et al., 2000, S. 266 f.; Gebert et al., 2001b, S. 264 ff., Stelzer, 1998, S. 92-95). Arbeitszufriedenheit und Arbeitskraft der Mitarbeiter bleiben erhalten, wenn die Belastungen der Projektarbeit keine von den Mitarbeitern als übermäßig empfundene Beanspruchung – im Sinne negativen, langfristig verschleißenden und krank machenden Dis-Stresses – nach sich ziehen (vgl. Gebert/ v. Rosenstiel, 2002, 127 ff.). Formal lässt sich Nachhaltigkeit wie folgt definieren:

$$Nachhaltigkeit = \frac{Beiträge\ zur\ i.\ Q. + innovative\ Initiativen + Beiträge\ zur\ AZU}{benötigte\ oder\ zur\ Verfügung\ stehende\ Zeit}$$

Anmerkungen: i. Q. = innere Qualität der Software, AZU = Arbeitszufriedenheit und Arbeitskraft

---

Wenn man Jahre, über ein Jahr an so einem Thema mit einer sehr großen Truppe arbeitet (vom Imageschaden mal ganz abgesehen), ist das eine Sache, auf die will man sich nicht einlassen." (6100; 2; f; 8).

[29] „Man vergrault sich vielleicht den einen oder anderen Schlüsselkunden. Was man sich nicht leisten kann." (6100; 1; m; 2).

[30] „Das hätte dazu geführt, dass der Zahlungstermin nach hinten geschoben worden wäre." (6100; 2; m; 6).

242

Ein Projekt ist umso nachhaltiger, je mehr Beiträge zur inneren Qualität und/ oder je mehr innovative Initiativen und/ oder je mehr Beiträge zum Erhalt der Arbeitszufriedenheit und Arbeitskraft während der Dauer des Projekts geleistet werden. Je nachhaltiger ein Software-entwicklungsprojekt arbeitet, desto höher ist die *zukünftige* Produktivität – und damit auch das zukünftige Potenzial schnell zu sein – des Projekts und/oder der Mutterorganisation, weil die Projektarbeit in späteren Perioden auf sauberen, übersichtlichen und/oder Effizienz steigernden Vorarbeiten und auf innovativen Initiativen aus vorhergegangenen Perioden aufbauen kann und von ausgeruhten Mitarbeitern ausgeführt wird.

Die Bedeutung von Nachhaltigkeit wurde in den Interviews besonders deutlich, wenn die Gesprächspartner die Konsequenzen erläuterten, die aus einem zu hohen Zeitdruck und der daraus resultierenden Überbetonung des Schnelligkeitsziels folgten.[31] Zum Beispiel berichtete ein Interviewpartner von einem Entwickler, der die bestehenden Implementierungsregeln seines Projekts missachtete, um durch eine „pragmatischere" Herangehensweise Zeit zu sparen (geringer Beitrag zur inneren Qualität). Der Entwickler arbeitete wenig nachhaltig, um schnell zu sein. Das Ergebnis war ein Programmmodul, das zwar die geforderten Funktionen ausführte, aber kompliziert und schwer nachvollziehbar programmiert war. Aufgrund des Zeitdrucks entschied sich die Projektleitung dafür, das Programmmodul unverändert in das Gesamtprodukt zu übernehmen. Zu einem späteren Zeitpunkt musste allerdings dieses Programmmodul angepasst werden, damit es weiterhin mit anderen, mittlerweile veränderten Programmteilen harmonierte. Diese Veränderungen kosteten aufgrund der Kompliziertheit des Moduls unverhältnismäßig viel Zeit.[32] Durch die wenig nachhaltige Softwareentwicklung

---

[31] „Ich versuche noch genauer zu verstehen, wie Sie entscheiden, ob die Idee sich lohnt, weiter verfolgt zu werden oder nicht. Sie sagen, da gibt es Unterschiede zwischen den Dingen, die unter der Oberfläche [der Software, MML] sind und solche, die sichtbar sind für den Kunden. Wer trifft diese Unterscheidung?" „Also, oberste Instanz, ganz klar, die [Abteilungsname]. [Abteilungsname] stellt zu Beginn einer Projektphase einen Forderungskatalog auf, der sowohl funktionale als auch [unverständlich] Aspekte beinhaltet, teilweise sogar, wie ein Dialog auszusehen hat, aber das eher selten." „Wenn ich versuche zusammen zu fassen: Also sie haben jetzt eine Technologie von Windows oder von Microsoft implementieren wollen, haben da eine Möglichkeit gesehen, haben sich aber dann gedacht, ‚OK, würde ich gern machen, würde auch was bringen in Hinblick auf Systemeffizienz, Wartbarkeit, Modularität. Das geht aber nicht, weil noch das Tagesgeschäft zu erledigen ist. Also breche ich das ab.' So in etwa?" „Ja." (6300; 1; g; 15).

[32] „Und wenn wir dann gesagt haben, ‚So können wir es aber nicht abnehmen, abliefern, und du hast dich nicht an deine Implementierungsrichtlinien gehalten', und er dann sagt, 'Ja, wenn ich mich daran halte, dann dauert es noch länger!' [...] Da wurden aber doch Teile dieses unerwünschten Codes dann doch mit übernommen, einfach weil der hatte da – was weiß ich – zwei Wochen rein gesteckt, und es funktionierte halt.[...] Ein

in früheren Perioden wurde die Produktivität des Projekts in späteren Perioden beeinträchtigt. Dieses Phänomen wurde im Literaturteil der Arbeit (vgl. erneut II 2.1.1.3) unter den Stichworten „Güte-Menge-Austausch" und „Güte-Zeit-Austausch" bereits diskutiert.

Ähnliche Beispiele berichteten die Interviewpartner in Bezug auf die Qualität der frühen Analyse-, Entwurfs- und Planungsaktivitäten im Projekt, die ebenfalls geringe Beiträge zur inneren Qualität darstellen. Wenn in den frühen Projektphasen „geschludert" wird, bleiben Fragen unbeantwortet, die später bei der Implementierung mühevoll und unter Zeitdruck geklärt werden müssen.[33] Hinzu kommt, dass durch die spätere Klärung der Anforderungen und Lösungswege bereits erarbeitete Dokumente und Softwareteile obsolet werden und verändert oder neu erarbeitet werden müssen.[34]

Auch die Innovativität der Mitarbeiter leidet, wenn das Schnelligkeitsziel überbetont wird, weil die Mitarbeiter unter Zeitdruck bekannte Routinen zur Lösung softwaretechnischer Probleme anwenden, anstatt neue Lösungswege auszuprobieren.[35] Darüber hinaus führt eine Überbetonung des Schnelligkeitsziels zu Zeitdruck (vgl. III 2.1.1 und III 2.3.3.2). Dieser kann, insbesondere wenn es kaum Hoffnung auf Besserung gibt, langfristig zu Unzufriedenheit, Resignation oder auch Verschleiß der Mitarbeiter führen. Außerdem besteht die Gefahr, dass berechtigte Wünsche und Interessen der Mitarbeiter, z. B. zu einem bestimmten Termin in den Urlaub zu fahren, immer wieder dem Schnelligkeitsziel untergeordnet werden.[36]

Jahr später haben wir es gemerkt. Da hat ein anderer genau an diesem Punkt arbeiten müssen, und der ist schier verzweifelt." (6200/6300; 2; f; 8).

[33] „Auf der Analyseebene, wenn man da mehr Arbeit rein steckt sozusagen, das ist wesentlich besser, als wenn man bei der Entwicklung nachher feststellt, ‚Das fehlt uns noch'." (6200; 2; g; 5).

[34] „Da gab es immer sehr viel Verwirrung und sehr viel Unmut, wenn Leute sich dann schon auf eine Sache eingelassen hatten und gerade neue Ergebnisse arbeitet hatten und diese Ergebnisse sich dann verändert haben. Das gab immer sehr viel Unmut verständlicherweise, weil Dokumente, die einstmals sehr wichtig erschienen, auf einmal sehr unwichtig waren [...]." (3102,2; 2; g; 5).

[35] „Was sind die Folgen davon, dass die Überlastung runter geht, wenn die Leute weniger gestresst sind?" „Die Qualität wird zunehmen, weil man mehr denken kann, bevor man was hin tippt." „Stichwort: mehr denken. Könnte es sein, dass die Lösungen innovativer sind?" „Ja. Wenn sie unter Volldruck arbeiten, dann machen sie das, wovon sie wissen, es geht so. Das haben wir schon immer so gemacht. Da ist wenig Risiko drin, das wird durchgezogen." (6300; 1; m; 2).

[36] „Ein Projektleiter sollte nur an sein Projekt denken. Das sollte er irgendwie durchziehen. Aber eigentlich sollte er auch daran denken, er wird morgen wieder eins durchziehen müssen. Dazu braucht er wieder Mitarbeiter, die motiviert, nicht ausgebrannt sind. Wenn ich den Mitarbeiter heute auspresse, dann geht das. Aber

Die Interviewpartner kamen auf die verschiedenen Aspekte von Nachhaltigkeit (Wartungsfreundlichkeit und Änderbarkeit der Software, methodisches, gründliches und Risiken kalkulierendes Vorgehen, Innovativität, Arbeitskraft der Mitarbeiter) meist zu sprechen, wenn sie die Nachteile von großem Zeitdruck und die damit einhergehende Betonung des Schnelligkeitszieles reflektierten. Der *Zielkonflikt* wurde aber auch von einigen Gesprächspartner ganz unmittelbar angesprochen.[37, 38] Immer wieder verwiesen sie darauf, dass alle Aktivitäten, die der Erreichung des Nachhaltigkeitsziels dienen – z. B. Analysieren, Planen, Dokumentieren, die Software redesignen, Fortbilden, Schulen oder Experimentieren – Zeit kosten,[39] *ohne* dass sie sich in Vorteile niederschlagen, die den Auftraggebern unmittelbaren Nutzen vermitteln und die daher auch nicht zum kurzfristigen Steigerung der Projektgeschwindigkeit beitragen können.[40] Da aber ein Mindestmaß an Nachhaltigkeit unverzichtbar sei, müsse es darum gehen, eine optimale Balance zwischen den Zielen Nachhaltigkeit und Schnelligkeit oder, in den Worten eines Interviewpartners, zwischen einem „sauberen" und einem „pragmatischen" Vorgehen, zu finden.[41]

Wichtig ist dabei, dass der Optimalpunkt der Balance zwischen Schnelligkeit und Nachhaltigkeit je nach Zeithorizont ein anderer ist. Je länger der Zeithorizont ist, desto mehr Nutzen stiftet Nachhaltigkeit. Aus Sicht der Mutterorganisation sind auch solche Aktivitäten

---

dann ist er für die nächste Phase versaut. Der Projektleiter sollte nicht nur an dem Projekt gemessen werden. Er sollte auch gemessen werde: Wie ist sein Team? Wie hinterlässt er sein Team?" (6200/6300; 1; m; 12).

[37] „Ich habe auch noch einen kleinen Nebenjob. Ich bin Qualitätsbeauftragter, was einen gewissen Zielkonflikt in sich trägt: Projektleiter und Qualitätsbeauftragter ..." (6300; 1; m; 2).

[38] „Im letzten Gespräch hatten sie von einem Interessenkonflikt zwischen Qualitätsbeauftragtem und Projektleiter gesprochen. Warum entsteht denn da ein Interessenkonflikt?" „Der Projektleiter wird geprügelt, bis zum Termin muss es fertig sein. Deshalb wird er bestimmte Aspekte der Qualität, sprich Dokumentation, unter den Tisch fallen lassen, sonst kommt er mit seinem Termin nicht hin." (6300; 1; m; 2).

[39] „Für mich ist natürlich die Folge zuerst, dass ich nicht die Weiterbildung machen kann, [...]. Gut, die Firma sagt wahrscheinlich auf der anderen Seite, wenn wir das nicht machen, ist für mich die Folge, dass der tolle Kunde abspringen würde. Das ist ein Widerspruch, da bin ich wahrscheinlich das kleinere ...." (6300; 1; g; 3).

[40] „Man muss halt unterscheiden zwischen der Architektur und dem, was der Kunde letztendlich bedient." (6300; 1; g; 15).

[41] „Also, an der Stelle ist halt die Frage, dass man gegebenenfalls, ich sage mal, in einem Projekt bestimmte Abwägungen treffen muss in der Projektleitung dahingehend, ob zwischen einem sauberen Vorgehen und einem pragmatischen Vorgehen, also nach Lehrbuch oder nach Umsetzung, und muss das unter Risikoaspekten abwägen." (6300; 2; m; 6).

nützlich, die sich erst in späteren Projekten auszahlen. Aus Sicht einer Projektleitung ist hingegen der Übergabetermin des Projekts maßgeblich, so dass sich aus ihrer Sicht nur so viel Nachhaltigkeit lohnt, wie sie sich noch während des Projekts in Schnelligkeit „auszahlt".[42] Darüber hinausgehende Aktivitäten zur Erreichung des Nachhaltigkeitsziels können einem Projekt nur „aufgebürdet" werden, wenn die geforderte Schnelligkeit reduziert wird, d. h. indem entweder der Umfang der zu entwickelnden Software reduziert wird, die Ansprüche an die äußere Qualität der Software zurückgenommen werden oder der Abgabetermin verschoben wird. Am weitesten ginge die Entscheidung, ein Projekt aufzusetzen, das ausschließlich Nachhaltigkeit verfolgt, also keine für Kunden nützlichen Anwendungen realisieren muss und sich stattdessen ausschließlich um Verbesserungen der inneren Qualität existierender Produkte oder um Verbesserungen interner Prozesse kümmern könnte.[43] Allerdings würde ein solches Projekt nur Kosten verursachen, denen keine unmittelbaren Einnahmen gegenüberstehen würden. Es wäre eine echte Investition in die zukünftige Produktivität der Mutterorganisation, allerdings eine mit schwer messbaren Ergebnissen.

Führende in Softwareentwicklungsprojekten, namentlich die Projektleitung und das übergeordnete Management der Mutterorganisation, müssen zur Gewichtung der beiden konkurrierenden Hauptziele Schnelligkeit vs. Nachhaltigkeit eine Risikoabwägung vornehmen. Je stärker das Schnelligkeitsziel betont wird, desto größer wird die Chance, dass das zu entwickelnde Produkt zu raschem und reichhaltigem Cash-Inflow führt. Zugleich steigen aber auch die Risiken, dass dieses oder ein darauf aufbauendes Projekt scheitert, weil aufgrund des

---

[42] „Nur ich habe im Moment die laufende Version rauszubringen. Wir haben jetzt eine Riesenaktion vor auf der [Name einer Messe] und die kann ich nicht verschieben. Und wir haben uns vorgenommen, dass wir im Anschluss an diese Messe die nächste Version mit ein paar signifikanten Verbesserungen liefern können und bis dahin habe ich praktisch keinen Spielraum. Danach habe ich einen und habe auch vor, ihn so [für interne Schulungen, MML] zu nutzen. Aber jetzt bis Ende Oktober dieses Jahres habe ich keinen Spielraum für so eine Maßnahme." (6100/6300; 1; f; 1).

[43] „Das ist ja offensichtlich ein grundlegendes Problem in der Software-Entwicklung, frühzeitig Zeit zu investieren, um sie nachher zu sparen." „Es kommt immer das Argument: Warum macht ihr das denn nicht? Aber das ist Quatsch. Das ist graue Theorie. Die blutige Praxis ist anders. Man hat mit Alltäglichkeiten zu kämpfen, mit Fehlern, mit Erblasten von vorher, die auch irgendwie gehandelt werden müssen, die immer zu einem Termin fertig sein müssen. Um so eine Struktur [, die die Software wartungsfreundlicher und weniger fehleranfällig macht, MML] mal rein zu bringen, muss man schlimmstenfalls ein Release aussetzen. Da muss man den Aufwand rein bringen, nicht sagen unten: Ihr spart da hinten dran. Das ist nicht innerhalb der kurzen Release-Zeiten machbar. Einmal eine lange Pause Ruhe zum Struktur rein bringen und dann hat man vielleicht den Effekt, dass man [in späteren Versionen Aufwand, MML] spart." (1221/2332/6200/6300; 1; m; 2).

Zeitdrucks nicht sorgfältig genug gearbeitet wird, unbekannte Risiken eingegangen werden, Innovationen unterbleiben und die Mitarbeiter ausbrennen. Um eine Formulierung aus der Finanzwirtschaft zu verwenden: Mit der Betonung des Schnelligkeitsziels steigen die Risiken *und* der mögliche Return. Umgekehrtes gilt bei der Betonung des Nachhaltigkeitsziels. Der zu erwartende Cash-Inflow setzt später ein und/oder fällt weniger stark aus. Dafür sinken die Risiken, dass das laufende Projekt oder nachkommende Projekte scheitern.

Ein *Mindestmaß an Nachhaltigkeit* ist zu jeder Zeit erforderlich. Für die Projektleitung kann das bedeuten, trotz des Zeitdrucks darauf zu bestehen, dass die Mitarbeiter qualitätssichernde Dokumente anfertigen, Implementierungsregeln einhalten, das Design der Software in Ruhe durchdenken und dergleichen mehr. Für das Management der Mutterorganisation kann das bedeuten, eine hinreichend lange Projektdauer zu verhandeln und im Projektplan Zeit für Aktivitäten, die dem Nachhaltigkeitsziel dienen, zu reservieren.[44, 45] Es kann aber auch heißen, auf ein „großes", viel Cash generierendes Projekt zu verzichten, um in einem Vor-Projekt erst einmal die Risiken zu erkunden und zu reduzieren.[46] In der Standardsoftwareentwicklung könnte ein solches Vor-Projekt darin bestehen, den Programmcode einer existierenden Software „aufzuräumen" und redesignen zu lassen, um ihn übersichtlicher, wartbarer und weniger fehleranfällig zu gestalten.

2.1.2 Vergleich

Beim Vergleich der hier auf Basis der Praktikeraussagen postulierten Hauptzielen mit den im Literaturteil ausgearbeiteten Formalzielen der Softwareentwicklung (II 2.1 „Formalziele") wird deutlich, dass Schnelligkeit und Nachhaltigkeit keine Ziele umfassen, die nicht schon zuvor in der Literaturanalyse diskutiert worden wären. Vielmehr stellen Schnelligkeit und

---

[44] „Das sind Dinge, die muss man für so große Projektaufgaben wirklich auch schon mal haben zu einem Zeitpunkt, wo einem nicht die Tragweite des Projektes bekannt ist, kann man sicher eine Kostenschätzung machen, muss aber auf jeden Fall eine Projektphase einschieben, die es gestattet, genau diesen Kostenaufwand genau zu prüfen im Interesse des Kunden und im Interesse der Qualität des Auftrages und selbstverständlich (und das nicht zuletzt natürlich) auch im eigenen Interesse." (6300; 2 ; f; 8).

[45] „Wenn eine neue Version geplant wird, sollte die Planungsphase lange genug sein. Dann sollte das Verhältnis Funktionalitäten und Meilensteine idealerweise so sein, dass man das Gefühl hat, es sich am Anfang erlauben zu können, Zeit zu investieren." (1212/3122; 1; m; 2).

[46] „Und wir müssen einfach auch lernen, und das ist wichtig, immer lieber mal zwei Millionen fahren zu lassen, zu sagen, ‚Ich hole mir jetzt einen Auftrag über 200.000 [...] für ein ordentliches Konzept!' Dann kenne ich den Gegenstand auch." (3216; 2; f; 8).

Nachhaltigkeit Zielbündel dar, die die in der Literaturanalyse explorierten Formalziele zusammenfassen. Die nachstehende Abbildung zeigt die auf Basis der Praktikeraussagen definierten Beziehungen der Hauptziele zu den Formalzielen aus der Literatur. Außerdem zeigt sie die in der Literatur diskutierten Instrumentalbeziehungen zwischen den Formalzielen.

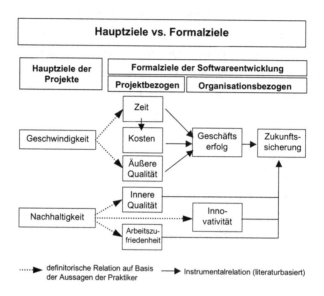

Abb. 9: **Empirisch gewonnene Hauptziele vs. aus der Literatur explorierte Formalziele**
Quelle: Eigene Darstellung

Wenn ein Projekt *schnell* ist, erreicht es per definitionem die Zeitziele und die Vorgaben zur äußeren Qualität der Software. Indem es schnell ist, trägt es außerdem dazu bei, die Projektkosten niedrig zu halten, da die zur Projektabwicklung benötigte Zeit der entscheidende Kostentreiber in Softwareentwicklungsprojekten ist. Insgesamt trägt Schnelligkeit also dazu bei, drei projektbezogene Formalziele zu erreichen, deren Erfüllung zum Geschäftserfolg beiträgt. Geschäftserfolg trägt über erwirtschaftete Liquidität und Gewinne wiederum zur Zukunftssicherung der Mutterorganisation bei (vgl. II 2.1.2 „Organisationsbezogene Formalziele").

Wenn ein Projekt *nachhaltig* ist, erreicht es erstens eine hohe innere Qualität der Software. Dies ermöglicht Produktivitätssteigerungen in der Zukunft, wenn und soweit dann an derselben Software weitergearbeitet wird. Zweitens bedeutet Nachhaltigkeit, die Arbeitszufriedenheit und Arbeitskraft der Mitarbeiter nicht im Sinne eines „burn-out" (vgl. Sonnentag et al., 1994) zu verschleißen bzw. sogar zu steigern, was sich ebenfalls positiv auf die zukünftige Produktivität des Projekts und/oder der Mutterorganisation auswirkt und damit zur Zukunftssicherung der Mutterorganisation beiträgt. Drittens umfasst Nachhaltigkeit innovative Initiativen der Mitarbeiter, welche sich in besseren Produkten und Prozessen niederschlagen, die in späteren Perioden die Markt- und/oder Kostenposition der Mutterorganisation begünstigen und dadurch ebenfalls zur Sicherung ihrer Zukunft beitragen.

2.1.3 Diskussion

Die Benennung der beiden Zielbündel Schnelligkeit und Nachhaltigkeit birgt zwei wesentliche Erträge des methodischen Dialogs gegenüber den Ergebnissen der Literaturexploration. Erstens erlaubt die Bündelung eine Vereinfachung der weiteren Diskussion. Als Kriterien für das Soll-Verhalten der Geführten sind nun nicht mehr sechs verschiedene Formalziele heranzuziehen, sondern nur noch zwei Formalzielbündel, nämlich Schnelligkeit und Nachhaltigkeit. Das macht es möglich, zwischen zwei verschiedenen Soll-Verhaltensweisen der Geführten, schnell arbeiten vs. nachhaltig arbeiten, zu unterscheiden (siehe nächster Abschnitt III 2.2 „Soll-Verhalten der Mitarbeiter in Softwareentwicklungsprojekten). Auf Basis der Literaturanalyse hätten sechs verschiedene Soll-Verhaltensweisen unterschieden werden müssen, was eine nicht zu bewältigende Überdifferenzierung dargestellt hätte.

Der zweite Ertrag ist bedeutsamer. Die Unterscheidung zwischen Schnelligkeit und Nachhaltigkeit erlaubt es, einen entscheidenen Zielkonflikt zwischen den in Softwareentwicklung verfolgten Formalzielen deutlicher zu kennzeichnen, als es auf Basis der Literatur möglich war. In der Literaturanalyse (siehe II 2.1.4) konnte „nur" herausgearbeitet werden, dass „die Erfüllung anspruchsvoller Produkt-, Innovations- und Mitarbeiterziele Zeit kostet. Wenn die Höhe dieser Ziele einen bestimmten Punkt überschreitet, müssten die Ansprüche an das Zeitziel reduziert werden, d. h. es müsste mehr Zeit zur Verfügung gestellt werden." Auf Basis der Aussagen der Praktiker gewinnt der Zielkonflikt erheblich an Schärfe. Nach ihrer Ansicht ist der Zielkonflikt ein potenziell dynamischer und sich selbst verstärkender im Sinne eines Teufelskreises. Eine Überbetonung des Schnelligkeitsziels in einer Periode (1) kann nach Ansicht der Praktiker dazu führen, dass dasselbe Projekt oder andere Projekte derselben Mutterorganisation (z. B. Anschlussaufträge) in späteren Perioden (1+n) langsamer sind, als sie es wären, wenn zuvor das Schnelligkeitsziel nicht überbetont worden wäre. Die verringerte Geschwindigkeit in den späteren Perioden (1+n) könnte wiederum dazu führen, dass das Schnelligkeitsziel erneut besonders stark eingefordert wird, mit dem Ergebnis, dass die Fähigkeit des Projekts bzw. der Mutterorganisation, schnell zu sein, weiter abnimmt. Um den Einstieg in den Teufelskreis zu vermeiden, erscheint es daher erforderlich, rechtzeitig in die Nachhaltigkeit der Projekte zu investieren.

Überspitzt formuliert tritt neben das bekannte magische Dreieck des Projektmanagements, bestehend aus Zeit, Kosten und (äußerer) Qualität, ein weiteres magisches Dreieck, bestehend aus innerer Qualität, Innovativität und Arbeitszufriedenheit. Bedeutsam daran ist der potenziell sich selbst verstärkende Zielkonflikt zwischen diesen beiden Zielbündeln. Diese Einschätzung ist – zumindest nach dem Wissen des Autors – in dieser Deutlichkeit in der Literatur bislang nicht formuliert worden.

2.2 Soll-Verhalten der Mitarbeiter in Softwareentwicklungsprojekten

Bei der Beantwortung der zweiten Frage der zielorientierten Führungsforschung nach dem Soll-Verhalten der Mitarbeiter in Softwareentwicklungsprojekten ist die Unterscheidung zwischen den Hauptzielen Schnelligkeit und Nachhaltigkeit aufzugreifen. Zu klären ist, ob und inwieweit die Verfolgung unterschiedlicher Hauptziele unterschiedliche Mitarbeiterverhaltensweisen verlangen. Vor dem Hintergrund der theoretischen Überlegungen in Kapitel II 3 sollte in den empirischen Untersuchungen außerdem geklärt werden, ob die Charakterisierung des Soll-Verhaltens der Geführten als persönliche Initiative im Sinne eines Auseinandersetzungscopings (Frese et al., 1996; Frese/ Fay, 2001) auch nach Ansicht der Praktiker zutreffend und hilfreich ist, um daraus Anforderungen an die Mitarbeiterführung in Softwareentwicklungsprojekten abzuleiten.

Die nachstehende Darstellung der Ergebnisse umfasst

1. eine Unterscheidung zwischen zwei Modi des Mitarbeiterverhaltens, danach ob die Mitarbeiter schnelle oder nachhaltige Lösungen erarbeiten sollen und damit eine Ergänzung zu den theoretischen Überlegungen und

2. die Charakterisierung des Soll-Mitarbeiterverhaltens als persönliche Initiative und damit eine Bestätigung der theoretischen Überlegungen.

2.2.1 Schnelles vs. nachhaltiges Mitarbeiterhandeln

Je nachdem welches Hauptziel, Schnelligkeit oder Nachhaltigkeit, von der Projektführung stärker betont wird, desto *schneller* oder *nachhaltiger* sollen die Geführten arbeiten. Nachhaltiges Arbeiten unterscheidet sich von schnellem Arbeiten dadurch, dass bestimmte Aufgabeninhalte bearbeitet und Tätigkeiten ausgeführt werden, auf die beim schnellen Arbeiten verzichtet wird. Diese Tätigkeiten zeichnen sich dadurch aus, dass sie sich in Steigerungen der „inneren" Softwarequalität (vgl. Abschnitt II 2.1.1.3) oder in innovativen Initiativen oder im Erhalt der Arbeitszufriedenheit und des Wohlbefinden der Mitarbeiter niederschlagen, ohne dass daraus Kunden oder Anwender unmittelbar profitieren würden. Dazu gehören in erster Linie:

1. Sauberes und aufwändiges Strukturieren der Gesamtaufgabe, indem hinreichend viel Zeit und Energie in die Formulierung informativer und übersichtlicher Lastenhefte und Pflichtenhefte, in das Design der Software, in die Aufwandsschätzungen und Planung des Projektablaufs und der Projekttermine investiert wird.[47]

2. Intensives Analysieren und Testen neu entwickelter Programmmodule durch die Entwickler, bevor sie diese in einen offiziellen Ausgabestand der Gesamtsoftware einspielen. Beispiele sind das Durchführen von Code Reviews oder eigener Testfälle[48],

3. Ausführliches Dokumentieren der Planungs- und Programmierarbeit[49],

4. Einhalten zeitaufwändiger Implementierungs- und Kennzeichnungsrichtlinien[50],

---

[47] „Also, jeder musste praktisch seinen eigenen Arbeitsplan erstellen und das dann diskutieren und zu so genannten Aufgaben führen. Ein Riesenprozess. War also sehr anstrengend und sehr aufwändig [...]. Aber dadurch, dass jeder beteiligt war an seiner eigenen Aufgabenstellung, an seiner eigenen Individuation, dadurch haben auch alle hinter dieser Arbeit gestanden. Also, es gab niemandem, dem etwas aufgedrückt worden wäre." *„Das normale Vorgehen ist also anders?"* „Es ist oft anders, indem eben einer den Plan macht und dann dürfen alle gucken und nicken. Oder nicht nicken, und dann wird hier etwas geändert. Aber dieser Prozess, da 30 Leute hinzusetzen und einen Plan machen zu lassen, soviel Zeit haben wir normalerweise nicht, oder, soviel Zeit haben wir uns in anderen Projekten bisher noch nie genommen. Und im nach hinein bin ich mir ganz sicher: Das war eine gute Idee, vor allem das mit der Planung." (7200; 2; m; 20).

[48] „Es gibt ja immer solche Kontrollpunkte, und man versucht ja immer schon, möglichst vor diesem Kontrollpunkt noch mal eine Rückversicherung zu bekommen, dass das so auch stimmt, was man gemacht hat. Und wenn dann halt Fehler aufgekommen sind oder Änderungen, dann, bis zum Abgabetermin . . . . [...] oder zumindest eine Testperson des Kunden einen Blick darauf wirft und sagt: ‚Die Werte stimmen noch nicht' oder ‚Die Werte stimmen.'." (7200; 2; g; 5).

[49] *„Eigentlich müsste man die Projekte viel sauberer und stärker dokumentieren, durchstrukturieren, dass solche Wechsel schmerzloser möglich sind, wenn sie schon nicht vermeidbar sind. Das ist ein Schwanz mit Zeitaufwand."* „Es müsste mehr Zeit sein für eine saubere Doku, damit klarer ist, was gemacht wurde, damit ein Nachfolger das [Softwaremodul, MML] leichter nachvollziehen und sich leichter einarbeiten kann?" *„Das wäre das einzige, was man als vorbeugende Maßnahme machen kann." (6300/7200; 1; m; 2).*

5. Programmcode „aufräumen", d. h. übersichtlicher und wartbarer gestalten, ohne dass sich dies unmittelbar in für den Nutzer sichtbare Qualitätssteigerungen niederschlägt[51],

6. Ausführliches Diskutieren technischer Lösungen in Hinblick auf ihre Vor- und Nachteile[52],

7. Umsetzen technisch anspruchsvoller oder ästhetisch ansprechender Lösungen, die einem Perfektionsideal nahe kommen[53],

8. Ausprobieren neuer technischer Lösungen[54],

9. Fortbilden[55],

---

[50] „‚So können wir es aber nicht abnehmen, abliefern und du hast dich nicht an deine Implementierungsrichtlinien gehalten', und er dann sagt, ‚Ja, wenn ich mich daran halte, dann dauert es noch länger!'" (6300/7200; 2; f; 8).

[51] „Beispiel ‚[unverständlicher technischer Name]', also die Architektur unserer Applikation, unseres Teilprojekts ist in mancherlei Hinsicht ins Arge gekommen. [...] Und da hätte ich an einigen Stellen schon ein bisschen was geändert, wenn ich die Zeit gehabt hätte. Aber es ist halt kein echter funktionaler Vorteil gewesen. Also, die Erwartung, die die [Name der auftraggebende Abteilung] normalerweise an uns setzt, wären in dem Fall auch nicht voll getroffen worden. Und aus dem Grund habe ich es eben bleiben lassen." [...] *„Also, das würde mich interessieren, nicht so die technische Seite. Sie hatten auf einmal diese Idee, dass da neue Möglichkeiten bestehen. Was ist dann passiert? Was hat Sie dazu bewogen, diese Idee nicht weiterzuverfolgen?"* „Letzten Endes die Anforderungen die von anderer Seite kamen. Systemtest-Fehlermeldungen, das weitere Implementieren bereits bestehender Anforderungen, sprich das Tagesgeschäft letzten Endes." (6300/7200; 1; g; 15).

[52] „An der Stelle sage ich mal, das ist eine Vorgehensweise in der Softwareentwicklung, die ich eigentlich nicht so gerne sehe, wo ich eigentlich lieber sage: ‚Ich möchte unter Ansehung von Vor- ... über Vor- und Nachteile verschiedener Lösungen diskutieren und eine Entscheidung treffen, die dann für das Projekt am besten ist.'" (7200; 2; m; 6).

[53] „Weil sie vorhin sagten, zur Entwicklerehre. Das ist auch Entwicklerehre: ‚Ich mache die Sachen noch schöner.' Sie hat die Sachen schöner gemacht an Stellen, die eigentlich unnötig waren. Dafür hat sie an anderen Stellen nichts gemacht, die nötig waren. Es war so, dass wir an manchen Stellen nichts hatten und andere waren wunderschön." (7200; 1; m; 12).

[54] *„Hat so ein self* empowered working team *auch gute Ideen?"* „Bestimmt. Allerdings, das ist etwas, wo ich immer wieder versuche, mich selbst zu kontrollieren und das Team an der Stelle einzuschränken. Das ist eine Meinung, die ich mir im Laufe meiner Projekterfahrung gebildet habe. Es gibt für mich Punkte, wo ich keine neuen Ideen möchte. Durch neue Ideen bringe ich neue Risikofaktoren rein. Da muss ich manchmal deutlich sagen: Nein. Das lassen wir raus. Allerdings mit einer Begründung. [...] Bei so einem Team, Innovativität ja, am Anfang von so einem Produktzyklus, wenn wir die Planung machen, gerne. Im letzten Drittel nicht." (6300/7200; 1; m; 12).

10. „Freies", d. h. ohne unmittelbaren Bezug zu den Projektzielen, „Spielen" mit Hardware, Internet und Software,[56]

11. Erholen, Urlaub nehmen, keine Überstunden machen.[57]

Wenn von den Mitarbeitern hingegen erwartet wird, in erster Linie schnell zu sein, verzichten sie aus Einsicht in die Notwendigkeit auf diese Aktivitäten oder beschränken sie zumindest auf das Allernotwendigste. Allerdings geht dieser Verzicht mit negativen Sekundäreffekten einher, die bereits unter dem Stichwort „Zielkonflikt zwischen Nachhaltigkeit und Schnelligkeit" erörtert wurden. Je schlechter die Ergebnisse der Planungs- und Analyseaktivitäten unter Ziffer 1 sind, desto größer ist die Gefahr, dass Engpässe und Unverträglichkeiten übersehen werden. So bleiben Fragen unbeantwortet, die in späteren Projektphasen mühevoll und unter Zeitdruck geklärt werden müssen.[58] Dadurch leiden die äußere und innere Qualität der Software und die Stimmung der Mitarbeiter.[59]

Der Verzicht auf die Aktivitäten zwei bis fünf beeinträchtigt vor allem die innere Qualität der Software, d. h. sie wird schwerer wartbar, aufwändiger in der Weiterentwicklung[60] und fehleranfälliger[61]. Durch den Verzicht auf die Aktivitäten sieben bis elf sind die Mitarbei-

---

[55] „Wofür hätten Sie diese Zeit ‚zum Luft holen' nutzen können? Einmal zur Erholung... ?" „Ja, ist klar, und Fortbildung." (7200; 1; g; 3).

[56] „Welche Instrumente setzen sie ein, um Innovativität zu fördern?" „Das ist schwierig. Wenn ich rumlaufe und sehe, da läuft der Internet Explorer und da ist was zu sehen, was überhaupt nichts mit unserer Arbeit zu tun hat, dann stört mich das nicht. [...] Wenn er was macht, was nicht unbedingt zur Arbeit gehört, er wird nicht dümmer damit. Ich versuche, wenn es geht, wenn die richtige Zeit ist, den Leuten die Freiräume zu schaffen." (7200/1231; 1; m; 12).

[57] „Also, ich meine, man hätte ja schon auch gern mal ein bisschen Freizeit und ein bisschen private Zeit für sich. Das heißt, der Druck wächst, die Erholungsphasen sind kleiner, kürzer und das wirkt sich natürlich auch wieder auf die Qualität aus dessen, was da produziert wird." (6300/7200; 2; m; 16).

[58] „Auf der Analyseebene, wenn man da mehr Arbeit rein steckt sozusagen, das ist wesentlich besser, als wenn man bei der Entwicklung nachher feststellt, ‚Das fehlt uns noch'." (6200; 2; g; 5).

[59] „Die Fluktuation könnte sich durchaus erhöhen, weil besonders lang hält niemand großem Stress oder großen Änderungen und laufend Änderungen stand. Also, das nervt irgendwann jeden." (6200; 2; g; 5).

[60] „Das hätte keine Auswirkungen gehabt, die sich in messbaren Leistungsdaten niedergeschlagen hätten?" „Die klassischen Ziele halt: Wiederverwendbarkeit, Wartbarkeit, aber konkret hätte ich keine messbaren Zahlen vorlegen können." (6200; 1; g; 15).

[61] „Könnte denn noch ein anderer Umstand dazu führen, dass so was ganz fürchterlich gegen die Wand fährt?" „Die Qualität wird ja nicht besser. Unter der Decke kochen die Sachen hoch, die irgendwie kaschiert werden. Irgendwann gibt es mal einen Knall, dann funktioniert irgendwas nicht mehr zusammen." „Haben sie da Anzeichen dafür, das das mehr wird?" „Bei mir direkt habe ich die Anzeichen nicht so, aber wo die ganzen

ter weniger kreativ und können ihre Ideen weder „on the job" noch in Fortbildungen weiterverfolgen. Das Wissen der Mitarbeiter veraltet und ihre Innovativität nimmt ab. Insgesamt beeinträchtigt ein Verzicht auf die Aktivitäten zwei bis fünf sowohl die Wartbarkeit der Software als auch die Innovativität der Mitarbeiter. Dadurch sinkt die zukünftige Produktivität des Projektteams und der Mutterorganisation.

Die Aktivitäten sechs bis elf tragen zur Mitarbeiterzufriedenheit bei, weil sie als angenehm empfunden werden.[62] Die Aktivitäten fünf bis sieben sind notwendig, um dem Ideal technischer und ästhetischer Perfektion nahe zu kommen. Nach diesem Ideal zu streben bereitet vielen Entwicklern Freude.[63] Die Aktivitäten sechs bis zehn dienen der intellektuellen und beruflichen Weiterentwicklung. Die Tätigkeiten zehn und elf bedeuten Entspannung und Erholung für die Mitarbeiter.

Aufgrund der negativen Sekundäreffekte, die mit der (einseitigen) Verfolgung des Schnelligkeitsziels einhergehen, ist es erforderlich, dass in Softwareentwicklungsprojekten die rechte Balance zwischen Schnelligkeit und Nachhaltigkeit gefunden wird. Kurz- und sogar mittelfristig geht die alleinige Verfolgung des Schnelligkeitsziels gut. Die Interviewpartner kennzeichneten solche Phasen als „Endspurt" oder „Crashprojekte". Wenn solche Endspurte jedoch nicht hinreichend mit Konsolidierungsphasen, in denen nachhaltiger gearbeitet werden kann, abgepuffert werden, besteht die Gefahr, dass die innere Qualität der Software, die Innovativität der Mitarbeiter, die Produktivität der Projekte und die Mitarbeiterzufriedenheit so weit abnehmen, dass letztlich die Erreichung *aller* Ziele gefährdet wird.

Je nachdem, ob die Mitarbeiter zu einem gegebenen Zeitpunkt schneller oder nachhaltiger arbeiten sollen, sind gegebenenfalls unterschiedliche Führungsaktivitäten erforderlich.

Komponenten zusammen geschnallt werden. Wenn die den [Produktname] angucken, wie viele Komponenten da zusammen arbeiten müssen und dann sieht, welche Schwierigkeiten der Integrationstest hat, dann ist das schon ein Anzeichen dafür." (6200; 1; m; 2).

[62] *„Haben sie den Eindruck, dass die Innovationsrate bei den Entwicklern abgenommen hat in den letzten Jahren?"* „Die Neigung hat nicht abgenommen. Die Praxis, die durchzuführen, ist zu wenig da. Die Leute würden schon ganz gern mal wieder was Neues machen. Da ist zu wenig Möglichkeit da." *„ Wenn ich die einräumen würde als Chef, welchen Effekt hätte ich? Eine höhere Arbeitszufriedenheit?"* „Das ist sicher ein Effekt." (6300/7200; 1; m; 2).

[63] *„ [...], hätte doch auch Spaß gemacht?"* „Ganz klar, sogar mehr als das normale Tagesgeschäft. [...]Was ich da gemacht hätte, wäre halt die Verwendung neuerer Mechanismen, aber es wäre nichts, womit das Marketing einen neuen Hochglanzprospekt füllen könnte. Das wäre mehr so eine ästhetische Geschichte gewesen." (6300/7200; 1; g; 15).

Darauf wird vor allem in den Abschnitten III 2.3.1.1 „Hauptziele verdeutlichen", III 2.3.1.2 „Projektkultur bzw. -klima verändern" und III 2.3.2.6 „Mut und Zuversicht vermitteln" näher einzugehen sein. Mit der Unterscheidung zwischen schnellem und nachhaltigem Arbeiten ist die literaturbasierte Charakterisierung des Soll-Verhaltens der Geführten als persönliche Initiative nach Frese (z. B. Frese/ Fay, 2001) ergänzt worden.

2.2.2 Persönliche Initiative in Softwareentwicklungsprojekten

In den Gesprächen wurde deutlich, dass in Softwareentwicklungsprojekten immer wieder unvorhersehbare Probleme, die sich sogar zu Krisen steigern können, gemeistert werden müssen.[64] Probleme bestehen z. B. regelmäßig dahingehend, dass die Software bereits entwickelt werden muss, obwohl noch nicht genau geklärt ist, welche Funktionalitäten sie am Ende aufweisen muss.[65] Krisen werden etwa ausgelöst, wenn im Verlaufe des Projekts Änderungen der Spezifikationen erforderlich werden, obwohl die dafür eigentlich erforderliche Zeit nicht mehr zur Verfügung steht,[66] oder wenn ein bereits installiertes System beim Kunden Produktionsausfälle verursacht und schnellstmöglich repariert werden muss.[67]

Damit ihre Projekte erfolgreich sind, müssen sich Mitarbeiter gerade *wegen* der Probleme und Widrigkeiten für ihre Aufgaben engagieren.[68] Die von den Interviewten für wünschenswert erachteten Verhaltensweisen von Mitarbeitern in Softwareentwicklungsprojekten

---

[64] „Softwareentwicklungsprojekte haben eine unberechenbare Dynamik – so will ich das mal nennen –, d. h., man kann den Zeitpunkt, wann etwas inhaltlich und ablaufmäßig forciert wird, ganz schwer abschätzen." (3000; 2; f; 8).

[65] „Ich glaube, das ist ein Stück von Normalwelt, ... man muss ‚in das Blaue' vielleicht [entwickeln, MML], wenn es keine klare Kriterien gibt, keine klaren Anforderungen." (3100; 1; g; 3).

[66] „Und zwar ging es darum, dass – wo fange ich da an – dass die Anforderungen, die Projektanforderungen, also die Anforderungen an die Software, die wir zu erstellen hatten, sich mehrfach geändert haben, also von Seiten des Auftraggebers, teilweise durch Änderungen an den gesetzlichen Anforderungen, teilweise durch Änderungen in den Anforderungen, die sie formuliert hatten und dann später feststellten, dass die nicht vollständig spezifiziert waren bzw. fehlerhaft." (3101,3; 2; m; 11).

[67] „Wir haben letztes Jahr im Herbst plötzlich massive Probleme von einem Kunden geschildert bekommen. [...] Die hatten massive Performance-Probleme. Generierzeiten, die man dann laufen hat, von 2 Stunden bis 3 Stunden. [...]. Was wir daraus gemacht haben ist, dass wir speziell auf der Basis von diesem Problem bei dem Kunden – wir erwarteten von dem Kunden größere Umsätze – eine Zwischenrelease gemacht haben, die jetzt eine reine Performance-Optimierung gemacht hat." (3000; 1; m; 12).

[68] „[...], so dass einfach da auch – muss ich schon sagen – ein hohes Maß an Disziplin da war, und ein hohes Maß an Willen, sich trotz dieser Widrigkeiten zu engagieren." (7100; 2; f; 8).

255

lassen sich mit Hilfe des von Frese und Kollegen (Frese et al., 1996; Frese/ Fay, 2001) definierten Konstrukts der persönlichen Initiative bestens zusammenfassen. Mitarbeiter in Softwareentwicklungsprojekten sollen nach Auffassung der Interviewten

- im Einklang mit den Projektzielen,
- initiativ und selbstständig,
- pro-aktiv und
- auch bei Widerständen ausdauernd

Problemlösungen erarbeiten. Die vier Facetten persönlicher Initiative fanden sich in den Überlegungen und Formulierungen der Interviewten wieder, was nachstehend dokumentiert und erläutert wird.

Von Mitarbeitern in Softwareentwicklungsprojekten wird erwartet, dass sie nicht versuchen, auf Kosten anderer ihren Eigennutz zu maximieren, sondern dass sie dazu beitragen, die *Projektziele* zu erreichen.[69]

Das Merkmal *initiativer Selbstständigkeit* ist aus Führungssicht zwingend, weil die Führenden, etwa die Projektleitung, gar nicht die Kapazität haben, sich um alles selbst zu kümmern.[70] So lange wie möglich sollen die Mitarbeiter arbeiten, ohne dass ihnen gesagt werden muss, wie sie ihre Aufgaben erledigen sollen.[71]

Ein typisches Beispiel *pro-aktiven*, d. h. vorausschauenden und langfristig orientierten Handelns in Softwareentwicklungsprojekten ist die Definition von Schnittstellen zwischen Softwaremodulen.[72] Wenn zwei oder mehr Entwickler die Schnittstellen zwischen ihren Programmmodulen definieren, sollen sie vorausschauend und langfristig agieren. Unter anderem

---

[69] „Wir wollen bis zu einem bestimmten Zeitpunkt eine gewisse Funktionalität haben. Und da arbeitet jeder in dem Team an dem gleichen Ziel voll mit." (7110; 1; m; 12).

[70] „Es gibt Leute, die können nicht so frei arbeiten. Da wäre es auch langfristig, dass man mit ihnen Meilensteine vereinbart: ‚Das ist ein Ziel. Das musst du erreichen. Und das verifizieren wir auch an der Stelle wieder.' Es gibt zum Glück relativ viele Leute, die das nicht brauchen. Dann mache ich das nicht. [...]." *„Das ist für sie weniger Kontrollaufwand und sie haben mehr Zeit für andere Dinge?"* „Das ist für mich Kontrollaufwand." (7120; 1; m; 12).

[71] „Wenn sie [von den Entwicklern selbst gesetzte Zwischentermine, MML] nicht erreicht werden, ist jeder selber bemüßigt, intern eine kleine Planung zu machen und zu sagen: ‚Entweder ich hänge hier massiv an einem Thema fest..., wenn ich massiv fest hänge, dann muss ich versuchen, das selber zu lösen. Wenn nicht, dann muss ich mir jemanden holen, der mir helfen kann.'" (7120/1121; 1; m; 12).

[72] „Genau, haben halt überlegt, ‚Müssen wir an den Schnittstellen etwas ändern? [...]' Wenn nicht, konnte jeder halt weiter programmieren. Ansonsten haben wir das halt geklärt, und dann ging es weiter." (7130; 2; g; 5).

müssen sie darüber nachdenken, welche Daten zwischen den Schnittstellen hin und her flie-
ßen werden und welche Parameter die Schnittstellen aufweisen müssen, um auch bei späteren
Veränderungen des Programms funktionsfähig zu bleiben.[73] Ein anderes Beispiel, an denen
sich das Erfordernis vorausschauenden und langfristigen Denkens erkennen lässt, ist das Hinterfragen der Spezifikationen einer Software. Diese sind oftmals mehrdeutig. Es bedarf bisweilen einer gewissen Anstrengung und des Versuchs, sich in den späteren Anwender hinein-
zuversetzen, um die tatsächlich gemeinte Bedeutung im Gespräch mit Kollegen, Vorgesetzten
oder Vertretern des Vertriebs oder des Kunden „klarzukriegen".[74] Auch im Verhältnis zur
Projektleitung gilt es, pro-aktiv zu agieren, ihn nämlich möglichst vorausschauend mit Informationen über den Fortschritt bei der Entwicklungsarbeit zu versorgen, damit er bei Meetings
oder Präsentationen gerüstet ist, um kritische Fragen sicher beantworten zu können.[75]

Ausdauer ist erforderlich, weil die Arbeit in Softwareentwicklungsprojekten keine ist,
die „einfach so" ungestört abläuft.[76] Ein Gesprächspartner verglich die Softwareentwicklung
mit dem Bau eines Hauses, bei dem es immer wieder zu „Wassereinbrüchen" kommt, so dass
sich die Entwickler bei ihrer Arbeit „die Hände schmutzig" machen müssen und „stressresis-
tent" sein müssen.

2.2.3 Vergleich und Diskussion

Die Kennzeichnung schnellen und nachhaltigen Geführtenhandelns ist ein weiterer Ertrag des
methodischen Dialogs, der über die Ergebnisse der Literaturanalyse hinausgeht. Mit Hilfe der
eingeführten Unterscheidung gelingt es, zwischen dem Erreichen der Projektziele (Schnelligkeit und Nachhaltigkeit) und dem Soll-Verhalten der Geführten (schnell arbeiten und nachhal-

---

[73] „Man hat sich daran gewöhnt, flexibler zu entwickeln, also irgendwo die Schnittstellen dynamischer zu gestalten und auf möglichst nicht kommende Änderungen aber trotzdem reagieren zu können" [...] „*Und das ist
halt mehr Aufwand erstmal.* " „Das ist erstmal mehr Aufwand, weil man muss irgendwas überlegen, was es
noch gar nicht gibt, oder mit irgendwas arbeiten, was es noch nicht gibt." (7130; 2; g; 5).

[74] „Also haben wir uns selber überlegt, was könnte so das Mengengerüst sein, was könnte so die Anforderung
sein, was wird der Kunde damit machen." (7130; 1; g; 3).

[75] „Wenn ich mal wieder eine Bemerkung fallen lasse: Ach, morgen muss ich wieder nach [Ortsname] zu einer
Besprechung, dann kommt irgendwer zu mir und sagt: ‚Pass auf. Das ist so und so. Nicht, dass du morgen
gefragt wirst, was du nicht weißt.'" (7130; 1; m; 12).

[76] „Weil es ist ja auch viel angenehmer, so ein Design zu machen, wie ein Architekt, der ein Modell macht. Und
hinterher es wirklich zu bauen, mit Wassereinbruch und all dem, das ist dann ja nicht mehr so angenehm [a-
ber in der Softwareentwicklung erforderlich, MML]." (7140; 1; f; 1).

tig arbeiten) eine engere kausale Beziehung herzustellen, als dies im Literaturteil der Arbeit mit dem Konstrukt der persönlichen Initiative möglich war. Gemessen an den Erkenntniszielen der zielorientierten Führungsforschung ist dies ein Gewinn, da die Frage nach dem Soll-Verhalten der Geführten, das zur Erreichung der Projektziele beiträgt, nun konkreter beantwortet ist und dadurch der Kontext der Softwareentwicklung differenzierter erfasst wird. Im Abschnitt III 2.3.1.1 „Hauptziele einfordern" wird gezeigt werden, dass sich dies auch noch in der Formulierung entsprechender Handlungsempfehlungen an Führende in Softwareentwicklungsprojekten niederschlägt.

Ein weiterer Ertrag der empirischen Untersuchung liegt im Nachweis, dass das Konzept persönlicher Initiative kein Artefakt der Forschung ist. Vielmehr lassen sich auf der Basis der Aussagen der Praktiker genau die gleichen Anforderungen an das Mitarbeiterverhalten in Softwareentwicklungsprojekten formulieren, wie es zuvor auf der Basis der Literatur gelang. Das belegt die Praxisrelevanz der Forschung zu den Bedingungen persönlicher Initiative im Allgemeinen und der Spekulationen darüber im Literaturteil dieser Arbeit im Besonderen. Da die Praktiker persönliche Initiative für erfolgsrelevant halten, sind auch Erkenntnisse über die Bedingungen persönlicher Initiative für die Praxis erfolgsrelevant.

Im Ergebnis ist festzustellen, dass die literaturbasierten Überlegungen zur persönlichen Initiative als Soll-Verhalten der Mitarbeiter in Softwareentwicklungsprojekten den rekonstruierten Ansichten der Praktiker entsprechen und sich beide Anschauungen gegenseitig bestätigen. Allerdings ist das Konzept der persönlichen Initiative allein nicht ausreichend, um das Soll-Verhalten der Geführten vollständig abzubilden. Dies gelingt erst durch die ergänzende Unterscheidung zwischen schnellem und nachhaltigem Arbeiten.

2.3 Mitarbeiterführung in Softwareentwicklungsprojekten

Die dritte Frage der zielorientierten Führungsforschung (Gebert/ Ulrich, 1991) ist auf der Grundlage der bisherigen Ergebnisse des methodischen Dialogs wie folgt umzuformulieren: „Persönliche Initiative der Geführten sowie schnelles und/ oder nachhaltiges Arbeiten erfordern vor dem Hintergrund welcher Erfahrungen bzw. theoretischer Vorstellungen und angesichts welcher situativer Realisierungsbedingungen welches Führungsverhalten?"

Die Handlungsempfehlungen, die sich aus den Aussagen der Praktiker destillieren lassen, reihen sich weitgehend umstandslos in die Unterscheidung zwischen Führung zur Beeinflussung der Relevanzeinschätzung von Führung zur Beeinflussung der Optionseinschätzung ein. Auch noch darüber hinaus lassen sich die Aussagen der Praktiker den meisten im Literaturteil unterschiedenen Führungsaufgaben zuordnen. Dadurch wird der systematische Vergleich zwischen den Handlungsempfehlungen der Praktiker und den aus der Literatur gewonnenen Handlungsempfehlungen erheblich erleichtert.

Dieser Unterscheidung folgend stellt Abschnitt III 2.3.1 zunächst die Ergebnisse dar, die sich auf Führung zur Beeinflussung der Relevanzeinschätzung beziehen. Die dazu gehörenden Führungsaufgaben sind das Einfordern von Schnelligkeit und Nachhaltigkeit, die Gestaltung der Projektkultur und Motivierung. Im Vergleich zu den Führungsaufgaben und Führungsaktivitäten, die in der Literaturanalyse formuliert wurden, wird allerdings die abstraktere Führungsaufgabe „Planung und Kontrolle" durch die konkretere Führungsaufgaben „Schnelligkeit fordern und fördern" und „Nachhaltigkeit fordern und fördern" ersetzt.[77]

Abschnitt III 2.3.2 präsentiert und erörtert die Ergebnisse des methodischen Dialogs, soweit sie sich auf Führung zur Beeinflussung der Optionseinschätzung der Geführten beziehen. Die auf der Basis der Praktikeraussagen unterscheidbaren Führungsaufgaben entsprechen weitestgehend den Führungsaufgaben, die auf Basis der Literaturanalyse unterschieden worden sind.

Gegenstand des Abschnitts III 2.3.3 ist schließlich eine dritte Führungskategorie, die in Anlehnung an Mohrman et al. (1995, S. 163 ff.) „Management der Aufgabe" genannt wird. Das Management der Aufgabe umfasst drei Führungsaufgaben: Aufgabenstrukturierung, Entlastung und Begrenzung von Beziehungskonflikten. Diese Führungsaufgaben sind im Literaturteil dieser Arbeit als Teilaktivitäten der Führungsaufgabe „Hilfe" diskutiert worden (siehe II 4.3.5.3 „Verbesserung der Handlungsbedingungen"). Auf Basis der Literatur wurde argumentiert, dass es auch persönliche Initiativen der Geführten geben muss, die sich darin manifestieren, Hilfe von den Führenden anzufordern. Diese Hilfe kann darin bestehen, den Geführten bei der Strukturierung der Projektaufgabe behilflich zu sein, sie zu entlasten und Beziehungskonflikte zwischen Mitarbeitern zu begrenzen. In der empirischen Untersuchung wurde allerdings deutlich, dass Führende das Management der Aufgabe nicht nur als Reaktion auf eine Anforderung der Geführten, sondern permanent zu leisten haben. Darüber hinaus wurden in der Erhebung so viele Praktikeraussagen zum Management der Aufgabe gesammelt, dass

---

[77] Allerdings decken das Einfordern von Schnelligkeit und Nachhaltigkeit nur die *fordernden* Führungsaktivitäten ab, die im Literaturteil unter Planung und Kontrolle gefasst worden sind. Die *fördernden* und *ermöglichenden* Aspekte von Planung und Kontrolle, das Strukturieren Projektaufgabe und das Entlasten der Geführten durch eine realistische Planung werden im Empirieteil als eigene Führungsaufgaben im Abschnitt III 2.3.3 „Management der Aufgabe" dargestellt und diskutiert.

es erforderlich und ertragreich erscheint, sie detailliert darzustellen. Darüber hinaus unterscheidet sich das Management der Aufgabe von den anderen Führungsaufgaben dadurch, dass sein primärer Zweck nicht die Beeinflussung einer der beiden Situationswahrnehmungen ist, sondern dass es primär an der objektiven Situation der Geführten ansetzt. Diese drei Erwägungen sprechen dafür, das Management der Aufgabe als eigene Führungskategorie aufzuführen.

Ein weiterer Unterschied zu den Ergebnissen der Literaturanalyse besteht darin, dass es sich bei der Analyse und Darstellung der Handlungsempfehlungen der Praktiker als hilfreich erwiesen hat, Führungsaktivitäten danach zu unterteilen, ob sie sich vornehmlich

- in Entscheidungen oder Entscheidungsvorbereitungen über Ziele, Aufgaben, Aktivitäten, Termine und Ressourcen im Projekt manifestieren, die in den frühen Analyse- und Planungsphasen eines Projekts gefällt werden,

- in Entscheidungen oder Entscheidungsvorbereitungen niederschlagen, die in den späteren Ausführungsphasen gefällt werden, die die ursprünglichen Planungsentscheidungen über Ziele, Aufgaben, Aktivitäten, Termine und Ressourcen konkretisieren oder korrigieren oder

- im (täglichen) Umgang mit den Geführten, also nicht in Entscheidungen, sondern in der Art und Weise der Kommunikation und Kooperation mit den Mitarbeitern manifestieren.

Nachstehend ist ein Beispiel für die getroffene Unterscheidung widergegeben:

	Führungsaktivitäten		
	Entscheidungen der Führenden		(Täglicher) Umgang mit den Geführten
Führungs-aufgabe	Entscheidungen in den Analyse- und Planungs-phasen des Projekts	Entscheidungen in den Aus-führungsphasen des Projekts	
z. B. Schnelligkeit fordern und för-dern	z. B. Anzahl und Umfang der Arbeitspakete, äußere Qualität der Software und zur Verfügung stehende Zeit festlegen (...)	z. B. Projektfortschritt kon-trollieren und dabei Eigen-kontrolle der Mitarbeiter fördern und fordern (...)	z. B. Schnelligkeits-vorgaben Nachdruck verleihen und auch klei-nere Aufträge an Termi-ne binden (...)

Tab. 14: **Beispiel der getroffenen Unterscheidungen zwischen Führungsaktivitäten**

Die Unterteilung zwischen „Entscheidungen" vs. „Umgang" spiegelt die Aussagen der Mitglieder der untersuchten Organisationen zum Thema Führung wider. Danach muss sich Führung einerseits in konkreten Entscheidungen zwischen alternativen Zielen und Möglichkeiten des Ressourceneinsatzes niederschlagen und erfordert andererseits noch weitere kommunikative Akte, die nicht unmittelbar an Entscheidungen gebunden sein müssen. Auch die weitere Unterscheidung zwischen Entscheidungen der frühen Analyse- und Planungsphasen und Entscheidungen, die in späteren Phasen zu fällen sind, reflektiert eine (implizite) Differenzierung, die die Beforschten getroffen haben. Diese differenzierten ihre Aussagen häufig danach, was Führende zur *Vermeidung* von Problemen in den frühen Phasen eines Projekts tun können, und was Führende in späteren Projektphasen im *Umgang* mit Problemen, die sich nicht haben vermeiden lassen, tun können. Außerdem wird auch in der Literatur zum (Software-) Projektmanagement, etwa im Wasserfallmodell oder im Spiralmodell (Boehm, 1988) häufig zwischen Analyse- und Planungsphasen einerseits und Implementierungs- oder Durchführungsphasen andererseits unterschieden (E. Frese, 1998, S. 473).

2.3.1 Einfluss auf die von den Geführten wahrgenommene Relevanz ihrer Aufgaben

Auf welchen Wegen können Führende in Softwareentwicklungsprojekten die Relevanzeinschätzung der Geführten beeinflussen? Auf der Basis der erhobenen Daten lassen sich die folgenden Führungsaufgaben unterscheiden: Hauptziele verdeutlichen, Projektkultur bzw. -klima verändern und Motiveren. In der folgenden Tabelle ist aufgeführt, auf welchen und wie vielen analysierten Datenquellen sich die Ausführungen zu diesen Führungsaufgaben hauptsächlich stützen (kaum zählbare Makrodaten, z. B. Direkteindrücke, Dokumente, Emails und Telefonnotizen, sind in der Übersicht nicht berücksichtigt).

Führungsaufgaben zur Beeinflussung der Relevanzeinschätzung	Art und Anzahl der wichtigsten Quellen der rekonstruierten Handlungsempfehlungen der Praktiker			
	Protokolle von Gesprächen und Workshops		Transkribierte Interviews	
	Standardsoftwareentwickler (insgesamt 9 Gespräche, 10 Workshops)	*Individualsoftwareentwickler (insgesamt 2 Gespräche)*	*Standardsoftwareentwickler (insgesamt 13 Interviews)*	*Individualsoftwareentwickler (insgesamt 11 Interviews)*
Hauptziele verdeutlichen	7 Gespräche 9 Workshops	2 Gespräche	13	10
Projektkultur bzw. – klima verändern	1 Gespräch	1 Gespräch	4	5
Motivieren	4 Workshops	2 Gespräche	6	6

Tab. 15: Quellen der rekonstruierten Handlungsempfehlungen der Praktiker zur Beeinflussung der Relevanzeinschätzung

Die erhobenen Praktikeraussagen erlauben den Schluss, dass die Einschätzung der Mitarbeiter, ob ein bestimmter Aufgabenaspekt für den Projekterfolg objektiv relevant ist oder nicht, unter anderem davon abhängt, welche *Ziele* ein Mitarbeiter in dem Moment der Einschätzung gerade vor Augen hat. Während im Literaturteil unter dem Stichwort Planung und Kontrolle *alle* Leistungs- und Vorgehensziele diskutiert wurden, lassen die Aussagen der Praktiker eine Reduktion der für die Relevanzzuschreibung der Geführten maßgeblichen Ziele auf das Schnelligkeits- und Nachhaltigkeitsziel zu. Damit ist gemeint, dass ein Ereignis oder Umstand entweder die Erreichung des Schnelligkeitsziels oder des Nachhaltigkeitsziels tangieren muss, damit es die Geführten im Sinne eines Projektrisikos bzw. einer Projektchance für relevant halten sollten. Je nachdem welches Ziel sie stärker vor Augen haben, befinden die Mitarbeiter unterschiedlich darüber, ob sie eine Aufgabe als erledigt betrachten oder nicht. Ein Interviewpartner formulierte, dass Softwareentwickler immer abwägen müssen, ob ein Arbeitsergebnis, das noch nicht „so toll" sei, gut genug ist, um sagen zu können, es sei „fertig".[78] Wenn der Mitarbeiter glaubt, es komme gerade auf *Schnelligkeit* an, wird er sich vor allem solchen As-

---

[78] „Und er muss halt immer abwägen. ‚Ich weiß, das Ergebnis ist nicht so toll, wie ich das eigentlich gerne hätte, aber der Kunde will, dass es fertig ist.' Sage ich dann, ‚Es ist fertig!' in dem Bewusstsein, ‚Na ja, es sind halt noch zehn Fehler drin, die wird er dann schon im Laufe der Zeit selber herausfinden, dann machen wir es halt dann, korrigieren wir es halt dann!' oder sage ich ‚Nein, es ist noch nicht fertig! Wir brauchen noch einen Monat, bis alle Fehler heraus sind.' (1101/1201; 2; m; 16).

pekten seiner Aufgabe zuwenden, die die Geschwindigkeit des Projekts fördern oder bedrohen[79], und die Aufgabe für „fertig" erklären. Glaubt der Mitarbeiter hingegen, es komme mehr auf *Nachhaltigkeit* an, so wird er den Qualität sichernden oder innovativen Aspekten seiner Aufgabe mehr Aufmerksamkeit zuwenden[80] und noch weiter an der Aufgabe arbeiten. Die große Bedeutung, die die Hauptziele Schnelligkeit und Nachhaltigkeit für die Mitarbeiterführung haben, wird daran deutlich, dass sie in insgesamt neun von elf protokollierten Gesprächen, neun von zehn protokollierten Workshops und in 23 von 24 transkribierten Interviews von den Mitgliedern der untersuchten Organisationen angesprochen wurden.

Neben Zielen und Feedback über die Zielerreichung beeinflusst auch die *Organisationskultur* die Einschätzung eines Projektmitarbeiters, ob ein gegebener Aspekt seiner Arbeit relevant ist oder nicht. Organisationskultur und ihre Bedeutung für die Mitarbeiterführung wurde in zwei protokollierten Gesprächen und neun Interviews von den Mitgliedern der untersuchten Organisationen angesprochen. Im Literaturteil wurde erläutert, dass Organisationskulturen – zusätzlich zu den von den Führenden selbst kommunizierten und kontrollierten Zielen – über die ihnen innewohnenden Werte und Normen Sollwerte definieren, auf deren Grundlagen die Mitarbeiter und Mitarbeiterinnen die Relevanz eines Ereignisses oder Umstands im Projekt beurteilen. Die pragmatische Anschauung von Organisationskultur ist damit kompatibel. Die Gesprächs- und Interviewpartner berichteten davon, dass die Kulturen ihrer Mutterorganisationen schnelles bzw. nachhaltiges Arbeiten der Entwickler entweder behinderten oder förderten.[81]

Der dritte Führungsaufgabe ist die *Motivierung* der Mitarbeiter. Wenn dem jeweiligen Mitarbeiter der Stand der Dinge gleichgültig ist, d. h. für ihn subjektiv nichts auf dem Spiel steht (vgl. Holroyd/ Lazarus, 1982, S. 23), sind von ihm keine besonderen Bewertungs- und Bewältigungsanstrengungen und erst recht keine persönliche Initiative zu erwarten. Genau dies kann passieren, wenn die Geführten demotiviert werden, z. B. weil ihnen ein Ziel „aufgedrückt" wird, von dem sie wissen, dass sie es nicht erreichen können. Für die Erreichung

---

[79] „Der [Change Request, MML] kommt mit Hochdruck rein, muss implementiert werden." (1101/ 6300; 1; m; 2).

[80] „Die Qualität wird zunehmen, weil man mehr denken kann, bevor man was hintippt." (1201; 1; m; 2).

[81] „Ja, an der Stelle ist es so, dass letztendlich dazu eine gemeinsame Kultur aufgebaut werden muss. Letztendlich ist es so, dass schematisierte Vorgehensweisen nicht etabliert sind, dass bei vielen Mitarbeitern das Bewusstsein dafür nicht da ist." (1301; 2; m; 6).

dieses Ziels werden sie sich nicht anstrengen.[82] Fragen der Motivierung waren im Zuge der Datenerhebung Gegenstand von vier protokollierten Workshops, zwei protokollierten Gesprächen und elf transkribierten Interviews.

Die drei folgenden Abschnitte II 2.3.1.1 bis 2.3.1.3 stellen dar, *wie*, d. h. mit welchen Führungsaktivitäten, Führende in Softwareentwicklungsprojekten die genannten Führungsaufgaben erfüllen können

2.3.1.1 Hauptziele verdeutlichen

Die Reduktion der zu berücksichtigenden Zielvorgaben auf die beiden Hauptziele vereinfacht die Diskussion der dazu gehörenden Führungsaktivitäten. Im Literaturteil wurden an dieser Stelle noch Grundlagen und Probleme der *gesamten* Planung und Kontrolle, inklusive des damit einhergehenden Planungsdilemmas zwischen Offenheit und Verbindlichkeit, erörtert. Dies war erforderlich, weil angenommen wurde, dass die Relevanzbewertung der Geführten von *allen* Zielen im Projekt maßgeblich beeinflusst wird. Analysiert man die erhobenen Daten hingegen nur im Hinblick darauf, was Führende in Softwareentwicklungsprojekten tun können, um ihnen *die objektive Relevanz des Schnelligkeits- bzw. des Nachhaltigkeitsziels zu verdeutlichen*, müssen nur die Aspekte der Planung und Kontrolle berücksichtigt werden, die mit Entscheidungen über den gewollten Grad der Schnelligkeit bzw. Nachhaltigkeit im Projekt und der Kommunikation dieser Entscheidungen zu tun haben. Alle anderen Aspekte von Planung und Kontrolle, namentlich der Gegensatz zwischen Offenheit und Verbindlichkeit, der aus der Dynamik der Sachziele entsteht, können an dieser Stelle vernachlässigt werden. Sie werden stattdessen im Abschnitt III 2.3.3 „Management der Aufgabe" erörtert. Einen Überblick über die Führungsaufgaben „Schnelligkeit fordern und fördern" und „Nachhaltigkeit fordern und fördern" gibt die nachstehende Tabelle, an der sich die weiteren Ausführungen orientieren.

---

[82] *„Wie wichtig ist es, dass dieses Ziel [Termine, MML], [vom Entwickler, MML] selbst gesteckt ist?"* „Sehr wichtig, weil sobald ich ein Ziel aufgedrückt bekomme, da kann der ruhig sagen: ‚Mir Wurst, ich werde nicht fertig, ich weiß es.'" (1401/ 1412/1413/2121, 1; m; 19).

	Führungsaktivitäten zur Erfüllung der Führungsaufgaben		
Führungs-aufgaben	*Entscheidungen in den Analyse- und Planungsphasen des Projekts*	*Entscheidungen in den Ausführungsphasen des Projekts*	*(Täglicher) Umgang mit den Geführten*
Schnelligkeit fordern und fördern	Anzahl und Umfang der Arbeitspakete, äußere Qualität der Software und zur Verfügung stehende Zeit festlegen Planungsprozess wie folgt gestalten: • Partizipativ, d. h. Aufwandsschätzungen der Mitarbeiter in der Projektplanung berücksichtigen • Kommunikationsintensiv • Dokumentiert • Balanciert zwischen Partizipation und Kommunikation einerseits und zügiger Planung andererseits	Projektfortschritt kontrollieren und dabei: • Eigenkontrolle der Mitarbeiter fördern und fordern • Einzelergebnisse regelmäßig aggregieren, z. B. in „Statusrunden" Ggf. „Druck machen": • Individuelle Statusabfragen • Produktivitätskontrollen • Sanktionen bei Verzügen Software testen lassen: • Unabhängige Tester • Dokumentierte Ergebnisse • Sachliche Kommunikation • Revidierbare Fehlerinterpretation	Schnelligkeitsvorgaben Nachdruck verleihen: • Auch kleinere Aufträge an Termine binden • Gründe für Terminsetzung/Zeitknappheit erläutern • Frühzeitig an Termine erinnern • Effizientes Kommunizieren, insbesondere Sitzungsmanagement, vorleben
Nachhaltigkeit fordern und fördern	Knappe Ressourcen (Zeit) in Nachhaltigkeit investieren: • Weniger enge Termine setzen • Arbeitspakete, Phasen, Projekte, die nur der Nachhaltigkeit dienen, einplanen • Sonstiges, z. B. Kaffeeecken einrichten Insbesondere: • Einplanung von Nachhaltigkeit steigernden Aktivitäten • Implementierungs- und Kennzeichnungsrichtlinien, Überstundenregelungen • Einzelvereinbarungen	Eingeplante Zeit und Ressourcen vor Kürzungen schützen Eingeplante Aktivitäten im Rahmen der Projektfortschrittskontrolle nachhalten Qualitätsbeauftragte bei der Überprüfung, ob Richtlinien eingehalten werden, unterstützen Einzelvereinbarungen nachhalten	Dem Nachhaltigkeitsziel Nachdruck verleihen • Nachhaltigkeit steigernde Aktivitäten zulassen • Explizit zum nachhaltigen Arbeiten auffordern und Ergebnisse einfordern • Nachhaltiges Arbeiten vorleben

Tab. 16: **Führungsaktivitäten zur Erfüllung der Führungsaufgaben „Schnelligkeit fordern und fördern" und „Nachhaltigkeit fordern und fördern"**

2.3.1.1.1 Schnelligkeit fordern und fördern

In den Interviews und Gesprächen wurde deutlich, dass sich in der *Analyse- und Planungsphase* eines Projekts fast alle Entscheidungen über die Soll-Schnelligkeit und die Soll-Nachhaltigkeit der Projekte explizit oder implizit in der Termin- und Ablaufplanung des Projekts sowie in den Vorgaben für die äußere Qualität der Softwaremodule niederschlagen.

265

So wird mit Hilfe der Termin- und Ablaufplanung und Qualitätsvorgaben festgelegt, wie *schnell* die Mitarbeiter sein sollen. Formal ausgedrückt stellt sich das wie folgt dar (vgl. auch Schmelzer, 2000, S. 335):

$$Schnelligkeit_{Soll} = \frac{fertig\ gestellte\ Arbeitspakete_{Soll} \times \ddot{a}u\beta ere\ Qualit\ddot{a}t\ der\ Software_{Soll}}{Zeit_{Soll}}$$

Je größer der Quotient ist, desto schneller müssen die Entwickler sein, um die Vorgaben zu schaffen.

In den Interviews wurde deutlich, worauf Führende achten müssen, damit die Geführten den jeweils aktuellen Stand der Planung auch tatsächlich kennen. Zu diesem Zweck empfehlen die Interviewten die Aufgaben- und Terminplanung *partizipativ und kommunikationsintensiv* zu gestalten und die *Ergebnisse* für jedermann zugänglich zu *dokumentieren*:

- Die Geführten sollten bereits an der Planung und an der Vorbereitung von Planänderungen beteiligt werden. Der „natürliche Ort" für die Teilhabe der Geführten sind deren Aufwandsschätzungen, in denen sie einschätzen, wie lange sie für die von ihnen verantworteten Teilaufgaben benötigen.[83]

- Pläne und Planänderungen sollten in Arbeitssitzungen, am Anfang des Projekts im Kick-Off-Meeting und später in so genannten Informations- oder Statusrunden des Projektteams erläutert und in ihren Implikationen diskutiert werden. Hieran sollten nicht nur die Entwickler, sondern auch andere Betroffene, etwa Tester oder interne Auftraggeber, teilnehmen.[84]

- Idealerweise werden Pläne und Planänderungen in eine elektronische Projektakte eingestellt und die Geführten im Sinne eines „Pull-Prinzips" dazu verpflichtet, sich über Änderungen der für sie relevanten Bestandteile der Pläne selbst zu informieren (vgl. auch Brooks, 1982, S.78).[85]

---

[83] „Die kriegt erst mal der Projektleiter, die Change Requests. Der fühlt dann schon mal vor. Wenn der meint, ist wichtig genug, dann machen wir halt eine Aufwandsschätzung. [...]" *„Haben Sie da auch Einfluss?"* „Bei den Aufwandsvorschlägen. Das ist ja ein ganz entscheidender Einfluss." (1111/2412; 1; g; 17).

[84] Solche Informationsrunden in allen Projekten der Softwareentwicklung einzuführen und regelmäßig zu veranstalten, war eines der Ergebnisse der Organisationsentwicklung beim großen Standardsoftwareentwickler. (1112; -).

[85] Eine solche Projektakte wurde vom Autor in Augenschein genommen. (1113; -).

- Um die Prozessverluste des partizipativen und kommunikationsintensiven Vorgehens bei der Aufgaben- und Terminplanung in Grenzen zu halten, sollten Führende den Planungsprozess allerdings zügig und strukturiert abwickeln. Zu diesem Zweck sollten die Aufgaben der Geführten möglichst rasch im Sinne einer Ergebnisplanung spezifiziert werden (Näheres dazu unter III 2.3.3.1.1 „Erstellung einer korrekten, vollständigen und stabilen Sachzielhierarchie").[86] Insofern muss eine Balance zwischen Partizipation und Kommunikation einerseits und zügiger Planung andererseits gefunden werden.

In der Ausführungsphase eines Softwareentwicklungsprojekts dienen Kontrollen dazu festzustellen, ob und inwieweit die Geführten die in den Plänen dokumentierten Soll-Werte erreichen. In Anlehnung an die „critical ratio" von Merendith/ Mantel (2000, S. 479 f.) lässt sich der Soll-Ist-Vergleich für die Schnelligkeit von Softwareentwicklungsprojekten formal wie folgt ausdrücken:

$$Schnelligkeit_{Ist} = \frac{\dfrac{fertig\ gestellte\ Arbeitspakete_{Ist} \times äußere\ Qualität\ der\ Software_{Ist}}{Zeit_{Ist}}}{\dfrac{fertig\ gestellte\ Arbeitspakete_{Soll} \times äußere\ Qualität\ der\ Software_{Soll}}{Zeit_{Soll}}}$$

Quotienten größer oder gleich eins bedeuten Plan(über)erfüllung und sind gute Nachrichten. Quotienten unter eins bedeuten hingegen, dass die gesetzten Schnelligkeitsziele nicht erreicht werden und dass Steuerungsbedarf besteht.

In den Gesprächen und Workshops wurde deutlich, dass Kontrollen der Projektschnelligkeit in Softwareentwicklungsprojekten zweistufig verlaufen. Die erste Stufe besteht aus der *Kontrolle des Projektfortschritts*, der anhand der pro Zeiteinheit fertig gestellten Arbeitspakete festgestellt wird. Die Projektfortschrittskontrolle sollte nach Ansicht der Interviewten so engmaschig erfolgen, dass alle Beteiligten den „Zeitplan vor Augen haben" und Verzögerungen frühzeitig erkannt und korrigierende Maßnahmen rechtzeitig eingeleitet werden.[87] Die Prüfung der äußeren Qualität der entwickelten Software ist hingegen aufwändiger und stellt

---

[86] „Die Herausforderung bestand entweder darin, dass auch trotzdem noch etwas gearbeitet werden konnte, weil wenn alle miteinander reden, passiert gar nichts. Ist wie bei den Indianern. Und das heißt also, die Aufgaben müssen ziemlich schnell runtergebündelt werden auf die Mitarbeiter und in konkrete Aufgaben umgesetzt werden, so dass dann auch Software entwickelt werden kann. [...] (1114/2111/3123/3213; 2; m; 22).

[87] „Und den Zeitplan muss er immer vor Augen haben [...]" (1121; 2; g; 5).

die – zeitlich weitgehend nachgelagerte – zweite Stufe der Schnelligkeitskontrolle dar. Die äußere Qualität der Software bestimmt sich danach, ob die Software auf Eingaben von Daten und Kommandos wie gewünscht reagiert. Dies wird in *Tests* überprüft, in denen die Software mit Eingaben ausgeführt wird (vgl. Balzert, 1998, S. 281). Üblicherweise führen Entwickler zunächst kleine unaufwändige Tests ihrer Komponenten durch. Wenn diese „bestanden" sind, stellen sie ihr Softwaremodul in die Gesamtsoftware ein. Im Zuge so genannter Integrationstests wird dann nach Unverträglichkeiten zwischen den Teilmodulen gesucht. Im abschließenden Systemtest wird die Software sowohl anhand realitätsnaher Testfälle als auch mit Hilfe extremer Eingaben und Eingabekombinationen auf ihre Fehlerfreiheit, Reaktions- und Verarbeitungsgeschwindigkeit und Benutzerfreundlichkeit getestet.[88] Nachstehend werden zunächst die Projektfortschrittskontrolle und anschließend Softwaretests erörtert.

Nach Ansicht der Praktiker sollte die *Projektfortschrittskontrolle* wie folgt ausgestaltet werden, damit sie ihren Führungszweck erfüllt:

- Schon um die Führenden zu entlasten, sollten die Geführten ihren Arbeitsfortschritt bei den ihnen zugewiesenen Aufgaben selbst kontrollieren.[89] Dazu ist erforderlich, dass die Geführten ihre Aufgaben in kleinere Arbeitspakete aufteilen, die eine frühzeitige Fortschrittskontrolle ermöglichen, was sich bei dem Standardsoftwareentwickler darin niederschlug, dass die Entwickler ihre Arbeit in dort so genannten „Mikromeilensteine" einteilten und die eigene Arbeitsplanung mit Hilfe von Excel-Tabellen dokumentierten.

- In regelmäßigen Abständen, z. B. wöchentlich oder zweiwöchentlich, sollten Führende die Aufgabenerledigung der einzelnen Mitarbeiter abfragen und für eine Kontrolle des Fortschritts des Gesamtprojekts zusammenfassen.[90] Zu diesem Zweck bieten sich

---

[88] Diese zusammenfassende Darstellung stützt sich auf zahlreiche Interviewpassagen, in denen die Testprozesse in den untersuchten Organisationen beschrieben wurden und deckt sich mit Darstellungen in der Literatur (z. B. Balzert, 1998, S. 391 ff.; Frühauf et al., 2002, S. 17).

[89] „Wenn sie [von den Entwicklern selbst gesetzte Zwischentermine, MML] nicht erreicht werden, ist jeder selber bemüßigt, intern eine kleine Planung zu machen und zu sagen: ‚Entweder ich hänge hier massiv an einem Thema fest..., wenn ich massiv fest hänge, dann muss ich versuchen, das selber zu lösen. Wenn nicht, dann muss ich mir jemanden holen, der mir helfen kann.'" (1121/7120; 1; m; 12).

[90] „[...] das ist momentan so, dass man einmal in der Woche eine Statusbesprechung macht intern in der Entwicklungsgruppe mit unserem Teilprojektleiter. Und der fragt dann ab: ‚Du hattest für das und das Thema von Januar bis Ende Februar Zeit. Wie weit bist Du jetzt?' Ist er erst bei zwanzig Prozent, dann ist er klar im Rückstand." (1121; 1; g; 14).

regelmäßige Arbeitssitzungen („Statusrunden") an, bei denen auch noch weitere Informationen ausgetauscht werden können.

- Um bei Verzögerungen zu signalisieren, dass die Mitarbeiter keineswegs langsamer, sondern eher schneller als geplant arbeiten sollen, können Führende auf verschiedene Weisen „Druck machen":
  - Sie fragen auch zwischen den Statusrunden im Einzelgespräch den Arbeitsfortschritt einzelner Mitarbeiter ab.[91]
  - Sie dokumentieren die Produktivität der Geführten, indem sie z. B. „lines of code" pro Person erheben oder Fehlerstatistiken führen.[92]
  - Sie sanktionieren Terminverzüge, z. B. indem sie Erklärungen einfordern, rügen, Prämien verweigern oder sogar Mitarbeiter austauschen.[93]

An *Softwaretests* stellen die Interviewten Anforderungen, die sich aus der Schwierigkeit ableiten, die Schwere und das Korrekturerfordernis eines Softwarefehlers objektiv einzuschätzen. Fehler unterscheiden sich danach, wie stark sie die Funktionsfähigkeit einer Software beeinträchtigen. Die Spanne reicht von kleinen Schönheitsfehlern bis zu Systemabstürzen (Cusumano/ Selby, 1995, S. 352). Hinzu kommt, dass Software von nennenswerter Größe nie fehlerfrei ist[94] und die Korrektur von Fehlern zu neuen Fehlern führen kann[95]. Für einen effizienten Umgang mit den Projektressourcen kommt es mithin entscheidend darauf an, festzustellen, ob und wann ein gefundener Fehler auszubessern ist. Die dazu erforderliche Risikoabwägung lässt sich mit Hilfe von Qualitätskriterien systematisieren. In der Literatur des Softwareengineering werden dazu so genannte Softwaremetriken diskutiert, die aber – wenn überhaupt – nur in recht rudimentären Ausführungen in der Praxis verwendet werden (Balzert, 1998, S. 231 ff.; 284 f., vgl. auch Cusumano/ Selby, S. 348 ff., insb. S. 353 f.)

---

[91] „Dass die Druck auf mich machen? Na ja, die sprechen Status rum. ‚Wie weit sind Sie?' Das ist die typische Frage." (1122; 1; g; 17).

[92] „Er hat irgendwie versucht, den Fortschritt der Entwickler, die Leistung der Entwickler messbar zu machen, indem er ‚lines of code' gezählt hat usw., oder auch da Vorgaben gemacht hat, glaube ich. Also, ‚Bis da und dahin müsst ihr so und so viele ‚lines of code' erledigt haben!' (1122; 2; m; 16).

[93] „Nichts desto trotz hatte man mir angeboten, einen Austausch vorzunehmen. Und ich habe gesagt, ich würde es lieber wieder mit der gleichen Mitarbeiterin machen [...]." (1122; 1; m; 12).

[94] „Das ist also ein Grundsatz der Informatik: Jedes Programm hat mindestens einen Fehler. Und wenn alle Fehler raus sind, ist das Programm veraltet." (1123; 1; g; 17).

[95] „Und dass man durch diese Fehlerbehebung sehr viele neue Fehler bekommen kann." (1123; 1; g; 4).

In der beobachteten Praxis ist die Bewertung eines Fehlers das Ergebnis einer Einigung zwischen Tester, Entwickler, Projektleitung und ggf. dem Auftraggeber.[96] Dies ist unproblematisch, wenn der Fehler von allen Seiten ähnlich beurteilt wird. In manchen Fällen jedoch unterscheiden sich die Einschätzungen und die beteiligten Seiten müssen ihre Ansichten verhandeln. Die resultierende Fehlerbewertung ist dann nicht nur Ergebnis einer technischen Einschätzung, sondern reflektiert auch die Machtverhältnisse zwischen den verhandelnden Seiten.[97]

Auf der Grundlage der Interviews sollen an dieser Stelle Prinzipien „guter" Softwaretests formuliert werden (analog zu Balzert, 1998, S. 284ff.). Die Beachtung dieser Prinzipien trägt nach Ansicht der Interviewten dazu bei, dass Fehlermeldungen ein zutreffendes Bild von der äußeren Qualität der Software zeichnen, dass sie von den Entwicklern als Kontrollergebnisse akzeptiert werden und dass die gegebenenfalls erforderlichen Verhandlungen zwischen Testern und Entwicklern reibungslos verlaufen:

- Prinzip unabhängiger Softwaretests: Tests für die Software X sollten nicht von dem(n) Entwickler(n) der Software X durchgeführt werden. Idealerweise sind die Tester weder der Projektleitung noch den unmittelbaren Vorgesetzten der Projektleitungen unterstellt, sondern sind in einer eigenen Organisationseinheit zusammengefasst.[98]

- Prinzip der Fehlerdokumentation: Ohne eine nachvollziehbare und für alle Beteiligten einsehbare Dokumentation aller gefundenen Fehler in einer Datenbank besteht die Gefahr, dass Fehler wieder vergessen werden. Außerdem spielt eine solche Fehlersammlung eine wichtige Rolle für die Aufgaben- und Terminplanung des Softwareprojekts. Sie ist Grundlage für Planung und Fortschrittskontrolle der Wartung von Software, die

---

[96] „Wir [Entwickler und Teilprojektleitung, MML] haben uns geeinigt mit dem Systemtest und dem [internen Auftraggeber, MML] auf die Prioritätenliste der Fehler, die drin sind. Wir haben die noch mal stärker priorisiert. Wir mussten uns beschränken auf die ganz groben Hunde." (1123; 1; m; 2).

[97] „Der Systemtest hat immer das letzte Okay, ob es frei gegeben wird oder nicht, denn er muss gerade stehen dafür. Aber sich gewalttätig quer stellen und sagen, ‚Das gibt es gar nicht!', das kann er nicht." (1123; 1; m; 2)

[98] „Eigentlich finde ich es ganz gut, dass die [Tester, MML] unabhängig sind, so sind sie auch vom Chef her unabhängig. Sonst würde ja der Projektleiter vielleicht das eher mal nach seinen Wünschen.... Deshalb finde ich es als unabhängige Sache schon besser. Für uns [Entwickler, MML] sind die [Tester, MML] ja wie Kunden." (1123/2132; 1; g; 4).

immerhin – wie bereits ausgeführt – bis zu 50 % der gesamten Entwicklungszeit verzehren kann.[99]

- Prinzip der sachlichen Kommunikation: Tester sollten ihr Feedback so formulieren, dass Entwickler es nicht als anmaßend empfinden und dadurch die Kommunikation zwischen beiden Seiten nicht gestört wird.[100]

- Prinzip der revidierbaren Fehlerinterpretation: Fehler sind interpretationsbedürftig.[101] Entwickler, Projektleitung, Tester und gegebenenfalls auch der Auftraggeber können bei der Bewertung ein und desselben Softwarefehlers zu unterschiedlichen Einschätzungen gelangen. Im Falle unterschiedlicher Einschätzungen sollte gewährleistet werden, dass der betroffene Entwickler oder seine Projektleitung Stellung nehmen können, um eine andere Bewertung des Fehlers, im Sinne eines Kompromisses, zu erreichen.[102]

Pläne, Kontrollen und Softwaretests genügen nicht, um Schnelligkeit einzufordern. Vielmehr sollten Führende nach Ansicht der Interviewten die objektive Relevanz des Schnelligkeitsziels auch *im täglichen Umgang mit den Geführten* immer wieder deutlich machen. Die Interviewten beschrieben folgende Handlungen, mit denen Führende den Geführten die Dringlichkeit schneller Ergebnisse vor Augen führen:

- Führende verbinden auch kleinere Arbeitsaufträge an die Geführten mit Terminvorgaben, indem sie Letztere setzen oder mit den Geführten vereinbaren.[103]

- Sie erläutern, warum die Einhaltung bestimmter Termine und ein hohes Tempo wichtig sind.[104]

---

[99] „Nee, wir haben ja so ein Fehlerreport-Tool [Name], und über dieses kam die Fehlermeldung rein." (1123; 1; m; 19)

[100] „Ganz zu Anfang war das eigentlich noch ganz gut zu ertragen. So schlimm ist es erst geworden, als [...] – ich sag mal – unqualifizierte Sachen gekommen sind." (1123; 1; g; 14).

[101] „Man muss aber auch entsprechend interpretieren. Mit Automatismus schmeißt der [automatisierte Test, MML] alles raus, was irgendwie anrüchig aussieht, was vielleicht auch so gewollt ist." (1123; 1; m; 2).

[102] „Positiv an dem Prozess [der vorsieht, dass über strittige Fehlerinterpretationen in einem Projektgremium entschieden wird, MML] ist erst mal, dass halt alle beteiligt sind und alle was zu sagen haben. Projektleiter, Entwickler, Systemtest und eventuell noch Partner, die davon betroffen sind [...]. Dadurch, dass sie beteiligt sind, ist es gut." *„Wichtig ist also die Einbindung aller Betroffenen, meinen Sie?"* „Auf jeden Fall." (1123; 1; m; 19).

[103] „Na ja, wie läuft so ein Entwicklungsprozess? Es gibt eine Anforderung, die an einen Entwickler gestellt wird, er soll irgendwas bis dann und dann tun." (1130; 2; m; 16).

- Sie erinnern die Geführten frühzeitig an einzuhaltende Termine.[105]
- Sie kommunizieren effizient, d. h. zielorientiert und zügig. Insbesondere bei Arbeitssitzungen können sie durch ein zeitsparendes Sitzungsmanagement die Knappheit der Ressource Zeit deutlich machen.[106]

Zusammenfassend ist festzuhalten, dass Führende in Softwareentwicklungsprojekten Schnelligkeit einfordern, indem sie entsprechend planen, kontrollieren und den Vorgaben im täglichen Umgang mit den Geführten Nachdruck verleihen.

2.3.1.1.2 Nachhaltigkeit fordern und fördern

Nachhaltigkeit einzufordern bedeutet – ähnlich wie beim Schnelligkeitsziel – Nachhaltigkeit einzuplanen, ihre Umsetzung zu kontrollieren und ihr im täglichen Tun Nachdruck zu verleihen. *In den Analyse- und Planungsphasen eines Softwareentwicklungsprojekts* sollten Führende – für alle Mitarbeiter sichtbar – knappe Ressourcen, d. h. vor allem Zeit, in die Erreichung des Nachhaltigkeitsziels investieren. Dadurch können sie glaubwürdig und nachdrücklich vermitteln, dass Nachhaltigkeit im Projekt einen hohen Stellenwert genießen soll. Das tun sie, indem sie

- weniger ehrgeizige Schnelligkeitsvorgaben machen, d. h. Termine vereinbaren, die den Geführten mehr Zeit zur Erledigung ihrer Aufgaben einräumen,[107]
- Arbeitspakete, Projektphasen oder sogar ganze Projekte definieren, in denen es nur darum geht, die innere Qualität einer bestehenden Software zu verbessern[108] oder

---

[104] „Und dann hat Herr [Name des Projektleiters] uns erklärt, warum überhaupt Krise. Was genau die Sache ist." (1130; 1; g; 3).

[105] „Wenn man irgendwo mit der Arbeit beschäftigt ist, achtet man selber nicht so auf die Zeit. Dass er [der Projektleiter, MML] dann irgendwo regelmäßig in Abständen oder, wenn es Zeit wird, mal wieder etwas abzuliefern, um einen Release zu bauen, rechtzeitig vorher dann schon mal sagt: 'Also Leute, dann und dann, vergesst das nicht!'" (1130; 2; g; 5).

[106] „Was wir daraus gelernt haben, ist, dass man diese Meetings wirklich nach ganz bestimmten Vorgaben durchgegangen sind, also: Was ist der Stand? Was ist der Inhalt gewesen? Was ist die Maßnahme? Und dann ein kurzes, knackiges Protokoll. Also, nicht viel Palaver." (1130; 2; m; 22).

[107] „Dann denke ich, können wir das einrichten, dass die dann aus der Entwicklung etwas entspannter mit etwas gestreckten Ziele..., dass sie sich wieder erholen können. Auch dass sie dann mal einen größeren Urlaub machen." (1212; 1; f; 1).

[108] „Um so eine Struktur mal rein zu bringen, muss man schlimmstenfalls ein Release aussetzen. Da muss man den Aufwand rein bringen, nicht sagen unten: ,Ihr spart da hinten dran.' Das ist nicht innerhalb der kurzen

- sonstige Ressourcen bereitstellen, z. B. Kaffeeecken oder andere Orte einrichten, in die sich Mitarbeiter zurückziehen können, um ungestört diskutieren zu können.[109]

Darüber hinaus können zahlreiche Komponenten der Nachhaltigkeit explizit in die Ablauf- und Terminplanung des Projekts eingestellt werden. Formal sähe das wie folgt aus:

$$\text{Nachhaltigkeit}_{Soll} = \frac{\textit{Beiträge zur inneren Qualität}_{Soll} + \textit{innovative Initiative}_{nSoll}}{\textit{Zeit}_{Soll}}$$

Angesichts der Schwierigkeit, Beiträge zur inneren Qualität der Software und innovative Initiativen zu messen, waren die Interviewten der Meinung, dass hilfsweise die *Aktivitäten*, die mit einer gewissen Wahrscheinlichkeit eine höhere innere Qualität der Software und innovative Initiativen nach sich ziehen, eingeplant werden sollten. Einige Aktivitäten, die zur Nachhaltigkeit beitragen, lassen sich als Arbeitspakete in die Termin- und Ablaufplanung eines Projekts einstellen und dementsprechend leicht kontrollieren. Von den weiter oben unter 2.2.1 („Schnelles vs. nachhaltiges Mitarbeiterhandeln") benannten Aktivitäten sind es die folgenden:

- Sauberes und aufwändiges Strukturieren der Gesamtaufgabe, indem hinreichend viel Zeit in die Formulierung informativer und übersichtlicher Lastenhefte und Pflichtenhefte, in das Design der Software, in die Aufwandsschätzungen und Planung des Projektablaufs und der Projekttermine investiert wird,[110]
- Intensives Analysieren und Testen neu entwickelter Programmmodule durch die Entwickler, bevor sie diese in einen offiziellen Ausgabestand der Gesamtsoftware einspielen. Beispiele sind das Durchführen von Code Reviews oder eigener Testfälle,[111]
- Ausführliches Dokumentieren der Planungs- und Programmierarbeit,[112]

Release-Zeiten machbar. Einmal eine lange Pause, Ruhe zum Struktur rein bringen, und dann hat man vielleicht den Effekt, dass man spart." (1212; 1; m; 2).

[109] „Z. B. ist auf meinem Mist gewachsen, dass dort vorn die Espresso-Maschine steht. Da habe ich lange mit Herrn [..., dem Personalleiter, MML] rumstreiten müssen." (1210; 1; m; 12).

[110] „Wenn eine neue Version geplant wird, sollte die lange genug sein. Dann sollte das Verhältnis Funktionalitäten und Meilensteine idealerweise so sein, dass man das Gefühl hat, es sich am Anfang erlauben zu können, Zeit zu investieren" (1212/3122; 1; m; 2).

[111] „Und da ist mein Vorsatz für die nächste Version, ich werde keine Entschuldigungen mehr akzeptieren zum Thema Code Reviews. Die müssen eingeplant sein. Ich werde mich selbst dafür einsetzen, um zu prüfen, ob die auch vom Geiste her durchgeführt werden." (1212; 1; f; 1).

- Programmcode „aufräumen", d. h. übersichtlicher und wartbarer zu gestalten,[113]
- Fortbildung „off the job",[114]
- Urlaub.[115]

Die anderen Aktivitäten, die dem Nachhaltigkeitsziel dienen, entziehen sich einer Strukturierung in Arbeitspakete, da sie nicht zu diskreten Arbeitsergebnissen führen, sondern fortlaufend ausgeführt werden sollten. Ein Teil dieser fortlaufenden Aktivitäten lässt sich immerhin allgemein verbindlich als Standard, nämlich als Implementierungs- und Kennzeichnungsrichtlinien und Überstundenregelungen vorgeben. Implementierungs- und Kennzeichnungsrichtlinien sind ab einer bestimmten Projektgröße erforderlich, damit die Software einheitlich entwickelt wird, die Arbeit des einen Entwicklers für andere Entwickler nachvollziehbar ist und Änderungen, die arbeitsteilig am Gesamtsystem vorgenommen werden, nachverfolgbar und fehlerfrei erfolgen. Hierzu gehören in erster Linie Vorgaben

- zur Verwendung bestimmter Programmiertechniken[116],
- zur Dokumentation der eigenen Arbeit[117] und
- zum Konfigurationsmanagement (Vorgaben zur Kennzeichnung von Softwaremodulen und zum Vorgehen beim Einspielen derselben in das Gesamtsystem).[118]

---

[112] „Es müsste mehr Zeit sein für eine saubere Doku [...]" (1212; 1; m; 2).

[113] „Um so eine Struktur mal rein zu bringen, muss man schlimmstenfalls ein Release aussetzen, Da muss man den Aufwand rein bringen, nicht sagen unten: ‚Ihr spart da hinten dran.'" (1212; 1; m; 2).

[114] *„Also die Zeit, die man da spart, die lohnt sich schon?"* „Ja, sicher. Fachliche Weiterbildung, solche Sachen." (1212; 1; g, 17).

[115] „O.K., er hat das schon gewusst, dass ich dann einen Monat Urlaub mache. Und das war auch schon sozusagen in der Planung drin." (1212; 1; g; 4).

[116] „Die fehlende Architektenrolle hat letztendlich dazu geführt, dass verschiedenen Entwickler verschiedene Komponenten völlig unabhängig voneinander entwickelt haben und auch selbst strukturiert haben. [...]. Also, ich muss sagen, das ist eine wichtige Sache, dass einerseits ein Architekt dort ist; zum anderen müssen entsprechende Richtlinien existieren bezüglich der Entwicklung. Und die müssen auch eingehalten werden." (1213/ 2122; 2; m; 6).

[117] „Gleichzeitig war es so, dass wir versucht haben, in dem Projekt eine entsprechend strukturierte Vorgehensweise für die Softwareentwicklung mit einer entsprechenden Dokumentation nach dem V-Modell zu etablieren." (1213/ 2122; 2; m; 6).

[118] „Ja, mir fällt noch was ein zur Entwicklereinstellung. Und zwar jetzt gerade, wo ich Konfigurationsmanagement mache. [...] Also so irgendwelche formalistische Arbeiten, die aber notwendig sind, um eine reproduzierbare Software zu machen. [...], um den Generierprozess nachvollziehbar zu machen. Da weiß man genau, das mit diesen Quellen generiert worden ist." (1213/ 2122; 1; g; 4).

Sie sollten – ebenso wie eine Überstundenregelung – projektweit bekannt gegeben werden, und Verstöße dagegen sollten – angemessen, fair und nicht übertrieben streng – sanktioniert werden.[119]

Weitere Aktivitäten können Führende und Geführte - zum Beispiel im Zuge regelmäßiger Personalgespräche – vereinbaren. Die Aktivitäten dieser Gruppe sind das

- Ausprobieren neuer technischer Lösungen und
- Fortbildungen „on the job".

Möglich wäre etwa zu vereinbaren, dass die Geführten die Ergebnisse ihres Tuns sammeln und in Kurzpräsentationen vor dem Team oder bei Vorgesetzten vortragen.[120] Auch könnten die Anzahl der besuchten oder intern durchgeführten Schulungen, die Anzahl gemachter Verbesserungsvorschläge und Patente gezählt und honoriert werden. Für die Vereinbarung innovative Initiativen könnten zu erreichende Indikatoren herangezogen werden, z. B. die Anzahl gemachter Patentvorschläge, Anzahl sonstiger Verbesserungsvorschläge, Anzahl interner Schulungen oder dergleichen mehr (Schmelzer, 2000, S. 334).

Die verbleibenden Aktivitäten,

- Ausführliches Diskutieren technischer Lösungen in Hinblick auf ihre Vor- und Nachteile,
- Das Umsetzen technisch anspruchsvoller oder ästhetisch ansprechender Lösungen, die einem Perfektionsideal nahe kommen und
- „Freies", d. h. ohne unmittelbaren Bezug zu den Projektzielen, „Spielen" mit Hardware, Internet und Software,

lassen sich schwerlich im Sinne einer Soll-Ist-Abweichungsanalyse kontrollieren. Führende können dazu nur – aber auch immerhin – ermuntern und es selbst vorleben.

---

[119] „Das heißt schon, den Mitarbeiter konkret - in der Regel unter vier Augen, unter Umständen auch im Team - auf seine Defizite offen hinzuweisen." (1213/ 2122; 2; f; 8).

[120] Ein Teilergebnis der Organisationsentwicklung beim Standardsoftwareentwickler bestand darin, Personal- und Projektleiter sowie Programmdirektoren dazu zu verpflichten, „mehr Gelegenheiten für Fachgespräche [zu] bieten, die über die Tagesarbeit hinaus gehen. Z. B. könnten regelmäßige Runden organisiert werden, auf denen Mitarbeiter in recht informeller Atmosphäre Fortschritte und ‚Baustellen' ihrer Arbeit präsentieren und mit den Führungskräften, insbesondere [Abkürzung für Projektleiter] und [Abkürzung für Programmdirektoren], diskutieren. Außerdem sollen sie ihre Mitarbeiter auffordern, sie anzusprechen oder eine Email zu schicken, wenn die Mitarbeiter meinen, ein Fortschritt oder eine Baustelle sei es wert, diskutiert zu werden." (1214; Zitat aus dem Abschlussbericht).

In den Ausführungsphasen eines Softwareentwicklungsprojekts kommt es darauf an sicherzustellen, dass die geplanten Aktivitäten zur Steigerung der Nachhaltigkeit auch tatsächlich ausgeführt werden und den Mitarbeitern dementsprechend Feedback gegeben wird. Die größte Barriere, die dem entgegensteht, ist Zeitdruck oder – mit anderen Worten – der Zielkonflikt zwischen Schnelligkeit und Nachhaltigkeit (vgl. III 2.3.1.1). Wenn Change Requests bearbeitet werden müssen, wenn es zu Verzögerungen kommt oder wenn die Mutterorganisation Ressourcen, insbesondere Mitarbeiterstellen, streicht, stehen solche Arbeitspakete, die „nur" der inneren Qualität der Software dienen, ganz oben auf der Streichliste.[121] Die anderen, nicht einplanbaren Aktivitäten sind erst recht in Gefahr, Opfer des hektischen Alltagsgeschäfts zu werden.[122] Es erfordert Führungskunst und Durchsetzungskraft, die für ein nachhaltiges Arbeiten erforderlichen zeitlichen Freiräume zu erhalten. Darauf wird im Abschnitt „Entlasten" (III 2.3.3.2) näher einzugehen sein.

Wenn die notwendigen zeitlichen Freiräume bestehen, sollten sie von den Mitarbeitern auch genutzt werden. Damit die Geführten Nachhaltigkeit im Tagesgeschäft nicht aus den Augen verlieren, sollte ihre Erreichung nach Auffassung der Interviewten kontrolliert und für die entsprechenden Rückmeldungen an die Mitarbeiter gesorgt werden. Formal sähe die Kontrollgröße für Nachhaltigkeit wie folgt aus:

$$\text{Nachhaltigkeit}_{Ist} = \frac{\dfrac{\textit{Beiträge zur inneren Qualität}_{Ist} + \textit{innovative Initiativen}_{Ist}}{\textit{Zeit}_{Ist}}}{\dfrac{\textit{Beiträge zur inneren Qualität}_{Soll} + \textit{innovative Initiativen}_{Soll}}{\textit{Zeit}_{Soll}}}$$

Die in der Termin- und Ablaufplanung eingestellten Aktivitäten können im Rahmen der Projektfortschrittskontrolle, die im vorangegangenen Abschnitt III 2.3.1.1.1 beschrieben wurde, berücksichtigt werden. Die Einhaltung von Implementierungs- und Kennzeichnungsrichtlinien wird typischerweise von so genannten Qualitätsbeauftragten überwacht.[123] Allerdings halten es die Interviewten für problematisch, dass Qualitätsbeauftragte keine Entscheidungs-

---

[121] „Ich habe mein Geld schon gehabt, quasi, und das ist dann für Funktionen bei anderen Projekten weggegangen. Eigentlich eine Q- [Qualität steigernde, MML] Maßnahmen, eine Q-Reserve wurde [...] für Funktionserweiterungen bei anderen Projekten eingesetzt." (1221/2332/6300; 1; f; 10).

[122] „ [...] eine gewisse Einbuße an Qualität, da die Dokumentation [des Quellcodes, MML] dazu wegen Zeitdruck nicht immer so schön komplett erfolgt ist, wie sie zu sein hat. Das ist eine Randerscheinung: Zeitdruck, ungenügende Dokumentation." (1221/ 6300; 1; m, 2).

[123] „Den Entwicklern solche Hilfsmittel zu geben, das wäre die vordringliche Aufgabe [für die Qualitätsbeauftragten, MML]. Sicher auch zu gucken, machen sie alles richtig, sind die Prozesswege eingehalten usw." (1222; 1, m, 2).

276

kompetenzen haben, so dass ihr negatives Feedback keine Konsequenzen nach sich zieht und dadurch wirkungslos verpufft.[124] Insofern müssen sie von Führungskräften, die Entscheidungskompetenzen haben, unterstützt werden. Einzelvereinbarungen sollten ebenfalls nachgehalten werden, da sie sonst im Alltaggeschäft unbemerkt „untergehen". [125]

Auch *im täglichen Umgang mit den Geführten* können Führende versuchen, bei den Geführten die Bedeutung des Nachhaltigkeitsziels zu verankern. Dazu gehört, dass sie

- zulassen, dass Mitarbeiter Dinge tun, die nicht unmittelbar mit ihren Aufgaben im Projekt zu tun haben,[126]

- Mitarbeiter explizit auffordern, Qualität steigernde und/oder innovative Lösungen umzusetzen[127] und

- es selbst vorzuleben (siehe oben).

Insgesamt betrachtet stellt sich das Problem der oftmals unzureichenden Nachhaltigkeit von Softwareentwicklungsprojekten auf Basis der Daten recht simpel dar: Wenn die Entscheidungsträger Nachhaltigkeit für den Projekterfolg für relevant halten, dann müssen sie die für die entsprechenden Aktivitäten erforderliche Zeit vorsehen und dafür Sorge tragen, dass diese Aktivitäten im Tagesgeschäft nicht untergehen, sondern ihre Umsetzung kontrolliert wird. Dementsprechend war der häufigste Verbesserungsvorschlag, der im Hinblick auf eine Stär-

---

[124] „Und es gibt QS-Berater, also Qualitätssicherungsberater. Das sind ganz normale Kollegen, ganz normale. Und das ist ein Problem, weil die keine Entscheidungskompetenz über Kollegen haben." (1223; 2; f; 21).

[125] „Das [Einfordern von Qualitätsstandards, MML] zwingt die Leute, wenn sie Dokumente erstellen, die in vernünftiger Qualität abzuliefern [...]. Das wird sicherlich auch bei [Organisationsname] noch viel zu wenig von der Projektleitung wahrgenommen." (1224; 1; f; 21):

[126] „Wenn ich rumlaufe und sehe, da läuft der Internet Explorer und da ist was zu sehen, was überhaupt nichts mit unserer Arbeit zu tun hat, dann stört mich das nicht. Wenn ich merke, da ist ein Ansatz dazu da, was nichts mit unserer Arbeit zu tun hat. Dann unterstütze ich das, wenn das irgendwie geht, trotzdem." (1230/ 7200; 1; m; 12).

[127] Ein Ergebnis der Organisationsentwicklung beim Standardsoftwareentwickler war ein als dokumentierte und organisationsweit kommunizierte „Regel" überprüfbar gemachtes Versprechen der Führungskräfte, bei den Geführten innovative Problemlösungen einzufordern. Zitat aus dem Abschlussbericht: „Die Führungskräfte sollen mehr Gelegenheiten für Fachgespräche bieten, die über die Tagesarbeit hinaus gehen. Z. B. könnten regelmäßige Runden organisiert werden, auf denen Mitarbeiter in recht informeller Atmosphäre Fortschritte und "Baustellen" ihrer Arbeit präsentieren und mit den Führungskräften, insbesondere [Projektleiter] und [Programmdirektoren], diskutieren. (1230, -)

kung der Nachhaltigkeit der Softwareentwicklung geäußert wurde, die entsprechenden Aktivitäten in der Projektplanung zu berücksichtigen.[128]

2.3.1.1.3 Vergleich und Diskussion

Ordnet man zum Zweck des Vergleichs die aus der Literatur explorierten Handlungsempfehlungen zu „Planung und Kontrolle" (siehe II 4.2.1) den aus den Praktikeraussagen ermittelten Unterscheidungen zwischen „Führungsentscheidungen in den Analyse- und Planungsphasen", „Führungsentscheidungen in den Ausführungsphasen" und „Umgang mit den Geführten" und kontrastiert diese mit den entsprechenden Handlungsempfehlungen der Praktiker zur Führungsaufgabe „Schnelligkeit fordern und fördern", ergibt sich folgendes Bild:

---

[128] Ein Ergebnis der Organisationsentwicklung beim Standardsoftwareentwickler war ein als dokumentierte und organisationsweit kommunizierte „Regel" überprüfbare gemachtes Versprechen der Programmdirektoren, in Zukunft mehr so genannte „Konsolidierungsaufgaben", die der inneren Qualität der Software dienen, in der Projektplanung vorzusehen. Zitat aus dem Abschlussbericht: „Konsolidierungsaufgaben sind genauso wichtig für die Zukunftssicherung der Produkte wie neue Funktionen. Die [im Rahmen des Organisationsentwicklungsprojekts erarbeitete, MML] Regel soll zu mehr Zeit und Mittel für Konsolidierungsaufgaben, z. B. Komponentisierung, Redesign und Aufräumarbeiten im Code, führen. Konsolidierungsaufgaben sollen bereits im Projektbudget berücksichtigt werden. [...] Konsolidierungsaufgaben sollen im Geschäftsjahresbudget der Projektfamilien und entsprechend im Projektbudget [...] ausgewiesen werden." (1212; -).

Führungs-aktivitäten	Schnelligkeit fordern und fördern	
	Handlungsempfehlungen aus der Literatur	*Handlungsempfehlungen der Praktiker*
Entscheidungen in den Analyse- und Planungs-phasen des Projekts	Planung mit Hilfe von Projektplanungs-instrumenten und -dokumenten	Anzahl und Umfang der Arbeitspakete, äußere Qualität der Software und zur Verfügung stehende Zeit festlegen
	Kommunikation der Planungs- und Kontrollinformationen • Intensive Partizipation im Planungsprozess und bei Planänderungen • Bereitschaft, langwierige Entscheidungsprozesse zu beenden	Planungsprozess wie folgt gestalten: • Partizipativ, d. h. Aufwandsschätzungen der Mitarbeiter in der Projektplanung berücksichtigen • Kommunikationsintensiv • Dokumentiert • Balanciert zwischen Partizipation und Kommunikation einerseits und zügiger Planung andererseits
Entscheidungen in den Ausführungsphasen des Projekts	Strukturierung der teaminternen Kommunikation durch a) klare Beschreibung von Interdependenzen zwischen Mitarbeitern, b) Sitzungen - insbesondere Statusbesprechungen - und c) eine elektronische Projektakte	Projektfortschritt kontrollieren und dabei: • Eigenkontrolle der Mitarbeiter fördern und fordern • Einzelergebnisse regelmäßig aggregieren, z. B. in „Statusrunden"
	Output- (Tests und Begutachtung) und Inputkontrollen (Umfang, Termine, Kosten)	Software testen lassen: • Unabhängige Tester • Dokumentierte Ergebnisse • Sachliche Kommunikation • Revidierbare Fehlerinterpretation Ggf. „Druck machen": • Individuelle Statusabfragen • Produktivitätskontrollen • Sanktionen bei Verzügen
(Täglicher) Umgang mit den Geführten	Viel spontane Kommunikation mit den Geführten	Schnelligkeitsvorgaben Nachdruck verleihen: • Auch kleinere Aufträge an Termine binden • Gründe für (enge) Terminsetzung erläutern • Frühzeitig an Termine erinnern • Effizientes Kommunizieren, insbesondere Sitzungsmanagement, vorleben

Tab. 17: Gegenüberstellung der Handlungsempfehlungen der Literatur und der Praktiker zur Führungsaufgabe „Schnelligkeit fordern und fördern"

Deutlich wird, wie ähnlich die Handlungsempfehlungen sind. Die meisten Unterschiede sind sprachlicher, nicht inhaltlicher Art. Einige der Handlungsempfehlungen der Praktiker lassen sich darüber hinaus als Konkretiersierungen der Handlungsempfehlungen aus der Literatur lesen. Insbesondere gilt dies für die Empfehlungen zum täglichen Umgang mit den Geführten. Ergänzend zu der Empfehlung aus der Literatur, Raum für spontane Kommunikation zwischen den Geführten und den Führenden zu geben, führen die Praktiker aus, dass die Führenden in dieser Kommunikation immer wieder Schnelligkeitsvorgaben Nachdruck verleihen sollten, wenn dies erforderlich ist.

Bedeutsamer ist der Ertrag des methodischen Dialogs im Hinblick auf die Führungsaktivitäten zur Einforderung des Nachhaltigkeitsziels. Hierzu wurden bei der Literaturanalyse keine Empfehlungen gefunden. Das ist nicht erstaunlich, da auch das Nachhaltigkeitsziel in der Literatur bislang nicht explizit diskutiert wird.[129] Durch die Benennung der Führungsaufgabe „Nachhaltigkeit fordern und fördern" und der dazugehörenden Führungsaktivitäten gelingt es an dieser Stelle, einen zentralen Anspruch zielorientierter Führungsforschung einzulösen, nämlich je nach verfolgtem Ziel nicht nur unterschiedliche Soll-Geführtenverhaltensweisen zu identifizieren, sondern vor allem unterschiedliche Führungsverhaltensweisen zu empfehlen. Wenn Führende in Softwareentwicklungsprojekten dem Nachhaltigkeitsziel Nachdruck verleihen wollen, sollten Sie *andere* Führungsaktivitäten zeigen, als wenn sie das Schnelligkeitsziel betonen wollen. Welche Führungsaktivitäten dies sind, ist hier erstmalig systematisch erhoben und dokumentiert worden.

2.3.1.2 Projektkultur bzw. -klima verändern

Neben den von den Führenden gesetzten und eingeforderten Zielen beeinflusst auch die Projektkultur, inwieweit und mit welchen Gewichten die beiden Hauptziele der Softwareentwicklung in den Köpfen der Mitarbeiter verankert sind. Die Gesprächspartner stellten fest, dass eine Projektkultur die Mitarbeiter bei ihren Einschätzungen darüber, was relevant ist und was nicht, auch in eine *falsche* Richtung lenken kann. Zum Beispiel beschwerten sich einige Gesprächspartner beim Individualsoftwareentwickler darüber, dass zahlreiche Kollegen und Mitarbeiter kein hinreichendes Qualitätsbewusstsein aufwiesen. Bestimmte qualitätssichernde Regeln der Softwaretechnik würden von ihnen für irrelevant gehalten und nicht beachtet werden. Nach Einschätzung der Gesprächspartner waren diese Regeln aber sehr wohl relevant, weil sie im Gegensatz zum praktizierten Vorgehen zu einem geordneten und weniger risikoreichen Entwerfen und Programmieren beitrügen, und damit für die Erreichung des Nachhaltigkeitsziels wichtig wären. Als Grund für das Verhalten der Kollegen und Mitarbeiter vermu-

---

[129] Die Tatsache, dass zum Einfordern des Schnelligkeitsziels hingegen zahlreiche Handlungsempfehlungen in der Literatur zu finden sind, ist ebenfalls nicht erstaunlich. Hinter dem Schnelligkeitsziel verbirgt sich das „magische Dreieck", das von den Zeit-, Kosten- und Qualitätszielen eines Projekts aufgespannt wird und dessen Erreichen seit jeher Ziel des Projektmanagements ist.

teten die Gesprächspartner die Kultur des Unternehmens.[130] Es war aus dem Umfeld einer Universität gegründet und lange Zeit von Universitätsmitgliedern geführt worden. Diese hatten die Kultur „universitär", d. h. pragmatisch, individualistisch und (zu) wenig formalistisch geprägt.[131]

Die Leitfrage dieses Abschnitts lautet dementsprechend: Welche konkreten Handlungsmöglichkeiten haben Führende in Softwareentwicklungsprojekten, um Projektkulturen zu formen und zu verändern, die die Geführten bei der Einschätzung schnelligkeits- und nachhaltigkeitsrelevanter Risiken und Chancen angemessen leiten, und welche Grenzen müssen Führende dabei beachten? Die Antwort darauf fällt differenziert aus: Erstens, die Möglichkeiten von Führenden in Softwareentwicklungsprojekten, also von Projekt-, Programm- und Abteilungsleitern, die Kulturen der von ihnen geführten Projekte zu beeinflussen, wurden zurückhaltend beurteilt. Projektkulturen werden – zumindest im Hinblick auf die Gewichtung der Hauptziele – nach Ansicht der Praktiker in erster Linie von den Kulturen der Mutterorganisation bestimmt. Größeren Einfluss hätten die obersten Führungskräfte auf Geschäftsführungs- und Vorstandsebene der Mutterorganisationen.[132] Gleichwohl nannten sie explizit drei Mechanismen, die auch weniger einflussreiche Führende bedienen könnten und die immerhin zur Veränderung des Klimas (vgl. Ashkanasy et al., 2000; Schneider, 2000) im Projekt im Sinne einer Vorstufe der Kulturveränderung führen würden (vgl. Schein, 1992, S. 230).

Zweitens, in den Interviews wurden nur drei Mechanismen zur Kulturbeeinflussung *explizit* erwähnt. Um in den Schilderungen der Interviewten und in den gemachten Beobachtungen weitere Möglichkeiten zur Kulturbeeinflussung zu entdecken, wurden sie – ganz im Sinne des methodischen Dialogs – mit den Überlegungen von Schein (1992), die im Literaturteil dieser Arbeit dokumentiert sind (II 4.2.2), verglichen. Dadurch ließen sich weitere Handlungen erkennen, mit denen Führende in der Softwareentwicklung das Klima der von ihnen

---

[130] „Ja, an der Stelle ist es so, dass letztendlich dazu eine gemeinsame Kultur aufgebaut werden muss. Letztendlich ist es so, dass schematisierte Vorgehensweisen nicht etabliert sind, dass bei vielen Mitarbeitern das Bewusstsein dafür nicht da ist." (1301; 2; m; 6).

[131] „Okay. Woran liegt denn das?" „Ist historisch zu sehen bei [Firmenname]." „Nämlich?" „[Firmenname] kommt aus dem universitären Bereich, also die Mitarbeiter von [Firmenname], und zwar angefangen von der Spitze bis runter zur studentischen Hilfe, also jemand, den man so als Werkstudenten bezeichnen könnte, der hier seine Brötchen verdient, damit er das Studium finanzieren kann. Und das ist irgendwie ein bisschen Wildwuchs gewesen. Also, wie haben die abenteuerlichsten Sachen gemacht." (1301; 2; m; 11).

[132] „Es muss die Unterstützung auch von Seiten der Geschäftsleitung da sein, über die Bereichsleitung hinweg, eben solche Vorgehensweisen zu fordern." (1302; 2; m; 6).

geführten Organisationseinheiten prägen. In der folgenden Tabelle ist das Ergebnis der Datenanalyse und des Vergleichs zu sehen. Da sich die Mechanismen der Kulturbeeinflussung einer Unterscheidung in Entscheidungen der Analyse- und Planungsphasen und Entscheidungen der Ausführungsphasen entziehen, wird in der folgenden Tabelle nur zwischen Entscheidungen der Führenden und Umgang der Führenden mit den Geführten unterschieden.

Führungs-aktivitäten	Projektkultur bzw. –klima verändern	
	Handlungsempfehlungen aus der Literatur	*Handlungsempfehlungen der Praktiker*
Entscheidungen der Führenden	Mechanismen zur Veränderungen von Kulturen (Schein, 1992): • Gezielter Austausch von Mitarbeitern • Verwendung neuer Technologien oder Planungs- und Kontrollinstrumente Primäre Mechanismen der Kulturgestaltung (Schein, 1992) • Aufmerksamkeit schaffen durch die Entscheidung über Prioritäten in der Projektplanung • Zuteilung knapper Ressourcen • Routinemäßige Personalauswahlentscheidungen • Belohnungen und Sanktionen • Entscheidungen bei Krisen Sekundäre Mechanismen der Kulturgestaltung (Schein, 1992): • Formale Struktur und Prozesse • Gestaltung der Arbeitsräume • Offizielle Aussagen über die Philosophie und die Ziele der Organisationseinheit	Explizit genannt: • Gezielter Austausch von Mitarbeitern • Vergabe besonderer oder neuer Aufgaben an Mitarbeiter (-gruppen) • Schulungen Implizit genannt: • Aufmerksamkeit schaffen durch die Entscheidung über Prioritäten in der Projektplanung • Zuteilung knapper Ressourcen • Routinemäßige Personalauswahlentscheidungen • Belohnungen und Sanktionen • Entscheidungen bei Krisen • Verwendung neuer Technologien oder Planungs- und Kontrollinstrumente
Umgang der Führenden mit den Geführten	(Schein, 1992) • Bemerkungen, persönliche Kontrollen, Nachfragen, Themenwahl bei Gesprächen und Vorträgen und dergleichen mehr • Vorbildrolle, Anleitung von Mitarbeitern • Verhalten bei Krisen • Riten und Rituale • Geschichten und Legenden Balance zwischen starker und zurücknehmender Führung wahren (Gebert, 2002)	Implizit genannt: • Bemerkungen, persönliche Kontrollen, Nachfragen, Themenwahl bei Gesprächen und Vorträgen und dergleichen mehr • Vorbildrolle, Anleitung von Mitarbeitern • Verhalten bei Krisen

Tab. 18: **Gegenüberstellung der Handlungsempfehlungen der Literatur und der Praktiker zur Führungsaufgabe „Projektkultur bzw. -klima verändern"**

Die Interviewten nannten explizit drei Mechanismen zur Kulturbeeinflussung, die sich in Entscheidungen niederschlagen (rechte Spalte der Tabelle). Erstens, die nach Ansicht der Praktiker wirksamste Methode besteht darin, Personal, insbesondere die Träger von Schlüsselrollen, auszutauschen.[133] Zweitens, Führende können ihren Mitarbeitern oder Mitarbeitergruppen neue Aufgaben zuteilen. Sie können Gruppen bestimmte, etwa besonders innovative Aufgaben zuweisen oder einzelne Mitarbeiter mit bestimmten Arbeiten betrauen. Dadurch bekommen die Geführten die Chance, ihren Blick zu weiten und ein „Bewusstsein" für die Erfordernisse ihrer neuen Aufgaben zu entwickeln.[134] Drittens wurden Weiterbildungsmaßnahmen erwähnt, die einen ähnlichen – aber vermutlich schwächeren – Effekt wie neue Aufgaben haben. Sie sensibilisieren die Geführten für die Themen, die darin behandelt werden.[135] Vergleicht man diese Handlungsempfehlungen mit denen von Schein (1992), so wird deutlich, dass nur die erste (vgl. Schein, 1992, S. 243 ff., S. 308 f., S. 315 f., S. 323-325) nicht aber die zweite und dritte Maßnahme von Schein (1992) erörtert wurde.

Implizit nannten die Gesprächspartner weitere Führungsaktivitäten zur Kulturbeeinflussung, die in der Tabelle grob nach der Häufigkeit, mit der sie vorkommen, geordnet sind. „Implizit" bedeutet, dass die Gesprächspartner diese Führungsaktivitäten nicht selbst mit dem Konzept der Kulturgestaltung in Verbindung brachten, sondern aus ihren Schilderungen deutlich wurde, dass solche Führungshandlungen wenn nicht die Kultur, dann zumindest die Stimmung und das Klima im Projekt beeinflussten. *Durch ihre Entscheidungen* lenken Führende in Softwareentwicklungsprojekten ihre Aufmerksamkeit systematisch auf bestimmte Umstände und erklären andere Umstände für irrelevant. Dazu gehört auch, wie und mit welchen Schwerpunkten *Planungsaufgaben* abgearbeitet werden. Dadurch beeinflussen sie und

---

[133] „Und für die Kulturprobleme, die dort entstehen, wird mein Vorgehen diesmal so sein, dass ich versuche, die Technik, die hier in [Ortsname] entstanden ist, nach [Ortsname 2] zu transferieren, mit einem Mann, der mitgeht, der dann auch die Kultur versucht dort reinzubringen. Ich habe zumindestens in [Ortsname 2] jemand neu eingestellt von außen." (1310; 1; f; 1).

[134] *„Können Sie vielleicht Maßnahmen charakterisieren, die dazu beitragen sollten, diese Kluft abzubauen?"* „Einmal, das wichtigste ist: attraktive Themen dorthin zu bringen. Dann die Möglichkeit geben, neue Leute reinzuholen. Die Möglichkeit der Mitarbeit in technischen Vorarbeiten, z. B. auch Mitarbeit [in der Vorfeldentwicklung, MML], damit sich der Blick etwas weitet, damit man auch über den Zaun guckt." (1310; 1; f; 1).

[135] *„Heißt das, dass jetzt ein Entwickler, der bei so einem Seminar war, eine Fehlermeldung, die sich auf die Usability bezieht, leichter verdauen kann?"* „Also mir persönlich ist es so gegangen. Ja. [...], das Bewusstsein dafür ist gesteigert worden." (1310; 1; m; 19).

nach Ansicht der Interviewten, was die Geführten für relevant halten *sollten* und was nicht (vgl. Schein, 1992, S. 231 ff.). Zum Beispiel entschied ein Programmdirektor des Standardsoftwareentwicklers, dass seine Projektleiter in zukünftigen Projekten explizit Zeit für Code Reviews in ihren Projektplänen berücksichtigen müssten.[136] Er tat dies mit dem erklärten Ziel, Code Reviews als Selbstverständlichkeit in der Projektarbeit zu verankern.

Aus Sicht der Interviewpartner sind *Entscheidungen über Ressourcen,* die Zeit und/oder Geld kosten, etwa über Neueinstellungen oder Schulungen, besonders glaubwürdige Indikatoren für die Überzeugungen der Führenden, die damit die Organisationskultur, zumindest aber das Organisationsklima, beeinflussen.[137] Ankündigungen, die hingegen keine Entscheidungen über knappe Ressourcen nach sich ziehen, werden von den Geführten schnell als „Lippenbekenntnisse" abgetan und machen daher wenig Eindruck auf die Geführten.[138] Insofern sind Entscheidungen über knappe Ressourcen auch in den Augen der interviewten Praktiker Zeugnisse der Führenden über die von ihnen tatsächlich wichtig gehaltenen Werte und Normen (vgl. Schein, 1992, S. 239 f.).

Routinemäßige Personalauswahlentscheidungen beeinflussen nach Schein ebenfalls die Organisationskultur (vgl. Schein, 1992, S. 243 ff.). Die Gesprächspartner sind der gleichen Auffassung. Neues Personal sollte ihres Erachtens so ausgewählt werden, dass dessen Kenntnisse, Erfahrungen und Einstellungen die Schwächen der alten Organisationsmitglieder ausgleichen und so zu einer Veränderung der Organisationskultur führen.[139]

Führende verteilen *Belohnungen und Sanktionen.* Beförderungen, interessante Aufgaben, Gehaltserhöhungen, Prämien, gute Beurteilungen oder auch „nur" ein anerkennendes

---

[136] „Und da ist mein Vorsatz für die nächste Version, ich werde keine Entschuldigung mehr akzeptieren zum Thema Code Reviews. Die müssen eingeplant sein, ich werde mich selber dafür einsetzen, um zu prüfen, ob die auch vom Geiste her durchgeführt werden." (1310; 1; f; 1).

[137] „Und davon ausgehend, dass die Entscheidung heißt, ,Wir machen Individualsoftware', da kann es nur heißen – meine dringende Empfehlung, wenn man das jetzt mal so nennen will –, ,Sorgt dafür, dass ihr Informatiker habt!'" (1310; 2; m; 11).

[138] „[...], es ist ja auch so, wenn ich jetzt hingehe, entweder zu meinem Chef oder zum Geschäftsführer und sage, ,So, ich will wissen, machen wir weiter in Entwicklung? Machen wir Implementierung, ja oder nein?' kriege ich ein eindeutiges ,Ja'. Das ist aber keine Entscheidung, das ist ein Lippenbekenntnis. Denn es folgt daraus nichts." (1310; 2; m; 11).

[139] „Ja, die [Voraussetzungen, MML] sind sehr unterschiedlich bei Mitarbeitern, auch in unterschiedlichen Kulturen, und es ist halt so, dass recht viele Mitarbeiter sehr pragmatische Herangehensweisen haben, und im Augenblick für meinen Geschmack eigentlich zu wenig Gegengewicht ... ." (1310; 2; m; 6).

Nicken sowie das Vorenthalten derselben machen deutlich, welchen Werten und Normen die Führenden folgen (vgl. Schein, 1992, S. 242 f.). Das gilt auch bei den untersuchten Organisationen. Beim Standardsoftwareentwickler wurden zum Beispiel Prämien nur an Mitarbeiter ausgeschüttet, die sich positiv in solchen Projekten hervortaten, die rechtzeitig und ohne nennenswerte Kürzungen des geplanten Umfangs abgeschlossen wurden. Mitarbeiter hingegen, die ohne eigenes Verschulden in schwierigen Projekten arbeiteten, bekamen selbst dann keine Prämie, wenn sie sich angestrengt hatten. Belohnt wurde Projekterfolg, nicht persönliches Engagement.[140]

Schein (1992, S. 237- 239) argumentiert des Weiteren, dass die Reaktionen der Führenden auf *Krisen* Klima und Kultur einer Organisation beeinflussen. Situationen, die von den Betroffenen als kritisch wahrgenommen werden, sind etwa verfehlte Planziele, technologische Neu- oder Fehlentwicklungen, Personalüberhang, der abgebaut werden muss, interne Konflikte oder Ungehorsam. Dies trifft auch auf die beiden untersuchten Organisationen zu. Ein Interviewpartner schilderte zum Beispiel eine kritische Situation, in der ein Kunde den Abbruch und die Rückabwicklung eines Projekts angedroht hatte. In dieser Situation entschieden Bereichs- und Projektleitung, die Mitarbeiter aus dem Wochenende bzw. ihrem Urlaub zu holen. Sie machten damit deutlich, wie wichtig es wäre, den Kunden so schnell wie möglich zufrieden zu stellen.[141] Dies trug dazu bei, dass die Projektmitarbeiter die wirtschaftliche Gefahr, die damals für die Mutterorganisation bestand, „verinnerlicht" hatten.[142]

Im Projekt wird auch über die *Nutzung neuer Technologien, Planungs- und Kontrollinstrumente* entschieden. Schein (1992, S. 318-321) behauptet, dass die Implementierung solcher Prozessinnovationen ebenfalls eine Organisationskultur beeinflusst. Auch dafür ließen sich Indikatoren in den Gesprächen und Beobachtungen finden. Beim Standardsoftwareentwickler spielte zum Beispiel eine Fehlerdatenbank eine solche Rolle. Sie war installiert wor-

---

[140] „Wir hängen Prämien, und das ist jedem bekannt, an Erfolg. Das heißt, wenn wir die Freigabe eines Produktes mit der erwarteten Qualität in einem angemessenen Terminrahmen schaffen, und die Funktionalitäten ..., dann vergeben wir an die Leute, die sich überdurchschnittlich in diesem Projekt verdient gemacht haben, Prämien." (1310; 1; f; 1).

[141] „Also, mehr als 50 Prozent der Truppe wurde zum Teil auch aus auswärtigem Urlaub zurückgeholt. [...]." (1310; 2, f; 8).

[142] „Also, das muss ich auch einfach noch einmal sagen. Das hat dieses Team auch ziemlich stark verinnerlicht: Zum einen, dass da eine gewisse wirtschaftliche Gefahr ausgeht, wenn wir diese Situation nicht meistern [...], so dass einfach da auch – muss ich schon sagen – ein hohes Maß an Disziplin da war, und ein hohes Maß an Willen, sich trotz dieser Widrigkeiten zu engagieren." (1310; 2; f; 8).

den, um von der Testabteilung erkannte Softwarefehler zu verwalten und dadurch ein Controlling der Softwarequalität zu ermöglichen. Die Anzahl der Fehler pro Mitarbeiter oder pro Projekt wurden darüber hinaus von den Mitarbeitern bis hin zu den Projektleitungen als Kennzahl für die Leistungsfähigkeit einzelner Projekte und Mitarbeiter gewertet. Dies geschah, obwohl die Leitung der Entwicklungsabteilung und das Management der Testabteilung immer wieder betonten, dass es diesbezüglich keine Auswertung und auch gar kein Interesse gäbe. Trotz dieser offiziellen Beteuerungen glaubten viele Mitarbeiter, die Datenbank würde zur Leistungsbeurteilung genutzt werden.[143] Insofern beeinflusste die Datenbank die Kontrollkultur des Standardsoftwareentwicklers.

Der tägliche Umgang der Führenden mit Geführten manifestiert sich unter anderem in Bemerkungen, Kommentaren, persönlichen Kontrollen, Nachfragen, Themenwahl bei Gesprächen und Vorträgen und dergleichen mehr. Dadurch kommunizieren Führende, was ihnen wichtig ist und was nicht (Schein, 1992, S. 231 ff.). Ein Interviewpartner beim Softwareentwickler legte zum Beispiel Wert darauf, seine Mitarbeiter immer mal wieder daran zu erinnern, dass Softwareentwicklung Rendite bringen müsse, und sich daher fundamental von Forschung unterscheide.[144]

Des Weiteren sind sich Führungskräfte ihrer *Vorbildrolle* oft bewusst und spielen sie aus. Sie leiten ihre Mitarbeiter an oder coachen sie sogar, z. B. wenn sich ein Teilprojektleiter täglich mit einem verunsicherten Mitarbeiter trifft, um mit ihm gemeinsam die Prioritäten für die Tagesarbeit festzulegen.[145] Auch solche Führungsaktivitäten beeinflussen die Organisationskultur (Schein, 1992, S. 240-242).

---

[143] „Die [Fehler, MML]-Statistik, da gucken auch andere Leute rein. Die sehen, der hatte so viele Fehler. Ein Entwickler ist immer froh, jeder Fehler, der da nicht mehr auf ihn steht, ist für ihn positiv." (1310; 1; m; 18).

[144] „[...] wir haben jemanden, der uns das Geld gibt, mit dem wir arbeiten können und wir wollen ja auch alle bezahlt werden. Dadurch müssen Zwänge auf uns rein kommen. Es ist nicht so, dass wir Geld für nichts bekommen. Mit dem Zeug, was wir machen, muss auch das Geld wieder rein kommen. Da muss man manchmal den Mitarbeitern ein Feedback bringen: Wenn wir dort was machen, dann kommt da mehr raus." (1320; 1; m; 12).

[145] „Ja, ein kritisches Ereignis war Folgendes: Ich kam also hin, er sollte eine Aufgabe machen, und die hat er nicht gemacht. Dann hat er mir gesagt, ja er hat noch hier mitzuwirken und hier mitzuwirken, und da habe ich gesagt, ‚Wie gehen wir denn nun damit um?' Dann haben wir miteinander gesprochen, und dann haben wir jeden Morgen ein Briefing gemacht. Ich habe mich also mit ihm hingesetzt, halt jeden Morgen um acht eine halbe Stunde haben wir so ein Briefing gemacht und überlegt, ‚Welche Aufgaben stehen an? Was ist durchzuführen? Welches ist das Wichtigste? Welche müssen unbedingt heute Abend erledigt sein?' Das haben wir zwei Wochen lang gemacht, also ein Coaching." (1320; 2; m; 20).

In *Krisen* senden Verhaltensweisen der Führenden, insbesondere heftige emotionale Reaktionen etwa auf Fehlentwicklungen oder Fehlverhalten, ebenfalls deutliche Zeichen (Schein, 1992, S. 237- 239).[146] Zum Beispiel „zelebrierten" Projekt- und Bereichsleitung des Individualsoftwareentwicklers an dem oben erwähnten Krisenwochenende eine ruhige Atmosphäre. Es gab sogar Musik zum Essen. Außerdem wurde den Geführten die Möglichkeit gegeben, ihrem Ärger in einer Feedbackrunde Luft zu machen. Dadurch signalisierten die Bereichs- und Projektleiter, dass sie auch am Wohl und an den Meinungen der Mitarbeiter interessiert waren. Letzteres kontrastierte den bis dahin üblichen, direktiven Führungsstil im Projekt und galt als wichtiger Grund für den Erfolg der Wochenendaktion.

Zusammenfassend ist festzuhalten, dass die Praktiker zahlreiche Mechanismen nannten, derer sich Führende in Softwareentwicklungsprojekten bedienen können, um das Klima – und dadurch mit der Zeit die Kultur – ihres Projekts oder ihrer Abteilung zu beeinflussen. Insofern gibt es auf der Basis der erhobenen pragmatischen Anschauung keinen Grund zu glauben, dass Führende *gar* keinen Einfluss auf die Schnelligkeits- bzw. Nachhaltigkeitskultur ihrer Projekte haben. Auf der anderen Seite ist zu sehen, dass der Einfluss der übergeordneten Kultur der Mutterorganisation und der höchsten Führungskräfte erheblich größer ist, so dass Führende in Softwareentwicklungsprojekten zwar Akzente setzen, aber keine tief greifenden Änderungen bewirken können. Ihr wirksamstes Mittel dazu sind die Versetzung von Schlüsselpersonen und das Übertragen neuer Aufgaben an wichtige Personen.

Im Großen und Ganzen bestätigen sich die literaturbasierten Überlegungen zur Gestaltung von Projektkulturen und die Ansichten der Praktiker gegenseitig. Die Tatsache, dass die Praktiker die Versetzung von Schlüsselpersonen und das Übertragen neuer Aufgaben an wichtige Personen als die wirksamsten Mittel der Kulturveränderung einschätzen, ist als Konkretisierung und damit als Ergänzung der literaturbasierten Überlegungen zu werten. Allerdings werden die von Schein (1992) so genannten sekundären Mechanismen von den Gesprächspartnern, Interviewten und Workshopteilnehmern weder explizit noch implizit mit der geplanten Veränderung von Projektkulturen in Verbindung gebracht. Auch das im Literaturteil vermutete Dilemma zwischen einer starken, kulturverändernden Führung und der Gefahr, gerade dadurch die persönliche Initiative der Geführten an die Wand zu drücken, wurde in

---

[146] „Ich bin in dieser Besprechung fast etwas explodiert, weil natürlich wieder ein Entwickler sagte, dass er keine Zeit für Code Reviews hätte." [Der Autor nahm an dieser Besprechung als stiller Beobachter teil. Die Reaktion des Interviewpartners auf die Aussagen des Entwicklers war heftig. Der Entwickler, der sich getraut hatte, seinen Standpunkt darzulegen, lief rot an und war beschämt.] (1320; 1; f; 1).

keinem der Gespräche, Workshops oder transkribierten Interviews und auch in keinem anderen Kontext angesprochen. Da sich aber die literaturbasierten Überlegungen und die Äußerungen der Praktiker nicht widersprechen, werden sie beide – einander ergänzend – in die endgültige Theorie aufgenommen (siehe III 3).

2.3.1.3 Motivieren

Die Gesprächspartner betonten immer wieder, wie wichtig eine hohe Motivation der Mitarbeiter sei.[147] Ohne sie sei nicht zu erwarten, dass die Mitarbeiter sich so stark engagierten, wie es zur Bewältigung der hohen Anforderungen und bisweilen großen Probleme von Softwareentwicklungsprojekten erforderlich ist. Insbesondere zur Überwindung von „Durststrecken", in denen unter Zeitdruck gearbeitet werden muss und/oder in denen ungeliebte Tätigkeiten ausgeführt werden müssen, bedarf es einer hohen Motivation der Mitarbeiter.[148]

Die Möglichkeiten, die Führenden nach Ansicht der Interviewten zur zu Motivierung ihrer Mitarbeiter zur Verfügung stehen, lassen danach unterscheiden, ob sie sich in Entscheidungen der Führenden oder im Umgang der Führenden mit den Geführten niederschlagen..Vergleicht man die von den Praktikern empfohlenen motivierenden Führungsaktivitäten mit den im Literaturteil diskutierten Formen der Motivierung (vgl. II 4.2.3), ergibt sich folgendes Bild:

---

[147] „Das wichtigste ist eigentlich eine gute Mannschaft zu haben. Und ein motivierte Mannschaft [...]." (1401; 1; f; 10).

[148] *„Bleiben wir doch bei der Mannschaft. Sie sagten, sie muss motiviert sein. Was heißt das?"* „Dass die Spaß haben an der Arbeit. Die Mannschaft, verlange ich auch, dass die von alleine Überstunden machen, wenn es notwendig ist. Also ich habe bis jetzt noch nie was diktieren müssen. Die Leute haben das selber gewusst, in welcher Situation wir sind. Und wenn es manchmal nicht so geklappt hat terminlich, haben die auch mal einen langen Samstag gemacht." (1401/7140; 1; f; 10).

	Motivieren	
Führungs-aktivitäten	*Handlungsempfehlungen aus der Literatur*	*Handlungsempfehlungen der Praktiker*
Entscheidungen der Führenden	• Zuteilung intrinsisch motivierender Aufgaben	• Motivierende Aufgaben zuteilen: - Technische Herausforderung - Hohe technische/geschäftliche Bedeutung - Großer Handlungsspielraum - Der Weiterbildung dienlich
	• Belohnungen	• Faire <u>Kompensation</u>
	• Fairness bei Entscheidungen	• <u>Faire</u> Kompensation
	• Vereinbarung bzw. Vorgabe und Begründung ehrgeiziger und konkreter Ziele, ohne übertriebene Ausdifferenzierung. Auch schwer quantifizierbare Ziele darstellen und einfordern. Genügend Zeit für komplexe Sachaufgaben einräumen. Priorisierung von Zielpluralen.	• Aufgabe in machbare Teilaufgaben zerlegen • Ehrgeizige und konkrete Ziele vereinbaren oder vorgeben und begründen
Umgang der Führenden mit den Geführten	• Charismatische Führung	• Informationen über Relevanz des Projekts und Projekthintergründe weitergeben • Vision
	• Fairness im Umgang	• Fairness im Umgang
	• Feedback	• Persönliches Feedback • Anerkennung von Leistungen, Ansprechen von Defiziten

Tab. 19: **Gegenüberstellung der Handlungsempfehlungen der Literatur und der Praktiker zur Führungsaufgabe „Motivieren"**

Entscheidungen der Führenden in Softwareentwicklungsprojekten, die die Motivation der Geführten tangieren, betreffen die Zuordnung von Mitarbeitern zu Aufgabenbereichen, die Kompensation der Geführten über das regelmäßige Gehalt hinaus, die Termin- und Ablaufplanung und damit die Zergliederung der Aufgaben in Teilaufgaben sowie die daraus resultierenden konkreten Vereinbarungen mit den Geführten über die Ziele, an denen sie gemessen werden.

In den Augen der Interviewten und sonstigen Gesprächspartner sind *Aufgaben*, die Mitarbeiter bearbeiten dürfen, die wichtigsten Motivatoren. Aufgaben motivieren, wenn sie als technische Herausforderung wahrgenommen werden,[149] was als Hinweis für die Bedeutung des Leistungsmotivs in der Praxis gedeutet werden kann. Motivierende Aufgaben lassen

---

[149] „Geld ist etwas, was bei Entwicklern viel weniger bewirkt als ..., sie sind viel mehr durch technischen Ehrgeiz motiviert als durch Geld. Spielt schon auch eine Rolle, aber nicht primär." (1411; 1; f; 1).

die Mitarbeiter darüber hinaus Neues erlernen und sind interessant.[150] Diese Einschätzung spricht dafür, dass die theoretische Kennzeichnung intrinsischer Motivation als ein gleichzeitiges „Enjoyment" und „Challenge" (Collins/ Amabile, 1999, S. 299) auch pragmatisch bedeutsam ist. Unbeliebt sind hingegen Aufgaben, die einen hohen Routineanteil aufweisen und zugleich eine hohe Sorgfalt erfordern, etwa sicherzustellen, dass ein Softwareprogramm mit älteren Versionen kompatibel ist.[151] Allerdings unterscheiden sich die Präferenzen der Mitarbeiter.[152] Idealerweise sollten Führende dafür sorgen, dass jeder Mitarbeiter die Aufgabe bekommt, die er am interessantesten findet.[153]

Des Weiteren motivieren Aufgaben, deren technische oder geschäftliche Bedeutung als hoch wahrgenommen wird, d. h. wenn die Mitarbeiter wissen, dass ihr Können und ihr Einsatz bedeutsam sind.[154] Solche Aufgaben zeichnen sich dadurch aus, dass sie ein gewisses Risiko des Scheiterns bergen. Ihre Vergabe signalisiert besonderes Vertrauen und Zutrauen der Führenden in die Fähigkeiten ihrer Mitarbeiter.[155]

---

[150] „Wir wussten, das Thema ist für uns neu. Das war für die meisten Entwickler und Berater eher eine Motivation (‚Toll, da erfahre ich auch mal etwas!') und das ist natürlich auch spannend, [...]. Also, allein in diesem Spiel ja einfach mit zu sein, war schon interessant und Motivation genug." (1411; 2; f; 8).

[151] „Und ein ganz großes Thema war dann die Kompatibilität der Software. Da wird man verrückt. Alles mit jedem kompatibel. Und wenn man die Daten herum schmeißt, können sie sich vorstellen, was es bedeutet. Also Spaß hat es nicht gemacht." (1411; 1; g; 3).

[152] „Ich hatte z. B. einen Projektleiter, der ist ein absolut sorgfältiger Mann, der absolut zuverlässig Dinge macht, die, sagen wir mal eher Routinefall sind. Den habe ich jetzt als [...]. An der Stelle ist er hervorragend. Ist auch zufrieden, weil er merkt, er bringt was. Und vorher war er [...] und war überfordert. Und er selber sagt: ‚Ich weiß, das war nicht besonders toll.' Und jetzt bringt er Leistung. Und ist richtig aufgegangen." (1411; 1; f; 1).

[153] „Soviel Zeit muss sein, auch wenn Projekte kurzfristig starten, dass, bevor man sich entscheidet, in ein Projekt zu gehen, dass Personalverantwortlicher, Projektmanager sich mit den Mitarbeitern an einen Tisch setzt, und ihnen sagt, ‚Wir könnten uns vorstellen, dass du in diesem Projekt arbeitest, [...], wäre das etwas für dich?' So, und mitunter klärt sich das ganz einfach. Aber vielleicht hat der gesagt, ‚Also, ich habe jetzt eigentlich von der Entwicklerei die Nase voll. Ich habe gemerkt, mir liegen mehr Datenbankschnittstellen'. Also, genau das muss man abklären." (1411; 2; f; 8).

[154] „Motivation war ganz klar, ohne dies wird das Ding nicht klappen. Ich bin gefordert, das Produkt soll weiter leben. [...]. Ja, und das Wissen, dass es wirklich gravierend besser wird, wenn ich es mache. Wenn da nur was marginal was raus gekommen wäre, dann wäre die Situation nicht so toll gewesen." (1411; 1; g; 3).

[155] „Zunächst mal eine Phase der Euphorie. Die waren stolz drauf, dass man ihnen das zugetraut hat, so ein innovatives Thema zu machen ohne die Vaterfigur. Haben sich auch reingekniet." (1411; 1; f; 1).

Neben der Aufgabe an sich motiviert auch der Handlungsspielraum, den die Geführten bei der Ausübung ihrer Aufgabe haben. Sie möchten das „Wie" der Aufgabenerfüllung selbst bestimmen, und sie mögen es auch nicht, wenn sie in der Zeit bis zur Abgabe ihrer Aufgabe zu häufig Rechenschaft über ihre Fortschritte ablegen müssen. Für so wichtig wie die Interviewten Kontrollen und Feedback halten, damit alle Beteiligten den Überblick bewahren, für so störend und nervend empfinden sie zu häufige Kontrollen. Dabei empfinden sie enge Kontrolle nicht in erster Linie als ehrverletzendes Misstrauen, sondern als unnötige Zeitverschwendung.[156]

Zusätzlich zur Leistungs- und intrinsischen Motivation spielen bei der Motivierung durch Aufgaben auch extrinsische Nutzenerwägungen der Geführten für deren Motivation eine Rolle. Ein Nutzenkalkül der Geführten betrifft die eigene Weiterbildung „on the job". So achtet ein Teil der Mitarbeiter in der Softwareentwicklung darauf, ob und inwieweit die Teilnahme an Projekten ihre Fähigkeiten und Kenntnisse erweitert.[157] Fehlt die Möglichkeit, sich durch die Arbeit weiterzubilden, leidet die Motivation bei diesen Mitarbeitern.

Entscheidungen über die Kompensation der Geführten lassen sich der übergeordneten Kategorie Motivierung durch Belohnung zuordnen. Sie berühren ebenfalls die extrinsische Motivation der Geführten und darüber hinaus die Motivation erhaltenden Funktionen der Fairness. So können Führende Prämien ausschütten, um Erfolge und/oder bestimmte Verhaltensweisen zu belohnen und dadurch zu fördern. Dabei ist allerdings zu beachten, dass sehr hohe Bruttoprämien ausgeschüttet werden müssten, damit vom verbleibenden Nettobetrag eine erhebliche motivierende Wirkung ausgeht.[158] Außerdem werden Prämien schnell als unfair verteilt wahrgenommen, was sogar zur Demotivation führen kann (vgl. Abschnitt III 2.3.2.7, wo vertrauensbildende und -erhaltende Effekte von fairen Entscheidungen erörtert werden).

---

[156] „Na, das Wesentliche ist, dass er halt diese Controllingmaßnahmen als Zeitverschwendung betrachtet." *„Ach, das ist das Entscheidende? Es ist die Zeitverschwendung und nicht so sehr die Einschränkung der persönlichen Freiheit?"* „Also, es ist vor allem die Zeitverschwendung. [...] und sinnlose – weiß ich – Papierproduktion [...], als das, was einen davon abhält, von dem, was man tun will, nämlich entwickeln." (1413/ 2131; 2; m; 16).

[157] „Deshalb bin ich ja auch, habe ich auch jetzt gesagt, ich will da nicht mehr weiter mitarbeiten, weil das bringt mir als Informatiker gar nichts mehr. Also, ich kann mich da auch nicht mehr weiterbilden. [...]." (1411; 2; g; 9).

[158] „Es sieht zwar auf dem Lohnzettel ganz nett aus, aber so hoch wird die Prämie niemals ausfallen, dass man sagen kann, ‚O wau, jetzt bin ich aber extrem motiviert!', irgendwie." (1414; 2; g; 13).

Die *Zergliederung der Gesamtaufgabe* ist im Hinblick auf die (de-) motivierenden Wirkungen von Zielen bedeutsam. „Machbare" Teilaufgaben machen Erfolgserlebnisse wahrscheinlich. Diese sind wichtig, weil Dauerstress und/oder zahlreiche Misserfolgserlebnisse frustrieren, die Lust an der Arbeit nehmen und Verzweiflung aufkommen lassen können.[159] Um dem entgegen zu wirken, ist es wichtig, dass Führende die Projektaufgabe als prinzipiell bewältigbar darstellen und in überschaubare Teile zergliedern.[160] Darauf wird in den Kapiteln III 2.3.2.3 „Mut und Zuversicht vermitteln" und III 2.3.3.2 „Entlasten" zurückzukommen sein.

Die *Art und Weise wie* Führende *Ziele* für die Geführten *vereinbaren*, kann ebenfalls motivieren. Empfehlenswert ist, Ziele ehrgeizig und konkret zu formulieren und sie zu begründen oder mit den Geführten zu verhandeln. Ehrgeizige Ziele stellen für die Mitarbeiter eine gewisse Belastung dar, etwa wenn ein Projektleiter auch noch nach einer langen „Durststrecke" im Projekt darauf besteht, dass die Mitarbeiter Einsatz zeigen.[161] Konkrete Ziele bezeichnen das Ergebnis, das zu erbringen ist, möglichst genau.[162] Begründungen bzw. Verhandlungen sind wichtig, damit die Zielsetzungen nicht als Gängelung wahrgenommen werden, sondern legitim und „realistisch" erscheinen (vgl. auch III 2.3.1.3).[163] Vor allem sollten die Aufwandsschätzungen der Geführten bei der Vorgabe von Terminen berücksichtigt werden. In jedem Falle ist zu vermeiden, dass bei einem gegebenen Endtermin und einem

---

[159] „Und wenn man es dann doch geschafft hat unter Einsatz von Mehrarbeit, freiwilliger Mehrarbeit, und dann einer ankommt und sagt, ,So, und was du jetzt gerade gemacht hast, das schmeiß mal weg und mach es noch mal!', dann baut sich da ein ziemliches Frustpotential auf. [...] Und dieser Mitarbeiter hat dann die Konsequenz gezogen und hat gesagt, ,Okay, ich will hier raus! Also, es langt!'" (1411; 2; m; 11).

[160] „Habe dann Einzelgespräche geführt mit den Leuten in dem Sinne: ,Das was jetzt zu tun ist, nach dem die Designs klar liegen, ist eine Aufgabe, die bewältigbar ist.' Die Aufgabe mit denen gemeinsam in kleine Teile zerlegt mit Zwischen-Erfolgskontrollen, damit sie selber sehen können, dass sie vorwärts kommen." (1412/ 2311; 1; f; 1).

[161] „Bloß, das war meistens so ein Punkt, wo ich gesagt habe: ,Na ja, darüber müssen wir jetzt aber mal reden! Also, ich kann mir im Moment nicht vorstellen, diese Aufgabe ungelöst zu lassen bis zum nächsten Termin. Jetzt erkläre mir das mal bitte! Warum geht das nicht?'" (1413; 2; f; 8).

[162] „Wir konzentrieren uns jetzt ausschließlich darauf, dass wir möglichst schnell die Erfassung der neuen Scheine sehr schnell in einen präsentablen Zustand kriegen, und ich möchte am Montag eine Version mitnehmen, mit der ich etwas zeigen kann." (1413; 2; f; 8).

[163] „Von oben herauf aufdrücken klappt nicht so gut."(1413/2121 ; 2; g; 5).

unverrückbaren Funktionsumfang ausschließlich „zurückterminiert" wird und den Geführten die Termine „aufgedrückt" werden.[164]

Der *Umgang der Führenden mit den Geführten* berührt ebenfalls verschiedene Aspekte des Motivierens. Führende können die Chance, die besteht, dass die Aufgaben der Mitarbeiter deren Leistungs- und Selbstentfaltungsmotive anreizen, erhöhen, indem sie *glaubwürdig über die geschäftliche oder technische Bedeutung der Aufgabe informieren* und darauf hinweisen, wie wichtig der Beitrag der Mitarbeiter ist.[165] Dazu können sie Einblicke in die geschäftlichen oder politischen Hintergründe eines Projekts geben oder Mitarbeiter mit zum Kunden nehmen[166], damit diese unmittelbar erfahren, welche Bedeutung ihre Arbeit für das Wohl und Wehe der Kunden bzw. Anwender und des eigenen Unternehmens hat. Insbesondere sollten Führende die Geführten über die projektstrategische Bedeutung des Endtermins und der Spezifikationen unterrichten (lassen), Abhängigkeiten von und zu anderen Projekten erläutern und gegebenenfalls über politische Hintergründe informieren (vgl. auch Trittmann et al., 2000, S. 280. Sie sprechen vom „Rationalitätsprinzip" im Umgang mit Softwareentwicklern).[167]

Führende können des Weiteren intrinsisch motivieren, vielleicht sogar begeistern, wenn sie eine *Projektvision* vorstellen, indem sie die Projektaufgabe als etwas Lohnenswertes

---

[164] „Wie wichtig ist es, dass dieses Ziel [Termine, MML], [vom Entwickler, MML] selbst gesteckt ist?" „Sehr wichtig, weil sobald ich ein Ziel aufgedrückt bekomme, da kann der ruhig sagen, ‚mir Wurst, ich werde nicht fertig, ich weiß es.'" (1413/1412/1401; 1; m; 19).

[165] „Also, das muss ich auch einfach noch einmal sagen. Das hat dieses Team auch ziemlich stark verinnerlicht: Zum einen, dass da eine gewisse wirtschaftliche Gefahr ausgeht, wenn wir diese Situation nicht meistern. [...]." *Sie haben die wirtschaftliche Gefahr, die hohe Bedeutung, deutlich gemacht. [...]."* „Korrekt." (1421; 2; f; 8).

[166] „Dann irgendwo bei den Sondierungsgesprächen, ziemlich früh, sollte einer von ihnen dabei sein, um anzuhören, was der Kunde haben will." „Ja, richtig. Einer von denen, der im Kopf hat, was wir machen wollen, was uns bevorsteht. [...]." „O. K. das würde den Infofluss herstellen; hätte es noch weitere positive Effekte?" „Vielleicht unsere Motivation auch. [...]. Wir kriegen mit, was der Kunde macht und [... wir sind, MML] mehr oder weniger dicht dran am Kundenproblem." (1421; 1; g; 3).

[167] „So, und dann ist es für mich immer wichtig, dass ich das, was ich für nötig hielt, was ich für angebracht hielt aus den Lenkungsausschusssitzungen, aus den aktuellen Zwistigkeiten zwischen den Partnern über vertragliche Dinge, über die aktuelle Konfliktsituation, den Mitarbeitern nahe zu bringen. [...] Und für die Mitarbeiter war es einfach auch wichtig zu hören, ‚Wo liegen jetzt gerade ganz konkret die Schwerpunkte?'. Wenn ich ihnen also nur sagen könnte, ‚Es muss jetzt alles möglichst schnell fertig werden!', ist das absolut nicht zweckdienlich." (1413; 2; f; 8).

mit dem man sich identifizieren sollte, darstellen.[168] Allzu viele blumige Worte sind nicht erforderlich.[169] Wichtig erscheint den Interviewten aber, dass die Mitarbeiter begeisterungsfähig sind[170] und dass die Führenden selbst mit gutem Beispiel vorangehen und zeigen, dass auch sie selbst hinter der gestellten Aufgabe stehen. Das tun sie insbesondere dadurch, dass sie für alle sichtbar mindestens ebenso viel arbeiten und Unannehmlichkeiten auf sich nehmen wie ihre Mitarbeiter.[171]

Eine *faire und angemessene Behandlung* durch die Führenden ist conditio sine qua non für die Motivation der Geführten. Wie wichtig Fairness in der praktischen Anschauung von Führung zu sein scheint, lässt sich an den vielen und differenzierten Äußerungen dazu erkennen, die in den Gesprächen und Interviews erhoben wurden. Darin wird Führenden in Softwareentwicklungsprojekten empfohlen:

- auf die berechtigten Wünsche der Geführten eingehen,[172]
- von ihren Mitarbeitern nicht mehr erwarten als von sich selbst,[173]
- normalerweise unter vier Augen und nicht in der Öffentlichkeit tadeln,[174]

---

[168] *„Sie wissen vielleicht nicht im Moment, wie, aber Sie glauben, der Projektleiter kann sich um dieses Verhalten bemühen, um genau eben das zu schaffen, dass man sich damit identifiziert und diese Herausforderung annimmt?"* „Ja, ich glaube, es gibt Menschen, die das können." (1422; 2; g; 9).

[169] „Da braucht der Projektleiter dann gar nicht mehr allzu viel zu tun. Da reichen dann manchmal so ein paar ermutigende Worte, denke ich mal, die vielleicht noch mal, ja, das Projektziel hervorheben, ja, noch mal deutlich machen, dass man an einer guten Sache arbeitet." (1422; 2; g; 13).

[170] „Ich bin eigentlich schon zufrieden mit der Begeisterungsfähigkeit, ganz besonders hier in [Ortsname]." (1422; 1; f; 1).

[171] „Ein wichtiger Punkt ist aber auch, denke ich mal, dass alle hinter dem Projekt stehen. So, der Projektleiter selber sollte natürlich eine gewisse Vorbildfunktion haben. Sagt man das?" *„ Ja, ich glaube ja."* „Ja? Also, wenn es darauf hinausläuft, dass das Projektteam irgendwie zehn, zwölf Stunden am Tag arbeitet und der Projektleiter sich entsprechend hinter seinen Projektleiteraufgaben verschanzt irgendwie, die er dann in der regulären Arbeitszeit abarbeitet und ähnliche Dinge, dann ist das natürlich wenig motivierend." (1422; 2; g; 13).

[172] „Der Mitarbeiter ist ein Mitarbeiter von der [Organisationseinheit, Ortsname]. Der pendelt viel und insofern ist da eine Zweiseitigkeit. Er versucht, möglichst viel bei seiner Familie zu sein. Das heißt, wir drehen die Aufgaben so, dass er auch mal in [Ortsname] arbeiten kann und sehen, ihn nur dann hier zu halten, wenn es wirklich notwendig ist. Das hat er mittlerweile mitbekommen." (1423/ 2434; 1; m; 2).

[173] „Also, wenn der Projektleiter, wie gesagt, abends um sechs geht und die anderen sitzen noch bis zehn da, dann ist das wenig motivierend." (1423/ 2434; 2; g; 13).

[174] „Das heißt schon, den Mitarbeiter konkret – in der Regel unter vier Augen, unter Umständen im Team – auf seine Defizite offen hinzuweisen. Das ist sicherlich nicht immer in der gewünschten Form passiert." *„ Was ist*

- für ein Gespräch mit den Mitarbeitern „da" sind, wenn diese ein solches brauchen,[175]
- den eigenen Leuten den Rücken stärken und sich zum Beispiel öffentlich zu den Leistungen des eigenen Teams bekennen und ihm nicht den schwarzen Peter zuschieben,[176]
- Einsatzbereitschaft auch dann anerkennen, wenn der gewünschte Erfolg ausbleibt,[177]
- sich bei Mitarbeitern für besonderen Einsatz bedanken und Leistungen loben oder positives Feedback des Kunden an die Mitarbeiter weitergeben,[178]
- die Mitarbeiter auch in Stresssituationen respektvoll, höflich und rücksichtsvoll behandeln[179] und
- die Autorität, die sie genießen, durch gerechtfertigte und gut begründete Entscheidungen und Handlungen erarbeiten. Da viele Entscheidungen mit technischen Fragen verquickt sind, müssen die Führenden über hinreichende softwaretechnische und anwendungsfeldbezogene Kenntnisse verfügen. Wenn sich Führende hingegen anmaßen, über die ihnen zugeschriebene Autorität hinaus zu agieren, demotivieren sie ihre Mitarbeiter.[180]

---

die gewünschte Form?" „Ja, also das heißt, ich gehe eher so heran, ich möchte das mit dem Mitarbeiter selbst erst mal besprechen." (1423/ 2434; 2; f; 8).

[175] „Oder wenn ich sage meinetwegen: ,Du kannst mir eh nicht helfen, du kannst nach Hause gehen.' Dann kann er natürlich auch nach Hause gehen. Aber wenn man denkt, man könnte irgendwo noch Unterstützung brauchen, dann ist es nicht schlecht [wenn der Projektleiter noch bleibt, MML]." (1423/ 2434; 2; g; 5).

[176] „Und wir haben dann natürlich dafür gesorgt, dass die Außendarstellung des Projekts dementsprechend auch im Hause zurecht gerückt wurde. Also klar, über den Geschäftsführer natürlich auch darum gebeten, dass da hier einiges klar gerückt wird. [...], um mal klar zu machen, dass es sich nicht so verhält, dass das jetzt keine Truppe von Versagern ist, [...]." (1423/ 2434; 2; f; 8).

[177] Vgl. vorstehende FN.

[178] „Also ich motiviere mich selbst mit meiner Anerkennung meiner eigenen Leistung, würde es aber nicht schlecht finden - zweiter Punkt -, wenn diese Motivation, diese Anerkennung auch von außen erfolgen würde." (1423/ 2434; 2; g; 13)

[179] „Der Projektleiter nimmt Rücksicht darauf, dass man gerade arbeitet und dadurch sozusagen sein Projekt, Produkt, was ja für den Kunden ist, entwickelt. Und nur wenn es wirklich dringend ist, dann unterbricht er auch und sagt, „Das muss aber ..." (1423/ 2434; 2; g; 5).

[180] „Also, die [Autorität des Projektleiters, MML] wäre nur dann für mich verloren gegangen, wenn es Punkte oder mehrere Situationen gegeben hätte, wo ich dann, meinetwegen, bestimmte Sachen frage, ,Wo kriege ich denn her? Wie mache ich denn?' und ,Kannste nich mal?', wenn er dann gesagt hätte, ,Nein, weiß ich nicht!' da würde irgendwo aufgrund seines [fehlenden, MML] Wissens auch seine Autorität - also, ,Da kann er mich mal!', so nach dem Motto - verloren gehen." (1423/ 2434; 2; g; 5).

Persönliches Feedback der Führenden an die Geführten wird von den Mitgliedern der untersuchten Organisationen ebenfalls motivierende Wirkung zugesprochen. Negatives Feedback
ist bisweilen erforderlich, um den Geführten möglichst konkret deutlich zu machen, was von
ihnen erwartet wird und inwiefern sie diesen Erwartungen nicht genügen.[181] Negatives Feedback sollte konstruktiv sein, insofern als dass den Mitarbeitern Gelegenheit gegeben sollte,
die Kritik nachzuvollziehen und für sich zu akzeptieren[182] und gegebenenfalls ihnen dabei zu
helfen, Strategien zu entwickeln, mit denen sie ihre Defizite überwinden können.[183]

Feedback setzt nach Ansicht der Gesprächspartner seine motivierende Effekte nicht
nur über die Aktualisierung von Zielen und Zielerreichungsstrategien frei. Vielmehr liegt darin auch ein Potenzial für *Anerkennung und Wertschätzung*. Das persönliche Gespräch kostet
die Führungsperson Zeit, was Wertschätzung signalisiert.[184] Glaubwürdiges positives Feedback verhilft den Geführten zu einem Erfolgserlebnis. Besonders motivierend ist positives
Feedback, das direkt vom Kunden kommt.[185] Führende können dafür Foren, etwa Meetings,
schaffen oder ersatzweise von positiven Reaktionen der Kunden und Anwender berichten. In

---

[181] „Das heißt schon, den Mitarbeiter konkret (in der Regel unter vier Augen, unter Umständen auch im Team)
auf seine Defizite offen hinzuweisen." (1424; 2, f; 8).

[182] „Ja, also das heißt, ich gehe eher so heran, ich möchte das mit dem Mitarbeiter selbst erst mal besprechen.
Wenn ich da merke, er ist bereit, auf diese Kritik einzugehen und daran zu arbeiten, und er rafft das auch,
dann reicht das." (1424; 2; f; 8).

[183] „[Und] abends: ,Was wurde erreicht? Was müssen wir in den nächsten Tagen. . .?', so dass er hier [...] noch
seine Aufgaben, die er machen musste, wahrnehmen konnte [...]" (1424; 2; m; 22).

[184] *„Das war auch mehr so ein symbolischer Akt, dass da jetzt so ein [Bezeichnung für Führungskraft] sitzt,
dass klar ist, die Führung interessiert sich hierfür."* „Genau." *[...].„Das ist einfach so eine Art Wertschätzung dann. Hat sich da . . . Haben Sie das Gefühl gehabt, dass die Wertschätzung da fehlt in dieser Situation,
oder war Ihrer Meinung nach sozusagen diese partielle Ignoranz kein Problem? [...]"* „Also, aus meiner
Sicht würde ich sagen, es ist schade, dass die Wertschätzung so nicht gekommen ist. [...] Also, ich finde es
irgendwie, die Wertschätzung für meine Rolle in diesem Projekt wäre eben auch gewesen, wenn jemand,
mein Chef oder der zuständige Management- (also ich habe das falsch formuliert: Also, der Geschäftsführer
oder jemand, der für das Projekt aus dem Management zuständig ist) sich beim Projektleiter erkundigt, wie
es aussieht, wo klar ist, dass es eine schwierige Situation ist." (1425; 2; m; 20).

[185] „Also, ich motiviere mich selber mit meiner Anerkennung meiner eigenen Leistung, würde es aber nicht
schlecht finden (zweiter Punkt), wenn diese Motivation, diese Anerkennung auch von außen erfolgen würde."

„Vom Kunden, vom Projektleiter oder von beiden?" „Ich denke mal, vom Kunden wäre es wichtiger." (1425;
2; g; 9).

großen Projekten bietet es sich an, Feedback vom Kunden zusätzlich in einer elektronischen Projektakte bzw. einem schwarzen Brett im Intranet zu dokumentieren.[186]

Als Ergebnis lässt sich festhalten, dass sich die Aussagen der Praktiker und die literaturbasierten Überlegungen einander weitgehend bestätigen. Die Motivation der Geführten spielt für deren Relevanzbewertung auch in den Handlungsempfehlungen der Praktiker eine wichtige Rolle. Die im Literaturteil unterschiedenen Handlungsempfehlungen zur Motivierung finden sich in den Äußerungen der Mitglieder der untersuchten Organisationen wieder. Unterschiede zur Literatur ergeben sich vor allem in der Breite und Tiefe der Überlegungen. In der Literatur werden die Mechanismen des Motivierens erheblich differenzierter erklärt, als es in der erhobenen pragmatischen Anschauung der Fall ist. Andererseits erfolgen die Überlegungen der Praktiker konkreter an Beispielen, z. B. werden nicht abstrakt „Belohnungen" thematisiert , sondern konkret „Kompensation". Da sich aber die literaturbasierten Überlegungen und die Äußerungen der Praktiker nicht widersprechen, sondern ergänzen, werden sie beide in die hier entwickelte literatur- und gegenstandsverankerte Theorie aufgenommen (siehe III 3).

2.3.1.4 Zusammenfassende Diskussion

In den drei vorangegangen Abschnitten II 2.3.1.1 bis 2.3.1.3 wurde die Frage danach, wie Führende in Softwareentwicklungsprojekten die Relevanzeinschätzung der Geführten beeinflussen können, datenbasiert und im Vergleich mit der Literatur wie folgt beantwortet: Erstens müssen Führende die Hauptziele Schnelligkeit und Nachhaltigkeit verdeutlichen und einfordern. Im Abschnitt III 2.3.1.1 wurden die Möglichkeiten, die Führende dazu nach Ansicht der Mitglieder der untersuchten Organisationen haben, detailliert dargestellt. Zweitens müssen Führende darauf achten, dass die Organisationskultur die von den Führenden für angemessen

---

[186] „Das war ja auch die Kritik bei den Mitarbeitergesprächen oder Führungsgesprächen…wir hatten ja letztes Jahr Führungsgespräche gemacht, wo die Mitarbeiter die Führungskraft beurteilen und das war ein Punkt, dass mir gesagt wurde, die Entwicklung die kriegt immer das Negative ab. Also Rückmeldung positive vom Markt, da kriegt man nichts mit. Und ich habe das jetzt zu Kenntnis genommen und dieses schwarze Brett eingeführt, wo alle meine Rückmeldungen, die ich bekomme, hinhänge. [...] Ich mache z.B. Folgendes, dass ich so Erfolgsmeldungen immer auf das schwarze Brett, ein elektronisches, hänge. Z. B. die Stückzahlen unserer Produkte, wie sie sich verkaufen. Oder wenn ein Lob kommt (Das ist selten, meistens kriegen wir in der Entwicklung immer die negativen Dinge ab, wenn's brennt draußen). Das versuche ich als Information auf das schwarze Brett zu legen, wenn meinetwegen ein Auftrag reingekommen ist aus den USA oder von [Name eines Kunden]. Und das motiviert auch. Da sehen die Leute, für was die arbeiten." (1425; 1; f; 10).

gehaltene Gewichtung der Hauptziele unterstützt. Tut sie es nicht, sollten Führende versuchen, die Kultur oder mindestens das Klima des Projekts zu verändern. Drittens ist darauf zu achten, dass die Geführten hinreichend zur Aufgabenerfüllung motiviert sind. Sind sie es nicht, sollten Führende versuchen, die Geführten zu motivieren.

Zu den Gemeinsamkeiten und Unterschieden der Soll-Vorstellungen der Literatur und den Soll-Vorstellungen der Praktiker ist Folgendes zu sagen: Die Handlungsempfehlungen der Praktiker zur Führungsaufgabe „Schnelligkeit fordern und fördern" bestätigen oder konkretisieren die entsprechenden Handlungsempfehlungen der Literatur. Die Führungsaufgabe „Nachhaltigkeit fordern und fördern" *erweitert* den Kenntnisstand der Literatur, da diese – zumindest nach Einschätzung des Autoren dieser Studie – bislang nicht zwischen den Zielen Schnelligkeit und Nachhaltigkeit differenziert hat und dementsprechend auch keine Handlungsempfehlungen an Führende zum Verdeutlichen und Einfordern des Nachhaltigkeitsziels entwickelt hat. Die in der Literatur diskutierten Möglichkeiten und Grenzen der Kulturgestaltung und des Motivierens und die diesbezüglichen Überlegungen der Praktiker bestätigen einander weitgehend. Unterschiede zur Literatur ergeben sich vor allem in der Breite und Tiefe der Überlegungen. Die in der Literatur diskutierten sekundären Mechanismen der Kulturgestaltung, das Dilemma einer kulturgestaltenden, aber zugleich potenziell erdrückenden Führung und die psychologischen Mechanismen des Motivierens wurden von den Mitgliedern der untersuchten Organisationen in keinem der Gespräche, Workshops oder transkribierten Interviews und auch in keinem anderen Kontext angesprochen.

Ein solches Nicht-Erwähnen von in der Literatur gut fundierten Überlegungen kann vier Gründe haben. Erstens könnte es daran liegen, dass diese Phänomene in den beiden untersuchten Organisationen nicht stark genug ausgeprägt waren. Zweitens könnte die Datenerhebung in dieser Hinsicht zu oberflächlich gewesen sein, so dass diese Themen nicht angesprochen wurden, obwohl die Praktiker dazu eine Ansicht haben. Dittens kann sich hinter dem Nicht-Erwähnen auch ein echter Widerspruch zu den literaturbasierten Überlegungen verbergen, da nicht auszuschließen ist, dass die Praktiker nichts dazu gesagt haben, weil sie sie für irrelevant und die Realität nicht treffend halten. Viertens kann es eine Lernchance der der Praxis signalisieren, weil die Praktiker von den Konzepten nichts wissen, obwohl die von den Konzepten bezeichneten Phänomene existieren und ihre Kenntnis hilfreich für die Mitarbeiterführung wäre. Auf der Basis der vorliegenden Daten kann keiner der vier Interpretationen der Vorzug gegeben werden, so dass an dieser Stelle Bedarf für weitere Forschungen markiert ist. Auf der Basis (literaturbasierter) theoretischer Annahmen deutet allerdings auch nichts auf eine Falsifikation hin, so dass nach dem derzeitigen Kenntnistand alles dafür spricht, auch die von den Praktikern *nicht* angesprochenen literaturbasierten Überlegungen in die literatur- und gegenstandsverankerte Theorie des Führungsverhaltens und Führungserfolgs in Softwareentwicklungsprojekten – und damit pars pro toto in zeitkritischen und komplexen Projekten im Allgemeinen – aufzunehmen (siehe III 3).

2.3.2 Einfluss auf die zur Verfügung stehenden Optionen und ihre Einschätzung durch die Geführten

Die zweite Frage der zielorientierten Führungsforschung lautet: Was können Führende tun, damit den Geführten objektiv genügend Ressourcen für ihre persönlichen Initiativen zur Verfügung stehen und sie diese Ressourcen auch *subjektiv* für hinreichend halten? Sie wird in diesem Abschnitt gegenstandsverankert beantwortet.

Auf der Grundlage der erhobenen Daten lassen sich (beinahe) die gleichen Einflussfaktoren und dazu gehörenden Führungsaufgaben unterscheiden wie im Literaturteil dieser Arbeit (II 4.1.2). Unterschiede ergeben sich nur insofern, als dass es mit der Führungsaufgabe „Helfenden Dialog führen" (III 2.3.2.5) nur eine teilweise Entsprechung zu der im Literaturteil II 4.3.5 diskutierte Führungsaufgabe „Hilfe für die Geführten" gibt. Die über den Diaolog mit den Geführten hinausgehenden Aspekte, Strukturierung der Projektaufgabe, Entlastung und Begrenzung von Beziehungskonflikten, werden erst im Abschnitt III 2.3.3 als Teile des „Managements der Aufgabe" berücksichtigt. In der folgenden Tabelle sind die hier betrachteten Führungsaufgaben und die entsprechenden Datenquellen, aus denen die diesbezüglichen Handlungsempfehlungen der Praktiker rekonstruiert wurden, aufgeführt.

	Art und Anzahl der wichtigsten Quellen der rekonstruierten Handlungsempfehlungen der Praktiker			
	Protokolle von Gesprächen und Workshops)		Transkribierte Interviews	
Führungsaufgaben zur Beeinflussung der Optionsbewertung	*Standardsoft-wareentwickler (insgesamt 9 Gespräche, 10 Workshops)*	*Individualsoft-wareentwickler (insgesamt 2 Gespräche)*	*Standardsoft-wareentwickler (insgesamt 13 Interviews)*	*Individualsoft-wareentwickler (insgesamt 11 Interviews)*
Kompetenzen delegieren	1 Gespräch 2 Workshops	1 Gespräch	3	3
Schulungen und Betriebsmittel zuweisen	4 Workshops	1 Gespräch	3	4
Teamarbeit fördern	2 Gespräche 2 Workshops	-	5	4
Teamübergreifende Zusammenarbeit fördern	7 Gespräche 5 Workshops	-	7	4
Mut und Zuversicht vermitteln	1 Gespräch 6 Workshops	-	4	6
Vertrauen schaffen und erhalten	2 Gespräche 8 Workshops	-	5	5

Tab. 20: Quellen der rekonstruierten Handlungsempfehlungen der Praktiker zur Beeinflussung der Optionsbewertung

In den Interviews, Gesprächen und Workshops machten die Mitglieder der untersuchten Organisationen nicht den Eindruck, als ob sie sich über den (theoretisch fundierten und empirisch nachgewiesenen) positiven Einfluss weit reichender *Entscheidungskompetenzen* der Geführten und auf deren Neigung, persönliche Initiative zu zeigen, im Klaren wären. Vielmehr erschien der Umstand, dass die geführten Softwareentwickler ihre Arbeit weitgehend selbst bestimmen sollen, angesichts der Komplexität der Aufgaben und des hohen Bildungsstandes der Geführten eine Selbstverständlichkeit zu sein.[187] Ebenso selbstverständlich war es auch, dass diese Entscheidungskompetenzen nicht unbegrenzt sein können.[188]

---

[187] „Aber das ‚wie' entscheiden doch wirklich im Endeffekt die Entwickler, die das programmieren müssen, nicht?" (2101/ 2121/ 1413; 2; g; 5).

[188] „Dass das, was gemacht wird, nachvollziehbar ist, reproduzierbar ist und gewissen Prüfschritten unterzogen ist. Das ist ein Formalismus. Der ist mit Aufwand verbunden. Der ist unangenehm. [...]. Ohne diesen Formalismus kommt hinten nichts raus, nichts Vernünftiges. Kommt Schrott raus." (2122/1213; 2; m; 18).

300

Betriebsmittel und Schulungen wurden ebenfalls angesprochen. Mitarbeiter, die z. B. Laptops haben, können auch zu Hause (weiter-)arbeiten.[189] Schulungen können speziell zu Anfang von Projekten notwendig sein, um Wissenslücken gezielt auszugleichen.[190]

Die Bedeutung der *Zusammenarbeit im Team* ergibt sich dadurch, dass die Mitarbeiter zur Erledigung ihrer Aufgaben zahllose technische Entscheidungen, z. B. über die Art und Weise der Programmierung und Dokumentation, fällen müssen. Außerdem muss ihre Arbeit bestimmten Anforderungen und Vorgaben, z. B. bezüglich des Designs der Software, genügen. Damit sie diese Entscheidungen zügig und korrekt fällen können und die Vorgaben kennen, müssen sie leicht an die erforderlichen Informationen gelangen. Die Mitarbeiter sollten daher untereinander intensiv kommunizieren, und zwar über

- Abhängigkeiten zu vor- und nachgelagerten Aufgaben anderer Bearbeiter[191],
- Entscheidungen und Einschätzungen der Träger der Leitungsrollen, etwa wenn Anforderungen an die Software unklar sind und diese konkretisiert werden müssen[192],
- anwendungsfeldbezogene Fragen, z. B. Arbeitsabläufe beim Kunden[193],
- Unklarheiten oder Fragen bei Fehlermeldungen, z. B. die Frage, ob wirklich alle Fehler für eine Produktfreigabe behoben werden müssen,[194] frühzeitig klären.
- Da Kommunikation aber auch Zeit kostet, sollte diese zugleich möglichst effizient erfolgen.[195]

---

[189] „Durch ein knappes Investitionsbudget hat nicht jeder Mitarbeiter ein Notebook." (2203; 2; m; 12).

[190] „Wie geht man mit Defiziten im Projektteam um, sprich, ist es so, dass man gegebenenfalls Ausbildung macht, wenn Qualifikationsdefizite vorhanden sind?" (2202/2214; 2; m; 6).

[191] „Wichtig war die Abstimmung zu allen anderen Beteiligten, da, wo es auch Änderungen gibt." (2201/2211; 1; g; 3).

[192] „Also, es spielt auch eine Rolle, wenn man sieht, aus der Führungsebene müssen ja die Spezifikationen kommen für die Entwicklungsparts, also auch für die Abschnittsziele, für alles." (2201/2214/3132; 2; g; 7).

[193] „Da ist es natürlich sehr wichtig, dass unsere Entwickler mit der Fachabteilung, oder den Fachabteilungen der entsprechenden des Kunden, zusammenarbeiten, d. h. wenn Fragen auftauchen fachlicher Natur, dann wird zum Telefon gegriffen und der entsprechende Ansprechpartner beim Kunden in der Fachabteilung gefragt, ‚Wie ist denn dies, wie ist denn das?'" (2222/ 7100; 2; m; 11).

[194] *„Den Systemtester beknien? Wie läuft das?"* „Ja, ich hab ihn halt gesprochen, hab gesagt, O.K., wir werden diesmal für CPU nicht viel machen können. Dann haben wir die bestehenden [Fehler-]Meldungen priorisiert bei uns intern. Ich mit dem Systemtester, was er gerne gemacht hätte. Und was ich gesagt habe, das schaffe ich. [...]. Ja, dann habe ich dran gearbeitet." (2201; 1; g; 4).

[195] „Wir haben zu der Zeit unverschämt viel Zeit mit Sitzungen zugebracht, mehr als uns eigentlich zur Verfügung stand." (2201; 2; f; 8).

Teamübergreifende Arbeit im Sinne technischer Koordination (Ancona/ Caldwell, 1992) war in Multiprojektprogrammen beider untersuchten Organisationen ein wichtiges Thema und wurde von 18 Gesprächs- und Interviewpartnern angesprochen. Fünf der zehn Workshops beim Standardsoftwareentwickler hatten die Zusammenarbeit der Entwicklungsteams mit Vertretern angrenzender Abteilungen, namentlich dem Vertrieb, dem technischen Marketing und der Testabteilung, explizit als Hauptgegenstand. Teamübergreifende Zusammenarbeit im Sinne des Sammeln von Fachinformationen aus teamexternen Quellen („scouting", Ancona/ Caldwell, 1992) wurde dagegen erheblich seltener thematisiert. Hier stand beim Standardsoftwareentwickler fehlender Kundenkontakt der Entwickler im Vordergrund, aber auch sonstige übergreifende Kontakte wurden angesprochen. Beim Individualsoftwareentwickler wurden Scouting-Aktivitäten hingegen nicht thematisiert, vielleicht weil die Individualsoftwareentwicklung per se engen Kundenkontakt bringt und weil die Mutterorganisation enge Beziehungen zum Lehrstuhl des Firmengründers hatte und dadurch das Sammeln von Fachinformationen in der Umwelt natürlicher Teil der Unternehmenskultur war.

In kritischen Situationen, in denen Projektmitarbeiter an ihren Fähigkeiten zweifeln und die Gefahr sehen, dass ihre Initiativen ins Leere laufen und sie „für den Papierkorb" arbeiten, müssen sie Mut und Zuversicht verspüren, um sich trotzdem zu engagieren und ihre Chancen zu nutzen.[196] Mut und Zuversicht wurden in einem protokollierten Gespräch, sechs Workshops und neun transkribierten Interviews thematisiert.

Die auf Überlegungen aus der Literatur basierende Einschätzung des Literaturteils dieser Arbeit, dass Vertrauen für die Zusammenarbeit in Softwareentwicklungsprojekten von immenser Bedeutung ist, wird von den Aussagen der Gesprächspartner aus protokollierten Unterhaltungen, acht protokollierten Workshops und 10 transkribierten Interviews gestützt. In ihren Augen ist ein vertrauensvolles Verhältnis zwischen den Mitgliedern eines Projekts für die Zusammenarbeit und Stimmung sowie für den Erfolg des Teams aus zwei Gründen wichtig.[197] Erstens, Vertrauen zwischen Geführten und Führenden ist bedeutsam, damit die Mitarbeiter die Führungskräfte rechtzeitig über Probleme und Schwierigkeiten bei der Erfüllung

---

[196] „Das war mit ein Grund, warum er ausgestiegen ist. Einer dieser Gründe war eben halt, dass das Gefühl aufkam, dieses Projekt niemals zu einem Abschluss zu bringen." *„Aha. So eine Art Hoffnungslosigkeit?"* „Ja, ja, genau. Es gab kaum eine Perspektive." (2301; 2; g; 13).

[197] „Ja, wenn wir einfach gemerkt haben, das kann gar nicht stimmen, also dass man also laufend den Leuten über die Schulter guckt und schon nach zwei Tagen fragt, ,Hast du das so, wie am Freitag besprochen mit

ihrer Aufgaben informieren und eine gemeinsame Suche nach Problemlösungen anstoßen.[198] Wenn die Geführten hingegen Angst haben müssen, dass sie als Überbringer schlechter Nachrichten unfair zur Rechenschaft gezogen oder als Bedenkenträger abgestempelt werden, besteht die Gefahr, dass sie zu viel Zeit verstreichen lassen, bevor sie gegenüber ihren Führungskräften offen über Termin- und Qualitätsprobleme sprechen.[199] Zweitens, Vertrauen ist erforderlich, um Führenden angstfrei widersprechen zu können.[200] Widerspruch ist – ähnlich wie das offene Berichten über Probleme – bisweilen notwendig, damit das Wissen der Geführten in Entscheidungen der Führenden eingeht, zum Beispiel in die Entscheidung wie häufig arbeitsaufwändige Zwischenstände einer Software generiert werden sollen.[201]

Bei der Erörterung der konkreten Führungsaktivitäten wird – wie im Abschnitt III 2.3.1 auch schon – danach unterschieden, ob sie sich die entsprechenden Führungshandlungen in Entscheidungen der Führenden über Ziele, Aufgaben, Aktivitäten, Termine oder Ressourcen im Projekt oder im täglichen Umgang mit den Geführten niederschlagen. So weit es angebracht erscheint, werden Entscheidungen der Führungskräfte weiter danach unterteilt, ob sie vornehmlich in den Analyse- und Planungsphasen oder in den Ausführungsphasen eines Projekts gefällt werden.

2.3.2.1 Entscheidungskompetenzen delegieren

Nachstehend wird dargestellt, welchen Delegationsgrad die Mitglieder der untersuchten Organisationen für angebracht halten. Dabei lassen es die Daten zu, ebenso wie im Literaturteil dieser Arbeit zwischen Zielentscheidungskompetenz, Handlungskompetenz und Kontroll-

---

dem und dem, denn das muss ja nun spätestens jetzt am Dienstag passiert sein, sonst ist das am Donnerstag nicht fertig!'" (2401; 2; f; 8).

[198] „Beziehungsweise, letztlich war es ganz richtig, dass wir das Vertrauen, also das vertraute Gespräch zwischen mir und Herrn [Name des Geschäftsführers] nachher, dass wir nach einer Lösung gesucht haben; [...]. Und in dem Moment war erst die Möglichkeit, dass er sich dort hinter diese Ziel zurücknehmen konnte [und einer Verschiebung des Abnahmetermins zustimmen konnte, MML].'" (2401; 2; m; 6).

[199] „Kurz vor Erreichung des Endtermins, März letzten Jahres, teilte mir der Projektleiter mit, dass man diesen Termin um ein Jahr verschieben müsse. Das warf natürlich mehrere Fragen auf. Erstens mal Fragen nach den Qualifikationen dieses Projektleiters, zweitens nach dem Vertrauensverhältnis, [...].'" (2401; 1; f;1).

[200] „Widerspruch nützt mir nur dann was, wenn ich was damit bewirke. Wenn [...] eine Diskussion entsteht [...].'" (2401; 1; m; 18).

[201] „Er [der Programmdirektor, MML] sagt z. B., ‚Sie machen zu viele Generierungen'. Darauf sagen sie, ‚Ja. In der Praxis, das kommt und kommt. Ich kann es nicht ändern!'" (2401; 1; m 18).

kompetenz – Letztere im Sinne des Ausmaßes der Fremd- oder Selbstkontrolle – zu unterscheiden (Boerner, 2002, S. 138 -142, vgl. auch II 4.3.1). Einen Überblick gibt die folgende Tabelle:

Entscheidungskompetenzen delegieren	
Entscheidungen in den Analyse- und Planungsphasen des Projekts (berühren die Zielentscheidungskompetenz der Geführten)	*Entscheidungen in den Ausführungsphasen des Projekts (berühren Handlungs- und Kontrollkompetenzen der Geführten)*
Partizipativ und kommunikationsintensiv planen, d. h. Aufwandsschätzungen der Mitarbeiter in der Projektplanung berücksichtigen und gemeinsames Verständnis der Aufgaben sicherstellen.	Ausführungskompetenz liegt grundsätzlich bei den Geführten. Ausnahmen sind u. a.: • Richtlinien zur Standardisierung • Einzelentscheidungen zur Risikoreduzierung
Zugleich Planung zügig durchführen	Primär Eigenkontrolle der Geführten hinsichtlich der Termineinhaltung
	Fremdkontrolle bei Softwaretests

Tab. 21: Handlungsempfehlungen der Praktiker zur Delegation von Entscheidungskompetenzen

Nach Ansicht der Interviewten sollten die Geführten den Umfang ihrer Aufgaben bzw. die Höhe der *Ziele*, an denen sie gemessen werden, mitbestimmen dürfen. Die Mitbestimmung erfolgt allerdings indirekt, indem Führende und Geführte über die Aufgabe diskutieren, um ein gemeinsames Verständnis zu sichern[202] und indem die Aufwandsschätzungen der Geführten in der Projektplanung berücksichtigt werden (vgl. auch die Abschnitte III 2.3.3.1.1 „Erstellung einer vollständigen, klaren und stabilen Sachzielhierarchie" und III 2.3.3.2.1 „Vermeidung von Zeitdruck in der Analyse- und Planungsphase").[203] Die Aufwandsschätzungen der Geführten zu berücksichtigen heißt, dass diese von den Führenden nur dann nach unten korrigiert werden sollten, wenn sie überzeugend darstellen können, wie die Aufgabe in der

---

[202] „Indem man es diskutiert: ‚Es ist einfach jetzt nicht möglich technisch'. Dann müssen wir das auch so zur Kenntnis nehmen und sagen: ‚Gut, es ist nicht technisch möglich. Und, wie machen wir das anders?'" (2111/3123/3213; 2; m; 22).

[203] „Wenn man was plant, dann setzt man sich ja zusammen mit den betroffenen Entwicklern und macht sich selber eine Vorstellung. Und wenn sie nicht so total auseinander liegen, dann sagt man, ‚Na ja, gut. Haben wir ungefähr das gleiche. Kommt hin.' [...]. Das kann ich nicht von außen bestimmen. Und wenn es sehr differiert, dann muss man sich unterhalten. Und dann trifft man sich schon irgendwo. Und dann ist es oft so, dass man [als Projektleiter, MML] dann die pessimistischere Abschätzung abgibt." (2111/3123/3213; 1; m; 19).

zur Verfügung stehenden Zeit zu bewältigen ist. Allerdings besteht zwischen Entwicklern und (Teil-) Projektleitungen recht selten Dissens über Aufwandsschätzungen und wenn, dann besteht eher die Tendenz der Entwickler, die Zeitaufwände zu knapp zu schätzen.[204] Problematischer ist hingegen die Beziehung zwischen (Teil-) Projektleitungen und Auftraggebern sowie dem höheren Management der Mutterorganisation. Projektleitungen haben regelmäßig Schwierigkeiten, von ihren Auftraggebern und ihren Vorgesetzten ausreichend Zeit für die Projektabwicklung zu bekommen. Wenn sie es dann nicht schaffen, Projektumfang oder Abgabetermin zu verhandeln, sind sie gezwungen, „zurück zu terminieren" und ihren Mitarbeitern Vorgaben zu machen, von denen sie selbst nicht glauben, dass diese zu erfüllen sind.[205] Die negativen Folgen solcher „Mondtermine" für die Akzeptanz der Planung wurde bereits im Abschnitt III 2.3.1.3 „Motivieren" diskutiert. Was sich dagegen tun lässt, ist Gegenstand des Abschnitts III 2.3.3.2 „Entlasten".

Es wurde bereits darauf hingewiesen, dass eine partizipative und kommunikationsintensive Aufgaben- und Terminplanung auch begrenzt werden muss, da sie sonst zu viel Zeit in Anspruch nimmt. Zu diesem Zweck sollten die Sachziele der Geführten möglichst rasch und konkret spezifiziert werden. Dies wird im Abschnitt III 2.3.3.2.1 „Erstellung einer korrekten, vollständigen und stabilen Sachzielhierarchie näher erläutert.[206]

Die *Handlungskompetenz* der Geführten sollte nach Auffassung der Interviewten so wenig begrenzt wie möglich werden. Das bedeutet, dass die Geführten grundsätzlich vollkommen frei darin sein sollten, zu entscheiden, wie sie die ihnen übertragenen Aufgaben in der erwarteten Qualität bis zu den geplanten Terminen fertig stellen.[207] Mindestens zwei Einschränkungen sind allerdings zu machen. Erstens erfordert die arbeitsteilige Entwicklung von Software eine gewisse Standardisierung der Vorgehensweisen, die sich in Implementierungs-

---

[204] „Also, Entwickler tendieren eh dazu, sich zu überschätzen, d. h. den Aufwand zu unterschätzen. Gut, da man das weiß, kann man da immer ein bisschen was draufschlagen, nicht?" (2111/3123/3213; 2; m; 16).

[205] „Wichtig ist da einfach als Projektleiter, eine realistische Planung zu machen mit den Leuten zusammen. Und nicht sich quetschen zu lassen, weil das büßen sie dann, bevor sie liefern." (2111/3123/3213; 1; f; 10).

[206] „Die Herausforderung bestand entweder darin, dass auch trotzdem noch etwas gearbeitet werden konnte, weil wenn alle miteinander reden, passiert gar nichts. Ist wie bei den Indianern. Und das heißt also, die Aufgaben müssen ziemlich schnell runtergebündelt werden auf die Mitarbeiter und in konkrete Aufgaben umgesetzt werden, so dass dann auch Software entwickelt werden kann. [...] (2111/3123/3213; 2; m; 22).

[207] „Aber das ‚wie' entscheiden doch wirklich im Endeffekt die Entwickler, die das programmieren müssen, nicht? Von oben herauf aufdrücken klappt nicht so gut." (2101/2121/1413; 2; g; 5).

richtlinien und Vorgaben zum Konfigurationsmanagement niederschlagen.[208] Dazu gehören beispielsweise Vorgaben zur Kennzeichnung von Softwaremodulen, zum Vorgehen beim Einspielen derselben in das Gesamtsystem und zur Dokumentation des Quellcodes. Die Notwendigkeit solcher koordinierender Implementierungsrichtlinien nimmt mit der Größe eines Projekts zu und ist grundsätzlich unbestritten. Allerdings ist in vielen Gesprächen deutlich geworden, dass Softwareentwicklern die Einhaltung solcher Formalismen häufig als lästig empfinden, da sie ihre Arbeitszeit kostet, die ihnen dann für andere Aufgaben fehlen. Daher besteht bisweilen Führungsbedarf, die Einhaltung der Richtlinien durchzusetzen. Zweitens können sich Entwickler zwischen mehr oder weniger risikoreichen Vorgehensweisen bei der Implementierung von Quellcodes entscheiden. Wenn die Gefahr besteht, dass Entwickler zu viele Risiken eingehen, die sich in Softwarefehlern niederschlagen könnten, müssen Führende gegebenenfalls auf die Entwickler einwirken, solche Risiken nicht einzugehen.[209]

Hinsichtlich der *Erfolgskontrolle* sollte bei der Terminüberwachung und Arbeitsfortschrittskontrolle (vgl. oben unter III 2.3.1.1.1) Selbstkontrolle durch die Entwickler überwiegen.[210] Führende sollten „nur" sicherstellen, dass sich die Geführten tatsächlich anhand einer eigenen Terminplanung selbst kontrollieren. Darüber hinaus sollten Führende zum Zwecke der Gesamtsteuerung des Projekts den Fortschritt der einzelnen Mitarbeiter regelmäßig zu einer *Projekt*fortschrittskontrolle aggregieren. Beim Testen der Software sollte hingegen Fremdkontrolle durch unabhängige Testingenieure überwiegen, wobei allerdings die im Abschnitt III 2.3.1.1.1 formulierten Prinzipien guter Softwaretests zu beachten sind.

---

[208] „Dass das, was gemacht wird, nachvollziehbar ist, reproduzierbar ist und gewissen Prüfschritten unterzogen ist. Das ist ein Formalismus. Der ist mit Aufwand verbunden. Der ist unangenehm. Für mich manchmal auch, aber das ist halt meine Rolle. Für mich ist das wichtig. Ohne diesen Formalismus kommt hinten nichts raus, nichts Vernünftiges. Kommt Schrott raus." (2122/1213; 2; m; 18).

[209] „Es gibt für mich Punkte, wo ich keine neuen Ideen möchte. Durch neue Ideen bringe ich neue Risikofaktoren rein.'" (2122; 1; m; 12).

[210] *„Ich habe da jetzt drei verschiedene Sachen gehört: Erstmal hat er keine Lust auf Kontrolle im Sinne von Rede und Antwort stehen müssen, wie ein Schulbub ein bisschen. Er hat aber auch keine Lust auf die Bürokratie, die damit einhergeht. Und er hat schon überhaupt keine Lust, wenn ihm jemand eben direkt über die Schulter guckt."* „Na, das Wesentlich ist, dass er halt diese Controllingmaßnahmen als Zeitverschwendung betrachtet." *„Ach, das ist das Entscheidende? Es ist die Zeitverschwendung und nicht so sehr die Einschränkung der persönlichen Freiheit?"* „Also, es ist vor allem die Zeitverschwindung. [...] und sinnlose – weiß ich – Papierproduktion [...], als das was einen davon abhält von dem was man tun will, nämlich entwickeln." (2131/1411; 2; m; 16).

Im Ergebnis zeigt sich, dass die Daten die literaturbasierten Überlegungen weitgehend bestätigen (vgl. II 4.3.1), wie die folgende Tabelle zeigt. Unterschiede sind in erster Linie sprachlicher Art.

	Entscheidungskompetenzen delegieren	
Führungs-aktivitäten	*Handlungsempfehlungen aus der Literatur*	*Handlungsempfehlungen der Praktiker*
Entscheidungen in den Analyse- und Planungsphasen des Projekts (berühren die Zielentscheidungskompetenz der Geführten)	Planung mit Hilfe von Projektplanungsinstrumenten und –dokumenten bei gleichzeitiger intensive Partizipation im Planungsprozess	Partizipativ und kommunikationsintensiv planen, d. h. Aufwandsschätzungen der Mitarbeiter in der Projektplanung berücksichtigen und gemeinsames Verständnis der Aufgaben sicherstellen.
	Bereitschaft, langwierige Entscheidungsprozesse zu beenden	Zugleich Planung zügig durchführen
Entscheidungen in den Ausführungsphasen des Projekts (berühren *Handlungs- und Kontrollkompetenzen* der Geführten)	Einräumung Handlungskompetenz: • „So wenig Einschränkung wie nötig, so viel Freiheit wie möglich.", z. B. so wenige Vorgaben für das Konfigurationsmanagement wie nötig • Selbstbestimmte Selbstbegrenzung, d. h. Einfluss auf Regeln der Projektabwicklung geben	Ausführungskompetenz liegt grundsätzlich bei den Geführten. Ausnahmen sind u. a.: • Richtlinien zur Standardisierung • Einzelentscheidungen zur Risikoreduzierung
	Einräumung Kontrollkompetenz: • Primär Eigenkontrolle bei Vorgehenszielen (Umfang, Termine, Kosten) • Primär Fremdkontrolle bei Test und Begutachtung	Einräumung Kontrollkompetenz: • Primär Eigenkontrolle der Geführten hinsichtlich der Termineinhaltung • Fremdkontrolle bei Softwaretests
	Je mehr gemeinsame Orientierung, Konsens und Vertrauen im Team, desto mehr Delegation	

Tab. 22: Gegenüberstellung der Handlungsempfehlungen der Literatur und der Praktiker zur Führungsaufgabe „Entscheidungskompetenzen delegieren"

Delegation spielt für die Mitarbeiterführung eine große Rolle, auch wenn diese Bedeutung weniger differenziert als in der Literatur begründet wird. Die Geführten sollten möglichst weitreichende Entscheidungskompetenzen haben, diese können aber auch nicht unbegrenzt sein. Mit Rücksicht auf eine möglichst große *Ziel*entscheidungskompetenz der Geführten sollte die Projektplanung subsidiär und partizipativ erfolgen, wobei sie auch nicht ausufern darf. Im Hinblick auf die unvermeidliche Begrenzung der *Handlungs*kompetenz der Geführten halten auch die Praktiker eine möglichst selbstbestimmte Begrenzung für gut. Mit Bezug auf die *Kontroll*kompetenz befürwortet die Praxis ebenso wie die Literatur eine möglichst weitgehende Selbstkontrolle der Geführten hinsichtlich der Vorgehensziele und Fremdkontrolle hinsichtlich der Sachleistungsziele.

Unterschiede zur Literatur ergeben sich erstens hinsichtlich der Begrenzung der Handlungskompetenz, insofern als dass die Interview- und Gesprächspartner vielleicht noch deutlicher als die Literatur die Notwendigkeit betonen, Richtlinien und Standards durchzusetzen. Führung in Softwareentwicklungsprojekten darf in diesen Fragen wohl nicht zu „lasch" sein. Zweitens wurde in keinem Interview, Gespräch oder Workshop darüber reflektiert, dass Führende in Softwareentwicklungsprojekten einen größeren Delegationsgrad einräumen können, wenn innerhalb eines Projektes Orientierung, Konsens und Vertrauen hoch ausfallen. „Literatur" und „Praxis" widersprechen sich in dieser Hinsicht allerdings nicht, sondern ergänzen einander. Daher wird beides in die hier entstehende Theorie der Mitarbeiterführung aufgenommen.

2.3.2.2 Betriebliche Ressourcen zuweisen

Unter dem Sammelbegriff „betriebliche Ressourcen" werden hier Schulungen und schulungsähnliche Maßnahmen sowie Betriebsmittel zusammengefasst. In der Projektplanung und bisweilen auch in der Ausführungsphase müssen Führende darüber entscheiden, welche Kenntnislücken der Geführten geschlossen werden sollen und wie dies zu geschehen habe. Folgende Wissenslücken wurden von den Interviewten beklagt:

- Unzureichende Kenntnisse über die Anwendung der eigenen Software, d. h. über die Anforderungen und Abläufe ihrer Kunden und Nutzer.[211]
- Mangelnde Einblicke in geschäfts- und mikropolitische Hintergründe ihrer Projekte.[212]
- Lückenhafte softwaretechnische Kenntnisse, z. B. in Bezug auf objektorientiertes Softwaredesign, Programmiersprachen und dergleichen mehr.[213]

---

[211] „Ja, wir haben nicht mitgekriegt, was der Kunde wirklich machen will und in welchen Größenordnungen." (2201/2202/3101,1; 1; g; 3).

[212] „Ein wichtiger Punkt ist sicherlich auch, das Verständnis bei den Mitarbeitern für die Projektsituation zu schärfen. Das ist klar, das geht im Alltag sehr oft unter: ‚Kollegen, ihr müsst einfach sehen, wir haben jetzt hier wirklich eine hochnotpeinliche Situation. Der Kunde reagiert so scharf aus dem und dem Grund.'" (2202/ 2214; 2; f; 8).

[213] „Und das heißt: Sind eigentlich willig, aber sie haben kein Feeling dafür, welche Klasse man für welche Aufgabe braucht." (2202/ 2214; 1; f; 1).

- Fehlendes Wissen über Methoden der Projektplanung und Projektkontrolle, inklusive der Qualitätssicherung.[214]

- Verbesserungswürdige „soft skills", wie etwa Präsentations- oder Gesprächstechniken.[215]

Ein Teil dieser Kenntnislücken der Mitarbeiter lässt sich nur durch Aktivitäten schließen, die ein unmittelbares Weiterarbeiten an der Projektaufgabe ausschließen. Daher müssen Führungskräfte zumindest zustimmen, wenn Mitarbeiter auf eine der folgenden, von den Interviewten empfohlenen Weisen, Wissen aufbauen wollen.

- Mitarbeiter betreiben Selbststudium.[216]

- Mitarbeiter nehmen an Treffen beim oder mit dem Kunden teil, damit sie aus eigener Anschauung ein „Kundenfeeling" entwickeln und Einblicke in politische Hintergründe bekommen. Hierzu bieten sich die Zusammenarbeit mit Projektmitarbeitern des Kunden, Teilnahme an Sitzungen, Präsentationen bzw. von Zwischenergebnissen oder Inbetriebsetzungen der eigenen Software beim Kunden an.[217]

- Mitarbeiter besuchen Schulungen. Solche Schulungen können gerade zu Beginn eines Projekts dazu dienen, spezifische Kenntnislücken zu schließen.[218]

- Mitarbeiter wechseln in andere Projekt- oder Funktionsbereiche, z. B. in die Inbetriebsetzung oder Vorfeldforschung. Auf diese Weise können Mitarbeiter „on the job", neue softwaretechnische oder auf das Anwendungsfeld bezogene Kenntnisse erwerben.[219]

---

[214] „Danach hatte ich diese Funktion als Qualitätsmanager bei [Firma] übernommen, habe dort dann auch die Betonung auf Projektmanagement, saubere Projektabwicklung gelegt." (2202/ 2214; 2; m; 6).

[215] „Da ging dann erstmal, dass viel in Richtung Persönlichkeitstraining gemacht wurde, dass ich mal sagen möchte, was weiß ich, Kommunikationstraining, Rhetorik, Ähnliches, dass auch entsprechend Verkaufstrainings, solche Sachen, betont waren." (2202/ 2214; 2; m; 6).

[216] „[...], dass ich [...] wieder mal was lesen kann, Theorie ein bisschen anschauen kann." (2202/ 2214; 1; g; 3).

[217] „Wenn er [der Projektleiter, MML] sieht, dass irgendwo ein Problem ist beim Kunden, dann sind wir auch dorthin gefahren, mit Entwicklern. Es fährt nicht der [Mitarbeiter beim Vertrieb, MML], sondern es fährt der Projektleiter mit seinen Entwicklern dahin." „Wie finden Sie das?" „Gut." (2214; 1; m; 23).

[218] „Wie geht man mit Defiziten im Projektteam um, sprich, ist es so, dass man gegebenenfalls Ausbildung macht, wenn Qualifikationsdefizite vorhanden sind?" (2214; 2; m; 6).

[219] „[...], dass der Personalverantwortliche, Projektmanager sich mit den Mitarbeitern an einen Tisch setzt und ihnen sagt: ‚Wir könnten uns vorstellen, dass du in diesem Projekt arbeitest, aber du hast JAVA noch nicht drauf. Wäre die Entwicklung in Richtung JAVA, wäre das etwas für dich?'" (2202/2214; 2; f; 8).

Bisweilen klagten Interviewpartner auch über eine unzureichende Ausstattung mit Hard- und Software[220], fehlende oder zu enge Büroräume oder mangelnde Ausstattung der Büros[221] mit Materialien, z. B. Flipcharts, Teeküchen oder sogar Trinkwasser und Kaffeeautomaten. Führende sind aufgerufen, sich für eine hinreichende Ausstattung ihrer Mitarbeiter einzusetzen.

Im Vergleich zu den literaturbasierten Überlegungen (vgl. II 4.3.2) sind die Aussagen der Praktiker erheblich konkreter, was den Inhalt der Betriebsmittel und möglicher Schulungen bzw. schulungsähnlicher Maßnahmen angeht. Die Zuteilung von Betriebsmitteln und Schulungen als Fairness- und Delegationsproblem zu sehen, wie es sich vor dem Hintergrund der entsprechenden Literatur anbietet, kam den Mitgliedern der untersuchten Organisationen allerdings nicht „über die Lippen". Da sich die Aussagen der Literatur und der Praktiker allerdings nicht widersprechen, sondern ergänzen, werden sie alle in die entstehende literatur- und gegenstandsverankerte Theorie der Mitarbeiterführung aufgenommen.

2.3.2.3 Kommunikation und gegenseitige Unterstützung im Team fördern

Nachstehend werden Kommunikation im Team und gegenseitige Unterstützung im Team diskutiert, da sich diese zwei Aspekte als unterscheidbare Bestandteile der Teamarbeit in der Datenanalyse herausgeschält haben. Projektführung beeinflusst die *Intensität der Kommunikation* im Team unter anderem durch *Entscheidungen* über Aufgaben, Aktivitäten, Ressourcen und Termine im Projekt, soweit sie damit

- die Verfügbarkeit offizieller Kommunikationskanäle und Kommunikationsforen, wie Intranet und Arbeitssitzungen,[222]
- die zur Verfügung stehenden Foren für informelle Gespräche, z. B. Kaffeeecken,[223] und
- die räumliche Nähe der Gesprächspartner[224]

---

[220] „Hier [in der Firma, MML] ist die beste Voraussetzung, mal abgesehen vielleicht von den Arbeitsmitteln: Wir arbeiten hier mit Rechnern, die man sonst nur noch im Museum für Verkehr und Technik findet." (2203/ 2215; 2; m; 11).

[221] Wir hatten gute Arbeitsbedingungen, also für die Projektmitglieder vor allen Dingen. Also zum Arbeiten war das eine super Sache. Jeder hatte Platz. Jeder hatte weiße Wände. Kaffee, Wasser, war alles da." (2203/ 2215; 2; m; 20).

[222] „Die hatten ihren Kommunikations [unverständlich] unter LotusNotes, mit dem wir jedem Mitarbeiter die Möglichkeit gegeben haben, die Dokumente eines jeden einzusehen." (2211/3123; 2; f; 22).

[223] „Z. B. ist auf meinem Mist gewachsen, dass dort vorn die Espresso-Maschine steht. Da habe ich lange mit Herrn [..., dem Personalleiter, MML] rumstreiten müssen." (1211/ 2212 ; 1; m; 12).

beeinflussen.

Je mehr die vorstehenden Bedingungen erfüllt sind, desto intensiver wird nach Ansicht der Mitglieder der untersuchten Organisationen – ceteris paribus – im Projekt kommuniziert. Die *Effizienz der Kommunikation* hängt erstens davon ab, ob und inwieweit offizielle Kommunikationskanäle und Kommunikationsforen so gestaltet sind, dass dort nur die jeweils relevanten Informationen ausgetauscht werden und dass es zu keiner unnötigen Vervielfachung der offiziellen Kommunikation kommt. Wenn alle Beteiligten in einem Raum arbeiten, ist das kein Problem. Bei größeren Projekten mit mehreren Teilteams und verschiedenen Ansprechpartnern beim Auftraggeber und gegebenenfalls noch bei verschiedenen Abteilungen der Mutterorganisation ist das anders. In diesen Fällen ist das Management der offiziellen Kommunikation, insbesondere die Pflege von Berichtslinien und Arbeitssitzungen von Teilteams, die bisweilen auch nur temporär für die Lösung einer spezifischen Aufgabe existieren, von großer Bedeutung.[225] Zweitens hängt die Kommunikationseffizienz vom individuellen Kommunikationsverhalten der Geführten ab, auf das Führende nur Einfluss nehmen können, indem sie effizientes Kommunizieren vorleben. Dies bedeutet z. B. bei Arbeitssitzungen ein zeitsparendes Besprechungsmanagement vorzuleben[226].

In beiden untersuchten Organisationen wurde die *Bereitschaft* der Mitarbeiter, *sich gegenseitig zu unterstützen*, ausdrücklich gelobt. Beim Standardsoftwareentwickler wurde die ausgeprägte Kollegialität mit dem Umstand erklärt, dass sich die Mitarbeiter schon lange

---

[224] „Also wir saßen in extra Räumen beim Kunden [die nicht in der Nähe der Räume der Anwender lagen, MML]. Das würde ich auch nicht wieder machen. [...]. Also, die Kommunikationsverluste sind einfach zu hoch, und die kurzen Wege sind zu lang. Jede Abstimmung, jedes Gespräch wird davon berührt und musste ausführlichst geplant werden." (2213; 2; m; 20).

[225] „Wie läuft so etwas? Wir haben eine große Sitzung gehabt natürlich, wo alle Teilprojektleiter und die Projektleitung dabei war einmal in der Woche. [...]. Dann hatten wir unsere fixen Sitzungen zu ganz bestimmten Terminen mit denjenigen, die uns besonders nahe waren, wo wir Inputs gebraucht haben. [...]. Es war also ziemlich kommunikativ. [...]. Und dann hatten wir hier natürlich noch interne Sitzungen, weil diese Inputs dann auch weitergegeben werden mussten hier hinein. Aber es wurde nicht immer über die Teilprojektleiter kommuniziert, sondern hier haben sich auch temporäre Teams gebildet, meinetwegen aus dem und dem und dem, und die haben dann die Aufgabe gelöst. Es musste bloß [auch noch, MML] ein Feedback [an die Projektleitung, MML] gegeben werden, dass die Aufgabe eben gelöst worden war oder welche Schwierigkeiten tauchen auf." (2211/3123; 2; m; 22).

[226] „Was wir daraus gelernt haben, ist, dass man diese Meetings wirklich nach ganz bestimmten Vorgaben durchgegangen sind, also: Was ist der Stand? Was ist der Inhalt gewesen? Was ist die Maßnahme? Und dann ein kurzes, knackiges Protokoll. Also, nicht viel Palaver." (1130/ 2222/ 2232; 2; m; 22).

kennen würden und Konkurrenzdenken auch aufgrund des hohen Durchschnittsalters der Belegschaft kaum vorkäme.[227] Beim Individualsoftwareentwickler galten das angenehme Arbeitsklima, die lockere, wenig förmliche und unhierarchische Unternehmenskultur und die zumeist überschaubare Größe der Projekte, die selten mehr als zehn Mitarbeiter umfassten, als Gründe für die gute Zusammenarbeit und hohe Kommunikationsintensität.[228] Gleichwohl investierten Führende in beiden Organisationen Zeit und Mühe, die gegenseitige Unterstützung der Mitarbeiter und die Stimmung zu fördern und trafen dementsprechende *Entscheidungen* über Aktivitäten des Projektteams. Diese Aktivitäten umfassten private Treffen zum gemeinsamen Essen, Trinken oder Sport treiben, gemeinsam besuchte kulturelle Veranstaltungen, gemeinsame Frühstückspausen am Arbeitsplatz. Darüber hinaus sollten sich Führende um eine gute Ausstattung der Arbeitsräume und gegebenenfalls um die Einrichtung von Kaffee- und Diskussionsecken in der Nähe der Büros bemühen.[229]

Auch im *täglichen Umgang* sollten Führende ihre Mitarbeiter dahingehend beeinflussen, intensiv mit anderen zu kommunizieren und hilfs- und kooperationsbereit zu sein, effizient zu kommunizieren und Kontakte zu hilfsbereiten Kollegen und Experten aufzubauen. Das können sie, indem sie mit gutem Beispiel vorangehen und selbst ansprechbar und hilfsbereit sind. Führende können bisweilen aufgrund ihres technischen Verständnisses, insbesondere ihres Gesamtüberblicks über das Produkt und das Projekt, und aufgrund ihrer Kundenkenntnisse Wissenslücken der Geführten schließen. Führende bringen ihr eigenes Wissen ein, z. B. indem sie Anforderungen und Abläufe beim Kunden erläutern.[230] Bei technischen Fragen können sie ebenfalls helfen, indem sie zuhören, Fragen stellen und gegebenenfalls eigene

---

[227] „Dadurch, dass die Altersstruktur eher ins Greisenalter neigt, sind nicht mehr so viele da, die unbedingt Karriere machen wollen. Ich glaube, das ist ein wesentlicher Faktor dabei. Die Leute kennen das Spiel, akzeptieren sich gegenseitig. Es ist keiner da, der sagt: Ich will links überholen." (2204; 1; m; 2).

[228] „Tatsache ist, um zu der Kritik als solcher zurückzukommen, dass ich der Meinung bin, dass dieses partnerschaftliche, offene, kommunikative Verhältnis, das bei [Firma] gepflegt wird und ..., für mich sehr, sehr wichtig ist – denn ich könnte woanders auch mehr Geld verdienen, bleibe aber gern hier." (2204/ 2217; 2; m; 11).

[229] „Also, es hat auch in größeren Abständen im Projekt Essen gegeben zum Beispiel, also, ich meine, Aktivitäten, wir sind einfach mal alle zusammen in ein Museum geführt worden, in eine Ausstellung, die sehr interessant, sehr spannend war und die an mehreren Orten lief. [...] Und so etwas fördert einfach die Entspannung." (2217; 2; g; 7).

[230] „[...] und dann mussten die Projektleiter aus ihrem hoffentlich umfangreichen Wissen über die Bankabläufe sozusagen ein neues Konzept oder einen neue Anforderung für uns erstellen." (2201/2206/2231; 2; g; 5).

Lösungsvorschläge machen.[231] Sie sollten für die Geführten erreichbar sein, wenn diese ihre Aufgaben nicht ohne Unterstützung der Führenden bewältigen können.[232]

Vergleicht man die vorstehenden Ansichten der Praktiker mit den Überlegungen aus der Literatur (siehe Abschnitt II 4.3.3.2), so ergibt sich zusammenfassend folgendes Bild:

---

[231] „Aus seinen analytischen Fähigkeiten heraus entdeckt er [der Projektleiter, MML] halt Dinge, die für ihn unklar sind oder die er denkt, wo es Probleme geben könnte. Und dazu muss er halt gezielt Fragen stellen können, dass sich solche unklaren Sachverhalte dann noch aufklären." (2206/ 2231; 2; g; 5).

[232] „Oder wenn ich sage meinetwegen, ‚Du kannst mir eh nicht helfen, du kannst nach hause gehen', dann kann er [der Projektleiter, MML] natürlich nach hause gehen. Aber wenn man denkt, man könnte irgendwo noch Unterstützung brauchen, dann ist es nicht schlecht [, wenn der Projektleiter bleibt, MML]." (2206/2231; 2; g; 5).

Quelle und Inhalt der Handlungsempfehlungen zur Förderung der Kommunikation und gegenseitigen Unterstützung im Team		
Projektphase	*Literatur*	*Praktiker*
Zu Beginn	Genügend Zeit für gemeinsame Schulungen und gemeinsame Planung einplanen	
Im Projektverlauf	Dezentrale Kommunikationsstrukturen schaffen und pflegen Nicht enden wollende Sachkonflikte zwischen Geführten beenden	Ausreichend offizielle und informelle Kanäle und Foren schaffen und pflegen
	Kollaboratives Streiten vorleben und Mitarbeiter ggf. darin schulen lassen Heterogenität der Kommunikation und Ergebnisoffenheit der Entscheidungsfindung fördern: • Vorleben und Einfordern einer offenen und sachlichen Streitkultur • Einbindung „stillerer" Personen • Ggf. Advocatus Diaboli oder Moderatoren • Sensitivitätsanalysen • Reflexion der Gruppenprozesse Entscheidungsprozesse begrenzen	Hilfsbereit & ansprechbar sein: • Wissen einbringen • Fragen stellen • Kontakt halten Effizientes Kommunizieren, insbesondere Sitzungsmanagement, vorleben
	Soziale Kohäsion steigern (um Gruppenaustritte zu vermeiden) und Gruppenidentität fördern (um Konsens und Orientierung zu stärken) durch • das Feiern von Erfolgen • Gruppen"events" • die Betonung gemeinsamer Ziele • kollektive Belohnung bei Erfolgen • räumliche Nähe oder Förderung kompensatorischer Kommunikation bei räumlicher Entfernung Aufgabenkohäsion durch Motivierung steigern/ erhalten	In die Stimmung des Teams investieren, z. B. durch • Freizeit-Veranstaltungen • Kaffeeecken Für räumliche Nähe der Gesprächspartner sorgen
In den späten Projektphasen	Intensive persönliche Kommunikation zwischen den Mitarbeitern trotz Auflösungstendenzen des Projekts erhalten	

Tab. 23: **Gegenüberstellung der Handlungsempfehlungen der Literatur und der Praktiker zur Führungsaufgabe „Förderung der Kommunikation und Unterstützung im Team"**

Deutlich wird erstens, dass einige literaturbasierte Überlegungen gar keine Entsprechungen in den Aussagen der Praktiker finden. Zweitens ist zu erkennen, dass auch dort, wo Literatur und Praktikerwissen einander bestätigen, die Literatur differenziertere Empfehlungen macht. Einzig die Empfehlung an Führende in Softwareentwicklungsprojekten, selbst mit gutem Vorbild voranzugehen und ansprechbar und hilfsbereit zu sein, wurde in dieser Deutlichkeit nicht im

Literaturteil dieser Arbeit erörtert. Die vielen „blinden Flecken" in den Aussagen der Praktiker könnten daherrühren, dass die Mitglieder beider Organisationen den eigenen Projektgruppen ein ausgesprochen gutes Teamklima attestierten. Insofern könnten die Aussagen der Stichprobe im Vergleich zur Grundgesamtheit verzerrt gewesen sein. Fragen der Teamkommunikation und Zusammenarbeit könnten unterdurchschnittlich oft angesprochen worden sein, weil sie in den untersuchten Organisationen unterdurchschnittlich oft für Probleme sorgen. Dieses Ergebnis des Vergleichs stützt die zentrale methodische These dieser Arbeit, dass die simultane und vergleichende Herleitung von Handlungsempfehlungen aus der Literatur und aus Aussagen von Praktikern vor Einseitigkeiten schützt. In diesem Fall ergänzen und erweitern die Aussagen der Literatur die der Praktiker. Da sie sich nicht widersprechen, können sie allesamt in die hier formulierte Führungsheorie aufgenommen werden.

2.3.2.4 Kommunikation und Zusammenarbeit über Teamgrenzen hinweg fördern

Einleitend wurde bereits festgestellt, dass sich hinsichtlich der teamübergreifenden Kommunikation und Zusammenarbeit drei unterscheidbare Aspekte herausschälten, nämlich teamübergreifende Koordination der Entwicklungstätigkeiten, Kundenkontakt der Entwickler und sonstige projekt- und organisationsübergreifende Kontakte der Mitarbeiter. Um die *teamübergreifende Koordination* der Entwicklungstätigkeiten zu fördern, haben Führende *in* Softwareentwicklungsprojekten im Vergleich zu höherrangigen Organisationsmitgliedern relativ wenig Einflussmöglichkeiten, da sie dazu nicht nur die eigenen Geführten hinter sich haben müssen, sondern auch noch auf die Kooperationsbereitschaft der angrenzenden Teams und Abteilungen angewiesen sind und oft auch die Zustimmung ihrer eigenen Vorgesetzten benötigen. Gleichwohl sollten sie sich nach Ansicht der Mitglieder der untersuchten Organisationen um Folgendes bemühen:

- Die interdependenten Gruppen und Abteilungen informationstechnologisch vernetzen.[233]
- Die entsprechenden Mitarbeiter sollten räumlich möglichst nah beieinander arbeiten.[234]

---

[233] „Unsere Aufgabe des Projektes war noch, die Infrastruktur mit bereit zu stellen und LotusNotes als Kommunikationsmedium innerhalb des gesamten Projektteams aus zu installieren. [...], weil fünf oder sechs verschiedene Firmen auch da mitintegriert waren." (2218; 2; m; 22).

[234] Wenn wir die zwei Standorte zusammennehmen, dann kann man einfach rübergehen und sagen ,Also zeig mir mal das!' [...].Von der Effektivität her würde es Sinn machen, wenn Systemtester und Entwickler an ei-

- Die verantwortlichen Mitglieder der relevanten Teams und Abteilungen sollten die Gesamtaktivitäten möglichst frühzeitig und durchgängig gemeinsam planen, um Interdependenzen abzustimmen.[235]

- Kick-Off und Close-Down Workshops sollten zusammen mit den Mitgliedern der angrenzenden Teams und Abteilungen durchgeführt werden. Kick-Off oder Projektstart Workshops dienen dazu, die gemeinsamen Ziele und Aufgaben aller Beteiligten zu betonen, die Gesamtplanung vorzustellen und Fragen der Mitarbeiter zu klären. Close-Down oder Projektschluss Workshops dienen dazu, die gemachten Erfahrungen zusammenzutragen und Verbesserungsmöglichkeiten für Folgeprojekte zu eruieren.[236]

- Die Mitglieder des eigenen Teams und der angrenzenden Teams und Abteilungen sollten in zeitlich größeren Abständen zu Informationsrunden zusammenkommen. Diese Informationsrunden haben den gleichen Zweck wie Kick-Off Workshops.[237]

---

nem Standort wären. Wo die Hardware halt verfügbar ist, da kann ich rüberschauen, kann mir was einspielen, kann das sofort nachvollziehen." (2218; 1; m; 19).

[235] Ein Ergebnis des Beratungsprojekt beim Standardsoftwareentwickler war eine Änderung der offiziellen Ablauforganisation: Bereits vor der Formulierung des Pflichtenheftes (vgl. hierzu II 4.2.1.1) – welches in der Projektmanagementliteratur typischerweise als Ergebnis der Planungsaktivitäten des Auftraggebers diskutiert wird – sollte die Projektplanung gemeinsam von den Auftraggebenden Abteilungen technisches Marketing und Vertrieb und der Auftrag nehmenden Entwicklungsabteilungen in Workshops oder in Planungsteams erfolgen. Vor dieser Änderung begannen die gemeinsamen Planungsaktivitäten dieser Abteilungen erst nach der Formulierung des Pflichtenhefts. (2118)

[236] „Wir haben das gemacht, wir haben Kick-Offs gemacht. Nur wir haben bei den Kick-Offs mehr darauf geachtet, dass uns, der [Firmenname], den Leuten, die daran mitarbeiten, fachlich vermittelt wird, was dabei herauskommen soll, anstatt eben auch mal ein bisschen Feedback in die andere Richtung zu geben und dieses Problem war eben so noch nicht erkannt. Das wurde gar nicht so problematisiert. Jetzt, bei dem Abschlussmeeting, könnte man sagen, das gleichzeitig dann wieder ins Kick-Off überging für das nächste, wurde das eben thematisiert, und zwar, und das ist auch ganz wichtig in diesem Zusammenhang, finde ich, ohne dass es um Schuldzuweisungen geht." (2218, 2; m; 11).

[237] Ein weiteres Ergebnis des Beratungsprojekts beim Standardsoftwareentwickler war noch eine Änderung der offiziellen Ablauforganisation: Vor Abnahme der Projektplanung durch die auftraggebenden Abteilungen muss (und je nach Bedarf sollte auch noch danach immer mal wieder) eine „projektspezifische Informations- und Feedbackrunde" (Zitat aus dem Abschlussbericht) erfolgen. Ziele dieser Runde sind: „Informationsaustausch zwischen den Mitarbeitern aller beteiligten Abteilungen während des Projekts, Verbesserung des Klimas in heißen Projektphasen, Stärkung des gemeinsamen Verständnisses über die geteilten Projektziele, Stärkung des Gemeinschaftsgefühls (,eine Mannschaft'), Steigerung der Motivation der Entwickler, indem sie das ,Drumherum' des Projekts besser verstehen" (2218; Zitat aus dem Abschlussbericht).

- Gemeinsame Schulungen.

Entscheidende Barriere für die letzten vier der genannten Maßnahmen ist die Zeit, die ihre Umsetzung kostet.[238]

Beim Standardsoftwareentwickler wurde darüber geklagt, dass sich die Entwickler zu wenig in den Anwender ihrer Programme hineindenken könnten.[239] Führende in Projekten zur Entwicklung von Standardsoftware sollten daher *Kontakte der Entwickler zu Anwendern* fördern. Als probate Mittel gelten zum einen Präsentationen von Kundenvertretern über die Funktionsweise und Anforderungen ihrer Anlagen bzw. Besichtigungen dieser Anlagen.[240] Zum anderen sollten Projekt- und Programmleitungen einzelne Entwickler bei Kundenbesuchen mitnehmen.[241] Wiederum ist Zeitknappheit die wichtigste Barriere für diese Aktivitäten .

Der Kontakt der Entwickler zum Anwender bzw. Kunden muss aber gegebenenfalls auch begrenzt werden. Arbeiten Anwendervertreter und die eigenen Mitarbeiter räumlich eng zusammen, was in der Individualsoftwareentwicklung sehr viel häufiger der Fall ist, dann besteht die Gefahr, dass die Mitarbeiter des Kunden die eigenen Mitarbeiter zu oft ansprechen und aus dem Arbeitszusammenhang herausreißen.[242] Darüber hinaus besteht die Gefahr, dass die Anwendervertreter mit den eigenen Mitarbeitern Absprachen treffen, die der Projektleitung oder anderen relevanten Projektmitgliedern verborgen bleiben.[243]

Zu guter Letzt können auch *sonstige projektexterne Kontaktpersonen* bisweilen wichtige Hinweise, Tipps oder Ratschläge für die Lösung von Problemen liefern.[244] Führende soll-

---

[238] In den Workshops zum Schnittstellenmanagement beim Standardsoftwareentwickler wurde intensiv darüber diskutiert, wie viel Zeit Maßnahmen zur Schnittstellenabstimmung kosten dürfen. (2218)

[239] „Und ich bin sehr dankbar, dass ich eine ganze Reihe von Entwicklern habe, die Kundenfeeling haben. Ich habe noch zu wenig solche Entwickler." (2202/2205; 1; f; 1).

[240] „Ein schönes Beispiel ist die Veranstaltung, die es gab vor einigen Wochen: Da hat der Projektleiter von [Name des Kunden] …, hat das mal vorgestellt: Was da passiert, warum das passiert, mit welchen Randbedingungen. Das ist wirklich aus der Praxis. Der konnte das sehr gekonnt darstellen." (2214; 2; m; 2).

[241] „Insofern mache ich Pläne mit meinen Projektleitern, wie bringen wir mehr Entwickler raus an die Kunden." (2216; 1; f; 1).

[242] „Was ich natürlich weniger begrüße, dass die Kunden sich die Freiheit herausnehmen, die Entwickler beliebig abzulenken und sie zu missbrauchen für Beratung." (2223; 1; f; 1).

[243] „Na ja, dass ich das dann zu spät oder gar nicht erfahre." (2223; 2; m; 20).

[244] „Es kommt hinzu, vielleicht eher ein Zufall, dass hier die Vorentwicklung, die Abteilung [, die anwendungsorientierte Grundlagenforschung betreibt, die sich nicht unmittelbar in Produkten niederschlagen muss, MML] angesiedelt ist für die Bereiche, die uns hier betreffen. Das heißt, wir haben hier sehr leicht Zugang zu Know-how-Trägern, die in der Technologie ganz vorne sind." (2205/ 2233; 1; f; 1).

ten nach Ansicht der Interviewten daher ihre Mitarbeiter auffordern und dabei unterstützen, Kontakte zu projektexternen Personen auch aus anderen Organisationen, etwa aus Forschungsinstituten oder Hochschulen, aufzubauen und zu pflegen.[245]

Vergleicht man die Empfehlungen der Literatur (siehe II 4.3.4) mit den Empfehlungen der Praktiker, so sind die Unterschiede marginal und eher sprachlicher Art. Einige Empfehlungen der Literatur wurden von den Praktikern nicht genannt. Umgekehrt sind einige Empfehlungen der Praktiker konkreter als die aus der Literatur. Die folgende Tabelle gibt einen Überblick:

Gegenstand der teamübergreifenden Kommunikation und Zusammenarbeit	Quelle und Inhalt der Handlungsempfehlungen zur Förderung teamübergreifender Kommunikation und Zusammenarbeit in Softwareentwicklungsprojekten	
	Literatur	*Praktiker*
Technische Koordination	• Informationstechnologische Vernetzung • Räumliche Nähe • Enge Abstimmung durch integrierende Instanzen, z. B. in Koordinationskomitees • Einzelne Mitarbeiter mit „task coordination" betrauen und ihnen für diese Aktivitäten den Rücken freihalten • Direkte informelle Kontakte • Gemeinsamkeiten herausstreichen • Generell die Bedeutung des „scouting" und der „task coordination" betonen	• Informationstechnologische Vernetzung • Räumliche Nähe • Frühzeitige und durchgängige gemeinsame Planung • Kick-Off und Close-Down Workshops • Informationsrunden • Gemeinsame Schulungen
Kundenkontakte und sonstige Kontakte	• Generell die Bedeutung des „scouting" betonen • Einzelne Mitarbeiter mit „scouting" betrauen und ihnen für diese Aktivitäten den Rücken freihalten.	• Präsentationen und Besichtigungen der Anlagen des Kunden (nur Standardsoftwareentwicklung) • Kundenbesuche • Kontakte fördern
Trade-off zwischen Nutzen und Aufwand der teamübergreifenden Kommunikation und Zusammenarbeit	Technische Koordination und Scouting in Abhängigkeit von den Erfordernissen, insbesondere der Intensität und Anzahl der Interdependenzen zu Externen und dem Innovationsgrad dosieren	Ertrag der technische Koordination und Kundenkontakte und Zeitaufwand ausbalancieren

Tab. 24: Gegenüberstellung der Handlungsempfehlungen der Literatur und der Praktiker zur Führungsaufgabe „Förderung teamübergreifender Kommunikation und Zusammenarbeit"

---

[245] „Dafür hat [Standort] den Vorteil, dass die Hochschulinstitute, insbesondere Fraunhofer-Gesellschaft, jahrelang Tradition [unverständlich] Steuerungstechnik haben. Diese Kontakte hätte man ausbauen können und hätte damit adäquat schöpfen können. Das hat man aber nicht getan oder zu schwach." (2205/ 2233; 1; f; 1).

Auch die in der Literatur betonte Gratwanderung zwischen einer zu großen und zu zeitinten-siven Grenzoffenheit des Teams spiegelt sich in den Aussagen der Praktiker wider. Allerdings fällt die Begründung der Praktiker dafür knapper aus. Die mögliche Überlastung der Informa-tionsprozesse eines Teams durch die Verarbeitung zu vieler externer Informationen wurde von den Mitgliedern der untersuchten Organisationen nicht angesprochen. Sie begründeten die notwendige Gratwanderung ausschließlich mit der Zeit, die teamübergreifende Zusam-menarbeit kostet.

Zusammenfassend ist festzuhalten, dass sich die literatur- und datenbasierte Anschau-ung teamübergreifender Zusammenarbeit in Softwareentwicklungsprojekten weitgehend ge-genseitig bestätigen. Die wenigen feststellbaren Unterschiede widersprechen einander nicht, sondern ergänzen sich, so dass beide Anschauungen in die hier entstehende Theorie der Mit-arbeiterführung aufgenommen werden.

2.3.2.5 Helfenden Dialog führen

Die Praktiker halten es für entscheidend, dass Führende und Geführte regelmäßig und ver-trauensvoll miteinander kommunizieren, damit die Führenden frühzeitig über Fehlentwick-lungen informiert werden und rechtzeitig reagieren können.[246] Dies gilt erst recht, wenn die Aufgabe der Geführten so komplex ist, dass die Gefahr besteht, dass sie allein den Überblick darüber verlieren.[247] Wenn das Tagesgeschäft keinen häufigen Kontakt zwischen Führenden und Geführten zulässt, wie es oftmals bei hierarchisch hochrangigen Führungskräften der Fall ist, sollten regelmäßige Gespräche anberaumt werden.[248] Daher ist es nach Ansicht der Prakti-ker nicht nur wichtig, dass die Geführten ihren Führenden vertrauen, sondern auch, dass sich

---

[246] „Kurz vor Erreichung des Endtermins, März letzten Jahres, teilte mir der Projektleiter mit, dass man diesen Termin um ein Jahr verschieben müsse. Das warf natürlich mehrere Fragen auf. Erstens mal Fragen nach den Qualifikationen dieses Projektleiters, zweitens nach dem Vertrauensverhältnis, drittens nach der Kultur, denn wenn er mir einen Monat vor dem Termin das mitteilt und vorher immer sagt, ‚der Termin wird gehalten‘, dann ist da wohl mehr schief als nur die Technik." (2206/2232/2401; 1; f; 1).

[247] „Auch das ist eine Erfahrung aus anderen Projekten, dass es sonst leicht passieren kann, dass auch der Pro-jektmanager einfach auch die Balance verliert, in seiner Aufgabe spielt oder bestimmte Abhängigkeiten nicht sieht, nicht erkennt. Andererseits die Geschäftsführung nicht genau weiß, ‚Wie ist der gerade drauf? Hat er das noch im Griff?‘ Also so ein bisschen." (2206/2232; 2; f; 8).

[248] „[...], dann gehört dem entsprechenden Projektmanager auch regelmäßig das Ohr eines Geschäftsführers. Da muss einfach einmal in 14 Tagen schon [unverständlich]. Da gehört einfach ein ständiges Feedback, ein stän-diger Austausch und Kommunikation dazu." (2206/2232; 2; f; 8).

die Führenden aktiv um Gespräche mit den Geführten bemühen, auch wenn dies Zeit kostet.[249] Die Ergebnisse bestätigen die literaturbasierte Einschätzung, wonach ein enger Kontakt zu den Geführten bei der Führung in zeitkritischen und komplexen Projekten erfolgsförderlich ist (vgl. II 4.2.1 „Planung und Kontrolle" sowie II 4.3.5 „Hilfe").

2.3.2.6 Mut und Zuversicht vermitteln

Aus den Daten schälten sich zwei unterschiedliche Aspekte von Mut und Zuversicht heraus. Zum einen unterschieden die Mitglieder der untersuchten Organisationen zwischen Selbstwirksamkeit und internalen Kontrollüberzeugungen – allerdings ohne diese Konzepte so zu nennen. Zum anderen sind die Aussagen der Praktiker danach zu unterscheiden, ob sie Mut und Zuversicht der Geführten in Softwareentwicklungsprojekten im Hinblick auf die Erreichung von Schnelligkeits- oder von Nachhaltigkeitszielen betreffen. Inhalt und Quellen der Praktikeraussagen sind in der folgenden Tabelle zusammenfassend darstellt:

---

[249] Auch dies war ein Ergebnis der Organisationsentwicklung beim Standardsoftwareentwickler. Die Führungskräfte verpflichteten sich dazu, mehr als bisher „informelle Kontakte [zu] intensivieren und Hilfe an[zu]bieten." (Zitat aus dem Abschlussbericht). Im Abschlussbericht steht weiter: „Die Führungskräfte sollen „a) mehr Gelegenheiten zum (informellen) Gespräch anbieten und Kontakt zu den Mitarbeiter suchen, z. B. indem sie Abteilungsfeste organisieren, Informationsrunden veranstalten und dergleichen mehr, b) mehr Gelegenheiten für Fachgespräche bieten, die über die Tagesarbeit hinausgehen. Z. B. könnten regelmäßige Runden organisiert werden, auf denen Mitarbeiter in recht informeller Atmosphäre Fortschritte und ‚Baustellen' ihrer Arbeit präsentieren und mit den Führungskräften, insbesondere Projektleitern und [Bezeichnung für Programmdirektoren] diskutieren. [...], c) im Zweifel immer nachhaken, wenn Probleme zu vermuten sind und sich nicht auf die Bewertung des Mitarbeiters (‚das schaff ich schon') verlassen." Die Personaleiter und der Leiter der Entwicklungsabteilungen verpflichteten sich, die Umsetzung dieser Selbstverpflichtung der Projektleiter und Programmdirektoren zu überprüfen. (2435; -)

Facette von Mut und Zuversicht	Inhalt und Quellen der Praktikeraussagen zu Mut und Zuversicht der Mitarbeiter in Softwareentwicklungsprojekten	
	Im Hinblick auf die Erreichung von Schnelligkeitszielen	*Im Hinblick auf die Erreichung von Nachhaltigkeitszielen*
Selbstwirksamkeit	Selbstwirksamkeit der Geführten ist bei Misserfolgserlebnissen gefährdet (6 Interviews)	Nicht thematisiert
Internale Kontrollüberzeugung	Internale Kontrollüberzeugung ist durch unrealistische und instabile Pläne gefährdet (4 Interviews)	Internale Kontrollüberzeugung ist hinsichtlich weit reichender Initiativen schwach ausgeprägt (4 Interviews)

Tab. 25: Inhalt und Quellen der Praktikeraussagen zu Mut und Zuversicht der Mitarbeiter in Softwareentwicklungsprojekten

Selbstwirksamkeit ist der Glaube der Mitarbeiter an die eigene Fähigkeit, Handlungen so zu organisieren und auszuführen, wie es erforderlich ist, um eine bestimmte Leistung zu erzielen, z. B. ein Softwaremodul in einer vereinbarten Qualität bis zu einem bestimmten Termin fertig zu stellen (vgl. Bandura, 1997, S. 3, 20, 21-22). Die Interviewpartner schilderten immer wieder Situationen, in denen der *Glaube* von Mitarbeitern in Softwareentwicklungsprojekten an die eigene Fähigkeit, *tragfähige Ergebnisse in kurzer Zeit zu erarbeiten*, beeinträchtigt war. Massive oder wiederholte Misserfolgserlebnisse, etwa Unverträglichkeiten von Softwaremodulen, Komplikationen bei der Implementierung, nicht bestandene Tests oder Ablehnung seitens des Auftragebers, können zu Resignation, Hilflosigkeit und sogar Verzweiflung hinsichtlich der wahrgenommenen eigenen Leistungsfähigkeit führen.[250]

Selbstwirksamkeit in Bezug auf Nachhaltigkeit steigernde Handlungen wurde in den Interviews nicht angesprochen. Über die Gründe lässt sich spekulieren. Ein Grund dürfte darin zu suchen sein, dass Nachhaltigkeit generell eine geringere Rolle im Erleben der Interviewten spielt als das Schnelligkeitsziel. Hinzu kommt, dass die Erreichung von Nachhaltigkeitszielen sehr viel weniger der Fremdkontrolle unterliegt als die Erreichung von Schnelligkeitszielen. Erfolg und Misserfolg von Nachhaltigkeit steigernden Handlungen, etwa der Ertrag eines Redesigns eines Softwaremoduls, werden vor allem vom Bearbeiter definiert, der im Zweifel Selbstwert steigernd vom Erfolg seiner Aktivitäten ausgeht.

Internale Kontrollüberzeugungen wurden hingegen in Bezug auf beide Ziele angesprochen. Sie bezeichnen den Glauben daran, dass Leistungen Konsequenzen im Sinne von

---

[250] „Und ab da war es eben so, dann schwenkte das um in eine Phase der Verzweiflung. ‚Gott, was haben wir denn da angerichtet. Wir wissen nicht mehr aus und ein!' Hilflos." (2302; 1; f; 1).

Erfolg und Misserfolg, hier also als Beiträge zur Projektgeschwindigkeit oder Projektnachhaltigkeit, nach sich ziehen (vgl. Bandura, 1997, S. 20; Rotter, 1966, S.1). *In Bezug auf das Schnelligkeitskriterium* ist die *internale Kontrollüberzeugung* der Mitarbeiter in Softwareentwicklungsprojekten grundsätzlich als hoch einzuschätzen. Die Überschaubarkeit der Projektteams und die hohe Kontrollierbarkeit der eigenen Arbeitsleistung gemessen in Arbeitspaketen und Softwarequalität machen den Beitrag der eigenen Leistung zur Projektgeschwindigkeit offensichtlich. Die wahrgenommene Korrelation zwischen eigener Leistung und Projektschnelligkeit ist hoch.

Zwei Umstände können die internale Kontrollüberzeugung in Bezug auf die Erreichung von Schnelligkeitsvorgaben beeinträchtigen. Zum einen gefährden unrealistische Pläne die Erwartung der Geführten, dass sich ihre Anstrengungen und Leistungen in Erfolgen niederschlagen. Ein Plan gilt als unrealistisch, wenn nach dem Ermessen der Führenden und Geführten gar keine rechte Chance besteht, die Vorgaben zu erfüllen.[251] Zum anderen beeinträchtigt eine instabile Planung die internale Kontrollüberzeugung. Wenn sich die Anforderungen andauernd ändern, werden bereits erarbeitete Ergebnisse immer wieder obsolet. In solchen Situationen ist die Erwartung, dass sich Leistungen – in Form erledigter Arbeitspakete und „bestandener" Softwaretests – in Projekterfolg, genauer in der Erreichung der erwarteten Projektschnelligkeit, ummünzt, zu Recht niedrig. Die Folgen sind Unzufriedenheit, Resignation und Demotivation der Mitarbeiter (vgl. auch III 2.3.1.1.2).[252]

In Bezug auf Nachhaltigkeit fällt die *internale Kontrollüberzeugung* der Mitarbeiter in Softwareentwicklungsprojekten schwach aus, soweit es sich auf umfangreichere Initiativen, die zu einer erheblichen Steigerung der Nachhaltigkeit führen würden, bezieht. Kleinere Initiativen stellen kein Problem dar, wenn dafür nur etwas Zeit zur Verfügung steht. Größeren Initiativen hingegen, die der Zustimmung der jeweils nächsthöheren Vorgesetzten bedürfen,

---

[251] „Unrealistische Planung ist halt, wenn der Kunde etwas gesehen hat und meint halt, ‚Die und die Änderungen müssen aber bis zum Release noch rein', und man eigentlich abschätzt, also er eigentlich abschätzen kann, das ist nicht zu schaffen. Und trotzdem aber irgendwo sagen muss, ‚Ja, wir machen das.' [...] und wir aber auch wissen, schon sagen im Vornheraus, ‚Das ist nicht zu schaffen oder nur teilweise zu schaffen.'" (2304/3203,1; 2; g; 5).

[252] „Da geht einfach ein bisschen die Sorgfalt drauf und die Qualität dessen, was er tut, weil er immer im Kopf hat, ‚Na ja, man schmeißt es ja dann eh wieder um. Was soll ich mich da jetzt so anstrengen?'" (2304/3102,3/; 2; m; 16).

werden eher geringe Erfolgschancen zugeschrieben.[253] Grund dafür ist (wieder) Zeitknappheit: Initiativen zur Steigerung der Nachhaltigkeit kosten Zeit und gehen – zumindest kurzfristig – auf Kosten der Schnelligkeit. Das lassen nächsthöhere Vorgesetzte und erst recht der Auftraggeber nur zu, wenn Endtermin des Projekts und Umfang der Software nicht gefährdet sind. Und das ist nur selten der Fall.

Was können Führende nach Ansicht der Praktiker tun, um Selbstwirksamkeit und internale Kontrollüberzeugung der Mitarbeiter zu stärken? Die folgende Tabelle gibt einen Überblick:

	Führungsaktivitäten	
Führungs-aufgabe	*Entscheidungen der Führenden*	*(Täglicher) Umgang mit den Geführten*
Mut und Zuversicht vermitteln bezüglich des Geschwindig-keitsziels	Zur Stärkung der Selbstwirksamkeit • Aufgaben zergliedern und Machbarkeit der resultierenden Teilaufgaben betonen • Helfen, insbesondere entlasten: Zeitdruck vermeiden und lindern (siehe III 2.3.3.2) Zur Stärkung internaler Kontrollüberzeugungen • Rollierend planen, Aufgaben und Sachziele teilweise sukzessive konkretisieren (siehe III 2.3.3.1)	• Zuversicht ausstrahlen • Erfolge erfahrbar machen, d. h. sie würdigen, nach außen darstellen und feiern • Leistungen der Geführten nach außen vertreten • Mitarbeiter von schlechten Nachrichten abschirmen
Mut und Zuversicht bezüglich des Nachhaltig-keitsziels	Zur Stärkung internaler Kontrollüberzeugungen • Zwischen kleineren und größeren Initiativen zur Steigerung der Nachhaltigkeit unterscheiden • Reserven nicht kappen lassen	

Tab. 26: Handlungsempfehlungen der Praktiker zum Vermitteln von Mut und Zuversicht

Führende in Softwareentwicklungsprojekten beeinflussen mit ihren *Entscheidungen* über Ziele, Aufgaben, Termine und Ressourcen im Projekt die *Selbstwirksamkeit* der Geführten. Ein Interviewpartner formulierte mit Blick auf das Verhältnis von Zielhöhe bzw. Umfang der Aufgabe zu verfügbarer Zeit und vorhandenen Ressourcen plastisch: Wichtig sei die „Verdaulichkeit ihrer Aufgaben"[254]. Ansonsten kämen sie „mit so einem Riesenklops, der einem im Halse steckt" nicht zurecht.[255] Daher sollten Führende gegebenenfalls ihren Mitarbeitern hel-

---

[253] „Es ist halt oft so mit Vorschlägen, wenn man sie macht: ,Ja, hört sich gut an.' Aber es fehlt halt die Zeit sich real damit zu befassen" (2305; 1; m; 19).

[254] (2311; 2; f; 8).

[255] „Also, dass sie auch einfach diese kleinen Fortschritte gesehen haben. Ansonsten kommt man mit so einem Riesenklops, der einem im Halse steckt, kommt man nicht zurecht." (2311; 2; f; 8).

fen, ihre Aufgabe zu zergliedern und konkrete, bewältigbare Teilaufgaben zu formulieren. Das kann auf Teamebene passieren, z. B. indem Fachleute engagiert werden, die beim Redesign einer „verunglückten" Software helfen und sicherstellen, dass klar abgegrenzte und bearbeitbare Softwaremodule definiert werden.[256] Das kann aber auch auf der Ebene eines einzelnen Mitarbeiters geschehen, indem sich Führende und Geführter treffen, um gemeinsam technische Probleme oder die Priorisierung von Aufgaben zu besprechen. Dabei sollte die Führungsperson die Machbarkeit der resultierenden Teilaufgaben betonen.[257]

Des Weiteren ist die Selbstwirksamkeit bedroht, wenn die Mitarbeiter befürchten, keine Hilfe zu bekommen, wenn sie sie benötigen. Daher sollten sich Führungskräfte im Bedarfsfalle darum bemühen, konkrete Hilfe und Ressourcen bereitzustellen (vgl. III 2.3.3 Management der Aufgabe).[258] Insbesondere sind alle Führungsaktivitäten, die im Abschnitt III 2.3.3.2 „Entlasten: Zeitdruck vermeiden und lindern" erörtert werden, bedeutsam, weil die Einschätzung der Geführten, ob ein Projekt machbar ist, davon beeinflusst wird, wie stark sie Zeitdruck empfinden.

Mit ihren *Entscheidungen* über Ziele, Aufgaben, Termine und Ressourcen im Projekt beeinflussen Führende in Softwareentwicklungsprojekten auch die *internale Kontrollerwartung,* weil sie damit die Stabilität der Sachziele der Geführten beeinflussen. Wenn sich die Vorgaben andauernd ändern, wird die internale Kontrollerwartung beeinträchtigt. Das Problem instabiler Sachziele können Führende lindern, indem sie rollierend planen.[259] Bei der rollierenden Planung werden Aufgaben und Termine für zeitlich fernere Aktivitäten unpräziser festgehalten als für zeitnahe Aktivitäten (vgl. Hauschildt, 1997, S. 346, 370 f.). Eine rollierende Planung ist eine praktische Anwendung des im Literaturteil diskutierten „realistischen Prinzips Hoffnung" (vgl. II 4.3.6.2). Im Zuge der rollierenden Planung entscheiden Führende und Geführte gemeinsam, welche Anforderungen und Sachziele der Software sie für so stabil einschätzen, dass mit ihrer Realisierung begonnen werden kann, ohne dass die Gefahr besteht,

---

[256] „Wobei sie aber nicht in der Lage gewesen sind, alleine das zu schaffen, sondern der [Name] und andere Cracks mussten noch dazu kommen, um praktische Design-Vorschläge zu machen." (2311; 1; f; 1).

[257] „Habe dann Einzelgespräche geführt mit den Leuten in dem Sinne: ‚Das was jetzt zu tun ist, nach dem die Designs klar liegen, ist eine Aufgabe die bewältigbar ist.'" (2311/1412; 1; f; 1).

[258] „Habe zusätzliches Personal zur Verfügung gestellt. Zusätzliche Testmittel. Habe damit auch signalisiert: ‚Das ist mir wichtig. Ihr kriegt jede Unterstützung, die vorstellbar ist.'" (2312; 1; f; 1).

[259] „Also, was er [der Projektleiter, MML] machen kann: Also, über die Sachverhalte, wo er sich 100%ig im Klaren ist, dass die wirklich so sind, die kann er schon sozusagen weitergeben. Und dann hat er die Entwickler erstmal vom Hals. Die haben etwas zu tun und können arbeiten [...]." (2313/3124; 2; g; 5).

324

dass die Arbeit umsonst geleistet wird. Die Aufgabe wird damit in „machbare" und „noch nicht machbare" Bereiche eingeteilt.[260] Im Gespräch über die Planung lassen sich darüber hinaus Prämissen und Einschätzungen zwischen Geführten und Führenden abklären und angleichen. Die noch instabilen Anforderungen werden im weiteren Verlauf sukzessiv vor dem Hintergrund hinzukommender Informationen über die Wünsche der Anwender und die technischen Zusammenhänge der Software auf ihre Relevanz und ihre Umsetzbarkeit geprüft und mit der Zeit konkretisiert. Durch dieses Vorgehen wird dazu beigetragen, dass sich die Geführten so weit wie möglich auf das jeweils momentan Wichtige und Machbare konzentrieren.

Auch die *internale Kontrollüberzeugungen der Geführten im Hinblick auf Nachhaltigkeitsziele* werden von Entscheidungen der Führenden beeinflusst. In den Workshops, Gesprächen und Interviews wurde Führenden zum einen empfohlen, zwischen kleinen und großen Initiativen zur Steigerung der Nachhaltigkeit in der Softwareentwicklung zu unterscheiden – ganz im Sinne des in Kapitel II 4.3.6.2 „Internale Kontrollüberzeugungen" erläuterten realistischen Prinzips Hoffnung. Kleinere Initiativen können innerhalb eines Softwareentwicklungsprojekts geleistet werden und sollten von den Führenden in der Projektplanung berücksichtigt werden. Größere Initiativen, etwa das Redesign einer bereits bestehenden umfangreichen Software oder die Einführung von weiterreichenden Qualitätssicherungsprozessen, können hingegen nur von der Mutterorganisation umgesetzt werden und fallen damit auch nicht in die Verantwortung der Führenden und Geführten.[261]

Zum Anderen sollen Führende, darauf achten, dass im weiteren Projektverlauf die für die „kleineren" Initiativen vorgesehenen Ressourcen und Reserven nicht gekappt werden. Projektleitungen sollten sich gegen Kürzungen ihres Budgets wehren.[262] Wenn sie damit allerdings nie Erfolg haben (sollten), machen die Geführten zwangsläufig die Erfahrung, dass es

---

[260] „Er sagt dann meinetwegen, ‚Fang mal mit dem und dem an, denn die anderen Sachen könnten sich noch ändern.'" (2313; 2; g; 5).

[261] „Obwohl, es wird oft gesagt, ‚das ist wichtig', aber es wird wenig gemacht und es heißt immer, ‚es bringt was, das sparen wir später ein.' Aber es wird nie investiert, [...]. Es müsste eigentlich offiziell eingetütet werden." (2331;1; f; 10).

[262] „Zum Beispiel, dass ich als Projektleiter mir ein Budget für, sagen wir mal, Qualitätsmaßnahmen reserviere. [...]. Ich habe mein Geld schon gehabt, quasi, und das ist dann für Funktionen bei anderen Projekten weggegangen. Eigentlich eine Q-Maßnahme, eine Q-Reserve wurde eigentlich für Funktionserweiterungen bei anderen Projekten eingesetzt. [...]. Das nehmen sie dem einen Projekt weg und geben das dem anderen. So dass das eine Projekt von der Reserve überhaupt nichts mehr hat." (1221/2332/6300; 1; f; 10).

keinen Sinn hat, sich um Nachhaltigkeit zu bemühen, da die dafür erforderlichen Ressourcen nicht zur Verfügung gestellt werden. Die internale Kontrollüberzeugung, dass sich persönliche Initiative für eine höhere Nachhaltigkeit tatsächlich in einer höheren Nachhaltigkeit der Softwareentwicklung niederschlägt, wäre dann zu Recht niedrig.

Ein anderer Teil des Mut-Machens und Zuversicht-Verbreitens speist sich aus dem *täglichen Umgang der Führenden mit den Geführten,* der sich allerdings der Unterscheidung zwischen Stärkung der Selbstwirksamkeit vs. internaler Kontrollüberzeugungen und internaler Kontrollüberzeugung vs, Selbstwirksamkeit entzieht. Um den Geführten Mut zu machen und Zuversicht zu geben sollten sie im Umgang mit ihnen

- Zuversicht ausstrahlen,
- Erfolge würdigen und gebührend herausstellen,
- Leistungen der Mitarbeiter nach außen hin positiv darstellen und
- schlechte Nachrichten abfangen und als „Firewall" agieren.

Nach Ansicht der Praktiker sollten Führende in Softwareentwicklungsprojekten *Zuversicht ausstrahlen,* die Mitarbeiter aufmuntern und auch in schwierigen Lagen möglichst immer eine Idee haben, wie es weitergehen könnte.[263] Wer hingegen zugäbe, er wisse nicht mehr weiter, hätte als Führungsperson hingegen – so eine Gesprächspartnerin – „verloren".[264]

Des Weiteren sollten Fortschritte, die trotz aller Widrigkeiten gemacht werden, von den Mitarbeiter auch als Erfolgserlebnisse erlebt werden. Daher ist es wichtig, dass Führende *Erfolge würdigen,* gebührend darstellen und bisweilen auch feiern, um sie für alle erfahrbar zu machen. Sie sollten darauf achten, dass die Teilaufgaben mit Erfolgskontrollen verknüpft werden, damit die Mitarbeiter „selber sehen können, dass sie vorwärts kommen. So dass sie sich selber hochziehen können", wie ein Gesprächspartner formulierte.[265] Führende sollten Erfolge als solche herausstellen und würdigen.[266] Sie sollten insbesondere auch über Erfolge,

---

[263] „Signale, günstige Impulse." „*Aufmunterung, Mut machen?*" „Ja, natürlich. Und das ist auch passiert, und das hat mir sehr gut gefallen." (2321; 2; g; 7).

[264] „Man kann es tolerieren, wenn es halt irgendwo begrenzt ist. Aber wenn irgendwo dann Auswirkungen kommen, die man vorher nicht planen konnte, oder man jetzt selber [als Projektleitung, MML] irgendwie zeigt, ‚Also, jetzt kann ich gar nicht mehr', dann geht das nicht." „*Dann ist er [der Projektleiter, MML] weg?*" „Ja, dann hat er verloren." (2321; 2; g; 5).

[265] „Habe die Aufgabe mit denen gemeinsam in kleine Teile zerlegt mit Zwischenerfolgskontrollen, damit sie selber sehen können, dass sie vorwärts kommen. So dass sie sich selber hochziehen konnten." (2322; 1; f; 1).

[266] „Wichtig war zum einen letztendlich das Gefühl, was wir auch den Mitarbeitern rüberbringen konnten: Wenn wir richtig intensiv und konzentriert an einem Thema arbeiten, dann packen wir das auch, d. h. es fehlt uns an

die die Geführten nicht selbst mitbekommen, berichten anstatt sie den Mitarbeitern vorzuenthalten. Dazu gehört z. B. über erfolgreich verlaufende Präsentationen beim Kunden oder über gute Verkaufszahlen zu informieren.[267]

Außerdem können Führende Mut und Zuversicht ihrer Mitarbeiter stärken, indem sie die *Leistungen ihrer Mitarbeiter nach außen vertreten*, vornehmlich gegenüber Belegschaft und Management der Mutterorganisation und gegenüber dem Auftraggeber. Gegebenenfalls ist dazu erforderlich, unzutreffende oder ehrverletzende Zuschreibungen anderer „geradezurücken".[268]

Aber nicht nur den Informationsfluss von den Geführten zur Umwelt , sondern auch den in die umgekehrte Richtung, von außen nach innen, sollten Führende kontrollieren und zwar so, dass sie übermäßig schlechte Nachrichten abfangen und *als „Firewall" agieren*. Ein Interviewpartner formulierte: „Ich meine, der Projektmanager, ist dafür da, [...], dass er möglichst halt den Druck von den Entwicklern fernhält, also als Firewall dient, damit da nicht allzu viel durchdringt auf die produktive Ebene."[269] Dazu ist bisweilen erforderlich, Horrorszenarien, die sich beim Auftraggeber abspielen, zu filtern und relevante Informationen mit möglichst wenig Druck an die Projektmitarbeiter weiterzugeben.[270] Über spitze Bemerkungen und Häme, die Führende bei der Vertretung ihrer Mitarbeiter etwa beim Kunden ertragen müssen, dürfen sie sich nach Ansicht der Gesprächspartner keinesfalls bei ihren Mitarbeitern beklagen, sondern müssen andere Möglichkeiten nutzen, sich zu entlasten.[271]

Zeit, aber wir können das inhaltlich. [...]. [...] das war wichtig [...] dieser Schub an Selbstvertrauen nach innen." (2322; 2; f; 8).

[267] „Ich mache z. B. Folgendes, dass ich Erfolgsmeldungen immer auf das schwarze Brett, ein elektronisches, hänge. Z. B. die Stückzahlen unserer Produkte, wie sie sich verkaufen. Oder wenn ein Lob kommt, [...]." (2322; 1; f; 17).

[268] „Da muss man natürlich auch sehen, Rest-[Name der untersuchten Organisation] schaute natürlich auf dieses Projekt. Und die eine oder andere Reaktion war dann doch etwas spöttisch oder hämisch, ‚Was produziert ihr da?'. Und wir haben dann natürlich auch dafür gesorgt, dass die Außendarstellung des Projektes dementsprechend auch im Hause zurecht gerückt wurde. Also klar, über den Geschäftsführer natürlich auch darum gebeten, dass da hier einiges klar gerückt wird." (2323; 2; f; 8).

[269] (2324; 2; m; 16).

[270] „Ja, ich habe natürlich im Wesentlichen versucht, die eigentlichen Horrorszenarien, denen wir da in [Ortsname] gegenüber standen, ich habe dann versucht, die mit weniger Druck reinzubringen. Also, schon zu filtern. Denn das hätte – meiner Meinung nach – eher einen sehr negativen Effekt gehabt." (2324; 2; f; 8).

[271] Also, das weiß ich genau, das ist nicht einmal passiert: Dass ich dann, wenn so ein Termin dran war, dass ich dann nicht irgendein Theater veranstaltet habe. Das wäre wirklich kontraproduktiv gewesen, weil ich auch

Beim Vergleich mit den Empfehlungen aus der Literatur, die in Kapitel II 4.3.6.3 dieser Arbeit dargestellt sind, zeigt sich große Übereinstimmung, wie in der folgenden Tabelle zusammenfassend zu erkennen ist.

Aspekte der Führungsaufgabe „Mut und Zuversicht vermitteln"	Quelle und Inhalt der Handlungsempfehlungen	
	Literatur	*Praktiker*
Stärkung der Selbstwirksamkeit bzw. generell von Mut und Zuversicht	• Den Geführten herausfordernde, aber erreichbare Aufgaben geben • Mitarbeiter wenn erforderlich schulen, coachen oder anleiten lassen	Entscheidungen • Aufgaben zergliedern und Machbarkeit der resultierenden Teilaufgaben betonen • Helfen, insbesondere entlasten: Zeitdruck vermeiden und lindern (siehe III 2.3.3.2)
	• Selbst Zuversicht ausstrahlen • Erfolge der Geführten gebührend anerkennen und deren Anstrengungen und Können zuschreiben • Im Gespräch Mut machen und konstruktives Feedback geben	Umgang • Zuversicht ausstrahlen • Erfolge erfahrbar machen, d. h. sie würdigen, nach außen darstellen und feiern • Leistungen der Geführten nach außen vertreten • Mitarbeiter von schlechten Nachrichten abschirmen
Stärkung internaler Kontrollüberzeugung	Anwendung des realistischen Prinzips Hoffnung	Im Hinblick auf Schnelligkeitsziel • Rollierend planen, Aufgaben und Sachziele teilweise sukzessive konkretisieren (siehe III 2.3.3.1) Im Hinblick auf Nachhaltigkeitsziel • Zwischen kleineren und größeren Initiativen zur Steigerung der Nachhaltigkeit unterscheiden • Reserven nicht kappen lassen

Tab. 27: **Gegenüberstellung der Handlungsempfehlungen der Literatur und der Praktiker zur Führungsaufgabe „Mut und Zuversicht vermitteln"**

Die Empfehlungen der Praktiker unterscheiden sich von denen der Literatur vor allem im Hinblick auf den Hinweis, Mitarbeiter von schlechten Nachrichten abzuschirmen, der in der berücksichtigten Literatur nicht gegeben wurde und in der konkreten Ausformung des realistischen Prinzips Hoffnung durch a) rollierende Planung und b) die Unterscheidung zwischen „großen" und „kleinen" Initiativen zur Steigerung der Nachhaltigkeit. Da sich die Aussagen

---

wirklich gesehen habe, die strampeln alle, die sind am Anschlag. [...]" *„Und dann haben Sie die Prügel eben eingesteckt?"* „Ja." (2324; 2; f, 8).

der Literatur und der Praktiker ergänzen, können sie gemeinsam in die Theorie der Mitarbeiterführung in Softwareentwicklungsprojekten aufgenommen werden.

2.3.2.7 Vertrauen schaffen und bewahren

Die Daten legen den Schluss nahe, dass der vornehmliche Beitrag von Führenden zum Aufbau und Erhalt eines vertrauensvollen Arbeitsklimas darin besteht, sich das Vertrauen der Geführten zu verdienen und Vertrauen selbst vorzuleben. Die folgende Tabelle gibt einen Überblick über die einzelnen Führungsaktivitäten, die von den Workshopteilnehmern, Gesprächspartnern und Interviewten genannt wurden:

Vertrauen schaffen und bewahren	
Entscheidungen der Führenden	*(Täglicher) Umgang mit den Geführten*
Fair über betriebliche Güter, Belohnungen und Sanktionen entscheiden Vertrauensvorschuss erweisen: • Berücksichtigen von Aufwandsschätzungen • Kein „Einmischen" in operative Entscheidungen • Keine misstrauische Kontrolle • auch „heikle" Informationen anvertrauen	• Fairness im Umgang zeigen • Kompetenz & Engagement beweisen • Respekt & Möglichkeit zu widersprechen ggf. Umsicht und Freundschaftlichkeit • Integer handeln

Tab. 28: Handlungsempfehlungen der Praktiker zum Schaffen und Bewahren von Vertrauen

Bei *Entscheidungen* über die Verteilung knapper betrieblicher Güter und über Belohnungen und Bestrafungen erweisen Führende ihre Fairness. Knappe betriebliche Güter sind etwa Schulungen, Einsätze auf interessanten Projekten, leistungsfähige Hardware, Investitionen und dergleichen mehr. Belohnungen reichen vom informellen anerkennenden Kopfnicken bis zur offiziell ausgeschütteten Prämie. Bestrafungen umfassen ebenfalls eine erhebliche Bandbreite von einer kritischen Bemerkung bis hin zu Versetzungen und Kündigungen. Obwohl die Frage, „was ist fair", nicht en detail mit den Interviewten diskutiert wurde, nannten sie einige Aspekte von Fairness, die im Literaturteil dieser Arbeit erörtert wurden. Dazu gehört, dass Entscheidungen, z. B. über Prämien oder den Fortbestand von Projekten, nachvollziehbar und transparent getroffen werden sollten.[272]

---

[272] „Wir hängen Prämien, und das ist jedem bekannt, an Erfolg." (2411/1414; 1; f; 1).

Führende erweisen ihren Mitarbeitern Vertrauensvorschuss, indem sie sie an Entscheidungen teilhaben lassen bzw. diese delegieren, die Mitarbeiter hinreichend über die Hintergründe von Entscheidungen informieren und auf misstrauische Kontrollen – im Sinne einer Überwachung der Geführten – verzichten (vgl. III 2.3.2.1). Der Umfang der von den Geführten erwarteten Teilhabe an Entscheidungen hängt davon ab, wie „nah" die Entscheidung am Verantwortungsbereich der Geführten liegt. Die Mitarbeiter in der Softwareentwicklung legen Wert darauf, dass die Arbeitsteilung zwischen Geführten und Führenden in beide Richtungen respektiert wird und die Aufgaben für gleichwertig gehalten werden.[273] Führungs-, Leitungs- und Controllingaufgaben sind wichtig und sind Sache der Führenden. Entwicklungs- oder Administrationsaufgaben sind allerdings genauso wichtig und sind Sache der Geführten. Führende dürfen sich ohne Not nicht „einmischen".[274] Je operativer die Entscheidung ist, desto mehr Einfluss erwarten die Geführten. Bei der Termin- und Ablaufplanung, die unmittelbar in die eigene Aufgabenerfüllung eingreift, erwarten die Geführten zum Beispiel, dass ihre Aufwandsschätzungen berücksichtigt werden.[275] Wenn Führende andere, insbesondere geringere, Aufwände veranschlagen, so müssen sie dies zumindest nachvollziehbar begründen[276] und dann mit den betroffenen Entwicklern verhandeln.[277] Bei projektpolitischen Entscheidungen hingegen, z. B. ob, wann und wie einem Kunden signalisiert wird, dass weitere Anforderungsänderungen nur akzeptiert werden können, wenn der Endtermin verschoben wird, ist die erwartete Entscheidungsteilhabe geringer. Hier erwarten die Geführten allerdings noch zumindest über die Hintergründe informiert zu werden, wenn sie danach fragen.[278]

---

[273] „[...] und jeder ist Profi in den Sachen, die er hat." (2412/2432; 2; g; 5).

[274] „Da kann man sich nur Eigentore schießen, wenn man so um die Ecke kommt und glaubt so, ‚Ich bin der Held, ich muss das jetzt regeln.'" (2412/2432; 2; g; 7).

[275] „Die kriegt erst mal der Projektleiter, die Change Requests. Der fühlt dann schon mal vor. Wenn der meint, ‚ist wichtig genug', dann machen wir halt eine Aufwandsschätzung. [...]" „Haben Sie da auch Einfluss?" „Bei den Aufwandsvorschlägen. Das ist ja ein ganz entscheidender Einfluss." (2412/1111; 1; g; 17).

[276] „Mir war es nur wichtig, diese Termine nicht einfach kommentarlos rüberwachsen zu lassen." (2412/; 2; f; 8).

[277] „Wenn man was plant, dann setzt man sich ja zusammen mit den betroffenen Entwicklern und macht sich selber eine Vorstellung. Und wenn sie nicht so total auseinander liegen, dann sagt man, ‚Na gut. Haben wir ungefähr das gleiche. Kommt hin.' [...]. Und wenn es sehr differiert, dann muss man sich unterhalten. Und dann trifft man sich schon irgendwo." (2412/; 1; m; 19).

[278] „Also, [...] eine zeitlang standen ständig Kollegen bei uns im Zimmer herum, die wollten irgendetwas [über die politischen Hintergründe des Projekts, MML] wissen. Das ist auch in Ordnung, so lange die nicht.... Die haben dann auch die Information gekriegt." (2412; 2; m; 20).

Der Respekt vor der Professionalität der Mitarbeiter verbietet es Führenden auch, ihre Mitarbeiter misstrauisch bei deren Tätigkeiten zu überwachen. Kontrollen des Arbeitsfortschritts sind gestattet und sogar erwünscht, soweit mit ihnen das Ziel verfolgt wird, den Überblick über das Projekt zu behalten und Feedback über die Zielerreichung zu ermöglichen. Überwachungen, die aus Misstrauen gegenüber der Leistungsfähigkeit der Geführten unternommen werden, sind hingegen verpönt.[279]

Im täglichen Umgang mit den Geführten müssen Führende den Erwartungen, die die Geführten an ihre Kompetenz und ihr Arbeitsengagement stellen, genügen. Zunächst einmal erwarten die Geführten, dass ihre Führungskräfte sie auch im täglichen Umgang – nicht nur bei projektrelevanten Entscheidungen – fair behandeln. Da dies auch für die Motivation der Mitarbeiter eine große Rolle spielt, wurde dieser Aspekt bereits im Abschnitt III 2.3.1.3 behandelt. Vor allem erwarten Mitarbeiter in Softwareentwicklungsprojekten von ihren Führungskräften, dass sie hinreichend qualifiziert sind, um technische und manageriale Vorgaben fundieren, Entscheidungen angemessen fällen und auf Probleme mit hilfreichen Lösungsvorschlägen reagieren zu können.[280] Eng damit verbunden ist die Erwartung der Geführten, dass ihre Sicht der Dinge bei der Suche nach Problemlösungen von den Führenden berücksichtigt wird, damit die gefunden Lösung von den Mitarbeitern auch umgesetzt werden kann und tatsächlich den Anforderungen des Kunden entspricht. Wenn sie Hilfe von ihren Führungskräften benötigen, dann erwarten sie diese eher in Form einer gemeinsamen Lösungssuche und nicht im Sinne detaillierter Vorgaben, die sie eins zu eins umsetzen sollen.[281] Wird eine dieser beiden Erwartungen enttäuscht, wächst die Barriere, die eigenen Führungskräfte über Schwierigkeiten zu unterrichten, da der erwartete Beitrag der Führenden zur Lösung des Problems

---

[279] „Und man kann sich dann entscheiden als Führungskraft, ob man, sage ich mal, ob man den Mitarbeiter fragt, so um ihn in das Problem rein zu bringen, oder ob man ihn halb zur Seite schmeißt, um selber zu gucken. [...], dass ich einfach immer wieder Bedenken hatte, dass tatsächlich das richtige Vertrauen von den Führungskräften in die Entwickler da ist und ich mich manchmal gefragt habe, ob sie überhaupt in der Lage sind, so etwas aufzubauen und nicht einfach viel zu sehr glauben, dass alles nur selber gut zu können." (2412; 2; g; 7).

[280] „Und wenn da keine vernünftigen Spezifikationen kommen, und dann immer wieder daran herum geändert wird, dann muss sich eine Führungskraft auch gefallen lassen: ‚He, bring mir das vernünftig mal an und komm nicht alle fünf Minuten mit etwas völlig anderem!'" (2431; 2; g; 7).

[281] „Fragenstellen ist einfach eine Begabung. Die hat auch nicht jeder. Wenn jemand ständig nur redet und keine Fragen stellt, dann verlangt er, dass das gemacht wird. Und meiner Meinung nach ist das Geheimnis von ei-

geringer ausfällt, als wenn der Führungskraft eine hohe Problemlösungskompetenz zugeschrieben werden würde.

Außerdem erwarten die Geführten von ihren Führungskräften, dass sich diese mindestens ebenso stark für das Projekt engagieren wie sie selbst. Dazu gehört auch, bei Engpässen Aufgaben zu übernehmen, die nicht im eigenen Verantwortungsbereich liegen. Zum Beispiel wird von Projektleitungen kleinerer Projekte erwartet, dass sie in Krisenzeiten bei der Implementierung des Codes helfen, auch wenn sie eigentlich nur für Projektleitung und -controlling zuständig sind. Wird diese Erwartung enttäuscht, sinkt die Motivation der Geführten, sich für ihre Aufgaben einzusetzen (vgl. III 2.3.1.3).[282] Führende in Softwareentwicklungsprojekten müssen sich das Vertrauen ihrer Mitarbeiter unter anderem dadurch erarbeiten, dass sie ihre Kompetenz und ihr Engagement beweisen.[283]

Zusätzlich zum Arbeitsverhalten haben die Geführten in Softwareentwicklungsprojekten auch Erwartungen hinsichtlich des sozialen Verhaltens ihrer Führenden. Diese sollen mit ihren Mitarbeitern respektvoll und wenn möglich besonderes umsichtig oder sogar freundschaftlich umgehen. Respekt erweisen Führende ihren Mitarbeitern, indem sie ihre Arbeit und Kompetenz wertschätzen und ihnen „auf gleicher Augenhöhe" begegnen.[284] Respekt manifestiert sich im Einhalten üblicher Höflichkeitsregeln, z. B. die Mitarbeiter zu fragen, wann sie Zeit haben, um ein umfangreicheres Thema zu besprechen.[285] Auf diese Weise können sich die Geführten auf das Gespräch einstellen und ihre Tagesarbeit entsprechend einteilen. Nur in

---

nem positiven Führungsstil, dass man in der Lage ist, Fragen zu stellen, und damit sozusagen tatsächlich das Feedback bekommt, was der Mitarbeiter leistet, was er kann." (2431; 2; g; 7).

[282] „Ich mein, man wird natürlich, sage ich mal, unwillig wenn [..., der Projektleiter, MML] teilweise so eine lockere Art an den Tag legt. Warum soll ein Mitarbeiter da mithacken [...]? Also, da ist quasi die Vorbildfunktion des Projektleiters, was er machen muss, dann muss er das auch vorleben [...]." (2431; 2; g; 9).

[283] „Die Autorität muss er sich ja sozusagen immer wieder durch seine Kenntnisse und umfangreiches Wissen neu erarbeiten oder neu bestätigen." (2431; 2; g; 5).

[284] „So, und wenn dann die Führungskräfte sich viel zu weit oben drüber stellen und einem das Gefühl vermitteln, ‚Ihr seid die Maurer und wir sind die Helden', dann sollten sich die ..., dann kann man irgendwann einmal in andere Richtungen geraten." (2432; 2; g; 7).

[285] „Der Projektleiter nimmt Rücksicht darauf, dass man gerade arbeitet, und dadurch sozusagen, sein Projekt, Produkt, was ja für den Kunden ist, entwickelt. Und nur wenn es wirklich dringend ist, dann unterbricht er auch und sagt, ‚Das muss aber.'"(2432; 2; g; 5).

Ausnahmefällen sollten Führende die Geführten aus Arbeitszusammenhängen reißen.[286] Auch und gerade in Krisensituationen, in denen alle Beteiligten angespannt sind, registrieren die Mitarbeiter aufmerksam, wie respektvoll sie behandelt werden. Zum Beispiel sollten Tadel und Kritik nicht ehrverletzend ausfallen und sollten so sparsam wie möglich (aber auch so deutlich wie nötig) ausgesprochen werden.[287] Wichtig ist in diesem Zusammenhang auch noch, dass die Geführten bei negativen Bewertungen, seien es bei Tests ihrer Software oder beim Feedback, das Recht und die Möglichkeit haben, zu widersprechen und ihre Ansicht darzulegen.[288]

Besondere Umsicht geht noch über das Zeigen von Respekt hinaus und macht eine Führungskraft besonders vertrauenswürdig. Sie manifestiert sich in einem überaus rücksichtsvollen, charmanten und als Wohltat empfundenen Umgang.[289] Freundschaftlichkeit ist ebenfalls „mehr" als Respekt und bezeichnet einen herzlichen und auf gegenseitiger Sympathie gründenden Umgang miteinander.[290] Umsicht und Freundschaftlichkeit gehen über das normale Maß des erwartbaren hinaus und werden daher umso positiver bewertet, wenn sie von Führenden gezeigt werden.

Zu guter Letzt gilt noch, dass Führende Vertrauen, welches ihnen von den Geführten entgegen gebracht wird, (selbstverständlich) nicht missbrauchen dürfen. Von Führenden wird erwartet, dass sie sich integer verhalten und aufrichtig, diskret und loyal mit ihren Mitarbei-

---

[286] „Er kommt dann auf die Person zu und fragt halt wann dann, in absehbarer Zeit dann, vielleicht ein Termin, oder ich mit meiner Programmierung sozusagen mal eine Pause einlegen könnte. [...] vielleicht ein bisschen später oder so, aber man hat sich halt darauf eingestellt, man braucht nun mal den Freiraum." (2432; 2; g; 5).

[287] „Wer seinen Termin ohne Angabe von Gründen nicht gehalten hat oder eine Woche später dann einfach sagte, ‚Ja, ist nicht.', der wurde ziemlich arg in die Mangel genommen. Das war halt auch ..., atmosphärisch war das nicht okay, das ist keine Frage. [...]. Es war belastend und nicht motivierend." (2432; 2; f; 8).

[288] „Diese Widerspruchsmöglichkeit mit einer Diskussion mit einem Ergebnis ist in meinen Augen beim [Name Vorgesetzter] am ausgeprägtesten möglich. [...]. Für mich ist der Herr [Name Vorgesetzter] an der Stelle offener. Er hat eine Idee, der andere hat eine Idee und wenn der andere ihn überzeugen kann von seiner Idee, dann lässt er seine, denke ich, auch fallen." (2432; 1; m; 18).

[289] „So, und der [Name des Vorgesetzten] ist ein ganz anderer Mensch, also der ist halt ganz verbindlich und ganz kommunikativ und freundlich und hilfsbereit und so." (2432; 2; m; 16).

[290] „Der [Name des Vorgesetzten] ist da ein anderer Typ Mensch. Der ist sympathischer. Mit dem kann man kumpelhaft, was weiß ich, kann man besser reden." (2432; 1; m; 18).

tern umgehen.[291] Ansonsten werden sich die Mitarbeiter ihnen nicht anvertrauen und die Chance, rechtzeitig auf Probleme reagieren zu können, sinkt.

Ein Vergleich mit den Handlungsempfehlungen, die im Kapitel II 4.3.7 auf Basis der Literatur erarbeitet wurden, zeigt, dass die Praktiker ausschließlich von Beziehungsvertrauen der Führenden zu den Geführten gesprochen haben. Die Empfehlungen der Praktiker lesen sich wie konkrete Ausformungen der im Literaturteil dieser Arbeit unterschiedenen Aspekte des Aufbaus von Beziehungsvertrauen: Wollwollen (inklusive Fairness) zeigen, Konsistenz, Integrität, offene und ehrliche Kommunikation und Entscheidungsteilhabe. *Kalkulierendes* Vertrauen zwischen den Geführten und Führenden wurde in den Interviews hingegen nicht angesprochen. Vielleicht spielen Zielinkongruenzen, der Schatten der Zukunft und Informationsasymmetrien in erster Linie in Situationen eine Rolle, die von den Parteien als „echte" Verhandlungen, aufgefasst werden. Derartige Verhandlungen, in denen beide Seiten Zeit haben, das eigene Handeln und das der andere Seite in Ruhe zu bedenken, treten vielleicht so selten zwischen Führenden und Geführten in Softwareentwicklungsprojekten auf, dass sie in den von den Gesprächspartnern erinnerten Ereignissen keine Rolle spielten. Fragen des Vertrauens *zwischen* den Geführten sprachen die Praktiker ebenfalls nicht an. Dies kann an den ausgesprochen guten Teamklimata der beiden untersuchten Organisationen liegen. Mögliche Grenzen einer Führung durch Vertrauen wurden von den Praktikern ebenfalls nicht angesprochen. Die literaturbasierten und pragmatischen Ansichten zu Vertrauen in der Mitarbeiterführung widersprechen sich allerdings nicht. Vielmehr ergänzen die literaturbasierten Überlegungen die „blinden" Flecken der Erhebung bzw. der Praktiker.

2.3.2.8 Zusammenfassende Diskussion

In den vorigen Kapiteln wurde auf der Grundlage der Äußerungen der Mitglieder der untersuchten Organisationen die Frage beantwortet, wie Führende in Softwareentwicklungsprojekten die Optionseinschätzung ihrer Geführten positiv beeinflussen können. Führende müssen zu diesem Zweck Entscheidungskompetenzen delegieren, betriebliche Ressourcen zuweisen, Kommunikation und Arbeit im Team fördern, die Kommunikation und Zusammenarbeit über Teamgrenzen hinweg stärken, Mut und Zuversicht verbreiten sowie Vertrauen schaffen und

---

[291] „Da gibt es ein sehr offenes Verhältnis, d. h., sie [die Geführten, MML] wissen, sie können auch zu mir kommen und Dinge loszuwerden, die sie sonst nicht breit streuen würden." (2433; 2; f; 8).

bewahren. Die einzelnen Möglichkeiten, die Führende dazu nach Ansicht der Mitglieder der untersuchten Organisationen haben, wurden im Detail dargestellt.

Die Empfehlungen der Literatur und die der Praktiker bestätigen sich gegenseitig weitgehend. Allerdings werden auch „blinde Flecken" in den Aussagen der Praktiker deutlich, d. h. es gibt Aspekte der genannten Führungsaufgaben, zu denen in der Literatur Stellung genommen wird, die die Praktiker aber in keinem Workshop, Gespräch oder Interview von sich aus ansprachen. Im Kapitel III 2.3.1.4 wurde bereits erläutert, dass ein solches Nicht-Erwähnen vier Gründe haben kann. Erstens könnte es daran liegen, dass diese Phänomene in den beiden untersuchten Organisationen nicht stark genug ausgeprägt waren. Zweitens könnte die Datenerhebung in dieser Hinsicht zu oberflächlich gewesen sein. Drittens kann es Aufklärungsbedarf seitens der Praxis durch die Wissenschaft signalisieren. Viertens kann sich hinter dem Nicht-Erwähnen eine pragmatische Falsifikation der literaturbasierten Überlegungen verbergen, da nicht auszuschließen ist, dass die Praktiker nichts dazu gesagt haben, weil sie sie für irrelevant und die Realität nicht treffend halten. Auf der Basis der vorliegenden Daten kann keiner der vier Interpretationen der Vorzug gegeben werden, so dass an dieser Stelle Bedarf für weitere Forschungen markiert ist. Da sich aber die Aussagen der Literatur und die der Praktiker nicht widersprechen, spricht nach derzeitigem Kenntnisstand alles dafür, sie allesamt in die literatur- und gegenstandsverankerte Theorie des Führungsverhaltens und Führungserfolgs in Softwareentwicklungsprojekten aufzunehmen. Der Ertrag des methodischen Dialogs liegt in der simultanen Berücksichtigung der aus der Literatur und der in der empirischen Untersuchung gewonnenen Handlungsempfehlungen.

2.3.3 Management der Aufgabe

In der Softwareentwicklung gibt es immer wieder Situationen, in denen die Geführten zur Erfüllung ihrer Aufgaben auf Entscheidungen oder Hilfe führender Projektmitglieder angewiesen sind. Dieser Aspekt des Führens wird hier – in Anlehnung an Mohrman et al. (1995) – „Management der Aufgabe" genannt. Das Management der Aufgabe ist – genauer gesprochen – ein Management der potenziellen Ursachen für eine Überforderung der Geführten. Überforderung ist gegeben, wenn die Geführten ihre Aufgaben ohne Unterstützung durch die Projektführung nicht in der erforderlichen Qualität bis zum vereinbarten Termin erledigen können. Aus den Daten schälten sich als mögliche Ursachen der Überforderung Unsicherheit, Überlastung und Beziehungskonflikte heraus (vgl. die folgende Tabelle).

	Art und Anzahl der wichtigsten Quellen der rekonstruierten Handlungsempfehlungen der Praktiker			
	Protokolle von Gesprächen und Workshops		Transkribierte Interviews	
Führungsaufgaben	*Standardsoftwareentwickler (insgesamt 9 Gespräche, 10 Workshops)*	*Individualsoftwareentwickler (insgesamt 2 Gespräche)*	*Standardsoftwareentwickler (insgesamt 13 Interviews)*	*Individualsoftwareentwickler (insgesamt 11 Interviews)*
Projektaufgabe strukturieren	5 Gespräche 5 Workshops	1 Gespräch	11	10
Entlasten	9 Gespräche 10 Workshops	2 Gespräche	13	9
Beziehungskonflikte begrenzen	1 Gespräch	-	1	1

Tab. 29: Quellen der rekonstruierten Handlungsempfehlungen der Praktiker zum Management der Aufgabe

Die *Projektaufgabe zu strukturieren* ist Aufgabe der Führung, um die Unsicherheit der Mitarbeiter zu reduzieren. „Man muss in das Blaue vielleicht ... [entwickeln, MML]". Treffender als mit diesem unvollständigen, im Ungefähren bleibenden Satz eines Gesprächspartners lässt sich Unsicherheit bei der Entwicklungsarbeit kaum charakterisieren.[292] Unsicherheit besteht, wenn und soweit die Geführten keine hinreichend konkreten Vorgaben haben, um ihrem Handeln eine Richtung zu geben, sie die an sie gestellten Erwartungen nicht einschätzen können, sie keine Handlungspläne erstellen können und sie die Folgen ihres Handelns aufgrund mangelnden oder unzuverlässigen Feedbacks nicht abschätzen können (Frese/ Zapf, 1994, S. 312; Semmer, 1984, S. 54 ff.; Zapf, 1991, S. 3). *Dadurch* haben sie Probleme mit der Planung, Steuerung und Kontrolle ihrer Handlungen (vgl. II 4.3.5.2 „Regulationsprobleme als Anlässe weitergehender Unterstützung"). Dies ist in der Praxis der Fall, wenn die jeweils übergeordneten Ziele

- unvollständig sind, so dass die Bearbeiter gar keine Sachziele zur Orientierung haben,[293]

---

[292] „Ich glaube, das ist ein Stück von Normalwelt, ... man muss ,in das Blaue' vielleicht [entwickeln, MML], wenn es keine klaren Kriterien gibt, keine klaren Anforderungen." (3100; 1; g; 3).

[293] „Beim Meldeserver, weil das ja zwei Teile sind, wurden für den Servicepack 2 Funktionalitäten rein gebracht, die, als wir angefangen haben, noch nicht komplett definiert waren." (3101,1; 1; m; 2).

- unklar formuliert sind, so dass die Entwickler ihre Vorgaben falsch interpretieren[294] oder

- instabil sind. Instabil sind die Vorgaben, wenn die Bearbeiter damit rechnen müssen, dass die Vorgaben immer wieder geändert werden[295].

Die Folgen der Unsicherheit sind Ineffektivität, d. h. das Verfolgen falscher Sachziele, deren Erfüllung dem Kunden und Anwender keinen Nutzen stiftet, und Ineffizienz, verstanden als unnötiger Zeit- und Ressourcenaufwand. Ineffektiv sind Softwareentwickler etwa, wenn sie eine Datenbank als Teil der Gesamtsoftware entwickeln, die dafür ausgelegt ist, eine geringere Datenmenge zu verarbeiten, als sie der Nutzer benötigt.[296] Sie sind auch ineffektiv, wenn sie eine bestehende Software „gegen den Grundgeist", d. h. gegen die im Grobentwurf angelegte Logik weiter entwickeln und dadurch deren potenzielle Leistungsfähigkeit verfehlen.[297] Ineffizient sind Softwareentwickler, wenn sie bereits erarbeitete Dokumente und Softwareteile verändern oder ganz neu erarbeiten müssen, etwa weil sich die Vorgaben geändert haben[298]

---

[294] „[...] die Definitionen der Aufgaben im Projekt, also der Projektziele, die Konkretisierung der Projektziele, [ist, MML] auf einem sehr informellen Level geblieben, auf einem sehr fachlichen Level, und letztendlich eine präzisere EDV-technische Abstimmung über das, was dort zu erstellen ist, war zu einem früheren Zeitpunkt aus Terminrestriktionen [..., nicht möglich, MML]." (3101,2;1; 2; f; 8).

[295] „Also, die Konzepte wurden sozusagen, als wir angefangen haben zu entwickeln, noch erweitert und umgestrickt, weil noch gar kein genaues Bild davon da war, was wir entwickeln sollten." (3101; 3; 2; g; 5).

[296] „Wir hatten so ein Mengengerüst gehabt, z. B. das man sagt, 400 von diesen [unverständlich] ist ein typisches Mengengerüst. 600 ist eigentlich die Obergrenze.' [...] Wir haben jetzt im Herbst plötzlich massive Probleme von einem Kunden geschildert bekommen. [...] Als wir hinkamen, stellten wir fest, dass 2500 von diesen [unverständlich] zum Einsatz kommen. Das heißt, dass das Mengengerüst beim Kunden im Anwendungsfall drastisch höher gelegen hat, als wir es uns gedacht hätten." (3102,1; 1; m; 12).

[297] „Der einschneidenste Fall war der von einem wirklich genialen Vorfeldentwickler, dem [Name], der hat hier bei mir das Hightech Thema überhaupt gemacht [...]. Er hat es dann bis kurz vor die Produktreife betrieben und dann kam er zu mir und sagte, jetzt möchte er eigentlich wieder Vorfeld machen. [...]. Der Effekt war, dass auf einmal in diesem Projekt nur noch Handwerker waren. Und damit die Intention dieses Mitarbeiters nicht mehr vollständig klar war. Dann haben die weiterentwickelt, sozusagen gegen den Grundgeist, ohne dass sie es gemerkt haben. Mit dem Effekt, dass uns diese Komponente heute mehr Kummer als Freude macht und wir in erheblichem Umfang nachbessern mussten." (3102,1; 1; f; 1).

[298] „[...], dann hat man es fertig, und dann, zwei Minuten, bevor man es aus der Tür gibt, kommen die an und sagen, ‚Nein, das muss alles noch mal geändert werden!'" (3102,2; 2; m; 11).

oder weil aufgrund unvollständiger oder unklarer Schnittstellendefinitionen bereits Software-module entwickelt wurden, die nicht oder nicht fehlerfrei zusammenarbeiten.[299]

Mittelbar führt Unsicherheit zu Unmut, weil Ineffektivität und Ineffizienz Misser-folgserlebnisse und Frustration nach sich ziehen.[300] Darunter können auch Mut und Zuver-sicht der Geführten leiden (siehe III 2.3.2.6 „Mut und Zuversicht vermitteln"). Extreme Unsi-cherheit dürfte sogar dazu führen, dass die Mitarbeiter gar keine persönlichen Initiativen mehr zeigen, weil sie sie für zwecklos halten. Insbesondere bei instabilen Sachzielen besteht die Gefahr, dass die Mitarbeiter die Planung nicht mehr als Soll-Standard für ihre Arbeit akzep-tieren (siehe III 2.3.1.1 „Hauptziele verdeutlichen").[301] Wenn in der Zeitplanung keine hinrei-chenden Zeitpuffer vorgesehen sind, führt Unsicherheit, vermittelt über Ineffektivität und Ineffizienz außerdem zu Zeitdruck (vgl. hierzu das folgende Kapitel III 2.3.3.2).[302]

Von Zeitdruck zu *entlasten* ist eine weitere wichtige Führungsaufgabe. Noch im Flur auf dem Weg zu seinem Büro, in dem ein erstes Sondierungsgespräch für die hier vorgelegte Studie stattfand, konstatierte der Gesprächspartner, ein Personalleiter des Softwareentwicklers, dass Zeitdruck *das* überragende Problem in der Softwareentwicklung wäre. Dieser anekdoti-sche Hinweis darauf, dass Mitarbeiter in Softwareentwicklungsprojekten durch Zeitdruck belastet und bisweilen überlastet sind, wurde in späteren Gesprächen und Beobachtungen immer wieder bestätigt.

---

[299] „Wenn sie die Komponenten zusammen schnallen - und die Funktionalität auch unter den Komponenten immer komplexer wird - , merkt man erst wirklich, wo es kracht. Dann tauchen was weiß ich für Fehler auf." (3102,2; 1; m; 2).

[300] „[...] so dass wir also fast bis zum Abgabetermin noch mit Änderungswünschen des Kunden traktiert worden sind, [...]. Das hat zu sehr hohem Stress geführt, zu sehr hohen Arbeitsaufwänden, zu sehr großer Unzufrie-denheit [...]." (3102,2/3102,3; 2; g; 13).

[301] „[...] er braucht [...] zumindest ungefähr eine Ziel: Worauf soll das hinauslaufen? Wo kommt denn die Maske hin? [...] So, und wenn sich der Rahmen immer wieder ändert, dann ist auch das Design seiner Aufgabe, ... kann hinfällig werden. Und das weiß der natürlich, also nicht nur, dass das tatsächlich so ist, sondern er weiß es natürlich und dementsprechend arbeitet er dann auch." *„Wenn er eh weiß, das hat keinen Zweck?"* „Ge-nau. Also, das, was ich da gesagt habe. Da geht einfach ein bisschen die Sorgfalt drauf und die Qualität des-sen, was er tut, weil er immer im Kopf hat, ‚Na ja, man schmeißt es ja dann eh wieder um. Was soll ich mich da jetzt so anstrengen?'" (2304/3102,3; 2; m; 16).

[302] „Das heißt, man konnte teilweise schon entwickelte Dinge einfach vergessen oder wieder wegschmeißen, und das ohne dass der Kunde jetzt gesagt hätte, ‚Na gut, dann haben Sie jetzt einen Monat mehr dafür Zeit.' Nein, der Punkt, der stand fest. Und das bringt natürlich ziemliche Probleme mit sich." (3102,3; 2; g; 9).

Zeitdruck, verstanden als eine als übermäßig und kontraproduktiv empfundene Zeit-knappheit, manifestiert sich in vier negativen Konsequenzen. Erstens zwingt Zeitdruck die Mitarbeiter dazu, auf Aktivitäten, die der Nachhaltigkeit der Softwareentwicklung dienen, zu verzichten. Darunter leiden, wie bereits in den Abschnitten III 2.1 und III 2.2 ausgeführt, die innere Qualität der entwickelten Software, die Innovativität des Projekts und die Zufrieden-heit bzw. Arbeitskraft der Mitarbeiter. Zweitens bedingt erheblicher Zeitdruck negative Emo-tionen, die die Mitarbeiter als unangenehmer als „nur" eine vorübergehende Beeinträchtigung der Arbeitszufriedenheit erleben, namentlich zu Stress,[303] sowie Furcht bzw. Angst[304] und sogar Resignation[305] (vgl. erneut Abschnitt III 2.3.2.6 „Mut und Zuversicht vermitteln"). Dar-über hinaus, und das ist die dritte negative Konsequenz, kann Zeitdruck so weit gehen, dass die Grenzen der Belastbarkeit einzelner Mitarbeiter oder sogar des gesamten Teams über-schritten werden. Dann sind die Betroffenen überfordert und nicht mehr in der Lage, ihre Aufgaben in der zur Verfügung stehenden Zeit zu erfüllen.[306] Wenn nicht korrigierend einge-griffen wird, scheitert das Projekt.[307] Viertens kann Zeitdruck sich selbst erzeugen. Dieser Umstand wurde bereits unter dem Stichwort „Zielkonflikt zwischen Schnelligkeit und Nach-haltigkeit" in den Kapiteln III 2.1.1 und III 2.2.1 erläutert. Zum Beispiel wird aufgrund hohen Zeitdrucks auf eine vollständige Analyse der Entwicklungsaufgabe verzichtet, um „schnell" anzufangen. Dadurch werden aufwändige Nachanalysen in späteren Projektphasen erforder-lich, die aber in der Zeitplanung nicht vorgesehen sind. Dadurch nimmt die Diskrepanz zwi-

---

[303] „Wenn wir sie [die Mitarbeiter, die für eine Zeit in der Forschung gearbeitet haben, MML] dann zurückho-len, sind sie dann verdorben für die Produktentwicklung, weil sie den Stress dann nicht mehr aushalten. Ich denke, man kann Stressfestigkeit übern und auch wieder verlieren." (3201,2; 1; f; 1)

[304] „Aber für die Mitarbeiter baut sich so ein bisschen der psychologische Druck auf oder selbst gemachte Druck: ,[...], ein halbes Jahr haben wir Zeit verloren. Was wird jetzt mit unserem Produkt weiter? Was ma-chen wir in der nächsten Zeit? Kommt jetzt vielleicht ein Punkt, wo jemand einen Rotstift ansetzt und sagt: ,Wenn sich das Ding nicht trägt, streichen wir es ganz.' Da hängt dann Arbeit dran." (3201,2; 1; m; 12).

[305] „Na ja, man hat dann letztendlich, ich würde es mal fast Resignation nennen, und hat dann resigniert gesagt, ,Der Kunde ist sozusagen König'." (3201,2/2304; 2; g; 13).

[306] „Und genau dieser Mann, der an diesen vielen, vielen Bibliotheken arbeitete, wo zwar das Bildverarbeitungs-Know-How da war, aber man muss das ganze Drumrum realisieren, der war halt gnadenlos überlastet und im Rückstand." (3201,3; 1; g; 14).

[307] „Kurz vor Erreichung des Endtermins März letzten Jahres, teilte mir der Projektleiter mit, dass man diesen Termin um ein Jahr verschieben müsse. [...]. „Die Folgen sind dann gewesen, ganz einfach, das Projekt wäre nicht angekommen?" „Das Produkt wäre nie freigegeben. Es wäre gescheitert." (3201,3; 1; f; 1).

schen der Soll- und der Ist-Schnelligkeit des Projekts zu und der empfundene Zeitdruck steigt ebenfalls.

Beziehungskonflikte begrenzen ist die dritte hier darzustellende Führungsaufgabe, denn Beziehungskonflikte können ebenfalls zu einer Überforderung der Geführten führen. In Beziehungskonflikte geraten Entwickler vor allem mit Vertretern anderer Interessengruppen im Projekt, d. h. mit Vertretern des Auftraggebers,[308] mit Testingenieuren,[309] mit Mitarbeitern anderer Teilteams oder Standorte [310] oder mit ihren Vorgesetzten.[311] Beziehungskonflikte manifestierten sich in Gereiztheit,[312] gegenseitigen Vorwürfen[313], vorenthaltenen Informationen[314] und dergleichen mehr.[315] Zwischen hierarchisch gleich geordneten Mitgliedern derselben Entwicklerteams schien es in den untersuchten Organisationen hingegen keine Beziehungskonflikte zu geben. Im Gegenteil wurden die hohe Kollegialität und der angenehme Umgang untereinander immer wieder ausdrücklich gelobt. Außerdem investierten Führende in beiden Organisationen Zeit und Mühe, um die gegenseitige Unterstützung der Mitarbeiter und die Stimmung in den Teams zu fördern.[316]

Bei der datenbasierten Formulierung der Führungsaufgaben, die zum Management der Aufgabe zählen, wurden Erschwerungen und Unterbrechungen nicht berücksichtigt,die im

---

[308] „Wobei ich einem Vertriebsmann zugestehe, dass es ihm schwer fällt, weil es ihn nicht interessiert. Wie der läuft, ist ihm egal. Der will, dass er geht. Und so ist halt ein Stimmungsbild entstanden, im Laufe der Zeit, so nach dem Motto: ‚Es geht eh nichts.'" (3301; 1; g; 14).

[309] „Da gab es schon diese Konfliktsituationen, wo man um jeden Fehler gestritten hat." (3301; 1; m; 19).

[310] „ [...], dass das Projekt zerstritten war zwischen den zwei Standorten [...]." (3301; 1; f, 1).

[311] *„Sie haben gesagt, der Projektleiter war der Aufgabe nicht gewachsen. Gab es noch andere Probleme?"* „Ja, es gab in seiner Mannschaft einen, der selbst gerne Projektleiter geworden wäre und der ihn bewusst hat auflaufen lassen." (3301; 1; f; 1).

[312] „[...] und dass ich insbesondere allergisch darauf reagiere, wenn da der falsche Ton angeschlagen wird." (3302; 2; g; 7).

[313] „Und wenn dann noch in der Fehlermeldung explizit ausgedrückt wird, was man für einen Schrott gemacht hätt – wo ich jetzt mal behaupte, dass dieser Mann, der die Fehlermeldung geschrieben hat, diese Thema also mindestens nicht besser weiß wie ich – dann sag ich, ‚OK, schreib Dir Deine Fehlermeldung. Wenn ich das reproduzieren könnte, dann mach ich das und behebe das. Es ist schon nicht so, dass es keine Fehler sind. Aber ich brauche keinen Kommentar dazu!" (3302; 1; g; 14).

[314] „Und ihn mit falschen Informationen versorgt hat." (3302; 1; f; 1).

[315] „Als Techniker habe ich viele, viele Möglichkeiten, ein Projekt zu boykottieren, wenn man das möchte." (3302; 1; f; 1).

[316] „Ansonsten ist das Verhältnis in solchen Projekten sehr persönlich. Wir gehen auch mal zusammen in die Kneipe. Die Mannschaft war mal bei mir zum Essen." (2217; 1; m; 2).

Literaturteil dieser Arbeit Abschnitt II 4.3.5.2 „Regulationsprobleme als Anlässe weitergehender Unterstützung der Arbeit der Geführten" noch als mögliche Ursache für eine Überforderung diskutiert wurden. Zwar gab es in den Daten Indikatoren für Erschwerungen und Unterbrechungen. Aber diese bezeichneten Umstände, etwa langsame Hardware oder Unterbrechungen durch Vertreter der Auftraggeber, die nicht so gravierend waren, dass sie unmittelbar zu einer Überforderung der Mitarbeiter geführt hätten. Unterbrechungen und Erschwerungen bedeuten für die unterbrochenen Mitarbeiter in erster Line einen Zeitverlust. Sie tragen damit zu Zeitknappheit bzw. Zeitdruck im Projekt bei. Die Führungsaktivitäten, die geeignet sind Erweschwerungen und Unterbrechungen der Geführten zu unterbinden, lassen sich mithin unter die Führungsaufabe „Entlasten: Zeitdruck vermeiden und lindern" subsummieren und werden dort berücksichtigt.

Nachstehend wird ausgeführt, was Führende in Softwareentwicklungsprojekten nach Ansicht der Praktiker tun können, um die Aufgaben der Geführten für jene handhabbar zu gestalten. Führende sollten die Projektaufgabe strukturieren, die Geführten entlasten und Konflikte reduzieren.

2.3.3.1 Projektaufgabe strukturieren: Sachziele konkretisieren und korrigieren

Worauf sollten die Führungspersonen achten, um Überforderung der Geführten rechtzeitig und valide zu diagnostizieren? Im Hinblick auf *Unsicherheit* lassen sich auf Grundlage der Daten vier Ursachenkategorien unterscheiden, auf die Führende ihr Augenmerk richten sollten. Erstens sind Software selbst, die von der Software zu erfüllenden Anforderungen und die zur korrekten Erfassung der Anforderungen erforderlichen Analysen komplex (vgl. Wood et al., 1987). Aussagen wie „Der Kunde kannte die Abhängigkeiten selbst nicht"[317] oder „Die wussten es auch nicht so genau"[318] weisen darauf hin, dass leistungsfähige Softwaresysteme viele Anforderungen erfüllen sollen, die untereinander verknüpft sind und die sich, je nach Anwendungssituation, verändern. Je komplexer das Projekt ist, desto eher besteht die Gefahr der Unsicherheit seitens der Mitarbeiter. Zweitens stehen nicht immer Mitarbeiter zur Verfü-

---

[317] „Wir hatten vorher von Degression von [...] Honoraren und Honorarverteilungsmaßstäben nichts gehört, von Abhängigkeiten, die Leute, die 20 Jahre in der [Kundenname] arbeiten, nicht verstehen. Und wir waren gezwungen, das innerhalb von wenigen Wochen wirklich in uns reinzufressen, bis es uns ... ." (3103,1; 2; f; 8).

[318] „[...] aus [Name der Abteilung] und Vertrieb. Die sollen uns sagen, was der Kunde will. Aber auch in dem Bereich – das Thema war auch ganz neu für die. Also war es wohl auch nicht anders möglich, da sie es auch nicht so genau wussten." (3103,1; 1; g; 3).

gung, die Erfahrung mit dem Anwendungsfeld haben, so dass es zu Missverständnissen und Schwierigkeiten kommt, die Anforderungen des Anwenders zu begreifen.[319] Je weniger erfahren die Mitarbeiter sind, desto mehr müssen sich die Führungspersonen engagieren. Drittens wird trotz dieser Ausgangslage häufig nicht genügend Zeit und Energie in die Formulierung des Lastenhefts und des Pflichtenhefts investiert. Dann bleiben Anforderungen „auf einem informellen Level"[320] oder das Pflichtenheft ist zu wenig detailliert, da es nur aus Stichwörtern besteht.[321] Je schlechter Lastenheft und Pflichtenheft ohne Intervention der Führenden zu werden drohen, desto wichtiger sind diesbezügliche Führungsaktivitäten. Aber selbst bei gut formulierten Lasten- und Pflichtenheften müssen zumindest einige Sachziele im Projektverlauf konkretisiert oder korrigiert werden. Alle Schwierigkeiten, die dabei auftauchen, lassen sich zur vierten Ursachenkategorie zusammenfassen. So klagten manche Interviewpartner des Standardsoftwareentwicklers über einen schlechten Informationsfluss zwischen Entwicklern und der Vertriebsabteilung – ihrem Auftraggeber –, was die Klärung von Fragen erschwerte.[322] Aber auch in der Individualsoftwareentwicklung ist die Kommunikation mit Vertretern des Auftraggebers nicht immer einfach, z. B. wenn Ansprechpartner auf Auftraggeberseite unterschiedliche Auffassungen vertreten und unklar ist, wer autorisiert ist, Informationen herauszugeben und Entscheidungen zu treffen.[323] Auch bei der projektinternen Konkretisierung der Entwicklungsaufgabe kann es zu Schwierigkeiten kommen, etwa weil es an fähigen Ent-

---

[319] „Das liegt aber daran, dass uns einfach das fachliche Know-how gefehlt [hat], jedenfalls in der Versicherungsbranche, wo wir nicht wussten ... . [...]. Und solche Geschichten, wo wir natürlich erst im Laufe der Zeit da rein gekommen sind, weil wir kein Versicherungswissen [hatten]." (3103,2; 2; g; 9).

[320] „[...] die Definitionen der Aufgaben im Projekt, also der Projektziele, die Konkretisierung der Projektziele, [ist, MML] auf einem sehr informellen Level geblieben, auf einem sehr fachlichen Level, und letztendlich eine präzisere EDV-technische Abstimmung über das, was dort zu erstellen ist, war zu einem früheren Zeitpunkt aus Terminrestriktionen [..., nicht möglich, MML]." (3103,3; 2; f; 8).

[321] „Wir haben Software mit 10 000 Seiten Code, dann ein [Lastenheft], da steht die Produktdefinition. Das steht drin heut nur in Stichwortform. Früher war das ein Roman. Das hat keiner gelesen und verstanden schon gar nicht. Heute ist es schon richtiger. Aber nur noch Stichwörter, da sehe ich eine Lücke halt auch." (3103,3/ 3122; 1; g; 3).

[322] *„Das ist wieder das Problem vom Infofluss?"* „Na ja, sicher. Wenn man nicht weiß, was der Kunde hat." (3103,4; 1; g; 3).

[323] „Wenn man mit verschiedenen Leuten sprach, musste man sehr darauf achten, was man sagte. [...] Also, es war sehr viel – ich nenne es jetzt mal – „social engineering" nötig, um zu versuchen, die sich teilweise spinnefeinden Parteien so unter einen Hut zu kriegen, dass sie schlussendlich im Sinne des Projekterfolgs arbeiteten." (3103,4; 2; m; 11).

wicklern mangelt, die in der Lage sind, Software effizient zu entwerfen und klare Teilaufgaben für sich und für andere Entwickler zu formulieren.[324] Führende müssen mithin auch diesen Prozess im Auge behalten und sich gegebenenfalls um Verbesserungen bemühen.

Die entsprechende Führungsaufgabe besteht darin, die Projektaufgabe zu strukturieren, das heißt sicherzustellen, dass sich Bearbeiter bei der Formulierung ihrer Arbeitsziele auf korrekte, vollständige, hinreichend konkrete und stabile Vorgaben stützen. Eine Projektleiterin drückte das so aus: „Ja, mein Anteil dazu ist gewesen, zu gucken, dass jeder *weiß*, was er tut."[325] Die „strukturierenden" Führungsaktivitäten sind in der folgenden Tabelle schlagwortartig zusammengefasst.

Strukturieren der Projektaufgabe: Sachziele konkretisieren und korrigieren	
Entscheidungen in den Analyse- und Planungsphasen des Projekts zur Erstellung einer möglichst vollständigen, klaren & stabilen Sachzielhierarchie	*Entscheidungen in den Ausführungsphasen des Projekts zur Konkretisierung und Korrektur der Sachziele*
An der Qualitätssicherung des Lastenhefts teilnehmen und es ggf. ablehnen	Dezentrale Konkretisierungen und Korrekturen der Sachziele fördern und fordern
Gründliches, ausgewogenes, kommuniziertes und hinreichend verstandenes Pflichtenheft und Design sicherstellen	Für die trotzdem erforderlichen zentral zu treffenden Entscheidungen Leitungsrollen ausfüllen:
Bei der Zergliederung der Gesamtaufgabe zwischen Partizipation und Kommunikation einerseits und zügiger Ergebnisplanung andererseits balancieren	- externe Leitungsrolle - manageriale Leitungsrolle - technische Leitungsrolle
Rollierend planen, Sachziele sukzessive konkretisieren	Den Planänderungsprozess wie folgt ausgestalten:
Mit Auftraggeber Regeln für "rationalen" Umgang mit Anforderungsänderungen vereinbaren	- Partizipativ - Kommunikationsintensiv - Dokumentiert

Tab. 30: **Handlungsempfehlungen der Praktiker zum Strukturieren der Projektaufgabe**

2.3.3.1.1 Erstellung einer vollständigen, klaren und stabilen Sachzielhierarchie

Die Analyse- und Planungsphase eines Softwareprojekts umfasst (idealerweise) alle Aktivitäten, die erforderlich sind, um die Gesamtaufgabe soweit zu strukturieren, dass die Entwickler

---

[324] „Mein Gott, programmieren kann immer jemand, [...] aber ich verstehe unter qualifizierter Programmierfähigkeit nicht den Programmierer allein, sondern den Entwickler, der konzipieren kann, darüber blicken kann und dann schneller gucken kann." (2204/2216/3103,4; 2; g; 9).

[325] (3110; 2; m; 20). Kursivstellung durch den Autor.

keine weiteren Vorgaben mehr benötigen, um ihre Arbeit selbst zu organisieren und verbleibende Interdependenzen zu anderen Projektbeteiligten selbstständig abstimmen zu können. Damit die Sachzielhierarchie trotz der im späteren Projektverlauf erforderlichen Konkretisierungen und Korrekturen ihre orientierende Wirkung nicht verliert, sollten in der Planungs- und Analysephase Vorkehrungen getroffen werden. Im Wesentlichen bedarf es dazu

- einer Analyse der Anforderungen der Anwender und des Auftraggebers, die in der Formulierung eines Lastenhefts münden sollte,
- der Erstellung und Kommunikation des Pflichtenhefts inklusive des Grobentwurfs (synonym: Designs) der Software,
- der Zergliederung der Gesamtaufgabe in Arbeitspakete für die einzelnen Projektmitarbeiter,
- einer rollierenden Planung und
- Regeln für nachträgliche Änderungen der Anforderungen mit dem Auftraggeber zu vereinbaren.[326]

Für die *Analyse der Anforderungen sowie die Formulierung des Lastenhefts*, ist „eigentlich" der Auftraggeber verantwortlich. Beim Standardsoftwareentwickler war dies die Vertriebsabteilung, beim Individualsoftwareentwickler war es der jeweilige Vertragspartner. Aber je schlechter Anforderungsanalyse und Lastenheft sind, desto höher ist die Wahrscheinlichkeit, dass es später zu so genannten „moving targets" kommt, d. h. vielen und in ihren Auswirkungen erheblichen Änderungen der ursprünglich formulierten Anforderungen. Führende in Softwareentwicklungsprojekten sollten daher auf eine hohe Qualität des Lastenhefts dringen und auf Folgendes achten:

- Der Auftraggeber sollte genug Zeit und Energie in die Analyse und Formulierung der Anforderungen investieren. Unglücklicherweise wird auf Betreiben des Auftraggebers gerade an dieser Phase oftmals gespart, in der Hoffnung, das Projekt zu beschleunigen (vgl. erneut den Gegensatz zwischen Schnelligkeit und Nachhaltigkeit der Software-

---

[326] Außerdem meinten die Praktiker noch, Führende sollten darauf achten, Mitarbeiter ins Team zu bekommen, die bereits Erfahrungen mit dem Anwendungsfeld der Software haben. Schneller und sicherer als unerfahrene Mitarbeiter unterscheiden sie zwischen wichtigen und unwichtigen Anforderungen des Anwenders bzw. des Auftraggebers. Gleiches gilt für die Kommunikation mit den Anwendern bzw. Auftraggebern und dem Erkennen von dessen tatsächlichen Bedürfnissen. Da in dieser Arbeit Teambesetzung nicht als Gegenstand der Mitarbeiterführung , sondern als Randbedingung dafür verstanden werden, bleiben diese Aussagen unberücksichtigt.

entwicklung in den Kap. III 2.1.1 und III 2.2.1). Viele der speziell aus der Individual-softwareentwicklung berichteten kritischen Ereignisse wurden von den Interviewten in letzter Konsequenz auf eine unzureichende Anforderungsanalyse zurückgeführt.[327]

- Die Entwicklungsseite sollte sich Zeit nehmen, das Lastenheft im Gespräch mit den Auftraggebern und gegebenenfalls den Anwendern kritisch zu durchleuchten, um sicherzustellen, die Anforderungen richtig verstanden zu haben.[328]

- Die Projektleitung sollte sich das Recht reservieren, ein unzureichend formuliertes Lastenheft abzulehnen.[329] Angesichts der Machtverhältnisse zwischen Auftraggeber und Auftragnehmer dürfte eine solche Regelung in der Individualsoftwareentwicklung jedoch eine Ausnahme bleiben.

Projektleitung und andere führende Mitarbeiter in Softwareprojekten sollten nach Auffassung der Interviewten darauf achten, dass das *Pflichtenheft und der Grobentwurf der Software* gründlich erarbeitet, ausgewogen formuliert und von allen Mitarbeitern hinreichend verstanden ist. Im Einzelnen bedeutet das:

- Je sauberer analysiert und geplant wird, desto geringer ist das Risiko, Engpässe oder Unverträglichkeiten zu übersehen. Führende sollten daher darauf achten, dass für diese Aktivitäten genug Zeit und Personal zur Verfügung stehen.[330]

- In einem ausgewogenen Pflichtenheft sind die Anforderungen weder zu detailliert und umfangreich noch zu vage formuliert.[331]

---

[327] „Er [Projektleiter, MML] hat halt im Prinzip schon verloren gehabt dadurch, dass er am Anfang durch den Druck des Kunden die Entscheidung getroffen hat, ‚Okay, dann fangen wir halt an, fangen wir halt an zu entwickeln', nicht? [...] Aus diesem Fehler ist alle andere entsprungen, wenn man so will." (3121; 2; m; 16).

[328] „Da waren so viele Gespräche mit [Name des Kunden]. Und da waren zwei, drei echte Knackpunkte auf den Folien, da wären wir den falschen Weg gegangen. Da hätten wir wegen eines Missverständnisses was Falsches gemacht. Die wollten eine symbolische Programmierung. Die hatten wir irgendwo auch als Anforderungen. Aber die haben eigentlich etwas anderes gemeint." (3121; 1; f; 10).

[329] Der „Entwicklungsprozess" des Standardsoftwareentwicklers, d. h. die offiziell vorgegebene Ablauforganisation für die Projekte, sieht eine Abnahme des Lastenhefts durch die Projektleiter der Softwareentwicklung vor. Wird die Abnahme verweigert, muss der Auftraggeber, d. h. die Vertriebsabteilung, das Lastenheft nachbessern. (3121; -).

[330] „Wenn eine neue Version geplant wird, sollte die Planungsphase lange genug sein." (1212/3122; 1; m; 2).

[331] „Wir haben Software mit 10 000 Seiten Kode, dann ein [Lastenheft], da steht die Produktdefinition. Das steht drin heut nur in Stichwortform. Früher war das ein Roman. Das hat keiner gelesen und verstanden schon gar nicht. Heute ist es schon richtiger. Aber nur noch Stichwörter, da sehe ich eine Lücke halt auch." (3103,3/3122; 1; g; 3).

- Allen Mitarbeitern sollten das Design der Software und insbesondere die Schnittstellen zwischen den Softwaremodulen hinreichend klar sein. Zu diesem Zwecke kann es hilfreich sein, einen Designworkshop abzuhalten, in dem die wichtigsten Designentscheidungen gemeinsam getroffen und/oder kommuniziert werden.[332]

Bei der *Zergliederung der Gesamtaufgabe in Arbeitspakete für einzelne Projektmitarbeiter* sollte nach Ansicht der Interviewten eine Balance zwischen Partizipation und Kommunikation einerseits und einer zügigen Ergebnisplanung andererseits erreicht werden:

- Die aus dem Pflichtenheft und dem Grobentwurf resultierenden Einzelaufgaben sollten den Bearbeitern nicht einfach zugewiesen werden, sondern es sollte Gelegenheit zur Rücksprache und Klärung geben. In diesem Sinne sind die Aufgaben „gemeinsam" zu definieren.[333]

- Die Mitarbeiter sollten die Interdependenzen zwischen ihren Aufgaben untereinander so weit wie möglich dezentral koordinieren. Eine zentrale Koordination aller Interdependenzen durch die Führenden würde diese überfordern. Dezentrale, von den Geführten selbst regulierte Koordination erfordert viel Kommunikation untereinander, die zum Teil auf Sitzungen und zum Teil unter vier Augen und informell erfolgt.[334] Die Führenden müssen dafür Zeiten, z. B. für Planungssitzungen, und Räume, z. B. Besprechungsräume und Kaffeeecken, reservieren (vgl. auch Kapitel III 2.3.1.1.2 „Nachhaltigkeit fordern und fördern").

- Um die Prozessverluste des partizipativen und dezentralen Vorgehens bei der Bestimmung und Konkretisierung der Sachziele in Grenzen zu halten, ist es erforderlich, die Aufgaben der Geführten möglichst rasch im Sinne einer Ergebnisplanung so klar zu spezifizieren, dass die Mitarbeiter genau erkennen, welche Leistungen von ihnen

---

[332] „Ich habe so einen Design-Workshop organisiert und habe Leute wieder eingeflogen." (3122/2216; 1; f; 1).

[333] „Und die Projektleitung muss dann wiederum offen sein, um diese kritischen Anmerkungen, die von unten kommen, bezüglich der Durchführung und Realisierung dann widerzuspiegeln, um das mit dem Auftraggeber abzustimmen und dann die Machbarkeit sicher zu stellen. [...], indem man es diskutiert: ‚Es ist einfach jetzt nicht möglich technisch'. Dann müssen wir das auch so zur Kenntnis nehmen und sagen: ‚Gut, es ist nicht technisch möglich. Und, wie machen wir das anders?' Also, work around in so einer Gruppe oder, ‚Wie kann man das anders lösen?'" (2111/3123/3213; 2; m; 22).

[334] „Weil jeder [an der Planung, MML] beteiligt war, kannten sie sich dann auch schon. Die sind sich vorgestellt worden. Die Schnittstellen waren da." (2111/3123/3213; 2; m; 20).

verlangt werden.[335] Unter Klarheit verstehen die Interviewten im Einklang mit der Literatur, dass die bis zu einem Zeitpunkt X zu erreichenden Ergebnisse leicht messbar formuliert sind (Brooks, 1982, S. 154, vgl. auch Thamhain/ Wilemon, 1986, S. 79). Zielbeschreibungen sollten keine Interpretationsspielräume offen lassen, damit im Rahmen der Fortschrittskontrolle zweifelsfrei entschieden werden kann, ob die vorgegebene Aufgabe erledigt wurde oder nicht.[336] Z. B. ist die Formulierung „Spezifikationsliste von Auftraggeber und Projektleitung unterschrieben und freigegeben" im Gegensatz zur Formulierung „Spezifikation abgeschlossen" geeignet, weil sie keine Interpretationsspielräume zulässt (Brooks, 1982, S. 155).

- Hilfreich ist außerdem eine elektronische Projektakte, in der jeder Mitarbeiter nachlesen kann und muss, für welche Teilaufgabe er oder sie verantwortlich ist.[337]

Bei der rollierenden Planung werden

- Aufgaben und Termine für zeitlich fernere Aktivitäten unpräziser festgehalten als für zeitnahe Aktivitäten (vgl. Hauschildt, 1997, S. 346, 370f. und II 4.2.1.2) 338 und daher auch Teile des Lasten- und des Pflichtenhefts sukzessive konkretisiert.[339]

---

[335] „ [...] unter Lotus-Notes, mit dem wir jedem Mitarbeiter die Möglichkeit gegeben haben, die Dokumente eines jeden einzelnen einzusehen. [...]. Das war so strukturiert, dass man genau wusste eben, wer für welches Dokument verantwortlich war, wo es gerade war in der Qualitätssicherung (wir hatten unsere eigene Qualitätssicherung), und wie weit der Stand war, und da konnte sich jeder die Information ziehen." (2111/3123/3213; 2; m; 22).

[336] „Wenn ich mich recht erinnere, musste ich oder habe ich dann eine ergebnisorientierte Planung, also eine Ergebnisplanung eingeführt, die als wirklich konkrete Dokumente, oder Ergebnistypen und dazugehörige Termine [spezifiziert, MML]." (2111/3123/3213; 2; f; 21)

[337] „Die hatten ihre Kommunikations-[unverständliches Wort] unter LotusNotes, mit dem wir jedem Mitarbeiter die Möglichkeit gegeben haben, die Dokumente eines jeden einzusehen [...] und da konnte sich jeder die Information ziehen." (3123; 2; m; 22)

[338] „[...], so dass wir dann gesagt haben: ‚Also, wir planen höchsten immer für drei Wochen im Voraus fein, auch tagesgenau und [...] dass wir nur noch die obersten Vorgänge geplant haben und da drunter die weiter verfeinert, wo auf die Mitarbeiter bezogen die Einsatzfrage dann auch als Ergebnis stand, und das was dann nicht mehr kommt." (3124; 2; m; 22).

[339] „Also, was er [der Projektleiter, MML] machen kann: Also, über die Sachverhalte, wo er sich 100%ig im Klaren ist, dass die wirklich so sind, die kann er schon sozusagen weitergeben. Und dann hat er die Entwickler erstmal vom Hals. Die haben etwas zu tun und können arbeiten [...]." (3124/2313; 2; g; 5).

- Im Projektablauf sind Arbeitsphasen dafür vorzusehen, vorläufige Konkretisierungen mit dem Auftraggeber abzustimmen, z. B. mit Hilfe von Prototypen, die dem Auftraggeber vorgestellt werden.[340]

Um einem Übermaß an Anforderungsänderungen (Change Requests) vorzubeugen, empfehlen die Interviewten, dass mit dem Auftraggeber bestimmte *Regeln für Anforderungsänderungen* für einen rationalen, d. h. ökonomisch vernünftigen und effizienten Umgang mit Anforderungsänderungen vereinbart und eingehalten werden:

- Anforderungsänderungen sollten gesammelt und dokumentiert werden. Dafür sind Formalismen festzulegen, die sicherstellen, dass der Auftraggeber den Änderungswunsch gründlich durchdenkt und alle relevanten Fragen beantwortet und dokumentiert. Dies führt nach Ansicht der Praktiker bereits zu einer Reduzierung von Change Requests.[341]

- Bei der Entscheidung, ob eine Anforderungsänderung umgesetzt wird, sollte der zusätzliche Produktnutzen mit den Änderungskosten und –risiken abgeglichen werden. Ein solches Abwägen wirkt ebenfalls als „Bremse", da Aufwand und Terminschwierigkeiten, die eine Anforderungsänderung verursachen, ansonsten nicht hinreichend berücksichtigt werden und auch solche Anforderungsänderungen umgesetzt werden, die den Aufwand nicht lohnen.[342]

---

[340] „Wir hatten so eine prototypische Vorgehensweise, d. h. wir haben gesagt, ‚Guck mal, lieber Kunde, das haben Sie uns gesagt, das sollen wir machen. So haben wir es jetzt umgesetzt. Das sind die Masken, die Dialoge, das ist der Ablauf. So: Einverstanden oder nicht?' Und je nachdem wurde eben noch korrigiert oder nicht." (3124; 2; g; 9).

[341] „Also das Change-Management war nicht so stark reglementiert, d. h. wenn sich eine Anforderungsänderung ergab, dann wurde die kurzfristig auch entgegengenommen und umgesetzt. Jetzt vertreten wir gemeinsam die Linie, dass wir der Fachabteilung gegenüber sagen, ‚Bevor ihr eine Anforderung formuliert, müsst ihr euch darüber klar sein, dass die endgültig ist, d. h. steckt lieber einen Tag mehr rein, überprüft sich noch einmal, sprecht das noch einmal mit weiteren zuständigen Leuten ab, und lasst es euch von oben absegnen.'" (3125; 2; m; 11).

[342] „Die haben eine Anforderung und schreiben die Priorität dazu und wissen nicht, welcher Aufwand steckt dahinter. Das können unter Umständen Anforderungen sein, da sagt man: Na gut, das ist nicht ganz so wichtig, die sind aber bei uns, bei der Umsetzung sehr einfach zu lösen. Und es gibt Anforderungen, die sind sehr wichtig, aber von der Umsetzung irrsinnig aufwändig. Ich meine, wir müssten dort ein Feedback haben: Jetzt haben wir erst mal alle Anforderungen, ich fange an die zu gewichten. Dazu müsste von der Entwicklungsseite die zweite Spalte gefüllt werden, wo grob die Aufwände, die hinter einer Anforderung stecken, dahinter stehen. Und erst, wenn das vollständig ist, dann müsste man hergehen und sagen: ‚Okay, diese Funktion ist

- Wenn die Anforderungsänderung umgesetzt wird, sollte der dafür notwendige Aufwand in der Termin- und Ablaufplanung des Projekts berücksichtigt werden. Dies zwingt die Projektleitung, darüber nachzudenken, welche anderen Aktivitäten gestrichen oder effizienter gestaltet werden müssen, um den Endtermin zu halten, oder ob sie versuchen muss, einen neuen Endtermin zu verhandeln.[343]

- Mehraufwände für Anforderungsänderungen sind dem Auftraggeber gegenüber zu dokumentieren. Sobald eine bestimmte Toleranzgrenze überschritten ist, sollte die Streichung andere Anforderungen oder die Verschiebung des Endtermins verlangt werden.[344]

2.3.3.1.2 Fortlaufende Konkretisierung und Korrektur der Sachziele (rollierende Planung)

In der Ausführungsphase eines Softwareentwicklungsprojekts müssen (Teile der) Sachziele konkretisiert und korrigiert werden. Einen möglichst großen Teil der dafür erforderlichen Entscheidungen sollten die Bearbeiter selbst fällen und sofort umsetzen. Interdependenzen dieser Entscheidungen sollten sie mit den betroffenen Kollegen ebenfalls möglichst selbst abstimmen. (vgl. zu den motivierenden sowie Handlungsspielraum und Vertrauen schaffenden Aspekten eines hohen Delegationsgrades die Kapitel III 2.3.1.3 „Motivieren", III 2.3.2.1 „Entscheidungskompetenz delegieren" und III 2.3.2.7 „Vertrauen schaffen und bewahren").

Weit reichende Entscheidungen müssen allerdings mit den Trägern der Leitungsrollen innerhalb eines Softwareentwicklungsprojektes abgestimmt oder von ihnen gefällt werden. Die entsprechende Führungsaufgabe besteht darin, sicherzustellen, dass die Leitungsrollen kompetent ausgefüllt werden, so dass die entsprechenden Entscheidungen rasch und kenntnisreich gefällt werden. Die Interviewten unterschieden drei verschiedene Leitungsrollen:

---

zwar wichtig, aber die kostet mich 200 000 [...] in der Umsetzung, ich gewinne aber dadurch, dass ich diese Anforderungen implementiert habe nur vielleicht einen Kunden, der 100 000 bringt. 200 000 kostet es mich. Die Anforderung setze ich gar nicht um. Lieber fällt der einen Kunde hinten runter.' Diese eine Regelschleife, die ich da dazwischen bräuchte, die fehlt mir halt." (1322/ 3125; 1; m; 12).

[343] „Man muss dann über die Planung erneut reden, wenn dann verstärkt Kundenprobleme auftreten und man zwei Monate damit beschäftigt war, diese Probleme zu beheben. Dann müssen wir natürlich die Planung noch mal anschauen, [...]. Dann müssen wir die Planung noch mal durchgehen und die Funktionen streichen." (1322/ 3125; 1; m; 23).

[344] „Wie gesagt, einer der Gründe war eben halt, dass die Mehrarbeit so eklatant war, dass man das kaum noch kompensieren konnte, so dass wir uns dann, das restliche Projektteam, gesagt haben, ‚So geht das nicht weiter. Also, jede Änderung wird auch regulär terminlich irgendwie berücksichtigt!'" (3125; 2; g; 13).

- Der Träger der externen Leitungsrolle muss sein Projekt gegenüber dem Auftraggeber und dem Management der Mutterorganisation vertreten, bei diesen Personenkreisen Informationen sammeln und Entscheidungen, die deren Zustimmung bedürfen, herbeiführen.[345] Die Sachbearbeiter müssen Konkretisierungen und Korrekturen der Sachzielhierarchie, die die Interessen der Auftraggeber oder des Managements der Mutterorganisation berühren, mit dem Träger der externen Leitungsrolle absprechen. Dies ist klassischerweise die Projektleitung, die bei größeren Projekten unter Umständen von der vorgesetzten Bereichs-, Projektprogramm- oder sogar Geschäftsleitung unterstützt werden sollte.

- Der Träger der managerialen Leitungsrolle ist – vergleichbar mit einem kaufmännischen Geschäftsführer – für die betriebswirtschaftliche und planerische Seite des Projekts zuständig und sorgt unter anderem für Ressourcen-, Ablauf- und Terminpläne, Kontrollen und Feedback, Handlungsspielraum und Ressourcen für die Mitarbeiter.[346] Die manageriale Leitungsrolle wird in kleineren Projekten ebenfalls von der Projektleitung übernommen. In größeren Projekten wird diese von Assistenten bei den administrativen Aufgaben unterstützt,[347] oder die Projektleitung wird auf zwei Personen aufgeteilt.

- Der Träger der technischen Leitungsrolle ist vergleichbar mit einem technischen Geschäftsführer. Er oder sie koordiniert und unterstützt die Implementierungsaktivitäten der Entwickler in softwaretechnischer Hinsicht.[348] Diese Rolle wird entweder vom Träger einer der beiden anderen Leitungsrollen mit übernommen oder es wird eine eigene Position, die typischerweise „Architekt" genannt wird, geschaffen. Mit dem Träger der technischen Leitungsrolle sollten alle Veränderungen von Sachzielen abge-

---

[345] „Das ist halt das übliche Geschäft des Projektmanagers [...]. Dass er da halt ständig Kontakt mit dem Kunden hält." (3131; 2; m; 16).

[346] „Also für den Kunden waren wir absolut gleichberechtigt. Es ist aber eben so gewesen, dass so in den inhaltlichen Dingen sind sie mehr zu mir gekommen. Und wenn es um das Controlling im Feld ging, auf der wirtschaftlichen Seite [gingen sie mehr zu ihm, MML]. [...]. In jedem Projekt muss auch ein Kaufmann sein und jemand inhaltlich arbeiten, wenn es Softwareentwicklung ist." (3131; 2; m; 20).

[347] „Ich bin die Projektunterstützung für Herrn [...] im Projekt [...], d. h. im Konkreten das normale Schreibzeugarbeiten, was anfällt, des Weiteren unterstütze ich ihn bei der Planung [...]." (3131; 1; g; 24).

[348] „Soll heißen, man braucht einen [Projektleiter, MML], der hauptsächlich das Team frei von diesen ganzen Verwaltungsvorgängen hält, und wir brauchen einen [Architekten, MML], der eben die Informatikseite im Griff hat, der die Leute, die Programmierer [in technischer Hinsicht anleitet]." (3131; 2; m; 11).

stimmt werden, die den Grobentwurf der Software berühren oder die Auswirkungen auf mehrere Softwaremodule haben. Wichtig ist, dass diese Rollen nicht nur nominell besetzt sind, sondern dass die Rollenträger auch willens und in der Lage sind, ihre Rollen auszufüllen. Führende sollten in diesem Zusammenhang vor allem darauf achten, dass es zu keiner Überlastung dieser zentralen Personen kommt.

Korrekturen und Konkretisierungen von Entscheidungen, die in Planungsdokumenten wie etwa Lastenheft, Pflichtenheft, Design oder Termin- und Ablaufplanung festgehalten sind, müssen zu Veränderungen der Planungsdokumente führen. Die im Hinblick auf die Bekanntheit der Projektpläne in den Abschnitten III 2.3.1.1 und III 2.3.3.1 formulierten Maßgaben an die Projektplanung in den Analyse- und Planungsphasen eines Projekts gelten auch für Veränderungen der Projektplanung in den Ausführungsphasen. Veränderungen von Planvorgaben sollten mithin partizipativ und kommunikationsintensiv erfolgen und die Ergebnisse sollten dokumentiert werden (vgl. III 2.3.1.1 „Hauptziele verdeutlichen" und das vorangegangen Kapitel 2.3.3.1 „Projektaufgabe strukturieren: Sachziele konkretisieren und korrigieren").

2.3.3.1.3 Vergleich und Diskussion

In der folgenden Tabelle werden auf der rechte Seite die Anforderungen, die die Praktiker in dieser Studie an die Analyse- und Planungsphase eines Softwareentwicklungsprojektes stellen, damit die darin erarbeitete Sachzielhierarchie möglichst korrekt, klar und stabil ist, zusammenfassend aufgeführt. Auf der linken Seite werden die Ergebnisse der Überlegungen, die auf der Grundlage der einschlägigen Literatur zu den die Projektaufgabe strukturierenden Aspekten von Planung und Kontrolle im Teil II dieser Arbeit gemacht wurden, schlagwortartig dargestellt:

Strukturieren der Projektaufgabe: Sachziele konkretisieren und korrigieren		
Führungs-aktivitäten	*Handlungsempfehlungen aus der Literatur*	*Handlungsempfehlungen der Praktiker*
Entscheidungen in den Analyse- und Planungsphasen des Projekts zur Erstellung einer möglichst vollständigen, klaren & stabilen Sachzielhierarchie	Projektdefinition	An der Qualitätssicherung des Lastenhefts teilnehmen und es ggf. ablehnen
	Für eine intensive Partizipation im Planungsprozess und bei Planänderungen sorgen und zugleich teaminterne Kommunikation strukturieren durch a) eine klare Beschreibung von Interdependenzen zwischen Mitarbeitern, b) Sitzungen – insbesondere Statusbesprechungen – und c) mit Hilfe einer elektronischen Projektakte strukturieren und viel Gelegenheit zur spontanen Kommunikation zwischen Führenden und Geführten anbieten. Außerdem Bereitschaft, langwierige Entscheidungsprozesse zu beenden	Gründliches, ausgewogenes, kommuniziertes und hinreichend verstandenes Pflichtenheft und Design sicherstellen
		Bei der Zergliederung der Gesamtaufgabe zwischen Partizipation und Kommunikation einerseits und zügiger Ergebnisplanung andererseits balancieren
	Rollierende Planung mit priorisierten Sachleistungszielen, „harten" Meilensteinen und sukzessivem Einfrieren bereits erzielter Ergebnisse	Rollierend planen, Sachziele sukzessive konkretisieren
	Reaktive und proaktive Überprüfung der Projektdefinition	Mit Auftraggeber Regeln für "rationalen" Umgang mit Anforderungsänderungen vereinbaren
Entscheidungen in den Ausführungsphasen des Projekts zur Konkretisierung und Korrektur der Sachziele	Eine subsidiäre operative Planung und Kontrolle, ermöglicht durch klare Priorisierung konkurrierender taktischer Ziele und ergänzt durch einen engen Kontakt zwischen Führenden und Geführten	Dezentrale Konkretisierungen und Korrekturen der Sachziele fördern und fordern
		Für die trotzdem erforderlichen zentral zu treffenden Entscheidungen Leitungsrollen ausfüllen: - externe Leitungsrolle - manageriale Leitungsrolle - technische Leitungsrolle
	Für eine intensive Partizipation im Planungsprozess und bei Planänderungen sorgen und zugleich teaminterne Kommunikation strukturieren (s.o.)	Den Planänderungsprozess wie folgt ausgestalten: - Partizipativ - Kommunikationsintensiv - Dokumentiert

Tab. 31: **Gegenüberstellung der Handlungsempfehlungen der Literatur und der Praktiker zur Führungsaufgabe „Strukturieren der Projektaufgabe"**

Ein Vergleich der beiden Spalten zeigt, dass sich die Aussagen der Literatur und der Praktiker gegenseitig bestätigen und ergänzen. In manchen Fällen sind die Aussagen der Praktiker differenzierter und konkreter, in anderen Fällen ist es umgekehrt. Zum Beispiel wurde im Literaturteil dieser Arbeit nur die (abstraktere) Projektdefinition als Führungsaufgabe im Planungsprozess angesprochen, während die Praktiker das (konkretere) Lastenheft ansprachen. Gemeint ist im Kern dasselbe, nämlich dass Führende in Softwareentwicklungsprojekten die Reichweite der Projektaufgabe mit den zur Verfügung stehenden Ressourcen in Einklang bringen müssen und sich dieses „in Einklang bringen" in Diskussionen mit den anderen Stakeholdern über den Inhalt verbindlicher Planungsdokumente niederschlagen muss. Auf der anderen Seite wurde von den Praktikern der Gegensatz zwischen dem Erfordernis einer partizipativen und kommunikationsintensiven Planung einerseits und dem gleichzeitigen Erfordernis einer zügigen Planung nur angesprochen, ohne Möglichkeiten, mit diesem Dilemma umzugehen, konkret zu besprechen. Hier sind Aussagen der Literatur konkreter, wie ein Blick auf die Tabelle zeigt. Darüber hinaus stellen die Empfehlungen zur Ausfüllung externer, managerialer und technischer Leitungsrollen eine Differenzierung dar, die in der Literatur nicht zu finden war. Im Ergebnis lässt sich festhalten, dass sowohl die in dieser Arbeit dokumentierten Aussagen der Literatur als auch die der Praktiker in eine Theorie des Führungsverhaltens und Führungserfolgs in Softwareentwicklungsprojekten eingehen können.

2.3.3.2 Entlasten: Zeitdruck vermeiden und lindern

Bei der Suche nach Hinweisen auf eine mögliche Überlastung der Geführten durch einen zu hohen Zeitdruck, können sich Führende auf fünf mögliche Ursachen konzentrieren. Erstens, Unsicherheit über die zu erreichenden Sachziele begünstigt Ineffektivität und Ineffizienz und trägt damit mittelbar zu Zeitdruck bei. Möglichkeiten, Unsicherheit zu reduzieren, wurden im vorangegangenen Abschnitt III 2.3.3.1 diskutiert.

Zweitens sind Zeit und Ressourcen, insbesondere qualifizierte Mitarbeiter,– verglichen mit den hohen Anforderungen, die zu erfüllen sind – für gewöhnlich knapp.[349] Grundsätzlich wird diese Knappheit als funktional und unter den herrschenden Wettbewerbsbedingungen als erforderlich erachtet.[350] Sie zwingt die Beteiligten dazu, sich um den optimalen Einsatz von Ressourcen und Zeit zu bemühen, z. B. die eigenen Arbeitszeit optimal auf die zu erledigenden Aufgaben zu verteilen und Überflüssiges wegzulassen.[351] Außerdem fördert Knappheit

---

[349] „Das Budget ist immer knapp." (3202,2; 1; f; 10).

[350] „Wir arbeiten ja nicht irgendwo frei fliegend, sondern wir haben jemanden, der uns das Geld gibt, mit dem wir arbeiten können, und wir wollen ja auch bezahlt werden. Dadurch müssen Zwänge auf uns rein kommen. Es ist nicht so, dass wir das Geld für nichts bekommen. Mit dem Zeug, was wir machen, muss auch wieder Geld reinkommen." (3204; 1; m; 12).

[351] „Insgesamt wir hier sehr ergebnisorientiert gearbeitet. Obwohl ich mir manchmal wünsche, ein bisschen mehr Forschung zu betreiben, ist halt immer der Leitgedanke: Man muss zu dem Zeitpunkt zu einem Ergeb-

den Diskussionsprozess zwischen Auftraggeber und Auftragnehmer, nur diejenigen Anforderungen zu realisieren, die für den Auftraggeber relevant sind und die so genannten „nice to haves" wegzulassen.[352] Ab einem bestimmten Grad führt Knappheit allerdings zu Zeitdruck und entfaltet die oben genannten negativen Konsequenzen.

Letztlich ist der Grad der Zeit- und Ressourcenknappheit eines Projekts abhängig von der Risikoneigung des Managements der Mutterorganisation des Softwareentwicklungsprojekts. Dieses entscheidet, welche Projekte angeboten und angenommen werden und welche nicht.[353] Eine hohe Risikoneigung drückt sich darin aus, Projekte zu akzeptieren, die ehrgeizige Schnelligkeitsvorgaben erfüllen müssen und denen dafür zu wenig Ressourcen zur Verfügung stehen. Die Gefahr, die Vorgaben nicht zu erfüllen, ist hoch. Eine geringere Risikoneigung drückt sich hingegen darin aus, Projekte nur zu akzeptieren, wenn die Erfüllung der Schnelligkeitsvorgaben unter Berücksichtigung der zur Verfügung stehenden Projektressourcen sehr wahrscheinlich ist. Die Gefahr des Scheiterns ist in diesen Fällen relativ gering. Je höher die Risikoneigung des Managements der Mutterorganisation und/oder je größer die Ressourcen- und Zeitknappheit des Projekts, desto wahrscheinlicher wird Zeitdruck.

Die dritte Ursachenkategorie für Zeitdruck umfasst Fehleinschätzungen seitens der Projektleitung und des Projektteams. Das Projektteam schätzt den erforderlichen Arbeitszeitaufwand zu knapp, wenn Aktivitäten später länger als erwartet dauern oder wenn Aktivitäten anfallen, die bei der Schätzung übersehen wurden. Dieses Schätzrisiko umfasst einerseits Unterschätzungen aufgrund handwerklicher Fehler bei der Analyse der Entwicklungsaufgabe, z. B. wenn bestimmte Abhängigkeiten übersehen werden,[354] oder der notwendige Zeitaufwand

---

nis gekommen sein. Zwar nicht koste es was es wolle, aber es wäre sehr günstig. Und selbst wenn man sich Gedanken über neuere Dinge macht - experimentiert auf einer bestimmten Ebene -, dann ist trotzdem der Gedanke da, ‚ich mache das Experiment, um irgendwann mal eine bestimmte Verwendung für das Resultat zu finden.'" (3204; 1; g; 15).

[352] „Man will hier künstlich ein Spannungsfeld zwischen [technischem Marketing, Vertrieb und Entwicklung, MML] aufbauen, damit das Gerangel um das Geld losgeht, weil damit schon automatisch ein Diskussionsprozess in Gang gesetzt wird, dass man da vielleicht Features, die „nice to have" sind, rausfiltert. Und man ist wirklich auf das absolut Notwendige fokussiert." (3204; 1; m; 12).

[353] „Das ist einfach auch eine Frage der Kultur, dass wir einfach sagen ..., dass wir uns nicht nur über diesen riesigen Auftrag freuen, sondern, wenn wir dabei sind ihn heranzuholen, ihn genau zu prüfen: ‚Was hängt denn da dran? Was heißt denn das alles für uns? Was nicht da steht?'" (3202,2; 2; f; 8).

[354] „Wenn man in einer komplexen Arbeitsumgebung eine Softwareentwicklung betreibt, dann kommen ganz andere Schwierigkeiten auf, die man nicht mal eben beheben kann, wo man nicht mal eben an irgendeinen Server ran gehen kann [...], sondern unter Umständen sich einen ganzen Tag lang mit der Recherche, wo das

notorisch unterschätzt wird.[355] und andererseits Unterschätzungen, die der Unvorhersehbarkeit technischer oder sozialer Probleme geschuldet sind, z. B. wenn Softwaremodule auf einmal fehlerhaft laufen, obwohl sie zuvor immer fehlerfrei arbeiteten.[356] Führende in Softwareentwicklungsprojekten sollten mithin die Gefahr von Schätzfehlern in ihre Überlegungen einbeziehen.

Die vierte Ursachenkategorie für Zeitdruck umfasst Mehraufwände, die vom Auftraggeber verursacht werden. Diese resultieren vor allem aus Anforderungen zur Änderung der Spezifikationen oder – synonym – des Lastenhefts, so genannten Change Requests.[357] Solche Anforderungsänderungen werden entweder gestellt, weil die ursprünglich formulierten Spezifikationen unvollständig oder fehlerhaft waren, weil sich die Wünsche des Auftraggebers geändert haben oder weil sonstige externe Einflüsse dazu führen.[358] Des Weiteren entstehen Mehraufwände, wenn die Auftraggeberseite behindernd oder verzögernd auf die Arbeits- und Entscheidungsprozesse im Projekt Einfluss nimmt. Dazu gehört, Entwickler als allgemeinen EDV-Support zu missbrauchen[359] oder notwendige Entscheidungen, insbesondere über Konkretisierungen oder Veränderungen des Lastenhefts, zu verzögern.[360] Je größer die ungeplan-

---

nun zu finden ist und wer überhaupt dafür zuständig ist, ... Das meine ich. [...], wenn man z. B. sieht: Wir entwickeln in einem Großunternehmen! Dann sollte man sich [rechtzeitig, MML] bestimmte Netzwerkschaubilder besorgen." (3202,3; 2; g; 7).

[355] „[...] das sind halt Entwickler. Die schätzen häufig zu kurz. Das ist vielleicht auch so ein Ehrgeiz zu sagen, ,Das muss man doch eigentlich in dieser Zeit packen.'" (3202,3; 1; m; 12).

[356] „Zum Teil kamen dann auch noch ganz neue Mechanismen rein seitens von Microsoft, die ein unvorhersehbares Systemverhalten zur Folge hatten." „Aber es ist so gravierend, dass man es hätte vorhersehen müssen?" „Glaube ich nicht. Wir haben uns da alle gewundert. Selbst erfahrene Entwickler, die seit neun Jahren Windows-Softwareentwicklung machen, haben da nur die Köpfe geschüttelt." (3202,3; 1; g; 15).

[357] „So ein Change Request kommt ja wie so ein Querschuss rein." (3202,4; 1; f; 10).

[358] „Aber das lag jetzt – sage ich mal – also, ich kann es jetzt nicht konkret an einem Punkt ausmachen, aber es lag allgemein an der Tatsache, dass eben irgendwelche Vorgaben entweder nicht gemacht wurden, was uns versprochen wurde, dass und der Input da geliefert wird, oder dass Vorgaben einfach geändert wurden. Also unter Vorgaben verstehe ich die Dinge, die der Kunde gerne hätte." (3202,3; 2; g; 9).

[359] „Das lief bei [Projektname] immer schon so. Dass der Vertrieb zu dem Entwickler an den Tisch gelaufen ist: ,Der Kunde X braucht diese und jene Funktion. Mach mal.' Und der Entwickler sagt: ,Gut, mach ich', hat es gemacht und weitergegeben." (3202,4; 1; g; 14).

[360] „Sie hatten keinen direkten Kontakt zum Auftraggeber. Da war immer der Generalunternehmer dazwischen, was dazu führe, dass die Anforderungsdefinition und das was der Kunde wirklich will – ,welchen Zweck soll es erfüllen?' – unklar war. Und Sie hatten vor allem, als das deutlich wurde, keinen Hebel um direkt beim

ten Mehraufwände sind, desto größer ist die Gefahr, dass die Geführten unter einen zu hohen Zeitdruck geraten.

Die fünfte Ursachenkategorie ist Zeitdruck selbst, der sich reproduziert. Der Verzicht auf nachhaltiges Arbeiten beeinträchtigt die Produktivität des Projekts bei nachfolgenden Aktivitäten. Zum Beispiel macht eine hektische und unvollständige Analyse der Entwicklungsaufgabe in frühen Projektphasen aufwändige Nachanalysen in späteren Phasen erforderlich. Die dafür aufgewendete Arbeitszeit fehlt dann, um Aufgaben zu erledigen, deren Bearbeitung bereits eingeplant ist. Die Diskrepanz zwischen der Soll- und der Ist-Schnelligkeit des Projekts - und damit der empfundene Zeitdruck - nimmt zu. Dieser Umstand ist unter dem Stichwort „Zielkonflikt zwischen Schnelligkeit und Nachhaltigkeit" in den Kapiteln III 2.1.1 und III 2.2.1 bereits erläutert worden. Je mehr also in der Mutterorganisation das Gefühl vorherrscht, unter zu hohem Zeitdruck zu arbeiten, desto mehr sind „entlastende" Aktivitäten der Führenden in den jeweiligen Projekten angezeigt.

Nachstehend wird erörtert, was Führende in Softwareentwicklungsprojekten tun können, um Zeitdruck gar nicht erst entstehen zu lassen bzw. um ihre Mitarbeiter bei bestehendem Zeitdruck zu entlasten. Die Interventionsmöglichkeiten ranken sich um die Ressourcen-, Ablauf-, und Terminplanung im Projekt, mit der festgelegt wird, wer, welche Arbeitspakete, in welcher Reihenfolge und bis wann abzuarbeiten hat. Der Ressourcen-, Ablauf- und Terminplan sollte nach Ansicht der Praktiker „realistisch" [361] und optimiert ausfallen.

Ein Plan gilt als *realistisch*, wenn nach dem Ermessen der Führenden und Geführten eine hinreichend große Chance besteht, die Vorgaben zu erfüllen.[362] Unrealistische „Mondtermine" werden hingegen nicht nur als unfair und demotivierend empfunden (vgl. III 2.3.1.3), sondern sie beeinträchtigen auch die Funktion eines Plans, Grundlage für Kontrolle und Feedback zu sein. Wenn die Geführten Terminverfehlungen und Qualitätsmängel bereits zu Beginn ihrer Aktivitäten für unvermeidbar halten, besteht die Gefahr, dass sie spätere Kontrollergebnisse, die eben diese Einschätzung bestätigen, für irrelevant halten. Solche Ergeb-

---

Auftraggeber Druck auszuüben." „Richtig. Der fehlende Hebel ist ganz wichtig. Das ist das richtige Wort." (3202,4; 2; f; 8).

[361] „Das A und O ist, dass wir eine realistische Planung machen." (3210; 1; f; 17).

[362] „Unrealistische Planung ist halt, wenn der Kunde etwas gesehen hat und meint halt, ‚Die und die Änderungen müssen aber bis zum Release noch rein', und man eigentlich abschätzt, also er eigentlich abschätzen kann, das ist nicht zu schaffen. Und trotzdem aber irgendwo sagen muss, ‚Ja, wir machen das.' [...] und wir aber auch wissen, schon sagen im Vornheraus, ‚Das ist nicht zu schaffen oder nur teilweise zu schaffen.'" (3203,1/2304; 2; g; 5).

nisse belegen allenfalls die Realitätsferne des Plans und sollten vernünftigerweise nicht als Grundlage für korrigierende Maßnahmen herangezogen werden.[363]

Die Ressourcen-, Ablauf- und Terminplanung ist *optimiert*, wenn sie eine optimale Bearbeitung der Teilaufgaben fördert[364] und die Schätzungen für die erforderliche Arbeitszeit pro Teilaufgabe korrekt sind.[365] Die Bearbeitung der Teilaufgaben und Arbeitspakete ist optimal, wenn es keine alternative Ablauforganisation des Projekts gibt, die zu einem schnelleren Abschluss des Projekts führen würde. Die nachstehende Tabelle gibt einen Überblick über die Führungsaktivitäten, die eine realistische und optimierte Planung wahrscheinlich machen.

Entlasten	
Entscheidungen in den Analyse- und Planungsphasen des Projekts zum Vermeiden von Zeitdruck	*Entscheidungen in den Ausführungsphasen des Projekts zur Linderung von Zeitdruck*

Zweck: Realistische und optimierte Planung
• Aufgaben der Geführten strukturieren (s.o.)
• Schon in den frühsten Projektphasen eng mit Auftraggeber zusammenarbeiten
• Partizipativ planen, d. h. Aufwandsschätzungen der Mitarbeiter in der Projektplanung berücksichtigen
• Risiken berücksichtigen, Risikozuschläge und Puffer einplanen, Anforderungen priorisieren („Streichmasse")
• Mit Auftraggeber ein "realistisches" Lastenheft aushandeln, sich nicht „quetschen" lassen
• Risikoneigung des Managements der Mutterorganisation beeinflussen (bei Projektakquise, Ressourcenzuteilung und Rückendeckung für Projektleitung)
• Auf Entscheidungsbefugnisse der Ansprechpartner und funktionierenden Lenkungsausschuss achten
	Zweck: Frühzeitige Korrekturentscheidungen
	• In Bezug auf den Auftraggeber:
	  - „kurzer Draht" zu Vertretern des Auftraggebers
	  - Lobby für das Projekt
	  - ggf. die eigenen Vorgesetzten einschalten
	  - Anforderungen kritisch prüfen, ggf. verhandeln und Rückgrat zeigen
	• In Hinsicht auf Team und Mutterorganisation
	  - Frühzeitige Kontrollen und Feedback (siehe III 2.3.1.1.1), plus Controlling
	  - Aufgabenbearbeitung optimieren, Aufgaben priorisieren, über Mitarbeitereinsatz und Überstunden entscheiden
	  - Ressourcen und Rückendeckung einfordern

Tab. 32: **Handlungsempfehlungen der Praktiker zum Entlasten der Geführten**

---

[363] „Aber es würde die Planung auf alle Fälle genauer treffen [wenn keine unrealistischen Termine vorgegeben werden würden, MML]." (3203,1; 1; g; 4).

[364] „Es ist zu kurz, weil der Kunde möchte sein Produkt möglichst schnell haben, hat auch den Zeitpunkt dafür genannt, und die Zeit ist sowieso meistens zu kurz. Da kann man einfach nur durch bessere Organisation und bessere Analyse irgendwo versuchen, es zu schaffen." (3203,2; 2; g; 5).

[365] „Dadurch ist vielleicht in der Anfangsphase für die Stufe eins der Terminverzug auch zum großen Teil auf unsere Fehleinschätzungen zurückzuführen." (3203,2; 1; g; 14).

2.3.3.2.1 Vermeidung von Zeitdruck in der Analyse- und Planungsphase

Der Ressourcen-, Ablauf- und Terminplan ist das Endprodukt der Analyse- und Planungsphase eines Softwareentwicklungsprojekts (vgl. II 4.2.1.1 „Grundlagen und Probleme" [der Projektplanung]). Diese lässt sich auf der Grundlage der Aussagen der Mitglieder der untersuchten Organisationen in folgende – sich überlappende und iterativ durchzuführende – Aktivitäten aufteilen:

1. Analyse der Anforderungen und Erstellung des Lastenhefts
2. Erstellung des Pflichtenhefts und Formulierung der Teilaufgaben für die einzelnen Mitarbeiter
3. Vorläufige Ressourcen-, Ablauf- und Terminplanung
4. Berücksichtigung von Planungsrisiken durch Risikoanalyse und Einplanung von Puffern
5. Einigung mit dem Auftraggeber über den endgültigen Umfang des Lastenhefts
6. Einigung mit der Mutterorganisation über Ressourcenausstattung des Projekts und Rückendeckung gegenüber dem Auftraggeber sowie Beeinflussung der strategischen Risikoabwägung des Managements der Mutterorganisation
7. Überarbeitung des Ressourcen-, Ablauf- und Terminplans / Übergang in die Ausführungsphase

Die ersten beiden Teilphasen wurden bereits im vorigen Abschnitt III 2.3.3.1 „Projektaufgabe strukturieren" eingehend erläutert. Die Einhaltung der dort formulierten Empfehlungen trägt nach Ansicht der Interviewten auch dazu bei, Zeitdruck zu vermeiden. Darüber hinaus sollten Führende zum Zwecke einer realistischen und optimierten Ressourcen-, Ablauf- und Terminplanung bereits bei in den *frühesten Projektphasen*, d. h. bei der Analyse der Anforderungen und Erstellung des Lastenhefts und der Erstellung des Pflichtenhefts und Formulierung der Teilaufgaben für die einzelnen Mitarbeiter *mit dem Auftraggeber Hand in Hand arbeiten.* Eine enge Zusammenarbeit in den frühen Projektphasen hat folgende Vorteile:

- Die Entwicklungsseite kann sich bereits früh über die noch im Entstehen begriffenen Anforderungen des Auftraggebers informieren. Dann kann sie rechtzeitig über erforderliche Anpassungen der Ressourcen beim Management der Mutterorganisation verhandeln oder beim Auftraggeber auf eine Reduzierung der Anforderungen[366] oder eine Verlängerung der Projektdauer dringen[367].

- Projektleitung und Team lernen die Anforderungen und Abläufe beim Endbenutzer der Software kennen, so dass sie die Anforderungen des Auftraggebers nach zutreffender hinsichtlich ihrer Relevanz beurteilen zu können. Schon deswegen ist es wünschenswert, die Entwicklungsseite an der Formulierung des Lastenhefts zu beteiligen, anstatt diesen Arbeitschritt ausschließlich von Vertriebsabteilungen oder Systemanalytikern - die später kaum in das Entwicklungsprojekt eingebunden sind - vornehmen zu lassen.[368]

Sobald die Anforderungen an die zu entwickelnde Software Gestalt annehmen, so dass Teilaufgaben für einzelne Projektmitarbeiter formulierbar sind, liegt es bei der Projektleitung und den anderen Führungskräften im Projekt einen vorläufigen Ressourcen-, Ablauf- und Terminplan zu formulieren. Damit bereits dieser möglichst realistisch und effizient ausfällt, sollten Führende in Softwareentwicklungsprojekten nach Ansicht der Mitglieder der untersuchten Organisationen das Wissen der Geführten zu nutzen und dementsprechend *partizipativ planen*. Dazu ist es erforderlich, deren Einschätzungen abzufragen und in die Pläne einfließen zu lassen.[369] Weitere positive, weil motivierende, die Führung entlastende sowie Vertrauen und

---

[366] „Aufgrund dieses Dokuments [des Lastenhefts, MML] wird dann festgelegt, was tatsächlich realisiert wird. Und sicherlich sorgt es am Anfang immer für Bestürzung. Letzen Endes gehen da manchmal ‚visionäre' Ideen mit ein. Und wir bei der Entwicklung relativieren das dann." „ ‚Visionär', war das ironisch?" „Ja. Teilweise sind schon gute Ideen dabei, aber die dann oftmals architekturelle Änderungen zur Folge hätten. Muss man dann halt abwägen zwischen Aufwand und dem tatsächlichen Gewinn." „Und war das jetzt bei den letzten Releases auch so, dass erst mal ein ‚atemberaubendes' [Lastenheft] kam und das dann ... ?" „Es ist eigentlich bei jeder Release so." (3212; 1; g; 15).

[367] „Es ist eher so, dass dann eher über Funktionalitäten verhandelt wird. ‚Wenn ihr das noch haben wollt, dann müsst ihr den Termin noch schieben. Wir schaffen es nicht'. ‚OK, dann nehmen wir halt das raus', usw." (3212; 1; m; 19)

[368] „Es fährt nicht der V-[Vertriebs, MML] Mensch, sondern es fährt der Projektleiter mit seinen Entwicklern dahin." „ *Wie finden Sie das?"* „Gut." (3212; 1; m; 23).

[369] „Und die Projektleitung muss dann wiederum offen sein, um diese kritischen Anmerkungen, die von unten kommen, bezüglich der Durchführung und Realisierung dann widerzuspiegeln, um das mit dem Auftraggeber abzustimmen und dann die Machbarkeit sicher zu stellen. [...], indem man es diskutiert: ‚Es ist einfach jetzt nicht möglich technisch'. Dann müssen wir das auch so zur Kenntnis nehmen und sagen: ‚Gut, es ist nicht technisch möglich. Und, wie machen wir das anders?' Also, work around in so einer Gruppe oder, ‚Wie kann man das anders lösen?'" (2111/3123/3213; 2; m; 22).

Orientierung schaffende Effekte einer partizipativen Projektplanung wurden bereits in den Abschnitten III 2.3.1.3 „Motivieren", III 2.3.2.1 „Entscheidungskompetenzen delegieren", III 2.3.2.7 „Vertrauen schaffen und bewahren" und III 2.3.3.1 „Projektaufgabe strukturieren: Sachziele konkretisieren und korrigieren" diskutiert.

Der Ablauf- und Terminplan beruht auf Aufwandsschätzungen, die jeweils mit einer gewissen aber unbekannten Wahrscheinlichkeit falsch sind. Diese Planungsrisiken sollten in einem „realistischen" Plan berücksichtigt werden. Einen Teil der *Planungsrisiken* lässt sich im Vorfeld *nach einer Risikoanalyse benennen*. Ein anderer Teil der Risiken, insbesondere das Risiko, dass Entwickler den Zeitaufwand für ihre Teilaufgaben zu knapp schätzen, lässt sich nur summarisch berücksichtigen. Damit auch solche summarischen Risiken den vereinbarten Endtermin nicht gefährden – und dadurch zu Zeitdruck führen – empfehlen die Praktiker, im Projektplan *Puffer* zu berücksichtigen. Puffer sind Personenstunden, die im Ablauf- und Terminplan eingestellt werden, ohne dass ihnen konkrete, im Vorhinein spezifizierte Aktivitäten gegenüberstehen.[370] Problematisch an Puffern ist, dass sie gegenüber dem Auftraggeber und dem Management der Mutterorganisation schwer zu begründen und zu verteidigen sind. Ihr Umfang kann von der Projektleitung nur mit Erfahrungswerten, denen man glauben kann oder auch nicht, begründet werden. Sie werden von den anderen Interessengruppen leicht als „bequemes Ruhepolster" angesehen und nicht akzeptiert.[371] Im Einzelnen empfehlen die Interviewten Führenden in Softwareentwicklungsprojekten hinsichtlich der Risikovorsorge Folgendes:

- Vorab erkennbare Risiken – z. B. ein zerstrittenes Auftraggebergremium, so dass damit gerechnet werden muss, dass Entscheidungsprozesse länger als üblich dauern[372] oder unerfahrene Mitarbeiter – sollten benannt und bei der Schätzung der Zeitaufwän-

---

[370] „[...], die Planung ist eh immer etwas vage. Also es ist immer ein Unsicherheitsfaktor in der Planung. Und Reserven werden da ja auch schon eingeplant. [...], aber da gibt es ja auch so eine Vorgabe vom Projekt, wie viel die einzelnen Teilprojektleiter da als Reserve einplanen sollen." (3214; 1; g; 4).

[371] „Wichtig ist da einfach als Projektleiter, eine realistische Planung zu machen. Mit den Leuten zusammen und nicht sich quetschen zu lassen, weil das büßen Sie dann, bevor sie liefern. Da brauchen Sie Nerven und ein dickes Kreuz, weil meine Partner [Auftraggeber vom technischen Marketing und Vertrieb, MML] und Vorgesetzten akzeptieren das nicht so einfach." (3214; 1; f; 10).

[372] „Das zog sich dann wieder wochenlang hin. Dann trat deutlich zutage, dass es Querelen unter den Fusionären gibt, dass die also teilweise auch gegeneinander schossen." (3214; 2; m; 11).

de für die entsprechenden Aktivitäten mit Risikozuschlägen berücksichtigt werden.[373] Hierbei helfen Checklisten, die aus der Literatur stammen oder auf Erfahrungen in der Mutterorganisation basieren können.[374]

- Führende sollten systematisch das Gesamtrisiko eines Scheiterns einschätzen. Gegebenenfalls ist dem Management der Mutterorganisation zu empfehlen, das Projekt gar nicht erst zu beginnen oder es abzubrechen. Diese Risikoabschätzung sollte am besten schon vor Annahme des Auftrags erfolgen.[375]

- Führende sollten Puffer offensiv vertreten, d. h. „sich nicht quetschen zu lassen",[376] und/oder Puffer „verstecken", d. h. für die Erledigung bestimmter Teilaufgaben mehr als die erwartete Bearbeitungszeit einplanen.[377] Alternativ ist es auch möglich, einen internen und einen externen Plan zu kalkulieren.[378] In dem internen Plan sind die Aufwände für Teilaufgaben knapp kalkuliert und Puffer gesondert ausgewiesen. Er dient der Kontrolle des Projektfortschritts. Der externe Plan wird für den Auftraggeber erstellt. Darin werden Teilaufgaben großzügiger kalkuliert und keine Puffer ausgewiesen. Allerdings ist eine doppelte Planung aufwändig und schützt das Projekt nur vor dem Auftraggeber. Bei beiden Varianten des „Versteckens" besteht außerdem die Ge-

---

[373] „Also, dass einfach so eine interne Kalkulation läuft, über das normale Maß hinaus, die berücksichtigt, wie hoch ist der Aufwand, die der [unerfahrene, MML] Mitarbeiter mit dieser Projektaufgabe hat?" (3214; 2; f; 8).

[374] Im Rahmen des Organisationsentwicklungsprojekts beim Standardsoftwareentwickler wurde eine Checkliste erstellt, in der fast 40 (!) Faktoren aufgelistet werden, die bei der Schätzung der Projektdauer zu berücksichtigen sind. (3214; -).

[375] „Das muss man einfach berücksichtigen. Das ist auch so eine Sache, die wir uns in diesem Review vorgenommen haben, dass man einfach solche Dinge, solche ganz konkreten Erfahrungen, bei ähnlichen Projektsituationen schon im Akquise vornimmt, ganz intensiv mitbetrachtet: ,Welche Vertragsverhältnisse gehe ich da ein? [...] Welche Optionen und Rechte sollten wir uns unbedingt als K.-O.-Kriterien sichern, sonst sollten wir da gar nicht antreten?'" (3214; 2; f; 8).

[376] Vgl. die vorherige FN.

[377] „Ich rechne grundsätzlich bei den Funktionen einen Integrationszeitraum dazu. Das muss ja ins Gesamtsystem einwachsen. Ich muss das dann ja nicht für Integration verwenden. Wenn man sich verschätzt hat, kann man das auch für was anderes verwenden." (3214; 1; m; 12).

[378] „Ließe sich das irgendwie besser verkaufen, wenn man – weiß ich nicht – eine externe Zeitkalkulation z. B. hätte und eine interne. Also eines, was im Angebot steht: Da mögen ja drei Tage drin stehen, aber dann baut man eben irgendwo einen Puffer ein, der nach außen eben nicht als Puffer verkauft wird, aber für sie eben mehr Zeit für die Vorbereitung z. B. ist." „Genau das passiert. Wir haben eine externe und eine interne Kalkulation." „Und das funktioniert?" „Mehr oder weniger." (3214; 2; m; 22).

fahr, dass der Auftraggeber von den Puffern erfährt und sich in seinem Vertrauen getäuscht sieht.

- Führende sollten die Anforderungen im Lasten- und Pflichtenheft nach ihrer Relevanz für Nutzer und Auftraggeber priorisieren, um im Notfall Streichungen anbieten zu können.[379]

Nachdem sich die auftraggebende und die softwareentwickelnde Seite über ihre Anforderungen und Möglichkeiten klarer geworden sind, müssen sie sich über den endgültigen Umfang des Lastenhefts einigen. In den Interviews wurde deutlich, dass die auftraggebende Seite den Aufwand, den die Umsetzung ihrer Wünsche macht, zumeist nicht beurteilen kann und – außer in den Fällen, in denen so genannte Dienstleistungsverträge abgeschlossen worden sind –

---

[379] Eine Möglichkeit besteht darin, mit dem Auftraggeber die Einteilung der Anforderungen an die Software in Muss-Anforderungen und Soll-Anforderungen zu vereinbaren. Die Erfüllung der Muss-Anforderungen ist Bedingung für die Abnahme des Projekts. Die Erfüllung der Soll-Anforderungen ist hingegen nur dann eine Bedingung für die Abnahme des Projekts, wenn es zu keinen Verzögerungen oder Mehraufwänden kommt. Tritt dieser Fall ein, dürfen Soll-Anforderungen gestrichen werden. Dieses Verfahren gibt der Entwicklungsseite die Möglichkeit, Zeitdruck zu vermeiden. Zugleich bleibt die Motivations- und Kontrollwirkung des Plans erhalten, da für jede einzelne Teilaufgabe ehrgeizige Terminvorgaben gemacht werden und das Nichterreichen dieser Termine tatsächlich Handlungsbedarf signalisiert.

Fraglich ist allerdings, in welchem Verhältnis die Gesamtanforderungen in Muss- und Soll-Anforderungen aufgeteilt werden sollen. Zu viele Muss-Anforderungen führen dazu, dass doch kein Puffer zur Verfügung steht. Zu viele Soll-Anforderungen werden vom Auftraggeber und vom Management der Mutterorganisation nicht akzeptiert. Eine mögliche Lösung wurde beim Standardsoftwareentwickler gefunden. Dort wurde bestimmt, dass sich Vertrieb und Entwicklung zu Anfang eines Projekts auf einen Gesamtumfang einigen, die das Entwicklungsprojekt in der zur Verfügung stehenden Zeit zu schaffen verspricht. Muss-Anforderungen dürfen davon nicht mehr als 80% der geplanten Entwicklungszeit beanspruchen. Kann-Anforderungen beanspruchen die verbleibende Entwicklungszeit, mindestens 20%. Kann-Anforderungen dürfen dabei nur so genannte „lokale" Funktionalitäten sein, nicht hingegen jedoch Funktionen, die Zulieferungen für andere Softwareprojekte sind. Kann-Anforderungen dürfen dann in der Ausführungsphase gegen Change Requests „eingetauscht" oder bei Verzögerungen gestrichen werden. Verzögerungen und daraus resultierende Streichungen von Kann-Anforderungen, die nicht vom Auftraggeber zu verantworten sind, sind gegenüber dem Vertrieb und dem höheren Management der Entwicklungsabteilung begründungspflichtig.

Einschränkend ist zu sagen, dass diese beim Standardsoftwareentwickler so genannte „80/20"-Regel nur anwendbar ist, wenn Auftraggeber und Entwicklung bereits zum Planungszeitraum einen guten Überblick über die Anforderungen an die zu entwickelnde Software haben, so dass sie diese Einteilung vornehmen können. Außerdem müssen der Auftraggeber oder die Mutterorganisation des Projekts bereit sein, auch die Entwicklung der Kann-Anforderungen, die für das Funktionieren der Software verzichtbar wären, zu finanzieren. Beide Bedingungen sind in der Individualsoftwareentwicklung wahrscheinlich eher selten erfüllt.

nicht tragen muss. Dadurch entsteht eine geradezu natürliche Tendenz, Anforderungen zu stellen, deren Nutzen, etwa gemessen an zusätzlichem Umsatz, die damit verbundenen Entwicklungskosten, zum Beispiel gemessen in Personentagen mal Tagessatz, nicht aufwiegen und die in ihrer Gesamtheit die Kapazität des Projektteams übersteigen. Diese Tendenz lässt sich umkehren, wenn es gelingt, dass der Auftraggeber Entwicklungs(zeit)kosten, die er zunächst als – ökonomisch gewendet – „externe" Kosten des Projektteams ansehen könnte, in die eigene Kosten-Nutzen-Kalkulation „integriert". [380] Wichtig ist jedenfalls, ein „realistisches" Lastenheft auszuhandeln.

Allerdings darf nicht vergessen werden, dass das Verhältnis zwischen Auftraggeber und Projektteam auch Züge eines Nullsummenspiels aufweist. Was die eine Seite gewinnt, z. B. an zusätzlichem Produktumfang, verliert die andere Seite, z. B. an Zeit für freies Ausprobieren – und umgekehrt. Hinsichtlich der erforderlichen Verhandlungen formulieren die Interviewten folgende Empfehlungen:

• Sie sollten möglichst früh den Auftraggeber daran erinnern, dass die Kapazität des Entwicklungsteams begrenzt ist und dass es ihm darum gehen muss, diese Kapazität optimal, d. h. zur Maximierung des für ihn relevanten Produktnutzens unter den gegebenen Kapazitätsgrenzen, einzusetzen.[381] Diesem Zweck dienen unter anderem so genannte Projektstartworkshops, in denen sich nicht nur das Entwicklungsteam über die Anforderungen des Auftraggebers informieren sollte, sondern auch umgekehrt die

---

[380] „Aber vorne, mit dem [Lastenheft] und den eigentlichen Anforderungen, da meine ich, hapert es bei uns ein bisschen. Da herrscht mir zu wenig Feedback zwischen V[ertrieb], S [technischem Marketing, MML] und E[ntwicklung]. [...] Für mich sähe es besser so aus, dass V[etrieb] und S [technisches Marketing, MML] Anforderungen schon mal hinschreiben, denn die sind draußen beim Kunden. Die kriegen mit, welche Probleme die Kunden haben, die wir mit unserem Produkt sollten versuchen zu lösen. [...]. Und da, glaube ich, haben wir den ersten wichtigen Fehler gemacht. Die haben eine Anforderung und schreiben die Priorität dazu und wissen nicht, welcher Aufwand steckt dahinter. Das können u. U. Anforderungen sein, da sagt man, ‚Na gut, das ist nicht ganz so wichtig, die sind aber bei uns, bei der Umsetzung sehr einfach zu lösen.' Und es gibt Anforderungen, die sind sehr wichtig, aber von der Umsetzung irrsinnig aufwändig. Ich meine, wir müssen dort ein Feedback haben. [...] Dazu müsste von der Entwicklungsseite die 2. Spalte gefüllt werden, wo grob die Aufwände, die hinter einer Anforderungen stecken, dahinter stehen und erst, wenn das vollständig ist, dann müsste man hergehen und [..., entscheiden, MML]." (3215; 1; m; 12).

[381] „[...], aber dem Kunden sollte natürlich nicht egal sein, ob etwas geschafft wird oder nicht. Denn er hat ja auch selber ein Interesse daran, dass das, was er da bekommt, ein gutes Produkt ist und ‚in time' kommt." (3214; 2; g; 13).

Vertreter des Auftraggebers über die Erfordernisse der Entwickler unterrichtet werden sollten.

- Führende in Softwareentwicklungsprojekten, insbesondere die Projektleitung, sollten mit den Auftraggebern über die gestellten Anforderungen diskutieren, Alternativen anbieten oder belegen können, dass bestimmte Anforderungen unnötig sind. Dazu sind Kenntnisse über die Erfordernisse des Auftraggebers und über technische und wirtschaftliche Restriktionen der Softwareentwicklung erforderlich, um Kosten und Nutzen der Realisierung umstrittener Anforderungen einschätzen und mit der anderen Seite argumentieren zu können.[382]

- Projektleitungen benötigen in der Planung einen „starken Rücken". Sie dürfen sich „nicht quetschen" lassen. Anforderungen, die sich nicht leisten lassen, müssen - auch gegen Widerstände - abgelehnt werden.[383]

Die Verhandlungsposition der Projektleitung und des Projektteams gegenüber dem Auftraggeber hängt auch davon ab, wie sich Projektleitung und Management der Mutterorganisation über die Ressourcenausstattung des Projekts und die Rückendeckung des Managements gegenüber dem Auftraggeber *einigen*. Letztlich sind diese beiden Entscheidungen des Managements die Konsequenz einer – mehr oder weniger bewusst getroffenen– *strategischen Risikoabwägung*, der sich Projektleitung und Team beugen müssen: Welcher Produktumfang muss einem Auftraggeber bei gegebener Kapazität und Zeit versprochen werden?[384] Und: Welche

---

[382] „Und im zweiten Schritt eben halt, wenn er erkennen sollte nach seinem Ermessen erstmal, dass die Priorität so hoch ist, dass diese Anforderung durchgeführt werden müsste, müsste er dies entsprechend dem Kunden kommunizieren, ihm Alternativlösungen bieten halt natürlich auch. Alternativlösungen würden in diesem Fall natürlich heißen, ‚Wir lassen die Anforderung weg, machen es so [...], denn du als Kunde wirst genau das Gleiche erhalten, was du auch so erhalten würdest.' Oder: ‚Die Anforderung ist nicht so wichtig, dass Du sie unbedingt brauchst'" (3214; 2; m; 15).

[383] „Und da habe ich mich auch schon in die Nesseln gesetzt, indem ich einfach auch Vorgesetzten, Chefs, über den Mund gefahren bin. Während die irgendetwas versprochen haben, habe ich gesagt, ‚Nein, vergiss es!' Auch wenn das heißt, wir kriegen den Auftrag nicht. Ich nehme keinen Auftrag als Projektleiter an, keinen Projektauftrag an, wenn ich nicht überzeugt bin, dass das machbar ist – auf die Gefahr hin, hier rauszufliegen." (3214; 2; m; 11).

[384] „Sicher muss man Marktsegmente erschließen. Es kann vielleicht auch gehen, wenn man Funktionalitäten verspricht. Aber man kann nicht im gleichen Atemzug das Budget runterfahren." (3216; 1; m; 2).

Ressourcen müssen für die Projekte vorgehalten werden?[385] Führende in Softwareentwicklungsprojekten sollten – idealerweise schon vor Beginn des Projekts – auf Folgendes dringen:

- Vertreter des Managements sollten generell bei der Projektakquise und Projektabwicklung Risikovorsorge betreiben und die Erreichung von Nachhaltigkeitszielen unterstützen. Dazu gehört beispielsweise, vor der endgültigen Annahme eines Projekts eine Risikoanalyse durchzuführen und den Auftrag gegebenenfalls abzulehnen.[386] Ein weiterer Indikator für die Risikovorsorge in der Mutterorganisation sind Macht und Einfluss von Qualitätsbeauftragten auf die Projekte, die im Zweifel höhere Grade der Nachhaltigkeit und dadurch eine geringere Risikoneigung befürworten.[387]

- Geschäftsführer und Vorstände sollten Kunden keine unrealistischen Versprechungen machen.[388]

- Umfang und Qualität der Ressourcen, die den Projekten zur Verfügung gestellt werden, müssen ausreichen, um die Projektaufgaben zu lösen.[389]

Wenn der endgültige Umfang des Lastenhefts feststeht und die Ressourcen für das Projekt zugeteilt sind, ist die vorläufige Planung zu überarbeiten, und ein neuer Ressourcen-, Ablauf- und Terminplan ist zu formulieren. Da sich in Softwareentwicklungsprojekten Analyse- und Planungsphase und Ausführungsphase typischerweise überlappen, markiert dieser Zeitpunkt den Übergang in die Ausführungsphase, die im nächsten Abschnitt III 2.3.3.2.2 erörtert wird.

---

[385] „Am Budget wird dann gerüttelt, wenn man in die Probleme rein kommt zum Ende hin. Wenn man feststellt, man packt es nicht. Dafür sind in den Projekten Risikoreserven hinterlegt." (3216; 1; m; 12).

[386] „Also, ich denke, dieses Geschäft in der Art darf nie wieder so abgewickelt werden, wie bei diesem Projekt, definitiv nicht. [...]. Das Risiko muss zumindest nach menschlichem Ermessen kalkulierbar sein." (3216; 2; f; 8).

[387] „Ich denke, man könnte vielleicht das, was ich gesagt habe, dass man den Projektleiter für die Qualität der Qualitätssicherung verantwortlich macht, das wäre dann der folgende Schritt: Da könnte man auch noch überlegen, ob man in großen Projekten eine doppelte Projektleitung einrichtet oder eine beispielsweise primär für Qualitätssicherungsaufgaben [...]." (3216; 2; f; 21).

[388] „Geschäftsleiter und Bereichsleiter. Da werden Zugeständnisse an den Kunden gemacht, die in keiner Weise dem Projekterfolg zuträglich sind. Das heißt also, also selbst ich habe es erlebt, [...], dass zeitlich Zusagen gemacht wurden, die definitiv nicht einzuhalten sind – hat auch unter anderem damit zu tun, dass viele unserer Leute gar nicht wissen, was das für ein Aufwand ist." (3216; 2; m; 11).

[389] "Ich brauche, wenn ich solche Projekte leiten soll, bzw. [Name der Mutterorganisation], wenn Bereichsleiter sicherstellen sollen, dass [Name der Mutterorganisation] das kann, qualifizierte Informatiker, die in der Lage sind, ein Problem zu erfassen, und auch dann, wenn sie in der Branche noch gar nicht gearbeitet haben [...]." (3216; 2; m; 11).

Bevor die Planungsphase abgeschlossen wird, sollte die Projektführung aber noch auf einige organisatorische Regelungen bestehen, die sicherstellen sollen, dass die Verhandlungsprozesse mit dem Auftraggeber in den Ausführungsphasen des Projekts nicht zu lange dauern:

- Die Projektführung sollte darauf achten, dass die Ansprechpartner beim Auftraggeber *entscheidungsbefugt* und *entscheidungsfähig* sind. Ansonsten kosten die internen Entscheidungsprozesse beim Auftraggeber viel Zeit[390] und es besteht die Gefahr, dass einmal gemachte Zusagen vom höheren Management des Auftraggebers wieder zurückgenommen werden.[391]

- Die Projektführung sollte darauf dringen, dass für alle Entscheidungen, die nicht auf Projektleiterebene gefällt werden können, entscheidungsbefugte höherrangige Manager des Auftraggebers und der Entwicklungsseite in einem so genannten Lenkungsausschuss zur Verfügung stehen sowie willens und in der Lage sind, darin mitzuwirken.[392]

2.3.3.2.2 Vermeidung und Linderung von Zeitdruck in der Ausführungsphase

Selbst wenn sich die Projektführung um eine realistische und optimierte Planung bemüht, kann – aufgrund der in der Einleitung zu diesem Abschnitt referierten Gründe – in der Ausführungsphase Zeitdruck entstehen. Sachziele können sich trotz aller Analyse als falsch, unvollständig oder instabil herausstellen. Ressourcen und Zeitaufwände mögen zu knapp geplant sein. Der Auftraggeber kann Mehraufwände veranlassen. Softwarefehler oder wartungsunfreundliche Softwaremodule, die in Vorgängerprojekten entstanden sind, bedingen Verzögerungen im laufenden Projekt.

---

[390] „Und da ist es so gewesen, dass diese Ergebnisse mit der DV-Direktorin abgestimmt wurden, dann aber immer in einem Rücklauf, Tage, manchmal Wochen später dann noch mal korrigiert wurden. [...] Die DV-Direktorin hat den Anschein erweckt, als wäre sie entscheidungsbefugt genug, um dieses Projekt irgendwie steuern zu können. Das glaube ich mal. Also, das hat sich als Selbstüberschätzung herausgestellt." (3217; 2; f; 21)

[391] „Ja, und die sagen, ‚nee, das zahlen wir nicht, weil der [Name] ist ohne Auftrag von uns rausgegangen." *„D. h., da gab es eine Abmachung ...."* „Das ist nicht derjenige, mit dem ich den Deal gemacht habe, sondern sein Chef." (3217; 1; f; 10).

[392] „Ein Lenkungsausschuss wird auch in das Projektteam eingeführt, also dass sich die Leute aus den höheren Etagen zusammensetzen und sagen, ‚Wenn hier etwas schief läuft, dann sprechen wir darüber und bemühen uns.' [...] Auf der Leitungsebene müssen halt entsprechende Leute miteinander kommunizieren. Also, letztendlich läuft das auch wieder auf den Lenkungsausschuss hinaus." (3217; 2; g; 13).

Die Projektführung kann auf unerwartete Verzögerungen des Projektfortschritts und Mehraufwände nur reagieren, indem sie die verfügbaren Ressourcen optimiert, zusätzliche Ressourcen beschafft oder die äußere Qualität der Software reduziert. Die dazu erforderlichen Entscheidungen sollten so früh wie möglich getroffen werden, damit sie ihre Arbeitszeit sparenden bzw. den Projektfortschritt beschleunigenden Effekte möglichst bald entfalten. Daher ist mit Blick auf den Auftraggeber Folgendes erforderlich:

- Die Projektführung sollte von drohenden Mehraufwänden, die vom Auftraggeber veranlasst werden, möglichst frühzeitig erfahren.

- Außerdem sollte sie dafür sorgen, dass korrigierende Entscheidungen, die vom Auftraggeber autorisiert werden müssen, rechtzeitig gefällt werden.

- Insbesondere ist – falls erforderlich - der Verzicht des Auftraggebers auf die Erfüllung nachrangiger Anforderungen oder die Verschiebung des Termins zu verhandeln.

- Damit Kommunikation und Verhandlungsführung mit dem Auftraggeber reibungslos verlaufen, ist es erforderlich, dessen Vertrauen zu gewinnen und zu erhalten.

Darüber hinaus sollte die Projektführung mit Blick auf das Team und die Mutterorganisation sicherstellen, dass sie

- Verzögerungen und Ineffizienzen beim Projektfortschritt möglichst früh erkennt,

- die Produktivität ihrer Geführten unter den jeweils gegebenen Ressourcenbedingungen optimiert und

- dafür sorgt, dass das Management der eigenen Mutterorganisation das Projekt mit hinreichenden Ressourcen und die Projektleitung mit Rückendeckung für die Verhandlungen mit dem Auftraggeber unterstützt.

Die Projektführung ist darauf angewiesen, möglichst frühzeitig über drohende *Mehraufwände*, z. B. in Form von Anforderungsänderungen, informiert zu werden. Außerdem muss sie bestimmte *Entscheidungen*, die erforderlich sind, um den Projektablauf sich ändernden Rahmenbedingungen und aufkommenden Problemen rechtzeitig anzupassen, *vom Auftraggeber autorisieren lassen.* Diese Entscheidungen betreffen in erster Linie die Konkretisierung von Anforderungen, die zu Beginn des Projekts unklar bleiben, die Bewertung von Softwarefehlern und eventuell erforderliche Kürzungen des Lastenhefts und Terminverschiebungen. Führende in Softwareentwicklungsprojekten sollten sich daher darum bemühen, dass die Entscheidungsprozesse beim Auftraggeber funktionieren und sie über Entscheidungen informiert werden:

- Die Projektführung sollte sich um „einen guten Draht" zum Auftraggeber bemühen[393] und dafür sorgen, dass dieser Vertrauen in die Leistungsfähigkeit des Teams behält.[394]
- Die Führenden sollten sich um eine „Lobby" für das Projekt beim Auftraggeber bemühen. Aufgabe der Lobby ist es, Entscheidungsprozesse zu beschleunigen und günstig zu beeinflussen. Eine solche Lobby lässt sich beim Auftraggeber zum Beispiel aus den betroffenen Fachabteilungen, die von dem zu entwickelnden Projekt profitieren würden, formen.[395]
- Gegebenenfalls sind die eigenen Vorgesetzten einzuschalten, damit diese die Entscheidungsprozesse beim Auftraggeber beschleunigen. Wenn der Auftraggeber etwa dringende Entscheidungen verschleppt, muss eventuell das Management der softwareentwickelnden Organisation intervenieren.[396]

Wenn und soweit die Anstrengungen des Projektteams nicht ausreichen, um den Rückstand des Projekts aufzuholen, sind die Führenden aufgerufen, *mit dem Auftraggeber den Verzicht auf die Erfüllung nachrangiger Anforderungen oder die Verschiebung des Termins zu verhandeln.* Wenn es dem Entwicklungsteam unmöglich ist, alle Wünsche des Auftraggebers zu erfüllen, sollten diejenigen Wünsche erkannt und erfüllt werden, deren Erfüllung dem Auftraggeber am meisten Nutzen bringen (Optimierung des Projektnutzens für den Auftraggeber bei gegebener Geschwindigkeit des Projektteams). Dementsprechend ist

---

[393] „[...] so dass klar war, ich werde in den nächsten Wochen da wahrscheinlich am Stück in Frankfurt zubringen, um einfach den Kunden zu streicheln und versuchen, zu koordinieren." (3221, 2; f; 8).

[394] „[...] Man muss das Vertrauen zurückgewinnen. [...]. Man muss es aber auch wissen, dass es angekratzt ist. Und das verursacht mehr Arbeit zum Teil, dass man einfach weiß, ‚Okay, an dem Termin, nächsten Mittwoch, an der Präsentation müssen wir ober-top, also 180%ig reingehen, damit die Leute gar nicht erst auf die Idee kommen, irgendetwas zu hinterfragen.'" (3221; 2; g; 7).

[395] „Was sich der DV-Leiter oder der DV-Vorstand ausdenkt, das ist gerade nicht das, was der Teamchef oder der Fachabteilungschef, irgendetwas .... Also, die haben oft berechtigt ganz andere Vorstellungen. [...] Also die Rückendeckung von dem, der Anwenders des Produkts werden soll oder sein wird. Das meine ich damit." *„Aha, d. h. auch der spätere Anwender muss Ansprechpartner [der Projektleitung, MML] sein?"* „Sollte er sein." (3222; 2; m; 22).

[396] „Wichtig ist, dass Projektleiter im schlimmsten Fall rechtzeitig zum Geschäftsleiter gehen und sagen: ‚Bitte machen Sie das mal. Ansonsten sehe das dann einfach so, dass ich meine Aufgaben hier nicht mehr richtig erledigen kann!' (3223; 2; f; 21).

- die Notwendigkeit von bestehenden Spezifikationen, von Anforderungsänderungen und des Projektendtermins kritisch vor dem Hintergrund des Produktzwecks zu prüfen,[397]

- mit dem Auftraggeber zu verhandeln, die Realisierung von Anforderungen auf ein späteres Projekt zu verschieben[398] bzw. die Anforderungen zu streichen[399] oder den Projektendtermin zu verschieben und

- dem Auftraggeber bei von ihm verschuldeten Verzögerungen mit einer gewissen Härte entgegenzutreten und insbesondere bei Anforderungsänderungen gegebenenfalls „nein" zu sagen.[400]

Verzögerungen und Ineffizienzen sollten daher so früh wie möglich von allen zur Kenntnis genommen werden. Um dies sicherzustellen, sollten Führende in Softwareentwicklungsprojekten die im bereits im Abschnitt III 2.3.1.1.1 formulierten Maßgaben für Kontrollen der Projektschnelligkeit beherzigen. Darüber hinaus sollten sie idealerweise über ein System zum Kostencontrolling verfügen, in dem mittels Kennzahlen Indikatoren für den Projektfortschritt und für das Entstehen möglicher Ressourcenengpässe ermittelt werden.[401]

---

[397] „Der Kunde sagt natürlich, ,Es ist relevant.' Wir sagen, ,Es ist nicht relevant', oder wir vermuten, es ist nicht relevant. Aber letztendlich gilt es natürlich erstmal, die Argumente des Kunden zu erforschen. Warum will er diese Änderungen haben?" (3224; 2; g; 13).

[398] „Also wir haben da zwei Schritte ja gemacht: Die Umstellung der Datenablage und die Umstellung des Passers. Die Umstellung des Passers war zwingend notwendig, da für den Servicepack 2 ... , aus dem Servicepack 2 wird eine japanisch-chinesische Version gemacht und der alte Passer wäre mit Japanisch/ Chinesisch nicht zurechtgekommen. Das heißt, da mussten wir auf alle Fälle was tun. Die Erstellung der Datenablage, das war mehr so die Kür, und wir haben halt gesagt, die machen wir da auch noch mit. Und dann hätten wir halt notfalls die Umstellung der Datenablage auf Servicepack 3 verschieben müssen, wenn was Kritisches gewesen wäre." (3224; 1; g; 4).

[399] „Und dann geht's entsprechend an den Projektleiter. Und der muss sich überlegen, was für Maßnahmen ergriffen werden. Entweder schraubt man die Funktionalität zurück, dass man etwas weniger von diesen Bibliotheksbausteinen zur Verfügung hat: ,Auf welche kann man verzichten, auf welche nicht?'" (3224; 1; g; 14).

[400] „Dann muss es klar dem Kunden gegenüber eine ..., über eine Trennung ..., einen Riegel vorschieben und sagen, ,Da ist jetzt wirklich Schluss mit Vorgaben. Wenn Sie das wollen, dann verschiebt sich alles einfach nach hinten!'" (3224; 2; g; 9).

[401] „Das Projektcontrolling hier bei [Firmenname], da wir gerade dabei sind, ist verbesserungswürdig. [...], das Feedback, ob ein Projekt tatsächlich läuft nun an der Front, nach Aufwand oder als Festpreis, der fehlt uns – also die Warnsignale. Da geht nicht etwa eine rote Lampe an ,Jetzt ist kein Budget mehr da' oder ,Die Reisekosten sind zu hoch'. Das ist eben noch nicht so formalisiert." (3232; 2; m; 21)

Die Produktivität der Geführten ist optimiert, wenn jede einzelne ihrer Aktivitäten so viel wie möglich zur Erreichung des Schnelligkeits- oder des Nachhaltigkeitsziels beiträgt. Dazu muss der Arbeitsablauf so organisiert werden, dass die Mitarbeiter immer Arbeit haben - und nicht etwa auf Zulieferungen warten müssen - und dass die Aktivitätenkette, die die Gesamtdauer des Projekts bestimmt, der so genannte kritische Pfad (Meredith/ Mantel, 2000, S. 318), ohne Verzögerungen bearbeitet wird. Im Einzelnen gilt:

- Die Führenden müssen sicherstellen, dass die Aufgaben der Geführten priorisiert werden, so dass sie die dringlichsten, wichtigsten und stabilsten Aufgaben zuerst bearbeiten.[402] Dazu ist erforderlich, dass die Führenden über ausreichende softwaretechnische und anwendungsfeldbezogene Kenntnisse verfügen, um technische Erfordernisse, einschätzen und technische Zielkonflikte entscheiden zu können.

- Entscheidungen über den Mitarbeitereinsatz müssen gefällt werden, z. B. ob und wie eine Mitarbeiterin, die ihre Aufgaben bereits erledigen konnte, einer anderen helfen soll oder wie es sich vermeiden lässt, dass einzelne Mitarbeiter überlastet werden.[403]

- Nötigenfalls müssen Überstunden geleistet werden.[404]

Zu guter Letzt müssen Führende sicherstellen, dass das Management der eigenen Mutterorganisation das Projekt mit hinreichenden Ressourcen und mit Rückendeckung gegenüber dem Auftraggeber unterstützt. Dazu ist erforderlich, dass Führende in Softwareentwicklungsprojekten darauf dringen,

- dass die versprochenen Ressourcen, insbesondere Mitarbeiter, auch tatsächlich zur Verfügung stehen und nicht in anderen Projekten eingesetzt werden,[405]

- dass gegebenenfalls zusätzliche Ressourcen, insbesondere Mitarbeiter, zur Verfügung gestellt werden[406] (wobei allerdings zu berücksichtigen ist, dass aufgrund der erforder-

---

[402] „Meine Erfahrung ist, dass eben Mitarbeiter, die bestimmte Aufgaben haben, allen das gerecht machen wollen und vielleicht dann das Wichtigste nicht richtig zu Ende machen. Und das war.... Da musste man [unverständlich] sich damit auseinandersetzen und sich herumstreiten natürlich. Das ist das Geschäft. Also, wenn ich sage ‚streiten', das ist immer positiv, denn man streitet um eine Aufgabe." (3233; 2; m; 22).

[403] „Wenn absehbar war, dass irgendwie etwas nicht zu schaffen war von ..., dann wurden halt Aufgabenpakete, die demjenigen zudeligiert waren, jemandem anderen zugeteilt, die unter Umständen mit ihren Arbeitspaketen weitermachten, [...] und diese Mehrarbeit nebenbei zu leisten hatten." (3233; 2; g; 13).

[404] „Also, Überstunden sind fester Bestandteil der Arbeit." (3233; 1; g; 15)

[405] „Das heißt, es wird sukzessive immer wieder versucht, Mitarbeiter heraus zu ziehen und woanders einzusetzen. Das war eine ziemliche Herausforderung auch von der Projektleitung irgendwie zu sagen, ‚Nein, die kriegt ihr nicht! Die sind jetzt da drin! Die will ich so haben. Die sind von euch zugesagt!'" (3234; 2; m; 22).

lichen Einarbeitung und Koordination mit den anderen Prozessverluste entstehen, die die zusätzliche Arbeitskraft überwiegen können),

- dass die Verhandlungsposition der Projektleitung gegenüber dem Auftraggeber gestärkt wird.[407]

2.3.3.2.3 Vergleich und Diskussion

Stellt man die Aussagen der Literatur, so wie sie im Teil II dieser Arbeit in den Abschnitten II 4.2.1.3 „Fazit [zu Planung und Kontrolle]" und II 4.3.5.3 „Verbesserung der Handlungsbedingungen" zusammengefasst wurden, und die der Praktiker gegenüber, ergibt sich folgendes Bild:

---

[406] „Oder man muss halt mit Zusatzleuten kompensieren. [Aber] sie können nicht beliebig viele Leute auf so ein Thema setzen. Die behindern sich gegenseitig. Der Kommunikationsaufwand steigt [...]." (3234; 1; f; 1).

[407] „Ja, ich habe immer das Gefühl gehabt, dass die Unterstützung von [Firma] ..., also, dass [Firma] mir im Rücken steht und nicht rennt, also das da tatsächlich eine Firma ist, die sagt, ‚Der Kunde ist schwierig. Wir vertrauen dir, dass du das so einigermaßen hinkriegst. Und wenn nicht, ist es jetzt auch..., also, geben wir nicht dir persönlich die Verantwortung und Schuld dafür, sondern wir wissen, wie es aussieht.'" (3234; 2; m; 16).

Führungs-aktivitäten	Handlungsempfehlungen aus der Literatur	Handlungsempfehlungen der Praktiker
Entscheidungen in den Analyse- und Planungsphasen des Projekts zur Vermeidung von Zeitdruck	Risikomanagement und eine Projektdefinition, verbunden mit reaktiven und proaktiven Überprüfungen der Projektdefinition, z. B. über Kontakte der Führungskräfte im Projekt zu übergeordneten Entscheidungsträgern, durch regelmäßige Begutachtungen des Projektfortschritts durch das höhere Management bzw. einen Lenkungsausschuss und mit Hilfe von Prototypen oder anderen funktionsfähigen Zwischenergebnissen des Entwicklungsprozesses. "Interne" Lösungen suchen, d. h. Produktivität des Projektteams optimieren „Externe" Lösungen suchen, d. h. Stakeholder zu Kompromissen und ggf. Verzicht bewegen	Aufgaben strukturieren (s.o.) Schon in den frühsten Projektphasen eng mit Auftraggeber zusammenarbeiten Risiken berücksichtigen, Risikozuschläge und Puffer einplanen, Anforderungen priorisieren („Streichmasse") Risikoneigung des Managements der Mutterorganisation beeinflussen (bei Projektakquise, Ressourcenzuteilung und Rückendeckung für Projektleitung) Partizipativ planen, d. h. Aufwandschätzungen der Mitarbeiter in der Projektplanung berücksichtigen Auf Entscheidungsbefugnisse der Ansprechpartner und funktionierenden Lenkungsausschuss achten Mit Auftraggeber ein "realistisches" Lastenheft aushandeln, sich nicht „quetschen" lassen
Entscheidungen in den Ausführungsphasen des Projekts zur Linderung von Zeitdruck	s.o. (Risikomanagement, „externe" Lösungen suchen) Eine subsidiäre operative Planung und Kontrolle, ermöglicht durch klare Priorisierung konkurrierender taktischer Ziele und ergänzt durch einen engen Kontakt zwischen Führenden und Geführten	In Bezug auf den Auftraggeber: • „kurzer Draht" zu Vertretern des Auftraggebers • Lobby für das Projekt • ggf. die eigenen Vorgesetzten einschalten • Anforderungen kritisch prüfen, ggf. verhandeln und Rückgrat zeigen
	„Interne" und „externe" Lösungen suchen (s. o.)	In Hinsicht auf Team und Mutterorganisation • Frühzeitige Kontrollen und Feedback (siehe III 2.3.1.1.1), plus Controlling • Aufgabenbearbeitung optimieren, Aufgaben priorisieren, über Mitarbeitereinsatz und Überstunden entscheiden • Ressourcen und Rückendeckung einfordern, insbesondere Mitarbeiter im Team halten

Tab. 33: Gegenüberstellung der Handlungsempfehlungen der Literatur und der Praktiker zur Führungsaufgabe „Entlasten"

Ein Vergleich der beiden Spalten zeigt wie schon im vorigen Kapitel, dass sich die Aussagen der Literatur und der Praktiker gegenseitig bestätigen, wobei die Empfehlungen der Praktiker zu einem Gutteil erheblich konkreter sind und damit die Anforderungen „entlastender" Mitarbeiterführung in Softwareentwicklungsprojekten besser erfassen, als es die abstrakteren Empfehlungen der Literatur tun. Im Ergebnis lässt sich auch im Hinblick auf die Führungsaufgabe „Entlasten" festhalten, dass sowohl die in dieser Arbeit dokumentierten Aussagen der Literatur als auch die der Praktiker in eine Theorie des Führungsverhaltens und Führungserfolgs in Softwareentwicklungsprojekten eingehen können.

2.3.3.3 Konflikte begrenzen

Um Beziehungskonflikte, die die Geführten selbst nicht (mehr) lösen können, rechtzeitig zu erkennen, sollten Führende in Softwareentwicklungsprojekten auf die typischen Konfliktherde und potenziellen Ursachen achten. Weiter oben wurde im Hinblick auf die *Konfliktherde* bereits konstatiert, dass Konflikte vor allem an Team-, Abteilungs- und Hierarchiegrenzen entstehen, dass aber Konflikte zwischen Mitgliedern eines Entwicklungsteams zumindest in den beiden untersuchten Organisationen keine große Rolle spielten. Als *Ursache* für Konflikte wurden – aufgrund der unterschiedlichen Aufgaben- und Verantwortungsbereiche erwartungsgemäß – partiell konfligierende Sachziele und Interessen genannt,[408] die einher gingen mit ungeschicktem, den Interessengegensatz zum Beziehungskonflikt eskalierenden Verhalten der einen oder anderen Seite.[409] Räumliche Entfernung verstärkt noch die Gefahr, dass Beziehungskonflikte zwischen Vertretern unterschiedlicher Gruppen entstehen.[410]

Um Konflikte zu vermeiden, empfahlen die Interviewten Führenden in Softwareentwicklungsprojekten Kommunikation und persönliche Beziehungen zwischen Entwicklern und Vertretern anderer Gruppen zu fördern. Wie sich das erreichen lässt, wurde im Abschnitt III 2.3.2.4 „Kommunikation und Teamarbeit über Teamgrenzen hinweg fördern" erörtert.

---

[408] *„Die Kommunikation ist deswegen so notwendig gewesen, weil jedes einzelne Teilprojekt auch eigene Ziele hatte, die auch erbracht werden mussten. [...]?* Richtig, weil wir der Auffassung waren: ‚Ganz bestimmte Dinge muss man eben aus unserem Zielhorizont vielleicht ganz anders gestalten. Und wir brauchen also die Information von Euch', als die das von der anderen Seite gespiegelt gesehen haben. Da waren dann natürlich wieder Konflikte mit einem Kollegen, der wurde auf Teilprojektleiterebene eben gelöst [...]." (3303; 2; m; 22)

[409] *„[Der] Projektleiter macht Druck, und zwar in einer Art und Weise, dass einer das Gesicht verliert. So würde ich das mal zusammenfassen?"* „Ja, dass es persönlich wird." (3303; 1; m; 19).

[410] „Also, es ist aufgrund der räumlichen Distanz schon schwierig gewesen, wirklich zusammen zu arbeiten, zu interagieren. [...]. Ich denke mal, dass eine räumlich engere Zusammenarbeit viel dazu beigetragen hätte, um offene Fragen zu klären." (2213/3303; 2; g; 13).

Sind Beziehungskonflikte hingegen bereits manifest, bleibt Führenden neben dem Appell an die Streitenden, sich „professionell" zu verhalten und gegebenenfalls zu schlichten, nur die Möglichkeit, beide Seiten voneinander zu trennen und eine Person zu versetzen.[411] Allerdings gilt die zweite Maßnahme als ultima ratio. Die Ansichten der Praktiker und die literaturbasierten Überlegungen zu den Möglichkeiten und Grenzen, manifeste Beziehungskonflikte zu begrenzen, unterscheiden sich nicht.

2.3.3.4 Zusammenfassende Diskussion: Zur Fallunterscheidung zwischen Führung bei niedriger und hoher Unsicherheit der Geführten

Die letzten drei Kapiteln behandelten unter den Überschriften „Strukturieren", „Entlasten" und „Beziehungskonflikte begrenzen", was Führende in Softwareentwicklungsprojekten nach Ansicht der Mitglieder der untersuchten Organisationen tun können, um die Anforderungen an die Geführten in einem Rahmen zu halten, der sie nicht überfordert.

Beim Vergleich der Empfehlungen der Praktiker mit denen aus der Literatur zeigen sich weitgehende Übereinstimmungen. Bisweilen waren die literaturbasierten Empfehlungen konkreter und differenzierter und manches Mal war es umgekehrt. Anders als bei den Handlungsempfehlungen zur Beeinflussung der Relevanzbewertung und der Optionseinschätzung ließen sich weder in der Literatur noch bei den Praktikern nennenswerte „blinde" Flecken identifizieren. Unterschiedlich waren nur – aber auch immerhin – die Formulierungen, mit denen die Phänomene bezeichnet werden. Darüber hinaus ließen sich auf der Grundlage der Aussagen der Praktiker zahlreiche Handlungsempfehlungen konkreter fassen, als dies allein auf der Grundlage der Literatur möglich war.

Ein erheblicherer Ertrag des methodischen Dialogs wird deutlich, wenn man an dieser Stelle die von den Praktikern genannten Gründe für die latente Unsicherheit und Überlastung der Geführten (und damit für die Führungsaufgaben „Strukturieren" und „Entlasten") synoptisch betrachtet. Im Literaturteil ist diese Notwendigkeit aus der Theorie der Regulationsprobleme von Frese/ Zapf (1994) abgeleitet worden. Darin werden Unsicherheit und Überlastung voneinander getrennt betrachtet. Die Aussagen der Praktiker zu den Ursachen für Unsicherheit und Überlastung durch Zeitdruck machen hingegen deutlich, dass sich beides *gegenseitig bedingt*. Unsicherheit trägt zum Zeitdruck bei, weil Unsicherheit zeitraubende Ineffektivität und Ineffizienz bei der Softwareentwicklung begünstigt. Umgekehrt trägt Zeitdruck zur Unsi-

---

[411] „In einem konkreten Fall kamen wir auch zu der Lösung, dass man sagt, ‚Wir nehmen den Kollegen hier raus.'" (3320; 2; f; 8).

cherheit bei, weil er dazu führt, dass sowohl die Geführten als auch die Führenden zu wenig Zeit und Energie in die Strukturierung der Projektaufgabe investieren und stattdessen „schnell" beginnen, die Software zu entwickeln. Hier schlägt sich der gleiche *trade-off* nieder, der bereits auf der Ebene der Projektziele und des Geführtenverhaltens mit dem Zielkonflikt zwischen Schnelligkeit und Nachhaltigkeit und dem Gegensatz „schnelles Arbeiten vs. nachhaltiges Arbeiten" erfasst worden ist. Auf der Ebene des Führungsverhaltens manifestiert sich der *trade-off* in einem Dilemma (vgl. Gebert, 2002, S. 152; Neuberger, 1995; 2002, S. 341). Führende in zeitkritischen und komplexen Projekten wie der Softwareentwicklung müssen – trotz der wenigen zur Verfügung stehenden Zeit – sich und den Geführten Zeit verschaffen, d. h. sich und die Geführten „entlasten", damit die Geführten Zeit haben, nachhaltig zu arbeiten, und sie selbst Zeit haben, die Projektaufgabe zu strukturieren. Nur wenn die Geführten nachhaltig arbeiten und die Führenden an der Strukturierung der Projektaufgabe mitarbeiten, besteht eine Chance, die Unsicherheit (und die damit einhergehenden negativen Effekte wie Unmut, Überforderung und Zeitdruck) der Geführten zu reduzieren. Diese Anforderung steht im nicht auflösbaren Widerspruch zu der Anforderung, schnell zu sein, d. h. möglichst früh für den Auftraggeber erkennbare Projektleistungen abzuliefern.

Allerdings besteht dieses Dilemma nicht immer, sondern nur, wenn die Geführten unsicher über ihre Sachziele sind. Sind die Mitarbeiter hingegen in der Lage, ihre Tätigkeit im hohen Maße selbst und korrekt zu regulieren, etwa weil die Projektaufgabe nur wenig komplex ist, weil die Mitarbeiter viel Erfahrung mitbringen, oder aber weil exzellente Vorarbeit geleistet worden ist, dann tritt das Dilemma nicht auf. In diesem Fall können sich Führende und Geführte auf ein schnelles Abarbeiten der Projektaufgabe konzentrieren. Diese Fallunterscheidung hat Konsequenzen für alle Aspekte der Mitarbeiterführung, wie die nachstehende Tabelle verdeutlicht.

Handlungsempfehlungen	Fallunterscheidung zur Führung in Softwareentwicklungsprojekten	
	Niedrige Unsicherheit der Geführten	*Hohe Unsicherheit der Geführten*
Zur Gewichtung der Projektziele	Schnelligkeit Vorrang einräumen	Nachhaltigkeit Vorrang einräumen
Zum Soll-Mitarbeiterverhalten	Schnellem Arbeiten Vorrang einräumen	Nachhaltigem Arbeiten Vorrang einräumen
Zur Beeinflussung der Relevanzeinschätzung	Schnelles Arbeiten einfordern und dementsprechend die Projektkultur beeinflussen und motivieren	Nachhaltiges Arbeiten einfordern einfordern und dementsprechend die Projektkultur beeinflussen und motivieren
Zur Beeinflussung der Optionseinschätzung	Mut und Zuversicht im Hinblick auf das Erreichen von Schnelligkeitszielen machen	Mut und Zuversicht im Hinblick auf das Erreichen von Nachhaltigkeitszielen machen
Zum Management der Aufgabe	Führungsaktivitäten zum Strukturieren und Entlasten sind weniger erforderlich	Mehr Führungsaktivität zum Strukturieren und Entlasten verwenden

Tab. 34: Führung in Softwareentwicklungsprojekten bei hoher und niedriger Unsicherheit der Geführten

Auf der Grundlage des methodischen Dialogs sind mithin folgende Aspekte der Mitarbeiterführung in Softwareentwicklungsprojekten (und damit pars pro toto in zeitkritischen und komplexen Projekten im Allgemeinen) offenbar geworden, die auf der Grundlage der Literaturanalyse nicht in dieser Deutlichkeit herausgearbeitet wurden:

1. Führende in Softwareentwicklungsprojekten müssen sich darum bemühen, die Unsicherheit ihrer Mitarbeiter korrekt zu diagnostizieren, weil sie in Abhängigkeit davon unterschiedlich führen sollten.

2. Bei einer niedrigen Unsicherheit sollten Führende in Softwareentwicklungsprojekten das Schnelligkeitsziel betonen und einfordern und dementsprechend – wenn erforderlich – die Projektkultur beeinflussen sowie Mut und Zuversicht im Hinblick auf das Erreichen von Schnelligkeitszielen vermitteln. Außerdem müssen Führende weniger Führungsaktivitäten in das Strukturieren der Projektaufgabe und das Entlasten der Geführten investieren, als dies bei hoher Unsicherheit der Geführten erforderlich ist.

3. Bei einer hohen Unsicherheit der Geführten sollten Führende in Softwareentwicklungsprojekten hingegen das Schnelligkeitsziel betonen und einfordern und dementsprechend – wenn erforderlich – die Projektkultur beeinflussen, motivieren sowie Mut

und Zuversicht im Hinblick auf das Erreichen von Nachhaltigkeitszielen vermitteln. Außerdem müssen Führende mehr Führungsaktivitäten in das Strukturieren der Projektaufgabe und das Entlasten der Geführten investieren, als dies bei niedriger Unsicherheit der Geführten erforderlich ist.

4. Die im Falle hoher Unsicherheit erforderliche Führung muss gegen den Zeitdruck, der höher ausfällt als bei niedrigerer Unsicherheit, durchgesetzt werden. Welche Führungsaktiväten dazu hilfreich sind, wurde detailliert beschrieben. Deutlich wird dabei, dass es kein Patentrezept gibt, das Dilemma zwischen Zeitdruck und der Notwendigkeit, die Projektaufgabe (in Ruhe) zu strukturieren und die Geführten zu entlasten, aufzulösen. Erforderlich ist die geschickte Umsetzung aller Empfehlungen zum Projektmanagement und zur Verhandlungsführung mit den Interessengruppen.

5. Deutlich wird auch, dass der Wirksamkeit von Mitarbeiterführung in Softwareentwicklungsprojekten im Falle hoher Unsicherheit der Geführten Grenzen gesetzt sind. Wenn es die Wettbewerbssituation, der Auftraggeber und/ oder die Mutterorganisation den Führenden in Softwareentwicklungsprojekten unmöglich machen, Zeit und Führungsaktivität in ein nachhaltiges Arbeiten der Mitarbeiter, in die Strukturierung der Projektaufgabe und in die Entlastung der Mitarbeiter zu investieren, sind ihnen die Hände gebunden. Dieser Umstand verweist auf die Bedeutung der den Projekten übergeordneten strategischen Führung. Diese muss zum einen die eigenen Projektleistungen am Markt positionieren. Dabei sind u. a. folgende Fragen zu beantworten: Welche Projekte will die Mutterorganisation anbieten? Welche Unsicherheit der Geführten geht mit diesen Projekten einher? Wie knapp ist die vom Auftraggeber bzw. vom Markt zur Verfügung gegebene Zeit für die Projektabwicklung? Die Beantwortung dieser Fragen läuft letztlich auf eine Risikoabwägung hinaus: Je unsicherer die Mitarbeiter bei Projektaufgaben sind und je weniger Zeit den Projekten zur Verfügung steht, desto größer ist das Risiko zu scheitern. Zum anderen sind Strategien erforderlich, die die Mutterorganisation und die Mitarbeiter in die Lage versetzen, Unsicherheit rasch zu überwinden.

3 Ergebnisse und Diskussion der Integration und Generalisierung: Zur Theorie der Führung in zeitkritischen und komplexen Projekten

In den vorangegangenen Kapiteln III 2.1 bis III 2.3 wurden die Soll-Vorstellungen der beforschten Praktiker über Mitarbeiterführung in Softwareentwicklungsprojekten mit Hilfe der Verfahrensregeln der Grounded Theory (Glaser/ Strauss, 1967; Strauss/ Corbin, 1998) rekonstruiert und mit den einschlägigen Soll-Vorstellungen der Forschungsliteratur verglichen. Ein wesentliches Ergebnis der Gegenüberstellung ist, dass sich die Ein- und Ansichten von „Praxis" und „Forschung" gegenseitig stützen und ergänzen, so dass sie sich zu *einer* literatur- *und* gegenstandsverankerten Theorie darüber, wie Mitarbeiterführung in zeitkritischen und komplexen Projekten sein sollte, integrieren lassen. Diese Theorie wird im Folgenden zusammenfassend beschrieben und diskutiert. Dabei wird der in der Grundlegung dieser Arbeit (vgl. I. Teil) formulierten Prämisse gefolgt, wonach es zulässig ist, Softwareentwicklungsprojekte pars pro toto für zeitkritische und komplexe Projekte im Allgemeinen zu betrachten. Das Sachziel dieser Projekte wird nachstehend als „komplexe Leistung" bezeichnet.

Im folgenden Kapitel III 3.1 wird die integrierte Theorie grafisch und mit Hilfe von Tabellen knapp dargestellt.[412] Die Darstellung orientiert sich an der *ex ante* zu stellenden Frage: Wie sollten Führende in zeitkritischen und komplexen Projekten führen? Im Kapitel III 3.2 wird die Theorie dagegen aus eine *ex post*-Perspektive dargestellt, indem die Frage beantwortet wird, was Führende tun können, wenn ein Projekt seine Ziele nicht erreicht. Im abschließenden Kapitel III 3.3 werden die Ergebnisse der Integration und Generalisierung mit Blick auf die Erkenntnisziele dieser Arbeit und insbesondere des darin verfolgten methodischen Dialogs diskutiert.

3.1 Führungskontext, -aufgaben und -aktivitäten und die Gefahr des sich selbst verstärkenden Zeitdrucks in zeitkritischen und komplexen Projekten

Die vorgelegte Theorie umfasst Aussagen zu

- den Kontextmerkmalen des Führens in zeitkritischen und komplexen Projekten,
- Führungsaufgaben, die in verschiedenen zeitkritischen und komplexen Projekten unterschiedlich gut erfüllt sein können, und daher potenzielle Handlungsfelder darstellen,

- Führungsaktivitäten, mit denen Führende Führungsaufgaben, die noch nicht hinreichend von anderen übernommen wurden, erfüllen können, und

- Möglichkeiten von Führenden, im Falle hoher Unsicherheit der Geführten der Gefahr eines sich selbst verstärkenden Zeitdrucks in den Projekten zu begegnen.

Die Ausführungen orientieren sich an der nachstehenden Abbildung.

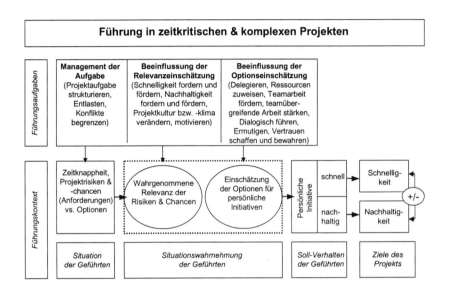

Abb. 10: Ergebnis des methodischen Dialogs: Führung in zeitkritischen und komplexen Projekten
Quelle: Eigene Darstellung

3.1.1 Zum Führungskontext zeitkritischer und komplexer Projekte

Die Kontextmerkmale des Führens in zeitkritischen und komplexen Projekten sind in der unteren Hälfte der Grafik aufgeführt. Sie umfassen die Situation der Geführten, die Mechanismen und Effekte der Situationswahrnehmungen der Geführten, die Anforderungen an das Soll-Verhalten der Geführten, und die Existenz zweier u. U. konfligierender Hauptzielbündel, Schnelligkeit und Nachhaltigkeit. Diese Merkmale bezeichnen den Führungskontext *aller*

---

[412] Für ausführlichere Erläuterungen sei der Leser auf die entsprechenden Kapitel II 1 bis II 5 und III 2.1 bis III 2.3.3 verwiesen.

zeitkritischen und komplexen Projekten und definieren damit den postulierten Geltungsbereich der vorgelegten Theorie.

Ausgangspunkt der vorgeschlagenen Theorie der Führung ist die *Situation der Geführten*. Diese ist zum einen durch *Zeitknappheit* sowie durch *Risiken und Chancen* für das Projekt gekennzeichnet. Letztere schlagen sich in Anforderungen und bisweilen Überforderungen für die Geführten nieder. Mögliche Quellen der Überforderung sind Unsicherheit, Überlastung durch exzessiven Zeitdruck und ausufernde Konflikte.

Zum anderen hält die Situation mehr oder weniger *Handlungsoptionen* bereit, die die Geführten zur Bewältigung der Anforderungen umsetzen können. Was die Geführten aus den Handlungsoptionen machen, hängt von ihren *Situationswahrnehmungen* ab. Diese umfassen zum einen die *Einschätzung der Relevanz objektiv bestehender Risiken und Chancen* und zum anderen die *Einschätzung der ihnen zur Verfügung stehenden Handlungsoptionen* zur Bewältigung der Risiken und Chancen (Lazarus, 1966; 1999). Je günstiger die Situationswahrnehmungen ausfallen, desto wahrscheinlicher wird es, dass die Geführten ihr *Soll-Verhalten*, persönliche Initiative (Frese/ Fay, 2001; Frese et al., 1996, 1997), zeigen. Persönliche Initiative zu zeigen bedeutet, Risiken und Chancen im Sinne der Projektziele initiativ und selbstständig, pro-aktiv und ausdauernd zu bewältigen.

Die *Relevanzeinschätzung* bezieht sich auf das Erkennen von Projektrisiken und -chancen (linker Kreis in der Grafik). Die Geführten müssen im Zuge der Relevanzeinschätzung objektiv bestehende Projektrisiken und -chancen, z. B. eine verspätete Zulieferung, als subjektiv relevant wahrnehmen (Lazarus, 1999, S. 75). Wenn hingegen objektiv bestehende Projektrisiken und -chancen die individuellen Ziele, Intentionen oder Wertvorstellungen der Mitarbeiter nicht berühren, werden sie nicht als Anlass für persönliche Initiative begriffen. In diesem Fall wenden sich die Geführten anderen Aspekten des Projekts zu, die weniger wichtig sind. Führung in zeitkritischen und komplexen Projekten muss daher unter anderem an der Relevanzeinschätzung der Geführten ansetzen.

Die *Optionseinschätzung* bezieht sich auf die Handlungsoptionen, die die Geführten sehen, um damit auf erkannte Risiken und Chancen zu reagieren (rechter Kreis in der Grafik). Im Falle einer verspäteten Zulieferung könnten die Geführten z. B. das Gespräch mit der verantwortlichen Person suchen, ihren Vorgesetzten mobilisieren, um die fehlende Zulieferung „herum" arbeiten oder die Zeit für andere Arbeiten nutzen. Die Geführten müssen bei mindestens einer Handlungsoption glauben, daraus eine persönliche Initiative formen zu können, d. h. sie im Sinne der Projektziele initiativ und selbstständig, pro-aktiv und ausdauernd umsetzen zu können. Des Weiteren müssen sie diese Handlungsoption als relativ zu anderen Optionen umsetzbar und erfolgssträchtig betrachten (Lazarus, 1999, S. 76; Schönpflug, 1986, S. 96). Fällt die Optionseinschätzung jedoch so aus, dass die Geführten keine Möglichkeit für persönliche Initiativen sehen, werden sie nur ein oberflächliches oder gar vermeidendes Bewältigungsverhalten zeigen. Vermeidungsverhalten zeichnet sich dadurch aus, dass die Geführten der Situation objektiv oder subjektiv entfliehen (Moos, 1993), z. B. indem sie um Versetzung bitten (objektive Vermeidung) oder sich die Dinge schönreden (subjektive Vermeidung). Vermeidungsverhalten ist daher dem Projekterfolg abträglich. Beim subjektiven Vermeidungsverhalten besteht darüber hinaus die Gefahr, dass es den Geführten subjektiv Entlastung verschafft und über Konditionierungsmechanismen (Mowrer, 1960) auf alle Zeiten und Situationen im Projekt generalisiert wird. Persönliche Initiative wird dadurch im Keim erstickt. Führung in zeitkritischen und komplexen Projekten sollte daher auch die Optionsbewertung der Geführten beeinflussen.

Das *Soll-Verhalten* der Geführten umfasst mehr als nur Persönliche Initiative, insofern als dass sich diese in *nachhaltigem* und/ oder *schnellem Arbeiten* niederschlagen soll, je nachdem wie die *Hauptziele* des Projekts, *Nachhaltigkeit* und *Schnelligkeit*, gewichtet sind.

Nachhaltiges Arbeiten in zeitkritischen und komplexen Projekten zeichnet sich dadurch aus, dass es zur Steigerung der inneren Qualität der Projektleistung, zu innovativen Initiativen oder zum Erhalt der Arbeitszufriedenheit und des Wohlbefindens der Mitarbeiter beiträgt, *ohne* dass davon Kunden oder Anwender unmittelbar, d. h. als für sie verwertbares Ergebnis des aktuellen Projekts, profitieren würden. Dazu gehören in erster Linie:

- Sauberes und aufwändiges Strukturieren der Gesamtaufgabe, indem hinreichend viel Zeit und Energie in die Formulierung informativer und übersichtlicher Lastenhefte und Pflichtenhefte, in den Entwurf möglicher Projektleistungen, in die Aufwandsschätzungen und Planungen des Projektablaufs und der Projekttermine investiert wird
- Ausführliches Dokumentieren der Planungs- und sonstigen Projektarbeiten
- Ausführliches Diskutieren von Vorgehensweisen und möglichen Lösungen in Hinblick auf ihre Vor- und Nachteile
- Umsetzen technisch anspruchsvoller oder ästhetisch ansprechender Lösungen, die einem Perfektionsideal nahe kommen
- Ausprobieren neuer Lösungen
- Fortbilden

- „Freies" Arbeiten, das keinen unmittelbaren Bezug zu den Projektzielen hat, z. B. Recherchen im Internet

- Erholen, Urlaub nehmen, keine Überstunden machen

Speziell für Produktentwicklungs- und Produktimplementierungsprojekte zählen zum nachhaltigen Arbeiten außerdem:

- Intensives Analysieren und Testen neu entwickelter Produktmodule durch die Projektmitarbeiter, bevor sie diese in einen offiziellen Ausgabestand des Produkts integrieren. Beispiele sind das Durchführen von Code Reviews oder eigener Testfälle im Falle der Softwareentwicklung

- Einhalten zeitaufwändiger Implementierungs- und Kennzeichnungsrichtlinien

- Produktteile oder deren Dokumentation „aufräumen", d. h. übersichtlicher und wartbarer gestalten, ohne dass sich dies unmittelbar in für den Nutzer sichtbare Qualitätssteigerungen niederschlägt

Nachhaltiges Arbeiten trägt zur Erreichung des *Zielbündels Nachhaltigkeit* bei. Ein zeitkritisches und komplexes Projekt ist umso nachhaltiger, je größer sein Beitrag zum Erhalt der zukünftigen Produktivität des laufenden Projekts bzw. der zukünftigen Produktivität der Mutterorganisation ist, d. h.

- je größer die innere Qualität der Projektleistung ist,

- je mehr innovative Initiativen realisiert werden und/oder

- je weniger die Arbeitszufriedenheit und das Wohlbefinden der Projektmitarbeiter durch die Projektarbeit beeinträchtigt werden.

Die innere Qualität einer zeitkritischen und komplexen Projektleistung bemisst sich nach ihrer Änderungsfreundlichkeit und nach der Prozessqualität des Vorgehens, welche sich etwa in einer hochwertigen Problemanalyse, einem hochwertigen Lösungsentwurf sowie einer hochwertigen Projektplanung und Projektimplementierung niederschlägt. Innovative Initiativen sind alle Beiträge der Mitarbeiter zur Steigerung und Erhaltung der Flexibilität und Innovationsfähigkeit des Projekts und der Mutterorganisation im Sinne von „shopfloor innovations" (vgl. Axtell et al., 2000, S. 266 f.; Gebert et al., 2001b, S. 264 ff.; Stelzer, 1998, S. 92-95), die typischerweise zu Verbesserungen der Projektprozesse führen. Arbeitszufriedenheit und Wohlbefinden der Mitarbeiter bleiben erhalten, wenn die Belastungen der Projektarbeit keine von den Mitarbeitern als übermäßig empfundene Beanspruchung – im Sinne negativen, langfristig verschleißenden und krank machenden Dis-Stresses – nach sich ziehen. Je nachhaltiger ein komplexes Projekt ist, desto höher ist die zukünftige Produktivität des Projekts und/ oder

der Mutterorganisation, weil die Aktivitäten in späteren Perioden auf sauberen, übersichtlichen und/ oder Effizienz steigernden Vorarbeiten aus vorherigen Perioden aufbauen können und von ausgeruhten Mitarbeitern ausgeführt werden.

Schnelles Arbeiten zeichnet sich im Gegensatz zum nachhaltigen Arbeiten dadurch aus, dass es darauf ausgerichtet ist, nur die Anforderungen umzusetzen, die der Auftraggeber an die Projektleistung stellt und beurteilen kann. Auf die darüber hinausgehenden Aktivitäten nachhaltigen Arbeitens wird beim schnellen Arbeiten verzichtet. Durch diese Fokussierung trägt schnelles Arbeiten zur *Schnelligkeit* des Projekts bei.

Betrachtet man die Projektleistung (Umfang und äußere Qualität) als fix, dann ist ein Projekt umso *schneller*, je früher es seinen Zweck erfüllt, d. h. je früher ein vom Auftraggeber akzeptiertes Ergebnis abgeliefert wird. Betrachtet man den Termin als fix, dann ist ein Projekt umso schneller, je mehr die Projektleistung für den Nutzer sichtbare und nützliche Eigenschaften aufweist, die in der erforderlichen äußeren Qualität zur Verfügung stehen. Äußere Qualität bezeichnet dabei Fehlerfreiheit, Benutzbarkeit und Leistungsfähigkeit der Sachleistung. Mit der Schnelligkeit eines Projekts steigt die Wahrscheinlichkeit, dass alle Anforderungen, die der Auftraggeber an die komplexe Leistung stellt, erfüllt werden, ohne dass der Übergabetermin überzogen wird.

Die beiden Hauptziele, *Schnelligkeit und Nachhaltigkeit*, stehen in einem potenziell dynamischen und sich selbst verstärkenden Zielkonflikt (der in der Grafik mit einem „+/-" - Zeichen angedeutet ist). Ist die Produktivität des Projektteams ausgeschöpft, geht ein Mehr an Schnelligkeit auf Kosten der Nachhaltigkeit und umgekehrt. Angesichts der Zeitknappheit, die im hier betrachteten Kontext per definitionem herrscht, besteht die Gefahr, dem Schnelligkeitsziel zu sehr auf Kosten des Nachhaltigkeitsziels Vorrang einzuräumen. Dann unterbleibt nachhaltiges Arbeiten und die innere Qualität der Projektleistung, die Anzahl innovativer Initiativen und die Arbeitszufriedenheit und Arbeitskraft der Projektmitglieder nehmen ab. Dadurch sinkt die Fähigkeit des Projekts und erst recht der Mutterorganisation, auch in Zukunft schnell zu sein. An dieser Stelle besteht die Gefahr, in einen Teufelskreis einzusteigen. Aufgrund der gesunkenen Fähigkeit, schnell zu sein, nimmt ceteris paribus der Zeitdruck zu. Termine sind noch schwerer zu halten als schon zuvor. Eine nahe liegende Reaktion darauf ist, das Schnelligkeitsziel noch stärker auf Kosten der Nachhaltigkeit zu betonen und noch mehr schnelles Arbeiten einzufordern. Der Teufelskreis nimmt seinen Lauf. Bevor die Implikationen dieses potenziell dynamischen Zielkonflikts im Abschnitt III 3.1.4 näher erläutert werden, soll zuvor der obere Teil der Grafik erläutert werden.

3.1.2 Führungsaufgaben als potenzielle Handlungsfelder der Führenden

Führung in zeitkritischen und komplexen Projekten zerfällt in zahlreiche Führungsaufgaben und Führungsaktivitäten zur Erfüllung dieser Führungsaufgaben (siehe oberer Teil der Grafik). Führungsaufgaben lassen sich zumindest schwerpunktmäßig nach ihrem Zweck ordnen. Zu unterscheiden sind erstens Führungsaufgaben zur Veränderung der Situation der Geführten, die zum *Management der Aufgabe* zusammengefasst sind. Dieser Teil von Führung soll die Geführten vor einer nicht zu bewältigenden Überforderung schützen und umfasst die Strukturierung der Projektaufgabe, die Entlastung der Geführten durch die Vermeidung und Linderung von Zeitdruck und die Begrenzung von Beziehungskonflikten zwischen den Geführten. Eine verspätete Zulieferung könnte z. B. Folge eines Streits mit einem Kollegen sein. Wenn die beteiligten Mitarbeiter nicht selbst in der Lage sind, ihren Konflikt beizulegen, sollten ihre Führungskräfte eingreifen und den Streit schlichten.

Zu unterscheiden sind zweitens Führungsaufgaben, die den Zweck haben, die von den Geführten wahrgenommene Relevanz objektiv bestehender Risiken und Chancen unmittelbar im Sinne der Projektziele zu beeinflussen. Diese Führungsaufgaben sind zur *Führung zur Beeinflussung der Relevanzbewertung* zusammengefasst. Sie umfassen das Einfordern von Schnelligkeit und Nachhaltigkeit, die Veränderung der Projektkultur bzw. des Projektklimas und die Motivierung der Mitarbeiter. Zum Beispiel wäre es erforderlich, Schnelligkeit einzufordern und eventuell auch die Projektkultur zu verändern, wenn die Mitarbeiter verspätete Zulieferungen generell für irrelevant halten würden.

Drittens wird *Führung zur Beeinflussung der Optionseinschätzung* unterschieden. Ihr Zweck ist es, den Geführten einen möglichst großen Handlungsspielraum einzuräumen und eine realistisch-optimistische Einschätzung der Handlungsoptionen zu fördern. Die dazu gehörenden Führungsaufgaben sind die Delegation von Entscheidungskompetenzen, das Zuweisen betrieblicher Ressourcen, die Förderung von Teamarbeit, die Stärkung teamübergreifender Zusammenarbeit, ein helfender Dialog mit den Geführten, das Zusprechen von Mut und Zuversicht und das Schaffen und der Erhalt von Vertrauen. Einem ängstlichen Mitarbeiter müsste beispielsweise Mut gemacht werden, damit er sich das Ergreifen von Initiative zutraut.

Führungsaufgaben müssen nicht ausschließlich von den formellen Führungskräften eines Projekts erfüllt werden. Vielmehr können sie auch von den nächsthöheren Führungskräften aus der Abteilungs- und Geschäftsleitung, von unpersönlichen Führungsmechanismen wie z. B. einem institutionalisierten Vorschlagswesen oder im Sinne einer „shared leadership" (Pearce/ Sims, 2002) auch von formell Untergebenen erfüllt werden. Allerdings sind die formellen Führungskräfte eines Projekts qua Amt dazu aufgerufen, nicht erfüllte Führungsaufgaben – die in dieser Arbeit Führungsdefizite genannt werden – zu erfüllen oder dafür zu sorgen, dass sie von anderen im Projekt erfüllt werden. In Abhängigkeit davon, welche der insgesamt 14 Führungsaufgaben aus Sicht der Geführten nicht hinreichend erfüllt sind, sollten Führende in zeitkritischen und komplexen Projekten ihre Kraft und Arbeitszeit den entsprechenden Führungsdefiziten zuwenden. Führungsaufgaben, die bereits erfüllt sind sind und auch nicht problematisch zu werden drohen, können bei der Führungsarbeit zugunsten anderer Aktivitäten vernachlässigt werden. Insofern sind die 14 Führungsaufgaben potenzielle Handlungsfelder der Führenden in zeitkritischen und komplexen Projekten. Führende sollten sich vor allem Führungsdefiziten widmen, d. h. solchen Führungsaufgaben, die ohne ihr Zutun schlecht erfüllt werden, z. B. weil diesbezüglich von der übergeordneten Bereichsführung wenig Unterstützung erfolgt.

3.1.3 Führungsaktivitäten

Wie, d. h. mit welchen Führungsaktivitäten Führende die insgesamt 14 Führungsaufgaben ausfüllen können, wurde in den entsprechenden Kapiteln dieser Arbeit am Beispiel der Softwareentwicklung detailliert beschrieben. Dabei zeigt sich, dass sich die literaturbasierten Überlegungen aus Teil II der Arbeit und die Ansichten der Praktiker, die in den Kapiteln III 2 bis III 2.3.3 systematisch dokumentiert wurden, gegenseitig bestätigen und ergänzen, so dass sie allesamt in die Theorie aufgenommen werden können.

Die folgenden Tabellen geben einen schlagwortartigen Überblick über die Führungsaktivitäten, die dazu geeignet sind, die jeweiligen Führungsaufgaben zu erfüllen. Handlungsempfehlungen, die aus der Literatur abgeleitet worden sind und die sich nicht in Aussagen der Praktiker widerspiegeln, sind mit (L) gekennzeichnet. Handlungsempfehlungen, die aus Aussagen der Praktiker abgeleitet worden sind, und denen keine Handlungsempfehlung aus der Literatur gegenüberstehen, sind mit (P) markiert. Inhaltlich gleiche bzw. zumindest ähnliche Aussagen der Literatur und der Praktiker wurden mit (L&P) gekennzeichnet. In diesen Fällen wurden die Formulierungen der Praktiker in die Tabellen aufgenommen. Die aus der empirischen Analyse stammende Unterscheidung zwischen Führungsaktivitäten, die sich in Entscheidungen in den Analyse- und Planungsphasen des Projekts, in Entscheidungen im späteren Projektverlauf oder im täglichen Umgang mit den Geführten manifestieren, wurde – so weit dies möglich war – beibehalten.

Führungs- aufgaben beim Management der Aufgabe	Führungsaktivitäten		Umgang mit den Geführten
	Entscheidungen in den Analyse- und Planungsphasen des Projekts	*Entscheidungen in den Ausführungsphasen des Projekts*	
1) Projekt- aufgabe struktu- rieren (L&P)	• Balancierte Projektdefinition (L) • Qualitätssicherung des Lastenhefts (P) • Gründliches, ausgewogenes, kommuniziertes und hinreichend verstandenes Pflichtenheft und Design (L&P) • Balance zwischen Partizipation und zügiger Planung (L&P) • Strukturierung der Kommunikation durch Beschreibung von Mitarbeiter-Interdependenzen, Sitzungen, insbesondere Statusbesprechungen, und mit elektronischer Projektakte (L&P) • Rollierende Planung mit priorisierten Sachleistungszielen, „harten" Meilensteinen und sukzessiven Einfrieren bereits erzielter Ergebnisse (L&P) • Vereinbarung eines rationalen Umgangs mit Anforderungsänderungen (P)	• Fördern und Fordern dezentraler Konkretisierungen und Korrekturen der Sachziele (L&P) • Enger Kontakt mit Geführten (L&P) • Leitungsrollen (extern, managerial, technisch) (P) • Reaktive und proaktive Überprüfung der Projektdefinition (L) • Partizipative, kommunikationsintensive und dokumentierte Planänderungen (L&P)	
2) Entlasten (L&P)	• Projektaufgabe strukturieren (s.o.) (P) • Enge Zusammenarbeit mit Auftraggeber in den frühsten Projektphasen (L&P) • Berücksichtigung von Risiken, Einplanung von Risikozuschlägen und Puffern, Priorisierung von Anforderungen („Streichmasse") (L&P) • Berücksichtigung der Aufwandschätzungen der Mitarbeiter (L&P) • Beeinflussung der Risikoneigung des Managements der Mutterorganisation (P) • Aushandlung „realistischer" Lastenhefte (P) • Entscheidungsbefugnisse der Ansprechpartner und funktionierender Lenkungsausschuss (L&P)	ad Auftraggeber (P) • „kurzer Draht" zu Vertretern des Auftraggebers • Lobby für das Projekt • ggf. Einbindung der eigenen Vorgesetzten • Kritische Prüfung von Anforderungen ggf. Verhandlungshärte ad Team und Mutterorganisation (P) • Frühzeitige Kontrollen und Feedback • Projektcontrolling • Optimierung der Aufgabenbearbeitung, Priorisierung der Aufgaben, frühe Entscheidungen über Mitarbeitereinsatz und Überstunden • Ressourcen und Rückendeckung	
3) Konflikte begrenzen (L&P)	Ggf. Trennung der streitenden Personen (L&P)		Schlichtung (L&P)

Tab. 35: Führungsaufgaben und -aktivitäten beim Management der Aufgabe

Anmerkungen: L = literaturbasiert, P = auf Basis der Aussagen der Praktiker

Führungs-aufgaben zur Beeinflussung der Relevanz-einschätzung	Führungsaktivitäten		
	Entscheidungen in den Analyse- und Planungs-phasen des Projekts	*Entscheidungen in den Aus-führungsphasen des Projekts*	*(Täglicher) Umgang mit den Geführten*
4) Schnelligkeit fordern und fördern (L&P)	• Festlegung von Anzahl und Umfang der Arbeitspakete, äußerer Qualität der komplexen Leistung und zur Verfügung stehender Zeit (L&P) • Begrenzt partzipative, kommunika-tionsintensive, dokumentierte und Planung (L&P)	• Rollierende Projektfort-schrittskontrolle und dabe (L&P): - Eigenkontrolle der Mitarbeiter fördern und fordern - Einzelergebnisse regelmäßig aggregieren, z. B. in Statusrunden • Tests der komplexen Leistung (L&P) • Ggf. „Druck" (P)	• Nachdrückliche Kommunikation und Einfordern von Schnelligkeits-vorgaben (auch kleinere Aufträge an Termine binden, Gründe für Termine erläutern, effizientes Kommunizieren, z. B. in Sitzungen, vorleben) (P)
5) Nachhaltig-keit einfordern (P)	Zuteilung knapper Ressourcen (z. B. Kaffee-Ecken) und Zeit für das Nachhaltigkeitsziel (z. B. weniger enge Termine; Phasen, die nur der Nachhaltigkeit dienen; Implementierungsregeln; Ein-zelvereinbarunen) (P)	• Schutz eingeplanter Zeit und Ressourcen vor Kürzungen (P) • Nachhalten eingeplanter Aktivitäten in der Pro-jektfortschrittskontrolle (P) • Unterstützung f. Quali-tätsbeauftragte (P) • Nachhalten von Einzel-vereinbarungen (P)	• Nachdrückliche Kommunikation und Einfordern des Nachhaltig-keitsziels (P)
6) Projektkultur bzw. -klima verändern (L&P)	• Gezielter Austausch von Mitarbeitern (L&P) • Vergabe besonderer oder neuer Aufgaben an Mitarbei-ter (-gruppen) (P) • Schulungen (P) • Verwendung neuer Technologien oder Planungs- und Kontrollinstrumente (L&P) • Prioritäten setzen (L&P) • Zuteilung knapper Ressourcen (L&P) • Routine-Personalauswahlentscheidungen (L&P) • Belohnungen und Sanktionen (L&P) • Entscheidungen bei Krisen (L&P) • Formale Strukturen und Prozesse im Projekt (L) • Gestaltung der Räume (L) • Offizielle Philosophie und Ziele des Projekts (L)		• Bemerkungen, persönliche Kontrollen, Nach-fragen, Themenwahl bei Gesprächen und Vorträgen u. ä. (L&P) • Vorbildrolle, Anleitung der Mitarbeiter (L&P) • Verhalten bei Krisen (L&P) • Riten und Rituale (L) • Geschichten und Legenden (L)
	Balance wahren zwischen Kultur gestaltender und erdrückender Führung (L)		
7) Motivieren (L&P)	• Zuteilung intrinsisch motivierender Aufgaben (techn. Herausforderung, große Bedeutung, großer Hand-lungsspielraum, der Weiterbildung dienlich) (L&P) • Faire Kompensation (L&P) • Zerlegung der Gesamtaufgabe in machbare Teilaufga-ben (L&P) • Vereinbarung bzw. Vorgabe und Begründung ehrgei-ziger und konkreter Ziele (L&P)		• Informationen über Be-deutung u. Hintergrund d. Projekts (P) • Vision (L&P) • Fairness im Umgang (L&P) • Persönliches Feedback, Anerkennung von Leis-tungen, Ansprechen von Defiziten (L&P)

Tab. 36: Führungsaufgaben und -aktivitäten zur Beeinflussung der Relevanzeinschätzung

Anmerkungen: L = literaturbasiert, P = auf Basis der Aussagen der Praktiker

Führungsaufgaben zur Beeinflussung der Optionsbewertung	Führungsaktivitäten		
	Entscheidungen in den Analyse- und Planungsphasen des Projekts	*Entscheidungen in den Ausführungsphasen des Projekts*	*(Täglicher) Umgang mit den Geführten*
8) Entscheidungskompetenzen delegieren (L&P)	• Partizipative und zügige Planung (L&P) • Bereitschaft, langwierige Entscheidungsprozesse zu beenden (L)	• Hohe Ausführungskompetenz der Geführten, bei gleichzeitiger Durchsetzung von Richtlinien zur Standardisierung und Einzelentscheidungen zur Risikoreduzierung (L&P)Einfluss der Geführten auf Regeln (L) • Primär Eigenkontrolle der Geführten hinsichtlich der Termineinhaltung (L&P) • Fremdkontrolle (Tests) d. komplexen Leistung (L&P)	
	• Je mehr Orientierung, Konsens und Vertrauen im Projekt, desto mehr Möglichkeiten zur Delegation (L)		
9) Betriebliche Ressourcen zuweisen (L&P)	• Zuweisung von Schulungen und schulungsähnlichen Maßnahmen, Hard- und Software, Büroräumen und Büroausstattung nach Bedarf (L&P) • Beachtung von Fairness- und Delegationsaspekten (L)		
10) Kommunikation im Projekt fördern (L&P)	• Gemeinsame Schulungen und gemeinsame Planung (L) • Ausreichend offizielle und informelle Kanäle und Foren (L&P) • Kollektive Belohnung bei Erfolgen (L) • Räumliche Nähe oder Förderung kompensatorischer Kommunikation bei räumlicher Entfernung (L&P)	• Beenden nicht enden wollender Sachkonflikte zwischen Geführten (L) • Begrenzungen von Entscheidungsprozessen (L) • Intensive persönliche Kommunikation zwischen den Mitarbeitern auch noch am Ende des Projekts (L)	• Vorleben und ggf. Schulung kollaborativen Streitens (L) • Hilfsbereitschaft und Ansprechbarkeit (L&P) • Aufgabenkohäsion durch Motivierung (L) • Feiern bei Teamerfolgen (L&P) • Gruppen"events" (L&P) • Betonung von Gemeinsamkeiten und gemeinsamer Ziele (L) • Offene und sachliche Streitkultur (L) • Einbindung „stillerer" Personen (L) • Ggf. Advocatus Diaboli oder Moderator (L) • Sensitivitätsanalysen bei Gruppenentscheidungen (L) • Reflexion der Gruppenprozesse (L)

Tab. 37: **Führungsaufgaben und -aktivitäten zur Beeinflussung der Optionsbewertung (1/3)**

Anmerkungen: L = literaturbasiert, P = auf Basis der Aussagen der Praktiker

Führungs-aufgaben zur Beeinflussung der Options-bewertung	Führungsaktivitäten		
	Entscheidungen in den Analyse- und Planungs-phasen des Projekts	*Entscheidungen in den Ausführungsphasen des Projekts*	*(Täglicher) Umgang mit den Geführten*
11a) Teamüber-greifende Zu-sammenarbeit stärken (techni-sche Koordina-tion) (L&P)	• Informationstechnologische Vernetzung (L&P) • Räumliche Nähe (L&P) • Frühzeitige und durchgängige gemeinsame Pla-nung (L&P) • Gemeinsame Schulungen (L&P) • Kick-Off, Close-Down Workshops und Informa-tionsrunden (L&P) Ertrag der technische Koordination und Zeitaufwand ausbalancieren (L&P)		• Generell die Bedeutung des der „task coordination" be-tonen (L)
11b) Teamüber-greifende Zu-sammenarbeit stärken („Scou-ting") (L&P)	• Präsentationen und Besichtigungen der Anlagen des Kunden (nur Standardsoftwareentwicklung) (P) • Kundenbesuche (P) Ertrag des Scouting und Zeitaufwand ausbalancieren (L&P)		• Förderung projektübergrei-fender Kontakte (L&P)
12) Dialogisch führen (L&P)			Fachliche und „diagnostische" Kommunikation mit Geführten (L&P)
13a) Mut und Zuversicht ver-mitteln (Selbst-wirksamkeit) (L&P)	• Zergliederung der Aufgaben der Geführten und Betonung der Machbarkeit der resultierenden Teil-aufgaben (L&P) • Hilfe, insbesondere Entlastung: Vermeidung oder Linderung von Zeitdruck, ggf. Schulungen, Coa-chings, Anleitung für Mitarbeiter (L&P)		• Zuversichtliche Ausstrah-lung (L&P) • Würdigung der Anstrengun-gen und des Könnens der Geführten bei Erfolgen (L&P) • Außendarstellung von Er-folgen (L&P) • Abschirmung der Geführten vor schlechten Nachrichten (P)
13b) Mut und Zuversicht ver-mitteln (interna-le Kontrollüber-zeugung) (L&P)	• Im Hinblick auf Schnelligkeitsziel: Rollierende Planung, sukzessive Konkretisierung von Aufgaben und Sachziele (L&P) • Im Hinblick auf Nachhaltigkeitsziel: Unterscheidung zwischen kleineren und größeren Initiativen zur Steigerung der Nachhaltigkeit und Schutz der entsprechenden Projektressourcen (L&P)		
14a) Vertrauen schaffen und bewahren (zu den Führenden) (L&P)	• Faire Entscheidungen über betriebliche Güter, Belohnungen und Sanktionen (L&P) • Berücksichtigen von Aufwandsschätzungen (L&P) • Kein „Einmischen" in operative Entscheidungen (L&P) • Keine misstrauische Kontrolle (L&P) • Offenheit bei „heiklen" Informationen (L&P) • Zugleich: Begrenzung von Vertrauensvorschuss (L) • In Verhandlungssituationen mit den Geführten win-win Aspekte der Situation herausstreichen, den Schatten der Zukunft betonen und Informati-onssymmetrien aufheben (L)		Erwartungen der Geführten an Führende erfüllen: • Fairness im Umgang (L&P) • Kompetenz & Engagement (L&P) • Respekt & Möglichkeit zu widersprechen, ggf. Um-sicht und Freundschaftlich-keit (L&P) • Integrität (L&P)

Tab. 38: Führungsaufgaben und -aktivitäten zur Beeinflussung der Optionsbewertung (2/3)

Anmerkungen: L = literaturbasiert, P = auf Basis der Aussagen der Praktiker

Führungs- aufgaben zur Beeinflussung der Options- bewertung	Führungsaktivitäten		
	Entscheidungen in den Analyse- und Planungs- phasen des Projekts	*Entscheidungen in den Ausführungsphasen des Projekts*	*(Täglicher) Umgang mit den Geführten*
14b) Vertrauen schaffen und bewahren (zwi- schen den Ge- führten) (L)	• Gemeinsame Projektziele und sonstige Zielkongruenzen betonen und zugleich Leis- tungsbeiträge der Einzelnen erkennbar halten (L) • Vorbild sein und Einflussnahme auf die Kultur zur Verstärkung vertrauenswürdigen Verhaltens (Beachtung prozeduraler Fairness bei formalen und informalen Entschei- dungsprozessen der Gruppe) (L)		

Tab. 39: Führungsaufgaben und -aktivitäten zur Beeinflussung der Optionsbewertung (3/3)

Anmerkungen: L = literaturbasiert, P = auf Basis der Aussagen der Praktiker

Wenn Führende in zeitkritischen und komplexen Projekten darauf achten, dass die genannten Führungsaufgaben erfüllt sind und sie gegebenenfalls die dazu gehörenden Führungsaktivitä- ten zeigen, dann ist die Wahrscheinlichkeit höher,

• dass die Geführten persönliche Initiative zeigen,

• schnell und/oder nachhaltig arbeiten und

• dass das Projekt hinreichend schnell und nachhaltig ist,

als wenn die Führungsaufgaben nicht erfüllt sind.

3.1.4   Zur Gefahr eines sich selbst verstärkenden Zeitdrucks

Bei zeitkritischen und komplexen Projekten besteht die Gefahr, in einen Teufelskreis zu gera- ten, in dem sich Zeitknappheit zu einem für die Geführten nicht mehr zu bewältigenden ex- zessiven Zeitdruck entwickelt. Diese Gefahr besteht im Prinzip immer. Im Falle einer hohen Unsicherheit der Geführten ist sie allerdings besonders stark ausgeprägt, weil dann die Mög- lichkeiten für Führende, die Gefahr einzudämmen, eingeschränkt sind.

Die Gefahr des sich selbst verstärkenden Zeitdrucks besteht immer, da sie aus dem Zielkonflikt zwischen Schnelligkeit und Nachhaltigkeit erwächst. Dieser Zielkonflikt und die ihm innewohnende latente Dynamik sind bereits als Teil des Führungskontexts beschrieben worden (siehe III 3.1.1)

Bei einer hohen Unsicherheit der Geführten ist die Gefahr des sich selbst verstärken- den Zeitdrucks besonders stark ausgeprägt. Unsicherheit liegt vor, wenn und soweit die Ge- führten ihre eigene Handlungen nicht regulieren können, d. h. weil und soweit sie keine hin- reichend konkreten Sachziele haben, um ihrem Handeln eine Richtung zu geben, sie die an sie gestellten Erwartungen nicht einschätzen können, keine Handlungspläne erstellen können und

390

die Folgen ihres Handelns aufgrund mangelnden oder unzuverlässigen Feedbacks nicht abschätzen können (Frese/ Zapf, 1994, S. 312; Semmer, 1984, S. 54 ff.; Zapf, 1991, S. 3). Unsicherheit trägt zu Zeitdruck bei, weil Unsicherheit zeitraubende Ineffektivität und Ineffizienz begünstigt. Dies ist etwa der Fall, wenn Entwickler aufgrund vager Vorgaben ein Modul entwickeln, das die Wünsche des Auftraggebers nur unzureichend erfüllt und zeitaufwändig verbessert werden muss. Umgekehrt trägt Zeitdruck zur Unsicherheit bei, weil Zeitdruck bewirkt, dass sowohl die Geführten als auch die Führenden zu wenig Zeit und Energie in die Strukturierung der Projektaufgabe investieren und stattdessen „schnell" beginnen, die Projektaufgabe abzuwickeln.

Die wechselseitige Begünstigung von Unsicherheit und Zeitdruck führt Führende in ein Dilemma. Dieses besteht darin, dass sie sich und den Geführten Zeit verschaffen müssen, obwohl diese knapp ist. Sie müssen die Geführten „entlasten", damit sie Zeit haben, nachhaltig zu arbeiten, insbesondere um ihre eigenen Aufgaben zu durchdenken und zu strukturieren. Und sie müssen sich selbst Zeit nehmen, die übergeordnete Projektaufgabe zu strukturieren und dadurch den Geführten konkrete, korrekte und stabile Sachziele zu präsentieren. Nur wenn die Geführten nachhaltig arbeiten und die Führenden an der Strukturierung der Projektaufgabe mitarbeiten, besteht eine Chance, die Unsicherheit der Geführten und damit auch den Zeitdruck im Projekt zurückzuführen. Diese Anforderung steht im Widerspruch zu der Anforderung, schnell zu sein, d. h. möglichst früh für den Auftraggeber erkennbare Projektleistungen abzuliefern.

Bei niedriger Unsicherheit sind die Mitarbeiter hingegen in der Lage, ihre Tätigkeit im hohen Maße selbst und korrekt zu regulieren. In diesem Fall tritt das Dilemma nicht auf. Ein hoher Zeitdruck ist dann weniger schädlich, weil die Geführten ihre Aufgabenerledigung selbst regulieren können, auch wenn für einige Zeit auf nachhaltiges Arbeiten verzichtet wird.

Diese Fallunterscheidung hat Konsequenzen für alle Aspekte der Mitarbeiterführung, wie die nachstehende Tabelle verdeutlicht.

Handlungs-empfehlungen	Fallunterscheidung zur Führung in zeitkritischen und komplexen Projekten	
	Niedrige Unsicherheit der Geführten	*Hohe Unsicherheit der Geführten*
Zur Gewichtung der Projektziele	Schnelligkeit Vorrang einräumen	Nachhaltigkeit Vorrang einräumen
Zum Soll-Mitarbeiterverhalten	Schnellem Arbeiten Vorrang einräumen	Nachhaltigem Arbeiten Vorrang einräumen
Zur Beeinflussung der Relevanzeinschätzung	Schnelles Arbeiten einfordern und dementsprechend die Projektkultur beeinflussen und motivieren	Nachhaltiges Arbeiten einfordern einfordern und dementsprechend die Projektkultur beeinflussen und motivieren
Zur Beeinflussung der Optionseinschätzung	Mut und Zuversicht im Hinblick auf das Erreichen von Schnelligkeitszielen machen	Mut und Zuversicht im Hinblick auf das Erreichen von Nachhaltigkeitszielen machen
Zum Management der Aufgabe	Führungsaktivitäten zum Strukturieren und Entlasten sind weniger erforderlich	Mehr Führungsaktivität zum Strukturieren und Entlasten verwenden

Tab. 40: **Führung in zeitkritischen und komplexen Projekten bei hoher und niedriger Unsicherheit der Geführten**

Um der Gefahr des sich selbst verstärkenden Zeitdrucks in zeitkritischen und komplexen Projekten zu entgehen, sollten Führende mithin nicht nur auf die Erfüllung der oben spezifizierten Führungsaufgaben achten, sondern sie sollten darüber hinaus insbesondere die Unsicherheit ihrer Mitarbeiter korrekt diagnostizieren, weil sie in Abhängigkeit davon unterschiedlich führen sollten. Bei niedriger Unsicherheit können sie das Schnelligkeitsziel stärker betonen und müssen weniger Zeit und Energie in die Führungsaufgaben Strukturieren und Entlasten investieren. Bei hoher Unsicherheit sollten sie hingegen das Nachhaltigkeitsziel stärker betonen und sich im hohen Maße um eine Strukturierung der Projektaufgabe und eine Entlastung der Geführten bemühen.

Die im Falle hoher Unsicherheit erforderliche Führung muss allerdings gegen den Zeitdruck und die Stakeholder, die dahinter stehen, durchgesetzt werden. Dazu stehen die Führungsaktiväten zur Verfügung, die in der Tabelle 35 bei den Führungsaufgaben „Projektaufgabe strukturieren" und „Entlasten" aufgeführt und in den Kapiteln III 2.3.3.1 und III 2.3.3.2 am Beispiel der Softwareentwicklung detailliert erläutert wurden. Ein Blick in die Tabelle 35 macht deutlich, dass es kein Patentrezept gibt, um das Dilemma zwischen der Notwendigkeit, schnell zu sein, und der Notwendigkeit, die Projektaufgabe (in Ruhe) zu strukturieren und die Geführten zu entlasten, aufzulösen. Vielmehr können sich Führende nur um die geschickte Umsetzung möglichst aller Empfehlungen bemühen. Angesichts dieses Dilemmas ist der Wirksamkeit von Mitarbeiterführung in zeitkritischen und komplexen Projekten im Falle hoher Unsicherheit der Geführten Grenzen gesetzt. Wenn Führende keine Möglichkeit haben, Zeit und Führungsaktivität in ein nachhaltiges Arbeiten der Mitarbeiter, in die Strukturierung der Projektaufgabe und in die Entlastung der Mitarbeiter zu investieren – etwa weil es die Wettbewerbssituation, der Auftraggeber und/ oder die Mutterorganisation nicht zulassen – sind ihnen die Hände gebunden. Dieser Umstand verweist auf die Bedeutung einer übergeordneten strategischen Projektführung. Diese muss zum einen eine Risikoabwägung leisten. Darin müssen die Risiken eines Projektauftrags, insbesondere jene, die aus der Unsicherheit der Mitarbeiter und der Zeitknappheit erwachsen, gegen mögliche Erträge abgewogen werden. Zum anderen muss sich eine strategische Projektführung darum bemühen, die Mutterorganisation und die Mitarbeiter in die Lage zu versetzen, Unsicherheit rasch zu überwinden.

3.2 Zur Identifikation von Führungsdefiziten

Im vorigen Kapitel wurden zusammenfassend die Aussagen der Theorie über die Kontextmerkmale, die Führungsaufgaben, die Führungsaktivitäten und die Gefahr des sich selbst verstärkenden Zeitdrucks in zeitkritischen und komplexen Projekten dargestellt. In dieser Lesart kann die Theorie der Praxis in erster Linie zur Aufklärung und zur Aus- und Weiterbildung dienen. Praktiker können mit Hilfe der Theorie die Beziehungen zwischen dem eigenen Führungsverhalten, dem Verhalten der Mitarbeiter und dem Projekterfolg zutreffender reflektieren als ohne diese Theorie.

Die Theorie lässt sich aber auch zur Beratung oder Selbstdiagnose in konkreten Projekten oder Projektorganisationen verwenden. Beratungsbedarf oder Bedarf zur Selbstdiagnose entsteht typischerweise, wenn im Projekt Leistungsdefizite beobachtet werden, z. B. wenn sich bestimmte Probleme häufen, Termine verpasst werden, die Qualität nicht stimmt und dergleichen mehr. Mit Hilfe der in der Theorie postulierten Hauptziele zeitkritischer und komplexer Projekte lassen sich zunächst die Defizite strukturiert darstellen. Zwei Leistungsdefizite kommen in Frage: Erstens, das Projekt ist *nicht schnell genug*, d. h. zu den vorgegebenen Terminen werden die vereinbarten Sachleistungen nicht in der vereinbarten äußeren Qualität geliefert. Bezogen auf das Mitarbeiterverhalten bedeutet das, dass sie – gemessen an den Terminvorgaben – zu langsam arbeiten. Zweitens, das Projekt ist *nicht nachhaltig genug*, das heißt die innere Qualität der komplexen Leistung, die Beiträge zur Innovativität der Mutterorganisation oder die Arbeitszufriedenheit der Mitarbeiter entsprechen nicht dem Soll.

In der folgenden Tabelle sind in der linken Spalte Führungsdefizite verzeichnet, die sich aufgrund der vorgelegten Theorie bei Terminschwierigkeiten eines Projektes vermuten lassen. In der rechten Spalte der Tabelle sind die entsprechende Führungsaufgaben verzeichnet. Diese bestehen jeweils darin, auf ungünstige Ausprägungen der Führungssituation zu reagieren und *in dieser Hinsicht* Führung zu zeigen. Eine Erläuterung der Tabellen ist entbehrlich. Der interessierte Leser sei auf die detaillierten Erörterungen in den Abschnitten III 2.1 bis 2.3.3 und die zusammenfassenden Darstellung im vorigen Abschnitt III 3.1 verwiesen.

Führungsdefizite als mögliche Gründe für Terminschwierigkeiten	Entsprechende Führungsaufgabe
Mitarbeitern haben das Schnelligkeitsziel nicht deutlich genug vor Augen	Schnelligkeit fordern und fördern
Organisationskultur stützt schnelles Arbeiten nicht hinreichend	Projektkultur bzw. -klima verändern
Mitarbeiter sind nicht hinreichend motiviert, schnell zu arbeiten	Motivieren
Mitarbeiter haben nicht genügend Entscheidungskompetenzen, um schnell genug zu arbeiten	Entscheidungskompetenzen delegieren
Mitarbeiter haben nicht genügend Betriebsmittel oder Schulungen, um schnell genug zu arbeiten	Ressourcen zuweisen
Kommunikation und Zusammenarbeit im Team sind unzureichend und verlangsamen das Projekt	Teamarbeit stärken
Teamübergreifende Kommunikation und Zusammenarbeit sind unzureichend und verzögern das Projekt	Teamübergreifende Zusammenarbeit stärken
Die Geführten bekommen von den Führungskräften zu wenig Hilfe, so dass es länger als nötig dauert, bis Probleme geklärt sind	Helfenden Dialog führen
Mitarbeiter haben zu wenig Zuversicht, die Schnelligkeitsvorgaben zu erreichen	Mut und Zuversicht vermitteln
Mitarbeiter haben zuwenig Vertrauen zu ihren Vorgesetzten und/ oder Kollegen	Vertrauen schaffen und bewahren
Mitarbeiter sind sich hinsichtlich der Ziele, Struktur und des geeigneten Ablaufs ihrer Arbeit unsicher und arbeiten daher ineffizient und ineffektiv	Projektaufgabe strukturieren
Mitarbeiter sind überlastet	Entlasten
Beziehungskonflikte behindern die Mitarbeiter	Konflikte begrenzen
In vergangenen Perioden wurde zu wenig nachhaltig gearbeitet	Siehe Tabelle 42

Tab. 41: Mögliche Führungsdefizite und Führungsaufgaben bei Terminschwierigkeiten

Die möglichen Gründe und Führungsdefizite bei einer zu geringen Nachhaltigkeit des Projekts stellen sich wie folgt dar:

Führungsdefizite als mögliche Gründe für unzureichende Nachhaltigkeit	Entsprechende Führungsaufgabe
Mitarbeiter haben das Nachhaltigkeitsziel nicht deutlich genug vor Augen	Nachhaltigkeit fordern und fördern
Organisationskultur stützt nachhaltiges Arbeiten nicht hinreichend	Organisationskultur bzw. -klima verändern
Mitarbeiter sind nicht hinreichend motiviert, nachhaltig zu arbeiten	Motivieren
Mitarbeiter haben nicht genügend Entscheidungskompetenzen, um nachhaltig genug zu arbeiten	Entscheidungskompetenzen delegieren
Mitarbeiter haben nicht genügend Betriebsmittel oder Schulungen, um nachhaltig genug zu arbeiten	Ressourcen zuweisen
Kommunikation und Zusammenarbeit im Team sind unzureichend und mindern die Nachhaltigkeit des Projekts	Teamarbeit stärken
Teamübergreifende Kommunikation und Zusammenarbeit sind unzureichend und reduzieren die Nachhaltigkeit des Projekts	Teamübergreifende Zusammenarbeit stärken
Mitarbeiter haben zu wenig Zuversicht, die Nachhaltigkeitsvorgaben zu erreichen	Mut und Zuversicht vermitteln
Mitarbeiter haben zuwenig Vertrauen, so dass sie weniger nachhaltig als möglich arbeiten	Vertrauen schaffen und bewahren
Hoher Zeitdruck zwingt dazu, wenig nachhaltig zu arbeiten	Entlasten (ggf. Projektaufgabe strukturieren)
Beziehungskonflikte behindern die Mitarbeiter	Konflikte begrenzen

Tab. 42: Mögliche Führungsdefizite und Führungsaufgaben bei unzureichender Nachhaltigkeit

Die Tabellen helfen bei der Diagnose von Führungsdefiziten bei zeitkritischen und komplexen Projekten, weil sie der Führungskraft bzw. dem Berater oder Coach die Möglichkeit geben, *getrennt nach den Hauptzielen zeitkritischer und komplexer Projekte* und *theoriegeleitet, d. h. begründet*, Fragen an die Führungssituation zu stellen. Mit ihrer Hilfe lassen sich Beobachtungen und Aussagen von Betroffenen strukturiert darstellen und vergleichen. Wie dies geschehen kann, wird für interessierte Leser im Anhang anhand dreier Fallstudien illustriert.

3.3 Diskussion

Die zusammenfassende Diskussion der vorgestellten Theorie hat sich an den zu Anfang dieser Studie formulierten drei Zielen zu orientieren. Dem *pragmatischen Erkenntnisziel* der Führungslehre verpflichtet, sollte in dieser Arbeit eine Theorie erarbeitet werden, die es Führenden in zeitkritischen und komplexen Projekten gestattet, die Beziehung zwischen Führungsverhalten und Führungserfolg differenziert und wohlbegründet zu reflektieren. Das *theoriebezogene Anliegen* dieser Arbeit bestand darin, die Grundlogik des Modells der innovationsförderlichen Führung (Gebert, 1987, 2002) auf den Gegenstandsbereich der Mitarbeiterführung in zeitkritischen und komplexen Projekten zu übertragen. Dem *methodischen Anliegen* folgend sollte in dieser Arbeit eine kontextspezifische Führungstheorie entwickelt werden, die sowohl auf dem abstrakt-nomothetischen Wissen der Literatur als auch auf dem idiographisch rekonstruierten Wissen von Praktikern gründet.

Das pragmatische Ziel der Arbeit wird durch die Theorieaussagen erfüllt, die sich auf die Führungsziele, das Soll-Verhalten der Geführten, die Führungsaufgaben und Führungsaktivitäten und die Gefahr des sich selbst verstärkenden Zeitdrucks beziehen. Zusätzlich dient die Liste potenzieller Führungsdefizite der Erfüllung des pragmatischen Anliegens. Diese Theoriebestandteile dürften hilfreich sein, die Meinungen und Ansichten von Beteiligten zur Beurteilung und gegebenenfalls zur Verbesserung eines Einzelfalls von Führung im Kontext zeitkritischer und komplexer Projekte übersichtlich und vollständig darzustellen. Dadurch wird die Diagnose und Bewertung tatsächlicher Stärken (gut erfüllte Führungsaufgaben) und Schwächen (Führungsdefizite) erheblich erleichtert. Insbesondere wird die Auseinandersetzung über die „wahren" Gründe für Leistungsdefizite von Projekten einfacher, weil Gemeinsamkeiten, Unterschiede und blinde Flecken in den Ansichten der Beteiligten in den Kategorien der Theorie dargestellt werden können. Die postulierte Liste der Führungsaktivitäten dürfte bei der Überwindung von Führungsdefiziten besonders hilfreich sein, weil sie recht viele mögliche Handlungsoptionen zur Erfüllung der Führungsaufgaben zur Verfügung stellt. In dem Maße, wie diese Liste die Anzahl der Alternativen, die Führungskräfte erwägen, erhöht, steigert sie die Verhaltensflexibilität der Führenden und damit deren Chancen, erfolgreich zu führen.

Das theoretische Anliegen wurde eingelöst, da die Literaturanalyse mit Hilfe der Theorie der innovationsförderlichen Führung (Gebert, 1987, 2002) strukturiert wurde und die gewonnene argumentative Grundstruktur im empirischen Teil der Arbeit der Erfassung der Kontextspezifika aus den erhobenen Aussagen der Praktiker nicht im Weg stand, sondern sie vielmehr erleichterte. Die Ergebnisse dieser Studie stellen mithin auch einen Beitrag zu den Diskussionen in der Führungsforschung dar, die von der Theorie der innovationsförderlichen Führung angeregt wurden.

Ob und inwieweit das methodische Ziel erreicht wurde, lässt sich erkennen, wenn man die Ergebnisse dieser Arbeit mit den Ergebnissen der Literaturanalyse einerseits und den (vermuteten) Ergebnissen einer rein empirischen Exploration andererseits vergleicht.

Erträge des methodischen Dialogs gegenüber einer Literaturexploration

Der Vergleich zwischen der im Kapitel III 3.1 vorgelegten Theorie und ihrem „Vorläufer", dem im Kapitel II 5 allein auf der Grundlage der einschlägigen Forschungsliteratur postulierten Modell, zeigt auf, welche kontextspezifischen Differenzierungen und Konkretisierungen durch die empirische Untersuchung gewonnen wurden. Die Frage nach den *Zielen* in zeitkritischen und komplexen Projekten, verstanden als Kriterien für das Soll-Verhalten der Geführten, hätte allein auf Grundlage der Forschungsliteratur nicht befriedigend beantwortet werden können. In der Literatur wird zwischen den Zielen Zeit, Kosten, Qualität, Geschäftserfolg, Zukunftssicherung und Innovativität sowie den Zielen der Mitarbeiter unterschieden. Der in der vorgelegten Theorie postulierte Widerstreit zwischen den Hauptzielen zeitkritischer und komplexer Projekte, Schnelligkeit und Nachhaltigkeit, gewann erst im Lichte der Aussagen der Praktiker die erforderliche Schärfe.

Da auf der Grundlage der Literatur die beiden Hauptziele nicht identifiziert werden konnten, war auch die literaturbasierte Charakterisierung des *Soll-Verhaltens der Geführten* als persönliche Initiative nach Frese und Mitarbeiter (Frese et al. 1996, 1997; Fay et al., 1998; Frese/ Fay, 2001) zu wenig differenziert. Persönliche Initiative hat „zu wenig Richtung", da sie auf die Erreichung aller möglichen Projektziele zielen kann. Eine angemessene Beschreibung des Soll-Verhaltens gelingt erst, wenn zusätzlich zwischen schneller und nachhaltiger Arbeit unterschieden wird. In der vorgestellten Theorie werden die einzelnen Aktivitäten genau spezifiziert, die unter die Konstrukte „schnell arbeiten" und „nachhaltig arbeiten" zu subsumieren sind. (Erst) mit Hilfe dieser Konstrukte und der detaillierten Beschreibung ihrer Inhalte lässt sich die Frage nach dem Soll-Verhalten der Geführten in zeitkritischen und komplexen Projekten dem Gegenstand angemessen beantworten.

Auch die *Soll-Verhaltensweisen der Führenden* (Führungsaufgaben und Führungsaktivitäten) werden von der literatur- und gegenstandsverankerten Theorie differenzierter und dem Kontext zeitkritischer und komplexer Projekte angemessener erfasst, als es allein auf der Grundlage der Forschungsliteratur möglich gewesen wäre. Insgesamt lassen sich sieben Erträge des methodischen Dialogs für die Formulierung der Soll-Verhaltensweisen der Führenden gegenüber einer reinen Literaturarbeit erkennen: *Erstens* macht die Trennung des „Managements der Aufgabe" von den beiden anderen Führungsbereichen „Beeinflussung der Relevanzeinschätzung" und „Beeinflussung der Optionseinschätzung" deutlich, wie bedeutsam dieser Aspekt der Mitarbeiterführung in zeitkritischen und komplexen Projekten wirklich ist. *Zweitens* ist die Einteilung von Führungsaktivitäten in a) Entscheidungen, die in den Analyse- und Planungsphasen eines Projekt gefällt werden sollten, b) Entscheidungen, die im Projektverlauf zu fällen sind und c) im täglichen Umgang mit den Geführten eine weitreichende Differenzierung, die erst in der Auseinandersetzung mit den Aussagen der Praktiker entstand.

Drittens und *viertens* profitierten die Darstellungen der Führungsaufgaben „Entlasten" (Tabelle 33) und „Nachhaltigkeit fordern und fördern" (Tabelle 34) in besonderem Maße von der Berücksichtigung der Praktikeraussagen. *Fünftens* konnte der Kontext in weiteren Differenzierungen und Konkretisierungen erfasst werden. Dazu gehören beispielsweise die Eigenschaften intrinsisch motivierender Aufgaben (III 2.3.1.3 „Motivieren"), die Bedeutung des Konfigurationsmanagements (III 2.3.2.1 „Entscheidungskompetenzen delegieren"), und die Strategie, schlechte Nachrichten von den Geführten fernzuhalten, um sie nicht zu entmutigen (III 2.3.2.6 „Mut und Zuversicht vermitteln"). *Sechstens* konnte erst auf der Grundlage der Praktikeraussagen die besondere Gefahr eines sich selbst verstärkenden Zeitdrucks im Falle hoher Unsicherheit der Geführten beschrieben werden. Daraus ergibt sich eine wichtige Fallunterscheidung: Führung in zeitkritischen und komplexen Projekten sollte je nach dem Grad der Unsicherheit der Geführten unterschiedlich ausfallen (siehe III 2.3.3.4 und III 3.1.4). Ein *siebter* Ertrag der empirischen Untersuchung besteht darin, dass die Handlungsempfehlungen nun eher in der Sprache der Praxis formuliert werden, als dies allein auf der Grundlage der Literatur gelungen wäre. Hinter den meisten sprachlichen Unterschieden verbergen sich zwar keine systematischen Unterschiede, aber für die Überwindung des eingangs in dieser Arbeit benannten Gegensatzes zwischen Führungsforschung und Führungspraxis sind auch semantischen Feinheiten hilfreich. Die Frage der Führungspraxis danach, wie man führen sollte, wird so für Praktiker leichter nachvollziehbar beantwortet, so dass der weitere Dialog zwischen Forschern und Praktikern der Führung erleichtert wird.

Erträge des methodischen Dialogs gegenüber einem rein empirischen Vorgehen

Auf der anderen Seite profitieren die Ergebnisse auch von der theoriegelenkt formulierten Literaturperspektive, die die empirische Untersuchung vorbereitet und ergänzt hat. Hier sind fünf Vorteile gegenüber einem rein empirischen Vorgehen zu nennen. *Erstens* stammt die übergeordnete Strukturierung der Untersuchung in Aussagen über Ziele, Soll-Verhaltensweisen der Geführten und Soll-Verhaltensweisen der Führenden aus der Literatur (Gebert/ Ulrich, 1991). *Zweitens* hat sich – wie bereits erwähnt – die weitere Strukturierung der Untersuchung mit Hilfe der Theorie der innovationsförderlichen Führung bewährt (Gebert, 1987, 2002). Die mit Hilfe dieser Theorie abgeleiteten Führungsaufgaben standen den Aussagen der Praktiker nicht entgegen und haben vielmehr deren Analyse erleichtert. *Drittens* stammt das Konstrukt der persönlichen Initiative aus der Literatur. Die Praktikeraussagen stützen die Konzeptionalisierung des Soll-Verhaltens als persönliche Initiative nachdrücklich.

Demnach sind die in die vorgelegte Theorie eingegangenen Forschungsergebnisse zu den Bedingungen persönlicher Initiative ebenfalls im besten Sinne praxisrelevant. *Viertens* führte die Berücksichtigung der Literatur dazu, bei den Handlungsempfehlungen blinde Flecken der Praktiker bzw. der Erhebung zu kompensieren. So fallen u. a. die literaturbasierten Handlungsempfehlungen und die dazugehörenden Begründungen zur Veränderung von Projektkulturen (III 2.3.1.2 „Projektkultur bzw. -klima verändern", Tabelle 34), zur Förderung der Kommunikation und Kooperation im Projekt (III 2.3.1.3 „Motivieren", Tabelle 35) und zum (kalkulierenden) Vertrauen zwischen den Geführten (III 2.3.2.7 „Vertrauen schaffen und bewahren", Tabelle 37) differenzierter und vollständiger aus.

Ein *fünfter* Ertrag der Literaturanalyse ist die Unterscheidung zwischen Führungskontext und Führungsaufgaben, die Handlungsempfehlungen an Führende *doppelt* situativ relativiert. Erstens lassen sich mithilfe des Führungskontexts Unterschiede zu anderen Führungssituationen aufzeigen, für die es fruchtbar ist, *unterschiedliche* Führungstheorien zu entwickeln. So erscheint es sinnvoll, Führung in zeitkritischen und komplexen Projekten von Führung in weniger zeitkritischen Projekten, z. B. in der Forschung oder in der Entwicklung von Medikamenten, zu unterscheiden. Die zweite, sehr viel konkretere, situative Relativierung erfolgt mit Hilfe der Führungsaufgaben. Sie stellen innerhalb der betrachteten Führungssituationen potenzielle Aktionsfelder der Führung dar. Führende sollten unterschiedlich führen, je nachdem, wie gut die Führungsaufgaben auch bereits ohne ihre Führung erfüllt sind.

Zu den vermeintlich fehlenden Widersprüchen zwischen Literatur und Praxis

Es mag erstaunen, dass beim Vergleich zwischen den Aussagen der Literatur und den Aussagen der Praxis zu den Zielen, Soll-Verhaltensweisen der Geführten, den Führungsaufgaben und Führungsaktivitäten keine Widersprüche gefunden wurden. Dieser Umstand könnte zum einen als Hinweis gewertet werden, dass die Trennung zwischen Führungsforschung und Führungspraxis *nicht* besteht, weil die eine oder die andere Seite mit ihren Aussagen unrecht hat. Insofern spiegelt die Trennung zwischen Forschung und Praxis keinen *Gegensatz* zwischen dem Wissen der Literatur und dem Wissen der Praxis wider. Vielmehr zeigen sich in der Trennung eher die unterschiedlichen Abstraktionsgrade (Boland et al., 2001, 394 ff.) und die unterschiedliche Einbettung (Carlile, 2002, S. 445 f.) des Wissens der Forscher in Forschungstraditionen und des Wissens der Praktiker im praktischen Tun sowie ein mangelndes Bemühen darum (oder mangelnde Anreize dafür) voneinander zu lernen. Die nicht gefundenen Widersprüche sind aber auch damit zu erklären, dass die Untersuchung nicht darauf angelegt war, Gegensätze herauszufinden. Aus der quantitativ empirischen Sozialforschung ist bekannt, wie viel Mühe Forscher auf das Untersuchungsdesign verwenden müssen, um Widersprüche zwischen Theorieaussagen und Daten überhaupt erst erkennbar werden zu lassen. In dieser Untersuchung hat hingegen ein Forscher Aussagen aus der Literatur exploriert und Aussagen von Praktikern erhoben und rekonstruiert. Dies dürfte zu einer Überschätzung der Gemeinsamkeiten zwischen den Aussagen geführt haben. Allerdings führte dies auch nicht zu einer Nivellierung aller Unterschiede, wie diese Diskussion und ein Blick auf die Tabellen 33 bis 37 belegen. Im Gegenteil profitierte die Untersuchung davon, die vorgelegte Theorie sowohl auf einer theoriegelenkten Literaturanalyse als auch auf einer theoriegelenkten und trotzdem den spezifischen Kontext erfassenden empirischen Untersuchung zu gründen.

Fazit

Als Fazit dieser Diskussion ist festzuhalten, dass die vorgelegte literatur- und gegenstandsverankerte Theorie der Mitarbeiterführung in zeitkritischen und komplexen Projekten drei Beiträge leistet. Erstens, mit Hilfe der Theorie lässt sich die Beziehung zwischen Führungsverhalten und Führungserfolg differenziert und wohlbegründet reflektieren. Zweitens, im Zuge der Entwicklung der Theorie hat sich gezeigt, wie fruchtbar es war, sich am Modell der innovationsförderlichen Führung von Gebert (1987, 2002) zu orientieren. Die darin angelegte Analyse der Bedingungen erfolgsförderlichen Verhaltens der Geführten liefert auch für die hier vorgelegte Theorie die entscheidende argumentative Struktur. Drittens, die Theorie spezifiziert Führung in zeitkritischen und komplexen Projekten differenzierter, dem Kontext angemessener und vollständiger, als es eine rein literaturbasierte oder eine rein empirisch gewonnene Theorie getan hätten. Dieses positive Fazit darf jedoch nicht darüber hinwegtäuschen, dass auch dieses Forschungsergebnis (wie jedes andere auch) Fragen offen lässt und zu neuen Fragen anregt. Im vierten und letzten Teil dieser Arbeit sollen diese Fragen skizziert werden.

IV. Teil: Schlussfolgerungen und Ausblicke

1 Empfehlungen an die Praxis und Fragen der Praxis an die weitere Forschung

1.1 Anwendung der Theorie in Aus- und Weiterbildung, Beratung und Coaching

Angesichts der Vorzüge der vorgestellten Theorie liegt es nahe, sie in Aus- und Weiterbildung, bei der Beratung und beim Coaching von Führenden zeitkritischer und komplexer Projekten zu verwenden. Im Gespräch mit Praktikern und anwendungsorientierten Forschern dürften allerdings alsbald einige Fragen aufgeworfen werden, die nach dem derzeitigen Kenntnisstand nur ungefähr beantwortet werden können. Eine wichtige Frage dürfte sich auf den Anwendungsbereich der Theorie und auf Unterschiede zwischen einzelnen Anwendungsbereichen beziehen. Die Theorie wurde am Beispiel von Softwareentwicklungsprojekten pars pro toto für zeitkritische und komplexe Projekte im Allgemeinen entwickelt. Aber Softwareentwicklungsprojekte zeichnen sich durch einige Eigenheiten aus, die in anderen zeitkritischen und komplexen Projekten so nicht gegeben sind. Zum Beispiel dürfte die Motivationsstruktur der Mitarbeiter eine andere als in der Unternehmensberatung sein. Auch dürfte die Zusammensetzung der Projektteams in der Softwareentwicklung homogener sein als etwa in Produktentwicklungsteams, die cross-funktional zusammengesetzt sind. Des Weiteren wurden bei der Datenerhebung reale Teams untersucht. Virtuelle Teams wurden hingegen nicht betrachtet. So stellt sich die Frage, ob Unterschiede zwischen zeitkritischen und komplexen Projekten zu unterschiedlichen Theorieaussagen führen müssten. Um diese Frage zu beantworten, bieten sich weitere Untersuchungen in anderen Feldern als der Softwareentwicklung an.

Eine weitere wichtige Frage der Praxis dürfte die Gewichtung der insgesamt 14 Führungsaufgaben betreffen. So könnte gefragt werden, welche Führungsaufgaben für die Erzielung eines Wettbewerbvorteils besonders wichtig sind. Um diese Frage zu beantworten, bedürfte es großzahliger empirischer Untersuchungen im Sinne einer Erfolgsfaktorenforschung (Gemünden, 2000; Lechler/ Gemünden, 1998). Ein erster Hinweis auf eine Antwort ergibt sich aber bereits bei einem genauen Blick auf die hier untersuchten Fälle, der im nächsten Kapitel IV 1.2 dokumentiert ist.

1.2 Hinweise auf den derzeitigen Stand der Mitarbeiterführung in der Softwareentwicklung und für ein strategisches Management zeitkritischer und komplexer Projekte

Die hier vorgelegte Theorie spiegelt immerhin die Erfahrungen von 21 Interview- und Gesprächspartnern sowie von mehr als 60 Workshopteilnehmern des Standardsoftwareentwicklers und von 13 Interview- und Gesprächspartnern des Individualsoftwareentwicklers wider (siehe III 1.1 „Stichprobe"). Es wurden vier Direktoren interviewt, die für vier verschiedene Projektprogramme bzw. Unternehmensbereiche sprachen. Die 20 anderen Interviewpartner berichteten über ihre Erfahrungen aus insgesamt 10 Projekten. Insgesamt lässt sich eine gewisse Breite der erfassten Erfahrungen nicht abstreiten, so dass es an dieser Stelle erlaubt sein möge, auf der Grundlage der in *beiden* Organisationen beklagten Führungsdefizite (vgl. Anhang 6.3 „Fallvergleich und Fazit") spekulativ auf den derzeitigen Stand der Führung in der Softwareentwicklung generell zu schließen. Die nachstehende Tabelle gibt einen Überblick über die Befunde im Hinblick auf das Nachhaltigkeitsziel:

Führungsdefizite und zu erfüllende Führungsaufgaben in beiden untersuchten Organisationen in Hinblick auf die Erreichung des Nachhaltigkeitsziels	
Führungsdefizite	*zu erfüllende Führungsaufgaben*
Mitarbeiter haben das Nachhaltigkeitsziel nicht deutlich genug vor Augen	Nachhaltigkeit fordern und fördern
Projektkultur stützt nachhaltiges Arbeiten nicht hinreichend	Projektkultur bzw. -klima verändern

Tab. 43: Führungsdefizite in allen untersuchten Softwareentwicklungsprojekten in Hinblick auf eine ungenügende Erreichung des Nachhaltigkeitsziels

In beiden untersuchten Organisationen wurde das Schnelligkeitsziel gegenüber dem Nachhaltigkeitsziel nach Ansicht der an der Untersuchung beteiligten Organisationsmitglieder überbewertet. Die Mitarbeiter hatten das Nachhaltigkeitsziel nicht deutlich genug vor Augen und die Organisationskulturen stützten nachhaltiges Arbeiten nicht hinreichend. Dieser Befund trifft sicherlich auf alle zeitkritischen und komplexen Projekten zu, in denen unter Wettbewerbsdruck gearbeitet wird und spiegelt eine Alltagserfahrung wider. Zu oft wird „quick and dirty" gearbeitet, was dazu führt, dass spätere Projekten oder Projektphasen über Gebühr verzögert werden. Diese Feststellung ist zwar nicht überraschend, aber sie zeigt auf, dass Organisationen einen Wettbewerbsvorteil erringen können, wenn sie sich in ihren Projekten *gegen den Trend* um mehr Nachhaltigkeit bemühen.

Die Befunde aus den Fällen geben auch einen ersten Hinweis darauf, wie dieser Wettbewerbsvorteil errungen werden kann. Führende sollten dazu Nachhaltigkeit von jedem einzelnen Mitarbeiter einfordern und sie müssen die Organisationskultur dahin gehend beeinflussen, dass diese nachhaltiges Arbeiten zulässt oder besser noch fördert.

Allerdings kostet nachhaltiges Arbeiten Zeit. Genau die ist jedoch knapp, was sich in den hinlänglich bekannten Terminschwierigkeiten zeitkritischer und komplexer Projekte niederschlägt. Die Erfahrungen der Mitarbeiter der untersuchten Organisationen lassen den Schluss zu, dass sich Zeit vor allem durch ein gutes Management der Aufgabe gewinnen lässt, wie die nächste Tabelle zeigt.

Führungsdefizite und zu erfüllende Führungsaufgaben in beiden untersuchten Organisationen in Hinblick auf die Erreichung des Nachhaltigkeitsziels *und* des Schnelligkeitsziels	
Führungsdefizite	*zu erfüllende Führungsaufgaben*
Hohe Unsicherheit der Mitarbeiter führt zu Ineffizienz	Projektaufgabe strukturieren
Mitarbeiter sind überlastet (Zeitdruck)	Entlasten

Tab. 44: **Führungsdefizite in allen untersuchten Softwareentwicklungsprojekten in Hinblick auf eine ungenügende Erreichung des Nachhaltigkeitsziels und des Schnelligkeitsziels**

Erneut wird deutlich, wie wichtig es bei einer hohen Unsicherheit der Geführten und einem hohen Zeitdruck ist, das Führende die Projektaufgabe strukturieren und Geführte entlasten – obwohl dafür „eigentlich" keine Zeit zur Verfügung steht (siehe III 2.3.3.4 „Zusammenfassende Diskussion: Zur Fallunterscheidung zwischen Führung bei niedriger und hoher Unsicherheit der Geführten" und III 3.1 „Führungskontext, -aufgaben und -aktivitäten und die Gefahr sich selbst verstärkenden Zeitdrucks in zeitkritischen und komplexen Projekten").

Die Ausführungen zur vorgelegten Theorie und zu den Fallstudien haben allerdings auch gezeigt, dass die in dieser Untersuchung fokussierten Führenden *in* Softwareentwicklungsprojekten bzw. generell in zeitkritischen und komplexen Projekten überfordert wären, diese Führungsarbeit allein zu leisten. Wenn die Vorgaben an ein Projekt zu ehrgeizig sind und zu wenig Zeit und Ressourcen zur Verfügung stehen, können auch die besten Führungskräfte wenig ausrichten. Diese Einsicht verweist auf die Bedeutung der strategischen Projektführung (Shenhar, 2000) durch die Unternehmensleitung. Sie muss eine strategische Entscheidung darüber fallen, welche Projekte bei welcher Unsicherheit der Mitarbeiter und zu welchen Terminen angenommen werden und wie die beiden Hauptziele Nachhaltigkeit und Schnelligkeit gewichtet werden sollen. Je mehr diese Entscheidung zugunsten der Nachhaltigkeit und einer Entlastung der Geführten ausfällt, desto mehr muss die Unternehmensleitung versuchen, Nachhaltigkeit auch tatsächlich zu ermöglichen. Ohne Anspruch auf Vollständigkeit seien zur Illustrierung einige denkbare Maßnahmen genannt:

- Nachhaltiges Arbeiten und Entlastung werden ermöglicht, wenn die Produktivität der Projekte steigt. Die Produktivität kann beispielsweise in der Softwareentwicklung, aber auch generell in der Projektarbeit, durch eine Modularisierung der Projektleistung und durch bessere Mitarbeiter gesteigert werden (Boehm, 1987; Baldwin/ Clark, 2000). Das verweist zum einen auf die Bedeutung der Lösungsentwürfe, im Fall von Produktentwicklungen des Produktdesigns, und zum anderen auf die Bedeutung von Personalauswahl und -entwicklung.

- Nachhaltiges Arbeiten und Entlastung werden ermöglicht, wenn wenig ertragreiche aber zeitintensive Produkte gar nicht erst entwickelt werden. Bei den erforderlichen Trade-off Entscheidungen kann ein professionelles Projektrisikomanagement helfen (Boehm, 1991; Pich et al., 2002; Raz/ Michael, 2001).

- Nachhaltiges Arbeiten und Entlastung werden nur möglich, wenn Produktivitätszuwächse und anderweitig gewonnene Spielräume nicht im Zuge von Sparmaßnahmen, die von „oben" verordnet werden, wieder einkassiert werden. Um dies zu vermeiden, wäre zu überlegen, zentrale Investitionsmittel, die in Manntagen ausgewiesen sind und die aber nicht den Projekten zugerechnet werden, vorzuhalten. Diesen „Investitionsmanntagen" könnten im Sinne einer Balanced Scorecard (Kaplan/ Norton, 1996; Millis/ Mercken, 2004) auf Unternehmens-, Projektprogramm- und Projektebene konkrete Nachhaltigkeitsziele gegenübergestellt werden, z. B. ein um x % verminderter Absentiismus, eine höhere Zufriedenheit der Mitarbeiter, die Anzahl einzureichender Patente oder erwarteter Vorschläge, eine höhere Modularität der Projektleistungen etc.

- Nachhaltiges Arbeiten und Entlastung werden möglich, wenn Produktivitätszuwächse und anderweitig gewonnene Spielräume nicht von „unten" durch ineffizientes Arbeiten wieder verspielt werden. Denkbar wäre hierzu, Projektleitungen und Mitarbeiter mit einer individualisierten Führungsscorecard (Bühner/ Akitürk, 2000) zu führen, in der vereinbarte Nachhaltigkeitsziele dokumentiert sind, und das Nichterreichen dieser Ziele begründungspflichtig zu machen (vgl. Gebert/ Ulrich, 1991, S. 755-757).

Wenn die Annahme stimmt, dass Organisationen, deren Wertschöpfung maßgeblich vom Erfolg zeitkritischer und komplexer Projekte abhängt, einen Wettbewerbsvorteil erzielen können, indem sie im Trend die Nachhaltigkeit dieser Projekte steigern und eine Entlastung „unsicherer" Mitarbeiter ermöglichen, dann müsste diese Annahme in einer Forschung und Lehre des strategischen Projektmanagements berücksichtigt werden.

2 Beiträge zur Weiterentwicklung der allgemeinen Theorie der Führung und daraus resultierende Forschungsdesiderate

Die Beiträge dieser Arbeit zur Weiterentwicklung der allgemeinen Führungstheorie sind methodischer und inhaltlicher Art. In *methodischer* Hinsicht wurde in dieser Arbeit versucht, das Wissen der Führungsforschung und der Führungspraxis systematisch miteinander zum Zwecke der Theoriebildung zu vergleichen. Bei der zusammenfassenden Würdigung der vorgelegten Theorie (vgl. III 3.3) wurde das literaturbasierte Vorläufermodell mit der endgültigen, literatur- und gegenstandsverankerten Theorie verglichen. Angesicht der Vorzüge der endgültigen Theorie wurde deutlich, wie fruchtbar das gewählte Vorgehen war. Es ist daher zu wünschen, dass bei weiteren Untersuchungen, in denen Führungstheorien für spezifische Kontexte erarbeitet werden, die hier entwickelte Methode des „methodischen Dialogs" wieder angewendet wird.

Das Ergebnis dieses Vorgehens ist die vorgelegte Theorie, die den *inhaltlichen Beitrag* dieser Arbeit zur allgemeinen Theorie der Führung darstellt. Allerdings lässt dieser Beitrag (wie jeder andere Beitrag zwangsläufig auch) Fragen offen, die zu weiteren Forschungen anregen mögen. Eine entscheidende Frage betrifft die Validität der Theorie. Die Stichprobe der qualitativen Erhebung war im Vergleich zu den üblichen Stichproben quantitativer Untersuchungen klein und umfasste außerdem nur Softwareentwicklungsprojekte. Wünschenswert ist daher eine großzahlige quantitative Überprüfung der Theorieaussagen über die Beziehungen zwischen Führungsaufgaben, Führungsaktivitäten, Mitarbeiterverhalten und Führungserfolg in zeitkritischen und komplexen Projekten. Im Zuge solcher Untersuchungen könnten außerdem Randbedingungen betrachtet werden, die bislang ausgeblendet worden sind, z. B. der Einfluss landeskultureller Unterschiede, Unterschiede in der Komplexität der Projekte oder Unterschiede bezüglich der verschiedenen Phasen der Projektarbeit.

Eine weitere bedeutsame Frage betrifft das Verhältnis dieser Theorie zu anderen Theorien der empirischen Führungs- und Organisationsforschung, die einen ähnlichen Geltungsbereich beanspruchen. Hier ist nicht nur an die Theorie der innovationsförderlichen Führung von Gebert (Gebert, 1987, 2002; Krause, 2004) zu denken , sondern auch beispielsweise an die Theorie transformationaler Führung von Bass/ Avolio (1993, 1997), an die Theorie der Verhaltenskomplexität in der Führung von Quinn (Denison et al., 1995; Quinn 1988; Quinn et al. 2002), an die ersten Überlegungen von Mumford et al. zu einer Theorie der kreativitätsförderlichen Führung (Mumford et al., 2002; Mumford/ Licuanan, 2004) oder an die Theorie der Führung sich selbst steuernder Teams (Druskat/ Wheeler, 2003) zu denken. Da diese Theorien und Theorieansätze argumentativ und empirisch anders als die Theorie der Führung in zeitkritischen und komplexen Projekten fundiert sind, bedarf es einen systematischen Vergleichs, um übereinstimmende, widerstreitende und einander ergänzende Aussagen zu finden.

Zusammenfassend ist festzuhalten, dass mit der vorgelegte Studie in methodischer und inhaltlicher Hinsicht Vorarbeit für zahlreiche weitere Untersuchungen der Mitarbeiterführung nicht nur in zeitkritischen und komplexen Projekten und damit ein Beitrag zur Weiterentwicklung der allgemeinen Theorie der Führung geleistet wurde.

Literaturverzeichnis

Abdel-Hamid, Tarek K./ Madnick, Stuart E. (1990): The elusive silver lining: How we fail to learn from software development failures. *Sloan Management Review*, Fall 1990, pp. 39-48.

Abrahmson, Erik (1996): Management fasion. *Academy of Management Review*, Vol. 21, pp. 254-285.

Abrams, Lisa C./ Cross, Rob/ Lesser, Eric/ Levin, Daniel Z. (2003): Nurturing interpersonal trust for knowledge-sharing networks. *Academy of Management Executive*, Vol. 7, pp. 64-77.

Ach, Narziß (1935): *Über die Willenstätigkeit und das Denken*. Göttingen: Vandenhoek & Ruprecht.

Adams, Stacey J. (1965): Inequity in social exchange. In: Berkowitz, L. (Ed.): *Advances in Experimental Social Psychology*, Vol. II. New York: Academic Press, pp. 267-299.

Adler, Nancy (1997): *International Dimensions of Organizational Behavior*, 3rd ed. Cincinnati, OH: South-Western College.

Adler, Paul S./ Borys, Bryan (1996): Bureaucracy: Enabling and coercive. *Adminstrative Science Quarterly*, Vol. 41, pp. 61-89.

Alderfer, Clayton (1972): Existence, Related and Growth: Human Needs in Organizational Settings. New York: Free Press.

Amabile, Teresa M. (1988): A model of creativity and innovation in organizations. In: Staw B. M./ Cummings, L. L. (Eds.): *Research in Organizational Behavior*, Vol. 10. Greenwich: JAI Press, pp. 123-167.

Amabile, Teresa M./ Conti, Regina/ Coon, Heather/ Lazenby, Jeffrey/ Herron, Michael (1996): Assessing the work environment for creativity. *Academy of Management Journal*, Vol. 39, pp. 1154-1184.

Amabile, Teresa M./ Mueller, Jennifer S./ Simpson, William B./ Hadley, Constance N./ Kramer, Steven J./ Fleming, Lee (2002): Time pressure and creativity in organizations: A longitudinal field study. Working paper # 02-073, Harvard Business School.

Ancona, Deborah G. (1987): Groups in organizations. Extending laboratory models. In: Hendrick, C. (Ed.): *Annual Review of Personality and Social Psychology: Group processes and Intergroup Processes*. Los Angeles: Sage, pp. 207-230.

Ancona, Deborah G./ Caldwell, David F. (1988): Beyond task and maintenance: Defining external functions in groups. *Group & Organization Studies*, Vol. 13, pp. 468-494.

Ancona, Deborah G./ Caldwell, David F. (1992): Bridging the boundary: External activity and performance in organizational teams. *Administrative Science Quarterly*, Vol. 37, pp. 634-666.

Andrews, Frank M./ Farris, George F. (1972): Time pressure and performance of scientistst and engineers: A five-year panel study. *Organizational Behavior and Human Performance*, Vol. 8, pp. 185-200.

Ansoff, Igor H. (1976): Managing surprise and discontinuity – strategic response to weak signals. *ZfbF*, 28. Jg., S. 129-152.

Antonovsky, Aaron. (1979): *Health, Stress and Coping*. San Francisco, CA: Jossey Bass.

Aranda, Eileen K./ Aranda, Luis/ Conlon, Kristi (1998): *Teams*. Upper Saddle River, NJ: Prentice Hall.

Argyris, Chris/ Schön, Donald A. (1982): *Theory in Practice. Increasing Professional Effectiveness*. San Francisco et al.: Jossey Bass.

Ashkanasy, Neil M./ Wilderom, Celeste P. M./ Peterson, Mark F. (2000): Introduction. In: Ashkanasy, N. M./ Wilderom, C. P. M./ Peterson, M. F. (Eds.): *Handbook of Organizational Culture and Climate*. Thousand Oaks et al.: Sage, pp. xvii- xxi.

Atkinson, John W. (1957): Motivational determinants of risk-taking behavior. *Psycholgical Review*, Vol. 64, pp. 359-372.

Atuahene-Gima, Kwaku (2003): The effects of centrifugal and centripetal forces on product development speed and quality: How does problem solving matter? *Academy of Management Journal*, Vol. 46, pp. 359-373.

Averill, James. R. (1973): Personal control over aversive stimuli and its relationship to stress. *Psychological Bulletin*, Vol. 80, pp. 286-303

Axelrod, Robert (1984): *The Evolution of Cooperation*. New York: Basic Books.

Axtell, Carolyn M./ Holman, D. J./ Unsworth, K. L./ Wall, T. D./ Waterson, P. E./ Harrington, E. (2000): Shopfloor innovation: Facilitating the suggestion and implementation of ideas. *Journal of Occupational and Organizational Psychology*, Vol. 73, pp. 265-285.

Ayer, Steve J./ Patrinostro, Frank S. (1992): *Software Configuration Management*. New York et al.: McGraw Hill.

Badke-Schaub, Petra (2001): Erkennen und Bewältigen kritischer Situationen in Projektgruppen. In: Fisch, R./ Beck, D./ Englich, B.: *Projektgruppen in Organisationen*. Göttingen et al.: Hogrefe, S. 249-267.

Balck, Henning (1989). Umorientierung im Projektmanagement – Abkehr von mechanistischer Steuerung und Kontrolle. In: Reschke, H./ Schnelle, H./ Schmopp, R. (Hrsg.): *Handbuch für Projektmanagement*. Band 1. Köln: TÜV Rheinland, S. 1033-1056.

Balzert, Helmut (1982): Die Entwicklung von Software-Systemen – Prinzipien, Methoden, Sprachen, Werkzeuge. Mannheim et al.: Bibliographisches Institut.

Balzert, Helmut (1998): *Lehrbuch der Softwaretechni, 2. Bd*. Heidelberg, Berlin: Spektrum.

Bandura, Albert (1986): Social Foundations of Thought and Action. A Social Cognitive Theory. Englewood Cliffs, NJ: Prentice Hall.

Bandura, Albert (1991): Social cognitive theory of self-regulation. *Organizational Behavior and Human Decision Processes*, Vol. 50, pp. 248-287.

Bandura, Albert (1997): *Self-efficacy. The Exercise of Control*. New York: Freeman.

Barker, James R. (1993): Tightening the iron cage: Concertive control in self-managing teams. In: van Maanen, J. (Ed.) (1998): *Qualitative Studies of Organizations*. Thousand Oaks, CA: Sage, pp. 126-158. Reprinted from Administrative Science Quarterly, Vol. 38, pp. 408-437.

Barnard, Chester I. (1938): *The Functions of the Executive*. Cambridge, MA: Harvard University Press.

Bass, Bernard M. (1990): Bass & Stogdill's Handbook of Leadership: Theory, Research, and Managerial Applications, 3rd ed. New York: Free Press.

Bass, Bernard M. (1999): Two decades of research and development in tranformational leadership. *European Journal of Work and Organizational Psychology*, Vol. 8, pp. 9-26.

Bass, Bernard M./ Avolio, Bruce J. (1990): *Transformational Leadership Development: Manual for the Multifactor Leadership Questionnaire.* Palo Alto, California: Consulting Psychologists Press

Bass, Bernard M./ Avolio, Bruce J. (1993): Transformational leadership: A response to critiques. In: Chemers, M. M./Ayman, R. (Eds.): *Leadership Theory and Research: Perspectives and Direction.* New York: Academic Press, pp. 49-80.

Bass, Bernard M./ Avolio, Bruce J. (1997): Full Range Leadership Development: Manual for the Multifactor Leadership Questionnaire. Palo Alto, California: Mind Garden.

Bauer, Tayla N./ Green, Stephen G. (1996): Development of leader member exchange: A longitudinal test. *Academy of Management Journal*, Vol 39, pp. 1538-1567.

Baum, Robert, J./ Locke, Edwin A./ Kirkpatrick, Shelley A. (1998): A longitudinal study of the relation of vision and vision communication to venture growth in entrepreneurial firms. *Journal of Applied Psychology*, Vol. 83, pp. 43-54.

Baumöl, Ulrike (1999): Target Costing bei der Softwareentwicklung: Eine Controlling-Konzeption und instrumentelle Umsetzung für die Anwendungssoftware. München: Vahlen.

Bea, Franz X. (2000): Entscheidungen des Unternehmens. In: Bea, F. X./ Dichtl, E./ Schweitzer, M. (Hrsg.): *Allgemeine Betriebswirtschaftslehre, Bd. 1: Grundfragen,* 8. Aufl. Stuttgart: Lucius & Lucius, S. 303-410.

Becker, Wolfgang (1996): Stabilitätspolitik für Unternehmen: Zukunftssicherung durch integrierte Kosten- und Leistungsführerschaft. Wiesbaden: Gabler.

Behrends, Thomas (2003): Organisationskultur. In: Martin, A. (Hrsg.): *Organizational Behavior – Verhalten in Organisationen.* Stuttgart: Kohlhammer, S. 241-261.

Ben-Menachem, Mordechai (1994): *Software Configuration Management Guidebook.* London et al.: McGraw Hill.

Ben-Menachem, Mordechai/ Marliss, Gary S. (1997): *Software Quality.* London et al.: International Thomson Computer Press.

Berkel, Karl (2003): Konflikte in und zwischen Gruppen. In: v. Rosenstiel, L. / Regnet, E./ Domsch, M. E. (Hrsg.): *Führung von Mitarbeitern*, 5. Aufl., Stuttgart: Schaeffer-Poeschel, S. 377-394.

Berson, Yair/ Shamir, Boas/ Avolio, Bruce J./ Popper, Micha (2001): The relationship between vision strength, leadership style, and context. *The Leadership Quarterly*, Vol. 12, pp. 53-73.

Berthel, Jürgen (2000): *Personalmanagement*, 6. Aufl. Stuttgart: Schäffer-Poeschel.

Bierhoff, Hans-Werner (1992): Prozedurale Gerechtigkeit: Das Wie und Warum der Fairness. *Zeitschrift für Sozialpsychologie*, 23. Jg., S. 163-178.

Billings, Andrew G./ Moos, Rudolf H. (1981): The role of coping responses and social resources in attenuating the stress of life events. *Journal of Behavioral Medicine*, Vol. 4, pp. 139-157.

Bischof, Norbert (1985): *Das Rätsel Ödipus.* München: Piper.

Bischof, Norbert (1996): *Das Kraftfeld der Mythen.* München: Piper.

Bittner, Udo/ Hesse, Wolfgang/ Schnath, Johannes (1995): Änderbarkeit und Flexibilität von Software-Systemen. In: Bittner, U./ Hesse, W./ Schnath, J. (Hrsg.): *Praxis der Software-Entwicklung*. München, Wien: Oldenbourg, S. 31-53.

Bittner, Udo/ Hesse, Wolfgang/ Schnath, Johannes (Hrsg.) (1995b): *Praxis der Softwareentwicklung*. München, Wien: Oldenbourg.

Bittner, Udo/ Schnath, Johannes (1995a): Werkzeugeinsatz bei der Entwicklung von Software-Systemen. In: Bittner, U./ Hesse, W./ Schnath, J. (Hrsg.): *Praxis der Softwareentwicklung*. München, Wien: Oldenbourg, S. 73-103.

Bittner, Udo/ Schnath, Johannes (1995b): Projektmanagement-Aspekte. In: Bittner, U./ Hesse, W./ Schnath, J. (Hrsg.): *Praxis der Softwareentwicklung*. München, Wien: Oldenbourg, S. 129-138.

Blankart, Charles B. (1994): *Öffentliche Finanzen in der Demokratie*, 2. Aufl. München: Vahlen.

Boehm, Barry (1981): *Software Engineering Economics*. Englewood Cliffs, NY: Prentice-Hall.

Boehm, Barry (1983): Seven basic principles of software engineering. *The Journal of Systems and Software*, Vol. 3, pp. 3-24.

Boehm, Barry (1988): A spiral model of software development and enhancement. *IEEE Computer*, May 1988, pp. 61-82.

Boehm, Barry (1991): Software risk management: principles and practices. *IEEE Software*, January 1991, S. 32-41.

Boerner, Sabine (1994): Die Organisation zwischen offener und geschlossener Gesellschaft. Athen oder Sparta? Berlin: Dunker & Humblot.

Boerner, Sabine (1998): Work alienation and continuous improvement – The effects of leadership style. In: Boer, H./ Gieskes, J. (Eds.): *Continuous Improvement: From Idea to Reality*. Enschede: Twente University Press, pp. 63-75.

Boerner, Sabine (2002): *Führungsverhalten und Führungserfolg*. Wiesbaden: DUV.

Böhm, Andreas (2000): Theoretisches Codieren: Textanalyse in der Grounded Theory. In: Flick, U./ v. Kardorff, E./ Steinke, I. (Hrsg.): *Qualitative Forschung*. Reinbek bei Hamburg: Rowohlt Taschenbuch, S. 475-485.

Boland, Richard J./ Singh, Jagdip/ Salipante, Paul/ Aram, John D./ Fay, Sharon Y/ Kanawattanachai, Prasert (2001): Knowledge representations and knowledge transfer. *Academy of Management Journal*, Vol. 44, pp. 393-417.

Bono, Joyce E./ Judge, Timothy, A. (2003): Self-concordance at work: Toward understanding the motivational effects of transformational leaders. *Academy of Management Journal*, Vol. 46, pp. 554-571.

Bortz, Jürgen/ Döring, Nicola (2002): *Forschungsmethoden und Evaluation*, 3. Aufl. Berlin et al.: Springer.

Bouchiki, Hamid (1998): Living with and building on complexity: A constructivist perspective on organizations. *Organization Articles*, Vol. 5, pp. 217-232.

Brauner, Elisabeth (2001): Wissenstransfer in Projektgruppen: Die Rolle des transaktiven Gedächtnisses. In: Fisch, R./ Beck, D./ Englich, B. (2001): *Projektgruppen in Organisationen*. Göttingen et al.: Hogrefe, S. 237-248.

Brett, Jeanne M. (2001): *Negotiating Globally*. San Francisco: Jossey-Bass.

Brett, Jeanne M./ Debra L. Shapiro/ Anne L. Lytle (1998): Breaking the bonds of reciprocity in negotiations. *Academy of Management Journal*, Vol. 41, pp. 410-424.

Brickner, M. A./ Harkins, S. G./ Ostrom, T. A. (1986): Effects of personal involvement: Thought-provoking implications for social loafing. *Journal of Personality and Social Psychology*, Vol. 53, pp. 763-769.

Brief, Arthur P./ Motowidlo, Stephan J. (1986): Prosocial Organizational Behaviors. *Academy of Management Review*, Vol. 11, pp. 710-725.

Brockhoff, Klaus/ Hauschildt, Jürgen (1993): Schnittstellen-Management: Koordination ohne Hierarchie. *Zeitschrift Führung und Organisation*, 1993, S. 396-403.

Brockner, Joel/ Siegel, Phyllis A. (1996): Understanding the interaction between procedural and distributive justice: The role of trust. In: Kramer, R. M./ Tyler, T. R. (Eds.): *Trust in Organizations*. Thousand Oaks: Sage, pp. 390-413.

Brockner, Joel/ Siegel, Phyllis A./ Daly, Joseph/ Tyler, Tom/ Martin, Christopher (1997): When Trust Matters: The Moderating Effect of Outcome Favorability. Administrative Science Quarterly, Vol. 42, pp. 558-583.

Brodbeck, Felix (1994a): Software-Entwicklung: Ein Tätigkeitsspektrum mit vielfältigen Kommunikations- und Lernanforderungen. In: Brodbeck, F./ Frese, M. (Hrsg.): *Produktivität und Qualität in Software-Projekten*. München, Wien: Oldenbourg, S. 13-34.

Brodbeck, Felix C. (1994b): Intensive Kommunikation lohnt sich für SE-Projekte. In: Brodbeck, F. C. / Frese, M. (Hrsg.): *Produktivität und Qualität in Software-Projekten*. München, Wien: Oldenbourg, S. 51-67.

Brodbeck, Felix C. (2001): Communication and performance in software development projects. *European Journal of Work and Organizational Psychology*, Vol. 10, S. 73–94.

Brodbeck, Felix. C. / Frese, Michael (Hrsg.) (1994): *Produktivität und Qualität in Softwareprojekten*. München, Wien: Oldenbourg

Brooks, Frederick P. (1982): *The Mythical Man-Month*. Reading, Mass, et al.: Addison-Wesley.

Brooks, Frederick P. (1987): There is not silver bullet. *Computer*, April 1987, pp. 10-19.

Brown, Andrew D.(1998): Narrative, politics, and legitimacy in an IT implementation. *Journal of Management Studies*, Vol. 35, pp. 35 – 58.

Brown, Andrew D./ Jones, Matthew R. (1998): Doomed to failure: Narratives of inevitability and conspiracy in a failed IS project. *Organization Studies*, Vol. 19, pp. 73-88.

Brown, Rupert (2002): Beziehungen zwischen Gruppen. In: Stroebe, W./ Jonas, K./ Hewstone, M. (Hrsg.): *Sozialpsychologie*, 4. Aufl. Berlin et al.: Springer., S. 537-576.

Brown, Shona L./ Eisenhardt, Kathleen M. (1995): Product development: Past research, present findings, and future directions. *Academy of Management Review*, Vol. 20, S. 343 – 378.

Brown, Shona L./ Eisenhardt, Kathleen M. (1997): The art of continuous change: Linking complexity theory and time-pace evolution in relentlessly shifting organizations. *Administrative Science Quarterly*, Vol. 42, pp. 1-34.

Bühner, Rolf/ Akitürk, Deniz (2000): Die Mitarbeiter mit einer Scorecard führen. *Harvard Business Manager*, 22. Jg., H. 4, S. 44-53.

Büssing, André/ Herbig, Britta (2003): Implizites Wissen und Wissensmanagement – Schwierigkeiten und Chancen im Umgang mit einer schwierigen menschlichen Ressource. *Zeitschrift für Personalpsychologie*, 2. Jg., S. 51-65.

Butler, John K. (1991): Toward understanding and measuring conditions of trust. Evolution of conditions of trust inventory. *Journal of Management*, Vol. 17, pp. 643-663.

Buunk, Bram B. (2002): Affiliation, zwischenmenschliche Anziehung und enge Beziehungen. In: Stroebe, W./ Jonas, K./ Hewstone, M. (Hrsg.): *Sozialpsychologie*, 4. Aufl. Berlin et al.: Springer, S. 415-447.

Bylinsky, Gene (1990): America's hot young scientists. *Fortune*, Vol. 122, pp. 56-69.

Campagna, Christian (1996): Projektmanagement der Entwicklung individueller betriebswirtschaftlicher Anwendungssoftware. Diss., Technische Universität Berlin.

Campbell, Donald J./ Gingrich, Karl F. (1986): The interactive effects of task complexity and participation on task performance: A field experiment. *Organizational Behavior and Human Decision Processes*, Vol. 38, pp. 162-180.

Cannon-Bowers, Janis A./ Salas, Eduardo/ Blickensderfer, Elizabeth/ Bowers, Clint A. (1998): The impact of cross-training and workload on work functioning: A replication and extension of initial findings. *Human Factors*, Vol. 40, pp. 92-101.

Carlile, Paul R. (2002): A pragmatic view of knowledge and boundaries. *Organization Science,* Vol. 13, pp. 442-455.

Carr, Marvin J./ Konda, Suresh L./ Monarch, Ira/ Ulrich, F. Carol/ Walker, Clay F. (1993): *Taxonomy-Based Risk Identification*. Technical Report, CMU/ SEI-93-TR-6, Software Engineering Institute, Carnegie-Mellon-University.

Cartwright, Sue/ Cooper, Cary L. (1996): Coping in occupational settings. In: Zeidner, M./ Endler, S. M. (Eds.): *Handbook of Coping*. New York et al.: Wiley, pp. 202-220.

Charette, Robert N. (1989): *Software Engineering Risk Analysis and Management*. New York et. al.: Intertext Publications/ Multiscience Press, Inc.

Charette, Robert N. (1994): Risk management. In: Marciniak, J. J. (Ed.): *Encyclopedia of Software Engineering*, Vol. 2. New York et al.: Wiley, pp. 1091-1106.

Coleman, James. S. (1991): Grundlagen der Sozialtheorie. Band 1: Handlungen und Handlungssystem. München, Wien: Oldenbourg.

Collins, Mary Ann/ Amabile, Teresa M. (1999): Motivation and Creativity. In: Sternberg, R. J. (Ed.): *Handbook of Creativity*. New York: Cambridge University Press, pp. 297-312.

Comelli, Gerhard (1999): Organisationsentwicklung. In. In: v. Rosenstiel, L. / Regnet, E./ Domsch, M. E. (Hrsg.): *Führung von Mitarbeitern*, 3. Aufl., Stuttgart: Schaeffer-Poeschel, S. 587-607.

Comelli, Gerhard/ Rosenstiel, Lutz v. (2001): *Führung durch Motivation*, 2. Aufl. München: Vahlen.

Cook, Scott D. N./ Brown, John S. (1999): Bridging epistemologies: The generative dance between organizational knowledge and organizational knowing. *Organization Science,* Vol. 10, pp. 381-400.

Corbin, Juliet/ Strauss, Anselm (1990): Grounded Theory research: Procedures, canons, and evaluative criteria. *Zeitschrift für Soziologie*, 19. Jg., S. 418-427.

Couger, J. Daniel (1988): Motivators vs. demotivatiors in the IS environment. *Journal of Systems Management*, Vol. 41, pp. 36-41.

Couger, J. Daniel/ Zawacki, Robert A. (1978): What motivates DP professionals? *Datamation*, Vol. 24, September, pp. 114-123.

Cropanzano, Russel/ Folger, Robert (1991): Procedural justice and worker motivation. In: Steers, R. M./ Porter, L. W. (Eds.): *Motivation and Work Behavior*, 2nd ed., New York: McGraw-Hill, pp. 131-143.

Cropanzano, Russell/ Greenberg, Jerald (1997): Progress in organizational justice. Tunneling through the maze. In: Cooper, C. L./ Robertson, I. T. (Eds.): *International Review of Industrial and Organizational Psychology*, Vol. 12, pp. 317-372.

Csikzentmihalyi, Mihaly (1975): *Beyond Boredom and Anxiety*. San Francisco: Jossey-Bass.

Curtis, Bill/ Krasner, Herb/ Iscoe, Neil (1988): A field study of the software design process for large systems. *Communication of the ACM*, Vol. 31, pp. 1268-1287.

Cusumano, Michael A. (1997): How Microsoft makes large teams work like small teams. *Sloan Management Review*, Fall 1997, pp. 9-20.

Cusumano, Michael A./ Selby, Richard (1995): *Microsoft Secrets*. New York: Free Press.

Daft, Richard L./ Lewin, Arie Y. (1993): Where are are the „new" theories for the new organizational forms? An editorial essay. *Organization Science*, Vol. 4, pp. i-vi.

Dann, Hanns-Dietrich (1983): Subjektive Theorien: Irrweg oder Forschungsprogramm? Zwischenbilanz eines kognitiven Konstrukts. In: Montada, L./ Reussner, K./ Steiner, G. (Hrsg.): *Kognition und Handeln*. Stuttgart: Klett-Cotta, S. 77-92.

de Cotiis, Thomas A./ Dyer, Lee (1979): Defining and measuring project performance. *Research Management*, Vol. 22, pp. 17-22.

de Dreu, Carsten K. W./ Weingart, Laurie R. (2002). Task versus relationship conflict, team performance, and team member satisfaction: A meta-analysis. Paper presented at the *Academy of Management Meeting*, Denver, August 2002.

de Dreu, Carsten K. W./ Weingart, Laurie R./ Kwon, Seungwoo (2000): Influence of social motives in integrative negotiation: A meta-analytic review and test of two theories. *Journal of Personality and Social Psychology*, Vol. 78, pp. 889-905.

de Marco, Tom/ Lister, Timothy (1991): *Wien wartet auf Dich! Der Faktor Mensch im DV-Management*. München: Hanser.

de Vries, Reinout/ Roe, Robert A./ Taillieu, Tharsi C. B. (1999): On charisma and need for leadership. *European Journal of Work and Organizational Psychology*, Vol. 8, pp. 109-133.

de Vries, Reinout/ Roe, Robert A./ Taillieu, Tharsi C. B. (2002) : Need for leadership as a moderator of the relationsships between leadership and individual outcomes. *The Leadership Quarterly*, Vol. 13, pp. 121-137.

Deci, Edward L. (1975): *Intrinsic Motivaton*. New York: Plenum.

Deci, Edward L./ Ryan, Richard M./ Koestner, Richard (1999): A meta-analytic review of experiments examining the effects of extrinsic rewards on intrinsic motivation. *Psychological Bulletin*, Vol. 125, pp. 627-668.

Deifel, Bernhard/ Hinke, Ursula/ Paech, Barbara/ Scholz, Peter/ Thurner, Veronika (1999): Die Praxis der Softwareentwicklung: Eine Erhebung. *Informatik Spektrum*, 22. Jg., S. 24-36.

Denert, Ernst (1987): Software-Engineering. *Computer Magazin*, 1987, Nr. 9, S. 52-54.

Denison, Daniel R./ Hooijberg, Robert/ Quinn, Robert. E. (1995): Paradox and performance: Toward a theory of behavioral complexity in managerial leadership. *Organization Science*, Vol. 6, pp. 524-540.

Denzin, Norman K. (1978): The Research Act: A Theoretical Introduction to Sociological Methods, 2nd ed. New York: McGraw Hill.

Dirks, Kurt T./ Ferrin, Donald L. (2001): The role of trust in organizational settings. *Organization Science*, Vol. 12, pp. 450-467.

Dirks, Kurt T./ Ferrin, Donald L. (2002): Trust in Leadership: Meta-analytic findings and implications for research and practice. *Journal of Applied Psychology*, Vol. 37, pp. 611-628.

Döner, Dietrich (1989): *Die Logik des Misslingens*. Reinbek bei Hamburg: Rowohlt.

Dörner, Dietrich/ Schaub, Harald (1995): Handeln in Unbestimmtheit und Komplexität. *Organisationsentwicklung*, H. 3/95, S. 34-47.

Domsch, Michel E./ Gerpott, Torsten J. (1995): Führung in Forschung und Entwicklung. In: Kieser, A./ Reber, G./ Wunderer R. (Hrsg.): *HWFü*, 2. Aufl. Stuttgart: Poeschel, Sp. 369-380.

Dougherty, Deborah (1996): Organizing for innovation. In: Clegg, S.R./ Hardy, C./ Nord, W. R. (Eds.): *Handbook of Organization Studies*. Thousand Oaks, CA: Sage, pp. 424-439.

Dougherty, Deborah/ Munir, Kamal/ Subramaniam, Mohan (2002): Managing technology flows in practice: A grounded theory of sustained innovation. In: Academy of Management (Eds.): *Building Effective Networks: Academy of Management Best Paper Proceedings* (62nd), 11-14 August 2002, Denver, Colorado, USA [published on CD-ROM], pp. TIM: E1-E6.

Druskat, Vanessa Urch/ Wheeler, Jane V. (2003): Managing form the boundary: The effective leadership of self-managing work teams. *Academy of Management Journal*, Vol. 46, pp. 45-457.

Dvir, Taly/ Eden, Dov/ Avolio, Bruce J./ Shamir, Boas (2002): Impact of transformational leadership on follower development and performance. A field experiment. *Academy of Management Journal*, Vol. 45, pp. 735-744.

Eagly, Alice H./ Chaiken, Shelly (1993): *The Psychology of Attitudes and Attitude Change*. Fort Worth et al.: Harcourt Brace Jovanovich College.

Edwards, Jeffrey R. (1992): A cybernetic theory of stress, coping, and well-being in organizations. *Academy of Management Review*, Vol. 17, pp. 238-274.

Eggers, Olaf (1997): Funktionen und Management der Forschung in Unternehmen. Wiesbaden: DUV.

Eisenhardt, Kathleen M. (1989): Building theories from case study research. *Academy of Management Review*, Vol. 14, pp. 532-550.

Eisenhardt, Kathleen M. (1989b): Making fast strategic decisions in high velocity environments. *Academy of Management Journal*, Vol. 32, pp. 543-576.

Eisenhardt, Kathleen M./ Bourgeois, L. J. (1988): Politics of strategic decision-making in high velocity environments: towards a midrange theory. *Academy of Management Journal*, Vol. 31, pp. 737-770.

Eisenhardt, Kathleen M./ Tabrizi, Benham N. (1995): Accelerating adaptive processes: Product innovation in the global computer industry. *Administrative Science Quarterly*, Vol. 40, pp. 84-110.

Elsbach, Kimberly D./ Sutton, Robert I. (1992): Acquiring organizational legitimacy through illegitimate actions: A marriage of institutional and impression management theories. *Academy of Management Journal*, Vol. 35, pp. 699-738.

Elzer, Peter F. (1989): Management von Softwareprojekten. Informatik-Spektrum, 12. Jg., S. 181-197.

Elzer, Peter F. (1994): *Management von Softwareentwicklungsprojekten*. Braunschweig; Wiesbaden: Vieweg.

Engle, Elaine M./ Lord, Robert G. (1997): Implicit theories, self-schemas, and leader-member exchange. *Academy of Management Journal*, Vol. 40, pp. 988–1010.

Erez, Miriam. (1990): Perfomance Quality and Work Motivation. In: Kleinbeck, U./ Quast, H. H./ Thierry, H./ Häcker, H. (Eds.): *Work Motivation*. Hillsdale, NJ: Erlbaum, pp. 53-65.

Erhart, Mark G./ Klein, Katherine J. (2001): Predicting followers' preference for charismatic leadership: The influence of follower values and personality. *The Leadership Quarterly*, Vol. 12, pp. 153-179.

Fallah, M. Hosein/ Tucker, G. T (1999): Software project management. In: *Wiley Encyclopedia of Electrical and Electronics Engineering*, Vol. 19. New York et al.: Wiley, pp. 543-548.

Farr, James L. (1991): Leistungsfeedback und Arbeitsverhalten. In: Schuler, H. (Hrsg.): *Beurteilung und Förderung beruflicher Leistung*, Stuttgart: Verlag für Angewandte Psychologie, S. 57-80.

Fay, Doris (2003): Zielsetzung als Führungsinstrument: Nützlich für die Entwicklung von Eigeninitiative? In: Koch, S./ Kaschube, J./ Fisch, R. (Hrsg.): *Eigenverantwortung für Organisationen*. Göttingen et al.: Hogrefe, S. 179-191.

Fay, Doris/ Sonnentag, Sabine/ Frese, Michael (1998): Stressors, innovation, and personal initiative: Are stressors always detrimental? In: Cooper, C. L. (Ed.): *Theories of Organizational Stress*. Oxford: Oxford University Press, pp. 170-189.

Felfe, Jörg/ Tartler, Kathrin/ Liepmann, Detlev (2004): Advanced research in the field of transformational leadership. *Zeitschrift für Personalforschung*, Jg. 18, S. 262-288.

Festinger, Lionel (1950): Informal social communication. *Psychological Review*, Vol. 57, pp. 271-282.

Fisher, Cynthia D./ Locke, Edwin A. (1992): The new look in job satisfaction research and theory. In: Cranny, C. J./ Smith, P. C./ Stone, E. F. (Eds.): *Job Satisfaction*. New York: Lexington, pp. 164-194.

Fisher, Roger/ Ury, William/ Patton, Bruce (1991): *Getting to Yes*, 2nd ed. New York et al.: Penguin.

Flanagan, John. (1954): The critical incident technique. *Psychological Bulletin*, Vol. 51, pp. 327-358.

Fleishman, Edwin A. (1973): Twenty years of consideration and structure. In: Fleishman, E. A./ Hunt, J. G. (Eds.): *Current Developments in the Study of Leadership*. Carbondale, Edwardsville: Southern Illinois University Press, pp. 1-37.

Fleishman, Edwin A./ Mumford, Michael D./ Zacharo, Stephen J./ Kevin, Kerry Y./ Korotkin, Arthur L./ Hein, Michael B. (1991): Taxonomic efforts in the description of leadership behavior: A synthesis and functional interpretation. *The Leadership Quarterly*, Vol. 2, pp. 245-287.

Fleishman, John A. (1984): Personality characteristics and coping patterns. *Journal of Health and Social Behavior*, Vol. 25, pp. 229-244.

Flick, Uwe (1995): Qualitative Forschung: Theorie, Methoden, Anwendung in Psychologie und Sozialwissenschaften. Reinbek bei Hamburg: Rowohlt.

Flick, Uwe (1995b): Qualitative Sozialforschung – Versuch einer Standortbestimmung. In: Flick, U./ v. Kardorff, E./ Keupp, H./ v. Rosenstiel, L./ Wolff, S. (Hrsg.): *Handbuch qualitative Sozialforschung*, 2. Aufl. München: Beltz, S. 3-8.

Flick, Uwe (2000): Triangulation in der qualitativen Forschung. In: Flick, U./ v. Kardorff, E./ Steinke, I. (Hrsg.): *Qualitative Forschung*. Reinbek bei Hamburg: Rowohlt Taschenbuch, S. 309-318.

Floyd, Christiane (1995): Software Engineering: Kritik und Perspektiven. In: Friedrich, J./ Herrmann, T./ Peschek, M./ Rolf, A. (Hrsg.): *Informatik und Gesellschaft*. Heidelberg et al.: Spektrum, S. 238-256.

Folger, Robert (1977): Distributive and procedural justice: Combined impact of „voice" and improvement on experienced inequity. *Journal of Personality and Social Psychology*, Vol. 35, pp. 108-119.

Frank, Matthias (1997): Ansatzpunkt für eine Abgrenzung des Begriffs Unternehmenskultur anhand der Betrachtung verschiedener Kulturebenen und Konzepte der Organisationstheorie. In: Heinen, E./ Frank, M. (Hrsg.): *Unternehmenskultur*, 2. Aufl. München, Wien: Kohlhammer, S. 240-262.

Frankenhaeuser, Marianne/ Gardell, Bertil (1976): Underload and overload in working life: Outline of a multidisciplinary approach. *Journal of Human Stress*, Vol. 2, pp. *35-46.*

Frese, Erich (1987): *Unternehmensführung*. Landsberg am Lech: Verlag Moderne Industrie.

Frese, Erich (1998): *Grundlagen der Organisation*, 7. Aufl. Wiesbaden: Gabler.

Frese, Michael/ Fay, Doris (2001): Personal Initiative: An active performance concept for work in the 21st century. *Research in Organizational Behavior*, Vol. 23, pp. 133-187.

Frese, Michael/ Fay, Doris/ Hilburger, Tanja/ Leng, Karena/ Tag, Almut (1997): The concept of personal initiative: Operationalization, reliability and validity in two German samples. *Journal of Occupational and Organizational Psychology*, Vol. 70, pp. 139-161.

Frese, Michael/ Kring, Wolfgang/ Soose, Andrea/ Zempel, Jeanette (1996): Personal initiative at work: Differences between East and West Germany. *Academy of Management Journal*, Vol. 39, pp. 37-63.

Frese, Michael/ Semmer, Norbert (1991): Stressfolgen in Abhängigkeit von Moderatorvariablen: Der Einfluss von Kontrolle und sozialer Unterstützung. In: Greif, S./ Bamberg, E./ Semmer, N. (Hrsg.): *Psychischer Stress am Arbeitsplatz*. Göttingen et al.: Hogrefe.

Frese, Michael/ Zapf, Dieter (1987): Eine Skala zur Erfassung von Sozialen Stressoren am Arbeitsplatz. *Zeitschrift für Arbeitswissenschaft*, 41. Jg., S. 134-141.

Frese, Michael/ Zapf, Dieter (1994): Action as the core of work psychology: A German approach. In: Triandis, H. C./ Dunnette, M. D./ Hough, L.M. (Eds.): *Handbook of Industrial and Organizational Psychology, Vol. 4*, 2nd ed. Palo Alto, CA: Consulting Psychology Press, pp. 271-340.

Frieze, Irene/ Weiner, Bernard (1971): Cue utilization and attributional judgments for success and failure. *Journal of Personality*, Vol. 39, pp. 591-605.

Frühauf, Karol/ Ludewig, Jochen/ Sandmayer, Helmut (2002): *Software-Projektmanagement und -Qualitätssicherung*. Zürich: vdf Hochschulverlag an der ETH Zürich.

Gabriel, Roland (1990): Software Engineering. In: Kurbel, K./ Strunz, H. (Hrsg.): *Handbuch Wirtschaftsinformatik*. Stuttgart: C. E. Poeschel.

Gagné, Marylène/ Deci, Edward L. (2002): Self-Determination theory and work motivation. Paper presented at the *Academy of Management Meeting*, Denver 2002.

Gail, Klaus/ Frese, Michael (1994): Positive Gefühle in der Arbeit. In: Brodbeck, F. C./ Frese, M. (Hrsg.): *Produktivität und Qualität in Software-Projekten*. München, Wien: Oldenbourg.

Galford, Robert/ Seibold Drapeau, Anne (2003): The enemies of trust. *Harvard Business Review*, February 2003, pp. 89-95.

Gällstedt, Margareta (2003): Working conditions in projects: Perceptions of stress and motivation among project team members and project managers. *International Journal of Project Management*, Vol. 21, pp. 449-455.

Garvin, David A. (1984): What does "product quality" really mean? *Sloan Management Review*, Fall 1984, pp. 25-43.

Gawron, Thomas/ Stein, Christian (2001): Die Selbstorganisationsfalle. *Zeitschrift Führung und Organisation*, 70. Jg., S. 48-49.

Gebert, Diether (1987): Führung und Innovation. *Zeitschrift für betriebswirtschaftliche Forschung*, 39. Jg., S. 941-951.

Gebert, Diether (1995): Führung im MbO-Prozeß. In: Kieser, A./ Reber, G./ Wunderer R. (Hrsg.): *HWFü*, 2. Aufl., Stuttgart: Poeschel, Sp. 426-436.

Gebert, Diether (1995b): Gruppengröße und Führung. In: Kieser, A./ Reber, G./ Wunderer, R. (Hrsg.): *HWFü*, 2. Aufl. Stuttgart: Schäffer-Poeschel, Sp. 1138-1146.

Gebert, Diether (2000): Zwischen Freiheit und Ordnung: Widersprüchlichkeit als Motor inkrementalen und transformationalen Wandels in Organisationen – eine Kritik des Punctuated Equilibrium Modells. In: Schreyögg, G./ Conrad, P. (Hrsg.): *Organisationaler Wandel und Transformation*, Managementforschung, Vol. 10. Frankfurt/ Main: Gabler, S. 1-32.

Gebert, Diether (2002): *Führung und Innovation*. Stuttgart: Kohlhammer.

Gebert, Diether (2002b): Organizational development. In: Warner, M. (Ed.): *International Encyclopedia of Business and Management*. 2nd ed. London: Thomson, pp. 4954-4971.

Gebert, Diether (2004): Innovation durch Teamarbeit. Eine kritische Bestandsaufnahme. Stuttgart: Kohlhammer.

Gebert, Diether/ Boerner, Sabine (1995), „*Manager im Dilemma – Abschied von der offenen Gesellschaft?*" Frankfurt/Main: Campus.

Gebert, Diether/ Boerner, Sabine (1998): Die Organisation im Dilemma – Symptome und Folgerungen für die Theorie und Praxis organisationalen Wandels. In: Glaser, H./ Schröder, E. F./ v. Werder, A. (Hrsg.): *Organisation im Wandel der Märkte*. Festschrift für Erich Frese zum 60. Geburtstag. Frankfurt/ Main: Gabler.

Gebert, Diether/ Boerner, Sabine (1999): The open and the closed corporation as conflicting forms of organization. *Journal of Applied Behavioral Science*, Vol. 35, pp. 351-359.

Gebert, Diether/ Boerner, Sabine/ Lanwehr, Ralf (2001a): Innovationsförderliche Öffnungsprozesse: ,Je mehr, desto besser?' Die Linearitätsannahme auf dem Prüfstand". *Die Betriebswirtschaft*, 61. Jg, S. 204-222.

Gebert, Diether/ Boerner, Sabine/ Lanwehr, Ralf (2001b): Innovation durch Empowerment. eine Chance ohne Risiken? In: Böhler, H./ Sigloch, J. (Hrsg.): *Unternehmensführung und empirische Forschung*. Bayreuth: R. E. A. Verlag, S. 259-288.

Gebert, Diether/ Boerner, Sabine/ Lanwehr, Ralf (2003). The risks of autonomy: Empirical evidence for the necessity of a balance management in promoting organizational innovativeness. *Creativity and Innovation Management*, Vol. 12, pp. 41-49.

Gebert, Diether/ Boerner, Sabine/ Matiaske, Wenzel (1998): Offenheit und Geschlossenheit in Organisationen – Zur Validierung eines Meßinstruments (FOGO – Fragebogen zur Offenheit/ Geschlossenheit in Organisationen). *Zeitschrift für Arbeits- und Organisationspsychologie*, 42. Jg., S. 15-26.

Gebert, Diether/ Ulrich, Joachim G. (1991): Benötigen Theorie und Praxis ein verändertes Verständnis von Führung? *Die Betriebswirtschaft*, 51. Jg., S. 749-761.

Gebert, Diether/ v. Rosenstiel, Lutz (2002): *Organisationspsychologie*, 5. Aufl. Stuttgart: Kohlhammer.

Gemünden, Hans G. (1990): Erfolgsfaktoren des Projektmanagement - eine kritische Bestandsaufnahme der empirischen Untersuchungen. *Projekt Management*, H. 1&2/ 90, S. 4-15.

Gemünden, Hans G. (1995): Zielbildung. In: Corsten, H./ Reiß, M. (Hrsg.): *Handbuch Unternehmensführung*. Wiesbaden: Gabler, S. 252-266.

Gemünden, Hans G. (2000): Empirische Forschung in der Lehre vom Projektmanagement. In: Avenhaus, R. (Hrsg.): *Projektmanagement: Zum Stand der Anwendung in der industriellen Praxis der Bundesrepublik und der empirischen Forschung*. Festschrift für Heinz Schelle zum 60. Geburtstag. München: Universität der Bundeswehr.

Gemünden, Hans G. (2001): Die Entstehung von Innovationen: Eine Diskussion theoretischer Ansätze. In: Hamel, W./ Gemünden, HG (Hrsg.): *Außergewöhnliche Entscheidungen*. Festschrift für Jürgen Hauschildt. München: Vahlen, S. 409-440

Gemünden, Hans G./ Kaluza, Bernd/ Pleschak, F. (1992): Management von Prozessinnovationen. In: Gemünden, H. G./ Pleschak, F. (Hrsg.): *Innovationsmanagement und Wettbewerbsfähigkeit*. Wiesbaden: Gabler, S. 33-53.

George, Jennifer M./ Brief, Arthur. P. (1992): Feeling good – doing good: A conceptual analysis of the mood at work-organziational spontaneity relationship. *Psychological Bulletin*, Vol. 112, pp. 310-329.

Geyer, Alois L. J./ Steyrer, Johannes (1994): Transformationale Führung, klassische Führungstheorien und Erfolgsindikatoren von Bankbetrieben. *Zeitschrift für Betriebswirtschaft*, 64. Jg., S. 961-979.

GfK Marktforschung/ Fraunhofer-Institut für Experimentelles Software Engineering IESE/ Fraunhofer-Institut für Systemtechnik und Innovationsforschung ISI (2000): *Analyse und*

Evaluation der Softwareentwicklung in Deutschland. Eine Studie für das Bundesministerium für Bildung und Forschung.

Giddens, Anthony (1995): *Konsequenzen der Moderne*, 2. Aufl. Frankfurt a. M.: Suhrkamp.

Glaser, Barney G./ Strauss, Anselm L. (1967): The Discovery of Grounded Theory: Strategies for Qualitative Research. Chicago: Aldine.

Glasl, Friedrich (2002). *Konfliktmanagement*, 7. Aufl. Stuttgart: Haupt.

Goodman, Paul S./ Ravlin, Elizabeth/ Schminke, Marshall (1987): Understanding groups in organization. In: Staw, B. W./ Cummings, L. L. (Eds.): *Research in Organizational Behavior*, Vol. 9. Greenwich, CT: JAI Press, pp. 121-173.

Gordon, Angela/ Yukl, Gary (2004): The future of Leadership Research. Zeitschrift für Personalforschung, 18. Jg., S. 359-365.

Grady, Robert B./ Caswell, Deborah L. (1987): *Software Metrics: Establishing a Company-Wide Program.* Englewood Cliffs, NJ: Prentice Hall.

Graham, Jill W. (1986): Principled organizational dissent: A theoretical essay. *Research in Organizational Behavior*, Vol. 8. Greenwich, CT: JAI, pp. 1-52.

Greenberg, Jerald (1987): A taxonomy of organizational justice theories. *Academy of Management Review,* Vol. 12, pp. 9-22.

Greenberg, Jerald/ Lind, Allan E. (2000): The pursuit of organizational justice: From conceptualiziation to implication to application. In: Cooper, C. L./ Locke, E. A. (Eds.): *Industrial and Organizational Psychology.* Oxford, UK, Malden, MA: Blackwell, pp. 72-108.

Griffith, Terri L./ O' Neale, Margaret A. (2001): Information processing in traditional, hybrid, and virtual teams: From nascent knowledge to transactive memory. In: Staw, B. M./ Sutton, R. I. (Eds.): *Research in Organizational Behavior*, Vol. 23, Amsterdam et al.: JAI, pp. 379-421.

Groeben, Norbert/ Wahl, Diethelm/ Schlee, Jörg/ Scheele, Brigitte (1988): Das Forschungsprogramm Subjektive Theorien. Eine Einführung in die Psychologie des reflexiven Subjekts. Tübingen: Franke.

Grudin, Jonathan (1991): Systematic sources of suboptimal interface design in large product development organizations. *Human-Computer Interaction*, Vol. 6, pp. 147-196.

Grundei, Jens (1999): Effizienzbewertung von Organisationsstrukturen. Wiesbaden: DUV.

Grüter, Barbara/ Breuer, H./ Wollenberg, A. (2001): Genese von Wissen in aufgabenorientierten Gruppen – Eine Fallstudie zur Wissensarbeit in der kommerziellen Softwareentwicklung. In: Witte, E. H. (Hrsg.): *Leistungsverbesserungen in aufgabenorientierten Kleingruppen.* Lengerich et al.: Pabst Science, S. 150-180.

Gully, Stanley M./ Devine, Dennis H./ Whitney, David J. (1995): A meta-analysis of cohesion and performance: Effect of level of analysis and task interdependence. *Small Group Research*, Vol. 26, pp. 497-520.

Gupta, Ashok K./ Raj, S. P./ Wilemon, David L. (1986): A model for studying the R&D-marketing interface in the product innovation process. *Journal of Marketing*, Vol. 50, pp. 7-17.

Haas, Martine, R. (2002): Acting on what others know: Distributed knowledge and team performance. Paper presented at the *Academy of Management Meeting*, Denver, August 2002.

419

Hacker, Wilfried (1998). Allgemeine Arbeitspsychologie. Psychische Regulation von Arbeitstätigkeiten. Bern: Huber.

Hackman, J. Richard (1970): Tasks and task performance in research on stress. In: McGrath, J. E. (Ed.): *Social and Psychological Factors in Stress*. New York: pp. 202-237.

Hackman, J. Richard/ Oldham, Gregg R. (1975): Development of the job diagnostic survey. *Journal of Applied Psychology*, Vol. 60, pp. 159-170.

Hackman, J. Richard/ Oldham, Gregg R. (1980): *Work Redesing*. Reading, Mass, et al.: Addison-Wesley.

Hamel, Winfried. (1974): *Zieländerungen im Entscheidungsprozess*. Tübingen: Mohr Siebeck.

Hardin, R. (1991): Trusting persons, trusting institutions. In: Zeckhauser, R. J. (Ed.): *Strategy and Choice*. Cambridge, MA: MIT, pp. 183-199.

Hargadon, Andrew/ Sutton, Robert I. (1997): Technology brokering and innovation in a product development firm. *Adminstrative Science Quarterly*, Vol. 42, pp. 716-749.

Hars, Alexander (2002): Open Source Software: Revolution auf dem Softwaremarkt? *WISU*, H. 4/02, S. 542-552.

Hauschildt, Jürgen (1997): *Innovationsmanagement*, 2. Aufl. München: Vahlen.

Hauschildt, Jürgen/ Gemünden, Hans Georg (Hrsg.) (1999): *Promotoren*, 2. Aufl. Wiesbaden: Gabler.

Hauschildt, Jürgen/ Petersen, Knut (1987): Phasen-Theorem und Organisation komplexer Entscheidungsverläufe. *Zeitschrift für Betriebswirtschaft*, 12. Jg., S. 1043-1062.

Heckhausen, Heinz (1989): *Motivation und Handeln*, 2. Aufl. Berlin: Springer.

Henrich, Andreas (2002): *Management von Softwareprojekten*. München, Wien: Oldenbourg.

Herzberg, Frederick (1968): One more time: How do you motivate employees? Harvard Business Review, January/ February, pp. 53-62.

Hesse, Wolfgang (1998): Vorgehensmodelle für objektorientierte Softwareentwicklung. In: Kneuper, R./ Müller-Luschnat, G./ Oberweis, A. (Hrsg.): *Vorgehensmodelle für die betriebliche Anwendungsentwicklung*. Stuttgart, Leipzig: Teubner, S. 110-135.

Hesse, Wolfgang/ Weltz, Friedrich (1995): Projektmanagement für evolutionäre Software-Entwicklung. In: Bittner, U./ Hesse, W./ Schnath, J. (Hrsg.): *Praxis der Softwareentwicklung*. München, Wien: Oldenbourg, S. 177-208.

Higgins, E. Tory (1989): Self-discrepancy theory: What pattern of self-beliefs cause people to suffer? In: Berkowitz, L. (Ed.): *Advances in Experimental Social Psychology*, Vol. 22. New York: Academic Press, pp. 93-136.

Hillson, David (2002): Extending the risk process to manage opportunities. *International Journal of Project Management*, Vol. 20, pp. 235-240.

Hisrich, Robert D. (1990): Entrepreneuership/ Intrapreneurship. *American Psychologist*, Vol. 45, pp. 209-222.

Hoch, Detlev/ Roeding, Cyriac R./ Purkert, Gert/ Lindner, Sandro K. (2000): *Secrets of Software Success*. Boston, Mass: Harvard Business School Press.

Hofmann, Laila Maija (1999): Besprechungsmanagement. In: v. Rosenstiel, L./ Regnet, E./ Domsch, M. E. (Hrsg.): *Führung von Mitarbeitern*, 4. Aufl., Stuttgart: Schaeffer-Poeschel, S. 395-404.

Högl, Martin (1998): Teamarbeit in innovativen Projekten: Einflußgrößen und Wirkungen. Wiesbaden: DUV.

Högl, Martin/ Gemünden, Hans-Georg (2001): Teamwork quality and the success of innovative projects. *Organization Science*, Vol. 12, pp. 435-449.

Holahan, Charles J./ Moos, Rudolf H./ Schaefer, Jeanne A. (1996): Coping, stress resistance, and growth: Conceptualizing adaptive functioning. In: Zeidner, M./ Endler N. S. (Eds.): *Handbook of Coping*. New York et al.: Wiley, pp. 24-43.

Hollenbeck, John R./ Klein, Howard J. (1987): Goal commitment and the goal-setting process: Problems, prospects, and proposals for future research. *Journal of Applied Psychology*, Vol. 72, pp. 212-220.

Holroyd, Kenneth A./ Lazarus, Richard S. (1982): Stress, coping, and somatic adaptation. In: Goldberger, L./ Breznitz, S. (Eds.): *Handbook of Stress*. New York: Free Press, pp. 21-35.

House, Robert J. (1971): A path goal theory of leader effectiveness. *Administrative Science Quarterly*, Vol. 16, pp. 321-338.

House, Robert J./ Aditya, Ram N. (1997): The social scientific study of leadership: Quo vadis? *Journal of Management*, Vol. 23, pp. 409-473.

House, Robert J./ Shamir, Boas (1993): Toward the integration of transformational, charismatic and visionary theories. In: Chemers, M. M./Ayman, R. (Eds.): *Leadership Theory and Research: Perspectives and Direction*. New York: Academic Press, pp. 81-107.

House, Robert J./ Shamir, Boas (1995): Führungstheorien – Charismatische Führung. In: Kieser, A./ Reber, G./ Wunderer, R. (Hrsg.): *HWFü*, 2. Aufl., Stuttgart: Schaeffer-Poeschel, Sp. 878 -897.

Howell, Jane M./ Higgins, Christopher. A. (1990): Champions of technological innovation. *Administrative Science Quarterly*, Vol. 35, pp. 317-341.

Hoyos, Carl Graf (1974): *Arbeitspsychologie*. Stuttgart: Kohlhammer

Igbaria, Magid/ Parasuraman, Saroj/ Badawy, Michael K. (1994): Work experiences, job involvement, and quality of work life among information systems personnel. *MIS Quarterly*, pp. 175-201.

Inkpen, Andrew C./ Dinur, Adita (1998): Knowledge management processes and international joint ventures. *Organization Science*, Vol. 9, pp. 454-470.

Isabella, Lynn A. (1990): Evolving interpretations as a change unfolds: How managers construe key organizational events. *Academy of Management Journal*, Vol. 33, pp. 7-41.

Jacobsen, Chanoch/ House, Robert J. (2001): Dynamics of charismatic leadership. A process theory, simulation model, and tests. *The Leadership Quarterly*, Vol. 12, pp. 75-112.

Jehn, Karen A. (1995): A multimethod examination of the benefit and detriments of intragroup conflict. *Administrative Science Quarterly*, Vol. 40, pp. 256–282.

Jehn, Karen A./ Mannix, Elizabeth, A. (2001): The dynamic nature of conflict: A longitudinal study of intragroup conflict and group performance. *Academy of Management Journal*, Vol. 44, pp. 238-251.

Jiang, James J./ Klein, Gary S. (2000): Software development risks to project effectiveness. *The Journal of Systems and Software*, Vol. 52, pp. 3-10.

Jiang, James J./ Klein, Gary S./ Pick, Roger A. (1996): Individual differences and system development. *Computer Personell*, Vol. 17, pp. 3-12.

Johns, Gary (1993): Constraints on the adoption of psychology-based personnel practices: Lessons from organizational innovation. *Personnel Psychology*, Vol. 46, pp. 569-592.

Jones, Capers (1994): *Assessment and Control of Software Risks*. Englewood Cliffs: Yourdon Press.

Jones, Gareth/ George, Jennifer (1998): The experience and evolution of trust: Implications for cooperation and teamwork. *Academy of Management Review*, Vol. 23, pp. 351-346.

Judge, Timothy A./ Church, Allan H. (2000): Job satisfaction: Research and practice. In: Cooper, C. L./ Locke, E. A. (Eds.): *Industrial and Organizational Psychology*. Oxford, UK, Malden, MA: Blackwell, pp. 166-198.

Junginger, Markus/ Krcmar, Helmut (2002): IT-Risk-Management. *WISU*, 2002, S. 360-369.

Kanfer, Frederick (1987): Selbstregulation und Verhalten. In: Heckhausen, H./ Gollwitzer, P. M./ Weinert, F. E. (Hrsg.): *Jenseits des Rubikon: Der Wille in den Humanwissenschaften*. Berlin et al.: Springer, S. 286-299.

Kanfer, Frederick H./ Gaelich-Buys, Lisa (1991): Self-management methods. In: Kanfer, F. H./ Goldstein, A. P. (Eds.): *Helping People Change*. 4th ed. New York et al.: Pergamon, pp. 305-360.

Kanfer, Ruth (1992): Work motivation: New direction in theory and research. In: Cooper, C. L./ Robertson, I. T. (Eds.): *International Review of Industrial and Organizational Psychology*, Vol. 7. New York et al.: Wiley, pp. 1-53.

Kaplan, Robert S./ Norton, David (1996): Linking the balanced scorecard to strategy. *California Management Review*, Vol. 39, pp. 53-79.

Kappel, Thomas A. (2001): Perspectives on roadmaps: How organizations talk about future. *The Journal of Product Innovation Management*, Vol. 18, pp. 39-50.

Karoly, Paul (1993): Mechanisms of self-regulation: A systems view. *Annual Review of Psychology*, Vol. 44, pp. 23-52.

Katz, Daniel (1964): The motivational basis of organizational behavior. *Behavioral Science*, Vol. 9, pp. 131-146.

Katz, Daniel/ Kahn, Robert L. (1966): *The Social Psychology of Organizations*. New York et al.: Wiley.

Kekes, John (1976): *A Justification Of Rationality*. Albany, NY: State University of New York Press.

Kelle, Udo/ Erzberger, Christian (2000): Qualitative und quantitative Methoden: Kein Gegensatz. In: Flick, U./ v. Kardorff, E./ Steinke, I. (Hrsg.): *Qualitative Forschung*. Reinbek bei Hamburg: Rowohlt Taschenbuch, S. 299-309.

Keller, Robert T. (1992): Transformational leadership and the performance of R&D project groups. *Journal of Management*, Vol. 18, pp. 489-501.

Keller, Robert T. (1994): Technology-information processing fit and the performance of R&D project groups: A test of contingency theory. *Academy of Management Journal*, Vol. 37, pp. 167–179.

Keller, Robert T. (2001): Cross-functional project groups in research and new product development: Diversity, communications, job stress, and outcomes. *Academy of Management Journal*, Vol. 44, pp. 547–555.

Kerzner, Harold (2003): *Project Management*, 8th ed. New York et al.: Wiley.

Kieser, Alfred/ Nicolai, Alexander (2003): Mit der Theorie die wilde Praxis reiten, valleri, vallera, valleri? *Die Betriebswirtschaft*, 63. Jg., S. 589-594.

Kieser, Alfred/ Reber, Gerhard/ Wunderer, Rolf (Hrsg.) (1995): *HWFü*, 2. Aufl. Stuttgart: Schäffer-Poeschel.

Kirkpatrick, Shelley A./ Locke, Edwin A. (1996): Direct and indirect effects of three core charismatic leadership components on performance and attitudes. *Journal of Applied Psychology*, Vol. 81, pp. 36-51.

Kirsch, Werner (1978): *Die Handhabung von Entscheidungsproblemen*. München: Kirsch.

Kirsch, Werner (1984): *Wissenschaftliche Unternehmensführung oder Freiheit vor der Wissenschaft?* 2. Halbband. München: Planungs- und Organisationswissenschaftliche Schriften.

Kleinbeck, Uwe (1991): Die Wirkung von Zielsetzungen auf die Leistung. In: Schuler, H. (Hrsg.): *Beurteilung und Förderung beruflicher Leistung*. Stuttgart: Verlag für Angewandte Psychologie, S. 41-56.

Kleinbeck, Uwe/ Schmidt, Klaus-Helmut (1996): Die Wirkung von Zielsetzungen auf das Handeln. In: Kuhl, J./ Heckhausen, H. (Hrsg.): *Motivation, Volition und Handlung. Enzyklopädie der Psychologie C IV 4*, Göttingen: Hogrefe, S. 875-907.

Kleppel, Christoph (2003): Binnenwahrnehmung vs. Image – Zur Praxisrelevanz der deutschen Betriebswirtschaftslehre. *Die Betriebswirtschaft*, 63. Jg., S. 581-585.

Koch, Stefan (2003): Das Konzept der Eigenverantwortung. In: Koch, S./ Kaschube, J./ Fisch, R. (Hrsg.): *Eigenverantwortung für Organisationen*. Göttingen et al.: Hogrefe, S. 17-30.

Kor, Alp (2003): Grundlagen des Projektmanagement. *WISU*, H. 2/03, S. 185-190.

Kramer, Roderick (1999): Trust and distrust in organizations: Emerging perspectives, enduring questions. *Annual Review of Psychology*, Vol. 50, pp. 569-598.

Krasner, Herb/ Curtis, Bill/ Iscoe, Neil (1987): Communication breakdowns and boundary spanning activities on large programming projects. In: Olson, G./ Sheppard, S./ Soloway E. (Eds.): *Empirical Studies on Programmers. Second Workshop*. Norwood: Ablex, pp. 47-64.

Krause, Diana E. (2003): Macht und Vertrauen in Innovationsprozessen – Ein empirischer Beitrag zur Theorie der Führung. Diss., Technische Universität Berlin.

Krause, Diana E. (2004): Influence-based leadership as a determinant to the inclination to innovate and innovation related behaviours. *The Leadership Quarterly*, Vol. 15, pp. 79-102.

Krause, Diana/ Klöhn, Cindy (2002): Führung in Innovationsprozessen als Balance zwischen Vertrauen und Machteinsatz. *Wirtschaftspsychologie*, 9. Jg., S. 71-77.

Kraut, Robert E./ Streeter, Lynn A. (1995): Coordination in software development. *Commmunications of the ACM*, Vol. 38, pp. 69-81.

Krohne, Heinz W. (1976): *Theorien zur Angst*. Stuttgart et. al.: Kohlhammer

Krüger, Wilfried (1998): Plurale und polyzentrische Führung als Herausforderung des Top Managements. In: Krysteck, U./ Link, J. (Hrsg.): *Führungskräfte und Führungserfolg*. Festschrift für Dietger Hahn zum 60. Geburtstag. Frankfurt/ Main: Gabler, S. 150-171.

Krystek, Ulrich/ Becherer, Doris/ Deichelmann, Karl-Heinz (1995): *Innere Kündigung*. München, Mering: Hampp.

Kuhl, Julius (1983): *Motivation, Konflikt und Handlungskontrolle.* Berlin u. a.: Springer.

Kuhl, Julius (1987): Motivation und Handlungskontrolle: Ohne guten Willen geht es nicht. In: Heckhausen, H./ Gollwitzer, P. M./ Weinert, F. E. (Hrsg.): *Jenseits des Rubikon. Der Wille in den Humanwissenschaften.* Berlin u. a.: Springer

Kuhl, Julius (1995): Handlungs- und Lageorientierung. In: Sarges, W. (Hrsg.): *Management-Diagnostik,* 2. Aufl., Göttingen et al.: S. 303-316.

Kuhl, Julius/ Heckhausen, Heinz (Hrsg.) (1996): Motivation, Volition und Handlung. Enzyklopädie der Psychologie C IV 4, Göttingen: Hogrefe

Kühl, Stefan (2001): Zentralisierung durch Dezentralisierung. Paradoxe Effekte bei Führungsgruppen. *Kölner Zeitschrift für Soziologie und Sozialpsychologie,* 53. Jg., S. 467-496.

Kvale, Steinar (1995): Validierung: Von der Beobachtung zu Kommunikation und Handeln. In: Flick, U./ Kardoff, E. v./ Keupp, H./ Rosenstiel, L. v./ Wolff, S. (Hrsg.): *Handbuch Qualitative Sozialforschung,* 2. Aufl. Weinheim, Basel: Psychologische Verlags Union, S. 427-431.

Lamnek, Siegfried (1993): *Qualitative Sozialforschung, Bd. 1 Methodologie,* 2. Aufl. Weinheim, Basel: Psychologische Verlags Union.

Latham, G.P./ Frayne, C.A. (1989): Self-management training for increasing job attendance: A follow-up and replication. *Journal of Applied Psychology,* Vol. 74, pp. 411-416.

Latham, Gary P./ Locke, Edwin A. (1991): Self-regulation through goal setting. *Organizational Behavior and Human Decision Processes,* Vol. 50, pp. 212-247.

Lazarus, Richard S. (1966): *Psychological Stress and the Coping Process.* New York: McGraw-Hill.

Lazarus, Richard S. (1991): *Emotion and Adaptation.* New York: Oxford University Press.

Lazarus, Richard S. (1993): From psychological stress to the emotions: A history of changing outlooks. *Annual Review of Psychology,* Vol. 44, pp. 1-21.

Lazarus, Richard S. (1998): Fifty Years of the Research and Theory of R.S. Lazarus: Perennial Historical Issues. Mahwah, NJ: Erlbaum.

Lazarus, Richard S. (1999): *Stress and Emotion.* New York: Springer.

Lazarus, Richard S./ Averill, James R./ Edwards, M. Opton (1977): Ansatz zu einer kognitiven Gefühlstheorie. In: Bierbaumer, N. (Hrsg.): *Psychologie der Angst,* 2. Aufl., München et al.: Urban & Schwarzberg, S. 182-207.

Lazarus, Richard S./ Folkman, Susan (1987): Transactional theory and research on emotions and coping. *European Journal of Personality,* Vol. 1, pp. 141-169.

Lazarus, Richard S./ Folkman, Susanne (1984): *Stress, Appraisal and Coping.* New York: Springer

Lazarus, Richard S./ Launier, Raymond (1978): Stress-related transactions between person and environment. In: Pervin, L. A. / Lewis, M. (Eds.): *Perspectives in International Psychology.* New York: Plenum, pp. 287-327.

Leach, Desmond J./ Wall, Toby D./ Jackson, Paul R. (2003): The effect of empowerment on job knowledge: An empirical test involving operators of complex technology. *Journal of Occupational and Organizational Psychology,* Vol. 76, pp. 27-52.

Lechler, Thomas (1997): *Erfolgsfaktoren des Projektmanagements.* Frankfurt am Main: Peter Lang. Zugl. Diss., Universität Karlsruhe, 1996.

Lechler, Thomas/ Gemünden, Hans Georg (1998): Kausalanalyse der Wirkungsstruktur der Erfolgsfaktoren des Projektmanagements. *Die Betriebswirtschaft*, 58. Jg., S. 435-450.

Lee, Mary D./ MacDermid, Shelley M./ Buck, Michelle: (2000): Organizational paradigms of reduced work load: Accommodation, elaboration, transformation. *Academy of Management Journal*, Vol. 43, pp. 1211-1226.

Leitner, Konrad/ Lüders, Elke/ Greiner, Birgit/ Ducki, Antje/ Niedermeier, Renate/ Volpert, Walter (1993): *Analyse psychischer Anforderungen und Belastungen in der Büroarbeit*. Göttingen et. al.: Hogrefe

Leitner, Konrad/ Volpert, Walter/ Greiner, Birgit/ Weber, Wolfgang G./ Hennes, Karin (1987): *Analyse psychischer Belastung in der Arbeit*. Köln: TÜV Rheinland.

Leventhal, Gerald S. (1980): What should be done with equity theory? In: Gergen, K. J./ Greenberg, M. S./ Willis, R. H. (Eds.): *Social Exchange. Advances in Theoy and Research*. New York: Plenum, pp. 27-55.

Lewicki, Roy J./ McAllister, Daniel J./ Bies, Robert J. (1998): Trust and distrust: New relationships and realities. *Academy of Management Review*, Vol. 23, pp. 438-458.

Lewin, Kurt (1951): *Field Theory in Social Science*: New York: Harper Row.

Lewis, Marianne W. (2000): Exploring paradox: Toward a more comprehensive guide. *Academy of Management Review*, 2000, Vol. 25, pp. 760 – 776.

Lewis, Marianne W./ Welch, M. Ann/ Dehler, Gordon E./ Green, Stephen (2002): Product development tensions: Exploring contrasting styles of project management. *Academy of Management Journal*, Vol. 45, pp. 546-564.

Lindsley, Dana H./ Brass, Daniel J./ Thomas, James B. (1995): Efficacy-performance spirals: A multilevel perspective. *Academy of Management Review*, Vol. 20, pp. 645-678.

Locke, Edwin A./ Cooper, Cary L. (2000): Conclusion: The challenge of linking theory to practice. In: Cooper, C. L./ Locke, E. A. (Eds.): *Industrial and Organizational Psychology*. Oxford, UK, Malden, MA: Blackwell, pp. 335-341.

Locke, Edwin A./ Latham, Gary P. (1990a): *A Theory of Goal Setting and Task Performance*. Englewood Cliffs, NJ: Prentice-Hall.

Locke, Edwin A./ Latham, Gary P. (1990b): Work motivation: The high performance cyle. In: Kleinbeck, U./ Quast, H.-H./ Thierry, H./ Häcker, H. (Eds): *Work Motivation*, Hillsdale, NJ: Erlbaum, pp. 3-25.

Locke, Edwin A./ Latham, Gary P./ Erez, Miriam (1988): The determinants of goal commitment. *Academy of Management Review*, Vol. 13, pp. 23-39.

Locke, Karen (2001): *Grounded Theory in Management Research*. London et al.: Sage.

Loewenstein, George. (1999): Because it is there: The challenge of mountaineering ... for utility theory. *Kyklos*, Vol. 52, pp. 315-343.

Lord, Richard G./ Brown, Douglas J./ Freiberg, Steven J. (1999): Understanding the dynamics of leadership: The role of follower self-concepts in the leader/ follower relationship. *Organizational Behavior and Human Decision Processes*. Vol. 78, pp. 167-203.

Lovelace, Kay/ Shapiro, Debra L./ Weingart, Laurie R. (2001): Maximizing cross functional new product teams' innovativeness and constraint adherence: A conflict communications perspective. *Academy of Management Journal*. Vo. 44, pp. 779-793.

Luhmann, Niklas (1989): Vertrauen – Ein Mechanismus zur Reduktion sozialer Komplexität, 3. Aufl. Stuttgart: Enke.

Lynn, Gary S./ Akgün, Ali E. (2001): Project visioning: Its components and impact on new product success. *The Journal of Product Innovation Management*, Vol. 18, pp. 374-387.

Lyotard, Jean-Francois (1999): *Das postmoderne Wissen*, 4. Aufl. Wien: Passagen.

Maddaus, Bernd (2000): *Handbuch Projektmanagement*, 6. Aufl. Stuttgart: Schäffer-Poeschel.

March, James G. (1999): *The Pursuit of Organizational Intelligence*. Oxford, UK, Malden, MA: Walden.

Martin, Patricia Y./ Turner, Byarry A. (1986): Grounded theory and organizational research. In : *The Journal of Applied Behavioral Science*, Vol. 22, pp. 141-157.

Martinko, Mark J./ Gardner, William L. (1982): Learned helplessness: An alternative explanation for performance deficits. *Academy of Management Review*, Vol. 7, pp. 195-204

Maslow, Abraham (1981): *Motivation und Persönlichkeit*. Reinbeck bei Hamburg: Rowohlt.

Matiaske, Wenzel/ Weller, Ingo (2003): Extra-Rollenverhalten. In: Martin, A. (Hrsg.): *Organizational Behavior – Verhalten in Organisationen*. Stuttgart: Kohlhammer, S. 95-114.

Mayer, Roger C./ Davis, James H./ Schoorman, F. David (1995): An Integration Model of Organizational Trust. Academy of Management Review, Vol. 20, pp. 709-734.

Mayring, Phillip (2002): *Einführung in die qualitative Sozialforschung*, 7. Aufl. Weinheim, Basel: Psychologische Verlags Union

McAllister, Daniel J. (1995): Affect- and cognition-based trust as foundations for interpersonal cooperation in organization. *Academy of Management Journal*, Vol. 38, pp. 24-59.

McClelland, D. C./ Atkinson, J. W./ Clark, R. A/ Lowell, E. L. (1953): *The Achievement Motive*. Englewood Cliffs, NJ: Prentice-Hall.

McClelland, D. C./ Winter, D. G. (1969): *Motivating Economic Achievement*. New York: Free Press.

McDonough III, Edward F./ Barczak, Gloria (1991): Speeding up new product development: The effects of leadership style and source of technology. *Journal of Product Innovation Management*, Vol. 8, pp. 203-211.

Mehrwald, Herwig (1999): Das "Not Invented Here"-Syndrom in Forschung und Entwicklung. Wiesbaden: DUV.

Meindl, James R. (1990): On leadership: An alternative to the conventional wisdom. In: Staw, B. M./ Cummings, L. L. (Eds.): *Research in Organizational Behavior*, Vol. 12. Greenwich: Jai Press, pp. 159-203.

Meinefeld, Werner (1997): Ex-ante Hypothesen in der Qualitativen Sozialforschung: zwischen „fehl am Platz" und „unverzichtbar". *Zeitschrift für Soziologie*, 26. Jg., S. 22-34.

Meredith, Jack R./ Mantel, Samuel J. (2000): *Project Management*. New York et al.: Wiley.

Merkens, Hans (2000): Auswahlverfahren, Sampling, Fallkonstruktion. In: Flick, U./ v. Kardorff, E./ Steinke, I. (Hrsg.): *Qualitative Forschung*. Reinbek bei Hamburg: Rowohlt Taschenbuch, S. 286-299.

Meyer, Wulf-Uwe/ Försterling, Friedrich (1993): Die Attributionstheorie. In: Frey, D. (Hrsg.): *Theorien der Sozialpsychologie, Bd. 1: Kognitive Theorien*, 2. Aufl. Bern et al.: Hans Huber, S. 175-214.

Milis, Koen/ Mercken, Roger (2004): The use of balanced scorecard for the evaluation of information and communication technology projects. *International Journal of Project Management*, Vol. 22, pp. 87-97.

Miller, Danny/ Greenwood, Rayston/ Hinings, Bob (1997): Creative chaos versus munificent momentum: The schism between normative and academic views or organizational change. *Journal of Management Inquiry*, Vol. 6, pp. 71-78.

Mintzberg, Henry (1980): *The Nature Of Managerial Work*. 2nd ed., Englewood Cliffs, NJ: Prentice Hall.

Mishra, Aneil K. (1996): Organizational Responses to Crisis: The Centrality of Trust. In: Kramer, R. M./ Tyler, T. R. (Eds.): *Trust in Organizations*. Thousand Oaks: Sage, pp. 261-287.

Mitchell, Terence R./ Thompson, Kenneth R./ George-Falvy, Jane (2000): Goal setting: Theory and practice. In: Cooper, C. L./ Locke, E. A. (Eds.): *Industrial and Organizational Psychology*. Oxford, UK, Malden, MA: Blackwell, pp. 216-249.

Mohrman, S./ Cohen, S./ Mohrman, A. (1995): *Designing Team-Based Organizations – New Forms of Knowledge Work*. Jossey-Bass: San Francisco.

Möllering, Guido (2002): Hinein ins Vertrauen!? *Zeitschrift Führung und Organisation*, 71. Jg., S. 81-88.

Moorman, Christine/ Miner, Anne S. (1998): The convergence of planning and execution: Improvisation in new product development. *Journal of Marketing*, Vol. 62, pp. 1-20.

Moos, Rudolf H. (1993): *Coping Responses Inventory: Adult Form Manual*. Odessa, FL.: Psychological Assessment Resources.

Moreland, Richard L./ Myaskovsky, Larissa (2000): Exploring the performance benefits of group training: Transactive memory or improved communication. *Organizational Behavior and Human Decision Processes*, Vol. 82, pp. 117-133.

Motowidlo, Stephan J./ van Scotter, James R. (1996): Evidence that task performance should be distinguished from contextual performance. *Journal of Applied Psychology*, Vol. 79, pp. 475-480.

Mowday, Richard T. (1997): Presidential address: Reaffirming our scholary values. *Academy of Management Review*, Vol. 22, pp. 335-345.

Mowrer, O. Hobart (1960): *Learning Theory and Behavior*. New York et al.: Wiley.

Mullen, Brian/ Copper, Carolyn (1994): The relation between group cohesiveness and performance: An integration. *Psychological Bulletin*, Vol. 115, pp. 210–227.

Müller, Dietrich (2004): Methoden der Ablauf- und Terminplanung von Projekten. In: Schelle, H./ Reschke, H./ Schub, A./ Schnopp, R. (Hrsg.): *Projekte erfolgreich managen – Loseblattsammlung* (Grundwerk, 1994), Kap.4.4.1.

Müller, Günter F. (1988): Offene Konflikte als Führungsaufgabe. *Zeitschrift für Arbeits- und Organisationspsychologie*, 32. Jg., S. 168-173.

Müller-Lindenberg, Matthias/ Lanwehr, Ralf/ Barthel, Karoline (2001): How to Succeed in Software Development by Improving Project Management Practices. *Conference Proceedings, Project Management International Europe 2001*, London.

Müller-Stewens, Günter/ Fontin, Mathias (1997): *Management unternehmerischer Dilemmata*. Stuttgart: Schaeffer-Poeschel und Zürich: Verlag Neue Zürcher Zeitung.

Mumford, Michael D./ Licuanan, Brian (2004): Leading for innovation: Conclusions, issues, and directions. *The Leadership Quarterly*, Vol. 15, pp. 163-171.

Mumford, Michael D./ Scott, Ginamarie M./ Gaddis, Blaine/ Strange, Jill M. (2002): Leading creative people: Orchestrating expertise and relationships. *The Leadership Quarterly*, Vol. 13, pp. 705-750.

Myers, Gerald J. (1979): *The Art of Software Testing*. New York et al.: Wiley.

Near, Janet P./ Miceli, Marcia P. (1987): Characteristics of organizational climate and perceived wrongdoing associated with whistle-blowing decisions. *Personnel Psychology*, Vol. 38, pp. 525-544.

Nerdinger, Friedemann W. (1995): *Motivation und Handeln in Organisationen. Eine Einführung.* Stuttgart: Kohlhammer.

Nerdinger, Friedemann W. (1998): *Extra-Rollenverhalten in Organisationen*. Arbeit, 7. Jg., H. 1, S. 21-38.

Nerdinger, Friedemann W. (2001): Motivierung. In: Schuler, H. (Hrsg.): *Lehrbuch der Personalpsychologie*, Göttingen: Hogrefe, S. 349-371.

Nerdinger, Friedemann W. (2003): Grundlagen des Verhaltens in Organisationen. Stuttgart: Kohlhammer.

Neubauer, Walter (1999): Zur Entwicklung interpersonalen, interorganisationalen und interkulturellen Vertrauens durch Führung – Empirische Ergebnisse der sozialpsychologischen Vertrauensforschung. In: Schreyögg, G./ Sydow, J. (Hrsg.): *Führung neu gesehen. Schriftenreihe Managementforschung 9*, Berlin: de Gruyter, S. 89-116.

Neubauer, Walter (2003): *Organisationskultur*. Stuttgart: Kohlhammer

Neuberger, Oswald (1976): Ergebnisse der Führungsstil-Forschung – Bestandsaufnahme und Neuorientierung. *WiSt 5. Jg.*, S. 13-18.

Neuberger, Oswald (1995): Führungsdilemmata. In: Kieser, A./ Reber, G. /Wunderer, R. (Hrsg.): *HWFü*, 2. Aufl. Stuttgart: Poeschel, Sp. 847-861.

Neuberger, Oswald (2000): Dilemmata und Paradoxa im Managementprozess. In: Schreyögg, G. (Hrsg.): *Funktionswandel im Management: Wege jenseits der Ordnung*. Berlin: Duncker und Humblot.

Neuberger, Oswald (2002): *Führen und führen lassen*, 6. Aufl. Stuttgart: Lucius & Lucius.

Nicholas, John M. (1990): *Managing Business and Engineering Projects*. Upper Saddle River, NJ: Prentice Hall.

Nikander, Ilmari O. (2002): *Early Warnings – A Phenomenon in Project Management*. Diss.; Helsinki University of Technology.

Nonaka, Ikujiro/ Takeuchi, Hirotaka (1995): *The Knowledge-Creating Company*. New York, Oxford: Oxford University Press.

Northouse, Peter G. (2001): *Leadership. Theory and Practice*, 2nd ed. Thousand Oaks, California et al.: Sage.

Ochsenbauer, Christian/ Klofat, Bernhard (1997): Überlegungen zur paradigmatischen Dimension der Unternehmenskulturdiskussion in der Betriebswirtschaftslehre. In: Heinen, E./ Frank, M. (Hrsg.): *Unternehmenskultur*, 2. Aufl. München, Wien: Kohlhammer, S. 67-106.

Organ, Dennis W. (1988): Organizational Citizenship Behavior: The Good Soldier Syndrome. Lexington: Lexington Books.

Organ, Dennis W. (1997): Organizational citizenship behaviour: It's construct clean-up time. *Human Performance*, Vol. 10, pp. 85-97.

Organ, Dennis W./ Ryan, Katherine (1995): A meta-analytic review of attitudinal and dispositional predictors of organizational citizenship behavior. *Personnel Psychology*, Vol. 48, pp. 775-802.

Orlikowski, Wanda J. (1993): Case tools as organizational change: Investigating incremental and radical changes in systems development. *MIS Quarterly*, Vol. 17, pp. 309-314.

Orlikowski, Wanda J. (2002): Knowing in practice: Enacting a collective capability in distributed organizing. *Organization Science*, Vol. 13, pp. 249-273.

Osterloh, Margit/ Frey, Bruno (2000): Motivation, Knowledge Transfer and Organizational Forms. *Organization Science*, Vol. 11, pp. 538-550.

Osterloh, Margit/ Frost, Jetta (2003): Mit welcher Landkarte würden Sie reisen? *Die Betriebswirtschaft*, 63. Jg., S. 594-599.

Parry, Ken W. (1998): Gounded theory and social process: A new direction for leadership research. *The Leadership Quarterly*, Vol. 9, pp. 85-106.

Parry, Ken W./ Meindl, J. R. (2002) (Eds.): *Grounding Leadership Theory and Research: Issures, Perspectives, and Methods*. Grenwich, CT: Information Age Publishing.

Partington, David (2000): Building grounded theories of managerial action. *British Journal of Management*, Vol. 11, pp. 91-102.

Patzak, Gerold/ Rattay, Günter (1998): *Projekt Management*, 3. Aufl. Wien: Linde.

Paulk, Mark C./ Weber, Charles, V./ Curtis, Bill/ Chrissis, Mary Beth (1995): *The Capability Maturity Model: Guidelines for Improving the Software Process*. Reading, Mass, et. al.: Addison-Wesley.

Pawar, Badrinarayan S./ Eastman, Keeneth K. (1997): The Nature and Implications of Contextual Influences on Transformational Leadership: A Conceptual Examination. *Academy of Management Review*, 22, pp. 80-108.

Pearce, Craig L./ Sims, Henry P. Jr. (2002): Vertical versus shared leadership as predictors of the effectiveness of change management teams: An examination of aversive, directive, transactional, transformational, and empowering leader behaviours. *Group Dynamics Theory, Research, and Practice*, Vol. 6, pp. 172-197.

Pearlin, Leonard I./ Menaghan, Elizabeth G./ Lieberman, Morton A./ Mullan, Joseph T. (1981): The stress process. *Journal of Health and Social Behavior*, Vol. 22, pp. 337-356.

Perlow, Leslie A./ Okhuysen, Gerado A./ Reppenning, Nelson (2002): The speed trap: Exploring the relationship between decision making and temporal context. *Academy of Management Journal*, Vol. 45, pp. 931-955.

Pettigrew, Andrew M. (1990): Longitudinal field research on change: Theory and practice: *Organization Science*, Vol. 1, pp. 267-292.

Petty, Richard E./ Priester, Joseph E./ Wegener, Duane T. (1994): Cognitive processes in attitude change. In: Wyer, R. S. (Ed.): *Handbook of Social Cognition*, Vol. 2. Englewood Cliffs, NJ: Prentice Hall, pp. 69-142.

Pfeffer, Jeffrey (1998): *The Human Equation*. Boston: Harvard Business School Press.

Phan, Dien D./ Vogel, Douglas R./ Nunamaker, Jay F. (1995): Empirical studies in software development projects: Field survey and OS/ 400 study. *Information and Management*, Vol. 28, pp. 271-280.

Pich, Michael T./ Loch, Christoph, H./ De Meyer, Arnoud (2002): On uncertainty, ambiyuity and complexity in project management. *Management Science*, Vol. 48, pp. 1008-1023

Picot, Arnold/ Reichwald, Ralf/ Nippa, Michael (1988): Zur Bedeutung der Entwicklungsaufgabe für die Entwicklungszeit – Ansätze für die Entwicklungszeitgestaltung. *ZfbF*, Sonderheft 23, S. 112-137.

Pietsch, Wolfram (1992): *Methodik des betrieblichen Software-Projektmanagement*, Berlin/ New York: De Gruyter.

Pinto, Jeffrey K./ Slevin, Dennis P. (1988): Critical success factors across the the project life cycle. *Project Management Journal*, Vol. 19, pp. 67-75.

Platz, Jochen (2004): Der erfolgreiche Projektstart. In: Schelle, H./ Reschke, H./ Schub, A./ Schnopp, R. (Hrsg.): *Projekte erfolgreich managen – Loseblattsammlung* (Grundwerk, 1994), Kap. 4.2.7.

Polanyi, Michael (1966): *The Tacit Dimension*. New York: Doubleday.

Popper, Karl R. (1970): Normal science and its dangers. In: Lakatos, I./ Musgrave, A. (Eds.): *Criticism and the Growth of Knowledge*. London, New York: Cambridge University Press, pp. 52-58.

Popper, Karl R. (1980): *Die offener Gesellschaft und ihre Feinde*, Bd. 1 u. Bd. 2, 6. Aufl. Tübingen: Francke.

Porter, Lyman W./ McKibbon, Lawrence E. (1988): Management Education and Development: Drift or Thrust Into the 21st Century? New York: McGraw-Hill.

Quinn, Robert E. (1988): Beyond Rational Management: Mastering the Paradoxes and Competing Demands of High Performance. San Francisco: Jossey-Bass.

Quinn, Robert E./ Faerman, Sue R./ Thompson, Michael P./ McGrath, Michael R. (2002): *Becoming a Master Manager*. New York et al.:Wiley.

Rafaeli, Anat/ Sutton, Robert I. (1991): Emotional contrast strategies as means of social influence: Lessons from criminal interrogators and bill collectors. *Academy of Management Journal*, Vol. 34, pp. 749-775.

Rasch, Ronald H./ Tosi, Henry L. (1992): Factors affecting software developers' performance: An integrated approach. *MIS Quarterly*, 1992, pp. 395-413.

Raz, Tzvi/ Globerson, Shlomo (1998): Effective sizing and content definition of work packages. *Project Management Journal*, Vol. 17, pp. 17-24.

Raz, Tzvi/ Michael, E. (2001): Use and benefits of tools for project risk management. *International Journal of Project Management*, Vol. 19, pp. 9-17.

Riedel, Jens (2003): *Coaching für Führungskräfte*. Wiesbaden: DUV.

Rippberger, Tanja. (1998): *Ökonomik des Vertrauens*, Tübingen: Moor-Siebek.

Rook, Paul (1986): Controlling software projects. *Software Engineering Journal*, Vol. 1, pp. 7-16.

Rosenberg, Morris (1965): *Society and the Adolescent Self-Image*. Princeton, NJ: Princeton University Press.

Rosenstiel, Lutz v. (2000): Organisationsanalyse. In: Flick, U./ v. Kardorff, E./ Steinke, I. (Hrsg.): *Qualitative Forschung*. Reinbek bei Hamburg: Rowohlt Taschenbuch, S. 224-238.

Rosenstiel, Lutz v. (2001): Führung. In: Schuler, H. (Hrsg.): *Lehrbuch der Personalpsychologie*, Göttingen: Hogrefe, S. 317-347.

Ross, Jerry/ Staw, Barry (1993): Organizational escalation and exit. Lessons from the Shoreham nuclear power plant. *Academy of Management Journal*, Vol. 36, pp. 701-734.

Rotter, Julian B. (1966): Generalized expectancies for internal versus external control of reinforcement. *Psychological Monographs: General and Applied*, Vol. 80, pp. 1-28.

Rotter, Julian B. (1982): The Development and Application of Social Learning Theory. New York: Praeger.

Rousseau, Denise M./ Sitkin, Sim, B./ Burt, Ronald S./ Camerer, Colin (1998): Not so different after all: A cross-diszipline view of trust. *Academy of Management Review*, Vol. 23, pp. 393-404.

Rynes, Sara L./ Bartunek, Jean M./ Daft, Richard L. (2001): Across the great divide: Knowledge creation and transfer between practitioners and academics. *Academy of Management Journal*, Vol. 44, pp. 340-355.

Rynes, Sara L./ McNatt, D. Brian/ Bretz, Robert D. (1999): Academic research inside organizations: Inputs, processes and outcomes. *Personnel Psychology*, Vol. 52, pp. 869-898.

Sackett, Paul R./ Larson, James R. (1990): Research strategies and tactics in industrial and organizational psychology. In: Dunnette, M. D./ Hough, L. M. (Eds.): *Handbook of Industrial and Organizational Psychology*, 2nd ed., Vol. 1. Palo Alto, CA: Consulting Psychology Press, pp. 419-489.

Sauer, Chris (1993): *Why Information Systems Fail: A Case Study Approach*. Henley on Thames: Alfred Waller.

Scacchi, Walt (1984): Managing software engineering project: A social analysis. *IEEE Transactions on Software Engineering*, Vol. 10, pp. 49-59.

Scandura, Terri A./ Graen, GeorgeB./ Novak, Michael A. (1986): When managers decide not to decide autocratically: An investigation of leader-member exchange and decision influence. *Journal of Applied Psychology*, Vol. 71, pp. 579-584.

Schanz, Günther (2000): Wissenschaftsprogramme der Betriebswirtschaftslehre. In. Bea, F. X./ Dichtl, E./ Schweitzer, M. (Hrsg.): *Allgemeine Betriebswirtschaftslehre. Bd. 1: Grundfragen*, 8. Aufl. Stuttgart: Lucius & Lucius.

Schein, Edgar H. (1987): *Organizational Culture and Leadership. A Dynamic View*. San Francisco: Jossey-Bass.

Schein, Edgar H. (1992): *Organizational Culture and Leadership*. 2nd ed. San Francisco: Jossey-Bass.

Schmelzer, Herrmann (2000): Performance Measurement in F&E. *Zeitschrift Führung und Organisation*, 69. Jg., S. 332-339.

Schnath, Johannes/ Bittner, Udo (1995): Der Informationsaustausch in Software-Entwicklungsprojekten. In: Bittner, U./ Hesse, W./ Schnath, J.: *Praxis der Softwareentwicklung*. München, Wien: Oldenbourg, S. 105-118.

Schneider, Benjamin (2000): The psychological life of organizations. In: Ashkanasy, N. M./ Wilderom, C. P. M./ Peterson, M. F. (Eds.): *Organizational Climate and Culture*. Thousand Oaks et al.: Sage, pp. xvii- xxi.

Scholl, Wolfgang (1995): Philosophische Grundfragen der Führung. In: Kieser, A./ Reber, G./ Wunderer R. (Hrsg.): *HWFü*, 2. Aufl. Stuttgart: Poeschel, Sp. 1749-1757.

Scholz, Christian (1991): Projektkultur: Der Beitrag der Organisationskultur zum Projektmanagement. *Zeitschrift Führung und Organisation*, 60. Jg., S. 143-150.

Scholz, Christian (2000): *Personalmanagement*, 5. Aufl. München: Vahlen.

Schönpflug, Wolfgang (1985): Goal Directed Behavior as a Source of Stress: Psychological Origins and Consequences of Inefficiency. In: Frese, M./ Sabini, J. (Eds.): *Goal Directed Behavior: The Concept of Action in Psychology*. Hillsdale, NJ: Hillbaum. pp. 172-185.

Schönpflug, Wolfgang (1986): Behavior economics as an approach to stress theory. In: Appley, M./ Trumbull, R. (Eds.): *Dynamics of Stress*. New York: Plenum Press, pp. 81-98.

Schönpflug, Wolfgang (1987): Beanspruchung und Belastung bei der Arbeit – Konzepte und Theorien. In: Kleinbeck, U./ Rutenfranz, J. (Hrsg.): *Arbeitspsychologie. Enzyklopädie der Psychologie, D III 1*, S. 130-184.

Schreyögg, Astrid (2002): *Konfliktcoaching*. Frankfurt/ New York: Campus.

Schreyögg, Georg (1995): Führungstheorien – Situationstheorie. In: Kieser, A./ Reber, G./ Wunderer, R. (Hrsg.): *HWFü*, 2. Aufl., Stuttgart: Schaeffer-Poeschel, Sp. 993-1005.

Schreyögg, Georg (1999): *Organisation*, 3. Aufl. Wiesbaden: Gabler.

Schreyögg, Georg (2000): Funktionswandel im Management: Problemaufriss und Thesen. In: Schreyögg, G. (Hrsg.): *Funktionswandel im Management: Wege jenseits der Ordnung*. Berlin: Duncker und Humblot, S. 15-30.

Schreyögg, Georg/ Geiger, Daniel (2003): Wenn alles Wissen ist, ist Wissen am Ende nichts? *Die Betriebswirtschaft*, 63. Jg., S. 7-22.

Schuler, Heinz (1999): Glaubenssätze zu Hypothesen. Anmerkungen zur Schwierigkeit, eine gute und zugleich nützliche Wissenschaft abzugeben. In: Hoyos, C. G./ Frey, D. (Hrsg.): *Arbeits- und Organisationspsychologie*. Weinheim, Basel: Beltz.

Schulz-Hardt, Stefan (2001): Entscheidungsautismus bei Gruppenentscheidungen in Wirtschaft und Politik. In: Fisch, R./ Beck, D./ Englich, B. (2001): *Projektgruppen in Organisationen*. Göttingen et al.: Hogrefe, S. 270-285.

Schumann, Werner (2003): *Projekte professionell steuern und planen*. Unveröffentlichte Schulungsunterlagen.

Schurz, Georg (1980): Kontext, Erfahrung, Induktion: Antworten der pragmatischen Wissenschaftstheorie auf drei Herausforderungen. *Philosophia Naturalis*, 25. Jg., S. 296-336.

Schweitzer, Marcell (2000): Gegenstand der Betriebswirtschaftslehre. In: Bea, F. X./ Dichtl, E./ Schweitzer, M. (Hrsg.): *Allgemeine Betriebswirtschaftslehre. Bd. 1: Grundfragen*, 8. Aufl., Stuttgart, Jena: Lucius, Lucius, S. 23-79.

Seers, Anson/ Petty, M. M./ Cashman, James F. (1995): Team-member exchange under team and traditional management: A naturally occurring quasi-experiment. *Group & Organization Management*, Vol. 20, pp. 18-38.

Selig, Jürgen (1986): EDV-Management. Eine empirische Untersuchung der Entwicklung von Anwendungssystemen in deutschen Unternehmen. Berlin: Springer.

Semmer, Norbert (1984): *Streßbezogenen Tätigkeitsanalyse*. Weinheim, Basel: Beltz.

Semmer, Norbert (1995): *Die Komplexität der Motivation.* Psychoscope, 16. Jg., H. 10, S. 11-15.

Shamir, Boas. (1999): Leadership in boundaryless organizations: Disposable or indispensable? *European Journal of Work and Organizational Psychology,* Vol. 8, pp. 49-71.

Shamir, Boas/ House, Robert J./ Arthur, Michael (1993): The motivation effects of charismatic leadership: A self-concept based theory. *Organization Science,* Vol. 4, pp. 1-17.

Shamir, Boas/ House, Robert J./ Arthur, Michael (1996): The motivational effects of charismatic leadership: A self-concept based theory. In: Steers, R./ Porter, L./Bigley, G. (Eds.): *Motivation and Leaderhip at Work.* New York: McGraw Hill, pp. 213-233.

Shenhar, Aaron J. (2000): Strategic Project Leadership. In: *Mgt. 751 Project Management and Leadership, Fall 2000, Readings and Articles, Book 1 of 2.* Unveröffentlichte Lehrmaterialien des Stevens Institute of Technology, Hoboken, NJ.

Shenhar, Aaron J./ Levy, Ofer/ Dvir, Dov (1997): Mapping the Dimensions of Project Success. *Project Management Journal,* Vol. 28, pp. 5-13.

Sheramata, Willow A. (2000): Centrifugal and centripetal forces in radical new product development under time pressure. *Academy of Management Review,* Vol. 25, pp. 389-408.

Sheramata, Willow A. (2002): Finding and solving problems in software new product development. *The Journal of Product Innovation Management,* Vol. 19, pp. 144-158.

Shneiderman, Ben (1980): *Software Psychology.* Cambrigde, MA: Winthrop.

Sicotte, Hélène/ Langley, Ann (2000): Integration mechanisms and R&D project performance. *Journal of Engineering and Technology Management,* Vol. 17, pp. 1-37.

Sieber, Andrea/ Henninger, Annette (2001): *Vorgehensmodelle, Projekttypen und Arbeitspraktiken als Bausteine zur realitätsnahen Beschreibung von Softwareentwicklung.* Technische Univ. Chemnitz, Fakultät für Informatik, Professur Künstliche Intelligenz Lehrstuhl. Download als PDF-Datei.

Simons, Tony L./ Peterson, Randall S. (2000): Task conflict and relationship conflict in top management teams: The pivotal role of intragroup trust. *Journal of Applied Psychology,* Vol. 85, pp. 102-111.

Sitkin, Sim B./ Roth, Nancy L. (1993): The legalistic organization: Definitions, dimensions and dilemmas. *Organization Science,* Vol. 4, pp. 367-351.

Smith, C. Ann/ Organ, Dennis W./ Near, Janet P. (1983): Organizational Citizenship Behavior: Its nature and antecedents. *Journal of Applied Psychology,* Vol. 68, pp. 653-663.

Sneed, Harry M. (1987): *Software Management.* Köln: Verlagsgesellschaft Rudolf Müller.

Sneed, Harry M. (1991): *Softwarewartung.* Köln: Verlagsgesellschaft Rudolf Müller.

Sonnentag, Sabine (1994): Ein Leitfaden mit Checklisten. In: Brodbeck, F. C./ Frese, M. (Hrsg.): *Produktivität und Qualität in Softwareprojekten.* München, Wien: Oldenbourg, S. 147-182.

Sonnentag, Sabine (1994b): Streß in SE-Projekten. In: Brodbeck, F. C./ Frese, M. (Hrsg.): *Produktivität und Qualität in Softwareprojekten.* München, Wien: Oldenbourg, S. 71-85.

Sonnentag, Sabine (1996): Planning and knowledge about strategies: Their relationship to work characteristics in software design. *Behaviour & Information Technology,* Vol. 15, pp. 213-225.

Sonnentag, Sabine (1998): Expertise in professional software design: A process study. *Journal of Applied Psychology*, Vol. 83, pp. 703-715.

Sonnentag, Sabine (2000): Excellent performance: The role of communication and cooperation processes. *Applied Psychology: An International Review*, Vol. 49, pp. 483-497.

Sonnentag, Sabine (2000b): Expertise at work: Experience and excellent performance. In: C. L. Cooper & I. T. Robertson (Eds.): *International Review of Industrial and Organizational Psychology*, Chichester: Wiley, pp. 223-264).

Sonnentag, Sabine (2003). Using and gaining experience in professional software development. In E. Salas & G. A. Klein (Eds.): *Linking Expertise and Naturalistic Decision Making*. Mahwah, NJ: Lawrence Erlbaum Associates, pp. 275-286.

Sonnentag, Sabine/ Brodbeck, Felix C./ Heinbokel, Torsten/ Stolte, Wolfgang (1994): Stressor-burnout relationship in software development teams. *Journal of Occupational and Organizational Psychology*, Vol. 67, pp. 327-341.

Sonnentag, Sabine/ Frese, Michael/ Stolte, Wolfgang/ Heinbokel, Thorsten/ Brodbeck, Felix. C. (1994b): Goal orientation of team leaders: Its effects on performance and group interaction in software development projects. *The European Work and Organizational Psychologist*, Vol. 4, pp. 153-168.

Staehle, Wolfgang (1999): *Management*, 8. Aufl. München: Vahlen.

Stahlknecht, Peter/ Hasenkamp, Ulrich (2002): *Einführung in die Wirtschaftsinformatik*, 10. Aufl. Berlin et. al.: Springer.

Steinke, Ines (1999): Kriterien qualitativer Forschung. Ansätze zur Bewertung qualitativ-empirischer Sozialforschung. Weinheim: Juventa.

Steinke, Ines (2000): Gütekriterien qualitativer Forschung. In: Flick, U./ v. Kardorff, E./ Steinke, I. (Hrsg.): *Qualitative Forschung*. Reinbek bei Hamburg: Rowohlt Taschenbuch, S. 319-331.

Steinmann, Horst/ Hasselberg, Frank (1988): Der strategische Managementprozess. *Zeitschrift für Betriebswirtschaft*, 58. Jg., S. 1308-1322.

Stelzer, Dirk (1998): Möglichkeiten und Grenzen des prozessorientierten Software-Qualitätsmanagements, Habilitation, Univ. Köln.

Steyrer, Johannes (1999): Charisma in Organisationen – Zum Stand der Theorienbildung und empirischen Forschung. In: Schreyögg, G./ Sydow, J. (Hrsg.): *Führung – neu gesehen. Managementforschung Bd. 9.*, Berlin: de Gruyter, S. 143-197.

Stogdill, R. M. (1974): Handbook of Leadership: A Survey of the Literature. New York: Free Press

Strauss, Anselm L. (1991): *Grundlagen qualitativer Sozialforschung*. München: Fink.

Strauss, Anselm L./ Corbin, Juliet (1994): Grounded Theory methodology. In: Denzin, N. K./ Lincoln, Y. S. (Eds.): *Handbook of Qualitative Research*. Thousand Oaks, CA: Sage.

Strauss, Anselm L./ Corbin, Juliet (1996): *Grounded Theory: Grundlagen qualitativer Sozialforschung*. Weinheim, Basel: Psychologische Verlags Union.

Strauss, Anselm L./ Corbin, Juliet (1998): *Basics of Qualitative Research*. 2nd ed. Thousand Oaks et al.: Sage.

Strübing, Jörg (1992): *Arbeitsstil und Habitus. Zur Bedeutung kultureller Phänomene in der Programmierarbeit*. Kassel: Wissenschaftliches Zentrum für Berufs- und Hochschulforschung der Gesamthochschule Kassel.

Strübing, Jörg (1993): Subjektive Leistungen im Arbeitsprozess: Eine empirische Untersuchung von Arbeitsstilen in der Programmierarbeit. Wiesbaden: DUV.

Strübing, Jörg (2002): Just do it? Zum Konzept der Herstellung von Qualität in grounded theory basierten Forschungsarbeiten. *Kölner Zeitschrift für Soziologie und Sozialpsychologie*, 54. Jg., S. 318-342.

Stutzke, Richard D. (1997): Software estimating technology: A survey. In: Reifer, R. (Ed.): *Software Management*, 5th ed. Los Alamitos, California: IEEE Computer Society.

Sutton, Robert I./ Staw, Barry M. (1995): What theory is not. *Administrative Science Quarterly*, Vol. 40, pp. 371-384.

Sweetman, Katherine J. (2001): The perils of trusting too much. *MIT Sloan Management Review*, Spring 2001, p. 10.

Tajfel, Henri (1981). Human Groups and Social Categories: Studies in Social Psychology. Cambridge: Cambridge University Press.

Thamhain, Hans J./ Wilemon, David L. (1986): Criteria for controlling projects according to plan. *Project Management Journal*, June 1986, pp. 75-81.

Thite, Mohan (1997): *Relationsship between Leadership and Information Technology Project Success*. Diss., Swinburne University of Technolgy, Melbourne, Australia,

Thite, Mohan (2000): Leadership styles in information technology projects. *International Journal of Project Management*, 18, pp. 235-241.

Tjosvold, Dean (1995): Cooperation theory, constructive controversy, and effectiveness: Learning from crisis. In: Guzzo, R. A./ Salas, E. (Eds.): *Team Effectiveness and Decision Making in Organizations*, San Francisio: Jossey-Bass, pp. 79-112.

Trittmann, Ralph/ Stelzer, Dirk/ Hierholzer, Andreas/ Mellis, Werner (2000): Managing Motivation bei der Softwareentwicklung – Eine Fallstudie in der SAP AG. In: Frey, B. S./ Osterloh, M. (Hrsg.): *Managing Motivation*. Wiesbaden: Gabler, S. 271-294.

Tschan, Franziska (2000): *Produktivität in Kleingruppen*. Bern: Hans Huber.

Tschan, Franziska/ Semmer, Norbert (2001): Wenn alle dasselbe denken: Geteilte mentale Modelle und Leistung in der Teamarbeit. In: Fisch, R./ Beck, D./ Englich, B. (Hrsg.): *Projektgruppen in Organisationen*. Göttingen et al.: Hogrefe, S. 217-235.

Türk, Klaus (1995): Entpersonalisierte Führung. In: Kieser, A./ Reber, G./ Wunderer R. (Hrsg.): *HWFü*, 2. Aufl. Stuttgart: Poeschel, Sp. 328-340.

Tyler, Tom R./ Blader, Steven L. (2000): Cooperations in Groups. Procedural Justice, Social Identity, and Behavioral Engagement. Ann Arbor, MI: Braun-Brumfield.

Ulich, Eberhard (2001): *Arbeitspsychologie*, 5. Aufl. Stuttgart: Schäffer-Poeschel.

van Dyne, Linn/ Cummings, L.L./ McLean Parks, Judi (1995): Extra-role behaviors: In pursuit of construct and definitional clarity. *Research in Organizational Behavior*, Vol. 17. Greenwich, CT : JAI pp. 215-285.

van Yperen, Nico W./ van den Berg, Agnes E./ Willering, Martijn C. (1999): Towards a better understanding of the link between participation in decision making and organizational citizenship behaviour: A multilevel analysis. *Journal of Occupational and Organizational Psychology*, Vol. 72, pp. 377-392.

Vandenberghe, Cristian (1999): Transactional vs. transformational leadership: Suggestions for future research. *European Journal of Work and Organizational Psychology*, Vol. 8, pp. 26-32.

Vogt, André (2001): Vitual Team Collaboration am Beispiel einer elektronischen Projektakte. *Personal*, Heft 8, S. 432-435.

Volberda, Henk (1996): Towards the flexible form: How to remain vital in hypercompetitive environments. *Organization Science*, Vol. 7, pp. 359-374.

Vollmer, Günther R. (1991): Ursachen von Erfolg und Misserfolg im Betrieb. Psychologie der Attribution. Heidelberg: Sauer.

Volpert, Walter (1987): Psychische Regulation von Arbeitstätigkeiten. In: Kleinbeck, U./ Rutenfranz, J. (Hrsg.): *Arbeitspsychologie. Enzyklopädie der der Psychologie. D III 1.* Göttingen: Hogrefe. S. 1-42.

Vroom, Victor H. (1964): *Work and Motivation.* New York et al.: Wiley.

Waldman, David. A./ Ramirez, Gabriel. G./ House, Robert. J./ Purunam, Phanisch (2001): Does leaderhip matter? CEO leadership attributes and profitability under conditions of perceiveid environmental uncertainty. *Academy of Management Journal,* Vol. 44, pp. 134-143.

Wallmüller, Ernest (1990): *Software-Qualitätssicherung in der Praxis.* München: Carl Hanser Verlag.

Wateridge, John (1995): IT projects: A basis for success. *International Journal of Project Management.* Vol. 13, pp. 169-172.

Watzlawick, P./ Beavin, J. H./ Jackson, D. D. (1993): *Menschliche Kommunikation. Formen, Störungen, Paradoxien*, 8. Aufl., Bern: Huber.

Weber, Max (1972): *Wirtschaft und Gesellschaft*, 5. Aufl. Tübingen: Mohr.

Wegner, Daniel M. (1995): A computer network model of human transactive memory. *Social cognition*, Vol. 13, pp. 319-339.

Weibler, Jürgen (2001): *Personalführung.* München: Vahlen.

Weick, Karl E. (1995): What theory is not, theorizing is. *Administrative Science Quarterly*, Vol. 40, pp. 385-390.

Weick, Karl. E (1998): Improvisation as a mindset for organizational analysis. *Organization Science*, Vol. 9, pp. 543-555.

Weinberg, Gerald M. (1971) : *The Psychology of Computer Programming.* New York: Van Nostrad Reinhold.

Weinberg, Gerald M./ Freedman, Daniel P. (1984): Reviews, walkthroughs, and inspections. IEEE Transactions on Software Engineering, Vol. SE-10, No. 1, pp. 86-72.

Weiner, Bernhard (1986): An Attributional Theory of Motivation and Emotion. New York: Springer.

Weiner, Bernhard (1992): *Human Motivation.* Newbury Park, CA: Sage.

Weingart, Laurie/ Hyder, Elaine B./ Prietula, Michael J. (1996): Knowledge matters: The effect of tactical descriptions on negotiation behavior and outcome. *Journal of Personality and Social Psychology*, Vol. 70, pp. 1205-1217.

Weltz, Friedrich/ Ortmann, Rolf G. (1992): *Das Softwareprojekt – Projektmanagement in der Praxis*, Frankfurt a. M., New York: Campus.

West, Michael A. (1994): *Effective Teamwork*. Exeter: BPC Wheatons.

Whitener, Ellen M./ Brodt, Susan E./ Korsgaard, Audrey M./ Werner, Jon M. (1998): Managers as initiators of trust: An exchange relationship framework for understanding managerial trustworthy behavior. *Academy of Management Review*, Vol. 23, pp. 513-530.

Wildemann, Horst/ Kersten, Wolfgang (2000): Kundenorientiertes Management der Software-Entwicklung. *Zeitschrift für Betriebswirtschaft*, 70, S. 1215-1239.

Witte, Eberhard (1973): Organisation für Innovationsentscheidungen - Das Promotorenmodell. Göttingen: Schwartz.

Witte, Eberhard (1995): Effizienz der Führung. In: Kieser, A./ Reber, G./ Wunderer R. (Hrsg.): *HWFü*, 2. Aufl. Stuttgart: Poeschel, Sp. 263-276.

Wolf, Max (2004): Die Projektstatusbesprechung als Informationsdrehscheibe nutzen. In: Schelle, H./ Reschke, H./ Schub, A./ Schnopp, R. (Hrsg.): *Projekte erfolgreich managen – Loseblattsammlung* (Grundwerk, 1994), Kap.4.9.4.

Wolfe, Richard A. (1994): Organizational innovation: Review, critique and suggested research directions. *Journal of Management Studies*, Vol. 31, Nr. 3, pp. 405-431.

Wood, Robert E./ Mento, Anthony J./ Locke, Edwin A. (1987): Task complexity as a moderator of goal effects: A meta-analysis. *Journal of Applied Psychology*, Vol. 72, pp. 416-423.

Wood, Robert/ Bandura, Albert (1989): Impact of conceptions of ability on self-regulatory mechanisms and complex decision making. *Journal of Personality and Social Psychology*, Vol. 56, pp. 407-415.

Wood, Robert/ Locke, Edwin A (1990): Goal setting and strategy effects on complex tasks. In: Staw, B. M./ Cummings, L. (Eds.): *Research in Organizational Behavior*, Vol. 12. Greenwich, CT – London: JAI, pp. 73-109.

Wunderer, Rolf (Hrsg.) (1999): Mitarbeiter als Mitunternehmer: Grundlagen, Fördererinstrumente, Praxisbeispiele. Neuwied: Luchterhand.

Wurst, Katharina (2001): Zusammenarbeit in innovativen Mulit-Team-Projekten. Wiesbaden: DUV.

Wurst, Katharina/ Högl, Martin (2001): Führungsaktivitäten in Teams. In: Gemünden, H.-G./ Högl, M. (Hrsg.): *Management von Teams*. Wiesbaden: Gabler., S.

Yakura, Elaine (2002): Charting time: Timelines as temporal boundary objects. *Academy of Management Journal*, Vol. 45, pp. 956-970.

Yan, Aimin/ Louis, Meryl R. (1999): The migration of organizational functions to the work unit level: Buffering, spanning, and bringing up boundaries. *Human Relations*, Vol. 52, pp. 25-47.

Yorges, Stefani L./ Weiss, Howard M./ Strickland, Oriel J. (1999): The effect of leader outcomes on influence, attribution, and perception of charisma. *Journal of Applied Psychology*, Vol. 84, pp. 428-436.

Yukl, Gary (1999): An evaluation of conceptual weaknesses in transformational and charismatic leadership theories. *The Leadership Quarterly*, Vol. 10, pp. 285-305.

Yukl, Gary (2002): *Leadership in Organizations*, 5th ed. Upper Saddle River, NJ: Prentice Hall.

Zaccaro, Stephen J./ Horn, Zachary N. J. (2003): Leadership theory and practice: Fostering an effective symbiosis. *The Leadership Quarterly*, Vol. 14, pp. 769-806.

Zand, Dale. E. (1973): Vertrauen und Problemlösungsverhalten von Managern. *Gruppendynamik*, 4.-5. Jg., S. 294 –305.

Zapf, Dieter/ Frese, Michael (1991): Soziale Stressoren am Arbeitsplatz und psychische Gesundheit. In: Greif, S./ Semmer, N./ Bamberg E. (Hrsg.): *Psychischer Stress am Arbeitsplatz*. Göttingen: Hogrefe.

Zapf, Diether (1991): Stressbezogene Arbeitsanalyse bei der Arbeit mit unterschiedlichen Bürosoftwaresystemen. *Zeitschrift für Arbeits- & Organisationspsypchologie*, 35. Jg., H. 9, S. 2-14.

Zbaracki, Mark J. (1998): The rhetoric and reality of total quality management. *Adminstrative Science Quarterly*, Vol. 43, pp. 602-636.

Zielasek, Gotthold (1999): *Projektmanagement als Führungskonzept*, 2. Aufl. Berlin: Springer.

Anhang

A 1 Interviewpartner

A 1.1 Standardsoftwareentwickler

Laufende Nummer	Position	Alter	Bildungsabschluss
1	Programmdirektor	55	Dr. Ing. Elektrotechnik
2	Programmdirektor	46	Dipl.-Ing. (FH)
3	(Teil-) Projektleiter	47	Dipl.-Ing. (Uni) Elektrotechnik
4	(Teil-) Projektleiter	43	Dipl.-Ing. (FH) Feinwerktechnik
5	(Teil-) Projektleiter	42	Dipl.-Inform. (Uni)
6	(Teil-) Projektleiter	40	Dipl.-Ing. (FH)
7	(Teil-) Projektleiter	34	Dipl.-Inform. (Uni)
8	Entwickler	47	Dipl.-Ing. (Uni) Elektrotechnik
9	Entwickler	43	Dipl.-Inform. (Uni)
10	Entwickler	43	Dipl-Ing. (FH) Elektronik
11	Entwickler	32	Dipl.-Ing. (Uni) Elektrotechnik
12	Entwickler	29	Industrietechnologe
13	Projektassistentin	23	Industrietechnologin

Tab. 45: Interviewpartner beim Standardsoftwareentwickler

A 1.2 Individualsoftwareentwickler

Laufende Nummer	Position	Alter	Bildungsabschluss
14	Bereichsleiter	47	Dipl.-Ing. oec. (Uni)
15	Bereichsleiter	37	Dipl.-Ing. Maschinenbau (Uni)
16	(Teil-) Projektleiter	41	Master of Science in Computer Science
17	(Teil-) Projektleiter	36	Dipl.-Inform. (Uni), Bankkaufmann
18	(Teil-) Projektleiterin	36	Dipl.-Inform. (Uni)
19	(Teil-) Projektleiter	41	Dipl.-Ing. Maschinenbau (Uni), Dipl.-Inform. (Uni)
20	(Teil-) Projektleiter	41	Dipl.-Päd. (Uni), Weiterbildung zum EDV-Fachmann
21	Entwicklerin	27	Dipl.-Inform. (Uni)
22	Entwickler	35	Dipl.-Inform. (Uni)
23	Entwickler	37	Dipl.-Ing. Maschinenbau (Uni)
24	Projektassistent	35	Dipl.-Sozpäd. (Uni)

Tab. 46: Interviewpartner beim Individualsoftwareentwickler

A 2 Interviewleitfaden

0. Einleitung
   - Vorstellung der eigenen Person
   - Schilderung der Ziele des Beratungsprojekts und des Interviews
   - Zusicherung der Anonymität

1. Projekt und Aufgabe im Projekt
   - Welches Projekt, Name des Projekts
   - Gegenstand des Projekts
   - Ihre Aufgabe im Projekt

2. Critical Incidents
   - Kritisches Ereignis
   - Welche Projektziele gefährdet?/ warum bestand Interventionsbedarf?
   - Typisches Ereignis, das so oder so ähnlich erneut vorkommen kann?
   - Ursachen, situative Randbedingungen des kritischen Ereignisses

3. Kurzfristige Reaktionen
   - *Wer* hat *was* getan in Reaktion auf das kritische Ereignis?
   - Positiven Folgen der Reaktion(en)
   - Negativen Folgen der Reaktion(en)
   - Ursachen-Wirkungskette (warum negative/ positive Folgen?)
   - Barrieren für diese oder andere Reaktionen

4. Langfristige Problemlösungen
   - Inwieweit war(en) die gezeigte(n) Reaktion(en) (ein) ursachenorientierter Lösungsversuch(e)?
   - Gibt es Möglichkeiten, ein solches kritisches Ereignis in Zukunft zu vermeiden oder es mindestens in seinen Wirkungen abzumildern?
   - Positive Folgen einer solchen langfristigen Problemlösung
   - Negative Folgen
   - Ursachen-Wirkungs-Kette
   - Priorisieren
   - Barrieren

5. Aufgabe des Gesprächspartners im Projekt und relevante Fakten
   - Aufgabe und Position
   - Ausbildung
   - Alter
   - Sonstiges

440

A 3 Kodierschema

Die nachstehenden Kodes wurden vergeben, wenn die Aussage eines Interviewpartners oder eine Beobachtung die zu dem Kode gehörende Behauptung stützt oder differenziert. Als Beispiel sei die folgende Passage zitiert:

Frage: *„Im letzten Gespräch hatten sie von einem Interessenkonflikt zwischen Qualitätsbeauftragtem und Projektleiter gesprochen. Warum entsteht denn da ein Interessenkonflikt?"*

Antwort: „Der Projektleiter wird geprügelt, bis zum Termin muss es fertig sein. Deshalb wird er bestimmte Aspekte der Qualität, sprich Dokumentation, unter den Tisch fallen lassen, sonst kommt er mit seinem Termin nicht hin."

Die Passage wurde mit dem Kode 6100 kodiert, da sie die Aussage: „Softwareentwicklungsprojekte müssen schnell sein" stützt. Die Passage wurde außerdem mit der Kategorie 6300 kodiert, da sie die Aussage: „Je schneller ein Projekt ist, desto weniger nachhaltig kann es bei gegebener Produktivität sein" stützt.

In Klammern ist hinter den Kodes angegeben, ob sie aus der Literatur (L) oder aus den gesammelten Aussagen der Praktiker und den gemachten Beobachtungen (P) abgeleitet worden sind, oder ob sich in dem Kode die Auseinandersetzung mit der Literatur und der Praxis zu etwa gleichen Teilen niederschlägt (L+P). Unabhängig davon sind unter (fast) jedem angegebenen Kode, also auch den aus der Literatur abgeleiteten, empirisch gesammelte Aussagen und/ oder Beobachtungen subsummiert. Ausnahmen davon sind als „nicht kodiert" markiert.

Einfluss auf die Relevanzbewertung der Geführten

1000   Führende in Softwareentwicklungsprojekten sollten die Relevanzbewertung der Geführten beeinflussen (L)

1100   Führende in Softwareentwicklungsprojekten sollten die Erreichung der Geschwindigkeitsziele einfordern (L+P)

1101   Wenn die Geführten das Geschwindigkeitsziels deutlich vor Augen haben, tendieren sie dazu, schneller zu arbeiten, als wenn sie das Geschwindigkeitsziel weniger deutlich vor Augen haben. (P)

1110   Um Geschwindigkeit einzufordern, sollten Führende in Softwareentwicklungsprojekten in den Analyse- und Planungsphasen des Projekts bestimmte Entscheidungen über Ziele, Aufgaben, Aktivitäten und Ressourcen fällen und/ oder diese Entscheidungen auf eine bestimmte Weise vorbereiten. (P)

1111   Um Geschwindigkeit einzufordern, sollten Führende in Softwareentwicklungsprojekten Projektaufgaben und -termine planen und den Planungsprozess partizipativ gestalten. (L+P)

1112   Um Geschwindigkeit einzufordern, sollten Führende in Softwareentwicklungsprojekten Projektaufgaben und -termine planen und den Planungsprozess kommunikationsintensiv gestalten. (L+P)

1113   Um Geschwindigkeit einzufordern, sollten Führende in Softwareentwicklungsprojekten Projektaufgaben und -termine planen und dokumentieren. (L+P)

1114   Führende sollten den Kommunikations- und Zeitaufwand der Planung begrenzen. (L+P)

1120   Um Geschwindigkeit einzufordern, sollten Führende in Softwareentwicklungsprojekten in den Ausführungsphasen des Projekts bestimmte korrigierende oder konkretisierende Entscheidungen über Ziele, Aufgaben, Aktivitäten und Ressourcen fällen und/ oder diese Entscheidungen auf eine bestimmte Weise vorbereiten. (P)

1121   Um Geschwindigkeit einzufordern, sollten Führende in Softwareentwicklungsprojekten den Projektfortschritt kontrollieren bzw. darauf achten, dass sich die Geführten selbst kontrollieren. (L+P)

1122   Um Geschwindigkeit einzufordern, sollten Führende in Softwareentwicklungsprojekten gegebenenfalls „Druck machen". (P)

1123   Um Geschwindigkeit einzufordern, sollten Führende in Softwareentwicklungsprojekten Software testen lassen. (L+P)

1130   Um Geschwindigkeit einzufordern, sollten Führende in Softwareentwicklungsprojekten dem Geschwindigkeitsziel im täglichen Umgang mit den Geführten Nachdruck verleihen. (P)

1200   Führende in Softwareentwicklungsprojekten sollten die Erreichung der des Nachhaltigkeitsziels einfordern (P)

1201   Wenn die Geführten das Nachhaltigkeitsziel deutlich vor Augen haben, tendieren sie dazu, nachhaltiger zu arbeiten, als wenn sie das Nachhaltigkeitsziel weniger deutlich vor Augen haben. (P)

1210   Um Nachhaltigkeit einzufordern, sollten Führende in Softwareentwicklungsprojekten in den Analyse- und Planungsphasen des Projekts knappe Ressourcen, insbesondere Zeit, in Nachhaltigkeit steigernde Aktivitäten der Geführten investieren. (P)

1211   (nicht vergeben).

1212   Um Nachhaltigkeit einzufordern, sollten Führende in Softwareentwicklungsprojekten Aktivitäten, die mit einer gewissen Wahrscheinlichkeit eine höhere innere Qualität der Software und innovative Initiativen nach sich ziehen, in die Ablauf- und Terminplanung des Projekts einstellen. (L+P)

1213   Um Nachhaltigkeit einzufordern, sollten Führende in Softwareentwicklungsprojekten Implementierungs- und Kennzeichnungsrichtlinien und/oder Überstundenregelungen vorgeben und durchsetzen. (P)

1214   Um Nachhaltigkeit einzufordern, sollten Führende in Softwareentwicklungsprojekten entsprechende Einzelvereinbarungen mit Geführten treffen. (P)

1220 Um Nachhaltigkeit einzufordern, sollten Führende in Softwareentwicklungsprojekten in den Ausführungsphasen des Projekts bestimmte korrigierende oder konkretisierende Entscheidungen über Ziele, Aufgaben, Aktivitäten und Ressourcen fällen und/ oder diese Entscheidungen auf eine bestimmte Weise vorbereiten. (P)

1221 Um Nachhaltigkeit einzufordern, sollten Führende in Softwareentwicklungsprojekten die für Nachhaltigkeit steigernde Aktivitäten eingeplanten Personenstunden und Ressourcen vor Streichungen schützen. (P)

1222 Um Nachhaltigkeit einzufordern, sollten Führende in Softwareentwicklungsprojekten Ergebnisse der eingeplanten Nachhaltigkeit steigernde Aktivitäten kontrollieren oder kontrollieren lassen. (P)

1223 Um Nachhaltigkeit einzufordern, sollten Führende in Softwareentwicklungsprojekten den Einfluss von Qualitätsbeauftragten stärken. (P)

1224 Um Nachhaltigkeit einzufordern, sollten Führende in Softwareentwicklungsprojekten die Ergebnisse aus Einzelvereinbarungen mit Geführten über Nachhaltigkeit steigernde Aktivitäten kontrollieren. (P)

1230 Um Nachhaltigkeit einzufordern, sollten Führende in Softwareentwicklungsprojekten dem Nachhaltigkeitsziel auch im täglichen Umgang mit den Geführten Nachdruck verleihen. (P)

1300 Führende in Softwareentwicklungsprojekten sollten gegebenenfalls die Organisationskultur oder zumindest das Organisationsklima der von ihnen geführten Gruppe verändern (L+P)

1301 Die Kultur der Mutterorganisation und des Projekts beeinflusst, inwieweit und mit welchen Anteilen die beiden Hauptziele der Softwareentwicklung im Denken und Handeln der Geführten verankert sind. (P)

1302 Führende in Softwareentwicklungsprojekten haben Möglichkeiten, die Kultur oder immerhin das Klima ihrer Mutterorganisation und ihres Projekts zu verändern. (L+P)

1310 Um die Organisationskultur oder immerhin das Organisationsklima der von ihnen geführten Organisationseinheit zu verändern, sollten Führende in Softwareentwicklungsprojekten bestimmte Entscheidungen fällen. (P)

1320 Um die Organisationskultur oder immerhin das Organisationsklima der von ihnen geführten Organisationseinheit zu verändern, sollten Führende in Softwareentwicklungsprojekten mit Ihren Mitarbeiter auf eine bestimmte Art und Weise umgehen. (P)

1400 Führende in Softwareentwicklungsprojekten sollen die Geführten motivieren (L+P)

1401 Eine hohe Motivation begünstigt persönliche Initiative der Geführten. (L)

1410 Um die Motivation der Mitarbeiter zu erhalten oder zu steigern, sollten Führende in Softwareentwicklungsprojekten bestimmte Entscheidungen über Ziele, Aufgaben, Aktivitäten und Ressourcen fällen und/ oder diese Entscheidungen auf eine bestimmte Weise vorbereiten. (P)

1411 Um die Motivation der Mitarbeiter zu erhalten oder zu steigern, sollten Führende in Softwareentwicklungsprojekten den Geführten Aufgaben zuweisen, die als technische Herausforderung und/ oder von hoher technischer oder geschäftlicher Bedeutung und/ oder einen großen Handlungsspielraum gestattend und/ oder einen erheblichen Beitrag zur Weiterbildung der Mitarbeiter leistend wahrgenommen werden. (L+P)

1412   Um die Motivation der Mitarbeiter zu erhalten oder zu steigern, sollten Führende in Softwareentwicklungsprojekten sicherstellen, dass die Geführten die Aufgabe als „machbar" wahrnehmen. (L+P)

1413   Um die Motivation der Mitarbeiter zu erhalten oder zu steigern, sollten Führende in Softwareentwicklungsprojekten mit den Geführten ehrgeizig und konkrete Ziele vereinbaren bzw. ehrgeizige und konkrete Ziele vorgeben und begründen. (L+P)

1414   Um die Motivation der Mitarbeiter zu erhalten oder zu steigern, sollten Führende in Softwareentwicklungsprojekten für eine faire Kompensation der Geführten sorgen. (L+P)

1420   Um die Motivation der Mitarbeiter zu erhalten oder zu steigern, sollten Führende in Softwareentwicklungsprojekten auf bestimmte Weise mit den Geführten umgehen. (P)

1421   Um die Motivation der Mitarbeiter zu erhalten oder zu steigern, sollten Führende in Softwareentwicklungsprojekten die Geführten über die geschäftliche oder technische Relevanz des Projekts informieren. (P)

1422   Um die Motivation der Mitarbeiter zu erhalten oder zu steigern, sollten Führende in Softwareentwicklungsprojekten den Geführten eine Projektvision vermitteln. (L+P)

1423   Um die Motivation der Mitarbeiter zu erhalten oder zu steigern, sollten Führende in Softwareentwicklungsprojekten den Geführten fair mit Mitarbeitern umgehen. (L+P)

1424   Um die Motivation der Mitarbeiter zu erhalten oder zu steigern, sollten Führende in Softwareentwicklungsprojekten den Geführten Feedback geben. (L+P)

1425   Um die Motivation der Mitarbeiter zu erhalten oder zu steigern, sollten Führende in Softwareentwicklungsprojekten den Geführten Wertschätzung für deren Arbeit zeigen bzw. Gelegenheiten schaffen, in denen die Auftraggeber Wertschätzung zeigen. (P)

Einfluss auf die Optionsbewertung der Geführten

2000   **Führende in Softwareentwicklungsprojekten sollten die Optionsbewertung der Geführten beeinflussen (L)**

2100   **Führende in Softwareentwicklungsprojekten sollten den Geführten Entscheidungsspielraum einräumen (L+P)**

2101   Ein großer Entscheidungsspielraum begünstigt persönliche Initiative der Geführten. (L) (nicht kodiert)

2110   Um den Geführten Entscheidungskompetenz einzuräumen, sollten Führende in Softwareentwicklungsprojekten ihren Mitarbeiter Zielentscheidungskompetenzen gewähren. (L)

2111   Führende in Softwareentwicklungsprojekten sollten ihre Mitarbeiter an der Termin- und Ablaufplanung beteiligen, indem sie deren Aufwandschätzungen in der Projektplanung berücksichtigen und/oder über den genauen Inhalt der Aufgabe diskutieren. (P)

2112   Um die Prozessverluste einer partizipativen und kommunikationsintensiven Planung in Grenzen zu halten, sollten Führende auf eine zügige, strukturierte Zielplanung achten. (L+P)

2120   Um den Geführten Entscheidungskompetenz einzuräumen, sollten Führende in Softwareentwicklungsprojekten ihren Mitarbeiter Ausführungskompetenzen gewähren.
(L)

2121   Führende in Softwareentwicklungsprojekten sollten ihren Mitarbeitern weitreichende
Ausführungskompetenzen einräumen. (L+P)

2122   Um die Nachteile einer hohen Ausführungskompetenz der Mitarbeiter, z. B. unein-
heitliches oder zu risikoreiches Programmieren, einzuschränken, sollte die Ausführungskompetenz durch Richtlinien oder Einzelentscheidungen der Führenden eingeschränkt werden. (L+P)

2130   Um den Geführten Entscheidungskompetenz einzuräumen, sollten Führende in Softwareentwicklungsprojekten ihren Mitarbeiter Kontrollkompetenzen gewähren. (L)

2131   Führende in Softwareentwicklungsprojekten sollten ihren Mitarbeitern so viel Eigen-
kontrolle wie möglich gewähren. (L+P)

2132   Um die äußere Qualität der Software zu sichern, sollte die Software von unabhängigen Dritten getestet werden. (L+P)

**2200   Führende in Softwareentwicklungsprojekten sollten Geführten den Ressourcen
zur Verfügung stellen (L+P)**

2201   Die Mitarbeiter in Softwareentwicklungsprojekten benötigen für ihre Arbeit Informationen. (L+P)

2202   Die Mitarbeiter in Softwareentwicklungsprojekten benötigen für ihre Arbeit Wissen.
(L+P)

2203   Die Mitarbeiter in Softwareentwicklungsprojekten benötigen für ihre Arbeit Hilfsmittel. (L+P)

2204   Die Mitarbeiter in Softwareentwicklungsprojekten benötigen für ihre Arbeit kompetente, hilfsbereite und ansprechbare Kollegen. (L+P)

2205   Die Mitarbeiter in Softwareentwicklungsprojekten benötigen für ihre Arbeit Kontakte
zu Projektexternen. (L+P)

2206   Die Mitarbeiter in Softwareentwicklungsprojekten benötigen für ihre Arbeit eine ansprechbare, hilfsbereite und kompetente Projektführung. (L+P)

2210   Um ihren Mitarbeitern die erforderlichen Ressourcen zur Verfügung zu stellen, sollten Führende in Softwareentwicklungsprojekten bestimmte Entscheidungen über Ziele, Aufgaben, Aktivitäten und Ressourcen fällen und/ oder diese Entscheidungen auf
eine bestimmte Weise vorbereiten. (P)

2211   Führende in Softwareentwicklungsprojekten sollten ihren Mitarbeitern ausreichende
und effiziente offizielle Kommunikationskanäle und Kommunikationsforen zur Verfügung stellen. (L+P)

2212   Führende in Softwareentwicklungsprojekten sollten Foren für informelle Kommunikation im Projekt schaffen. (L+P)

2213   Führende in Softwareentwicklungsprojekten sollten die räumliche Nähe der Kommu-
nikationspartner fördern. (L+P)

2214   Führende in Softwareentwicklungsprojekten sollten Kenntnislücken der Mitarbeiter
schließen oder schließen lassen. (L+P)

2215   Führende in Softwareentwicklungsprojekten sollten für ausreichende Hilfsmittel und
Büroausstattung sorgen. (L+P)

2216 Führende sollten für ausreichende Kontakte der Geführten zu Kundenvertretern sorgen. (P)

2217 Führende in Softwareentwicklungsprojekten sollten in die Stimmung ihrer Teams investieren. (L+P)

2218 Führende in Softwareentwicklungsprojekten sollten die Zusammenarbeit ihrer Mitarbeiter mit Mitgliedern anderer Teams oder Abteilungen, die an der Projektabwicklung beteiligt sind, fördern. (L+P)

2220 Damit die erforderlichen Ressourcen auch effizient und effektiv genutzt werden, muss der Zugang dazu beschränkt werden. (L+P)

2221 Führende in Softwareentwicklungsprojekten sollten auf einen effizienten Einsatz von Betriebsmitteln, Schulungen und schulungsähnlichen Maßnahmen achten. (L+P)

2222 Führende in Softwareentwicklungsprojekten sollten den freien Austausch von Informationen im Team begrenzend steuern. (L+P)

2223 Führende in Softwareentwicklungsprojekten sollten die Zusammenarbeit ihrer Mitarbeiter mit Mitgliedern anderer Teams oder Abteilungen begrenzen. (L)

2230 Um ihren Mitarbeitern die erforderlichen Ressourcen zur Verfügung zu stellen, sollten Führende in Softwareentwicklungsprojekten auf bestimmte Weise mit den Geführten umgehen. (P)

2231 Führende in Softwareentwicklungsprojekten sollten ansprechbar, hilfsbereit und kompetent sein. (L+P)

2232 Führende in Softwareentwicklungsprojekten sollten intensiv und effizient mit den Geführten kommunizieren. (L+P)

2233 Führende in Softwareentwicklungsprojekten sollten teamübergreifende Kontakte der Geführten fördern. (L+P)

2300 Führende in Softwareentwicklungsprojekten sollten Geführten Mut machen und unter ihnen Zuversicht verbreiten. (L)

2301 Mut und Zuversicht begünstigen persönliche Initiative der Geführten. (L)

2302 Die Selbstwirksamkeit der Geführten bezüglich der eigenen Fähigkeiten, Geschwindigkeitsvorgaben zu erreichen, kann im Laufe des Projekts beeinträchtigt werden. (L+P)

2303 Die Selbstwirksamkeit der Geführten bezüglich der eigenen Fähigkeiten, Nachhaltigkeitsvorgaben zu erreichen, kann im Laufe eines Projekts beeinträchtigt werden (L+P) (nicht kodiert).

2304 Die internale Kontrollüberzeugung der Geführten bezüglich der Konsequenzen schnellen Arbeitens kann im Laufe eines Projekts beeinträchtigt werden. (L+P)

2305 Die internale Kontrollüberzeugung der Geführten bezüglich der Konsequenzen nachhaltigen Arbeitens kann im Laufe eines Projekts beeinträchtigt werden. (L+P)

2310 Um den Geführten Mut zu machen und unter ihnen Zuversicht zu verbreiten in Hinblick auf das Erreichen von Geschwindigkeitsvorgaben, sollten Führende in Softwareentwicklungsprojekten bestimmte Entscheidungen über Ziele, Aufgaben, Aktivitäten und Ressourcen fällen und/ oder diese Entscheidungen auf eine bestimmte Weise vorbereiten. (P)

2311 Um den Geführten Mut zu machen und unter ihnen Zuversicht zu verbreiten in Hinblick auf das Erreichen von Geschwindigkeitsvorgaben, sollten Führende in Softwareentwicklungsprojekten sicherstellen, dass die Aufgaben der Geführten in Teilaufgaben zergliedert werden und dass deren Machbarkeit betont wird. (L+P)

2312 Um den Geführten Mut zu machen und unter ihnen Zuversicht zu verbreiten in Hinblick auf das Erreichen von Geschwindigkeitsvorgaben, sollten Führende in Softwareentwicklungsprojekten Hilfe und Ressourcen bereitstellen. (L+P)

2313 Um den Geführten Mut zu machen und unter ihnen Zuversicht zu verbreiten in Hinblick auf das Erreichen von Geschwindigkeitsvorgaben, sollten Führende in Softwareentwicklungsprojekten rollierend planen und Aufgaben sowie Sachziele teilweise sukzessive konkretisieren. (L+P)

2320 Um den Geführten Mut zu machen und unter ihnen Zuversicht zu verbreiten, sollten Führende in Softwareentwicklungsprojekten auf bestimmte Weise mit den Geführten umgehen. (P)

2321 Um den Geführten Mut zu machen und unter ihnen Zuversicht zu verbreiten, sollten Führende in Softwareentwicklungsprojekten Zuversicht ausstrahlen. (L+P)

2322 Um den Geführten Mut zu machen und unter ihnen Zuversicht zu verbreiten, sollten Führende in Softwareentwicklungsprojekten Erfolge erfahrbar machen, d. h. sie würdigen, nach außen darstellen und feiern. (L+P)

2323 Um den Geführten Mut zu machen und unter ihnen Zuversicht zu verbreiten sollten Führende in Softwareentwicklungsprojekten Leistungen der Geführten nach außen vertreten. (L+P)

2324 Um den Geführten Mut zu machen und unter ihnen Zuversicht zu verbreiten, sollten Führende in Softwareentwicklungsprojekten Mitarbeiter von allzu schlechten Nachrichten abschirmen. (L+P)

2330 Um den Geführten Mut zu machen und unter ihnen Zuversicht zu verbreiten in Hinblick auf das Erreichen von Nachhaltigkeitszielen, sollten Führende in Softwareentwicklungsprojekten bestimmte Entscheidungen über Ziele, Aufgaben, Aktivitäten und Ressourcen fällen und/ oder diese Entscheidungen auf eine bestimmte Weise vorbereiten. (P)

2331 Um den Geführten Mut zu machen und unter ihnen Zuversicht zu verbreiten in Hinblick auf das Erreichen von Nachhaltigkeitszielen, sollten Führende in Softwareentwicklungsprojekten klar machen, dass sie sich nur für kleinere Initiativen zur Steigerung der Nachhaltigkeit verantwortlich fühlen müssen. (L+P)

2332 Um den Geführten Mut zu machen und unter ihnen Zuversicht zu verbreiten in Hinblick auf das Erreichen von Nachhaltigkeitszielen, sollten Führende in Softwareentwicklungsprojekten die für Nachhaltigkeit steigernde Aktivitäten eingeplanten Personenstunden und Ressourcen vor Streichungen schützen. (L+P)

2400 Führende in Softwareentwicklungsprojekten sollten Vertrauen schaffen und bewahren (L+P)

2401 Vertrauen der Geführten in ihre Kollegen und Vorgesetzten begünstigt persönliche Initiative der Geführten. (L)

2410 Um Vertrauen unter den Geführten zu schaffen und zu erhalten, sollten Führende in Softwareentwicklungsprojekten bestimmte Entscheidungen über Ziele, Aufgaben, Aktivitäten und Ressourcen fällen und/ oder diese Entscheidungen auf eine bestimmte Weise vorbereiten. (P)

2411 Um Vertrauen unter den Geführten zu schaffen und zu erhalten, sollten Führende in Softwareentwicklungsprojekten fair über betriebliche Güter, Belohnungen und Sanktionen entscheiden. (L+P)

2412 Um Vertrauen unter den Geführten zu schaffen und zu erhalten, sollten Führende in Softwareentwicklungsprojekten Vertrauensvorschuss durch die Delegation von Kompetenzen oder das Anvertrauen von Informationen erweisen. (L+P)

(2420 – 2429 nicht vergeben)

2430 Um Vertrauen unter den Geführten zu schaffen und zu erhalten, sollten Führende in Softwareentwicklungsprojekten im täglichen Umgang mit Geführten deren Erwartungen bezüglich des Umgangs von Führenden mit Mitarbeitern erfüllen. (P)

2431 Um Vertrauen unter den Geführten zu schaffen und zu erhalten, sollten Führende in Softwareentwicklungsprojekte Kompetenz und Engagement beweisen. (P)

2432 Um Vertrauen unter den Geführten zu schaffen und zu erhalten, sollten Führende in Softwareentwicklungsprojekten den Geführten respektvoll gegenüber treten und ihnen die Möglichkeit zum Widerspruch einräumen. (L+P)

2433 Um Vertrauen unter den Geführten zu schaffen und zu erhalten, sollten sich Führende in Softwareentwicklungsprojekten integer verhalten, und das Vertrauen ihrer Mitarbeiter in sie nicht missbrauchen. (L+P)

2434 Um Vertrauen unter den Geführten zu schaffen und zu erhalten, sollten Führende in Softwareentwicklungsprojekten fair mit ihren Mitarbeiter umgehen. (L+P)

2435 Um Vertrauen unter den Geführten zu schaffen und zu erhalten, sollten Führende in Softwareentwicklungsprojekten fachliche Gespräche mit den Geführten führen. (P)

Management der Aufgabe

3000 Die Mitarbeiter in Softwareentwicklungsprojekten müssen hohe (Regulations-) Anforderungen und große (Regulations-) Probleme bewältigen und sollten dabei von den Führenden unterstützt werden. (L)

3100 Softwareentwicklungsprojekte sind von Unsicherheit geprägt und Führende sollten die Projektaufgabe strukturieren. (L+P)

3101 Unsicherheit lässt sich mit Hilfe bestimmter Eigenschaften der Sachziele von Softwareentwicklungsprojekten beschreiben. (L)

3101,1 Mitarbeiter in Softwareentwicklungsprojekten haben Schwierigkeiten, ihre Handlungen zu regulieren, wenn die der eigenen Arbeit übergeordneten Sachziele unvollständig sind. (L)

3101,2 Mitarbeiter in Softwareentwicklungsprojekten haben Schwierigkeiten, ihre Handlungen zu regulieren, wenn die der eigenen Arbeit übergeordneten Sachziele unklar formuliert sind. (L)

3101,3 Mitarbeiter in Softwareentwicklungsprojekten haben Schwierigkeiten, ihre Handlungen zu regulieren, wenn die der eigenen Arbeit übergeordneten Sachziele instabil sind. (L)

3102 Unsicherheit in Softwareentwicklungsprojekten hat bestimmte Folgen. (L+P)

3102,1 Unsicherheit in Softwareentwicklungsprojekten führt zu Ineffektivität. (L+P)

3102,2 Unsicherheit in Softwareentwicklungsprojekten führt zu Ineffizienz. (L+P)

3102,3 Unsicherheit in Softwareentwicklungsprojekten hat mittelbare Folgen die bis zur Überforderung der Geführten gehen können. (L+P)

3103 Unsicherheit in Softwareentwicklungsprojekten hat bestimmte Ursachen. (L+P)

3103,1 Unsicherheit entsteht aufgrund der Komplexität der Anforderungen an eine Software und Komplexität der Anforderungsanalyse. (L+P)

3103,2 Unsicherheit entsteht aufgrund der Unerfahrenheit der Mitarbeiter im Anwendungsfeld der Software. (L+P)

3103,3 Unsicherheit entsteht, weil in die Analyse und Planung der Anforderungen an die Software zuwenig Zeit und Energie investiert wird. (P)

3103,4 Unsicherheit entsteht, weil es Schwierigkeiten bei der fortlaufenden Konkretisierung der Sachziele der Software gibt. (L+P)

3110 Führende in Softwareentwicklungsprojekten müssen die Projektaufgabe strukturieren. (L)

3120 Führende in Softwareentwicklungsprojekten sollten sich in den Analyse- und Planungsphasen des Projekts um eine möglichst vollständige, klare und stabile Sachzielhierarchie bemühen. (L+P)

3121 Um eine möglichst vollständige, klare und stabile Sachzielhierarchie zu erreichen, sollten Führende in Softwareentwicklungsprojekten an der Qualitätssicherung des Lastenhefts teilnehmen und es ggf. ablehnen. (L+P)

3122 Um eine möglichst vollständige, klare und stabile Sachzielhierarchie zu erreichen, sollten Führende in Softwareentwicklungsprojekten auf ein gründliches, ausgewogenes, kommuniziertes und von den Mitarbeitern hinreichend verstandenes Pflichtenheft und Design Wert legen. (L+P)

3123 Um eine möglichst vollständige, klare und stabile Sachzielhierarchie zu erreichen, sollten Führende in Softwareentwicklungsprojekten eine gute Balance zwischen Partizipation und Kommunikation und zügiger Ergebnisplanung finden. (L+P)

3124 Um eine möglichst vollständige, klare und stabile Sachzielhierarchie zu erreichen, sollten Führende in Softwareentwicklungsprojekten rollierend planen und Sachziele zum Teil sukzessive konkretisieren. (L+P)

3125 Um eine möglichst vollständige, klare und stabile Sachzielhierarchie zu erreichen, sollten Führende in Softwareentwicklungsprojekten mit dem Auftraggeber Regeln für "rationalen" Umgang mit Anforderungsänderungen vereinbaren. (P)

3126 Um eine möglichst vollständige, klare und stabile Sachzielhierarchie zu erreichen, sollten Führende in Softwareentwicklungsprojekten möglichst Mitarbeiter einsetzen, die auch mit dem Anwendungsfeld der Software Erfahrung haben. (L+P)

3130 Führende in Softwareentwicklungsprojekte sollten in den Ausführungsphasen des Projekts sicherstellen, dass die Sachziele fortlaufend konkretisiert und gegebenenfalls korrigiert werden. (L+P)

3131 Damit die Sachziele fortlaufend konkretisiert und gegebenenfalls korrigiert werden sollten bestimmte Leitungsrollen ausgefüllt werden. (P)

3200 Softwareentwicklungsprojekte sind von Zeitdruck geprägt und Führende sollten Zeitdruck vermeiden und lindern. (L+P)

3201 Zeitdruck hat negative Folgen. (L+P)

3201,1 Zeitdruck in Softwareentwicklungsprojekten führt zum Verzicht auf Nachhaltigkeit (P) (nicht kodiert, weil von Kode 6300 erfasst).

3201,2 1 Zeitdruck in Softwareentwicklungsprojekten führt zu negative Emotionen bei den Geführten. (L+P)

3201,3 Zeitdruck in Softwareentwicklungsprojekten kann bis zur Überforderungen der Geführten gehen. (L+P)

3202 Zeitdruck hat bestimmte Ursachen. (L+P)

3202,1 Zeitdruck entsteht durch Unsicherheit – vermittelt durch Ineffizienz und Ineffektivität (nicht kodiert, weil durch die Kodes 3102,2 und 3102,3 erfasst). (L+P)

3202,2 Zeitdruck entsteht aufgrund knapper Projektressourcen und enger Termine. (L+P)

3202,3 Zeitdruck entsteht aufgrund von Fehleinschätzungen seitens der Projektleitung und des Projektteams. (L+P)

3202,4 Zeitdruck entsteht aufgrund von Mehraufwänden, die der Auftraggeber verursacht. (L+P)

3202,5 Zeitdruck entsteht aufgrund von Zeitdruck, der sich selbst reproduziert (nicht kodiert, weil von Kode 6300 erfasst). (L+P)

3203 Zeitdruck lässt sich vermeiden bzw. eindämmen. (L+P)

3203,1 Zeitdruck lässt sich vermeiden bzw. eindämmen wenn der Ressourcen-, Ablauf- und Terminplan realistisch ist. (L+P)

3203,2 Zeitdruck lässt sich vermeiden bzw. eindämmen wenn der Ressourcen-, Ablauf- und Terminplan optimiert ist. (L+P)

3204 Zeitknappheit – verstanden als Vorstufe zu Zeitdruck – ist funktional. (L+P)

3210 Um Zeitdruck zu vermeiden, sollten Führende in Softwareentwicklungsprojekten in den Analyse- und Planungsphasen des Projekts bestimmte Entscheidungen treffen, die die Wahrscheinlichkeit erhöhen, dass die Projektplanung realistisch und optimiert ausfällt. (P)

3211 Um Zeitdruck zu vermeiden, sollten Führende in Softwareentwicklungsprojekten in den Analyse- und Planungsphasen des Projekts die Projektaufgabe hinreichend strukturieren(L+P) (nicht kodiert, weil von Kodes 3102,3 und 3110 ff. erfasst).

3212 Um Zeitdruck zu vermeiden, sollten Führende in Softwareentwicklungsprojekten schon in den frühsten Projektphasen eng mit Auftraggeber zusammen arbeiten. (L+P)

3213 Um Zeitdruck zu vermeiden, sollten Führende in Softwareentwicklungsprojekten in den Analyse- und Planungsphasen des Projekts partizipativ planen, d. h. Aufwandschätzungen der Mitarbeiter in der Projektplanung berücksichtigen. (L+P)

3214 Um Zeitdruck zu vermeiden, sollten Führende in Softwareentwicklungsprojekten in den Analyse- und Planungsphasen des Projekts Risiken berücksichtigen, Risikozuschläge und Puffer einplanen und Anforderungen priorisieren. (L+P)

3215 Um Zeitdruck zu vermeiden, sollten Führende in Softwareentwicklungsprojekten in den Analyse- und Planungsphasen des Projekts mit dem Mit Auftraggeber ein "realistisches" Lastenheft aushandeln, sich nicht „quetschen" lassen. (P)

3216 Um Zeitdruck zu vermeiden, sollten Führende in Softwareentwicklungsprojekten in den Analyse- und Planungsphasen des Projekts die Risikoneigung des Managements der Mutterorganisation beeinflussen, so dass diese bei der Projektakquise, Ressourcenzuteilung keine zu großen Risiken eingeht und der Projektleitung gegenüber dem Auftraggeber den Rücken stärkt. (P)

3217 Um Zeitdruck zu vermeiden, sollten Führende in Softwareentwicklungsprojekten in den Analyse- und Planungsphasen des Projekts darauf achten, dass beim Auftraggeber Personen zur Verfügung stehen, um Entscheidungen, die in den späteren Ausführungsphasen mit dem Auftraggeber abgestimmt werden müssen, zu fällen. (L+P)

3220 Um Zeitdruck zu vermeiden, sollten Führende in Softwareentwicklungsprojekten in den Ausführungsphasen des Projekts bestimmte Entscheidungen in Hinblick auf den Umgang mit dem Auftraggeber treffen, die die Wahrscheinlichkeit erhöhen, dass Verzögerungen und Ineffizienzen so früh wie möglich erkannt werden und behoben werden. (P)

3221 Um Zeitdruck zu vermeiden, sollten Führende in Softwareentwicklungsprojekten in den Ausführungsphasen des Projekts um ein kommunikationsintensives und vertrauensvolles Verhältnis zum Auftraggeber bemühen. (L+P)

3222 Um Zeitdruck zu vermeiden, sollten Führende in Softwareentwicklungsprojekten in den Ausführungsphasen des Projekts gegebenenfalls mit dem Auftraggeber den Verzicht auf die Erfüllung nachrangiger Anforderungen oder die Verschiebung des Termins zu verhandeln. (L+P)

3223 Um Zeitdruck zu vermeiden, sollten Führende in Softwareentwicklungsprojekten in den Ausführungsphasen des Projekts gegebenenfalls die eigenen Vorgesetzten einschalten, um Entscheidungsprozesse beim Auftraggeber zu beschleunigen. (P)

3230 Um Zeitdruck zu vermeiden, sollten Führende in Softwareentwicklungsprojekten in den Ausführungsphasen des Projekts bestimmte Entscheidungen in Hinblick auf die Arbeit des eigenen Teams und den Umgang mit den eigenen Vorgesetzten treffen, die die Wahrscheinlichkeit erhöhen, dass Verzögerungen und Ineffizienzen so früh wie möglich erkannt werden und behoben werden. (P)

3231 Um Zeitdruck zu vermeiden, sollten Führende in Softwareentwicklungsprojekten in den Ausführungsphasen des Projekts auf rechtzeitige Projektfortschrittskontrollen und dazugehöriges Feedback achten (L+P) (nicht kodiert, weil in den Kodes 1121 – 1123 enthalten).

3232 Um Zeitdruck zu vermeiden, sollten Führende in Softwareentwicklungsprojekten in den Ausführungsphasen des Projekts Kennzahlen zur Früherkennung im Sinne eines Projektcontrolling einsetzen. (L+P)

3233 Um Zeitdruck zu vermeiden, sollten Führende in Softwareentwicklungsprojekten in den Ausführungsphasen des Projekts die Produktivität ihrer Geführten unter den jeweils gegebenen Ressourcenbedingungen optimieren. (L+P)

3234 Um Zeitdruck zu vermeiden, sollten Führende in Softwareentwicklungsprojekten in den Ausführungsphasen des Projekts dafür sorgen, dass das Management der eigenen Mutterorganisation das Projekt mit hinreichenden Ressourcen und die Projektleitung mit Rückendeckung für die Verhandlungen mit dem Auftraggeber unterstützt. (L+P)

3300 In Softwareentwicklungsprojekten können (Beziehungs-) Konflikte auftreten und es ist Aufgabe der Führenden, Konflikte zu reduzieren (L+P)

3301 Mitarbeiter in Softwareentwicklungsprojekten geraten mit anderen Projektbeteiligten in (Beziehungs-) Konflikte. (L+P)

3302 (Beziehungs-) Konflikte in Softwareentwicklungsprojekte haben negative Folgen, die bis zur Überforderung der Mitarbeiter gehen können. (L+P)

3303 (Beziehungs-) Konflikte in Softwareentwicklungsprojekten haben bestimmte Ursachen. (L+P)

3310   Um (Beziehungs-) Konflikte zwischen Mitarbeitern ihres Teams mit Vertretern anderer Gruppen oder Hierarchieebenen zu vermeiden, sollten Führende in Softwareentwicklungsprojekten die Kommunikation zwischen den Beteiligten fördern (L+P) (nicht kodiert, weil bereits von Kodes 2210-2217 und 2230-2233 erfasst).

3311   Um (Beziehungs-) Konflikte zwischen Mitarbeitern ihres Teams mit Vertretern anderer Gruppen oder Hierarchieebenen zu vermeiden, sollten Führende in Softwareentwicklungsprojekten Kick-Off-Workshops veranstalten, an denen alle Projektbeteiligten teilnehmen. (L+P)

3312   Um (Beziehungs-) Konflikte zwischen Mitarbeitern ihres Teams mit Vertretern anderer Gruppen oder Hierarchieebenen zu vermeiden, sollten Führende in Softwareentwicklungsprojekten den unmittelbaren Zugriff teamexterner Personen auf die Teammitglieder einschränken. (P)

3320   Um (Beziehungs-) Konflikte zwischen Mitarbeitern ihres Teams mit Vertretern anderer Gruppen oder Hierarchieebenen zu lindern, müssen Führende in Softwareentwicklungsprojekten gegebenenfalls die streitenden Personen voneinander trennen und eine Person versetzen. (L+P)

(4000 bis 5999 nicht vergeben)

Ziele in Softwareentwicklungsprojekten

6100   Softwareentwicklungsprojekte müssen schnell sein. (L+P)

6200   Softwareentwicklungsprojekte müssen nachhaltig sein. (P)

6300   Je schneller ein Projekt ist, desto weniger nachhaltig kann es bei gegebener Produktivität sein. (P)

(6301 bis 6699 nicht vergeben)

6700   Oberster Zweck eines Projekts ist die Entwicklung einer Software, die den Auftraggeber zufrieden stellt. (L+P)

Soll-Verhalten der Mitarbeiter in Softwareentwicklungsprojekten

7100   Mitarbeiter in Softwareentwicklungsprojekten sollen persönliche Initiative zeigen. (L+P)

7110   Mitarbeiter in Softwareentwicklungsprojekten sollen persönliche Initiative zeigen und insbesondere im Einklang mit den Projektzielen handeln. (L+P)

7120   Mitarbeiter in Softwareentwicklungsprojekten sollen persönliche Initiative zeigen und insbesondere initiativ und selbstständig handeln. (L+P)

7130   Mitarbeiter in Softwareentwicklungsprojekten sollen persönliche Initiative zeigen und insbesondere pro-aktiv handeln. (L+P)

7140   Mitarbeiter in Softwareentwicklungsprojekten sollen persönliche Initiative zeigen und insbesondere bei Widerständen Ausdauer zeigen. (L+P)

7200   Schnelles Arbeiten unterscheidet sich von nachhaltigem Arbeiten dadurch, dass auf bestimmte nachhaltigkeitsförderliche Aktivitäten verzichtet wird. (P)

A 4 Beispiel einer kodierten Textpassage

Interviewter: „Ich habe kein Rezept, aus dem Dilemma raus zu kommen: Ich mache es gut, habe dafür aber keinen Kunden mehr. Dieses technische Durchdenken ist eine Sache. Der Change Request kam ja daraufhin, als die Komponenten zusammen geschnallt wurden. Es geht halt doch nicht so. Ich weiß nicht, ob man das hätte mit noch mehr nachdenken vermeiden können. So was ist gang und gäbe, dass, wenn die Kiste laufen soll, dass man dann doch sieht, da hat man doch was übersehen. Das passiert immer wieder. Die Systeme sind so komplex. Ich glaube nicht, dass man die vorher 100%ig glatt kriegt."

Interviewer: „Das heißt, bis zu einem gewissen Grad ist das die technische Komplexität per se. Da kann man gar nichts machen. Man muss ausprobieren."

Interviewter: „Ja. Ein Change Request wird immer kommen. Die Frage ist, wann und wie viel Luft man hat, ihn einzuplanen."

Diese Textpassage wurde dreimal kodiert, wie die Tabelle zeigt

Kodenotiz	Kode	Organisation	Position	Interviewpartner
Grenzen der Planung aufgrund ihres Zeitbedarfs	6300	1	m	2
Komplexität der Software führt dazu, dass irgendein Change Request immer kommt	3103,1	1	m	2
Wichtig ist, genug Luft zu haben, um auf Change Requests angemessen reagieren zu können	3216	1	m	2

Tab. 47: Beispielkodierung

Legende:

Kode 6300:   Je schneller ein Projekt ist, desto weniger nachhaltig kann es bei gegebener Produktivität sein.

Kode 3103,1:   Unsicherheit entsteht aufgrund der Komplexität der Anforderungen an eine Software und der Anforderungsanalyse bzw. aufgrund der Komplexität der Software an sich.

Kode 3216:   Um Zeitdruck zu vermeiden, sollten Führende in Softwareentwicklungsprojekten in den Analyse- und Planungsphasen des Projekts die Risikoneigung des Managements der Mutterorganisation beeinflussen, so dass diese bei der Projektakquise, Ressourcenzuteilung keine zu großen Risiken eingeht und der Projektleitung gegenüber dem Auftraggeber den Rücken stärkt.

Organisation 1: Standardsoftwareentwickler

Position m: (Teil-)Projektleiter

A 5 Fallstudien

Die folgenden Fallstudien sollen anwendungsorientierten Lesern die Nützlichkeit der vorgelegten Theorie illustrieren und methodenorientierten Lesern eine genauere Beschreibung der
beiden Organisationen liefern, in denen die empirischen Untersuchungen stattfanden.

Die *Nützlichkeit der Theorie* besteht darin, dabei zu helfen, Führungspraxis zu rekon-
struieren und sie zu reflektieren. Die Theorie bietet Konzepte und Ursache-
Wirkungsbeziehungen an, mit deren Hilfe es leichter fällt, die beobachtete Realität eines Einzelfalls zu beschreiben und zu erklären. Ein beobachtetes oder indirekt erhobenes Symptom
eines Einzelfalls, z. B. die Klage von Interviewpartnern darüber, in ihrem Projekt herrsche
eine inflexible Organisationskultur, die schnelle Reaktionen auf veränderte Anforderungen
des Auftraggebers vereitle, lässt sich mit Hilfe des Theoriekonzepts „Organisationskultur
stützt schnelles Arbeiten nicht hinreichend" in eine Wirkungsbeziehung zum Ziel „Schnelligkeit" und in eine Ursachenbeziehung zur (noch) nicht hinreichend geleisteten Führungsaufgabe „Projektkultur bzw. -klima verändern" bringen. Dies erleichtert es, die Führungspraxis im
Einzelfall zu interpretieren und Verbesserungspotenziale von Führung zu erkennen. Wenn im
o. g. Beispiel alle oder zumindest viele Projektmitglieder die eigene Kultur als hinderlich für
ein schnelles Arbeiten einstufen, liegt die Aufforderung an die Führenden auf der Hand: Führe so, dass sich die Kultur des Projekts ändert, damit diese ein schnelleres Arbeiten ermöglicht
und fördert!

Die Theorie ist mithin besonders geeignet, um sie zur Diagnose von Verbesserungspo-
tentialen von Führung, synonym: Führungsdefizite, heranzuziehen. Die folgende Darstellung
der Fälle ist auf eben diesen Zweck ausgerichtet. Den untersuchten Organisationen wird ein
Führungsdefizit attestiert, wenn aus den Interviews oder Makrodaten (z. B. aus Workshops,
vgl. III 1.2.3 „Erhebung weiterer Daten) deutliche Hinweise dafür sprechen, dass

- zahlreiche Geführte, d. h. Entwickler, Assistenten, Teilprojektleitungen oder Projektleitungen, von ihren formal berufenen Führungskräften, d. h. den Projektleitungen
  bzw. Programm- oder Bereichsdirektionen, im Hinblick auf das jeweilige Führungsdefizit mehr Führung erwarten oder

- mehrere (Teil-)Projektleiter bzw. -leiterinnen einer Organisation mehr eigene Führungsaktivitäten diesbezüglich für erforderlich halten oder

- ein Programmdirektor oder Bereichsleiter mehr eigene Führungsaktivitäten bzw. mehr
  Führungsaktivitäten der (Teil-)Projektleitungen diesbezüglich für erforderlich erachtet.

Durch diese Eingrenzung sollen typische, d. h. häufig vorkommende oder gravierende Führungsdefizite der Organisationen erfasst werden.

Für den *methodenorientierten* Leser sei noch erwähnt, dass die Fallstudien auf den gleichen Daten basieren, die auch zur Rekonstruktion des Praktikerwissens über Mitarbeiterführung verwendet wurden (siehe III 1.1).

A 5.1 Führungsdefizite beim Standardsoftwareentwickler

A 5.1.1 Standort 1

Die Organisation „Standort 1" umfasste mehrere Projekte, die hauptsächlich an einem großen Standort des Standardsoftwareentwicklers abgewickelt wurden. Darin wurde Steuerungssoftware für Maschinen entwickelt. Von den insgesamt 13 Gesprächspartnern aus den transkribierten Interviews, die beim Standardsoftwareentwickler geführt worden sind, stammen acht vom Standort 1. Außerdem haben fünf der insgesamt zehn Workshops hier statt gefunden. An diesem Fall ist interessant, dass sich die Einschätzungen des für den Standort verantwortlichen Programmdirektors teilweise erheblich von den Einschätzungen der von ihm geführten Mitarbeiter unterscheiden.

Der *Programmdirektor* beklagte Terminschwierigkeiten und eine unzureichende Nachhaltigkeit seiner Projekte. Die Gründe, die am Standort 1 nach Ansicht des Programmdirektors zu Terminschwierigkeiten, d. h. zu einer nicht hinreichenden Erfüllung des *Geschwindigkeitsziels* führten, sind in der folgenden Tabelle in der ersten Spalte verzeichnet. In der zweiten Spalte stehen die Konzepte der Theorie, hier: „Führungsdefizite" (vgl. III 3.2), unter denen die Beschreibung des Programmdirektors subsumiert werden können. In der dritten Spalte stehen Maßnahmen, die nach Ansicht des Programmdirektors von den Projekt- und Teilprojektleitern sowie von ihm selbst ergriffen werden sollten, um die Missstände zu beheben. In der vierten Spalte sind die entsprechenden Konzepte, hier: Führungsaufgaben, genannt, unter die sich die Überlegungen des Programmdirektors subsumieren lassen.

Im Vergleich zwischen der dritten und vierten Spalte wird die Nützlichkeit der Theorie deutlich. Das Theoriekonzept „Führungsaufgabe" (vgl. III 3.1) umfasst wesentlich mehr mögliche Führungshandlungen, die zur Behebung eines Führungsdefizits denkbar sind, als die wenigen Führungshandlungen, die vom Programmdirektor genannt wurden. Zum Beispiel umfasst die Führungsaufgabe „Projektkultur- bzw. -klima verändern", alle von Schein (1992) genannten primären und sekundären Mechanismen zur Kulturveränderung durch Führung. Dies sind wesentlich mehr als nur als nur die zwei vom Programmdirektor genannten Möglichkeiten. Mit Hilfe der Theorie kann der Programmdirektor mithin auf weitere Handlungsoptionen hingewiesen werden, an die er bisher nicht gedacht hat.

**Terminschwierigkeiten der Projekte am Standort 1
aus Sicht des verantwortlichen Programmdirektors**

Ursachen		*mögliche Problemlösungsversuche*	
Sinngemäße Formulierungen des Interviewpartners	Konzepte der Theorie (= Führungsdefizite, vgl. III 3.2)	Sinngemäße Formulierungen des Interviewpartners	Konzepte der Theorie (=Führungsaufgaben, vgl. III 3.1)
Organisationskultur ist geprägt von Obrigkeitsdenken, absolutem Gehorsam, dem Einhalten von Prozessen und zu geringer Flexibilität bei Anforderungsänderungen	Organisationskultur stützt schnelles Arbeiten nicht hinreichend	Organisationskultur durch Aufgabenzuweisung und Versetzungen verändern	Organisationskultur bzw. -klima verändern
Angst, schlechte Nachrichten zu überbringen. Dies begünstigt das „Schönreden" von Projektverläufen.	Mitarbeiter haben zu wenig Vertrauen zu ihren Vorgesetzten	Keine genannt	Vertrauen schaffen und erhalten
Anforderungen werden häufig geändert, einige Entwickler haben nicht genug Kundenfeeling, einigen Entwicklern fehlen Kenntnisse und Könnerschaft	Mitarbeiter sind sich hinsichtlich der Ziele, Struktur und des geeigneten Ablaufs ihrer Arbeit unsicher und arbeiten daher ineffizient und ineffektiv	Kundenbesuche, Designworkshops, Einbindung „genialer" Designer	Projektaufgabe strukturieren
Stress, Zeitdruck	Mitarbeiter sind überlastet	den Projekten in ruhigen Zeiten weniger hohe Vorgaben machen	Entlasten
Zu wenig Code Reviews, Mängel bei der Schnittstellendefinition	In vergangenen Perioden wurde zu wenig nachhaltig gearbeitet	Siehe nächste Tabelle	Siehe nächste Tabelle

Tab. 48: **Terminschwierigkeiten der Projekte am Standort 1 des Standardsoftwareentwicklers aus Sicht des Programmdirektors**

Der Programmdirektor beklagte im Interview und auch bei späteren Gelegenheiten, dass die *Organisationskultur* des Standorts 1 von Bürokratie und „Obrigkeitsdenken"[413] geprägt sei. Die Kultur sei bis vor etwa sieben Jahre vor dem Interview von Führungskräften gestaltet worden, die „absoluten Gehorsam" und das genaue Einhalten festgelegter Prozesse gefordert hätten. Dementsprechend würde ein Teil der ihm unterstehenden (Teil-) Projektleiter Ände-

---

[413] In „Anführungsstriche" gesetzte Begriffe sind Zitate aus Interviewtranskripten, Workshopprotokollen oder anderen Dokumenten.

rungsanforderungen erst bearbeiteten, wenn eine Entscheidung des Lenkungsausschusses und geänderte Planungsdokumente offiziell vorlägen. Dadurch käme es zu Verzögerungen und Gefährdungen von Terminen. Dies sei allerdings unnötig, da der Schutz vor einer schleichenden Erweiterung des Projektauftrags anderweitig gewährleistet wäre. Die Auftraggeber würden in solchen Fällen mündlich – aber glaubhaft – zusichern, im Gegenzug für die Änderungsanforderungen auf andere Funktionalitäten der entstehenden Software zu verzichten. Die Gremienbeschlüsse und veränderten Planungsunterlagen könnten unter diesen Umständen nachgereicht werden. Die Flexibilität, auf diese Weise die offiziellen Prozesse zu umgehen, stünde allerdings im Widerspruch zur überkommenen bürokratischen Organisationskultur. Die Beobachtungen und Interpretationen des Programmdirektors lassen sich unter das Führungsdefizit „Organisationskultur stützt schnelles Arbeiten nicht hinreichend" subsumieren.

Um Abhilfe zu schaffen, würden der Programmdirektor und seine Vorgesetzten versuchen, durch Versetzungen „guter" und „anerkannter" Kräfte, die nicht in der bürokratischen Kultur des Standorts sozialisiert wurden, und durch die Zuteilung neuer, interessanter Aufgaben und Projekte die Verkrustungen am Standort 1 aufzubrechen. Diese Maßnahmen lassen sich unter die Führungsaufgabe, „Organisationskultur bzw. -klima verändern" subsumieren. Durch den Verweis auf diese Führungsaufgabe wird deutlich, dass auch noch andere Führungshandlungen denkbar sind, die hilfreich sein könnten, die Organisationskultur zu verändern. Zum Beispiel werden Klima und Kultur auch durch Entscheidungen über Prioritäten in der Projektplanung und durch die Zuteilung knapper Ressourcen beeinflusst. An diese Möglichkeiten hatte der Programmdirektor, wie in späteren Gesprächen bestätigt wurde, nicht gedacht.

Neben kulturellen Problemen monierte der Programmdirektor die *Angst* einiger Mitarbeiter, ihren Führungskräften von Problemen zu berichten. Diese Angst begünstige das „Schönreden" von Projektverläufen. Die Einschätzung des Programmdirektors lässt sich vor dem Hintergrund der anderen Interviews als Hinweis auf ein generelles Führungsdefizit „Mitarbeiter haben zu wenig Vertrauen zu ihren höheren Führungskräften" interpretieren. Der Programmdirektor nannte keine Maßnahmen, mit denen er der Angst der Geführten begegnen würde. Die vorgelegte Theorie bietet hingegen zahlreiche Führungsaktivitäten an, die dazu geeignet sind, Vertrauen aufzubauen und zu erhalten. Unter anderem ist hier an ein transparenteres Entscheidungsverhalten der Führungskräfte und an mehr Möglichkeiten der Geführten, ihren Führungskräften zu widersprechen, zu denken (vgl. III 2.3.2.7 „Vertrauen schaffen und erhalten" und III 3.1 „Ergebnisse und Diskussion der Integration und Generalisierung: Zur Theorie der Führung in zeitkritischen und komplexen Projekten").

Der Programmdirektor konstatierte des Weiteren, dass seine Mitarbeiter bisweilen darunter zu leiden hätten, dass *Anforderungen* an die Software überraschend *geändert* würden. Zudem würde es den Mitarbeitern an *„Kundenfeeling"* fehlen, so dass sie weniger als wünschenswert in der Lage seien, Design- und Implementierungsentscheidungen kundengerecht zu fällen. Darüber hinaus mangele es ihnen bisweilen an *Designfertigkeiten*, so dass ihre Kenntnis und Könnerschaft zur Strukturierung ihrer Aufgaben unzureichend sei. In der Sprache der vorgelegten Theorie beschreibt der Programmdirektor die Unsicherheit seiner Mitarbeiter bezüglich der Regulation ihrer Arbeit, was zu Ineffizienz und Ineffektivität führt.

Der Programmdirektor äußerte sich nicht dazu, wie mit Anforderungsänderungen umzugehen wäre und wie sie sich reduzieren ließen. Angesichts ihrer Unvermeidbarkeit erwartete er von seinen Entwicklern und (Teil-)Projektleitern schlicht die in seinen Augen erforderliche Flexibilität. Dem fehlenden Kundenverständnis der Entwickler wollte er begegnen, indem er sich dafür einsetzte, dass Mitarbeiter mehr als bisher zu Kundenbesuchen, insbesondere zu Inbetriebsetzungen, mitgenommen würden. Fehlende Designkenntnisse suchte er durch Designworkshops und durch die Einbindung von „genialen Designern" aus anderen Abteilungen in die eigenen Projekte auszugleichen. Gemäß der Theorie der Führung in komplexen Projekten sollte der Programmdirektor darüber hinaus eine ganze Reihe weiterer Führungsaktivitäten bedenken, die zum Ziel hätten, die Führungsaufgabe „Projektaufgabe strukturieren" zu erfüllen. Vor allem ist dabei an Verbesserungen in der Projektplanung und hier insbesondere beim Risikomanagement zu denken (vgl. III 2.3.3.1 „Projektaufgabe strukturieren: Sachziele konkretisieren und korrigieren" und III 3.1 „Ergebnisse und Diskussion der Integration und Generalisierung: Zur Theorie der Führung in zeitkritischen und komplexen Projekten").

Der Programmdirektor merkte an, dass seine Mitarbeiter unter erheblichem *Zeitdruck* stünden. Der „Stress" ginge bisweilen so weit, dass gute Mitarbeiter um Versetzung bäten, was die Terminschwierigkeiten der betroffenen Projekte verschärfte. Ein Teil des Zeitdrucks wäre schlicht den Markterfordernissen geschuldet, da hätte er „keinen Spielraum". Ein anderer Teil des Zeitdrucks wäre jedoch von der „unheiligen Allianz" zwischen Produktmanagern und Entwicklern hausgemacht. Produktmanager wollten seines Erachtens oft Features in die Software einbauen, die gar nicht erforderlich wären. Wenn diese Features für die Entwickler interessant im Sinne einer „tollen Aufgabe" wären, würden diese sie auch umsetzen und dadurch „Ressourcen blockieren". Durch die Brille der Theorie betrachtet beschreibt der Programmdirektor den Umstand, dass seine Mitarbeiter überlastet sind.

Die Strategie des Projektdirektors im Umgang mit dem Zeitdruck bestand darin, in ruhigeren Zeiten, z. B. nach Industriemessen, den Projekten weniger ehrgeizige Vorgaben zu machen, damit sich die Mitarbeiter erholen könnten. Zur Erfüllung der Führungsaufgabe „Enlasten" sind allerdings noch weitere Führungsaktivitäten denkbar, wie ein Blick in das entsprechende Kapitel III 3.1 zeigt.

Zu guter Letzt beklagte der Programmdirektor, seine Mitarbeiter würden zu wenig Code Reviews durchführen und es gäbe Mängel bei der Schnittstellendefinition. Damit bezeichnete er eine zu geringe Nachhaltigkeit in der Projektarbeit. Die Gründe, die er dafür sah, und die daher zu leistenden Führungsaufgaben sind in der nächsten Tabelle verzeichnet.

<table>
<tr><th colspan="4">Zu geringe Nachhaltigkeit der Projekte
(keine Code Reviews und schlechte Schnittstellenabstimmung) am Standort 1
aus Sicht des verantwortlichen Programmdirektors</th></tr>
<tr><th colspan="2">Ursachen</th><th colspan="2">mögliche Problemlösungsversuche</th></tr>
<tr><td>Sinngemäße Formulierungen des Interviewpartners</td><td>Konzepte der Theorie (=Führungsdefizite, vgl. III 3.2)</td><td>Sinngemäße Formulierungen des Interviewpartners</td><td>Konzepte der Theorie (=Führungsaufgaben, vgl. III 3.1)</td></tr>
<tr><td>Mitarbeiter machen zu wenig Code Reviews, weil letztere zu wenig eingefordert werden</td><td>Mitarbeiter haben das Nachhaltigkeitsziel nicht deutlich genug vor Augen</td><td>Code Reviews sollen als Aktivitäten in den Projektplan eingestellt werden und von ihm persönlich überwacht werden</td><td>Nachhaltigkeit fordern und fördern</td></tr>
<tr><td>Mitarbeiter sind nicht hinreichend motiviert, Schnittstellen exakt zu definieren und sich an die Definition zu halten</td><td>Mitarbeiter sind nicht hinreichend motiviert, nachhaltig zu arbeiten</td><td>Keine genannt</td><td>Motivieren</td></tr>
<tr><td>Teamübergreifende Kommunikation und Zusammenarbeit sind unzureichend</td><td>Teamübergreifende Kommunikation und Zusammenarbeit sind unzureichend und reduzieren die Nachhaltigkeit des Projekts</td><td>gemeinsame Test- und Planungsworkshops</td><td>Teamübergreifende Zusammenarbeit stärken</td></tr>
<tr><td>Teams sind zwischen den Standorten zerstritten, eine kritische Person macht Stimmung gegen Projektleiter</td><td>Beziehungskonflikte behindern die Mitarbeiter</td><td>Streitende Mitarbeiter trennen</td><td>Beziehungskonflikte begrenzen</td></tr>
</table>

Tab. 49: Zu geringe Nachhaltigkeit der Projekte am Standort 1 des Standardsoftwareentwicklers aus Sicht des Programmdirektors

Nach Ansicht des Programmdirektors machten die Mitarbeiter zu wenig Code Reviews, obwohl sich der Zeitaufwand dafür noch im Verlaufe des jeweils selben Projekts durch Zeitersparnisse bei der Fehlerbehebung auszahlen würde. Als Grund vermutete er, dass Code Reviews von den Projektleitern und von ihm nicht nachdrücklich eingefordert wurden. Bezogen auf die Konzepte der Theorie bedeutet dies, dass nach Ansicht des Programmdirektors die Mitarbeiter das Nachhaltigkeitsziel, vertreten durch das Ziel, Code Reviews durchzuführen, nicht deutlich genug vor Augen hatten.

Der Direktor hatte sich daher vorgenommen, dafür zu sorgen, dass die Projektleiter in Zukunft Zeit für Code Reviews in der Projektplanung auswiesen und wollte persönlich überprüfen, ob die Zeit in den Projekten auch tatsächlich dafür genutzt würde. Weitere Möglichkeiten, die Nachhaltigkeit im Projekt zu steigern, nannte er im Projekt hingegen nicht.

Außerdem beklagte er, dass Schnittstellen zwischen Programmteilen bisweilen schlecht zwischen den verantwortlichen Projektteams abgestimmt würden. Er vermutete dahinter zum einen mangelnde Motivation der Mitarbeiter, ohne allerdings Mittel und Wege zu nennen, die Motivation zur besseren Schnittstellenabstimmung zu steigern.

Zum anderen führte er die schlechte Schnittstellenabstimmung darauf zurück, dass die teamübergreifende Zusammenarbeit generell verbesserungswürdig wäre. Dies gälte insbesondere bei solchen Teams, die mehrere hundert Kilometer voneinander getrennt an verschiedenen Orten arbeiteten. Um die teamübergreifende Zusammenarbeit zu stärken, hielt er gemeinsame Workshops für probate Mittel, in denen die Schnittstellen getestet werden und weitere Arbeitsschritte gemeinsam geplant würden. Zu guter Letzt würde speziell die Zusammenarbeit zweier Teams noch durch Beziehungskonflikte zwischen Mitarbeitern der Teams erschwert. Daher nahm er eine „kritische Person, die Stimmung gegen alle übrigen gemacht hatte, aus dem Projekt raus".

Die dem Programmdirektor *unterstellten Mitarbeiter* schätzten die Lage teilweise anders ein. Um die Darstellung der Fallstudie abzukürzen, werden nachstehend nur noch die Führungsdefizite erläutert, die der Programmdirektor und seine Mitarbeiter unterschiedlich einschätzten. Des Weiteren wird sie in erster Linie mit Hilfe der Konzepte und Termini der vorgelegten Theorie dargestellt. Die sinngemäßen Formulierungen der Interviewpartner finden sich in den Tabellen nur noch in Klammern.

Vom Programmdirektor abweichende Meinungen der Projektleiter und sonstigen Mitarbeiter zu den Terminschwierigkeiten der Projekte am Standort 1	
Führungsdefizite	*zu leistende Führungsaufgaben*
Team- und abteilungsübergreifende Kommunikation und Zusammenarbeit sind unzureichend und verzögern Projekte (Die Zusammenarbeit zwischen Entwicklung und Qualitätssicherung und zwischen Entwicklung, technischem Marketing und Vertrieb ist verbesserungswürdig)	Teamübergreifende Zusammenarbeit stärken (Planung verzahnen, gemeinsame Planungs-, Informations-, und Projektabschlussworkshops mit Vertretern aller beteiligter Abteilungen)
Mitarbeiter haben zu wenig Vertrauen zum Programmdirektor (Probleme werden zu lange „unter der Decke" gehalten. Verbesserungsmöglichkeiten können mit ihm nicht intensiv genug diskutiert werden)	Vertrauen schaffen und bewahren (Informelle Kontakte intensivieren, fachliche Gespräche führen, Workshops mit Mitarbeitern und Programmdirektor)
Mitarbeiter sind überlastet (immenser Zeitdruck)	Entlasten (80/20-Regel)
In vergangenen Perioden wurde zu wenig nachhaltig gearbeitet	Siehe nächste Tabelle

Tab. 50: **Vom Programmdirektor abweichende Meinungen der Projektleiter und sonstigen Mitarbeiter zu den Terminschwierigkeiten der Projekte am Standort 1**

Die Mitarbeiter des Programmdirektors sahen Schwierigkeiten bei der *teamübergreifenden Zusammenarbeit* nicht nur im Hinblick auf die Definition und die Umsetzung von Programmschnittstellen. Vielmehr sahen sie das Problem sehr viel umfassender als eines, das generell an Team- und Abteilungsgrenzen, insbesondere zwischen Entwicklung und Qualitätssicherung einerseits und zwischen Entwicklung, technischem Marketing und Vertrieb andererseits, bestand und zu Reibungsverlusten führte, welche sich in unnötigen Verzögerungen niederschlugen. Die Frage der team- und abteilungsübergreifenden Zusammenarbeit wurde in Workshops, die im Zuge der Datenerhebung zusätzlich stattfanden, intensiv diskutiert. Die beteiligten Abteilungen und Projektprogramme vereinbarten, die Planungsarbeiten an der projektübergreifenden Roadmap sowie am Lastenheft, Pflichtenheft und der Terminplanung einzelner Projekte enger miteinander zu verzahnen. Außerdem wurde beschlossen, zu Anfang, im Verlaufe und am Ende von Projekten gemeinsame Planungs-, Informations-, und Projektabschlussworkshops mit Vertretern aller beteiligter Abteilungen durchzuführen.

Von dem Problem des *zu geringen wechselseitigen Vertrauens* sahen die Mitarbeiter nicht nur das Verhältnis zwischen Mitarbeitern und höheren Führungskräften, sondern auch und gerade das Verhältnis zwischen den Mitarbeitern und dem Programmdirektor betroffen. Dadurch würde es dazu kommen, dass ihm gegenüber Probleme zu lange unter der Decke gehalten werden. Manche Mitarbeiter hätten „Angst" vor ihm. In den Workshops wurden dazu Verbesserungsvorschläge erarbeitet (allerdings ohne darin den Programmdirektor als Fokalpunkt des Problems beim Namen zu nennen). Sie manifestierten sich schließlich in einer „Regel", wonach Führungskräfte „informelle Kontakte" zu den Geführten „intensivieren" sollten und ihre „Hilfe anbieten sollten". Vor allem fachliche Diskussionen über „Baustellen" der Entwicklung sind danach geeignet, einander kennen und schätzen zu lernen und zueinander Vertrauen zu gewinnen. Der Personalleiter des Standorts erklärte sich bereit, die Führungskräfte der Entwicklungsabteilung zur Einhaltung der Regel anzuhalten und ihnen Feedback zu geben, ob und inwieweit sie diese in ihrer Führungspraxis beachteten. Am Rande der Workshops wurde außerdem deutlich, dass bereits die Diskussionen in den Workshops zwischen Mitarbeitern und dem Programmdirektor und dessen offensichtliches Bemühen, die Ansichten seiner Mitarbeiter zu verstehen, vertrauensförderlich wirkten.

Ein weiterer wichtiger Unterschied in den Einschätzungen zwischen Mitarbeitern und Programmdirektor bestand darin, dass die Geführten nicht der Meinung waren, dass ihre Organisationskultur verkrustet und bürokratisch wäre. Vielmehr wäre das „Mauern" bei Anforderungsänderungen und dergleichen eine Reaktion auf die *Überlastung* und ein Versuch, sich gegen den immensen *Zeitdruck* zu schützen und den Auftraggeber dazu zu bewegen, Änderungsanforderungen auf das absolut Notwendige zu minimieren. Um die Flexibilität bei der Projektabwicklung zu steigern, müssten die Projekte entlastet, d. h. der Zeitdruck reduziert werden. Allerdings wären auch schon erste Schritte in diese Richtung erkennbar und der Druck würde „langsam zurückgefahren". Gleichwohl wurden in den Workshops die so genannte „80/20-Regel" verabschiedet und in die offizielle Verfahrensanweisung zur Abwicklung der Projekte übernommen. Die Regel bestimmte, dass sich Vertrieb und Entwicklung zu Anfang eines Projekts auf einen Gesamtumfang der zu entwickelnden Software einigten, die das Entwicklungsteam in der zur Verfügung stehenden Zeit zu schaffen verspricht. Höchstens 80 % der geplanten Entwicklungszeit durften für Muss-Anforderungen eingeplant werden. Kann-Anforderungen durften die verbleibende geplante Entwicklungszeit beanspruchen, mindestens aber 20 %. Kann-Anforderungen konnten in der Ausführungsphase eines Projekts gegen Change Requests des Auftraggebers „eingetauscht" oder bei Verzögerungen der Projekte gestrichen werden. Verzögerungen und daraus resultierende Streichungen von Kann-Anforderungen, die nicht vom Auftraggeber zu verantworten waren, mussten allerdings von der Projektleitung gegenüber dem auftraggebenden Vertrieb und dem höheren Management der Entwicklungsabteilung begründet und verteidigt werden. Für die Fälle, in denen diese Regel aus technischen Gründen nicht umsetzbar war, wurden die Projektleiter verpflichtet, alternative Möglichkeiten des Risikomanagements zum Schutz vor Verzögerungen in ihrer Planung zu berücksichtigen.

Im Hinblick auf die verbesserungsbedürftige Nachhaltigkeit der Projekte gab es ebenfalls teilweise unterschiedliche Einschätzungen zwischen dem Programmdirektor und seinen Mitarbeitern. So waren nach Ansicht der Mitarbeiter nicht durchgeführte Code Reviews nur ein Symptom, nicht aber die Ursache für die verbesserungsbedürftige Nachhaltigkeit der Projekte.

Vom Programmdirektor abweichende Meinungen der Projektleiter und sonstigen Mitarbeiter zur unzureichenden Nachhaltigkeit der Projekte am Standort 1	
Führungsdefizite	*zu leistende Führungsaufgaben*
Organisationskultur stützt nachhaltiges Arbeiten nicht hinreichend	Projektkultur bzw. -klima verändern (Verbindliches Bekenntnis zur Entlastung geben, siehe unten)
Mitarbeiter haben zu wenig Zuversicht, nachhaltig arbeiten zu können	Mut machen und Zuversicht verbreiten (Zuversicht durch spürbare Entlastungen verbreiten, siehe unten)
Hoher Zeitdruck zwingt dazu, wenig nachhaltig zu arbeiten	Entlasten (80/20-Regel)

Tab. 51: **Vom Programmdirektor abweichende Meinungen der Projektleiter und sonstigen Mitarbeiter zur unzureichenden Nachhaltigkeit am Standort 1**

Anders als der Programmdirektor fanden seine Mitarbeiter, dass ihnen die Bedeutung nachhaltigen Arbeitens im Allgemeinen und von Code Reviews im Besonderen sehr wohl bewusst wäre. Allerdings fielen nach ihrer Ansicht die offiziell vertretene und die tatsächlich gelebte Organisationskultur auseinander. Letztere behinderte nachhaltiges Arbeiten, weil nachhaltige Arbeit angesichts der Terminvorgaben ein deutlich geringerer Wert als schneller Arbeit zugemessen würde. Die tägliche (Führungs-) Praxis würde darüber hinaus keine Zuversicht zulassen, dass sich dies in Zukunft ändern würde. Letztlich wurde dafür der hohe Zeitdruck verantwortlich gemacht. Die Führungsaufgabe „entlasten" hatte damit auch in dieser Hinsicht eine hohe Priorität. Dementsprechend verbanden zahlreiche Workshopteilnehmer große Hoffnungen mit der Einführung der 80/20-Regel.

A 5.1.2 Standort 2

Die Organisation „Standort 2" umfasste mehrere Projekte, die weitgehend an einem zweiten großen Standort des Standardsoftwareentwicklers angesiedelt waren. Auch am Standort 2 wurde Steuerungssoftware für Maschinen entwickelt. Hier fanden fünf der insgesamt 13 transkribierten Interviews, die beim Standardsoftwareentwickler geführt wurden, statt. Des Weiteren wurden fünf Workshops am Standort 2 durchgeführt. Insgesamt zeichnete sich Standort 2 im Vergleich zum Standort 1 durch eine zuversichtlichere und weniger ängstliche Stimmung aus. Außerdem fiel auf, dass sich am Standort 2 die Einschätzungen des dort verantwortlichen Programmdirektors und der ihm unterstellten Mitarbeiter nicht nennenswert voneinander unterschieden.

Auch am Standort 2 hatten Projekte Terminschwierigkeiten. Die Gründe dafür und die nach Ansicht der Führungskräfte und Mitarbeiter von Standort 2 zu leistenden Führungsaufgaben sind in der folgenden Tabelle aufgeführt.

Terminschwierigkeiten der Projekte am Standort 2 aus Sicht der Führungskräfte und Mitarbeiter	
Führungsdefizite	*zu leistende Führungsaufgaben*
Team- und abteilungsübergreifende Kommunikation und Zusammenarbeit sind unzureichend und verzögern Projekte	Teamübergreifende Zusammenarbeit stärken (gemeinsame Planungs-, Informations-, und Projektabschlussworkshops mit Vertretern aller beteiligter Abteilungen, enger verzahnte Planungsprozesse)
Mitarbeiter sind sich hinsichtlich der Ziele, Struktur und des geeigneten Ablaufs ihrer Arbeit unsicher und arbeiten daher ineffizient und ineffektiv	Projektaufgabe strukturieren (Kundenbesuche, Designworkshops, Einbindung „genialer" Designer)
Mitarbeiter sind überlastet	Entlasten (80/20-Regel)
In vergangenen Perioden wurde zu wenig nachhaltig gearbeitet	Siehe nächste Tabelle

Tab. 52: Terminschwierigkeiten der Projekte am Standort 2 des Standardsoftwareentwicklers

Am Standort 2 wurden ebenso wie am Standort 1 Schwierigkeiten bei der team- und vor allem abteilungsübergreifenden Zusammenarbeit, beim Umgang mit „unsicheren" Anforderungen an die zu entwickelnde Software und beim Umgang mit Zeitdruck beklagt. Inhaltlich wurden die Klagen ähnlich illustriert und begründet. Die Beschreibung der zu leistenden Führungsaufgaben ähnelten sich ebenfalls weitgehend, so dass auf eine nähere Darstellung an dieser Stelle verzichtet werden kann.

Auch im Hinblick auf eine nachhaltige Softwareentwicklung wurden am Standort 2 ein Teil der gleichen Führungsdefizite wie am Standort 1 moniert, wie die nächste Tabelle zeigt.

Zu geringe Nachhaltigkeit der Projekte am Standort 2 aus Sicht der Führungskräfte und Mitarbeiter	
Führungsdefizite	*zu leistende Führungsaufgaben*
Mitarbeiter haben das Nachhaltigkeit nicht deutlich genug vor Augen	Nachhaltigkeit fordern und fördern (Fachgespräche führen)
Mitarbeiter haben zu wenig Zuversicht, nachhaltig arbeiten zu können	Mut machen und Zuversicht verbreiten („Produktivitätsprojekte")
Mitarbeiter sind überlastet	Entlasten (80/20 Regel, Konsolidierungsregel)

Tab. 53: Zu geringe Nachhaltigkeit der Projekte am Standort 2 des Standardsoftwareentwicklers

Ein wichtiger Unterschied zu Standort 1 ergab sich im Hinblick auf die Führungsaufgabe „Nachhaltigkeit fordern und fördern". Anders als am Standort 1 wurde betont, dass jede Führungskraft dazu beitragen könnte, das Nachhaltigkeitsziel im Bewusstsein der Mitarbeiter zu verankern, indem sie Aktivitäten, die die Nachhaltigkeit eines Projekts steigern, aktiv fördert und von den Geführten fordert. Vor diesem Hintergrund wurde die oben beschriebene Regel, wonach Führungskräfte „informelle Kontakte" zu den Geführten „intensivieren" sollten und ihre „Hilfe anbieten sollten", nicht so sehr als vertrauensbildende Maßnahme gesehen, sondern als Mittel, um die Mitarbeiter in diesen (Fach-) Gesprächen zu nachhaltigem Arbeiten zu ermuntern und aufzufordern.

Ein weiterer Unterschied bestand darin, dass zumindest einige Mitglieder der Organisation Standort 2 wussten, dass so genannte „Produktivitätsprojekte" zur Steigerung der Nachhaltigkeit der Softwareentwicklung aufgesetzt werden können. In solchen Produktivitätsprojekten konnten Initiativen zur Konsolidierung der Software, insbesondere zur Modularisierung, gebündelt werden, wenn sie sich durch messbare Effizienzgewinne und Einsparungen amortisierten. Mitarbeiter auf diese Möglichkeit hinzuweisen und die Produktivitätsprojekte auch tatsächlich durchzuführen, war nach Ansicht dieser Organisationsmitglieder ein Mittel, die Zuversicht der Mitarbeiter zu steigern, dass die Komplexität der Software auch in Zukunft zu bewältigen wäre.

Zu guter Letzt wurde am Standort 2 insbesondere vom dortigen Programmdirektor intensiv diskutiert, wie die Nachhaltigkeit der Softwareentwicklung langfristig zu steigern und der Zeitdruck dadurch in den Griff zu bekommen wäre. Aus den Diskussionen in den Workshops entstand zusätzlich zur 80/20-Regel noch eine „Konsolidierungsregel". Darin wurde festgehalten, dass „Konsolidierungsaufgaben, z. B. zur Komponentisierung der Software, für Redesigns und für Aufräumarbeiten im Code, genauso wichtig für die Zukunftssicherung der Produkte sind wie neue Funktionen". Weiter hieß es: „Konsolidierungsaufgaben sollen im Geschäftsjahresbudget der Projektprogramme und entsprechend in den Projektbudgets ausgewiesen werden." Konsolidierte Software ließe sich zeitsparender weiterentwickeln und pflegen als unübersichtliche Software. Diese Regel, die wie alle anderen Regeln nicht nur in den Workshops, sondern anschließend auch noch in einem Gremium der den Programmdirektoren übergeordneten Abteilungsleiter beschlossen wurde, ist immerhin als weithin sichtbare Selbstverpflichtung der höheren Führungskräfte zu sehen, in die Nachhaltigkeit der Softwareentwicklung zu investieren.

A 5.2 Führungsdefizite beim Individualsoftwareentwickler

Auch beim Individualsoftwareentwickler hatten Projekte mit teilweise erheblichen Terminschwierigkeiten zu kämpfen. Die Lage wurde von den dortigen Bereichsleitern, Projektleitern und Entwicklern übereinstimmend wie folgt gesehen:

Terminschwierigkeiten der Projekte des Individualsoftwareentwicklers aus Sicht der Führungskräfte und Mitarbeiter	
Führungsdefizite	*zu leistende Führungsaufgaben*
Die Projektleitungen großer Projekte bekommen von den höheren Führungskräften teilweise zu wenig Hilfe, so dass es länger als nötig dauert, bis Probleme geklärt sind (Zu wenig Führung und Unterstützung der Projektleitungen von ihrer Bereichs- bzw. Geschäftsleitung)	Dialogisch führen (Den Leitern großer Projekte sollte das Ohr der Geschäftsleitung gehören)
Mitarbeiter sind sich hinsichtlich der Ziele, Struktur und des geeigneten Ablaufs ihrer Arbeit unsicher und arbeiten daher ineffizient und ineffektiv (Anforderungsänderungen sind eher die Regel als die Ausnahme)	Projektaufgabe strukturieren (längere Analyse- und Konzeptphasen, „rationalerer" Umgang mit Anforderungsänderungen)
Mitarbeiter sind überlastet (Zeitdruck reproduziert sich selbst)	Entlasten (Risikomanagement, Vetorecht der Projektleitung, Projektcontrolling)
In vergangenen Perioden wurde zu wenig nachhaltig gearbeitet („Altlasten" aus früheren Versionen)	Siehe nächste Tabelle

Tab. 54: Terminschwierigkeiten der Projekte des Individualsoftwareentwicklers

Auffällig ist, dass die *Terminschwierigkeiten* beim Individualsoftwareentwickler allesamt auf ein verbesserungswürdiges Management der Aufgabe zurückgeführt werden. Hinsichtlich der Relevanz- und Optionsbewertungen der Geführten wurden hingegen keine Führungsdefizite beklagt.

Die Leiter zweier der insgesamt vier in den Interviews thematisierten Projekte beklagten, dass sie zu wenig Führung und Unterstützung von ihrer Bereichs- bzw. Geschäftsleitung bekommen hätten. Aufgrund des fehlenden Dialogs hätten sie ihre Vorgesetzten später als wünschenswert mit ihren Einschätzungen und Berichten erreichen können. Dies führte in beiden Projekten dazu, dass wichtige Entscheidungen über Nachverhandlungen mit dem Auftraggeber, die nur auf höchster Ebene zu treffen bzw. zu führen waren, zu spät fielen. In der Zwischenzeit waren die Projekte gelähmt, da sie auf Ziele hinarbeiten mussten, von denen zumindest die Schlüsselpersonen im Projektteam wussten, dass sie mit einiger Wahrscheinlichkeit wieder geändert werden würden.

In allen Interviews wurde über Unsicherheiten bezüglich der Anforderungen an die zu entwickelnde Software geklagt. Anforderungsänderungen, so der Eindruck aus den Interviews, waren für die Projekte eher die Regel als die Ausnahme. In den Interviews wurden daher zahlreiche Vorschläge gemacht, wie solche „moving targets" zu reduzieren wären. Sie lassen sich mit den Stichworten „ausreichend lange Analyse- und Konzeptphasen" und „Abgleich von Kosten und Nutzen von Änderungsanforderungen" skizzieren (vgl. III 2.3.3.1 „Projektaufgabe strukturieren").

Zeitdruck hatte auch beim Individualsoftwareentwickler die Tendenz, sich zu reproduzieren. Die Interviewten schlugen zur Entlastung der Geführten vor, auf Unternehmensebene ein projektübergreifendes Risikomanagement zu betreiben. Dadurch sollte erreicht werden, in der Organisation hinreichend Ressourcen vorzuhalten, für den Fall, dass es in einzelnen Projekten Schwierigkeiten gäbe. Wenn das Projektportfolio insgesamt zu risikoreich zu werden drohte, sollte die Geschäftsleitung den Mut haben, Vertragsangebote über risikoreiche Entwicklungsvorhaben abzulehnen. Manche Gesprächspartner meinten, Projektleitungen sollten ein Vetorecht bei der Übernahme risikoreicher Projekte haben. Des Weiteren sollten die Risikosituation jedes einzelnen Projekts in dessen Vor- und Frühphasen erfasst werden und darauf basierend bei der Zeitplanung Risikozuschläge in Form von Puffern berücksichtigt werden. Außerdem sollte das Projektcontrolling verbessert werden, so dass die Projektleitungen verlässlicher und frühzeitiger über Fehlentwicklungen in ihren Projekten auf der Grundlage von Kennzahlen informiert werden würden.

Zu guter Letzt wurde auch beim Individualsoftwareentwickler darüber geklagt, dass mancher Zeitdruck aus „Altlasten" vergangener Perioden entstünde, in denen nicht *nachhaltig* gearbeitet werden konnte. Die diesbezüglichen Führungsdefizite sind in der folgenden Tabelle verzeichnet.

Zu geringe Nachhaltigkeit der Projekte des Individualsoftwareentwicklers aus Sicht der Führungskräfte und Mitarbeiter	
Führungsdefizite	*zu leistende Führungsaufgaben*
Mitarbeiter haben das Nachhaltigkeitsziel nicht deutlich genug vor Augen („Hacker"-Mentalität statt Wertschätzung für strukturierte Entwicklung)	Nachhaltigkeit fordern und fördern (Bewusstsein schaffen, Ziele in Einzelgesprächen setzen und einfordern)
Organisationskultur stützt nachhaltiges Arbeiten nicht hinreichend („universitärer Geist")	Organisationskultur bzw. -klima verändern (Unternehmensweite Einführung eines Qualitätsmanagements)
Mitarbeiter sind überlastet (unrealistische Terminplanung)	Entlasten (Saubere, d. h. realistische Terminplanung von Projektleitungen einfordern und durch Verhandlungen mit Auftraggebern ermöglichen)

Tab. 55: **Zu geringe Nachhaltigkeit der Projekte des Individualsoftwareentwicklers**

Ein Grund für die verbesserungsbedürftige Nachhaltigkeit der Softwareentwicklung war nach Ansicht der Interviewten das Selbstverständnis mancher Mitarbeiter beim Individualsoftwareentwickler. Diese Mitarbeiter hätten eine wenig fundierte Ausbildung in Informatik und Softwaretechnik erhalten und würden sich durch eine „Hacker"-Haltung zur Softwareentwicklung auszeichnen. Ihnen war nach Ansicht der Interviewten nicht im vollen Maße bewusst, welche Nachteile eine zu wenig strukturierte Entwicklung von Softwaren hätte. Bei diesen Mitarbeitern wäre es erforderlich, dafür ein Bewusstsein zu schaffen und auch gegebenenfalls im Einzelgespräch die Einhaltung von Standards und Regeln einer methodischen Softwareentwicklung einzufordern. Allerdings stützte die Kultur der Mutterorganisation eine nachhaltige, methodische Softwareentwicklung nicht. Aus einem „universitären", d. h. jugendlichen, flexiblen, schnell denkenden und teilweise chaotischen Geist geboren und unter der Dringlichkeit raschen Cash-Inflows leidend, verlangte die Organisation von ihren Mitgliedern zu oft, „quick and dirty" zu arbeiten. Abhilfe könnte letztlich nur von der Unternehmensleitung kommen, die einer methodischen und qualitätssichernden Softwareentwicklung höhere Priorität einräumen und diese Priorität auch in der täglichen Projektarbeit einfordern und ermöglichen müsste. Eine Möglichkeit dazu wäre, unternehmensweit ein System zum Qualitätsmanagement einzuführen. Dazu würde aber auch gehören, von den Projektleitungen „saubere", d. h. realistische Projektpläne zu verlangen und ihnen die Möglichkeiten dazu einzuräumen, indem die Unternehmensleitung mit den Auftraggebern machbare Projektumfänge und Zeitrahmen vereinbarte. Dadurch würden zugleich die Geführten entlastet werden.

A 5.3 Fallvergleich und Fazit

Der Vergleich der drei Organisationen macht deutlich, dass hinsichtlich der *Relevanzbewertung* der Geführten in allen drei Fällen Führungsdefizite beim Einfordern des *Nachhaltigkeitsziels* und dessen Verankerung in der Organisationskultur gesehen wurden. Probleme hinsichtlich der Motivation der Geführten sah hingegen nur der Programmdirektor von Standort 1 bei einem Teil seiner Belegschaft. Aus der Sicht seiner Geführten und in allen anderen Fällen spielten Fragen der Motivation für die Erklärung der Terminschwierigkeiten bzw. der verbesserungswürdigen Nachhaltigkeit der Projekte keine Rolle. Im Hinblick auf die wahrgenommene Relevanz des *Geschwindigkeitsziels* sind hingegen in keinem Fall Führungsdefizite genannt worden. Angesichts der großen Bedeutung, die Zeit in der Produktentwicklung hat, ist dieser Befund nicht erstaunlich.

Hinsichtlich der *Optionsbewertung* der Geführten wurden an den beiden Standorten des Standardsoftwareentwicklers Führungsdefizite bei der Förderung teamübergreifender Zusammenarbeit beklagt. Außerdem wurde den Mitarbeitern nicht genügend Mut gemacht, nachhaltig arbeiten zu können. Am Standort 1 wurden des Weiteren noch Vertrauensdefizite zwischen Führenden und Geführten konstatiert.

Hinsichtlich des *Managements der Aufgabe* wurden in allen drei Fällen Führungsdefizite moniert. In allen drei Organisationen wurde über hohe Unsicherheit der Geführten bezüglich der Anforderungen an die Software, über hohen Zeitdruck und über die Vernachlässigung nachhaltigen Arbeitens in den vergangenen Perioden geklagt, wie die nächste Tabelle zeigt.

	Führungsdefizite in drei softwareentwickelnden Organisationen		
Führungsbereich	*Gründe für Terminschwierigkeiten bzw. unzureichende Nachhaltigkeit*	*zu erfüllende Führungsaufgaben*	*Anzahl der Fälle [N=3] (Fall)*
Relevanz-einschätzung der Geführten	Organisationskultur stützt schnelles Arbeiten nicht hinreichend	Projektkultur bzw. -klima verändern	1 (Standort 1, nur PD[414])
	Mitarbeiter sind nicht hinreichend motiviert, schnell zu arbeiten	Motivieren	1 (Standort 1, nur PD)
	Mitarbeiter haben das Nachhaltigkeits-ziel nicht deutlich genug vor Augen	Nachhaltigkeit fordern und fördern	3
	Organisationskultur stützt nachhaltiges Arbeiten nicht hinreichend	Organisationskultur bzw. -klima verändern	3
Optionseinschät-zung der Geführten	Teamübergreifende Kommunikation und Zusammenarbeit sind unzurei-chend und verzögern Projekte	Teamübergreifende Zu-sammenarbeit stärken	2 (Standort 1 & Standort 2)
	Mitarbeiter haben zu wenig Zuversicht, die Nachhaltigkeitsvorgaben zu errei-chen	Mut machen und Zuver-sicht verbreiten	2 (Standort 1 & Standort 2)
	Mitarbeiter haben zu wenig Vertrauen zu ihren Vorgesetzten und/ oder Kolle-gen, so dass Abstimmungsprozesse zu lange dauern	Vertrauen schaffen und bewahren	1 (Standort 1)
Management der Aufgabe	Die Projektleitungen großer Projekte bekommen von den höheren Führungs-kräften teilweise zu wenig Hilfe, so dass es länger als nötig dauert, bis Probleme geklärt sind	Dialogisch führen	1 (Individual-softwareent-wickler)
	Mitarbeiter sind unsicher und arbeiten daher ineffizient und ineffektiv	Projektaufgabe strukturie-ren	3
	Mitarbeiter sind überlastet	Entlasten	3
	Beziehungskonflikte behindern die Mitarbeiter	Konflikte reduzieren	1 (Standort 1)
	In vergangenen Perioden wurde zu wenig nachhaltig gearbeitet	Nachhaltigkeit steigern	3

Tab. 56: **Führungsdefizite in den drei unterschiedenen Organisationen**

Zweck der drei Fallstudien war es, die Nützlichkeit der vorgelegten Theorie zu demonstrieren und „die Führung" in den Organisationen, in denen die Daten für die Theoriebildung gesammelt wurde, genau zu beschreiben. Zusammenfassend ist festzuhalten, dass es mit Hilfe der Theorie gelingt, Führungsdefizite, die zu Terminschwierigkeiten und mangelnder Nachhaltigkeit der Projekte in den drei betrachteten Organisationen beitrugen, vollständig, differenziert und plausibel zu beschreiben und zu erklären. Die *Vollständigkeit* wurde durch die Methode der gegenstandsverankerten Theoriebildung gewährleistet. Die Theoriebildung wurde so lange betrieben, bis alle Daten zur Mitarbeiterführung in den untersuchten Organisationen von den Konzepten der Theorie erfasst wurden. Die *Differenziertheit* schlägt sich darin nieder, dass für die drei Organisationen *unterschiedliche* Diagnosen über die Führungsdefizite vor Ort gestellt werden konnten. Dadurch konnten Ansatzpunkte für Interventionen, etwa beim Coaching, bei der Führungskräfteentwicklung oder der Organisationsentwicklung, genauer bestimmt werden, als wenn die Theorie weniger differenziert ausgefallen wäre. Die *Plausibilität* der Erklärungen für die Effekte der Führungsdefizite ist Ergebnis der gleichzeitigen Literatur- und Gegenstandsverankerung. Die postulierten Zusammenhänge sind auf der Grundlage der einschlägigen Forschung und der Ansichten experter Führender und Geführter in Softwareentwicklungsprojekten formuliert worden.

Allerdings darf die Theorie nicht schematisch zur Diagnose von Führungsdefiziten verwendet werden. Erstens verbergen sich hinter den Bezeichnungen für Führungsdefizite und Führungsaufgaben, z. B. „Projektaufgabe strukturieren", zum Teil sehr unterschiedliche Führungsaktivitäten. Beim Standardsoftwareentwickler bedeutete mehr Orientierung zu geben, die Softwareentwickler verstärkt unmittelbar bei und mit dem Kunden arbeiten zu lassen und dafür organisatorische Lösungen, insbesondere für die Einplanung der dazu erforderlichen Zeit und für die Budgetierung, zu finden. Außerdem gehörte dazu, Schwächen bei den Designfertigkeiten und -fähigkeiten der Entwickler durch Workshops und die Einbindung guter Designer aus anderen Abteilungen auszugleichen. Beim Individualsoftwareentwickler hingegen verbarg sich hinter der Forderung nach mehr Orientierung vor allem der Wunsch, längere Diagnose- und Analysephasen in den Projekten durchzusetzen und mit den Auftraggebern einen rationaleren Umgang mit Anforderungsänderungen zu vereinbaren.

Ein zweiter Grund, der gegen die schematische Verwendung der Theorie spricht, besteht darin, dass mit ihrer Hilfe nur Einschätzungen gesammelt und strukturiert werden können. Das Problem eventuell verzerrter Wahrnehmungen löst die Theorie hingegen nicht. Insofern müssen die gemachten Interpretationen und gezogenen Schlüsse stets unter dem Vorbehalt betrachtet werden, dass sie auf Missverständnissen oder unrealistischen Maßstäben beruhen. Aber immerhin hilft die Theorie, die Diskussion über Mitarbeiterführung und ihre Verbesserungspotenziale zu strukturieren, so dass die Chance steigt, Missverständnisse und unterschiedliche Maßstäbe im Dialog zu erkennen.

Als Fazit lässt sich festhalten, dass mit Hilfe der Liste potenzieller *Führungsdefizite*, die sich aus der vorgelegten Theorie als mögliche Erklärungen für Zielverfehlungen von Softwareentwicklungsprojekten ableiten lässt, die Meinungen und Ansichten der Betroffenen

---

[414] PD = Programmdirektor.

übersichtlich und vollständig dargestellt werden können. Dadurch wird die Diagnose tatsächlicher Führungsdefizite erheblich erleichtert. Insbesondere wird auch die Auseinandersetzung über die „wahren" Gründe für Leistungsdefizite von Projekten einfacher, weil Gemeinsamkeiten, Unterschiede und blinde Flecken in den Ansichten der Beteiligten dargestellt werden können. Die in der Theorie spezifizierten *Führungsaufgaben und Führungsaktivitäten* sind hilfreich, weil sie für die Wahl von Strategien, Führungsdefizite zu beheben, eine umfangreiche Liste möglicher Handlungsoptionen zur Verfügung stellen. In dem Maße, wie diese Liste die Anzahl der Alternativen, die Führungskräfte erwägen, erhöht, steigert sie die Verhaltensflexibilität der Führenden und damit deren Chancen, erfolgreich zu führen.